Strafvollzug in der Praxis

Strafvollzug in der Praxis

Eine Einführung in die Probleme und Realitäten des Strafvollzuges und der Entlassenenhilfe

Zweite, völlig neu bearbeitete Auflage

herausgegeben von
Hans-Dieter Schwind
und
Günter Blau

1988

W DE G

Walter de Gruyter · Berlin · New York

Dr. jur. *Hans Dieter Schwind*, Universitätsprofessor für Kriminologie und Strafvollzug an der Ruhr-Universität Bochum

Dr. jur. *Günter Blau*, Richter am Oberlandesgericht a.D. Frankfurt a.M., Honorarprofessor für Kriminologie und Strafvollzug an der Ruhr-Universität Bochum

CIP-Titelaufnahme der Deutschen Bibliothek

Strafvollzug in der Praxis : e. Einf. in d. Probleme u. Realitäten d. Strafvollzuges u. d. Entlassenenhilfe / hrsg. von Hans-Dieter Schwind u. Günter Blau. – 2., völlig neu bearb. Aufl. – Berlin ; New York : de Gruyter, 1988
ISBN 3-11-010906-9
NE: Schwind, Hans-Dieter [Hrsg.]

Printed in Germany
Satz und Druck: Bosch-Druck GmbH, 8300 Landshut/Ergolding
Bindearbeiten: Lüderitz & Bauer GmbH, 1000 Berlin 61

Vorwort zur zweiten Auflage

Seit der ersten Auflage sind rund 12 Jahre vergangen. Daß nach so langer Zeit keine bloße Aktualisierung der alten Beiträge, sondern nur eine Überarbeitung von Grund auf in Betracht kommen konnte, bedarf bei der Dynamik der behandelten Materie keiner näheren Begründung. In die Zeitspanne zwischen der 1. und 2. Auflage fällt die nun über zehnjährige Bewährungsprobe des am 1. 1. 1977 in Kraft getretenen Strafvollzugsgesetzes (vom 16. 3. 1976, BGBl. I, 581 ff). Es wäre überraschend, ja geradezu bestürzend, wenn dieses Gesetz und die zu diesem seither veröffentlichte Judikatur und Literatur die Praxis des deutschen Strafvollzuges nicht nachhaltig beeinflußt hätten.

Da die Herausgeber auch diesmal ihren Anspruch aufrechterhalten wollten, den *Strafvollzug der Gegenwart*, seinen Ablauf und seine (ungelösten) Probleme darzustellen, mußten die meisten Kapitel dieses Sammelwerkes völlig neu geschrieben oder erheblich verändert werden. 15 neue Autoren sind hinzugekommen. Sie haben bewährte Mitarbeiter der 1. Auflage, die inzwischen nicht mehr aktiv im Strafvollzug tätig sind ersetzt. Ausnahmen von diesem Grundsatz, nur zur Zeit noch mit Verantwortung belastete *Praktiker* zu Wort kommen zu lassen, erschienen nur bei mehr vollzugsgeschichtlich und theoretisch konzipierten Themen vertretbar. In einigen Fällen haben inzwischen pensionierte Mitarbeiter der 1. Auflage Coautoren hinzugezogen, die noch aktiv im Vollzug tätig sind. Auch die Mitarbeiter der 2. Auflage kommen wiederum *aus allen Bereichen des Strafvollzuges* (aus acht Bundesländern).

Insgesamt mußte der Band auf Drängen des Verlages, der den Ladenpreis im Hinblick auf die verschiedenen (z. T. weniger zahlungskräftigen) Zielgruppen annähernd halten wollte, etwas „ausgedünnt" werden. Die Zahl der Beiträge hat sich durch die Zusammenfassung verschiedener Themen in übergreifenden Kapiteln (etwa zu den „Rechten und Pflichten der Gefangenen" oder zur „Entlassenenhilfe") sowie durch den Wegfall einiger Abschnitte (z. B. über die „Gefängnispresse", und über die „Einstellung der Bevölkerung zu Problemen des Strafvollzuges") von 53 auf 41 verringert. Andere Beiträge sind knapper gefaßt worden.

Das Grundkonzept ist erhalten geblieben. Auf der anderen Seite bietet der Band nicht nur wegen seiner Aktualisierung mehr Informationen als die 1. Auflage; es wurden auch vier Kapitel neu aufgenommen: je eins über den Vollzug der Zivilhaft, über den Vollzug der Maßregeln der §§ 63, 64 StGB (unter Berücksichtigung der neuen Maßregelgesetze der Bundesländer), über den Kriminologischen Dienst (§ 166 StVollzG) sowie über Sozialtherapie. Der *Lehrbuchcharakter* des Bandes ist durch Straffungen und Ergänzungen weiter verstärkt worden.

Wir hoffen daher, daß die Neubearbeitung von den *Studenten der Rechts- und Sozialwissenschaften* und von *allen, die in Rechtsprechung und Verwaltung mit dem Strafvollzug, seinen Alternativen und seinen Folgeerscheinungen sowie mit der Entlassenenhilfe* zu tun haben, aber auch von allen, die sich aus staatsbürgerlichem Engagement dafür interessieren, ebenso freundlich aufgenommen wird wie die Erstauflage.

Auch diesmal bedanken wir uns bei den Mitarbeitern und bei dem Verlag für die gute Zusammenarbeit sowie bei Frau Assessor Sigrid Kioschus für mannigfache Hilfen bei der Gesamtredaktion und bei der Drucklegung.

Bochum und Frankfurt/M. im Dezember 1987 *Die Herausgeber*

Aus dem Vorwort zur ersten Auflage

Der Strafvollzug hat nicht nur in der Einschätzung der juristischen Praktiker, sondern auch als wissenschaftliche Disziplin in Deutschland lange Zeit eine nebensächliche Rolle gespielt. Das ist seit einem knappen Jahrzehnt anders geworden. Die Strafvollzugsreform steht mit der Verabschiedung eines Strafvollzugsgesetzes vor einem (vorläufigen) Abschluß. Sie wurde möglich, weil Kriminalpolitiker, Juristen, Sozialwissenschaftler und Pädagogen der bisher vernachlässigten Materie immer mehr Aufmerksamkeit schenkten und auch die Öffentlichkeit für die Probleme des Strafvollzuges interessiert werden konnte. In einem Rückkoppelungsprozeß haben die Reformbemühungen ganze Bibliotheken vollzugsanalytischer Literatur und Judikatur entstehen lassen. An den Universitäten wurde die Wahlfachgruppe „Kriminologie, Jugendstrafrecht, Strafvollzug" gebildet. Auch didaktisch mußte daher das plötzlich so aktuell gewordene Problemfeld theoretisch aufbereitet, dargestellt und systematisiert werden. Das ist in jüngster Zeit in zum Teil vorbildlicher Weise geschehen. Was bisher noch fehlte, zumindest aber nur bruchstückhaft dargeboten wurde, war ein Phänomenologie des Strafvollzuges, die ungeschminkte Darstellung dessen, was ist. Daß eine solche Befunderhebung jeder Theorienbildung vorangehen sollte, ist eine Binsenweisheit. Eine solche Untersuchung darf sich nicht auf vergleichsweise leicht verfügbare statistische Daten beschränken. Auch Fragebogenenquêten „zur Lage und Reform des deutschen Strafvollzugs", wie sie Müller-Dietz und Würtemberger verdienstvollerweise im Jahre 1969 veranstaltet haben, vermitteln erfahrungsgemäß nur ein blasses und unvollständiges Bild der Wirklichkeit.

Die Herausgeber dieses Sammelbandes, der wie ein Lehrbuch aufgebaut ist, beschritten deshalb einen anderen Weg, um dieses Wirklichkeitsdefizit der Strafvollzugskunde, – das diese nicht zufällig mit der allgemeinen Kriminologie teilt, – zu mildern. Sie hielten es für ratsam, die Akteure auf der Szene des Strafvollzugs, vom Gefangenen bis zum Anstaltsleiter, selbst ihr Aktionsfeld möglichst lebendig beschreiben und ihre Einstellung hierzu und zu dem Phänomen Strafvollzug insgesamt darlegen zu lassen. Die Autoren wurden daher gebeten „über ihre Arbeit zu berichten und zwar an Hand von Beispielen, mit denen sie tagtäglich zu tun haben". Einige wenige theoretisch erläuternde Kapitel gehören mit zum Konzept.

Für die Mitarbeit wurden rund 50 Autoren aus fast allen deutschen Bundesländern und aus nahezu allen Bereichen des Strafvollzuges gewonnen.

Das Ergebnis ist ein Kaleidoskop von oft sehr subjektiven, auch emotional engagierten und untereinander oft stark divergierenden Einzeldarstellungen, die aber gerade deshalb in der Summe die so widerspruchsvolle und problematische Institution „Strafvollzug" besonders wirklichkeitstreu widerspiegeln dürften. Die Herausgeber haben es bewußt vermieden, solche widersprüchlichen Aussagen zu glätten oder gar zu eliminieren. Sie sind das unvermeidliche Ergebnis eines je verschiedenen Rollenverständnisses und einer je funktionsspezifischen Einstellung zu Sinn oder Unsinn, Aufgabe oder Disfunktionalität des Strafvollzugs. Daß dieses Selbstverständnis auch innerhalb einzelner Berufsgruppen stark divergieren kann, zeigen etwa die beiden Beiträge der Anstaltspfarrer. Entsprechendes gilt für die in der Beurteilung des gleichen Reformmodells – der Sozialtherapeutischen Anstalt – stark voneinander abweichenden Beiträge von Kretz und Rotthaus. Insbesondere der erstgenannte Beitrag dürfte nicht unbedingt repräsentativ für die vertretene Berufsgruppe sein. Originalität, soweit sie, wie hier, Denkanstöße bewirkt, war uns aber wichtiger als Repräsentativität, die ohnehin bei der großen Bandbreite möglicher Einstellungen gerade in den „oberen Rängen" des Strafvollzugs nicht erreichbar ist. Wie sehr Strafvollzug einerseits nur negativ als feindselige Aggression, andererseits überwiegend positiv als reibungsloser, zu Leistungsstolz berechtigender Ablauf erlebt werden kann, veranschaulichen etwa die Beiträge von Pécic (auch er in seiner stark subjektiven Einfärbung sicherlich nicht repräsentativ für die Mehrzahl der Mitgefangenen!) und als Kontrast Berichte wie die von Urban, Sternkopf und Quack. Indessen erscheinen uns gerade solche Diskrepanzen ungemein symptomatisch und erhellend zu sein. Hier werden allgemeine Theorien und Forschungsergebnisse über die Gefangenen- und Anstaltssubkultur (s. den Beitrag von Kurt Weis) aufs Sinnfälligste illustriert.

Alles in allem hoffen wird, daß der Band in seiner unvermeidlichen Widersprüchlichkeit ein lebensnahes Panorama dieses offenbar noch auf lange Zeit notwendigen Übels Strafvollzug mit all seinen Spannungen, seiner Dynamik und seinen Frustrationen abzeichnet und darüber hinaus viele bisher nicht griffbereite Informationen vermittelt. Er scheint uns deshalb geeignet, zum Abbau des Wirklichkeitsdefizits der deutschen Strafvollzugskunde etwas beizutragen.

Die Leser-Zielgruppe ist nach Meinung der Herausgeber praktisch unbegrenzt. Das Buch ist ganz überwiegend – von wenigen Beispielen abgesehen, die höheren theoretischen Ansprüchen genügen mußten, – so allgemeinverständlich geschrieben, daß jeder interessierte Laie zu ihm Zugang hat. Es wendet sich aber vor allem an alle, die beruflich mit dem Strafvollzug in Berührung kommen: an die Studenten der Rechts- und Sozialwissenschaften, an Sozialpädagogen, Soziologen, Psychologen und Sozialarbeiter, an die Praktiker in Strafvollzug und Rechtspflege. Sie alle sind berufen, kritisch darüber zu befinden, ob „Strafvollzug in der Praxis" den praktischen Strafvollzug zutreffend – wenn auch fragmentarisch – widerspiegelt, und, was wichtiger ist, ob diese Praxis nicht Anlaß gibt, darüber nachzudenken, wie sie verbessert oder im Sinne Radbruchs durch etwas Besseres ersetzt werden könnte ...

Bochum, im Juli 1976 *Die Herausgeber*

Inhaltsübersicht
(zugleich Übersicht über die Mitarbeiter)*

* Eine genaue Gliederung ist jedem Paragraphen vorangestellt. Jeder Mitarbeiter wird am Beginn seines Beitrages (Fußnote) vorgestellt.

Abkürzungsverzeichnis

a. A.	anderer Ansicht
aaO	am angegebenen Ort
Abs.	Absatz
AE StVollzG	Alternativentwurf eines Strafvollzugsgesetzes, vorgelegt von einem Arbeitskreis deutscher und schweizer Strafrechtslehrer, Tübingen 1973 (bearbeitet und herausgegeben von J. Baumann/A. E. Brauneck u. a.)
a. F.	alte Fassung
AFG	Arbeitsförderungsgesetz vom 25. 6. 1969 (BGBl I 582), zuletzt geändert am 27. 6. 1987 (BGBl I 1542)
AIDS	acquired immune deficiency syndrome
AK	Alternativkommentar
ALR	Allgemeines Landrecht für die Preußischen Staaten (1794)
a. M.	anderer Meinung
ANSiV	Arbeitsgemeinschaft norddeutscher Sozialarbeiter im Vollzug
AuslG	Ausländergesetz
AöR	Archiv für öffentliches Recht
AV	Ausführungsbestimmungen
AVD	Allgemeiner Vollzugsdienst
BAFöG	Bundesausbildungsförderungsgesetz i. d. F. v. 6. Juni 1983 (BGBl. I 645) zuletzt geändert durch Gesetz vom 16. 6. 1986 (BGBl I 897)
BAGS	Bundesarbeitsgemeinschaft der Soziologen im Strafvollzug beim Bundeszusammenschluß für Straffälligenhilfe in der Sektion Kriminalpolitik/Strafvollzug des Berufsverbandes Deutscher Soziologen
Bay	Bayern
BBigG	Berufsbildungsgesetz vom 14. 8. 1969 (BGBl I 1112) zuletzt geändert durch Gesetz vom 23. 12. 1981 (BGBl I 1692)
Bd	Band
BdS. info	Informationsdienst des Bundesverbandes deutscher Soziologen
BGBl	Bundesgesetzblatt
BGH	Bundesgerichtshof
BGJ	Berufsgrundbildungsjahr
BK	Bonner Kommentar zum Grundgesetz
BlfStr.VollzK	Blätter für Strafvollzugskunde, Beilage zu „Der Vollzugsdienst", herausgegeben vom Bund der Strafvollzugsbediensteter e.V.
BMJ	Bundesminister der Justiz
BR-Drucks.	Drucksache des Bundesrates
BSHG	Bundessozialhilfegesetz v. 1. 6. 1962 i. d. F. v. 20. 1. 1987 (BGBl III 21701)
BT	Bundestag
BT-Drucks	Drucksache des Bundestages
BTMG	Betäubungsmittelgesetz i. d. F. v. 28. 7. 1981 zuletzt geändert durch Gesetz vom 27. 1. 1987 (BGBl I 475)
BVerfG	Bundesverfassungsgericht
BVerfG E	Entscheidungen des Bundesverfassungsgerichts
BVerfGG	Gesetz über das Bundesverfassungsgericht i. d. F. vom 12. 12. 1985 (BGBl I 2229; III 1104 – 1)
BVJ	Bundesvorbereitungsjahr
BVerwG	Bundesverwaltungsgericht
BW	Baden-Württemberg

CJC	Codex Juris Canonici
CCC	Constitutio Criminalis Carolina
DGB	Deutscher Gewerkschaftsbund
DGE	Deutsche Gesellschaft für Ernährung
DöV	Die öffentliche Verwaltung
DGPN	Deutsche Gesellschaft für Psychiatrie und Nervenheilkunde
DPWV-Nachrichten	Nachrichten des Deutschen Paritätischen Wohlfahrtsverbandes
DRiG	Deutsches Richtergesetz i. d. F. v. 9. 5. 1975 (BGBl I 1077), letztes Änderungsgesetz vom 15. 8. 86 (BGBl I 1446)
DRiZ	Deutsche Richterzeitung
Drucks.	Drucksache
DStd.	Dienststunden
DSVollz	Dienst- und Sicherheitsvorschriften für den Strafvollzug – Vereinbarung der Landesjustizverwaltungen, am 1. Januar 1977 in Kraft getreten
Dtsch.BTag	Deutscher Bundestag
DVBl	Deutsches Verwaltungsblatt
DVH	Deutscher Volkshochschulverband
DVO	Durchführungsverordnung
DVollzO	Dienst- und Vollzugsordnung vom 1. 12. 1961, abgelöst durch Strafvollzugsgesetz vom 1. 1. 1977
DVollzV	Dienst- und Vollzugsvorschriften
EDV	Elektronische Datenverarbeitung
E 62	Entwurf eines Strafgesetzbuches (mit Begründung), Bundestagsvorlage, Bonn 1962
EGGVG	Einführungsgesetz zum Gerichtsverfassungsgesetz vom 27. 1 .1877 (RGBl I 77), zuletzt geändert durch Gesetz vom 27. 1. 1987 (BGBl I 475)
EGStG	Einführungsgesetz zum Strafgesetzbuch vom 2. 3. 1974 (BGBl I 469), zuletzt geändert durch Gesetz vom 13. 4. 1986 (BGBl I 399)
EKD	Evangelische Kirche in Deutschland
EMRK	Europäische Menschenrechtskommission
Evgl. AK	Evangelische Akademie
FAZ	Frankfurter Allgemeine Zeitung
ff	folgende
GAV	Geschäftsordnung für die Arbeitsverwaltung der Vollzugsanstalten des Landes Baden-Württemberg AV d. JM vom 14. Oktober 1986
GBL	Gesetzblatt
GeschO BVerfG	Geschäftsordnung des Bundesverfassungsgerichts
GG	Grundgesetz
GRS	Geschlechtsrollenseminar
GTZ	Deutsche Gesellschaft für Technische Zusammenarbeit
GVBL	Gesetz- und Verordnungsblatt
GVG	Gerichtsverfassungsgesetz i. d. F. vom 9. 5. 1975 (BGBl I 1077), zuletzt geändert durch Gesetz vom 27. 1. 1987 (BGBl I 475)
HIV-positiv	human immunodefiency virus
Hrsg.	Herausgeber
IAO	Internationale Arbeitsorganisation
ID	Informationsdienst
i. d. F. v.	in der Fassung vom
INFAS	Institut für angewandte Sozialwissenschaft
IQ	Intelligenzquotient

IRG	Gesetz über die internationale Rechtshilfe in Strafsachen i. d. F. v. 1. 10. 1984
iVm	in Verbindung mit
JA	Jugendstrafanstalt
JAVollzO	Jugendarrestvollzugsordnung
JGG	Jugendgerichtsgesetz i. d. F. vom 11. 12. 1974 (BGBl I 3427), letzte Änderung vom 20. 12. 1984 (BGBl I 1654)
Jh	Jahrhundert
JMBl	Justizministerialblatt
JM	Justizminister
Jura	Zeitschrift: Juristische Ausbildung
JVA	Justizvollzugsanstalt
JVBl	Justizverwaltungsblatt
JVollzO	Jugendvollzugsordnung, allgemeine Verfügung des Reichsministeriums vom 1. 9. 1945, abgedruckt bei Dallinger-Lackner, Jugendgerichtsgesetz (2. Aufl. München/Berlin, 1966, Anh. II)
JZ	Juristenzeitung
n	Anzahl der Probanden
KG	Kammergericht
KrimJ	Kriminologisches Journal
LG	Landgericht
LK	Leipziger Kommentar, Großkommentar zum Strafgesetzbuch, 10. Aufl. (1978 – 1987)
MDR	Monatsschrift für Deutsches Recht
MI	Ministerium des Inneren
MRVG-NW	Maßregelvollzugsgesetz Nordrhein-Westfalen
MSchrKrim	Monatsschrift für Kriminologie und Strafrechtsreform
mwN	mit weiteren Nachweisen
Nds	Niedersachsen
Nds.Rpfl.	Niedersächsische Rechtspflege
NJ	Neue Justiz
NJW	Neue Juristische Wochenschrift
NRW (NW)	Nordrhein-Westfalen
NStZ	Neue Zeitschrift für Strafrecht
NVwZ	Neue Zeitschrift für Verwaltungsrecht
o. g.	oben genannt
OLG	Oberlandesgericht
OVG	Oberverwaltungsgericht
OwiG	Ordnungswidrigkeitengesetz i. d. F. v. 19. 2. 1987 (BGBl I 602)
Rd	Randnummer
Rd.Erl.	Runderlaß
RE (StVollzG)	Entwurf eines Gesetzes über den Vollzug der Freiheitsstrafe und freiheitseinschränkenden Maßregeln der Besserung und Sicherung – Regierungsentwurf vom 5. 7. 1972
RGBl	Reichsgesetzblatt
RGStGB	Strafgesetzbuch für das Deutsche Reich vom 15. 5. 1871 (RGBl S. 127), neue bekanntgemacht am 25. 8. 1953 (BGBl I 1983)
Rhpf	Rheinland-Pfalz
RiVASt	Richtlinien für den Rechtshilfeverkehr mit dem Ausland in strafrechtlichen Angelegenheiten vom 15. 1. 1959 i. d. F. vom 1. 10. 1984 (bundesein-

	heitlich) abgedruckt bei Piller/Hermann, Justizverwaltungsvorschriften, Loseblattsammlung, München, Stand Januar 1987
RVO	Reichsversicherungsordnung vom 19. 7. 1911 (RGBl I 509) i. d. F. vom 15. 12. 1924 (RGBl I 779) zuletzt geändert durch Gesetz vom 27. 7. 1984 (BGBl I 1029)
SchwZStrafR	Schweizerische Zeitschrift für Strafrecht
SchlH (SH)	Schleswig Holstein
s. o.	siehe oben
SSV	Spiel- und Sportverein
StGB	Strafgesetzbuch v. 15. 5. 1971 i. d. F. vom 10. 3. 1987 (BGBl I 945)
StGB ÄndG	Strafrechtsänderungsgesetz
StGB DDR	Strafgesetzbuch der Deutschen Demokratischen Republik vom 12. 1. 1968
StPO	Strafprozeßordnung i. d. F. vom 7. 4. 1987 (BGBl I 1074)
StrRG	Gesetz zur Reform des Strafrechts
StVK (StK)	Strafvollstreckungskammer
StrVollStrO	Strafvollstreckungsordnung
StrVollzG	Strafvollzugsgesetz v. 16. 3. 1976
StrafVollzÄndG	Strafvollzugsänderungsgesetz v. 20. 12. 1984
StrVollzVergO	Strafvollzugsvergütungsordnung
SV	Sicherungsverwahrung
u. a.	unter anderem
UN	United Nations
UNO	United Nations Organisation
Urt.	Urteil
UVollzO	Untersuchungshaftvollzugsordnung v. 12. 2. 1953 i. d. F. v. 15. 12. 1976
VGH	Verwaltungsgerichtshof
VGO	Vollzugsgeschäftsordnung
Vollstr.-Behörde	Vollstreckungsbehörde
VV	Verwaltungsvorschriften
VVJug	Bundeseinheitliche Verwaltungsvorschriften zum Jugendstrafvollzug
WLR	Westfälisches Landeskrankenhaus
WRV	Weimarer Reichsverfassung
WStG	Wehrstrafgesetz vom 30. 3. 1957 i. d. F. v. 24. 5. 1974 (BGBl 1213) zuletzt geändert durch Gesetz v. 21. 12. 1979 (BGBl I 2326)
ZfStrVo	Zeitschrift für Strafvollzug und Straffälligenhilfe
zit.	zitiert
ZPO	Zivilprozeßordnung i. d. F. v. 12. 9. 1950 (BGBl I 533) zuletzt geändert durch Gesetz vom 9. 12. 1986 (BGBl I 2326)
ZStW	Zeitschrift für die gesamte Strafrechtswissenschaft
zT	zum Teil
z. Zt.	zur Zeit

Literaturverzeichnis

Ancel, M.: Der Strafvollzugsrichter in Frankreich; in: ZStW, 79 (1967); S. 900 – 910

Arbeiterwohlfahrt Bundesverband e.V. (Hrsg.): Vorschläge der Arbeiterwohlfahrt zur Strafvollzugsreform – insbesondere zu flankierenden Maßnahmen zum Strafvollzugsgesetz; in: ZfStrVO 25 (1976); S. 169 – 176

– Für die Entwicklung eines koordinierten Gesamtsystems der Straffälligenhilfe im stationären und ambulanten Bereich; in: Theorie und Praxis der sozialen Arbeit, 1986; S. 348 ff.

Arndt, J.: Strafvollzugsbau. Der Einfluß des Vollzugsziels auf den Bau von Anstalten für den Vollzug der Freiheitsstrafe; Bochum, 1981

Aves, G. H.: Freie Mitarbeiter in sozialen Diensten; Freiburg, 1973

Bae, J.-D.: Der Grundsatz der Verhältnismäßigkeit im Maßregelrecht des StGB; Frankfurt u. a., 1985

Bandell, D./Bernhardt, S. (Hrsg.): Hinter Gittern. Wir auch?; Frankfurt u. a., 1985

Bandura, A.: Principles of Behavior. Modification; London, 1970

Bauer, F.: Das Verbrechen und die Gesellschaft; München, 1957

Baumann, J.: Mitbestimmung von Gefangenen über die Aufnahme in bestimmte Anstaltsbereiche; in: MschrKrim, 63 (1980); S. 322 – 330

– Entwurf eines Untersuchungshaftvollzugsgesetzes; Tübingen, 1981

– Entwurf eines Jugendstrafvollzugsgesetzes; Heidelberg, 1985

Baumann, J. u. A.: Alternativentwurf eines Strafgesetzbuches (Allg. Teil); Tübingen, 1966

Baumann, J./Brauneck, A. E. u. a.: Alternativentwurf eines Strafvollzugsgesetzes
Vorgelegt von einem Arbeitskreis deutscher und schweizerischer Strafrechtslehrer; Tübingen, 1973

Bayerl, R.: Gruppenarbeit im Maßregelvollzug als Katalysator bei der Herstellung eines therapeutischen Milieus; in: MschrKrim, 67 (1984); S. 242 – 245

Behnke, B.: Sport im Jugendstrafvollzug; in: Tagungsbericht der Jugendstrafvollzugskommission, Bd. 4; Köln, 1980; S. 23 – 39

Bernhards, A.: Die Freiheitsstrafe und ihre Surrogate in Frankreich; in: Jescheck, H.-H. (Hrsg.): Die Freiheitsstrafe und ihre Surrogate im deutschen und ausländischen Recht; Bd. 16.1; Baden-Baden, 1983; S. 259 – 325

Bernhardt, S.: Frauen in Haft; in: Kriminalpädagogische Praxis, 141 (1982), S. 14 – 15

Bernsmann, K.: Maßregelvollzug und Grundgesetz; in: Blau, G./Kammeier, H. (Hrsg.): Straftäter in der Psychiatrie. Situationen und Tendenzen des Maßregelvollzugs; Stuttgart, 1984; S. 142 – 161

Best, P.: Anlaufstellen für Straffällige in Niedersachsen; in: Schwind, H.-D./Steinhilper, G. (Hrsg.): Modelle zur Kriminalitätsvorbeugung und Resozialisierung; Heidelberg, 1982; S. 145 – 202

Bishop, N.: Structural and Functional Requirements of a Present Day Prison System; in: Council of Europe. Prison Information Bulletin Nr. 7 (1986); S. 2 ff.

Blau, G.: Aufgaben und Grenzen der Kriminalpädagogik; in: Festschrift für A. Krebs; Neuwied/Berlin, 1969; S. 383 – 396

– Die Mitwirkung des Richters beim Vollzug; in: Kriminologische Gegenwartsfragen, H. 11 (1974); S. 94 – 120

– Die Kriminalitätspolitik der deutschen Strafrechtsreformgesetze; in: ZStrW, 89 (1977a); S. 511 – 546

– Die Wechselbeziehungen zwischen Strafurteil und Strafvollzug; in: MschrKrim, 60 (1977b); S. 329 – 346

Blau, G. (Hrsg.): Die Reform des Strafvollzugs im Lichte internationaler Reformtendenzen; Bochum, 1981

Blau, G. Das 5. Colloquium der internationalen Strafrechts- und Strafvollzugsstiftung; in: ZfStrVO, 31 (1982), S. 236 – 240

– Schuld und Gefährlichkeit des psychisch abnormen Täters. Strafrechtsgeschichtliche, kriminologische und rechtsvergleichende Aspekte; in: Blau, G./Kammeier, H. (Hrsg.): Straftäter in der Psychiatrie. Situation und Tendenzen des Maßregelvollzugs; Stuttgart, 1984a; S. 1 – 16

– Statement zu Tulkens, J.J.J., Foreign prisoners: transfer and treatment; in: International Penal and Penitentiary Foundation, New Trends in Criminal Policy; Bonn, 1984b, S. 123 – 125

– Regelungsmängel beim Vollzug der Unterbringung gemäß § 63 StGB; in: Festschrift für H. H. Jescheck; Berlin u. a., 1985; S. 1015 – 1032

– Die gemeinnützige Arbeit als Beispiel für einen grundlegenden Wandel des Sanktionswesens; in: Gedächtnisschrift für Hilde Kaufmann; Berlin u. a., 1986; S. 189 – 212

– Diversion und Strafrecht; in: Jura, 9 (1987); S. 25 – 34

Blau, G./ Kammeier, H. (Hrsg.): Straftäter in der Psychiatrie; Stuttgart, 1984

Bock, Th.: Das Zusammenspiel ausgebildeter Fachkräfte und freiwilliger Helfer in der Sozialarbeit; in: Caritas, 70 (1969); S. 306 – 316

Bode, L.: Jugendstrafvollzug ist Ausbildungsvollzug; in: Auf neuen Wegen, Heft 3 (1983); S. 16 – 26

– Der erzieherische Beitrag des Werkdienstes; in: Auf neuen Wegen, Heft 5 (1985); S. 36 – 49

Böhm, A.: Zu Bedeutung und Erfolg von Berufsausbildung im Jugendstrafvollzug; in: Die Deutsche Berufs- und Fachschule, Monatsschrift für Berufspädagogik, Wirtschaftspädagogik und Berufsbildungsforschung, 69 (1973a); S. 267 – 273

– Rückfall und Bewährung nach verbüßter Jugendstrafe; in: Recht der Jugend, 21 (1973b); S. 33 – 49

– Der ausländische Strafgefangene im Spannungsfeld zwischen Resozialisierungsauftrag des Strafvollzugs und Zielsetzung des Ausländerrechts; in: Schäfer, K./Sievering, U.: Ausländerrecht contra Resozialisierung. Beiträge zur Problematik straffällig gewordener Ausländer in der Bundesrepublik Deutschland; Frankfurt, 1984; S. 118 – 134

– Probleme der Strafvollzugsforschung insbesondere bezüglich Vollstreckungslockerungen; in: Kury, H. (Hrsg.): Kriminologische Forschung in der Diskussion; Köln u. a., 1985a; S. 575 – 603

– Einführung in das Jugendstrafrecht; 2. Auflage, München 1985b

– Strafvollzug; 2. Auflage, Frankfurt, 1986a

– Vollzugslockerungen und offener Strafvollzug zwischen Strafzwecken und Vollzugszielen; in: NStZ, 6 (1986b); S. 201 – 206

Bohling, H./ Weidenfeller, G.: Kriminalpsychologie. Gutachterliche Stellungnahme im Strafvollzug; in: Hartmann, H. A./Haubl, R.: Psychologische Begutachtung. Problembereiche und Praxisfelder; München/Wien/Baltimore, 1984; S. 229 – 253

Bosch, J.: Die Freiheitsstrafe und ihre Surrogate in Italien; in: Jescheck, H. H. (Hrsg.): Die Freiheitsstrafe und ihre Surrogate im deutschen und ausländischen Recht; Bd. 16.1; Baden-Baden, 1983; S. 328 – 372

Bowlby, J.: Trennung; München, 1976

Brandt, P.: Die evangelische Strafgefangenenseelsorge, Geschichte-Theorie-Praxis; Arbeiten zur Pastoraltheologie, Bd. 21; Göttingen, 1985

Braun-Heink, M./ Schradin, W./ Wehle, E.-U.: Weiterbildung im Strafvollzug, Bd. 1: Grundlagen des sozialen Trainings; Heidelberg, 1981

Braune, P./ Klapprott, J./ Lenz, P./Lösel, F./ Runckel, Th.: Psychologische Organisationsentwicklung im Strafvollzug; in: Lösel, F. (Hrsg.): Kriminalpsychologie. Grundlagen und Anwendungsbereiche; Weinheim/Basel, 1983; S. 228 – 238

Brühl, A.: Disziplinarmaßnahmen im Strafvollzug; in: ZfStrVO, 28 (1979); S. 219 – 235

– Kommentierung zu § 102 StVollzG; in: Wassermann, R. (Hrsg.): Alternativkommentar zum Strafvollzugsgesetz; Neuwied/Darmstadt, 1982

Brunner, R.: Jugendgerichtsgesetz; 8. Auflage, Berlin/New York, 1986

Bruns, W.: Theorie und Praxis des Wohngruppenvollzuges; (Diss. jur.) Wuppertal, 1986

Brusten, M.: Sozialwissenschaftliche Forschung im Bereich der Kriminalpolitik: Auftakt zu einer Bestandsaufnahme; in: Höhmann, P./Lange, E./Schneider, H. R. (Hrsg.): Die Praxisrelevanz der Sozialwissenschaften und die Handlungskompetenz von Sozialwissenschaftlern in außeruniversitären Berufsfeldern; Bielefeld, 1984; S. 217 – 238

Bülow, D. von: Zur gesetzlichen Regelung der freiheitsentziehenden Maßregeln; in: Maßregelvollzug in einem psychiatrischen Krankenhaus; Evang. Akademie Hofgeismar, Protokoll 178, 1981; S. 3 – 11

Bulczak, G.: Erziehung und Behandlung in der Jugendstrafanstalt Hameln, Richtlinien und Orientierungshilfen; Hameln, 1979

– Zur Bedeutung der Wohngruppe für die Betreuung junger Menschen im Jugendstrafvollzug; in: Auf neuen Wegen, Heft 3 (1983), S. 9 – 16

Bumke, E. (Hrsg.): Deutsches Gefängniswesen; Berlin, 1928

Bund der Strafvollzugsbediensteten Deutschlands e.V. (Hrsg.): Berufsbild Allgemeiner Vollzugsdienst; in: Blätter für Strafvollzugskunde – Beilagen zum Vollzugsdienst, Heft 1 (1982); S. 1; 1987, S. 5 – 6

Bundesminister der Justiz (Hrsg.): Schlußbericht der Jugendstrafvollzugskommission; Köln, 1980

Bundesregierung: Bericht zur Beurteilung des strafrechtlichen Sanktionensystems; BTag-Drucks. 10/5828 vom 7. 7. 1986; S. 7

Bundeszusammenschluß für Straffälligenhilfe (Hrsg.): Sozialtherapie und sozialtherapeutische Anstalt; Bad Godesberg, 1973

– Sozialtherapeutische Anstalten – Konzepte und Erfahrungen; Bonn/Bad Godesberg, 1977

– Sozialtherapie als kriminalpolitische Aufgabe; Bonn, 1981

Busch, M.: Vergünstigungen im Strafvollzug; in: Rollmann, D. (Hrsg.): Strafvollzug in Deutschland; Frankfurt/M., 1967; S. 84 – 102

– Studentische Mitarbeit im Strafvollzug; in: Neue Praxis, 1 (1971); S. 12 – 18

– Professionelle Sozialarbeit und freiwillige Mitarbeit in der Straffälligenhilfe; in: Niedersächsische Gesellschaft für Straffälligenbetreuung und Bewährungshilfe e.V. (Hrsg.): Freiwillige Mitarbeit in der Straffälligenhilfe und professionelle Sozialarbeit; Hannover, 1980; S. 37 – 51

Callies, R. P./Müller-Dietz, H.: Strafvollzugsgesetz, Kommentar; 4. Aufl., München, 1986

Christi, N.: Limits to pain; Oxford, 1981

Clemmer, D.: The Prison Community; New York, 1958

Cohen, A. K.: Kriminelle Jugend. Zur Soziologie jugendlichen Bandenwesens; Reinbek, 1961

Cornel, H.: Die Geschichte des Jugendstrafvollzugs – Ein Plädoyer für seine Abschaffung; Weinheim, 1984

Cressey, D.: Achievement of an Unstated Organizational Goal; in: Etzioni, A. (Hrsg.): Complex Organisations; New York, 1961; S. 168 – 176

Dagtoglou, P.: Kommentierung zu Art. 17 GG; in: Kommentar zum Bonner Grundgesetz; Hamburg, 1967

Dahs, H.: Kommentierung der §§ 48 – 71 StPO; in: Löwe, E./Rosenberg, W.: Kommentar zur Strafprozeßordnung; 24. Auflage, Berlin/New York, 1985

Deimling, G./Häußling, J. M.: Erziehung und Recht im Vollzug der Freiheitsstrafe; Wuppertal, 1974

Dertinger, C.: Strafvollzug und Strafvollstreckungskammer; in: ZfStrVO 26 (1977); S. 111 – 114

Deutscher Verein für öffentliche und private Fürsorge

(Hrsg.): Die Aufgaben und die Ausbildung ehrenamtlicher Mitarbeiter in der Sozialarbeit; Schrift 237; Frankfurt, 1967

Diakonisches Werk der evangelischen Kirche in Deutschland e.V. (Hrsg.): „Für eine gerechte und menschliche Behandlung straffälliger junger Ausländer"; in: ZfStrVO, 33 (1984); S. 299 – 302

Dickel, F.: Weitere Erhöhung der Wirksamkeit des Strafvollzuges und der Wiedereingliederung strafentlassener Bürger; NJ, 31 (1977); S. 256 – 258

Dolde, G.: Effizienzkontrolle sozialtherapeutischer Behandlung im Vollzug; in: Göppinger, H./Bresser, P. H. (Hrsg.): Sozialtherapie. Grenzfragen bei der Beurteilung psychischer Auffälligkeiten im Strafrecht (Kriminologische Gegenwartsfragen, Heft 15); Stuttgart 1982, S. 47 – 64

– Neuere Forschungsvorhaben zur Sozialtherapie im Strafvollzug der Bundesrepublik Deutschland – ein Überblick und Ergebnisse; in: ZfStrVO, 34 (1985); S. 148 – 154

Dolde, G.: Wissenschaftliche Begleitung des Strafvollzuges unter besonderer Berücksichtigung des kriminologischen Dienstes; in: ZfStrVO, 36 (1967); S. 16 – 23

Dolde, G./ Jehle, J. M.: Wirklichkeit und Möglichkeiten des Kurzstrafenvollzuges; in: ZfStrVO, 25 (1986); S. 95 ff.

Doller, H.: Zwölf Jahre Strafvollstreckungskammer; DRiZ, 1987; S. 264 ff.

Dreher, E./ Tröndle, H.: Strafgesetzbuch und Nebengesetze, Kurzkommentar; 43. Aufl., München, 1986

Driebold, R. (Hrsg.): Strafvollzug. Erfahrungen, Modelle, Alternativen; Göttingen, 1983

– Anforderungen der Berufspraxis an die sozialwissenschaftliche Forschung und die Bedeutung von Restriktionen bei ihrer praktischen Umsetzung im Bereich der Kriminalpolitik und des Strafvollzuges; in: Hohmann, P./ Lange, E./Schneider, H. R. (Hrsg.): Die Praxisrelevanz der Sozialwissenschaften und die Handlungskompetenz von Sozialwissenschaftlern in außeruniversitären Berufsfeldern; Bielefeld, 1984, S. 239 – 248

Driebold, R./ Egg, R./ Nellersen, L./ Quensel, St./ Schmitt, G.: Die sozialtherapeutische Anstalt; Göttingen, 1984

Driest, B.: Die Verrohung des Franz Blum; Reinbek, 1974

Dünkel, F.: Legalbewährung nach sozialtherapeutischer Behandlung; Berlin, 1980

– Zur Situation und der Entwicklung in der Entlassenenhilfe; in: ZfStrVO, 30 (1981); S. 202 – 208

– Die Geschichte des Strafvollzugs als Geschichte von (vergeblichen?) Vollzugsreformen; in: Driebold, R. (Hrsg.): Strafvollzug. Erfahrungen, Modelle, Alternativen; Göttingen 1983; S. 25 – 54

– Möglichkeiten der Fortentwicklung der sozialen Dienste in der Justiz – eine international vergleichende Betrachtung zu Aufgabenstellungen und Organisationsstruktur; in: BewHi, 33 (1986); S. 129.–158

– Die Herausforderung der geburtenschwachen Jahrgänge. Aspekte der Kosten-Nutzen-Analyse in der Kriminalpolitik; Freiburg/Br., 1987

Dünkel, F./ Rosner, A.: Die Entwicklung des Strafvollzuges in der Bundesrepublik Deutschland seit 1970 – Materialien und Analysen; 2. Aufl., Freiburg/Br., 1982

Dünkel, F./ Spiess, G.: Alternativen zur Freiheitsstrafe; Freiburg/Br., 1983

Dürig, G.: Kommentierung zu Art. 17 GG; in: Maunz, Th./Dürig, G./Herzog, R./Scholz, R. (Hrsg.): Kommentar zum Grundgesetz; München, 1986

Dürkop, M./ Hardtmann, G.: Frauen im Gefängnis; Frankfurt a. M., 1978

Egg, R.: Straffälligkeiten und Sozialtherapie – Konzepte, Erfahrungen, Entwicklungsmöglichkeiten; Köln/Berlin/Bonn/München, 1984

Eichhoff, R.: Die Benachteiligung des psychisch kranken Rechtsbrechers im Strafrecht; in: NstZ, 7 (1987); S. 65–67

Eichmüller, P., u. a.: 1975 – ein Jahr Strafvollstreckungskammern; in: BewHi, 23 (1976); S. 283–295

Einsele, H.: Zur Straffälligkeit der Frau; in: MschrKrim 51 (1968); S. 28–79 und S. 339–362

Einsele, H.: Weibliche Kriminalität und Frauenstrafvollzug; in: Sieverts, R./Schneider, H. J. (Hrsg.): Handwörterbuch der Kriminologie, 2. Aufl., 3. Bd.; Berlin, New York 1975; S. 608–656

– Besprechung von A. Wiertz „Strafen, Bessern, Heilen?"; in: ZRP, 16 (1983); S. 111

Einsele, H./ Dupius, H.: Die Mutter-Kind-Situation im Frauengefängnis; in: Dürkop, M./Hardtmann, G. (Hrsg.): Frauen im Gefängnis; Frankfurt a. M., 1978; S. 58–66

Einsele, H./ Maelicke, B., u. a.: Anlaufstelle für straffällig gewordene Frauen. Endbericht der wissenschaftlichen Begleitung; Stuttgart u. a., 1980; (Schriftenreihe des Bundesministers für Jugend, Familie und Gesundheit, Band 90)

Einsele, H./ Rothe, G.: Frauen im Strafvollzug; Reinbek, 1982

Eisenberg, U.: Jugendgerichtsgesetz, 2. Aufl., München 1985 a

– Kriminologie; 2. Aufl., Köln u. a., 1985b

Eisenhardt, Th.: Strafvollzug; Stuttgart, 1978

Evangelische Kirche in Deutschland: Seelsorge in Justizvollzugsanstalten; Gütersloh, 1979

Endruweit, G.: Akkulturationsprobleme der Gastarbeiter und ihre betriebliche Bedeutung; Saarbrücken, 1974

Engel, S. W.: Zur Metamorphose des Rechtsbrechers. Grundlagen einer Behandlungslehre; Stuttgart, 1973

Etzioni, A.: Soziologie der Organisation; München, 1967

Feest, J./Seibert, H.: Kommentierung zu § 171 StrVollzG; in: Wassermann, R. (Hrsg.): Alternativkommentar zum StrafvollzugsG, 2. Aufl., Neuwied/Darmstadt, 1962

Feltes, T.: Alternativen zur Freiheitsstrafe – eine europäische Bestandsaufnahme; in: Sievering, U. O. (Hrsg.): Alternativen zur Freiheitsstrafe; Frankfurt, 1982; S. 28 – 56

Finn, G.: Politischer Strafvollzug in der DDR; Köln, 1981

Fleck, J./ Müller, N./ Bockenberg, E.: Struktur einer Jugendstrafanstalt; in: ZfStrVO, 33 (1984); S. 74 – 81

Försterling, W.: Methoden sozialtherapeutischer Behandlung im Strafvollzug und die Mitwirkungspflicht des Gefangenen; Bochum, 1981

Franke, D.: Die Besetzung der Großen Strafvollstreckungskammern bei der mündlichen Anhörung nach § 454 Abs. 1 S. 3 StPO; in: JZ, 32 (1977); S. 125 – 128

– Rechtsanspruch des Gefangenen auf Maßnahmen der beruflichen Bildung; in: ZfStrVO, 28 (1979); S. 73

Frede, L.: Strafvollzug; in: Handwörterbuch der Kriminologie und der anderen strafrechtlichen Wissenschaften, Bd. 3; 2. Aufl., Berlin, 1975; S. 253 – 268

Garabadian, P. G.: Social Rules in Prison; in: Radzinowicz, L./Wolfgang, M. E. (Hrsg.): Crime and Justice Vol. III; The Criminal in Confinement; New York, 1971; S. 116 – 130

Gareis, B./ Wiesnet, E.: Gefängniskarrieren. Selbstzeugnisse junger Rechtsbrecher; Würzburg, 1973

Garfinkel, H.: Conditions of Successful Degradation Ceremonies; in: American Journal of Sociology, 61 (1956); S. 420 – 424

Garrity, D.L.: The Effects of Length of Incarceration upon Parole Adjustment and Estimation of Optimum Sentence; (unpubl. Ph. D. diss., Dept. of Sociology) University of Washington, Seattle, 1956

Geisler, W.: Prognoseentscheidungen – ein empirisches und entscheidungstheoretisches Problem; in: Gedenkschrift für Hilde Kaufmann; Berlin 1986; S. 253 – 265

Gerke, J.: Anstaltsbeiräte: Erwartungen an die Beteiligung der Öffentlichkeit am Strafvollzug und praktische Erfahrungen in Hamburg – eine empirische Studie; in: Europäische Hochschulschriften, Reihe II, Rechtswissenschaft, Bd. 515, (1986)

Glueck, S./ Glueck, E.: Jugendliche Rechtsbrecher; Stuttgart, 1963

Goffman, E.: Asyle. Über die soziale Situation psychiatrischer Patienten und anderer Insassen; Frankfurt, 1973

– Interaktionsrituale. Über Verhalten in direkter Kommunikation; Frankfurt, 1975

– Wir alle spielen Theater; München/Zürich, 1985

Göppinger, H.: Der Täter in seinen sozialen Bezügen. Ergebnisse aus der Tübinger Jungtäter Vergleichsuntersuchung; Berlin u. a., 1983

Gramatica, F.: Grundlagen der Défense Sociale (2. Teil); in: Kriminologische Schriftenreihe, Hamburg, 1956; S. 202 ff.

Graul, H. J.: Der Strafvollzugsbau einst und heute; Düsseldorf, 1965

Groß, K.-H.: Zum Absehen von der Strafvollstreckung gegenüber Ausländern nach § 456 a StPO; in: Strafverteidiger, 7 (1987); S. 36 – 40

Großkelwing, G.: Zur Standortwahl für den Bau einer neuen Jugendstrafanstalt; in: Tagungsberichte der Jugendstrafvollzugskommission, Bd. 9; Köln, 1980 a, S. 70 – 77

– Gefangenenzentrierte Erziehung – Ein Beitrag zur Personalorganisation in Justizvollzugsanstalten; in: Tagungsbericht der Jugendstrafvollzugskommission, Bd. 8; Köln 1980 b; S. 98 – 112

– Schulische und berufliche Ausbildung; in: Schwind, H.-D./Blau, G. (Hrsg.): Strafvollzug in der Praxis; 1. Aufl., Berlin/New York; 1976, S. 297 – 304

Grunau, Th.: Die Beteiligung des Richters an Entscheidungen nach ausländischem Recht; in: Materialien zur Strafrechtsreform, Bd. 8, 1. Teil; Bonn, 1959; S. 475 ff.

Grunau, Th./ Tiesler, E.: Strafvollzugsgesetz; 2. Aufl., Köln/Berlin/Bonn/ München, 1982

Haas, H.: Insassenkultur und Freizeitsport. Anmerkungen zum Einfluß der subkulturellen Machtordnung auf die Organisation des Freizeitsportes in der JVA Rockenberg; Referat für: International Seminar for the Sociology of Sport; Heidelberg, 2. – 5. Okt. 1975

– Ein Vorschlag zur rechtsverbindlichen Regelung der Entscheidungsbefugnisse der Anstaltspsychologen; in: Mai, K. (Hrsg.): Psychologie hinter Gittern, Probleme psychologischer Tätigkeit im Strafvollzug; Weinheim/Basel, 1981; S. 35 – 47

Hanack, E.W.: Kommentierung zu § 66 StGB; in: Jescheck, H. (Hrsg.): Leipziger Kommentar, Großkommentar zum Strafgesetzbuch; 10. Aufl., Berlin/New York, 1978

Harbordt, S.: Die Subkultur des Gefängnisses. Eine soziologische Studie zur Resozialisierung; 2. Auflage, Stuttgart, 1972

Harrland, H.: Zu einigen Fragen der Strafe und ihrer Wirksamkeit; in: NJ 31 (1977); S. 36 – 39

Hartmann, R.: „Nur" „zwar" oder „auch" – Sozialwissenschaftler in den Organisationen der deutschen Entwicklungspolitik? – Das Beispiel der Deutschen Gesellschaft für Technische Zusammenarbeit (GTZ), Arbeitsschwerpunkt: Handlungsbedingungen und Handlungsspielräume für Entwicklungspolitik, Materialien Nr. 21; Bielefeld, 1986

Häußling, J. M.: Der Bürger als Straffälligenhelfer; in: Bundeszusammenschluß für Straffälligenhilfe (Hrsg.): Gemeinsam den Rückfall verhindern. Bericht über die 10. Bundestagung der Straffälligenhilfe; Bonn, 1976

Havenberg, K. H.: Nur Anstaltsbeiräte dürfen keine Vorurteile haben; in: Herget, W. (Hrsg.): Leben im Knast, die unbekannte Welt von „Santa Fu", Selbstzeugnisse; Hamburg, 1984; S. 150 – 152

Heilemann, M./ Pern, R.: Geschlechtsrollenseminar (GRS). Kann der Vollzug sich das leisten?; in: Auf neuen Wegen, Heft 5 (1985); S. 11 – 21

Heinz, W.: Neue Formen der Bewährung in Freiheit in der Sanktionspraxis der Bundesrepublik Deutschland; in: Festschrift für H. H. Jescheck; Berlin, 1985; S. 955 – 976

Hellmer, J.: Kriminalpädagogik – eine Einführung in die Probleme; Berlin, 1959

– Jugendkriminalität; 4. Aufl., Neuwied/Darmstadt, 1978

Herkert, G.: Freizeitgestaltung im Jugendstrafvollzug; in: Tagungsbericht der Jugendstrafvollzugskommission, Bd. 4; Köln, 1980; S. 1 – 22

Hessischer Minister der Justiz: Beteiligung der Öffentlichkeit am Justizvollzug, Bildung von Anstaltsbeiräten; Runderlaß vom 6. 12. 1978 (4402/2 - IV/2 - 541/78) in: JMBl, 1979; S. 68

– Bericht der Arbeitsgruppe Kriminalpolitik; Wiesbaden, 1987

Heuschkel, Th.: Die Berufsgruppe der Soziologen/Sozialwissenschaftler und ihr Arbeitsfeld innerhalb der psychosozialen Versorgung; in: bds-info (1980), S. 32 – 43

Hilbert, M./Lange, W.: Abkehr von der Behandlungsideologie; in: KrimJ, 5 (1973); S. 52 – 59

Hilkenbach, H.: Schulische und berufliche Bildung im Jugendstrafvollzug; in: Tagungsbericht der Jugendstrafvollzugskommission, Bd. 3; Köln, 1980; S. 1 – 26

Hinz, S.: Gefährlichkeitsprognose im Maßregelvollzug; in: Recht und Psychiatrie, 4 (1986); S. 122 – 127

Hoffmann, E.: Kommentierung zu §§ 151 – 165 StVollzG; in: Wassermann, R. (Hrsg.): Kommentar zum Strafvollzugsgesetz; 2. Aufl., Neuwied/Darmstadt, 1982

Hoffmann, E./Feest, J.: Die „Wende" im Maßregelrecht? Anmerkungen zur Neuregelung der §§ 67 ff. StGB; in: Recht und Psychiatrie 4 (1986); S. 62 – 65

Hohmeier, J.: Aufsicht und Resozialisierung. Empirische Untersuchungen der Einstellungen von Aufsichtsbeamten und Insassen im Strafvollzug; Stuttgart, 1973

Hood, R./Sparks, R.: Kriminalität. Verbrechen, Rechtsprechung, Strafvollzug; München, 1970

Hoppensack, H.-Chr.: Über die Strafanstalt und ihre Wirkung auf Einstellung und Verhalten von Gefangenen; unter anderem dargestellt anhand einer Untersuchung in den Strafanstalten Bremen-Oslebshausen im Jahre 1965; 2. Aufl., Göttingen, 1969

Horstkotte, H.: Kommentierung zu § 67 d StGB; in: Jescheck, H. H. (Hrsg.): Leipziger Kommentar, Großkommentar zum Strafgesetzbuch; 10. Aufl., Berlin/New York, 1978

Hummell, H.-J./Opp, K.-D.: Die Reduzierbarkeit von Soziologie auf Psychologie; Braunschweig, 1971

Irwin, J./Cressey, D. R.: Thieves, Convicts and the Inmate Culture; in: Social Problems, Vol. 10 (1962); S. 142 – 155

Ittel, W.: Kommentierung zu § 10 StVollzG; in: Schwind, H.-D./Böhm, A. (Hrsg.): Strafvollzugsgesetz, Großkommentar; Berlin/New York, 1983

Jescheck, H. H.: Die Freiheitsstrafe und ihre Surrogate in rechtsvergleichender Darstellung; in: Jescheck, H. H. (Hrsg.): Die Freiheitsstrafe und ihre Surrogate im deutschen und ausländischen Recht; Baden-Baden, 1983; S. 1940 – 2172

Joester, E.: Kommentierung zu §§ 11 – 14 StVollzG; in: Wassermann, R. (Hrsg.): Alternativkommentar zum Strafvollzugsgesetz; 2. Aufl., Neuwied/Darmstadt, 1982

Johnston, N./ Savitz, L./ Wolfgang, M. E. (Hrsg.): The Sociology of Punishment and Correction; 2nd ed., New York u. a., 1970

Jugenstrafvollzugskommission: Schlußbericht; Köln, 1980

Julius, N. H.: Vorlesungen über die Gefängniskunde; Berlin, 1828

Justizministerium Baden-Württemberg: Das soziale Training im Strafvollzug; Stuttgart, 1982

Justizministerium Niedersachsen (Hrsg.): Praxis des sozialen Trainings; Hannover, 1986 a

– Rechtstatsächliche Untersuchungen aus Niedersachsen zu Strafvollzug und Bewährungshilfe; Hannover, 1986 b

Kahlau, F./ Denig, R.: Zwischenbericht über das Forschungsprojekt „Effizienzkontrolle sozialtherapeutischer Maßnahmen" in Nordrhein-Westfalen; in: ZfStrVO, 36 (1987); S. 79 – 82

Kaiser, G.: Begriff, Entwicklung und Ziel des Strafvollzuges; in: Kaiser, G./Schöch, H./Eidt, H. H./Kerner, H. J.: Strafvollzug; Karlsruhe, 1974; S. 1 – 56

– Professorenstreitfall; in: Kaiser, G./Schöch, H. (Hrsg.): Kriminologie, Jugendstrafrecht, Strafvollzug; 2. Aufl., München, 1982; S. 12 – 16

– Strafvollzug im europäischen Vergleich; Darmstadt, 1983

– Strafvollzug im internationalen Vergleich; in: Gedächtnisschrift für Hilde Kaufmann; Berlin u. a., 1986; S. 599 – 621

– Abolitionismus – Alternative zum Strafrecht?; in: Festschrift für Karl Lackner; Berlin u. a., 1987 a; S. 1027 – 1046

– Das deutsche Strafvollzugsgesetz in international vergleichender Sicht; in: ZfStrVO, 36 (1987 b); S. 24 – 31

Kaiser, G./ Dünkel, F./ Ortmann, R.: Die sozialtherapeutische Anstalt – das Ende einer Reform?; in: ZRP, 15 (1982); S. 198 – 207

Kaiser, G./ Kerner, H. J./ Schöch, H.: Strafvollzug. Eine Einführung in die Grundlagen; 3. Aufl., Heidelberg, 1982

Kammeier, H.: Behandlung im Maßregelvollzug. Probleme und Tendenzen; in: Dörner, K. (Hrsg.): Behandeln oder Handeln in der Psychiatrie – Woraus besteht der psychiatrische Alltag; 33. Gütersloher Fortbildungswoche 1981; Rehburg/Loccum, 1982; S. 67 – 89

– Zur Weiterentwicklung des Maßregelvollzugs – Aspekte sozialethischer und rechtspolitischer Überlegungen; in: Blau, G./Kammeier, H. (Hrsg.): Straftäter in der Psychiatrie. Situation und Tendenzen des Maßregelvollzuges; Stuttgart, 1984; S. 192–216

– Forensische Psychiatrie. Die Produktion des „Normalen"?; in: Das überholte Gefängnis, Vorgänge, 79 (1986 a); S. 66–72

– Die Kontakt- und Beratungsstelle für forensische Psychiatrie Lippstadt; Ein Vortrag auf der 40. Arbeitssitzung der Psychiatriereferenten aus Bund und Ländern, gehalten am 18. 9. 1986 b in Düren; (bisher unveröffentlicht)

– Wohin entwickelt sich der Maßregelvollzug?; in: Kammeier, H./Schumann, V. (Hrsg.): Wiedereingliederung psychisch kranker Rechtsbrecher, Tagungsbericht; Lippstadt, 1987 a; S. 103–121

– Bringen psychiatrische Patienten mit ihrem Freiheitsentzug ein Opfer für die Gemeinschaft, das Ansprüche auf soziale Entschädigung auslöst?; in: Dörner, V. (Hrsg.): Neue Praxis braucht neue Theorien, 38. Gütersloher Fortbildungswoche 1986; Gütersloh, 1987 b; S. 107–119

– Der Vollzug der freiheitsentziehenden Maßregeln der Besserung und Sicherung gemäß §§ 63, 64 StGB in einem Psychiatrischen Krankenhaus und in einer Entziehungsanstalt; in: Hamm, R./Lohberger, I. (Hrsg.): Beck'sches Formularbuch für Strafverteidiger; München, 1987 c

Kammeier, H./Schumann, V. (Hrsg.): Wiedereingliederung psychisch kranker Rechtsbrecher; Tagungsbericht zur forensischen Psychiatrie vom 27. und 28. 2. 1986; Lippstadt, 1987

Katein, E./Kury, H./Waldert, H.: Organisationsstrukturen und therapeutische Orientierung im Strafvollzug – eine empirische Untersuchung; in: MschrKrim, 69 (1986); S. 210–220

Kaufmann, H.: Kriminologie III, Strafvollzug und Sozialtherapie, Stuttgart, 1977

Kech, H.: Gegenwartsfragen des Strafvollzugs in Deutschland; (Diss. jur.) Freiburg, 1957

Kerner, H. J.: Strafvollzug als Prozeß; in: Kaiser, G./Schöch, H./Eid, H. H./Kerner, H. J. (Hrsg.): Strafvollzug – Eine Einführung in die Grundlagen; Karlsruhe, 1974; S. 157–253

– Insassen des Strafvollzugs und Strafvollzug als Prozeß; in: Kaiser, G./Kerner, H. J./Schöch, H.: Strafvollzug, 2. Aufl., Heidelberg, 1978; S. 191–330

Kirn: Criminal-Psychologie in ihrer Beziehung zum Gefängniswesen; in: Holzendorff, F. v./Jagemann, E. v. (Hrsg.): Handbuch des Gefängniswesens, Bd. 1; Hamburg, 1888; S. 35–55

Klare, H. J.: Die Stellung des freiwilligen Helfers in der Fürsorge für entlassene Gefangene im Vereinigten Königreich; in: Busch, M./Edel, E. (Hrsg.): Erziehung zur Freiheit durch Freiheitsentzug; Neuwied/Berlin, 1969; S. 273–279

Kleinknecht, T.: Führungsaufsicht; in: Schwind, H.-D./Blau, G. (Hrsg.): Strafvollzug in der Praxis; 1. Aufl., Berlin/New York, 1976; S. 408–421

Kleinknecht, T./Meyer, K.: Strafprozeßordnung, Gerichtsverfassungsgesetz, Nebengesetze und ergänzende Bestimmungen; 37. Aufl., München, 1985

Klingemann, H.: Die kulturelle Übertragungstheorie als Erklärungsmodell der Insassensubkultur im Strafvollzug; in: Zeitschrift für Soziologie, 4 (1975); S. 183 – 199

Koch, H./ Rassow, P. u. a.: Gottesdienst im Gefängnis, Erfahrung – Orientierung – Konkretionen; in: Praxis Gefängnisseelsorge, Bd. 1; Hannover, 1984

Kretz, H.: Sozialtherapeutische Anstalt aus ärztlicher Sicht; in: Schwind, H.-D./Blau, G. (Hrsg.): Strafvollzug in der Praxis; 1. Aufl., Berlin/New York, 1976; S. 77 – 87

Koppe, H.: Lernen mit jungen Gefangenen – Ein pädagogischer Erlebnisbericht; in: Auf neuen Wegen, Heft 5 (1985); S. 21 – 36

Koepsel, K.: 10 Jahre Einweisungsanstalt Hagen/Westfalen – Besondere Probleme zentraler Diagnose-Zentren; in: ZfStrVO, 31 (1982); S. 195 – 199

– Behandlungsuntersuchungen (§ 6 StVollzG) bei ausländischen Strafgefangenen. Erfahrungen aus der westfälischen Einweisungsanstalt Hagen; in: ZfStrVO, 32 (1983 a); S. 200 – 205

– Kommentierung zu § 152 StVollzG Anm 14; in: Schwind, H.-D./Böhm, A. (Hrsg.): Strafvollzugsgesetz; Berlin/New York, Stand 1983 b

Kovel, J.: Kritischer Leitfaden der Psychotherapie; Frankfurt/M., 1984

Kräupl, G./ Reuter, L.: Wirksamkeit strafrechtlicher Wiedereingliederungsmaßnahmen; in: Neue Justiz, 38 (1984); S. 82 – 85

Krebs, A.: Die Durchführung der Kontrollratsdirektive Nr. 19 in den vier Besatzungszonen Deutschlands, insbesondere in der US-Zone; in: ZfStrVO, 1 (1950); S. 17 – 29

– Behandlungsziele des Vollzugs der Freiheitsstrafe in Deutschland seit der Aufklärung; in: Deimling, H./Häußling, J. M. (Hrsg.): Erziehung und Recht im Vollzug der Freiheitsstrafe; Wuppertaler Beiträge; Wuppertal, 1 (1974); S. 89 – 103

– Nichtdeutsche im bundesdeutschen Strafvollzug; in: Schwind, H.-D./ Blau, G. (Hrsg.): Strafvollzug in der Praxis; 1. Aufl., Berlin/New York, 1976; S. 343 – 349

– Freiheitsentzug; Berlin 1978 „Gefängnisgesellschaft" und „Anstaltsbeiräte" – Eine geschichtliche Betrachtung in: Niedersächsische Gesellschaft für Straffälligenbetreuung und Bewährungshilfe e.V. (Hrsg.): Freiwillige Mitarbeit in der Straffälligenhilfe und professionelle Sozialarbeit; Hannover, 1980; S. 105 – 120

– Der Anstaltsbeirat (§§ 162 – 165 StVollzG). Eine sozialgeschichtliche Studie über das Mitwirken gesellschaftlicher Kräfte bei dem staatlichen Vollzug der Freiheitsstrafe; in: Festschrift für Dünnebier, H.; Berlin/New York, 1982; S. 707 – 727

– Die Verhandlungen der ersten internationalen Versammlung für Gefängniswesen, zusammengetreten September 1846 in Frankfurt am Main; in: Festschrift für G. Blau; Berlin, 1985; S. 629 – 650

– Denkweisen von Poenologen über die Einzelhaft um die Mitte des XIX. Jahrhunderts; in: Gedächtnisschrift für H. Kaufmann; Berlin u. a., 1986; S. 475 – 492

Kreissl, R.: Soziologie und soziale Kontrolle. Die Verwissenschaftlichung des Kriminaljustizsystems; München, 1986

Kreutzer, A.: Drogenabhängigkeit und Kontrolle; Wiesbaden, 1981

– Gefängnisüberfüllung – eine kriminalpolitische Herausforderung; in: Festschrift für G. Blau; Berlin u. a., 1985; S. 459 – 486

Krohne, K.: Lehrbuch der Gefängniskunde unter Berücksichtigung der Kriminalstatistik und Kriminalpolitik; Stuttgart, 1889

Krüger, U.: Gefangene Mütter – bestrafte Kinder; Neuwied, 1982

Kruse, H. J.: Sonderschüler im Bremer Jugendvollzug – für Berufsausbildung ungeeignet?; in: Zeitschrift für Sonderpädagogik, 1 (1987); S. 29–35

Kunz, K.-L.: Die kurzfristige Freiheitsstrafe und die Möglichkeiten ihres Ersatzes, in: SchwzZ Strafr, 103 (1986); S. 182–214

Kunze, R.: Fallstudie Volker H.; in: MschrKrim, 58 (1975); S. 197–206

Kury, H.: Verhaltenstherapie bei Delinquenten – unter besonderer Berücksichtigung des Trainings sozialer Fähigkeiten; in: Lösel, F. (Hrsg.): Kriminalpsychologie. Grundlagen und Anwendungsbereiche; Weinheim/Basel, 1983 a; S. 259–271

Kury, H. (Hrsg.): Methodische Probleme der Behandlungsforschung; Köln u. a., 1983 b

– Ambulante Maßnahmen zwischen Hilfe und Kontrolle; (Interdisziplinäre Beiträge zur kriminologischen Forschung, Bd. 7); Köln u. a., 1984

Kury, H.: Behandlungsforschung; in: Kaiser, G./Kerner, H. J./Sack, F./Schellhass, H. (Hrsg.): Kleines kriminologisches Wörterbuch; 2. Aufl., Heidelberg, 1985; S. 48–57

Kury, H./Fenn, R.: Probleme und Aufgaben für den Psychologen im behandlungsorientierten Strafvollzug; in: Psychologische Rundschau, 28 (1977 a); S. 190–203

– Praxisbegleitende Erfolgskontrolle sozialtherapeutischer Behandlung; in: MschKrim, 60 (1977 b); S. 227–242

Lammich, S.: Das Strafensystem und die Strafpolitik in der DDR und in anderen sozialistischen Ländern; in: Recht in Ost und West, 25 (1981 a); S. 141–154

– Das polnische Strafvollstreckungsgesetzbuch; Berlin, 1981 b

– Die Freiheitsstrafe und ihre Surrogate in der DDR; in: Jescheck, H. H. (Hrsg.): Die Freiheitsstrafe und ihre Surrogate im deutschen und ausländischen Recht, Bd. 16.1; Baden-Baden, 1983; S. 79–155

Lamott, F.: Zur Heilungsideologie des Strafvollzugs; in: Kritische Justiz, 15 (1982); S. 79 ff.

Landesarbeitsamt Niedersachsen: Jahrestagungen zu Bildungsfragen in Vollzugsanstalten gemeinsam mit den Justizvollzugsämtern Celle und Bremen sowie den Arbeitsberatern der örtlichen Arbeitsämter und den Bildungsbeauftragten der Vollzugsanstalten; unveröffentlichte Tagungsprotokolle; Hannover 1982–1986

Lange, E.: Zur Entwicklung und Methodik der Evaluationsforschung in der Bundesrepublik Deutschland; in: Zeitschrift für Soziologie 12 (1983); S. 253–270

Leygraf, N.: Psychiatrischer Maßregelvollzug: Epidemiologie und aktuelle Praxis; Vortrag auf dem DGPN-Kongreß in Bayreuth 1986; (erscheint im DGPN-Kongreßband, Heidelberg, 1987)

Leygraf, N./Heinz, G.: Stationäre psychiatrische Behandlung psychisch kranker Straftäter; in: Blau, G./Kammeier, H. (Hrsg.): Straftäter in der Psychiatrie: Situation und Tendenzen des Maßregelvollzugs; Stuttgart, 1984; S. 44–57

Lipton, D./Martinson, R./Wills, I.: The Effectiveness of Correctional Treatment; New York, 1975

Löwe, E./Rosenberg, W.: Die Strafprozeßordnung und das Gerichtsverfassungsgesetz, Großkommentar, 24. Aufl., Berlin/New York, 1985

Loos, E.: Die offene und halboffene Anstalt im Erwachsenenstraf- und Maßregelvollzug. Stuttgart 1970

Lüdemann, R.: Fortschreibung seelsorgerischer Praxis in der Jugendanstalt Hameln; in: Auf neuen Wegen, Heft 4 (1984), S. 34 – 45

Luhmann, N.: Macht, Stuttgart 1975

Maekel, W.B.: Anmerkungen zum richterlichen Rechtsschutz im Strafvollzug; in: DÖV, 1970; S. 459 – 464

Maelicke, B.: Möglichkeiten und Grenzen der Resozialisierung; in: ZfStrVO, 24 (1975); S. 198 – 203

– Entlassung und Resozialisierung; Karlsruhe, 1977

– Freie und ambulante Straffälligenhilfe als Alternative zur Freiheitsentziehung; in: BewHi, 29 (1982); S. 5 – 14

– Brauchen wir ein Bundesresozialisierungsgesetz?; in: ZRP, 19 (1986); S. 203 – 205

Maelicke, B./Simmedinger, R.: Wirkungsweise und Wirksamkeit von zentralen Beratungsstellen für Personen mit besonderen sozialen Schwierigkeiten; Stuttgart u. a., 1984

– Fortentwicklung der sozialen Dienste in der Justiz; Frankfurt, 1987

Maetze, M.: Der Soziologe im Strafvollzug; in: Höhmann, P./Lange E./Schneider, H.R. (Hrsg.): Die Praxisrelevanz der Sozialwissenschaften und die Handlungskompetenz von Sozialwissenschaftlern in außeruniversitären Berufsfeldern; Bielefeld, 1984; S. 260 – 266

Mai, K. (Hrsg.): Psychologie hinter Gittern. Probleme psychologischer Tätigkeit im Strafvollzug; Weinheim/Basel, 1981

Marks, E.: Freie Helfer im Vollzug; in: ZfStrVO, 33 (1984); S. 82 – 92

Matthias, F.: Im Gefängnis ist alles anders. Ein Bericht; Frankfurt, 1956

Mattick, H. W.: The Prosaic Sources of Prison Violence, No. 3, Occasional Papers from the Law School; Chicago (University of Chicago), 1972

Mayntz, R.: Soziologie der Organisation; 2. Aufl, Reinbek, 1967

Mertzlin, K.: Soziologie in der außeruniversitären Praxis am Beispiel eines sozialpsychiatrischen Modellprojektes; in: Sozialwissenschaften und Berufspraxis, 7 (1984); S. 78 – 87

Mey, H.-G./Schmidt, H.-W.: Die Planung der Behandlung im Jugendstrafvollzug – Vollzugs- und Behandlungsplan – (Durchführung und Fortschreibung); in: Tagungsbericht der Jugendstrafvollzugskommission, Bd. 6; Köln, 1980; S. 37 – 88

Meyer, E.: Kommentierung zu § 80 StVollzG; in: Schwind, H.-D./Böhm, A. (Hrsg.): Strafvollzugsgesetz. Großkommentar; Berlin/New York; Stand 1983

Meyer, K.: Zehn Jahre Strafvollzugsgesetz – Das Gesetz im Rückblick; in: ZfStrVO, 36 (1987); S. 4 – 10

Michelitsch-Traeger, I.: Krisenintervention; in: Mai, K. (Hrsg.): Psychologie hinter Gittern. Probleme psychologischer Tätigkeit im Strafvollzug; Weinheim/Basel, 1981; S. 49 – 84

Mittermaier, W.: Gefängniskunde. Ein Lehrbuch für Studium und Praxis; Berlin/Frankfurt/M., 1954

Moers, K. J.: Das Freizeitproblem im deutschen Erwachsenenvollzug; Stuttgart, 1969

Mrozynski, P.: Zur Frage der Arbeitslosenversicherungspflicht der im Maßregelvollzug Untergebrachten; in: ZfStrVO, 35 (1986 a); S. 288 – 298

– Sozialrechtliche Fragen der Eingliederung psychisch kranker Rechtsbrecher in das Erwerbsleben; in: Förderkreis Sozialpsychiatrie Lippstadt e.V. (Hrsg.): Rechtsgutachten; Lippstadt, 1986 b; S. 288 – 290

Müller-Dietz, H.: Zum Bild des Strafvollzugs in der modernen Literatur; in: ZfStrVO, 18 (1969); S. 31 – 45

– Wege zur Strafvollzugsreform; Berlin, 1972

– Die Entwicklung des deutschen Strafvollzugsrechts seit Inkrafttreten des RStGB von 1871; in: Maurach, R./Behrendt, E. (Hrsg.): Strafvollzug. Wahlfachexaminatorium 3; Karlsruhe, 1973; S. 37 – 49

Müller-Dietz, H. (Hrsg.): Kriminaltherapie heute; Berlin u. a., 1974

Müller-Dietz, H.: Empirische Forschung und Strafvollzug; Frankfurt, 1976

– Strafvollzug und freie Wohlfahrtspflege; in: Archiv für Wissenschaft und Praxis der sozialen Arbeit, 2 (1977); S. 105 – 126

– Grundlagen des strafrechtlichen Sanktionensystems; Hamburg, 1979

– Zur Problematik ehrenamtlicher Hilfe im Strafvollzug; in: Erwachsenenbildung, 26 (1980); S. 96 ff.

– Die Strafvollstreckungskammer – Konzeption und Funktion eines vollzugsnahen Gerichts; in: Jura, 3 (1981); S. 57 – 65, S. 113 – 125

– Anmerkung zu Schaefer/Sievering (Ausländerrecht contra Resozialisierung?); in: ZfStrVO, 34 (1985 a); S. 168

– Anmerkung zu Wanzura (Moslems im Strafvollzug, Altenberge, 1982); in: ZfStrVO, 24 (1985 b); S. 168 ff.

– Die Strafvollstreckungskammer als besonderes Verwaltungsgericht; in: Festschrift 150 Jahre Landgericht Saarbrücken; Saarbrücken, 1985 c; S. 335 – 354

– Gefangenenmitverantwortung; in: Kaiser, G./Kerner, H. J./Müller-Dietz, H. (Hrsg.): Einführung und Fälle zum Strafvollzug; Heidelberg 1985 d; S. 180 – 198

– Probleme der Strafvollzugsvergleichung; in: Festschrift für G. Blau; Berlin u. a.; 1985 e; S. 515 – 535

– 10 Jahre Strafvollzugsgesetz. Bilanz und Perspektive; in: BewHi 33 (1986); S. 331 – 360

Müller-Friche, Ch.: Zur Arbeit in der Drogenabteilung in der Jugendanstalt Hameln; in: Der Weg, 18 (1985); S. 12 – 15

Münchbach, H.-J.: Strafvollzug und Öffentlichkeitsarbeit mit besonderer Berücksichtigung der Anstaltsbeiräte; Stuttgart, 1973

Muntau, J.: Strafvollzug und Gefangenenfürsorge im Wandel der Zeit; Celle, 1961

Nährich, W.-P.: Zur Situation ausländischer Strafgefangener in deutschen Vollzugsanstalten; in: ZfStrVO, 24 (1975); S. 145 – 152

Nass, G.: Kriminalpädagogik; Berlin, 1959

Nedopil, N.: Kriterien der Kriminalprognose bei psychiatrischen Gutachten. Eine Bestandsaufnahme aufgrund praktischer Erfahrungen; in: Forensia, 7 (1986); S. 167 – 183

Neu, G.: Die Sicherungsverwahrung nach der Strafrechtsreform; (Diss. jur.) Münster, 1976

Neuland, G.: Untersuchungen zum Problem der Wirksamkeit von Erziehungsmethoden des Jugendstrafvollzuges; in: Nass, G. (Hrsg.): Forschungsbeiträge zur forensischen Psychologie, Heft 2, Prognose und Bewährung; Berlin, 1966; S. 40 – 58

– Anregungen durch Dr. Isemanns Heilpädagogik; in: Isemann, K.: Arzt und Heilpädagoge; Neuburgweier/Karlsruhe, 1968; S. 126 – 132

Northoff, R.: Strafvollstreckungskammer – Anspruch und Wirklichkeit; Bonn/Bad Godesberg, 1985

Oberheim, R.: Gefängnisüberfüllung; in: ZfStrVO, 34 (1985 a); S. 15 – 22

– Gefängnisüberfüllung; Frankfurt/M. u. a., 1985 b

Orlowsky, W.: Aufgaben und Stellung der freiwilligen Betreuer im Jugendstrafvollzug; in: ZfStrVO, 28 (1979); S. 26 – 34

Ortner, H.: Hinter Schloß und Riegel; Frankfurt, 1983

Ossowski, L.: Zur Bewährung ausgesetzt. Bericht über Versuche kollektiver Bewährungshilfe; München, 1972

Ostermeyer, H.: Mordversuch in der Bewährungshilfe; in: Vorgänge, 14 (1975), Heft 3; S. 2 – 3

Otto, M.: Praxis des sozialen Trainings; in: Nds. Ministerium der Justiz (Hrsg.), Hannover, 1986

Pädagogische Arbeitsstelle des deutschen Volkshochschulverbandes (Hrsg.): Entwicklung und Unterstützung von Maßnahmen zur muttersprachlichen Alphabetisierung an Volkshochschulen; in: Information zur Alphabetisierung in der Erwachsenenbildung. Projektberichte, Heft 5; Frankfurt, 1984

Perrow, Ch.: Reality Shock. A New Organisation Confronts the Custody-Treatment Dilemma; in: Social Problems, 10 (1962); S. 374 – 382

Peters, K.: Grundprobleme der Kriminalpädagogik; Berlin, 1960

– Der Auftrag des Gesetzgebers an die Strafvollstreckungskammer; in: GA, 4 (1977); S. 97 – 110

– Strafprozeß; 4. Aufl., Heidelberg, 1985

Pingel, F.: Häftlinge unter SS-Herrschaft. Widerstand, Selbstbehauptung und Vernichtung im Konzentrationslager; Hamburg, 1978

Popitz, H.: Prozesse der Machtbildung; Tübingen, 1968

Quensel, S.: Kann die Jugendstrafanstalt resozialisieren? Hindernisse und Voraussetzungen einer Therapie; in: Wege zum Menschen. Monatszeitschrift für Arzt und Seelsorger, Erzieher, Psychologen und soziale Berufe, 5 (1968); S. 174 – 182

Rasch, W. (Hrsg.): Forensische Sozialtherapie – Erfahrungen in Düren; Karlsruhe/Heidelberg, 1977

Rasch, W.: Zur Praxis des Maßregelvollzugs. Verhalten in der Institution als Basis der Prognosebeurteilung; in: Eisenbach-Stangel, J./Stangel, W. (Hrsg.): Grenzen der Behandlung; Opladen, 1984; S. 128 – 138

– Die Prognose im Maßregelvollzug als kalkuliertes Risiko; in: Festschrift für Günter Blau; Berlin, 1985; S. 309 – 325

– Forensische Psychiatrie; Stuttgart, 1986

Rassow, P.: Kommentierung zu § 53 StVollzG; in: Schwind, H.-D./Böhm, A. (Hrsg.): Strafvollzugsgesetz. Großkommentar; Berlin/New York, 1983; Stand 1983

Rehborn, G.: Katholische Seelsorge in den Justizvollzugsanstalten der Bundesrepublik Deutschland mit Berlin (West); Hamm, 1978

Rehn, G.: Rückfall nach Sozialtherapie. Vergleichende Untersuchung aus drei Hamburger Justizvollzugsanstalten; in: MschrKrim, 62 (1979); S. 357 – 365

Rendtorff, T.: Die Begründung des weltlichen Strafrechts in der theologischen Ethik seit Schleiermacher; in: Dombois, H.: Die weltliche Strafe in der evangelischen Theologie; Witten, 1959; S. 9 – 97

Reusche, F.: Gefängnisstudien; Leipzig, 1894

Rittmann, D.: Die Aufgaben der Strafvollstreckungskammer nach Anordnung der Unterbringung; in: Blau, G./Kammeier, H. (Hrsg.): Straftäter in der Psychiatrie. Situation und Tendenzen des Maßregelvollzuges; Stuttgart, 1984; S. 162 – 191

Roebuck, J.: A Critique of „Thieves, Convicts and the Inmate Culture"; in: Social Problems, 11 (1963); S. 193 – 200

Rollmann, D. (Hrsg.): Strafvollzug in Deutschland – Situation und Reform; Frankfurt/M., 1967

Roosenberg, A. M.: Psychotherapeutische Erfahrungen an Strafgefangenen; in: Bitter, W. (Hrsg.): Verbrechen – Schuld oder Schicksal? Zur Reform des Strafwesens. Ein Tagungsbericht; Stuttgart, 1969; S. 88 – 101

Rotthaus, K.P.: Erfahrungen mit dem Strafvollzug bei ausländischen Verurteilten und der Behandlung ausländischer Untersuchungsgefangener; in: ZfStrVO, 17 (1968); S. 353 – 367

– Die Ausbildung der Vollzugsbediensteten für den Umgang mit schwierigen Gefangenen; in: MschKrim, 53 (1970); S. 120 – 130

– Sozialtherapie in der Dr. van der Hœven Klinik in Utrecht; in: MschKrim, 58 (1975); S. 83 – 94

– Sozialtherapie in der Justizvollzugsanstalt Gelsenkirchen; in: ZfStrVO, 30 (1981); S. 323 – 333

– Kommentierung zu § 155 StVollzG, in: Schwind, H.-D./Böhm, A. (Hrsg.): Strafvollzugsgesetz. Großkommentar; Berlin/New York, 1983

– Die Zusammenarbeit zwischen Justizvollzugsanstalt und Strafvollstreckungskammer; in: FS für G. Blau; Berlin/New York 1985; S. 327 – 339

– Aufgaben und Arbeitsweise der Justizvollzugsämter in Nordrhein-Westfalen; in: Gedächtnisschrift für Hilde Kaufmann; Berlin u. a., 1986 a; S. 623 – 635

– Kriminologische Forschung und Strafvollzugspraxis; in: Jehle, I. M./Egg, R. (Hrsg.): Anwendungsbezogene Kriminologie zwischen Grundlagenforschung und Praxis; Wiesbaden 1986 b; S. 105 ff.

– Sozialtherapie – Wie soll es weitergehen?; in: ZfStrVO, 35 (1986 c); S. 79 – 80

– Die Bedeutung des Strafvollzugsgesetzes für die Reform des Strafvollzuges; in: NStZ, 7 (1987); S. 1 – 5

Rühmkorf, E.: Forschung und Praxis im Strafvollzug; in: KrimJ, 5 (1973); S. 213 – 219

Rüping, H.: Verfassungs- und Verfahrensrechte im Grundsatz des rechtlichen Gehörs; in: NVwZ, 1985; S. 304 – 309

Sack, F.: Die Idee der Subkultur: Eine Berührung zwischen Anthropologie und Soziologie; in: Kölner Zeitschrift für Soziologie und Sozialpsychologie, 23 (1971); S. 261 – 282

– Neue Perspektiven der Kriminologie; in: Sack, F./König, R. (Hrsg.): Kriminalsoziologie; Frankfurt/M., 1974; S. 431 – 476

Sagebiel, F.: Zur Sicherung einer therapeutisch orientierten Organisationsstruktur für sozialtherapeutische Anstalten; Göttingen, 1979

Schädler, W.: Der „Weiße Fleck" im Sanktionssystem – Ein Beitrag zur Diskussion um Geldstrafe, freie Arbeit und Ersatzfreiheitsstrafe; in: ZRP, 18 (1985); S. 186 – 192

Schäfer, K.: Kommentierung zu § 78 a und § 78 b GVG; § 462 a StPO; in: Löwe, E./Rosenberg, W. (Hrsg.): Kommentar zur Strafprozeßordnung; 23. Aufl., Berlin/New York, 1978

Schäfer, K. H.: Straffällig gewordene Ausländer zwischen resozialisierendem Behandlungsvollzug und ausländerrechtlicher Gefahrenvorsorge; in: Schäfer,

K. H./Sievering, U. O. (Hrsg.): Ausländerrecht contra Resozialisierung? Beiträge zur Problematik straffällig gewordener Ausländer in der Bundesrepublik Deutschland; (Arnholdshainer Texte, Bd. 21); Frankfurt/M., 1984; S. 88 – 104

Schäfer, K. H.: Anstaltsbeiräte – die institutionalisierte Öffentlichkeit? Eine empirische Untersuchung über die Tätigkeit der Anstaltsbeiräte an den hessischen Vollzugsanstalten; Beiträge zur Strafvollzugswissenschaft Bd. 29; Heidelberg, 1987

Schäfer, K. H./Sievering, U. O. (Hrsg.): Ausländerrecht contra Resozialisierung? Beiträge zur Problematik straffällig gewordener Ausländer in der Bundesrepublik Deutschland; (Arnholdshainer Texte, Bd. 21); Frankfurt/M., 1984

Schaffner, P./Kneip, W.: Fühlt sich der Ausländer in der Haft als Gefangener zweiter Klasse? Ergebnisse einer Fragebogenuntersuchung bei Strafgefangenen der Vollzugsanstalt Mannheim; in: ZfStrVO, 32 (1983); S. 259 – 265

Schaffstein, F.: Jugendstrafrecht; 9. Aufl., Stuttgart/Bonn/Köln/Mainz, 1987 a

– Die strafrechtliche Verantwortlichkeit Vollzugsbediensteter für den Mißbrauch von Vollzugslockerungen; in: Festschrift für Karl Lackner; Berlin u. a., 1987 b; S. 795 – 813

Schaller, S./Schmidtke, A.: Probleme und Möglichkeiten einer Zusammenarbeit von Forschung und Praxis im Bereich der Strafvollzugspsychologie; in: Mai, K. (Hrsg.): Psychologie hinter Gittern; Weinheim/Basel, 1981; S. 125 – 154

Schattke, H.: Die Geschichte der Progression im Strafvollzug und der damit zusammenhängenden Vollzugsziele in Deutschland; Frankfurt, 1979

Scheu, W.: Verhaltensweisen deutscher Strafgefangener heute; Kriminologische Studien, Bd. 6; Göttingen, 1972

Schibol, P./Senff, B.: Anstaltsbeiräte – Aufgaben und Funktion; in: ZfStrVO, 35 (1986); S. 202 – 210

Schmidt, E.: Zuchthäuser und Gefängnisse; 1. Aufl., Göttingen, 1960

Schneider, H. J.: Kriminologie; Berlin/New York, 1987

Schneider, H. R.: Sozialwissenschaftler in Berufsfeldern sozialer Problemintervention; Bielefeld, 1984

– Soziale Probleme und Probleminterventionen als Bezugsrahmen angewandter Soziologie; in: Sozialwissenschaften und Berufspraxis, 8 (1985); S. 19 – 60

Schöch, H.: Wird in der Bundesrepublik zu viel verhaftet?; in: Festschrift für K. Lackner; Berlin u. a., 1987; S. 991 – 1008

Schöch, H. u. a.: Rettet die Sozialtherapeutische Anstalt als Maßregel der Besserung und Sicherung!; in: ZRP, 15 (1982); S. 207 – 212

Scholz, R.: 10 Jahre Strafvollzugsgesetz; in: BewHi, 33 (1986); S. 361 ff.

Schomburg, W.: Vollstreckungshilfe durch ausländische Staaten. Anmerkung zu BGH, Beschluß v. 10. 10. 1985 – 4 ARs 18/85 in: NStZ, 6 (1986); S. 78 – 79

Schorsch, E. et al.: Perversion als Straftat. Dynamik und Psychotherapie; Berlin, 1985

Schrag, C. C.: Social Types in a Prison Community; unpubl. M. A. thesis, University of Washington, Seattle, 1944

Schroeder, F. Ch.: Tendenzen in der Strafzumessung der DDR; in: Recht in Ost und West, 30 (1986); S. 338 ff.

– Widerspruch im Sozialismus?; in: FAZ v. 6. 1. 1987; S. 8

Schüler-Springorum, H.: Strafvollzug im Übergang; 1. Aufl., Göttingen, 1969

– Was stimmt nicht mit dem Strafvollzug?; Hamburg, 1970

– Das Strafvollzugsgesetz – nicht Schlußpunkt, sondern Beginn eines justiz- und gesellschaftspolitischen Prozesses; in: Evangelische Akademie Bad Boll, Protokolldienst 10/78 (Hrsg.): Das Strafvollzugsgesetz – Auftrag und Wirklichkeit; Bad Boll, 1978; S. 6 – 35

– Das Strafvollzugsgesetz: nicht Schlußpunkt, sondern Beginn eines justiz- und gesellschaftspolitischen Prozesses. In: G. Diestel u. a. (Hrsg.): Kirche für Gefangene, München 1980

– Was läßt der Strafvollzug für Gefühle übrig?; in: Festschrift für G. Blau; Berlin, 1985; S. 359 – 374

– Die sozialtherapeutischen Anstalten – ein kriminalpolitisches Lehrstücke; in: Gedächtnisschrift für H. Kaufmann; Berlin/New York, 1986; S. 167 – 187

Schüttler, A.: Die Reform des Strafvollzugs in der Deutschen Demokratischen Republik; in: Blau, G. (Hrsg.): Die Reform des Strafvollzugs im Lichte internationaler Reformtendenzen; Bochum, 1981; S. 218 ff.

Schumann, V.: Psychisch kranke Rechtsbrecher; Stuttgart, 1987

Schwind, H.-D.: „Kriminologische Forschung und Kriminalpolitik"; in: Kury, H. (Hrsg.): Perspektiven und Probleme kriminologischer Forschung; (Interdisziplinäre Beiträge zur kriminologischen Forschung, Bd. 1); Köln u. a., 1981; S. 80 – 94

– Bewährungshilfe im Überblick. Entwicklung, Aufgaben, Probleme; in: ZfStrVO, 32 (1983); S. 211 – 216

– Strafvollzug und Bewährungshilfe im Kostenvergleich (1982); in: BewHi, 31 (1984); S. 73 – 76

– Über Poenologie aus kriminalpolitischer Sicht; in: Festschrift für R. Wassermann; Neuwied u. a., 1985; S. 1021 – 1044

– Unsichere Grundlagen der Kriminalpolitik; in: Gedächtnisschrift für Hilde Kaufmann; Berlin u. a., 1986 a; S. 87 – 99

– Kriminologie in der Praxis; Heidelberg, 1986 b

Schwind, H.-D./Böhm, A. (Hrsg.): Strafvollzugsgesetz. Großkommentar; Berlin/New York, 1983

Seebode, M.: Der Vollzug der Untersuchungshaft; Berlin/New York, 1985

Seesemann, O.: Seelsorge im Jugendstrafvollzug, in: Tagungsbericht der Jugendstrafvollzugskommission, Bd. 5; Köln, 1980; S. 1 – 14

Siefer, G.: Sozialwissenschaftler/Sozialwissenschaftlerin; in: Blätter zur Berufskunde, Bd. 3; Bielefeld, 1985

Sievers, B.: Theorien und Methoden der Organisationsentwicklung in den USA; in: Gruppendynamik, 6 (1975); S. 29 – 49

Sieverts, R.: Zur Geschichte der Reformversuche im Freiheitsstrafvollzug; in: Rollmann, D. (Hrsg.): Strafvollzug in Deutschland. Situation und Reform; Frankfurt/M., 1967; S. 43 – 54

Sliwowski, I.: Surveillance judiciaire de l'exécution de la peine et des autres mesures privatives de liberté selon la nouvelle législation pénale polonaise; in: Revue pénitentiaire et de droit Pénal., 1974; S. 259 ff.

Solbach, G./Hofmann, H. J.: Einführung in das Strafvollzugsrecht; Köln, 1982

Specht, F.:	Die Zukunft der sozialtherapeutischen Anstalten; in: Forensische Psychiatrie heute; Festschrift für U. Venzlaff; Heidelberg u. a., 1986; S. 108 – 118.
Speer, A.:	Spandauer Tagebücher; Frankfurt, 1975
Statistisches Bundesamt Wiesbaden (Hrsg.):	Strafvollzug; Wiesbaden 1983
–	Strafverfolgung; Wiesbaden, 1985; S. 6, 12 – 17, 30
Steinhilper, G.:	Kriminologische Forschung im Strafvollzug; Kommentierung zu § 166 StVollzG; in: Schwind, H.-D./Böhm, A. (Hrsg.): Strafvollzugsgesetz. Großkommentar; Berlin, 1983 a
–	Der kriminologische Dienst (§ 166 StVollzG) – Anspruch und Wirklichkeit; in: Festschrift für H. Leferenz; Heidelberg 1983 b; S. 91 – 103
–	Der kriminologische Dienst: Eine Herausforderung für Wissenschaft und Praxis; in: Brusten, M./Häußling, J. M./Malinowski, P. (Hrsg.): Kriminologie im Spannungsfeld von Kriminalpolitik und Kriminalpraxis; Stuttgart, 1986; S. 61 – 72
Steinhilper, M.:	Persönlichkeitstest für Bewerberauswahl im Justizvollzug; in: ZfStrVO, 35 (1986);, S. 352 – 355
Steller, M.:	Sozialtherapie statt Strafvollzug. Psychologische Probleme der Behandlung von Delinquenten; Köln, 1977
–	Für eine Neubestimmung der Aufgaben von Strafvollzugspsychologen; in: Psychologische Rundschau, 24 (1978); S. 209 – 213
Stelle, M. u. a.:	Modellunterstützendes Rollentraining. Verhaltensmodifikationen bei Jugenddelinquenz; Berlin, 1978
Störzer, H. U.:	„Staatskriminologie" – Subjektive Notizen; in: Festschrift für H. Leferenz; Heidelberg, 1983; S. 69 – 90
Stromberg, E.:	Die Strafvollstreckungskammer der Landgerichte. Ihre Arbeitsweise und Erfahrungen aus hiesiger Sicht; in: MDR, 33 (1979); S. 353 – 358
Stürup, G. K.:	Treating the Untreatable; Baltimore, 1968
Suttinger, G.:	Sexuelle Probleme der Gefangenen; in: Schwind, H.-D./Blau, G. (Hrsg.): Strafvollzug in der Praxis; 1. Aufl., Berlin, 1976; S. 258 – 264
Sykes, G. M.:	The Society of Captives. A Study of a Maximum Security Prison; Princeton, 1958
Sykes, G. M./ Messinger, S. L.:	The Inmate System; in: Theoretical Studies in Social Organisation of the Prison; New York, 1960; S. 5 – 19
Thomann, R.:	Das Vollstreckungs- und Vollzugsgericht; Stuttgart, 1973
Thomas, K.:	Erfahrungen mit dem offenen Strafvollzug in Bremen; in: ZfStrVO, 34 (1985); S. 220 – 230
Tondorf, G.:	Möglichkeiten und Schwierigkeiten anwaltlicher Vertretung von Mandanten im Maßregelvollzug; in: Blau, G./Kammeier, H. (Hrsg.): Straftäter in der Psychiatrie. Situation und Tendenzen des Maßregelvollzugs; Stuttgart, 1984; S. 121 – 141
Treiber, H.:	Widerstand gegen Reformpolitik – Institutionelle Opposition im Politikfeld Strafvollzug; Düsseldorf, 1973
Tröndle, H.:	„Zurückstellung der Strafvollstreckung" und Strafaussetzung zur Bewährung; in: MDR, 36 (1982); S. 1 – 6
Tulkens, J. J. J.:	Foreign prisoners: Transfer and Treatment; in: International Penal and Penitentiary Foundation (Hrsg.): New Trends in Criminal Policy; Bonn, 1984; S. 93 – 107

Vehre, E.: Vom Wächter zum Erzieher; Vechta, 1982

Volckart, B.: Anmerkung zu LG München I vom 1. 11. 84 – StVK 446/78; in: Recht und Psychiatrie, 2 (1984); S. 187–188

– Maßregelvollzug. Das Recht des Vollzuges der Unterbringung nach §§ 63, 64 StGB in einem psychiatrischen Krankenhaus und in einer Entziehungsanstalt; 2. Aufl., Neuwied 1986

Wackermann/Watzdorf/Klein: Dienst- und Vollzugsordnung für die Gefangenenanstalten der Justizverwaltung in Preußen; 4. Aufl., Berlin, 1924

Wagner, B.: Die Länderregelung zur Ernennung, Entlassung und Suspendierung von Anstaltsbeiräten gemäß § 162 Abs. 3 StVollzG; in: ZfStrVO, 35 (1986); S. 340–344

Wagner, G.: Psychologie im Strafvollzug; Regensburg, 1972

Wahlberg, W.: Die Gesamtentwicklung des Gefängniswesens und der Haftsysteme von der Mitte des XVI. Jahrhunderts bis zur Gegenwart; in: Holtzendorf F. v. u. a. (Hrsg.): Handbuch des Gefängniswesens; Hamburg, 1888; S. 79–141

Waldmann, P.: Zielkonflikte im Strafvollzug; Stuttgart, 1968

– Marginalgruppe – Subkultur – Minorität. Ein Abgrenzungsvorschlag; in: Wissenschaft zwischen Forschung und Ausbildung. Schriften der Philosophischen Fachbereiche der Universität Augsburg, Nr. 1, 1975; S. 51–67

Wanzura, W. (Hrsg.): Moslems im Strafvollzug; Altenberge, 1982

Wassermann, R. (Hrsg.): Alternativkommentar zum Strafvollzugsgesetz; 1. Aufl. Neuwied/Darmstadt, 1980

Wattenberg, K.-H.: Arbeitstherapie im Jugendstrafvollzug – eine Bestandsaufnahme; Frankfurt, 1985

Weber, M.: Methodologische Schriften; Frankfurt/M., 1968

Weber, M.: Einweisungsverfahren im Gefängnis – Zur Legitimation strafjustizieller Eingriffe; in: Kriminalsoziologische Bibliografie, 1986; S. 47 ff.

Wegener, M.: Die mündliche Anhörung des Verurteilten vor der Strafvollstreckungskammer; in: MDR, 35 (1981); S. 617–621

Weidemann, O.: Erste Erfahrung mit der Führungsaufsicht in der Praxis; in: Schwind, H.-D./Blau, G. (Hrsg.): Strafvollzug in der Praxis; Berlin/New York, 1976; 1. Aufl.

Weigend, E.: Die Freiheitsstrafe und ihre Surrogate in Polen; in: Jescheck, H. H. (Hrsg.): Die Freiheitsstrafe und ihre Surrogate im deutschen und ausländischen Recht; Baden-Baden, 1983; S. 722–779

Weigend, Th.: Die kurze Freiheitsstrafe; in: JZ, 1986; S. 260–269

Weis, K.: A Study of the Use of Predictions in the Administration of Criminal Law; unpubl. S. J .D. diss., Harvard Law School, 1968

– Freitod in Unfreiheit. Die Zuschreibung von Verantwortung für Gewalt, Hungerstreik und Selbstmord im Gefängnis; in: ZRP, 8 (1975); S. 83–92

– Staatliches Strafen – Markierungen, Degradierungen und Rituale auf einer Reise ohne Wiederkehr; in: Festschrift für G. Blau; Berlin, 1985; S. 405–422

Weiß, M.: Konzept des Rudolf-Sieverts-Hauses der Jugendanstalt Hameln; in: ZfStrVO, 33 (1984); S. 263–267

Wendland, G.: Die Aufgabe der Staatsanwaltschaft nach dem XI. Parteitag der SED; in: NJ 1986; S. 302 ff.

Wessels, J.: Zur Vollstreckung von Ordnungsstrafen und Erzwingungshaftbeschlüssen in Strafsachen; in: Festschrift für Helmut Mayer; Berlin, 1966; S. 587 – 602

Wetterich, P./Hamann, H.: Strafvollstreckung; 3. Aufl., München, 1978

Wheeler, S.: Sozialisation in Correctional Institutions; in: Radzinowicz, L./Wolfgang, M. E. (Hrsg.): Crime and Justice, Vol. III: The Criminal in Confinement; New York, 1974; S. 97 – 116

Wieland, G.: Sozialwissenschaftliche Forschung und gesetzgeberische Praxis; Weinheim/Basel, 1978

Wilitzki, P.: „Rechtshilfe durch Vollstreckung", §§ 48 ff. 71 JRG. Zur praktischen Anwendung des neuen Rechtsinstituts; in: JR, 1983, S. 227 – 235

Winchenbach, K.: Praxisprobleme der Anstaltsleitung; in: Bandel, D./Bernhardt, S. (Hrsg.): Hinter Gittern. Wir auch?; Frankfurt/Main u. a., 1985; S. 125 – 144

Winter, M.: Vollzug der Zivilhaft; Heidelberg, 1987

Wittjes-Kallabis, O.: Ansätze zur Entwicklung eines Berufsbildes des Soziologen speziell in sozialtherapeutischen Anstalten; in: ZfStrVO, 25 (1976), S. 87 – 90

Wolfgang, M. E./Ferracuti, F.: The Subculture of Violence. Towards an Integrated Theory in Criminology; New York, 1969

Würtenberger, Th.: Die Reform des Strafvollzuges im sozialen Rechtsstaat; in: JZ, 22 (1967); S. 233 – 242

Yinger, J.M.: Contraculture and Subculture; in: American Sociological Review, 25 (1960); S. 625 – 635

Zimbardo, Ph. G.: Pathology of Imprisonment; in: Annual Editions. Readings in Sociology '73/'74; Guilford, Conn., 1973; S. 278 – 280

§ 1 Kurzer Überblick über die Geschichte des Strafvollzugs*

Übersicht

Bei der Betrachtung der historischen Entwicklung des Strafvollzugs fällt zunächst auf, daß die Geschichte des Strafvollzugs grundsätzlich offenbar einer bestimmten Gesetzmäßigkeit unterliegt, die darin besteht, daß (erstens) *Mißstände* auftreten (oft gefördert durch Überfüllung der Anstalten: zur Geschichte der Gefängnisüberfüllung vgl. Oberheim 1985, 15), die (zweitens) Reformvorstellungen und *Reformversuche* auslösen, welche wiederum (drittens) am fehlenden Geld schließlich *scheitern bzw. Gegenbewegungen auslösen,* die zwar keine Mißstände begünstigen wollen, aber vor der Humanisierung des Strafvollzugs entweder generell warnen oder die entsprechenden Bemühungen als übertrieben zurückschneiden wollen. Die unterschiedlichen Konzeptionen haben primär mit unterschiedlichen Ansichten über den Sinn der Strafe und die Ziele des Strafvollzugs zu tun.

* *Hans-Dieter Schwind,* Dr. jur., 1936 geb., studierte Jura an den Universitäten München und Hamburg (1. Staatsexamen, Referendarzeit, 2. Staatsexamen), 1968 – 74 Wiss. Assistent an der Universität Göttingen, seit 1974 o. Prof. für Kriminologie und Strafvollzug an der Ruhr-Universität Bochum, 1978 – 82 Niedersächsischer Minister der Justiz, seit 1984 Präsident der Deutschen Kriminologischen Gesellschaft (DKG); 1987 Vorsitzender der „Unabhängigen Regierungskommission zur Verhinderung und Bekämpfung von Gewalt" (Gewaltkommission).

So kann man, wenn man die Geschichte des Strafvollzugs hinsichtlich der verschiedenen Strafzwecke überprüft, folgende Abschnitte unterscheiden: Erstens: den Abschnitt des römischen, germanischen und fränkischen Strafrechts, in denen der Vergeltungsgedanke bzw. der der Unschädlichmachung des Rechtsbrechers vorherrschte. Zweitens: gewinnen ab etwa 16. Jahrhundert der Abschreckungsgedanke und die Resozialisierungsidee an Bedeutung. Drittens: erklärt das Strafvollzugsgesetz vom 15. März 1976 (in § 2) die Wiedereingliederung des Strafgefangenen in die Gesellschaft zum alleinigen Vollzugsziel des Freiheitsentzugs. Die Strafzwecke der Vergeltung und Abschreckung, an denen das Bundesverfassungsgericht für das materielle Strafrecht nach wie vor festhält, klammert der Gesetzgeber also für den Strafvollzug aus (vgl. dazu aber BVerfGE 64, 261 ff). Die Entwicklung hat sich danach über Vergeltung und Abschreckung hin zur Resozialisierung vollzogen.

1. Frühe Formen des Freiheitsentzuges

Entsprechend den Strafzwecken der Vergeltung und Unschädlichmachung dominierten im germanisch-fränkischen Strafrecht die Körper- und Lebensstrafen. Inhaftierungen dienten nicht dem Vollzug einer normierten zeitlichen Strafe, sondern primär der Aufbewahrung des Täters bis zu seiner Aburteilung oder Hinrichtung *(Untersuchungs- oder Exekutionshaft).* Bisweilen fand der Freiheitsentzug aber auch gegenüber säumigen Schuldern Anwendung, um diese zum Zahlen zu zwingen *(Schuldhaft).* Darüber hinaus wurde der Freiheitsentzug als *abgewandelte Form der Leibesstrafe* benutzt, um den Gefangenen besonders zu quälen. So wurde z. B. schon der Prophet Jeremias (um 650 v. Chr.), der die ägyptische Politik in seinen Reden bekämpfte, in eine Grube „unter dem Haus des Schreibers" geworfen, in der der Prophet, wie es (in Jer. 38,6) heißt, „in den Schlamm sank", bis er von Gönnern wieder befreit werden konnte.

Der Besserungsgedanke hat im Rahmen der Strafhaft zunächst (nachweisbar ab 4. Jh.) in den Strafgesetzen der (christlichen) Kirche an Bedeutung gewonnen. So werden z. B. entsprechend einer Anordnung des Papstes Siricus (384 – 389), „unsittliche" Mönche und Nonnen in die Arbeitshäuser der Klöster gesperrt. Der Zweck solcher Haft sollte darin bestehen, die Gefangenen durch Buße zu bessern. Erst für das 13. bis 15. Jahrhundert finden sich Hinweise darüber, daß die Sanktionsform des Freiheitsentzuges auch in das weltliche Recht, und zwar zunächst in die Stadtrechte eindringt. Die Delinquenten wurden in Rathauskeller, Stadttürme (vgl. Bilder 1 und 2) oder Burgverliese gesperrt, die nicht allzu vieler Bewachung bedurften. Gelang einem Gefangenen dennoch die Flucht, so sprach man vom „Türmen". Die benutzten „Verliese" waren derart gebaut, daß sich der Gefangene zwangsläufig „verlassen" vorkommen mußte. Zu Besserungszwecken erfolgte das „Eintürmen" allerdings nicht. Die Quälerei stand im Vordergrund; die Einkerkerung wurde noch immer als abgewandelte Form der Leibesstrafe verstanden.

Bilder 1 und 2: Diebesturm von Lindau/Bodensee

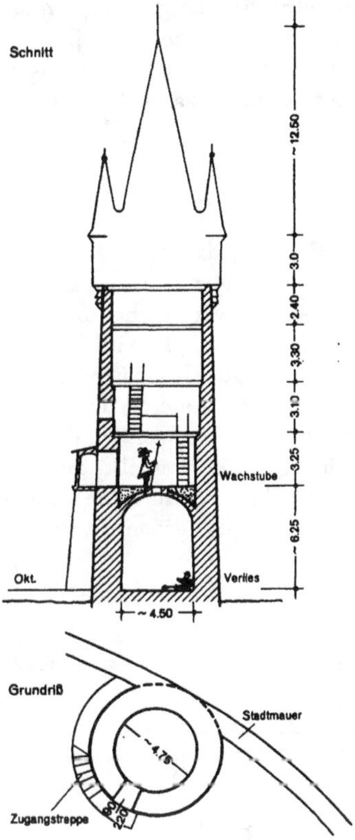

2. Der Beginn der modernen Freiheitsstrafe (im 16. Jh.)

Der *Beginn der modernen Freiheitsstrafe* wird denn auch von der Literatur ganz allgemein auf einen späteren Zeitpunkt datiert: nämlich auf Mitte bis Ende des 16. Jahrhunderts, und zwar deshalb, weil zu dieser Zeit nicht nur die *Zahl der Freiheitsstrafen sprungartig zunahm,* sondern auch deshalb, weil zugleich der *Besserungsgedanke (Interesse an der Armenfürsorge) an Boden gewann.* Beide Erscheinungen haben damit zu tun, daß die Leibes- und Lebensstrafen unter dem *Einfluß religiöser Strömungen (insbesondere des Calvinismus)* auf zunehmende Kritik stießen mit der Folge, daß *die zeitlich begrenzte Freiheitsstrafe* (zunächst auf dem Gnadenwege, dann gesetzlich verankert) *die Leibes- und Lebensstrafen und der Gedanke der Besserung die Strafzwecke der Vergeltung und Unschädlichmachung zu verdrängen begannen.* Das Umdenken enstand im Zusammenhang mit der Armenfürsorge, und zwar zunächst in England und Holland. Den Anlaß gab eine besorgniserregende soziale Entwicklung: das Anschwellen des Bettler- und Vagabundenwesens („das Überhandnehmen der fahrenden Leute": Krohne 1889,

4). In England hatte diese Erscheinung mit der Umstellung vom Kornbau auf Weidewirtschaft und Schafzucht zu tun, die viele in der Landwirtschaft tätige Personen arbeitslos machte, in ganz Europa mit den Folgen der Kreuzzüge. Nach deren Beendigung tauchten nämlich in fast allen europäischen Staaten Horden der ehemaligen Kriegsleute auf, die als Vagabunden, Diebe und Bettler zu einer wahren Landplage wurden.

2.1 Bridewell

Diese Entwicklung führte zunächst in England zu der Einsicht, daß das soziale Problem nicht mehr allein durch die Verhängung von Leibes- und Lebensstrafen zu lösen war, sondern eher durch – wie wir heute sagen würden – „Arbeitsbeschaffungsprogramme". Dementsprechend richtete auf Betreiben der Kirche König Eduard VI. von England im Jahre 1555 auf seinem Schloß Bridewell ein Arbeitshaus ein (später: „house of corrections"), in dem vor allem Landstreicher, Bettler, Prostituierte, aber auch „kleinere Diebe" an Arbeit gewöhnt werden sollten, um sie auf diese Weise in die Gesellschaft besser wieder eingliedern zu können; der Strafgedanke trat also zurück. Bridewell wurde im Laufe der folgenden Jahre zum Vorbild für zahlreiche andere Arbeits- und Werkhäuser, die nach seinem Namen oft „bridewells" genannt wurden.

Bild 3: Männerzuchthaus in Amsterdam (1595)
Unmaßstäbliche Grundrißprojektion des vermutlichen Baubestandes nach zeitgenössischen Kupferstichen

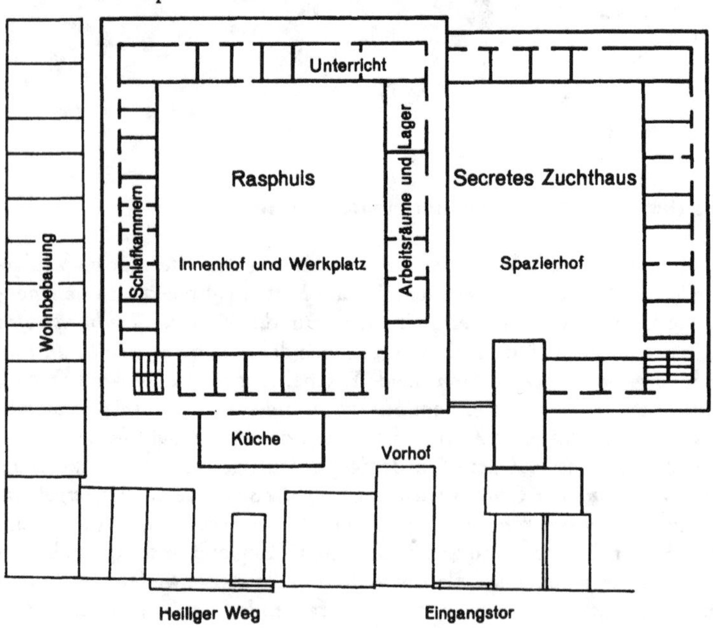

2.2 Die Amsterdamer Zuchthäuser

Möglicherweise angeregt durch das englische Vorbild wurde dann 1595 *in Amsterdam ein Zuchthaus für Männer* gegründet (vgl. Bild 3). „Zucht"-Haus wurde die Anstalt deshalb genannt, weil man das „zuchtlose" Volk einsperren wollte, um es durch strenge „Zucht" an ein ordentliches Leben zu gewöhnen (Leitgedanke: „ora et labora" = bete und arbeite). Dementsprechend wurden – wie schon in Bridewell – besondere Arbeitsbetriebe errichtet. Geleitet wurde die Anstalt von angesehenen Bürgern als sog. *Regenten* und Bürgersfrauen, die dem Haushalt des Zuchthauses vorstanden. Zum Innenpersonal gehörten ein Hausvater mit seiner Frau, mehrere *Werkmeister* für die Anstaltsbetriebe, ein *Lehrer* sowie auch ein Arzt. Besonders für die Längerstrafigen war als Ansporn eine *Arbeitsprämie* gedacht, die den Gefangenen teils ausgezahlt, teils bis zum Zeitpunkt ihrer Entlassung als *Entlassungsgeld* zurückgelegt wurde. 1603 wurde die Anstalt durch ein *„Separates Zuchthaus"* erweitert, in dem die mißratenen Söhne wohlhabender Eltern, die mit ihren Kindern nicht mehr fertig wurden (gegen Zahlung der Unterhaltskosten) eine Unterkunft fanden. Sieverts (1967, 45) sah in der Einrichtung dieser Abteilung den *Anfang des gesonderten Jugendstrafvollzugs* und der FE (Fürsorgeerziehung). Bereits 1597 war in Amsterdam auch ein *Zuchthaus für Frauen* gegründet worden (das „Spinhuis").

Die Ideen dieses Amsterdamer Besserungsvollzugs, der von Chronisten als vorbildlich geschildert wird (vgl. z. B. Krohne 1889, 26 ff), haben sich in zahlreichen Großstädten Europas durchsetzen können – auch in Deutschland: 1609 wurde in Bremen ein Zuchthaus errichtet, 1613 in Lübeck, 1622 in Hamburg, 1629 in Danzig, 1679 in Frankfurt, 1682 in München und 1712 in Berlin. Manche dieser Zuchthäuser waren allerdings mehr strafrechtlich, andere eher polizeilich orientiert.

3. Verfallerscheinungen und Reformideen im 17. und 18. Jahrhundert

Die Einrichtung von Zuchthäusern war jedoch nicht mit dem Verzicht auf den Vollzug von Freiheitsstrafen im Gefängnis (im „carcer") verbunden. Die Stadttürme und Rathauskeller wurden noch immer für eine Form des Freiheitsentzuges verwendet, die von den Gedanken, die den Zuchthäusern ihren spezifischen Sinn gaben, völlig unberührt blieb. Der maßgebende Strafzweck war noch immer der der Vergeltung. Der Gefangene wurde nach wie vor bei schmalster Kost (Wasser und Brot) nicht selten in Ketten gelegt oder auch in den Block gespannt; eine Arbeit bekam er nicht. Es handelte sich eher um eine mit Freiheitsentzug verbundene Leibesstrafe.

3.1 Verfallerscheinungen in den Zuchthäusern

Unter dem *Einfluß der wirtschaftlichen Folgen des 30jährigen Krieges* (1618–1648) haben sich aber auch die Zustände in den Zuchthäusern erheblich verschlechtert. Man hatte für die Reformanstalten kein Geld mehr. Hinzu kam, daß die Zuchthäuser inzwischen total überfüllt waren, weil man den Fehler beging, sie neben der Strafvollziehung zugleich als Irren-, Armen- und Waisenhäuser zu benutzen; die Folge waren Zielkonflikte, die eine sinnvolle Anstaltsarbeit unmöglich machten. Die allgemeine Überfüllung führte dazu, daß nicht selten Männer mit Frauen und Kindern auf engstem Raum zusammengepfercht werden mußten. Dementsprechend spotteten die hygienischen Verhältnisse jeder Beschreibung. Die anstaltseigenen Werkbetriebe wurden geschlossen, weil die Fürsten des Reiches unter dem *Einfluß des merkantilistischen Denkens* die Anstalten an private Unternehmer zu *verpachten* begannen. Der Pächter aber hatte meist mehr Interesse an der Gewinnerzielung (billige Arbeitskräfte) als an kriminalpolitischen Zwecken, so daß am Essen, an hygienischen Einrichtungen und Personalkosten gespart worden ist. Als Aufseher oder Zuchtmeister wurden (wenige) ungeeignete (aber billige) Arbeitskräfte beschäftigt, die teuereren (qualifizierteren) dafür entlassen. Das Profitdenken verdrängte den Resozialisierungsgedanken. Der Kreis schließt sich: Mißstände haben Reformen ausgelöst, die mangels finanzieller Mittel und Überfüllung der Anstalten ihre Wirkung verloren und neuen Mißständen Platz machten. So galt das Zuchthaus (gegenüber dem „carcer") schon Ende des 17. Jahrhunderts als die schwerere Strafart *(Bedeutungswandel des Zuchthauses). Ausnahmen:* z. B. das 1703 von Papst Clemens XI. in San Michele (bei Rom) gegründete *„Böse-Bubenhaus"* und das 1775 in Genf eröffnete *„maison de force"*, die an den Resozialisierungs- bzw. Besserungszielen des Vollzuges festhielten (Wahlberg 1888, 887).

3.2 Beginn der Neuzeit des Vollzugswesens: John Howard

Die weitere Entwicklung zeigt uns ähnliche Abläufe: fast ein Schema. Die Mißstände des 17. Jahrhunderts lösten unter dem *Einfluß humanistischer Strömungen der Aufklärungszeit* (also im 18. Jahrhundert) erneut Reformbestrebungen aus; aber nicht nur in Deutschland. Denn die deutschen Staaten standen mit ihren unzureichenden Vollzugsverhältnissen nicht allein in Europa. So sind die entsprechenden Zustände etwa in England offenbar noch übler gewesen. Dazu hieß es z. B. 1767 in einer dortigen Zeitschrift wie folgt: „Die Gefangenen in unserem Lande leben schlimmer als Hunde oder Schweine, sie werden unsauberer gehalten als diese Tiere in ihren Hütten und Koben".

Eine der tragenden Persönlichkeiten der neuen Reformbewegung in England war der 1726 als Sohn eines wohlhabenden Möbelhändlers in einer Kleinstadt Mittelenglands geborene *John Howard.* Dieser „bald in der ganzen Kulturwelt verehrte Menschenfreund" (Mittermaier 1954, 21) machte sich im Spätherbst des Jahres 1755 – also im Alter von 29 Jahren – nach Lissabon auf, um den Menschen, die durch ein Erdbeben vom 1. November obdachlos waren, mit Lebensmitteln, Decken und Zelten zu helfen. Sein Schiff wurde jedoch von der französischen Kriegsmarine gekapert (England und Frankreich führten gerade wieder Krieg gegeneinander) und Howard als Gefangener in die Festung Brest eingeliefert. Dort lernte er aus eigener Anschauung die Verhältnisse im Strafvollzug kennen, für deren Verbesserung er sich nach seiner Entlassung aus der Haft zu engagieren begann. Die Ergebnisse zahlreicher Exkursionen in in- und ausländische Strafanstalten faßte er in seinem 1777 veröffentlichten Buch über „The State of the Prisons in England and Wales . . . " zusammen, in dem er das Gefängnis beschreibt als „Kloake, Verbrecherschule, Bordell, Spielhölle und Schnapskneipe, nur nicht eine Anstalt im Dienste des Strafrechts zur Bekämpfung des Verbrechens" (Krohne 1889, 21 f). Seinen *Reformvorschlägen* stellte er das bekannt gewordene Motto voran: „Make men diligent and they will be honest" (macht die Menschen fleißig, und sie werden ehrlich sein). Im einzelnen schlug Howard u.a. vor: (erstens) die *sinnvolle*

Beschäftigung aller Gefangenen, verbunden mit der *Zahlung einer Arbeitsbelohnung* und *Gewährung von Hausgeld zum Einkauf und einer Rücklage für den Tag der Entlassung*, (zweitens) *gesunde Ernährung*, (drittens) die *Herstellung hygienischer Zustände* z. B. durch die Installierung von Bädern, (viertens) die *Einrichtung eines Stufenvollzugs* in der Weise, daß sich Gefangene durch Wohlverhalten und Fleiß in eine höhere Stufe des Vollzugs hochdienen können; bei schlechtem Verhalten und Faulheit hingegen in „eine härtere Classe degradiert" werden können, (fünftens) *Isolierung* der Gefangenen bei Tag und Nacht (um einer kriminellen Ansteckung entgegenzuwirken).

In der Formulierung dieser Gedanken und Vorschläge Howards wird der *Beginn der Neuzeit unseres Vollzugswesens* gesehen. In England beschließt das Parlament den Bau von drei Anstalten (Horsham, Petworth und Gloucester) nach seinen Ideen. In Deutschland fand Howard einen bedeutenden Anhänger seiner Gedanken in dem evangelischen Strafanstaltspfarrer Heinrich Baltharsar *Wagnitz* (1755 – 1838), der sich insbesondere auch für eine *qualifizierte Ausbildung der Gefängnisbeamten* eingesetzt hat sowie für den Abbau der oft unproduktiven Anstaltsarbeit (etwa das „Tütenkleben") zugunsten von Tätigkeiten, deren Erlernung für die Gewöhnung des Gefangenen an ein ordnungsgemäßes Leben auch nach der Entlassung nützlich sein könnte.

4. Erneuerung des Strafvollzugswesens im 19. Jahrhundert

Die Weiterentwicklung des Strafvollzugs wäre jedoch nicht ohne Berücksichtigung der Erneuerungsbestrebungen auch in den *Vereinigten Staaten* verständlich. Denn diese haben (vor allem) nach England und Deutschland hinübergewirkt. Reformgedanken wurden primär von der Religionsgesellschaft der *Quäker* entwickelt, und zwar unter der Führung von William *Penn* (1644 – 1718). Dieser Mann hatte in England ein beträchtliches Vermögen geerbt, darunter einen Millionen-Anspruch gegen den britischen Staat. Als ihm England als Ersatz für die Auszahlung der geschuldeten Summe ein Waldland am amerikanischen Delaware (halb so groß wie die Bundesrepublik Deutschland) anbot, griff Penn zu und gründete (1683) mit seinen Glaubensfreunden, eben den Quäkern, die in dem katholisch regierten England als „dissenters" verfolgt worden waren, als „überseeisches Asyl" den Staat Pennsylvania. Ihre Grundidee im Strafvollzug war, *die Gefangenen durch Buße mit Gott zu versöhnen;* diese Idee geht davon aus, daß sich der Rechtsbrecher von Gott abgewendet hat und durch innere Einkehr wieder zu ihm zurückgeführt werden muß.

4.1 Zwei amerikanische Vollzugssysteme (in Philadelphia und Auburn)

Auf Initiative der „Philadelphia Society for the miseries of public prisons", einer 1787 gegründeten *Gefängnisgesellschaft* (die auch Kontakt zu dem Gefängnisreformer Howard aufnahm), wurde in den Jahren 1818 – 1825 das „Eastern Penitentiary" in Philadelphia gebaut. Schon der Name deutet den Sinn an, den man mit der Strafe verband: nämlich Buße und zwar in weitgehender *Isolation* (wie im Kloster). Alle Gefangenen (zunächst nur Kapitalverbrecher) waren in *Einzelzellen* untergebracht und erhielten grundsätzlich nur von dem Anstaltsgeistlichen Besuch (später durch Zellenbesuche ausgewählter Persönlichkeiten gelockert). *Einzelhaft bei Tag und Nacht ohne Arbeit* sollten zu innerer Einkehr und damit zur Versöhnung mit Gott führen (*„solitary system"*). Selbst beim Kirchgang saßen die Gefangenen jeder für sich in einzelnen Boxen: Sie konnten nur den Geistlichen sehen, nicht aber ihre Leidensgenossen. Erlaubt war nur die Lektüre der Bibel. Gebaut war das Bußhaus in *Strahlenbauweise* (sternförmiger Flügelbau) mit sieben Flügeln, deren Sinn auch darin bestand, übersichtlich (für die zentrale Aufsicht) möglichst viele Einzelzellen errichten zu können.

Bild 4: Eastern Penitentiary Philadelphia (1829)

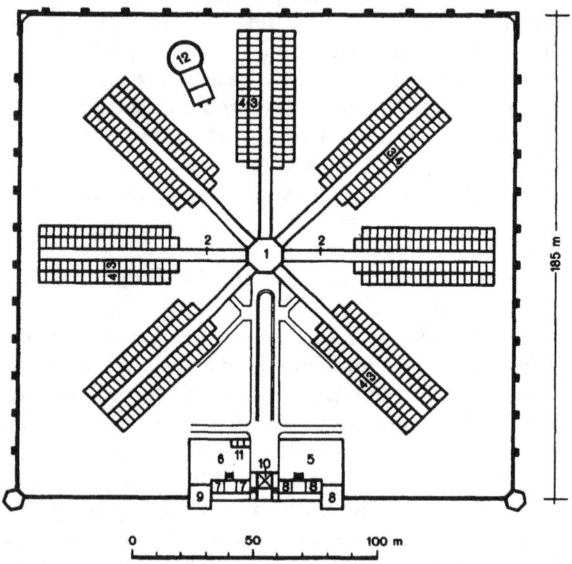

Flügel 1, 2, 3 erbaut von 1823-25 Flügel 4 bis 7 mit Erweiterung fertiggestellt im Jahre 1836

1 Beobachtungsturm
2 Korridor
3 Zelle
4 Spazierhof zur Zelle
5 Garten des Oberaufsehers
6 Hof
7 Zimmer des Aufsehers
8 Wohnung des Oberaufsehers
9 Büro des Inspektors
(über 7 und 9 Hospital)
10 Großer Turm mit Apotheke, darüber Alarmglocke
11 Badehaus
12 Wasserbehälter und Maschinenraum

Im bewußten Widerspruch zu diesem System – auch in der Bauweise (vgl. Bild 5) – ließ der Gouverneur des Staates New York 1823 in *Auburn* ein Gefängnis einrichten, in dem die Gefangenen (nach dem Vorbild des „maison de force" in Gent) am Tag *(gemeinsam) in Werkstätten arbeiten mußten (Umwandlung der Gefängnisse in Fabriken) und nur des nachts und in ihrer Freizeit in Einzelzellen (isoliert)* ihre Strafe verbüßten. Die Argumente dafür liefen darauf hinaus, daß die dauernde Isolierung eines Menschen eine Grausamkeit sei, die gesundheitliche Schäden hervorrufen könne. Daß die Gefangenen bei der Arbeit nicht sprechen durften (Schweigegebot: *„silent system"* wiederum wie im Kloster), sollte den Sinn haben, die kriminelle Ansteckung zu verhindern. Das Sprechverbot ließ sich jedoch praktisch nicht durchführen und endete schließlich in Rohheit: Gefangene, die sich untereinander mit den Augen oder durch Zeichensprache zu verständigen suchten, wurden mit Nilpferdpeitschen bedroht und mißhandelt (zur Gegenüberstellung der beiden amerikanischen Systeme vgl. *Eisenhardt* 1978, 40).

Bild 5: Auburn State Prison New York (1816–1825)

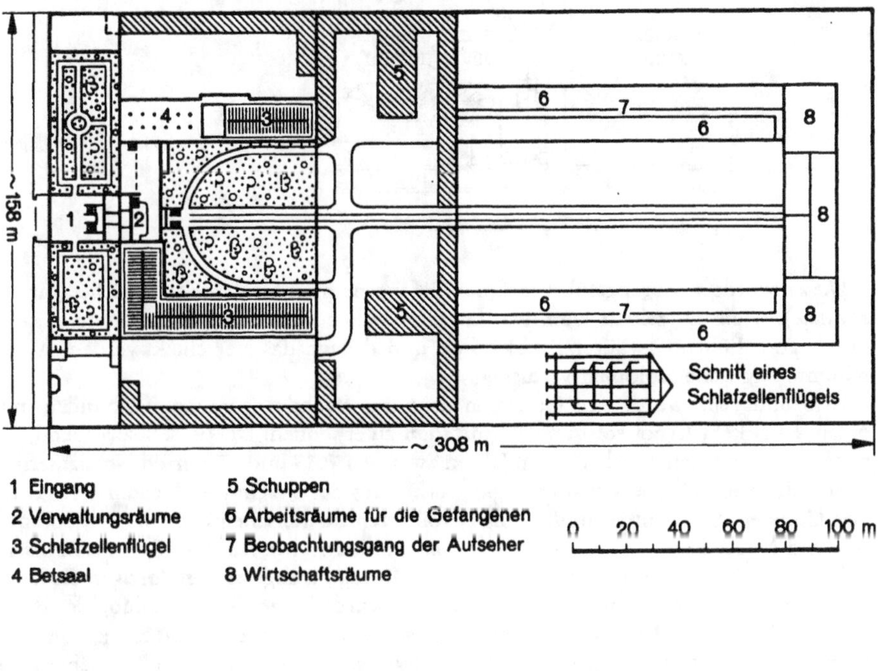

1 Eingang
2 Verwaltungsräume
3 Schlafzellenflügel
4 Betsaal
5 Schuppen
6 Arbeitsräume für die Gefangenen
7 Beobachtungsgang der Aufseher
8 Wirtschaftsräume

0 20 40 60 80 100 m

4.2 Zur Entwicklung von Progressivsystemen in England und Irland

Das 19. Jahrhundert war auch in Europa vom Streit dieser beiden amerikanischen Vollzugssysteme (von denen sich das Auburn'sche in den USA durchsetzen konnte) erfüllt. *England* hat 1842 das Gefängnis *Pentonville* (bei London) nach dem Vorbild des pennsylvanischen Systems von Philadelphia errichtet, aber statt der sieben Flügel nur fünf Flügel gewählt (vgl. Bild 6), um Unterhaltung und „Pendeln" von Zellenfenster zu Zellenfenster zu erschweren oder unmöglich zu machen. Auch das Einzelhaftsystem wurde modifiziert. Denn die Einzelhaft stellte in Pentonville nur noch ein Glied in einem an Besserungsideen orientierten Stufen-Strafvollzug dar: „*Englisches Progressivsystem*" als drittes Haftsystem, neben dem „solitary system" (Philadelphia) und dem „silent system" (New York).

Bild 6: Mustergefängnis Pentonville (1840 – 1842)

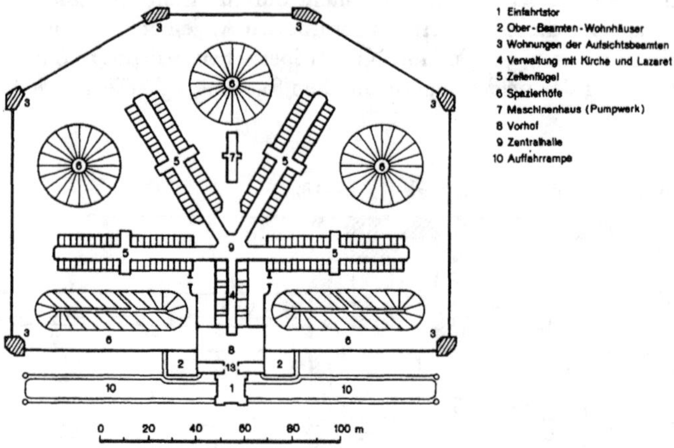

Dieser wurde so durchgeführt, daß der Gefangene nach Strafantritt zunächst (für 18 Monate) in die Einzelhaft kam, die ihn abschrecken sollte. Zugleich konnte er sich durch gute Führung während dieser Zeit und danach das Verschicktwerden in bestimmte englische Kolonien verdienen.

1678 und 1682 wurde den Gerichten dann das Recht eingeräumt, verbunden mit einem Rückkehrverbot sofort auf *Deportation* zu erkennen. Die dementsprechend bestraften Gefangenen wurden in den Jahren zwischen 1619 und 1776 nach Nordamerika gebracht, dann (nach der Unabhängigkeitserklärung der Vereinigten Staaten) nach dem von Cook erst 1770 entdeckten, wenig bevölkerten australischen Erdteil: nach Botanybay und Neusüdwales. Dort mußten sie unter militärischer Aufsicht Kolonisationsarbeiten verrichten, wurden jedoch bei guter Führung bedingt zu den dortigen Siedlern als Arbeitskräfte entlassen. Bewährten sie sich, wurde ihnen die Verbüßung der Reststrafe (auf dem Gnadenwege) erlassen. In diesen ersten Versuchen, im Sinne von Howard Hoffnung zu wecken, ist die Wurzel der *„vorläufigen Entlassung"* zu sehen, die als *bedingte* Aussetzung eines Strafrestes auf Bewährung inzwischen in Kulturstaaten bekannt und gesetzlich verankert ist (vgl. dazu *Schwind* 1983, 211 ff). Da die Siedler gegen die Deportationen inzwischen Einspruch erhoben, stellte England 1857 die Verschickungen ein. Das *Progressivsystem wurde geändert:* Der Vollzug begann zwar wie bisher mit einer (auf neun Monate verkürzten) Einzelhaft, ging dann jedoch in Gemeinschaftshaft über (mit Fabrikarbeit im geschlossenen Vollzug), an die sich die vorläufige Entlassung anschließen konnte, wenn sich der Gefangene gut geführt hatte. Der Gedanke, die Gefangenen wie im pennsylvanischen System ihre Strafe allein in der Einzelhaft verbüßen zu lassen, war nämlich auf Ablehnung gestoßen, weil man der Auffassung war, daß sich „ein plötzlicher Sprung aus der Einzelhaft in die Freiheit" auf die Wiedereingliederung ungünstig auswirken müsse (vgl. Wahlberg 1888, 98). Als Beurteilungshilfe für die Entscheidung über eine „vorläufige Entlassung" wurde eine Strichliste geführt (*„mark-system"*), auf der der Arbeitsfleiß des Gefangenen durch Markierungen vermerkt werden konnte.

Dieses englische Progressivsystem wurde in den fünfziger Jahren des vorigen Jahrhunderts durch Sir *Walter Crofton* in Irland weiterentwickelt. Das *„irische System"* (viertes System) unterschied sich von dem englischen dadurch, daß zwischen Gemeinschaftshaft und vorläufige Entlassung noch eine „Zwischenstation" (*„intermediate prison"*) eingebaut wurde, die man als Vorläufer der „Übergangshäuser" bzw. des Freigängervollzugs einstufen darf (vgl. dazu unten S. 359 ff sowie Eisenhardt 1978, 42).

4.3 Reformbestrebungen und Reformen in Preußen

Maßgeblichen Einfluß auf die Geschichte des Strafvollzugs in Deutschland gewann (z. T. orientiert an den amerikanischen und englisch-irischen Vorbildern) die entsprechende Entwicklung in Preußen. 1774 trat das „Allgemeine Landrecht für die Preußischen Staaten" (ALR) in Kraft, durch das die *Leibesstrafen unter dem Einfluß der Aufklärung weitgehend durch Freiheitsstrafen ersetzt wurden.* Die Folgen dieser an sich humanitär gedachten Reform waren freilich verheerend; die Strafanstalten reichten bei weitem nicht aus. Die Zustände haben sich derart entwickelt, daß die Gesundheit der mit Freiheitsentzug bestraften Delinquenten oft auf grausamere Weise zerstört worden ist als durch die Leibesstrafen des früheren Rechts. So haben die Reformbestrebungen der Aufklärungszeit, die zur Beseitigung von Mißständen führen sollten, letztendlich – und zwar nicht nur in Preußen – neue Mißstände im Strafvollzugswesen produziert. Der Kreis schließt sich aufs neue.

Die unhaltbare Situation veranlaßte den preußischen Justizminister *von Arnim* zu einer 1803 (anonym) veröffentlichten Analyse der Haftverhältnisse, verbunden mit Verbesserungsvorschlägen. Man wird davon ausgehen können, daß diese Gedanken von Arnims, der von der Idee der Besserung der Gefangenen bereits als von etwas Selbstverständlichem ausging, den 1804 veröffentlichten *„Generalplan" (des preußischen Justizministeriums)* „zur Einführung einer besseren Criminalgerichtsverfassung und zur Verbesserung der Gefängnis- und Strafanstalten" haben beeinflussen können. Dieser Plan, der sich um eine Reform des Vollzugs bemühte, „beruhte auf dem Gedanken, daß der Staat die Einsperrung von Menschen ... nur dann verantworten könne, wenn der ganze Vollzug unter den Gesichtspunkt der Frage gestellt würde: *Was muß geschehen,* um den einzelnen bestraften Menschen in seiner Eigenart zu erkennen, um ihn mit Hilfe vernünftiger, sittlich einwandfreier Vollzugsmethoden entweder in einem Zustande sozialer Adaptiertheit ins soziale Leben zurückzuleiten oder ihn als hoffnungslos einer endgültigen Selektion zu unterwerfen?" Insoweit wurde, wie z. B. *Eb. Schmidt* (1960, 16) betont hat, „endlich einmal kriminalpolitisch gedacht". Zu den wichtigsten Neuerungen, die der Generalplan vorsah, gehörten die *Klassifizierung* nach besserungsfähigen und unerziehbaren Gefangenen, *Anfänge des Stufenvollzugs, Vorschriften über eine sinnvolle Arbeitserziehung* sowie die *Differenzierung zwischen Untersuchungs- und Strafhaft* und der Aufbau einer *Entlassenenhilfe* (vgl. dazu auch unten S. 359 ff). Dieser Generalplan, der auf den Anschauungen des wohlmeinenden, patriarchalischen Polizeistaats beruhte, mußte jedoch unausgeführt wieder zur Seite gelegt werden, als die *napoleonischen Kriege* (1806 – 1815) ausbrachen und die preußischen Staatsfinanzen in anderer Weise beanspruchten. Dafür, daß Preußen auch nach der Beendigung der Freiheitskriege die sozialkonstruktiven Gedanken des Generalplans nicht mehr weiter verfolgte, waren vor allem zwei Gründe maßgebend: einmal die Tatsache, daß nach den Kriegsjahren die *finanziellen Mittel* des Staates erst recht *erschöpft* waren; zum anderen eine *neue Straftheorie,* die auf der Philosophie von *Kant* (1724 – 1804) und *Hegel* (1770 – 1831) aufbaute. Gut und sittlich einwandfrei handelt nach Kant lediglich der Mensch, der sich aus eigenen autonomen Antrieben zu rechtem Handeln entschließt. In diese sittliche Selbstentfaltung darf der Staat mit Hilfe von zwangsläufig heteronomen Befehlen nicht eingreifen, weil er sonst die Menschenwürde verletzt. Aus diesen Gedanken hat Anselm von *Feuerbach* (1775 – 1833), der ein glühender Verehrer von Kant war, für das Strafrecht geschlossen, daß die Bemühungen, einen Menschen im Strafvollzug bessern zu wollen, als Versündigung an der Idee des Menschlichen und deshalb als Kompetenzüberschreitung des Staates nicht zulässig seien. In den Strafvollzugsanstalten beschränkte man sich deshalb fortan auf die *Ausgestaltung der äußeren Ordnung (Sicherheit, Sauberkeit, Pünktlichkeit)* und auch sonst diszipliniertes Verhalten, um die verlotterten Anstalten in den Griff zu bekommen. Die Beamten wurden deshalb gern aus dem Militärstande geholt, weil verabschiedete Offiziere und ausgediente Unteroffiziere insoweit Fachleute waren. Die Prinzipien der Tatschuldvergeltung und der Generalprävention degradierten den Gefangenen zur bloßen Nummer herab (er wurde auch mit einer Zahl angeredet) und den Gefängnisbeamten zum „Schließer". *Sieverts* verwies noch 1967 darauf, daß die „Nachwirkungen dieser Auffassung von den Aufgaben des Strafvollzugs und seiner Beamten bis auf den heutigen Tag noch nicht überwunden sind". Da das Geld für Neubauten fehlte, die Kriminalität jedoch zunahm, blieb nichts anderes übrig als die Errichtung von Anstalten in alten (ausgedienten) Schlössern und Klöstern (z. B. in den alten berühmten Abteien Michaelsberg in Siegburg, Brauweiler und Werden). Gemeinschaftshaft bei Tag und Nacht war in diesen die Regel, so daß sich die Gefangenen gegenseitig negativ beeinflussen konnten. „Lehrling des Schurkerei- und des Gaunerhandwerks beim Eintritt zur Haft, verläßt (der Gefangene) als vollendeter Meister den Kerker" heißt es in der Satzung der *"Rheinisch-Westfälischen Gefängnisgesellschaft",* die sich (1826 von Pastor *Theodor Fliedner* gegründet) nach dem Vorbild der „Philadelphia Society" (auf christlicher Grundlage) den Kampf für Reformen zum Ziel gesetzt hatte und zur Gründung weiterer *Gefangenenfürsorgevereine* im 19. Jahrhundert geführt hat (vgl. dazu auch unten S. 359 ff).

Ihre Aufgabe sollte nach der Satzung (zit. nach *Muntau* 1961, 26) in der „Beförderung der sittlichen Besserung durch Beseitigung nachteiliger und Vermehrung wohltätiger Einwirkung" (auf die Gefangenen) bestehen. Deshalb wollte man auf Vereinskosten evangelische und katholische Geistliche sowie Lehrer für den Schulunterricht einstellen, die in den Anstalten tätig sein sollten (was auch geschah); schließlich war selbst an die „wohltätige Einwirkung nach der Entlassung" gedacht. Bald fand die Gesellschaft in anderen Orten zahlreiche Nachfolger und ihre Anliegen bedeutende Mitstreiter, nicht zuletzt den Staatsminister *Freiherr vom Stein* sowie Ernst Moritz *Arndt.* Auch der König (Friedrich Wilhelm III.) hat den neuen (alten) Bestrebungen sein Wohlwollen geschenkt; mehr noch als dieser interessierte sich freilich – und zwar unter dem Einfluß des Hamburger Arztes Dr. Nikolaus Heinrich *Julius,* dessen „Vorlesungen über Gefängniskunde" er besucht hatte – der Kronprinz für Probleme des Strafvollzugs. Als dieser (kurz nach seiner Thronbesteigung 1840) im Jahre 1842 als König Friedrich Wilhelm IV. London besuchte und ihm auf seinen Wunsch die gerade fertiggestellte Anstalt von *Pentonville* vorgeführt wurde, machte diese Einrichtung so starken Eindruck auf ihn, daß er sofort den Bau einer entsprechenden Anstalt (also in Strahlenbauweise) in Preußen befahl, die bis 1848 in *Moabit* gebaut worden ist. Nach gleichem Vorbild hat Baden ein Zellengefängnis in *Bruchsal* (vgl. Bild 7) errichtet. Beide Strafanstalten haben das Muster für andere Zellengefängnisse in Deutschland gebildet. In der Behandlung der Gefangenen haben sie an das pennsylvanische System (der Einzelhaft) angeknüpft. Einer der bedeutendsten Verfechter dieses Gedankens in Deutschland war *Johann-Hinrich Wichern* (1808 – 1881), der Gründer und Leiter des „Rettungshauses" für verwahrloste Kinder des bekannten „Rauhen Hauses" in Hamburg (1833) und der „Inneren Mission". Wichern hat jedoch den Standpunkt vertreten, daß die Abschirmung des (in der Einzelhaft) einsitzenden Straftäters von den schlechten Einflüssen seiner Mitgefangenen nur dann (im Sinne von Besserung) nützlich sein könne, wenn dem Delinquenten nicht nur durch sonntägliche Predigten und etwas Schulunterricht versucht würde zu helfen; erforderlich sei eine weitergehende Unterstützung bei der Sammlung seiner sittlichen Kräfte. Für diese Aufgabe kämen jedoch die vorhandenen Gefängnisbeamten, die sich aus dem Militär rekrutierten, nicht in Betracht. Wichern begann deshalb im „Rauhen Haus" in Hamburg mit der *Ausbildung von evangelischen Diakonen in der „Gefangenenpflege"*; dieser Versuch, den eine Kabinettsorder des preußischen Königs aus dem Jahre 1856 zuließ, mußte jedoch wieder eingestellt werden, als die Nationalliberalen im preußischen Landtag wegen seiner konfessionellen Einseitigkeit Einspruch dagegen erhoben (vgl. *Sieverts* 1967, 49). Auch die Strahlenbauweise stellte man wieder zurück, weil sie zu kostspielig war. An ihre Stelle traten wiederum Anstaltsneubauten, die ein „recht systemloses Gemisch von größeren Gemeinschaftsräumen mit einigen Zellenabteilungen vorsahen" (vg. *Sieverts* 1967, 49). Übrig blieb nur die Stimmungsarchitektur in der Bauweise, die allerdings selbst von Reformern wie Howard, Wagnitz und Julius angeregt wurde. Danach sollte die Strafanstalt auf Außenstehende wie auch auf Insassen finster und unheilvoll wirken (vgl.

Bild 7: Vollzugsanstalt Bruchsal um die Jahrhundertwende*

* Abgedruckt mit freundlicher Genehmigung des Ministeriums f. Justiz, Baden-Württemberg.

Graul 1965, 82). *Julius* selbst (1828, 189 f) hat es so formuliert: „Fest, sicher, dauerhaft, aber wie schon Howard bemerkte, keineswegs einladend, sondern vielmehr ernst, düster und zurückschreckend muß dieselbe seyn ... " Heute denken wir anders darüber; *Eb. Schmidt* (1960, 5) spricht von einem zu „Stein gewordenen Riesenirrtum". Ihrer religiösen Aufgabe entkleidet rechtfertigten sich diese Baulichkeiten nur noch unter dem Gesichtspunkt optimaler Sicherheit der Anstalt nach außen und innen (Überblick über den Einfluß der Vollzugsziele auf den Strafvollzugsbau bei *Arndt* 1981, 7 ff).

5. Reformen und Reformideen zwischen 1871 und 1945

5.1 Zur Gestaltung des Vollzuges während des Kaiserreiches

Wenn es auch in der Zeit von der Gründung des Deutschen Reiches (am 18. Jan. 1871) bis zum Ende des Ersten Weltkriegs (1918) zu nennenswerten praktischen Reformen in Deutschland nicht kam, hat es doch nicht an Reformideen gefehlt; hinzu traten – unter dem Gesichtspunkt der Gleichbehandlung der Gefangenen – Bestrebungen, den Strafvollzug reichseinheitlich zu gestalten. Das Reichsstrafgesetzbuch (RStGB), das 1871 in Kraft trat, hat insoweit allerdings grundsätzlich keinen Beitrag geleistet, denn es klammerte die Regelung des Strafvollzugs weitgehend aus. So enthielt das RStGB neben Bestimmungen über Art und Dauer der möglichen Freiheitsstrafen (Zuchthaus, Gefängnis, Festungshaft usw.) lediglich Vorschriften über die Unterbringung der zu diesen Strafen verurteilten Täter. Der Unterschied zwischen Zuchthaus und Gefängnis wurde u.a. darin gesehen, daß der Zuchthäusler arbeiten mußte (§ 15: Arbeit als Verschärfung der Strafe!), während der Gefängnisgefangene grundsätzlich arbeiten „durfte" (§ 16). Beide Strafen konnten (sie mußten es nicht) in Einzelhaft durchgeführt werden. Zuchthaus konnte lebenslänglich oder zeitig von 1 bis 15 Jahre verhängt werden, Gefängnis von 1 Tag bis zu 5 Jahren, Zuchthausgefangene sollten mit „Du" angeredet werden und durften körperlich gezüchtigt werden (*Solbach/Hofmann* 1982, 37). Im übrigen wurde der Strafvollzug landesrechtlich unterschiedlich geregelt, und zwar lediglich durch Verwaltungvorschriften, ein Zustand, der auf Kritik stoßen mußte. Deshalb drängte der Reichtstag unter Führung von *Tellkampf* darauf, ein Reichs-Vollzugsgesetz zu erlassen. Aufgrund dieser Initiativen leitete die Reichsregierung *1879* dem Bundesrat den Entwurf eines „Gesetzes über die Vollstreckung der Freiheitsstrafe" zu, das die Einführung einer Stufenfolge in der Haftart vorsah, „die Notwendigkeit eines *Sondervollzugs für Jugendliche* unter dem Grundsatz der Individualisierung betonte" (*Dünkel* 1983, 33), gewisse *Rechtsansprüche der Gefangenen* anerkannte (Beschwerderecht, Anspruch auf Arbeitsbelohnung und Bewegung im Freien) sowie die *Einzelhaft als Regelvollzugsform* in Zuchthaus und Gefängnis festlegen wollte. Dieser Entwurf ist jedoch (im Bundesrat) an einem *Machtwort Bismarcks gescheitert,* der befürchtete, daß durch die zusätzlich notwendig werdende Einrichtung von Zellengefängnissen für den Staat zu *hohe Kosten* entstünden; denn nach den Motiven des Entwurfes hätten allein weitere 23 000 Einzelzellen gebaut werden müssen. Da der bestehende Zustand nach dieser Entscheidung weiterhin unbefriedigend blieb und immer wieder neue Gesetzentwürfe aus den Reihen des Reichstages eingebracht wurden, einigten sich im Jahre *1897* – weil das Reich untätig blieb – die Regierungen der Länder im Bundesrat auf gemeinsame *Bundesratsgrundsätze*, die bis zum Ende des Kaiserreichs galten, sich in der Hauptsache jedoch auf verwaltungstechnische Regelungen beschränkten. Ihre Bedeutung hat nach *Bumke* (1928, 26) darin bestanden, „daß sie den Mindestanforderungen, die an einen geordneten Strafvollzug gestellt werden müssen, in ganz Deutschland Anerkennung verschafft und wenigstens mit der größten Buntscheckigkeit der Landeseinrichtungen aufgeräumt haben."

Neue Impulse brachten sie nicht. Diese gingen jedoch von zwei Vertretern der damals sonst nicht sehr vollzugsinteressierten Wissenschaft aus: von Berthold Freudenthal und Franz von Liszt. *Von Liszt* hatte schon 1882 in seiner Marburger Antrittsvorlesung über den „Zweckgedanken im Strafrecht" ein Reformprogramm vorgetragen, nach dem die Strafe nicht mehr das begangene Unrecht (die tatbestandsmäßige Handlung) vergelten, sondern den verbrecherischen Täter entsprechend seinen kriminologischen Besonderheiten erfassen sollte. Sie sollte

- den besserungsfähigen und besserungsbedürftigen Straftäter zu bessern versuchen,
- den nicht besserungsbedürftigen Verbrecher abschrecken und
- den nicht besserungsfähigen Verbrecher unschädlich machen (etwa durch die lebenslange Einsperrung).

Freudenthal warf in seiner wegweisenden Rektoratsrede über „Die staatsrechtliche Stellung des Gefangenen" (1910) die Frage nach der *Rechtsstellung der Gefangenen* auf und forderte in diesem Zusammenhang ein Strafvollzugsgesetz, das rechtsstaatlichen Anforderungen standhalten konnte (zu den Verdiensten: vgl. *Schüler Springorum* 1969, 40). Die Praxis des Kaiserreichs hat die Vorschläge und Gedanken der Professoren allerdings (wohl bewußt) übersehen.

5.2 Die Reformbewegung in der Weimarer Zeit

Erst nach den geistigen Erschütterungen des verlorenen (Ersten) Weltkriegs gewann die Reformbewegung wieder an Boden. Nicht nur die Entwicklung der kriminalpolitischen Ansichten, sondern auch die verfassungsrechtliche Lage schienen dem Erlaß eines Strafvollzugsgesetzes günstig zu sein. Denn zum ersten Mal wurde der Strafvollzug (als Gegenstand der konkurrierenden Gesetzgebung) in einer Reichsverfassung (nämlich in Art. 7 Nr. 3 WRV) ausdrücklich genannt. Aufgeschlossenheit zeigten nicht zuletzt auch die Justizministerien einiger Länder. Ihr Reformwille spiegelte sich z. B. in ernsthaften Versuchen mit dem *Progressivsystem* wider. Solche Erprobungen fanden in Bayern, Hamburg und Thüringen statt. Aus Hamburg wurden vor allem *Bondy* und *Herrmann* bekannt, zwei Sozialpädagogen, die den Erziehungsvollzug in einem Jugendgefängnis auf der Elbinsel *Hahnöfersand* erprobt haben. Bereits 1911 war auf Initiative Freudenthals in *Wittlich an der Mosel* (heute Rheinland/Pfalz) das *erste Jugendgefängnis* eröffnet worden; das *Jugendgerichtsgesetz von 1923* betonte für seinen Anwendungsbereich den *Erziehungszweck* (zur Geschichte des Jugendstrafvollzugs vgl. *Cornel* 1984).

Am 7. Juni *1923* wurden auf Anregung von Reichsjustizminister Gustav *Radbruch* die unzulänglichen Bundesratsgrundsätze von 1897 durch die sog. *Reichsgrundsätze* ersetzt, die sich weitgehend mit den damaligen Reformvorstellungen deckten, nämlich mit der *Betonung des Erziehungs- und Besserungsgedankens* (§ 48) sowie der *Einführung des Stufenvollzugs:* „Progressivstrafvollzugs", der auf das englische und irische Beispiel zurückgeht (zur „Geschichte des Progressivstrafvollzugs" in Deutschland vgl. *Schattke* 1979, 69 ff). Der Entwurf eines Strafvollzugsgesetzes (mit Regelungen zur Gesundheitsfürsorge sowie zum Beschwerderecht der Gefangenen), den die Reichsregierung 1927 vorgelegt hat, ist wiederum an der parlamentarischen Hürde gescheitert (vgl. *Müller-Dietz* 1973, 42).

5.3 Zum Niedergang des Strafvollzuges im „Dritten Reich"

Nach der Machtübernahme 1933 durch die Nationalsozialisten wurden alle Versuche einer den modernen Erkenntnissen genügenden sozialpädagogischen Behandlung der Gefangenen als „Humanitätsduselei" wieder beendet (vgl. *Sieverts* 1967, 52). Reformer wie Bondy und Krebs, die selbst in Strafanstalten gewirkt hatten, wurden entlassen (vgl. *Frede* 1975, 266). Die Rechtsgrundlage für den neuen Vergeltungs- und Abschreckungsvollzug bildete die *reichseinheitliche „Strafvollzugsordnung des Reichsministers der Justiz"* vom 22. Juli *1940.* Die durch das Gewohnheitsverbrechergesetz v. 24. 11. 1933 (RGBl. I, 995) eingeführte Maßregel der Sicherungsverwahrung wurde z. T. in Konzentrationslagern vollzogen. *Vergeltung und Generalprävention* beherrschten aufs neue die Szene; der repressive Strafvollzug verdrängte den Erziehungsgedanken, der in der Weimarer Zeit in der Praxis gerade Fuß gefaßt hatte. Einen anderen Geist läßt insoweit nur die *Jugendstrafvollzugsordnung* vom 10. 7. *1944* erkennen, die den *Erziehungsgedanken* grundsätzlich bejaht hat.

Der NS-Staat hatte im übrigen die Reformenentwicklung so gründlich unterbrochen, daß nach 1945 ein völliger Neubeginn des Strafvollzugswesens erforderlich wurde.

§ 2 Die Entwicklung des Strafvollzugs seit 1945 – Tendenzen und Gegentendenzen*

Übersicht

Seite

Die Nachkriegsentwicklung auf dem Felde des Strafvollzugs wurde in Deutschland durch die Kontrollrats-Proklamation Nr. 3 vom 20. 10. 45 und die Kontrollratsdirektive Nr. 19 vom 12. 11. 45 eingeleitet. Die Proklamation verbot übermäßig hohe und unmenschliche Strafen. Die Direktive definierte Umerziehung und Rehabilitierung der Verurteilten als Aufgabe des Strafvollzugs. Damit wurde – damals noch für Gesamtdeutschland – an die humane Tradition des Strafvollzugs der Weimarer Zeit wieder angeknüpft (*Krebs* 1950). Bald darauf entwickelte sich das Strafvollzugswesen in beiden Teilen Deutschlands sehr unterschiedlich, da hinfort weder die theoretischen Prämissen noch die Gesellschaftsordnung, deren Spiegel der Strafvollzug von jeher war, übereinstimmten.

* *Günter Blau*, Dr. jur., geb. 1915, bis 1980 Richter am Oberlandesgericht Frankfurt/M. und seit 1969 Honorarprofessor für Kriminologie und Strafvollzug an der Ruhr-Universität Bochum. 1975 Gastprofessur an der University of Pennsylvania/Law School/USA. 1978 bis 1982 Vertretung des Lehrstuhls für Kriminologie und Strafvollzug an der Ruhr-Universität. Seinerzeit Mitarbeit in der Strafvollzugskommission der Bundesregierung und im Europäischen Ausschuß für Strafrechtsfragen beim Europarat. Veröffentlichungen auf dem Gebiet der Strafrechtsvergleichung, des Strafprozeßrechts, der Kriminologie und der Strafvollzugskunde.

1. Der Strafvollzug in der DDR

Der Strafvollzug in der DDR unterscheidet sich von dem der Bundesrepublik nicht nur in seinen ideologisch-politischen Voraussetzungen, seinen normativen Grundlagen und seinen Zielen, sondern – zum mindesten teilweise – auch in seinen organisatorischen Rahmenbedingungen und seinen Methoden so grundlegend, daß der Versuch einer Beschreibung und Wertung den Rahmen dieser Einführung sprengen würde. Dies gilt um so mehr, als auch in der DDR – für die Bundesrepublik wird das noch darzulegen sein – verschiedene aufeinanderfolgende Phasen der Strafvollzugsideologie und -praxis deutlich zu unterscheiden sind. Diese Dynamik ist nicht zuletzt Reflex der in der DDR in Gang gekommenen kontroversen Auseinandersetzung über Wesen und Ursprünge der Kriminalität in der sozialistischen Gesellschaft (*Schroeder* 1986 und 1987). Trotz dieser Dynamik sind als Konstanten des Strafvollzugswesens in der DDR festzustellen:

a) repressive Strenge des Vollzugs besonders gegenüber Rückfalltätern und anderen „Feinden" der sozialistischen Gesellschaft (*Wendland* 1986);

b) Differenzierung des Vollzuges im Sinne dieses Freund/Feind-Konzeptes: Wer wegen eines Verbrechens (nicht Vergehens) oder als Rückfälliger wegen eines vorsätzlichen Vergehens verurteilt worden ist, aber auch derjenige, bei dem das erkennende Gericht das aus anderen Gründen für angebracht hält, gelangt in den „allgemeinen Vollzug"; bei allen anderen wird die Freiheitsstrafe im „erleichterten Vollzug" vollzogen (§§ 11 – 17 des StrafvollzugsG. vom 7. 4. 1977 – GBl. DDR I 1977, 109 ff).

c) Ziel des Strafvollzuges ist bei allen Strafarten die Erziehung zum Sozialismus durch strenge Disziplinierung, intensiven „gesellschaftlich nützlichen" Arbeitseinsatz, Indoktrinierung durch staatsbürgerlichen Unterricht und Vorbereitung der Wiedereingliederung durch die Einbeziehung „gesellschaftlicher Kräfte", die in § 30 StrafVollzG näher bezeichnet werden. Die streng reglementierte Wiedereingliederung der Gefangenen in die sozialistische Gesellschaft genießt als Strafvollzugsziel so hohe Priorität, daß sie Gegenstand eines besonderen Gesetzes wurde (G. v. 7. 4. 1977, GVBl. DDR 1977, I, vom 14. 4. 1977; vgl. hierzu *Kreupl/Reuter* 1984; so auch § 47 StGB DDR). Die Lektüre beider Gesetze, des StrafVollzG und des Wiedereingliederungsgesetzes, vermitteln bereits einen ersten Eindruck von Geist und Atmosphäre des Strafvollzuges in der DDR, geben aber naturgemäß nur unvollkommenen Aufschluß über den „real existierenden" Strafvollzug. Diese Diskrepanz zwischen den normativen Regelungen und der Wirklichkeit besteht auch bei uns.

Anders als in der Bundesrepublik gibt es aber kaum Erfahrungsberichte oder wissenschaftliche Untersuchungen über den Strafvollzug in der DDR, auch keine gerichtliche Kontrolle der Vollzugsentscheidungen, aus deren Veröffentlichung die tatsächlichen Vollzugsverhältnisse hierzulande erhellt werden. Es fehlen auch in weitem Umfang statistische Angaben über den Vollzug in der DDR (Informative Hinweise finden sich jedoch bei *Kaiser-Kerner-Schöch* 1982, 9, 61, 85, 362; *Kaiser* 1983, 140 ff; *Lammich* 1981 und 1983; *Schüttler* 1981; speziell zur Frage der politischen Gefangenen: *Finn* 1981).

Daß die Gefangenenquote je 100 000 Einwohner im Vergleich zur Bundesrepublik und anderen westlichen Staaten – ausgenommen die USA – bemerkenswert hoch ist, liegt wohl vor allem daran, daß die zu vollziehende Freiheitsstrafe eine wesenlich größere Rolle in der DDR spielt als etwa bei uns. Im Jahr 1977 teilte *Harrland* (1977, 38) mit, von 100 Verurteilten gelangten in der DDR 20 in den Strafvollzug, nach *Dickel* (1977, 256) sind es gar 33 von 100. Schon damals mußten in der Bundesrepublik nur 6 von 100 nach allgemeinem Strafrecht Verurteilte sowie 7 von 100 nach Jugendstrafrecht Verurteilte eine Freiheitsstrafe antreten.

2. Die Entwicklung des Strafvollzugswesens in der Bundesrepublik

Bei chronologischer Betrachtung der Entwicklung des Strafvollzuges in der Bundesrepublik sind vor allem drei klar unterscheidbare, wenn auch einander überlagernde Phasen wahrnehmbar. Auf Restauration und Reform folgt ein neuer Pragmatismus.

2.1 Periode der Wiederbelebung Weimarer Reformtendenzen

Die Phase der „Wiederbelebung" dauerte parallel zur gesellschaftlich-politischen Gesamtentwicklung bis zum Ende der fünfziger Jahre. Bedeutende Strafvollzugsreformer jener Zeit (C. Bondy, W. Herrmann, A. Krebs, W. Mollenhauer u. a.) übernahmen wieder Verantwortung in der Strafvollzugsverwaltung der Länder. In der Arbeitsgemeinschaft für Reform des Strafvollzugs (JZ 1951, 699; ZfStrVo 1952, 5; Monatsschrift für Kriminologie und Strafrechtsreform 1959, 25) und in den Spalten der von Krebs redigierten Zeitschrift für Strafvollzug warben sie für die Beseitigung der fast überall noch vorhandenen Reste des nationalsozialistischen Vergeltungsvollzuges. Auch das Vorbild einiger damals besonders moderner Einrichtungen in den USA wirkte sich aus. So gelang die Re-Humanisierung des deutschen Strafvollzuges.

2.1.1 Kriminalpädagogik

Grundlage und Triebfeder solcher Humanisierung war und ist ein entschiedenes – auch heute noch unentbehrliches – kriminalpädagogisches Engagement für den Strafgefangenen als Mitmenschen. Diese Gesinnung fand sich schon bei den großen Reformern und Menschenfreunden vergangener Jahrzehnte, einem Pestalozzi, Fliedner und Wichern. In zeitgemäßer Abwandlung – bei allerdings zunächst nur gelegentlicher und fragmentarischer Integration sozialwissenschaftlicher Forschungsergebnisse – entwickelte sich aus diesen – oft christlich fundierten – Ideen eine „Kriminalpädagogik" (so der Titel von Schriften von *Hellmer* 1959, *Nass* 1959, und *K. Peters* 1960), die wegen ihres umfassenden Denkansatzes auch einer angemaßten „Allmacht der Therapeuten" (*Blau* 1969) Einhalt zu gebieten vermag. Besonders leistungsfähig scheint dieser – gelegentlich freilich einer zu idealistischen Anthropologie verhaftete – Ansatz dort zu sein, wo er durch empirische Kenntnisse untermauert ist (*S. E. Engel* 1973, *Göppinger* 1983).

Der kriminalpädagogische Ansatz der fünfziger Jahre blieb auch nicht folgenlos in der äußeren Erscheinungswelt des Strafvollzugs. Vollzugslockerungen bis zur halboffenen und offenen Anstalt wurden mit dem für diese Denkrichtung typischen Argument „Belastung mit Vertrauen" befürwortet und, vor allem im Jugendstrafvollzug, aber auch bereits vereinzelt im Erwachsenenstrafvollzug (Gustav-Radbruch-Haus in Frankfurt/Main; halboffene Anstalt für Fahrlässigkeitstäter in Lingen) verwirklicht.

2.1.2 Verrechtlichung

Vor allem förderte eine Haltung, die den Gefangenen als Person ganz ernst nahm, eine Verrechtlichung des Strafvollzuges, d. h. vor allen Dingen Abklärung und Ausbau der Rechtsposition der Strafgefangenen als Subjekt im sozialen Rechtsstaat (*Würtenberger*

1967). Zwar hatte schon Berthold Freudenthal in den zwanziger Jahren dieses Jahrhunderts erstmals den Gefangenen als Rechtssubjekt definiert und war für die Stärkung seiner Rechtsposition eingetreten (vgl. bereits oben S. 15). Diese Überlegung konnte sich aber bis in die siebziger Jahre hinein deshalb nicht durchsetzen, weil sich die Lehre vom besonderen Gewaltverhältnis im Strafvollzugswesen behauptete. Alle Rechtseinschränkungen, die zur Erfüllung der Zwecke des Strafvollzuges erforderlich sind, waren nach dieser Lehre ohne weitere Legitimationsnotwendigkeit gedeckt. Deshalb genügte es, die Stellung des Gefangenen und die Durchführung des Vollzuges in Verwaltungsanordnungen zu regeln. Dementsprechend einigten sich die Justizminister und -Senatoren der Länder schließlich auf die am 1. 7. 1962 in Kraft getretene bundeseinheitliche Dienst- und Vollzugs-Ordnung (DVollzO). Sie galt bis Ende 1976 und wurde mehrfach modernisiert und neuen Erkenntnissen und Verhältnissen angepaßt. Verhängnisvoll war, daß ihre in Nr. 57 enthaltene Definition des Vollzugszieles keine klaren Prioritäten erkennen ließ. Vor dem Ziel der Wiedereingliederung des Gefangenen in die Gemeinschaft rangierten das Schutzinteresse der Allgemeinheit und die bei den Gefangenen zu bewirkende Einsicht, daß er für begangenes Unrecht einzustehen habe. Das führte unter der Herrschaft der Rechtsfigur des besonderen Gewaltverhältnisses dazu, daß sich nahezu alle Rechtsbeschränkungen Gefangener begründen ließen. Allerdings wurden immerhin einzelne Gefangenenrechte in der DVollzO festgeschrieben, die über den Gleichheitsgrundsatz (Selbstbindung der Verwaltung) Verbindlichkeit hatten.

Ein für die Verrechtlichung des Strafvollzuges wohl entscheidender Schritt war die Eröffnung des formalen Rechtsweges zur Nachprüfung von den Gefangenen belastenden Justizverwaltungsakten. Die Art. 19 Abs. 4 GG entsprechende Rechtsweggarantie auch im besonderen Gewaltverhältnis wurde durch die Regelung der §§ 23 ff EGGVG im Jahre 1961 verwirklicht. Gestützt auf diese Vorschriften überprüften nun die Oberlandesgerichte viele mit dem Vollzug und der Rechtsstellung des Gefangenen zusammenhängende Fragen. Daß diese Rechtsprechung oft der Stabilisierung der überkommenen Strafvollzugskonzepte diente, hing mit dem erwähnten unentschiedenen Pluralismus der Strafvollzugsziele zusammen. Bei Zielkonflikten gewann das Interesse an „Sicherheit und Ordnung" doch meist zu Lasten von Wiedereingliederungsbedürfnissen die Oberhand (*Kaiser* 1982, 58).

Erst Ende der 60er Jahre setzte sich in der Strafvollzugswissenschaft (*Schüler-Springorum* 1969) und dann auch in der Rechtsprechung (Urt. des BVerfG v. 14. 3. 1972 – BVerfGE 33, 1 ff) die Meinung durch, daß „auch die Grundrechte von Strafgefangenen nur durch Gesetz oder auf Grund eines Gesetzes eingeschränkt" werden dürfen und daß „eine Grundrechtsbeschränkung bei Strafgefangenen nur in Betracht kommt, wenn sie zur Erreichung eines von der Wertordnung des Grundgesetzes gewährten gemeinschaftsbezogenen Zweckes unerläßlich ist" (vgl. zu den Gefangenenrechten *R. Böhm* und *Frielinghaus* in der Vorauflage dieses Bandes sowie unten S. 255). Später hat das BVerfG seine rechtsstaatlichen Überlegungen durch sozialstaatliche ergänzt und dem Gebot der Wiedereingliederung des Gefangenen in die Rechtsgemeinschaft Verfassungsrang zuerkannt (im sog. Lebachfall, BVerfGE 35, 202 ff). Daß das BVerfG hier auch an den personalen, kriminalpädagogischen Ansatz in dem beschriebenen Sinne anknüpft, zeigt sein Hinweis auf Art. 1 I und Art. 2 I GG (Respektierung der Menschenwürde und freie Entfaltung der Persönlichkeit). Die Beachtung der Menschenwürde hat das BVerfG bei der Beurteilung von Verfassungsfragen aus dem Bereich des Strafvollzugs auch in der Folgezeit immer wieder in den Vordergrund gerückt, so z. B. in seinen Urteilen zur lebenslänglichen Freiheitsstrafe (BVerfGE 45, 187 ff und 64, 261 ff, 272).

2.2 Periode der Reform

2.2.1 Die Vorarbeiten. Die Rezeption ausländischer und supranationaler Reformmodelle

Schon Mitte der fünfziger Jahre im Zusammenhang mit den Vorarbeiten zur Großen Strafrechtsreform, deren vornehmlich restaurativer Abschnitt mit dem StGB-Entw. 1962 endete, hatte das BMJ rechtsvergleichende Forschungen über Situation und Ideengeschichte des ausländischen Strafvollzuges veranlaßt, um so die Ausarbeitung eines dem internationalen Standard genügenden StrafvollzugsG. vorzubereiten. Die Ergebnisse sind in den Materialien zur Strafrechtsreform (Bd. 8, Bonn 1959) niedergelegt. Freilich blieben diese Untersuchungen zunächst folgenlos, da der Reform des materiellen Strafrechts größere Dringlichkeit beigemessen wurde (*Kaiser* 1982, 67 ff). Immerhin gewann die Strafvollzugsreformdiskussion in der Bundesrepublik durch diese Vorarbeiten und durch die Wiederbeteiligung deutscher Fachleute an internationalen Fachtagungen wieder jenen weltoffenen, internationalistischen Zug, der sie schon im 19. Jahrhundert und bis zum Beginn der NS-Zeit gekennzeichnet hatte (*Blau* 1981, 1 ff; *Kaiser* 1983, 2 ff; *Krebs* 1985, 629 ff und 1986, 475 ff).

Meilensteine dieser Internationalisierung waren der im Jahre 1950 in Den Haag veranstaltete XII. und letzte Kongreß der dann aufgelösten Internationalen Gefängnisgesellschaft und der 1955 in Genf zusammengetretene 1. Kongreß der Vereinten Nationen „On the Prevention of Crime and the Treatment of Offenders". In Genf wurden die „Mindestregeln für die Behandlung von Gefangenen", die weltweit Geltung beanspruchenden (wenn auch nicht überall durchsetzbaren) „Minima" beschlossen (abgedruckt u.a. in ZfStVO 1959, Sonderheft 3/4). Im Turnus von 5 Jahren erörtern seither Sachkenner aus aller Welt auf UN-Kongressen gleicher Thematik u. a. auch Vollzugsfragen (zuletzt 1985 in Mailand). Ein weiteres wichtiges Gremium für den internationalen Meinungsaustausch über Probleme des Strafvollzuges ist die „International Penal and Penitentiary Foundation" (*Blau* 1982). Überragende Bedeutung für komparative Untersuchungen im Bereich strafrechtlicher Sanktionen und ihres Vollzuges in Westeuropa hat das beim Europarat in Straßburg tätige „European Committee on Crime Problems" erlangt. Ihm sind zahlreiche länderübergreifende Studien zu Spezialfragen des Strafvollzugs und seiner Alternativen zu verdanken. Darüber hinaus gibt der Europarat seit einigen Jahren eine inhaltsreiche Zeitschrift „Prison Information Bulletin" heraus. Die „Minima" der Vereinten Nationen sind durch den Europarat in einer Neufassung den europäischen Bedürfnissen angeglichen worden. Viele der in den Unterkommissionen des Europarats erarbeiteten Empfehlungen zu Strafvollzugsreformen sind in Richtlinien des Ministerrates der EG umgesetzt worden.

Die Vollzugsvergleichung muß freilich methodenkritisch betrieben werden. Die Datenerhebung in den verschiedenen Ländern ist nicht einheitlich. Die Interdependenzen zwischen Sanktionensystem, Sanktionierungsstil, kriminalpolitischen Zielen, Rechtsstaatlichkeitsniveau, sozio-kulturellen Eigenarten und dem Strafvollzug in der Praxis gestatten es nur selten, ausländische Modelle unmittelbar auf deutsche Verhältnisse zu übertragen.

Das zeigte sich etwa anläßlich der Diskussion um die Sozialtherapeutische Anstalt, als der Versuch fehlschlug, entsprechende Einrichtungen aus so eng verwandten Ländern wie den Niederlanden (Van-der-Hoeven-Klinik) und Dänemark (Herstedvester) zu „kopieren". Dennoch kann der Ertrag der Vollzugsvergleichung für die Nachkriegsentwicklung des Vollzuges in der Bundesrepublik nicht hoch genug eingeschätzt werden (zu den Schwierigkeiten und Grenzen vollzugsvergleichender Analysen: *Müller-Dietz* 1985e).

Ohne diesen internationalen Erfahrungsaustausch, aber auch ohne das genaue Studium innovativer Modellanstalten in den europäischen Mitgliedsländern und den USA sind die entscheidenden und prägenden Neuerungen im Strafvollzug der Bundesrepublik seit den sechziger Jahren nicht vorstellbar (*Kaiser* 1983, 1986, 1987b). Die Lockerungen des Vollzuges, die Einrichtung offener Anstalten (das große Thema der Kongresse in Den Haag und Genf 1950 und 1955), Strafaussetzung zur Bewährung, bedingte Entlassung unter Bewährungsaufsicht, Übergangsheime, Sozialtherapie in besonderen Experimentieranstalten und neuerdings die „gemeinnützige Arbeit" (*Blau* 1986, 189) verdanken ihre Übernahme in das Repertoire des Sanktionensystems diesem grenzüberschreitenden Gedankenaustausch und der Rezeption – national abgewandelter – ausländischer Modelle. Umgekehrt sind auch Ausstrahlungen deutscher Besonderheiten des Subsystems Strafvollzug auf das Ausland wahrnehmbar. So dürfte der Ausbau der Rechtsstellung der Gefangenen in materieller wie in verfahrenstechnischer Hinsicht Modellcharakter auch außerhalb der Bundesrepublik gewonnen haben.

Derzeitiger Höhepunkt der vergleichenden Pönologie – auch international – dürfte das dreibändige im Max-Planck-Institut für ausländisches und internationales Strafrecht in Freiburg/Br. erarbeitete Werk „Die Freiheitsstrafe und ihre Surrogate im deutschen und ausländischen Recht" (*Jescheck* 1983) sein.

2.2.2 Die Verwissenschaftlichung des Strafvollzuges, insbesondere die Behandlungsforschung

Hand in Hand mit der Internationalisierung des Strafvollzuges ging seine Verwissenschaftlichung. Symptomatisch für diese Entwicklung waren der Übergang vom traditionellen Erziehungs- zum verhaltenswissenschaftlichen Behandlungs- und Resozialisierungsvollzug (Treatment of Offenders) einerseits, die sozialempirischen Analysen des Vollzugsgeschehens, der Subkultur der Gefängnisse und der Interaktionen zwischen Stab und Insassen andererseits.

Ein neues Problembewußtsein bildete sich auch in der Öffentlichkeit. Während „Erziehung" im Strafvollzug als pädagogische Hilfe zum Mündigwerden der Unmündigen durch Vermittlung der notwendigen Kenntnisse, Fertigkeiten und Fähigkeiten zur Selbsthilfe, zur ethischen und rechtlichen Verpflichtbarkeit und zur Stiftung einer eigenen Identität (*Deimling* 1974, 30) definiert wurde, bedeutet „Behandlung" des Gefangenen die systematische Anwendung eines an den Erkenntnissen der Human- und Sozialwissenschaften orientierten und auf das Ziel der (Wieder-)Eingliederung ausgerichteten Konzeptes aufeinander abgestimmter Hilfen. Danach scheinen mehr die Methoden und wissenschaftlichen Ressourcen zu differieren als die inhaltlichen Rehabilitationsziele. Immerhin dürfte beim Erziehungsvollzug alter Prägung vielfach eine mehr bekenntnishafte, psychologisch und sozialwissenschaftlich nicht hinreichend fundierte Sinnorientierung auf der Ebene der Normen und Werte im Vordergrund gestanden haben, während beim Behandlungsvollzug die anthropologischen und sozialen Vorbedingungen und Vorstufen einer solchen Orientierung mitreflektiert und in sozialtherapeutische Behandlungs- und Lernprozesse umgesetzt werden. Krankhafte und nicht krankhafte Persönlichkeitsstörungen und Sozialisationsdefekte stehen im Brennpunkt des Behandlungsinteresses, während „Erziehung" sich doch mehr am Idealtypus des Durchschnittsbürgers mit dem Werthorizont der Mittelschicht orientierte.

Die *organisationssoziologische* Erforschung der „Prison Community" und des bei länger einsitzenden Gefangenen beobachteten sog. Prisonierungsprozesses wurde Ende der sechziger Jahre durch amerikanische Untersuchungen angeregt (vgl. z. B. den Reader von *Johmston/Savitz/Wolfgang* 1970, 383 ff; zur Rezeption in der Bundesrepublik: *Harbordt* 1972; zum neuesten Erkenntnisstand: *Eisenberg* 1985, 446 ff; *Kaiser/Kerner/Schöch* 1982, 335 ff; *Schneider* 1986, 848 ff).

Aus Amerika kamen dann auch die ersten Hinweise auf Methoden, die den verheerenden Befund über die Wirklichkeit der „totalen Institution" (*Goffman* 1972) „Gefängnis" mildern, die entsozialisierenden Wirkungen der Subkultur „Prison Society" aufbrechen und Sozialisierungshilfen durch „Treatment of Offenders" geben sollten. So entstand aus ersten Anfängen (z. B. Norman Fentons „Group Counselling" und C. Rogers „Client Centered Therapy") die *Behandlungsforschung*, die bald darauf auch in Europa und speziell der Bundesrepublik zu einer heute kaum noch übersehbaren Fülle von theoretischen Untersuchungen und praktischen Programmen führte (Übersichten bei H. *Kaufmann* 1977; *Försterling* 1981, *Kaiser-Kerner-Schöch* 1982, 29 ff; *Kury* 1984 und 1985, 48 ff; *Schneider* 1987, 836 ff).

In den USA ist die – auch bei uns vor allem auf die Evaluation (= Erfolgskontrolle) der verschiedenen Behandlungsmethoden abzielende – Behandlungsforschung auf Grund von schon im Ansatz methodisch verfehlter Sekundäranalysen Ende der 70er Jahre zu dem ernüchternden Ergebnis gelangt „Nothing works" (*Lipton/Martinson/Wilks* 1975). Skandinavische Kriminologen haben sich dieser resignativen These angeschlossen (*Christie* 1981; *Hilbert/Lange* 1973). Für die USA und für Skandinavien signalisierte dieses negative Urteil, das für die Bundesrepublik nur sehr bedingt zutrifft, das „Ende der Behandlungsideologie". Das neoklassische „Justizmodell" – feste tatbezogene, nach generalpräventiven Gesichtspunkten zugemessene Straftaxen, Verzicht auf (oktroyierte) Sozialtherapie, wenn auch nach Möglichkeit Vermeidung von Haftschäden – sollte an die Stelle des „Behandlungsmodells" treten. In der Bundesrepublik hat es eine „Behandlungsideologie" oder gar „-euphorie" mit einem so hohen Erwartungshorizont wie in den USA und Skandinavien nie gegeben. Andererseits besteht nach den Ergebnissen der deutschen Behandlungsforschung zu einem „Behandlungsnihilismus" keinerlei Anlaß. Es hat sich gezeigt, daß intensive Sozialtherapie selbst bei Gefangenen mit schweren Sozialisationsdefiziten und ungünstiger Sozialprognose zu einer Senkung der Rückfallquote um 10–20 % geführt hat (*Dolde* 1982, 47 ff; 1985, 148; *Driebold* u. a. 1984; *Specht* 1986; zur Sozialtherapie allgemein vgl. unten S. 295 ff).

Nicht alle Versuche einer „Verwissenschaftlichung" des Strafvollzuges können freilich mit einer Akzeptanz durch die Praxis rechnen. Daß die Praxis für eine pauschale Verdammung jeglicher kustodialer Sanktionen, für ihre Denunzierung als von Grund auf inhuman, kein Verständnis aufbringt, leuchtet ein (*Rotthaus* 1986a; *Böhm* 1986b, 7). – Sie wehrt sich gegen „ein handlungslähmendes Urmißtrauen auch gegenüber ernsthaften Bemühungen um Menschen in unmenschlichen Institutionen" (*Einsele* 1983). Aber auch dort, wo die akademische Diskussion sich nicht in abolitionistischen

Theorien erschöpft, nimmt sie oft von den praktischen Bedürfnissen des Strafvollzugs und der Insassen der Vollzugsanstalten wenig Notiz (*Müller-Dietz* 1979, 95). Dabei ist die strafvollzugswissenschaftliche Begleitforschung im Dienst der Wissenschaft *wie der Praxis* im Strafvollzugsgesetz v. 16. 3. 1976 festgeschrieben worden. Nach § 166 obliegt es dem „kriminologischen Dienst", „in Zusammenarbeit mit den Einrichtungen der Forschung den Vollzug, namentlich die Behandlungsmethoden, wissenschaftlich fortzuentwickeln und seine Ergebnisse für Zwecke der Strafrechtspflege nutzbar zu machen" (vgl. unten S. 189 ff).

Mögen die Methoden der Zusammenarbeit zwischen Theorie und Praxis auch noch verbesserungsfähig sein, so hat sich der inhaltliche Auftrag des Gesetzgebers zur Begleitforschung doch bereits als fruchtbar erwiesen. Ohne die wissenschaftliche Sensibilisierung für systemimmanente Mängel des Strafvollzuges hätten sich der offene Vollzug, der Freigang, der Erprobungsurlaub usw. kaum so entwickelt wie geschehen; von der Effizienzkontrolle bei der Sozialtherapie ganz zu schweigen. – Neuerdings scheint sich das Forschungsinteresse freilich auf die Alternativen zum Strafvollzug (Bewährungshilfe, gemeinnützige Arbeit, sog. Diversionsprogramme usw.) zu verlagern (*Heinz* 1985). Das ist zu begrüßen, solange die eigentliche Strafvollzugsforschung nicht stagniert. Das wäre verhängnisvoll, denn die Freiheitsstrafe ist noch immer „überall auf der Welt das Rückgrat des Strafensystems" (*Jescheck* 1983, V), mag auch der Glaube an die resozialisierende Wirkung ihres Vollzuges erschüttert sein. Allgemein praktikable Alternativen zur Freiheitsstrafe für alle Tat- und Tätergruppen sind noch nirgends in Sicht (*Müller-Dietz* 1985c, 534 f). Wissenschaftliche Begleitforschung ist daher nach wie vor unverzichtbar.

2.2.3 Die legislative Reform

Die Verwissenschaftlichung des Strafvollzuges war zugleich Anlaß und Frucht der *Reformperiode,* die Ende der 60er Jahre die „restaurative" Periode ablöste. Die späten 60er und 70er Jahre sind dann durch zahlreiche den Strafvollzug betreffende Gesetze und Gesetzesentwürfe gekennzeichnet, übrigens auch in den Nachbarländern (z. B. DDR: 1968 und 1977, Österreich: 1969, Schweden: 1974, Polen: 1969 u.a.). Dabei beeinflußten sich Strafrechtsreform und Strafvollzugsreform wechselseitig. So wurde die Zuchthausstrafe im Rahmen der Strafrechtsreform des Jahres 1969 aufgehoben.

2.2.3.1 Eine wichtige Etappe stellte der 1966 zuerst veröffentlichte Alternativentwurf (AE) von 14 deutschen und Schweizer Strafrechtslehrern zum Allg. Teil eines StGB dar (*Baumann* u. a. 1966). Er enthielt erstmals konkrete Bestimmungen für die Ausgestaltung des Vollzuges (§§ 36 – 39) und schuf, gestützt auf ausländische Erfahrungen in den Niederlanden und in Dänemark (Nachweise: AE 1966, S. 127), die Einweisung in eine *Sozialtherapeutische Anstalt* als neue Maßregel der Besserung und Sicherung. Der AE 66 wurde später bei der parlamentarischen Beratung der Strafrechtsreformgesetze von der FDP als Gesetzgebungsvorschlag eingebracht. Damit verhalf sie der Sozialtherapeutischen Anstalt als richterlich zu verhängende Sanktion zwar, wie sich erweisen sollte, zu einer nur papierenen Existenz in Gestalt des nie in Kraft getretenen § 65 StGB; die Idee blieb aber gleichwohl nicht folgenlos für den deutschen Vollzug. Im

Schatten des im Jahre 1985 wieder aus dem StGB entfernten (bis dahin als lex ferenda kursiv gedruckten) § 65 entstanden 11 sozialtherapeutische Modell- (= Experimentier-) Anstalten, die qua „Vollzugslösung", nämlich im Wege einer speziellen Vollzugsmaßnahme gemäß § 9 StVollzG, die Beseitigung des § 65 StGB überleben dürften, zumal da sie wie die schon erwähnten Evaluationsforschungen (*Dolde* 1982 und 1985, *Driebold* 1984 mwN) zeigen, bemerkenswerte Resozialisierungserfolge aufzuweisen haben (vgl. zur Einrichtung, Arbeitsweise und zu den Zukunftsperspektiven der Sozialtherapeutischen (Modell-) Anstalten unten S. 87 ff, sowie *Blau* 1977a, 539 ff; *Müller-Dietz* 1979, 205 ff; *Schüler-Springorum* 1986, und die beiden Veröffentlichungen des Bundeszusammenschlusses für Straffälligenhilfe „Sozialtherapeutische Anstalten", 2. Aufl., Bonn 1977 und „Sozialtherapie als kriminalpolitische Aufgabe", Bonn 1981). Die Modellanstalten haben aber darüber hinaus die Atmosphäre des deutschen Strafvollzuges, das Rollenverständnis seiner Bediensteten, die Methodenvielfalt und die Perspektiven sozialtherapeutischer Bemühungen auch im Regelvollzug so nachhaltig beeinflußt, daß Praktiker (*Rotthaus* 1986 b, 106) von einem kraftvollen und wohl irreversiblen Innovationsschub sprechen, auf den alle bisherigen Neuerungen zurückgehen.

2.2.3.2 Der nächste Meilenstein in der Nachkriegsgeschichte der Strafvollzugsreform war die Einberufung einer aus Praktikern und Wissenschaftlern zusammengesetzten *Strafvollzugskommission* durch das Bundesjustizministerium im Jahre 1967. Diese legte nach 13 Arbeitstagungen (Tagungsberichte 1968 – 1971) den Kommissionsentwurf eines Strafvollzugsgesetzes vor, der dann zu einem Regierungsentwurf umgearbeitet wurde. Nach langwierigen parlamentarischen Beratungen in den Ausschüssen des Bundestages und des Bundesrates, in deren Verlauf der ursprüngliche Entwurf den finanziellen und personellen Ressourcen der Landesjustizverwaltungen angepaßt und hierdurch naturgemäß verwässert wurde (*Callies Müller-Dietz*, Rdn. 13 – 15, Einleitung), ist dann am 16. 3. 1976 das Strafvollzugsgesetz verkündet worden und am 1. 1. 1977 in Kraft getreten. Gesetzestechnisch ist es insofern ein Unikum, als es selbst die Wirksamkeit zahlreicher kostenträchtiger Bestimmungen wieder bis zu späteren Daten oder gar bis zu einer neuen gesetzlichen Regelung suspendiert (§§ 198 ff). Die Erfüllung des Versprechens, wichtige Teilabschnitte des StVollzG nachträglich in Kraft zu setzen (z. B. Einbeziehung der Gefangenen in die Sozialversicherung), ist der Gesetzgeber schuldig geblieben. Wichtige Ergänzungen erfuhr das StVollzG vor allem hinsichtlich des Maßregelvollzuges. Er wurde u. a. in die Pfändungsschutzvorschriften für Strafgefangene einbezogen und nimmt nun an dem gerichtlichen Rechtsschutz teil, den die Strafvollstreckungskammern (Gesetz v. 20. 1. 1984, BGBl. I, 97) gewährleisten. Endlich wurde der Vollzug der Maßregeln aus §§ 63, 64 StGB auch in Vollzugsgesetzen der Länder durchnormiert und rechtsstaatlich abgesichert (*Blau* 1985; *Volckart* 1986b).

Die *Rechtsstaatlichkeit* des StrafVollzG ist unbestritten. Als „Rechtsstellungsgesetz", als „Ausführungsgesetz zum GG", ist es auch im europäischen Maßstab vorbildlich. Weniger zweifelsfrei ist die Erfüllung des *sozialstaatlichen* Auftrages, den Strafvollzug auch inhaltlich im Sinne des Resozialisierungszieles (BVerfGE 35, 202, 235 f; 45, 187, 239; § 2 StrafVollzG) fortzuentwickeln. Alles in allem hat das StrafVollzG anläßlich seines zehnjährigen Jubiläums aber auch von kritischen Sachkennern eine gute Gesamtnote erhalten (*Mayer* 1987; *Müller-Dietz* 1986; *Scholz* 1986; *Rotthaus* 1987).

In diesem Dezennium sind die teilweise doch eher generalklauselhaften Vorschriften des StrafVollzG auf dreierlei Weise mit Leben erfüllt worden: einmal durch die (in allen Kommentaren mit abgedruckten) Verwaltungsvorschriften der Länder („VV"), zweitens durch die umfangreiche, sehr ins Detail gehende Judikatur vor allem der Oberlandesgerichte (abgedruckt vornehmlich in der ZStVo., dem „Vollzugsdienst" und der NStZ.) und schließlich durch die sorgfältige praxisbezogene Aufbereitung in den führenden Kommentaren (*Callies Müller-Dietz* 1986; *Brand* u. a., Alternativkomm. z. StrafVollzG, 1982; *Grunau-Tiesler* 1982; *Schwind/Böhm* 1983).

2.2.3.3 Einige dem Strafvollzug mittelbar oder unmittelbar zuzuordnende Materien sind nicht im StrafVollzG geregelt worden: Die *Untersuchungshaft* hat ihre rechtliche Grundlage – abgesehen von der Eingriffsvoraussetzung des § 119 StPO – in der auf Ländervereinbarungen beruhenden Untersuchungshaftvollzugsordnung, einer den Richter nicht bindenden Verwaltungsverordnung (zur Kritik vgl. *Baumann* 1981). Die formellen Voraussetzungen des Vollzuges (Rechtskraft, Strafzeitberechnung u. ä.) sind in der *Strafvollstreckungsordnung* geregelt (*Wetterich-Hamann* 1978). Einer gesetzlichen Grundlage entbehrt schließlich der *Jugendstrafvollzug.* Das JGG enthält nur allgemeine Richtlinien und Ermächtigungen (§§ 91, 115). Die Arbeiten einer im Auftrag des BMJ. in den Jahren 1976 – 1979 (Abschlußbericht: 1980) tätigen Jugendstrafvollzugskommission haben den Gesetzgeber bisher nicht veranlaßt, ein formelles Gesetz zu beschließen. Auch hier – wie bei der U-Haft – muß sich die Praxis mit einer überall geltenden Verwaltungsvorschrift („VVJug") begnügen (näheres unten S. 70 ff und bei *Böhm* 1985 b, 198 f).

2.2.3.4 Die Entstehung des StrafVollzG wurde damals begleitet und stimuliert durch eine Reihe alternativer Entwürfe und Entschließungen, insbesondere der „Alternativ-Professoren" (AE eines StrafVollzG, 1973), des Bundeszusammenschlusses für Straffälligenhilfe (1974) und des 48. Dtsch. Juristentages (vgl. die Gutachten Bd. I, Teil C und den Sitzungsbericht N, 1970). Diese Arbeiten haben heute zwar an Bedeutung verloren, sind aber immer noch eine Fundgrube für Hinweise, wie das Reformpotential des StrafVollzG noch besser ausgeschöpft werden kann.

2.3 Perspektiven der weiteren Entwicklung

Welche Perspektiven eröffnen sich für den Strafvollzug der Bundesrepublik? Welche Entwicklungstendenzen im In- und Ausland werden diese Perspektiven möglicherweise beeinflussen? Ausgangspunkt für einen solchen Prognoseversuch kann nur der *Ist-Befund* sein.

Wer über die Strukturen des deutschen Strafvollzuges, die Aufgliederung der Gefangenenpopulation, die personelle Ausstattung und Belegungsfähigkeit der Anstalten, die praktizierten Vollzugslockerungen, die Kosten usw., aufgegliedert nach Bundesländern und durch Statistiken und Schaubilder veranschaulicht, Aufschluß gewinnen will, findet ihn in dem materialreichen Band von *Dünkel/Rosner* 1982 (kritisch hierzu allerdings *Böhm* 1985, 583 ff). Was im deutschen Strafvollzugsschriftum bisher fehlt, ist eine schlicht deskriptive Darstellung aller Justizvollzugsanstalten, wie sie in vorbildlicher Weise in der Schweiz erarbeitet worden ist („Der schweizerische Strafvollzug", Bd.

1 – 13, 1976 – 1983; Besprechung durch *Müller-Dietz* 1986, 1064 ff). Hier klafft eine Lücke in der Phänomenologie des deutschen Strafvollzuges.

Ein wichtiges Element künftiger Perspektiven ist sicherlich die zu erwartende quantitative und qualitative Zusammensetzung der Gefangenenpopulation.

Das Problem der Anstaltsüberfüllung, d. h. des Überschreitens der vorhandenen, offiziell ausgewiesenen Belegungskapazität, das auch bei uns bis vor kurzem eine kriminalpolitische Herausforderung ersten Ranges zu sein schien (*Kreuzer* 1985), scheint – anders als im übrigen Europa – bei uns allmählich gegenstandslos zu werden. Die Belegung im Strafvollzug ist innerhalb der letzten beiden Jahre in einem Ausmaß rückläufig, das der demographischen Prognose für das Jahr 1998 entspricht (*Dünkel* 1987, 22). Nach den Erhebungen des Europarates lauteten die absoluten Zahlen für die Bundesrepublik per 1. 2. 1985: 60 911 Gefangene, per 31. 10. 1986 nur noch 52 803. Mit dem sog. „Pillenknick", der sich bisher noch kaum auswirkt, kann dieser Rückgang nicht erklärt werden. Vieles kommt zusammen: eine deutlich zurückhaltendere richterliche Praxis bei der Verhängung von U-Haft (*Dünkel* 1987, 23), aber auch beim Widerruf von Strafaussetzungen zur Bewährung; seit dem 1. 5. 1986, dem Tag des Inkrafttretens der Neufassung der §§ 56, 57 StGB, eine großzügigere Aussetzung von Freiheitsstrafen und Strafresten; die Entlastung des Vollzuges von Ersatzfreiheitsstrafen durch die neu geschaffene Möglichkeit, als Ersatz für Geldstrafen „gemeinnützige Arbeit" zu leisten (in Hessen bewirkte das einen Rückgang der kurzen Freiheitsstrafen unter 6 Monaten um 27 %, im Bundesdurchschnitt um 8,7 %; *Blau* 1986) – und schließlich ganz allgemein die Tendenz, anstelle von Freiheitsentzug ambulante Sanktionen zu verhängen unter Einschluß neuartiger „Diversions"-Strategien (*Blau* 1987). – „Abolitionisten" (*Kaiser* 1987a) sollten allerdings nicht zu früh frohlocken. Erstaunlicherweise errechnet *Dünkel* (1987, 23) für das Jahr 2000 nur eine Reduktion der Anstaltsinsassen auf das Niveau des Jahres 1980, also auf 42 235 inhaftierte Personen.

Vermutlich hängt diese prognostizierte relativ geringe Abnahme der Gefangenenpopulation mit zwei gegenläufigen Tendenzen zusammen: einmal mit der im Vergleich zu früheren Jahren längeren Verweildauer von Gewalttätern (bei Zunahme der Gewaltdelikte) und von Delinquenten „neuer Art", nämlich Drogenhändlern und Tätern aus den Kreisen des organisierten Verbrechens; zum andern mit der international zu beobachtenden Renaissance der kurzen Freiheitsstrafe, zumal bei Wirtschafts- und Umweltkriminellen, aber auch bei schwerer Straßenverkehrskriminalität (*Dolde/Jehle* 1986; *Kunz* 1986; *Th. Weigend* 1986).

Ferner ist es unwahrscheinlich, daß die Rate der vollstreckten Freiheitsstrafen – nur 6 % aller verhängten Strafen; im Jahre 1882 waren es noch 73 %, im Jahre 1965 immerhin noch 23 %! – in nennenswertem Umfang noch weiter absinken wird. Auf absehbare Zeit ist nicht damit zu rechnen, daß im Bereich der Hochkriminalität und (oder) ins Gewicht fallenden sozialen Gefährlichkeit auf kustodiale Maßnahmen verzichtet werden wird.

Dagegen dürfte der offene Vollzug noch an Bedeutung gewinnen, zumal hier ein erhebliches Ungleichgewicht unter den Ländern besteht. Am 30. 6. 1986 befanden sich in Hamburg 40 %, in Nordrhein-Westfalen 30 %, in Hessen 19,2 %, in Schleswig-Holstein und in Bayern aber nur je 5 % der rechtskräftig verurteilten Häftlinge im offenen Vollzug (Bundesdurchschnitt: 23,5 %). Nach dem Willen des Gesetzgebers sollte der offene Vollzug aber die Regel, der geschlossene die Ausnahme sein (so zutreffend *Ittel* in Schwind/Böhm 1983, Rdn. 2 zu § 10). Immerhin ist in der Zeit von 1977 bis Februar 1986 die Zahl der offenen Haftplätze von 6434 auf 10 101 erhöht worden, also um 57 % (*BRegierg.* 1986, 7). – Geeignet für den offenen Vollzug – wie auch für Freigang und Urlaubsvergünstigungen – sind nun freilich nach den Kriterien des StrfVollzG (§§ 10, 11 mit den VV-Erläuterungen) vor allem die gut eingegliederten, ungefährlichen „White-Collar-Kriminellen", aber natürlich nicht nur sie! Hier zeichnet sich eine neue Problematik ab: Durch die scheinbare Privilegierung der Weiße-Kragen-Täter dürfte zwar weniger eine Schwächung der Generalprävention zu befürchten sein, wie *Böhm* (1985, 584 ff) meint, wohl aber der Eindruck einer schichtspezifischen Auswahl (*Müller-Dietz* 1985, 335 f; *Scholz* 1985, 363). Auch ausländische Gefangene sind im offenen Vollzug unterrepräsentiert. All diesen Ausgrenzungen ist entgegenzuwirken.

Noch weitgehend ungelöst sind die Vollzugsprobleme der *Drogensucht* (vgl. hierzu u. a. *Kreuzer et al.* 1981, 270 ff) und neuerdings der Immunschwäche Aids (*Bishop* 1986, 9; s. auch das Schwerpunktheft „Aids" der Ztschrft. „Bewährungshilfe" Nr. 2/1987 sowie unten S. 204 und S. 240). Insbesondere in Frauenvollzugsanstalten mit überdurchschnittlich vielen drogenabhängigen und (oder) sexuell verwahrlosten Insassinnen ist Aids neuerdings eine Quelle der Angst und Ratlosigkeit bei Mitgefangenen und Anstaltsbediensteten.

Erkenntniswert für Entwicklungstendenzen im deutschen Strafvollzug hat die in letzter Zeit kontrovers diskutierte Frage, ob die *Schwere der Tatschuld* Einfluß auf Entscheidungen über Vollzugslockerungen (Urlaub, Freigang) und bedingte Entlassung haben kann oder muß (BVerfGE 64, 261; *Müller-Dietz* 1986, 335). Die Bejahung der Frage könnte punitive Tendenzen freisetzen, denen zufolge – wie z. B. in der DDR – die Tatschuld als Gestaltungsprinzip des Strafvollzugs mit berücksichtigt werden muß. Das war nicht die Meinung der Strafvollzugskommission und des Gesetzgebers.

Alles in allem erlaubt der erhobene Befund wie auch die Beobachtung von Entwicklungstendenzen jenseits der Grenzen der Bundesrepublik die Feststellung einer zunehmenden Entideologisierung des Strafvollzugs. Ein *neuer Pragmatismus* ist wahrnehmbar (*Kaiser* 1986, 613; *Bishop* 1986). Er hat die „Behandlungseuphorie", aber auch den Behandlungsnihilismus („nothing works") abgelöst. Behandlung wird mehr und mehr als soziales Training („treatment by training") verstanden. An die Stelle des „therapeutischen Modells" sind das Justizmodell, aber auch das Wiedereingliederungsmodell getreten. Das Training – sowie im Einzelfall etwa notwendige Therapien – sollen Angebotscharakter erhalten. Das entspricht freilich nur der im deutschen Strafvollzug auch schon früher nicht mehr angefochtenen Einsicht in die Chancenlosigkeit einer Zwangsbehandlung.

Dem Vollzug in kleineren, überschaubaren Anstalten – seien sie nun offen, halboffen oder geschlossen – scheint die Zukunft zu gehören. In den sozialtherapeutischen Modellanstalten, die hoffentlich überleben werden, ist dies Prinzip schon verwirklicht. In ihrer Binnenstruktur scheint sich der Wohngruppenvollzug durchzusetzen, da er dem sog. Angleichungsgrundsatz (§ 3 StrafVollzG) am besten entspricht.

Freiheitsentzug von *unbestimmter* Dauer – bei uns in reiner Ausprägung nur noch bei den Maßregeln der §§ 63, 66 StGB unter einschränkenden Bedingungen (vgl. § 67 d StGB) vorgesehen (die „unbestimmte" Jugendstrafe des § 19 JGG ist nur *relativ* unbestimmt!) – ist überall auf der Welt auf dem Rückzug. Das entspricht dem Vordringen des „Justizmodells" zu Lasten des „Therapiemodells" (*Schneider* 1986, 850 f). Demgemäß haben auch Verhängung und Vollzug der Sicherungsverwahrung in der Bundesrepublik drastisch abgenommen – allerdings auch infolge strengerer Eingriffskriterien seit dem Inkrafttreten der Gesetzesänderung am 1. 1. 1975. Eine etwas weniger deutliche Abnahmetendenz ist auch bei den gemäß § 63 StGB in psychiatrische Krankenhäuser Eingewiesenen zu beobachten. Vor allem ist die im Verhältnis zur Anlaßtat und weiteren Gefährlichkeit früher oft überlange Verweildauer deutlich verkürzt worden, nachdem verschiedene Autoren (*Bernsmann* 1984; *Bae* 1985) und schließlich das BVerfG (BVerfGE 70, 297 ff) den Richtern die verfassungsmäßige Relevanz einer Verletzung des Verhältnismäßigkeitsgrundsatzes in diesem Bereich eingeschärft hatten (vgl. *Kammeier* in diesem Buch S. 112).

So zeigt sich immer wieder, daß die deutsche Strafvollzugsreform in internationale Entwicklungstendenzen eingebunden und ohne deren Kenntnis nur unzureichend interpretiert werden kann. Sie kann daher nie abgeschlossen sein. Das StrVollzG vom 16. 3. 1976 ist nicht ihr „Schlußpunkt, sondern Beginn eines justiz- und gesellschaftspolitischen Prozesses" (*Schüler-Springorum* 1985) Die wechselvolle Entwicklung des letzten Jahrzehnts zeigt, wie zutreffend diese Einschätzung ist.

§ 3 Organisation des Strafvollzuges*

Übersicht

Der Strafvollzug ist Sache der Länder. Eine zentrale Bundesstrafvollzugsverwaltung scheidet damit aus. Der Bund verfügt nicht über eigene Vollzugsanstalten. Die in Ausübung von Bundesgerichtsbarkeit (§§ 120, 142 a GVG) zu Freiheitsstrafe Verurteilten werden auf Kosten des Bundes in Vollzugsanstalten der Länder untergebracht.

1. Ressortzugehörigkeit

Nach § 139 StVollzG werden die Freiheitsstrafe und die Maßregel der Sicherungsverwahrung in Anstalten der Landesjustizverwaltungen (Justizvollzugsanstalten) vollzogen. Der Strafvollzug ist damit der Justiz zugeordnet. Für diese Regelung sprechen vor allem praktische Gründe. Die Verklammerung des Strafvollzuges mit der Justiz ermöglicht eine reibungslose Zusammenarbeit mit den Strafvollstreckungsbehörden, worauf die Vollzugsbehörden angewiesen sind; denn die Behandlung des Gefangenen setzt die Kenntnis des Urteils, der Vorstrafen und der im Strafverfahren erstatteten Gutachten über den körperlichen und geistigen Zustand des Verurteilten voraus.

In Justizvollzugsanstalten werden auch Jugendstrafe, Untersuchungshaft sowie Strafarrest (§§ 167 ff StVollzG), Ordnungs-, Sicherungs-, Zwangs- und Erzwingungshaft (§§ 171 ff StVollzG) vollzogen. Die Gesamtzuständigkeit der Justizvollzugsanstalten wird daher zutreffender mit dem Ausdruck „Justizvollzug" umschrieben.

Nicht zu den Aufgaben der Justiz gehört der Vollzug der Abschiebungshaft, die in den meisten Bundesländern allerdings im Wege der Amtshilfe in Justizvollzugsanstalten vollzogen wird, und der Vollzug der von den Strafgerichten angeordneten freiheitsentziehenden Maßregel der Besserung und Sicherung in einem psychiatrischen Krankenhaus (§ 63 StGB) und in einer Entziehungsanstalt (§ 64 StGB).

In der Bundesrepublik gibt es insgesamt 172 Justizvollzugsanstalten. Sie verteilen sich wie folgt auf die einzelnen Länder (Stand: 31. 10. 1986):

* *Gustav Adolf Altenhain,* Dr. jur., geb. 1927, Assessor 1954, seit 1956 im Justizministerium des Landes Nordrhein-Westfalen, 1970 Leiter der Strafvollzugsabteilung, Ministerialdirigent.

Land	Anstalten	geschlossene Haftplätze	davon für weibliche Gefangene	offene Haftplätze	davon für weibliche Gefangene
Baden-Württemberg	21	6 935	331	1 049	–
Bayern	38	10 561	669	413	–
Berlin	5	3 663	277	707	30
Bremen	5	962	35	215	6
Hamburg	11	2 401	63	935	13
Hessen	14	4 046	274	957	31
Niedersachsen	24	4 983	205	1 306	–
Nordrhein-Westfalen	37	13 816	595	4 162	120
Rheinland-Pfalz	10	2 978	97	415	–
Saarland	4	778	–	51	–
Schleswig-Holstein	5	1 773	121	70	–
insgesamt	172	52 896	2 667	10 280	200

Ein differenzierter Vollzug erfordert eine Vielzahl verschiedenartiger Einrichtungen (z. B. für Sozialtherapie, berufliche und schulische Bildungsmaßnahmen, therapeutische Maßnahmen, stationäre Krankenbehandlung), die von einzelnen Ländern von ihrer Größe und Finanzkraft her nicht geschaffen werden können. Es wäre zudem unwirtschaftlich, wenn kleinere Länder eigene Einrichtungen für die Unterbringung von Sicherungsverwahrten oder den Jugendstrafvollzug bei weiblichen Gefangenen einrichten würden. Die Länder bilden zu diesem Zweck Vollzugsgemeinschaften (vgl. § 150 StVollzG). Die Länder Bremen, Hamburg und Schleswig-Holstein haben für den Frauenvollzug eine Vollzugsgemeinschaft gebildet, das Saarland hat sich mit Nordrhein-Westfalen hinsichtlich des Vollzuges der Sicherungsverwahrung bei Männern und der Jugendstrafe bei weiblichen Gefangenen zusammengeschlossen.

2. Organisation in den Ländern

Die Justizministerien und – in den Stadtstaaten – die entsprechenden Senatsverwaltungen üben die oberste Aufsicht über die Justizvollzugsanstalten aus (§ 151 Abs. 1 Satz 1 StVollzG). Sie erlassen die zur Durchführung des Vollzuges erforderlichen Vorschriften, stellen den Vollzugseinrichtungen die notwendigen personellen und sachlichen Mittel nach Maßgabe der von den Landesparlamenten genehmigten Haushalte zur Verfügung und treffen die für die Aus- und Fortbildung der Mitarbeiter im Justizvollzug gebotenen Maßnahmen. Der Justizminister (Justizsenator) vertritt die Belange des Justizvollzuges im Kabinett und im Landesparlament.

In den Landesjustizverwaltungen sind für die Organisation und die Verwaltung des Justizvollzuges eigene Abteilungen eingerichtet worden. Die Abteilungen sind unmittelbar dem Minister (Senator) und seinem Vertreter im Amt unterstellt. In den meisten Ländern sind die Strafvollzugsabteilungen auch für Personalangelegenheiten und Bausachen auf dem Gebiet des Strafvollzuges zuständig.

Innerhalb der Justiz ist der Vollzug neben Gerichten und Staatsanwaltschaften selbständig organisiert. Aufsichtsbefugnisse können die Landesjustizverwaltungen nach § 151 Abs. 1 Satz 2 StVollzG nur auf Justizvollzugsämter übertragen. Für die Organisation der Dienst- und Fachaufsicht über Vollzugsanstalten kommen daher zwei Systeme in Betracht:

a) Die Vollzugsanstalten werden unmittelbar der obersten Justizbehörde (Minister, Senator) unterstellt – zweistufiges System –.
b) Zwischen der obersten Justizbehörde und den Vollzugsanstalten wird als Mittelinstanz ein Justizvollzugsamt eingeschaltet – dreistufiges System –.

In der Vergangenheit sind unterschiedliche Formen praktiziert worden. In Preußen waren zunächst die Leiter der Staatsanwaltschaften bei den Oberlandesgerichten zugleich auch Aufsichtsbehörde über die Vollzugsanstalten in ihrem Bezirk, bis am 1. Januar 1923 am Sitz der Oberlandesgerichte besondere Strafvollzugsämter eingerichtet wurden. Zehn Jahre später – am 1. September 1933 sind diese Ämter wieder aufgelöst und die Generalstaatsanwälte erneut als Mittelinstanz im Strafvollzug eingesetzt worden. An dieser Organisationsform haben nach 1945 die meisten Bundesländer lange Zeit festgehalten. Mit dem Einsetzen der Reformbemühungen im Strafvollzug Mitte der 60er Jahre (vgl. ausführlich oben S. 21 ff) bestand weitgehend Einigkeit darüber, im Interesse einer Verselbständigung des Vollzuges auf den Generalstaatsanwalt als Aufsichtsbehörde zu verzichten. Kontrovers war jedoch die Frage, ob eine Mittelbehörde im Vollzug überhaupt notwendig und zweckmäßig sei. Einerseits wurde geltend gemacht, die Landesjustizverwaltung müsse zur Sicherung eines einheitlichen Vollzugskonzepts ihre Intentionen ohne Mittelinstanz in die Praxis umsetzen. Demgegenüber wurde für eine dreistufige Organisation vorgetragen, daß eine zentrale Aufsichtsbehörde insbesondere in Flächenländern mit einer großen Zahl von Vollzugseinrichtungen in die Gefahr kommen könne, auf Fehlentwicklungen in einzelnen Anstalten zu schwerfällig und langsam zu reagieren.

Es überrascht danach nicht, daß die Länder von der Möglichkeit, Aufsichtsbefugnisse auf Justizvollzugsämter zu übertragen, unterschiedlich Gebrauch gemacht haben. Einen dreistufigen Organisationsaufbau gibt es nur in den Ländern Niedersachsen und Nordrhein-Westfalen, die Justizvollzugsämter (Celle, Hamm und Köln) eingerichtet haben. In diesen Ländern ist den Justizvollzugsämtern die unmittelbare Dienst- und Fachaufsicht über die Vollzugseinrichtungen in ihrem Bezirk übertragen worden. Sie führen die vorgeschriebenen Besichtigungen (VV Nr. 1 Abs. 2 zu § 151 StVollzG) durch, wobei es den Landesjustizverwaltungen selbstverständlich unbenommen bleibt, auch eigene Besichtigungen durchzuführen, und sind Einstellungsbehörden für den mittleren und gehobenen Dienst (*Rotthaus* 1986a, 623 ff). Auf die Rechtsstellung der Gefangenen wirkt sich eine dreistufige Vollzugsorganisation dahin aus, daß das Justizvollzugsamt über den Widerspruch im Verwaltungsvorverfahren (§ 109 Abs. 3 StVollzG) und über Dienstaufsichtsbeschwerden gegen Entscheidungen des Anstaltsleiters (§ 108 Abs. 3 StVollzG) entscheidet.

Die Gesamtübersicht über die Vollzugsorganisation in den Bundesländern ergibt danach folgendes Bild (Stand: 31. 10. 1986):

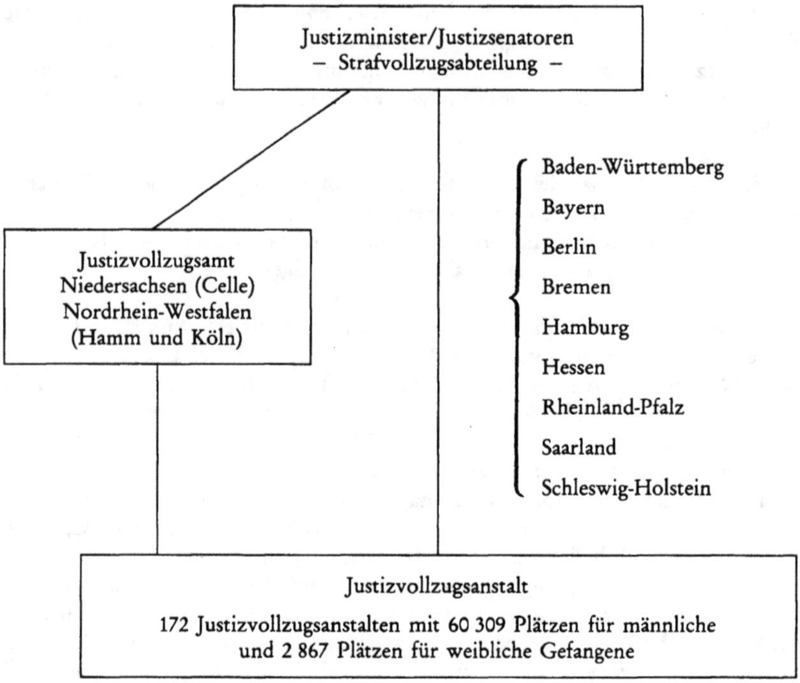

3. Organisation der Justizvollzugsanstalten

Bei der Organisation einer Justizvollzugsanstalt sind zwei Bereiche zu unterscheiden: die Anstaltsverwaltung und die innere Anstaltsstruktur.

Die Verwaltung gliedert sich in Funktionsbereiche, denen bestimmte Aufgaben zugeordnet sind. Dabei handelt es sich um reine Verwaltungsangelegenheiten, die in allen Justizvollzugsanstalten anfallen. Herkömmlicherweise liegt dem Geschäftsverteilungsplan für den Verwaltungsbereich einer Vollzugsanstalt folgendes Organisationsschema zugrunde:

Hauptgeschäftsstelle	Vollzugsgeschäftsstelle	Zahlstelle	Sicherheitsinspektor	Arbeitsverwaltung	Wirtschaftsverwaltung	Bauverwaltung
(Personalverwaltung)		(Verwaltung der Eigengelder, Wertsachen der Gefangenen, Ein- und Auszahlung)		(Eigenbetriebe, Unternehmerbetriebe, Hausarbeiter)	(Verpflegung, Bekleidung, Habe)	(technischer Dienst, Elektroinstallation, Heizung)

Für die innere Anstaltsstruktur kann es ein einheitliches und verbindliches Organisationskonzept angesichts der unterschiedlichen Aufgaben (Vollstreckungszuständigkeit, offener oder geschlossener Vollzug, Vollzug an Jugendlichen oder Erwachsenen, Untersuchungshaft) und örtlichen Gegebenheiten (Lage, Größe, Bauweise) nicht geben. Das Strafvollzugsgesetz räumt den Anstalten genügend Spielraum ein, die gewachsenen Anstaltsstrukturen den Anforderungen einer sozialen Dienstleistungsorganisation anzupassen. Das Gesetz geht zwar noch von dem überkommenen hierarchischen Prinzip der Alleinverantwortung des Anstaltsleiters aus, aber es schreibt eine entsprechende Organisation nicht zwingend vor, eröffnet vielmehr die Möglichkeit, bestimmte Aufgabenbereiche auf andere Mitarbeiter zu übertragen (§ 156 Abs. 2 S. 2 StVollzG). Im Zusammenhang mit der ausdrücklich zugelassenen Kompetenzverlagerung von „oben nach unten" ist der gesetzliche Auftrag zu sehen, die Anstalten so zu gliedern, daß die Gefangenen in überschaubaren Gruppen zusammengefaßt werden können (§ 143 Abs. 2, § 201 Nr. 4 StVollzG). Konkrete Lösungsschritte zur Fortentwicklung der überkommenen Anstaltsstrukturen im Sinne dieser Vorgaben sind dem Strafvollzugsgesetz allerdings nicht zu entnehmen; es beschränkt sich auf allgemeine Grundsätze (z. B. zur Gestaltung des Vollzuges in § 3, zur Zusammenarbeit in § 154, zu Konferenzen in § 159, zur Mitarbeit der Gefangenen in §§ 4, 160 StVollzG). Leider mangelt es auch an wissenschaftlich gesicherten Gesamtkonzepten darüber, wie ein Behandlungsvollzug wirksam organisiert werden sollte, insbesondere fehlen Arbeitsablaufuntersuchungen im Strafvollzug. Es ist daher noch ungeklärt, wie die zur Erreichung des Vollzugsziels günstigste Organisationsform auszusehen hätte.

Vorrangiges Ziel einer Organisationsentwicklung in den Justizvollzugsanstalten ist die Schaffung einer übersichtlichen Sozialstruktur, wobei vor allem anzustreben ist:

- eine Gliederung der Anstalt in überschaubare Bereiche
- eine feste Zuordnung von Mitarbeitern in allen Diensten (bei den Fachdiensten zumindest mit einem Teil der Arbeitskraft) zu jedem Bereich
- eine möglichst selbständige Gestaltung des Dienstplans in jedem Bereich
- ein gegliedertes Konferenzsystem im Interesse eines hohen Informationsstandes bei allen Mitarbeitern und eine durchsichtige Entscheidungsstruktur, die sicherstellt, daß die Handlungskompetenzen und die von den Bediensteten in der Ausbildung erworbenen Fähigkeiten auch in Anspruch genommen werden.

Veränderungen einer „eingefahrenen" Organisation sind indessen ein sensibler Vorgang; wenn sie erfolgreich sein sollen, dann müssen sie mit den betroffenen Mitarbeitern zusammen erarbeitet werden. Die Effizienz einer organisatorischen Maßnahme hängt entscheidend davon ab, ob die Mitarbeiter mit der Veränderung einverstanden, ob sie mit ihrem neuen Arbeitsplatz zufrieden sind und ob sie sich mit ihrer „Organisation" identifizieren können. Neben dem strukturellen Ansatz ist daher der menschliche Aspekt im Rahmen einer Organisationsentwicklung zu beachten. In diesem Zusammenhang kommt der Gestaltung des Dienstplans eine besondere Bedeutung zu.

Ein zentraler Dienstplan ist selbst in einer mittelgroßen Anstalt für die Mitarbeiter kaum noch durchschaubar und daher auch nicht „kontrollierbar". Anzustreben ist eine möglichst weitgehende dezentrale Dienstplangestaltung, damit der Personaleinsatz für die betroffenen Mitarbeiter transparent und auch kontrollierbar (gerechte Arbeitsverteilung) wird. Ein für die Anstalten einheitliches Dienstplansystem kann es nicht geben. Praktikable Konzepte können nur vor Ort unter Berücksichtigung der anstaltstypischen Bedingungen durch gemeinsame Problemlösung und praktisches Anwenden erarbeitet werden. Entsprechende Entwicklungen sollten in der Praxis nicht mit dem Hinweis auf „Personalprobleme" aufgeschoben werden. Organisatorische Innovationen, die auf eine Vereinfachung der Arbeitsabläufe zielen, decken nach aller Erfahrung auch innere Leistungsreserven auf.

Eine Veränderung der Binnenstruktur einer Anstalt in diesem Sinne geht zwangsläufig einher mit der Übertragung – nicht Verschiebung – von Verantwortung und Entscheidungsbefugnissen vom Anstaltsleiter auf diejenigen Mitarbeiter, die eine größere Nähe zu den entscheidungserheblichen Sachverhalten haben. Rechtlich hat das zur Folge, daß der beauftragte Bedienstete „im Auftrag" des Anstaltsleiters entscheidet (z. B. über Gewährung von Lockerungen oder Urlaub), so daß seine Entscheidung selbständig anfechtbar ist. (KG v. 6. 3. 1986 – 5 Ws 519/85 Vollz; OLG Koblenz v. 10. 8. 1984 – 1 Ws 561/84; OLG Hamm v. 23. 1. 1986 – 1 Vollz (Ws) 171/85). In der Praxis wird der Anstaltsleiter (vgl. ausführlicher S. 118 ff) daher künftig in zunehmendem Maße Aufgaben der Koordinierung mit dem Ziel übernehmen müssen, eine einheitliche Entscheidungspraxis und ein einheitliches Aufgabenverständnis in der Anstalt sicherzustellen. Veränderungen der inneren Anstaltsstrukturen berühren jedoch nicht das alleinige Außenvertretungsrecht des Anstaltsleiters (§ 156 Abs. 2 S. 1 StVollzG). Zu seiner Außenvertretung gehört auch die Verantwortung für die Rechtmäßigkeit des Vollzuges und die Sicherheit der Anstalt.

4. Organisation des Einweisungsverfahrens

Ein organisatorisches Problem ist schließlich die Verteilung der Gefangenen auf die einzelnen Justizvollzugsanstalten. Das Strafvollzugsgesetz läßt zwei Wege zu:

a) Verteilung nach allgemeinen Merkmalen (z. B. Straflänge, Vorstrafen, Alter, Geschlecht), die im Vollstreckungsplan im einzelnen festzulegen sind (§ 152 Abs. 1 und 3. Zum Vollstreckungsplan vgl. auch S. 40 ff).
b) Verteilung nach Erforschung der Persönlichkeit und der Lebensverhältnisse des Gefangenen in einer Einweisungsanstalt oder -abteilung (§ 152 Abs. 2 StVollzG).

Es kann dahinstehen, ob das Gesetz durch die Systematik in § 152 (Reihenfolge der Absätze 2 und 3) und die Fassung des Abs. 3 („Im übrigen") eine Präferenz für das Einweisungsverfahren zum Ausdruck bringen wollte. Im Ergebnis hängt die Wahl des Verteilungsprinzips auch von der Größe der Gefangenenpopulation, der Zahl der Strafanstalten und dem Stand ihrer Differenzierung (offene Einrichtungen, Berufsausbildungs-, Schul-, Studienzentren, therapeutische Einrichtungen) in den einzelnen Bundesländern ab. Zentrale Einweisungsanstalten – oder Abteilungen, in denen besondere Kommissionen nach einer Behandlungsuntersuchung darüber befinden, in welcher Anstalt der Gefangene untergebracht werden soll, gibt es in Baden-Württemberg, Niedersachsen, Nordrhein-Westfalen und für Teilbereiche in Bremen und Hamburg (dazu *Koepsel* 1983 und 1984; krit. *Weber* 1986, 47 ff).

Grundüberlegung für die Einrichtung eines Einweisungsverfahrens ist die Erfahrung, daß Gefangene mit gleichen allgemeinen Merkmalen (gleichaltrige Tatgenossen mit gleichen Strafen und vergleichbaren Vorstrafen) zur Erreichung des Vollzugsziels in aller Regel nicht gleichförmiger, sondern sehr unterschiedlicher Behandlungsangebote während des Vollzuges bedürfen. Ein Gefangener sollte jedoch möglichst in die Anstalt eingewiesen werden, die die für ihn geeignetsten Behandlungsangebote bereithält. Die starre Festlegung der örtlichen und sachlichen Anstaltszuständigkeit im Vollstreckungsplan nach rein formalen, objektiven Kriterien erschwert indessen eine Berücksichtigung individueller Gesichtspunkte der Behandlung. Im geschlossenen Vollzug spielt zudem der Gesichtspunkt der Trennung eine Rolle. Gefangene, die ein hohes Sicherheitsrisiko sind, sollten in Anstalten mit einem entsprechenden Sicherheitsgrad zusammengefaßt werden, damit in anderen Anstalten mehr innere Freizügigkeit gewährt und eine Übersicherung der Gefangenen vermieden werden kann. Eine Verteilung der Gefangenen nach individuellen Gegebenheiten setzt aber voraus, daß die Persönlichkeit des Gefangenen und seine Lebensverhältnisse zuvor eingehend erforscht worden sind.

Für eine Persönlichkeitserforschung in zentralen Einweisungseinrichtungen sprechen neben der wirtschaftlichen Erwägung, daß ein entsprechendes diagnostisches Instrumentarium sonst in einer Vielzahl von Anstalten geschaffen werden müßte, insbesondere folgende Gründe: die Einheitlichkeit der Untersuchungs- und Einweisungspraxis; die Entwicklung besonderer Behandlungsprogramme auf Grund des Gesamtüberblicks über intellektuelle und soziale Defizite oder psychische Auffälligkeiten; die Möglichkeit einer Gesamtvollzugsplanung vor allem hinsichtlich des Personalbedarfs im Bereich der Fachkräfte und einer Differenzierung der Anstalten (offene Plätze, Behandlungseinrichtungen).

Die Organisation des Einweisungsverfahrens ist in den genannten Ländern unterschiedlich. In Nordrhein-Westfalen durchlaufen alle männlichen Gefangenen im Erwachsenenvollzug mit einer Vollzugsdauer über 18 Monaten ein Einweisungsverfahren.

Die Einweisungskommission, der neben einem Juristen ein Arbeitsberater, Psychologen, Soziologen, Pädagogen, Sozialarbeiter und Beamte des allgemeinen Vollzugsdienstes angehören, erstellt für jeden Gefangenen eine Persönlichkeitsdiagnose und bestimmt die für ihn zuständige Anstalt. Dabei kommt neben dem Behandlungsaspekt dem Gesichtspunkt einer heimatnahen Unterbringung besondere Bedeutung zu. Der Anteil der Gefangenen, die unmittelbar in den offenen Vollzug eingewiesen werden, liegt bei rd. 40%.

Die Länder, die ein zentrales Einweisungsverfahren eingerichtet haben, gehen dabei von einer Mindestvollzugsdauer aus; denn der personelle und finanzielle Aufwand einer eingehenden Persönlichkeitserforschung in einem zentralisierten Einweisungsverfahren zur Bestimmung der zuständigen Anstalt wäre bei kurzer Verbüßungsdauer unverhältnismäßig. Bei Freiheitsstrafen unterhalb der für die Teilnahme an einem Einweisungsverfahren vorausgesetzten Mindestvollzugsdauer muß die zuständige Anstalt daher im Vollstreckungsplan bestimmt werden. In Nordrhein-Westfalen ist das bei Verurteilten, die sich auf freiem Fuß befinden, regelmäßig eine heimatnahe offene Vollzugseinrichtung, die es dem Gefangenen erlaubt, ein bestehendes Arbeitsverhältnis während des Vollzuges aufrechtzuerhalten.

§ 4 Die Auffächerung des Strafvollzuges (Vollstreckungsplan und Anstaltstypen)*

Übersicht

1. Vollstreckungsplan und Einweisungsplan

1.1 Der Vollstreckungsplan

§ 152 Strafvollzugsgesetz (StVollzG)

(1) Die Landesjustizverwaltung regelt die örtliche und sachliche Zuständigkeit der Justizvollzugsanstalten in einem Vollstreckungsplan.
(2) Der Vollstreckungsplan sieht vor, welche Verurteilten in eine Einweisungsanstalt oder -abteilung eingewiesen werden. Über eine Verlegung zum weiteren Vollzug kann nach Gründen der Behandlung und Eingliederung entschieden werden.
(3) Im übrigen ist die Zuständigkeit nach allgemeinen Merkmalen zu bestimmen.

* *Wolfgang Grützner*, geb. 1929, Studium der Rechtswissenschaften in Göttingen 1950 bis 1953 (erstes Staatsexamen März 1954, zweites Staatsexamen 1958); seit 1958 im Justizvollzug in Niedersachsen tätig. Stationen: Leiter der JVA Wolfenbüttel und Leiter der Justizvollzugsschule des Landes Niedersachsen von 1964 bis 1970, Leiter der JVA Celle I von September 1970 bis März 1971. Im Justizministerium tätig von Juni bis Dezember 1961, März bis August 1970, April 1971 bis Juni 1972. Ab 1. Juli 1972 Stellvertreter des Behördenleiters des Justizvollzugsamts des Landes Niedersachsen in Celle (Ltd. Regierungsdirektor); seit dem 1. Juli 1980 Präsident des Justizvollzugsamts.

§ 22 Strafvollstreckungsordnung (StVollStrO)

(1) Aus dem Vollstreckungsplan ergeben sich für jeden Gerichtsbezirk die Vollzugsanstalten, die für die Vollstreckung von Jugendarrest, Freiheitsstrafen und freiheitsentziehenden Maßregeln der Besserung und Sicherung sachlich und örtlich zuständig sind.

Die zuletzt zitierte Vorschrift, § 22 Abs. 1 StVollstrO, gibt eine erste Antwort auf die Frage, welche Funktionen der Vollstreckungsplan hat: Er ist – vordergründig betrachtet – das Instrument der Landesjustizverwaltung zur Verteilung der zu Jugendarrest, zu Freiheitsstrafen oder mit Freiheitsentziehung verbundenen Maßregeln der Besserung und Sicherung Verurteilten auf die in den Justizvollzugsanstalten zur Verfügung stehenden Haftplätze. Für die Untersuchungshaft hat der Einweisungplan die gleichen Funktionen; auf ihn wird am Schluß noch kurz einzugehen sein.

Damit ist die erste und eine wichtige Funktion des Vollstreckungsplanes, die Ordnungsfunktion, angesprochen.

1.1.1 Die sachliche Zuständigkeit („Zweckbestimmung") der Justizvollzugsanstalten

Bei der Aufstellung eines Vollstreckungsplanes geht es aber nicht nur darum, eine bekannte oder eine nach Erfahrungswerten zu erwartende Anzahl von Verurteilten auf eine bekannte Anzahl von Haftplätzen in den zur Verfügung stehenden Justizvollzugsanstalten zu verteilen. Aufgabe der Landesjustizverwaltung ist es darüberhinaus, die insgesamt vorhandenen Haftplätze so aufzuteilen, daß die getrennte Unterbringung von männlichen und weiblichen Gefangenen, von Jugendlichen und Erwachsenen, von Strafgefangenen und Untersuchungsgefangenen, von zu Freiheitsstrafe Verurteilten und Verwahrten, von gefährlichen und ungefährlichen und von mehr oder weniger behandlungsbedürftigen Verurteilten gewährleistet ist. Bei der Aufstellung eines jeden Vollstreckungsplanes ist deshalb auch die Aufgabe zu lösen, die sachliche Zuständigkeit („Zweckbestimmung") jeder einzelnen Justizvollzugsanstalt danach zu bestimmen, ob sie Männer oder Frauen, Jugendliche oder Erwachsene, gefährliche oder weniger gefährliche, behandlungsbedürftige oder weniger behandlungsbedürftige Gefangene aufnehmen soll. Diese Bestimmung der sachlichen Zuständigkeit nach den *"Trennungsgrundsätzen"*, die sich teils aus Gesetzesbestimmungen (wie z. B. aus §§ 10, 140 Abs. 2, 141 StVollzG, § 119 StPO oder aus § 92 Abs. 1 JGG) und teils aus Verwaltungsvorschriften (w. z. B: aus § 22 Abs. 1 StVollStrO) ergeben, ist aus vollzuglichen Gründen wegen der unterschiedlichen Ziele, die mit der jeweiligen Freiheitsentziehung verbunden werden, und der von Justizvollzugsanstalt zu Justizvollzugsanstalt unterschiedlichen Eignung für die Gestaltung des Vollzugs notwendig. Zur Verdeutlichung mag der Hinweis darauf genügen, daß sich die Aufgaben, die einer Untersuchungshaftanstalt gestellt sind, von den Aufgaben und Zielsetzungen einer Justizvollzugsanstalt unterscheiden, die im Vollzug kurzer Freiheitsstrafen an nicht gefährlichen Strafgefangenen in der Vollzugsform des offenen Vollzuges zu bewältigen sind.

Die Lösung der Probleme, die sich daraus für die Aufstellung des Vollstreckungsplanes ergeben, ist einfach, wenn dem Bedarf an Haftplätzen für jede der zu berücksichtigenden Zweckbestimmungen ein entsprechendes Angebot gegenübersteht. Diese Konstellation kommt in der Praxis kaum vor. Deshalb muß mit dem Instrument des Vollstreckungsplanes versucht werden, das „(Haftplatz-)Angebot" in die richtige Relation zur „Nachfrage" insgesamt und innerhalb der unterschiedlichen Zweckbestimmungen zu bringen. Dabei auftretende Engpässe müssen durch den Rückgriff auf vorhandene Reserven oder durch Neubauten ausgeglichen werden. Allerdings kann wegen der Trennungsgrundsätze nicht jede auf dem Papier stehende Haftraumreserve zur Herstellung oder Erhaltung des angestrebten Gleichgewichts in Anspruch genommen werden. Ein Beispiel mag dies verdeutlichen: Wenn die Landesjustizverwaltung wegen einer nicht nur vorübergehenden Zunahme von Untersuchungsgefangenen zusätzlich 100 Haftplätze für den Vollzug der Untersuchungshaft zur Verfügung stellen muß, dann ist es für die Lösung dieses Problems wenig hilfreich, wenn diese Haftplätze in einer Vollzugsanstalt zur Verfügung stehen, die dem Vollzug der Freiheitsstrafe an weiblichen Verurteilten dient, denn sie können für die Unterbringung der männlichen Gefangenen wegen des in § 140 Abs. 2 StVollzG enthaltenen Trennungsgrundsatzes nicht in Anspruch genommen werden. Wegen des in § 119 StPO enthaltenen Trennungsgrundsatzes können diese Haftplätze möglicherweise nicht einmal für die Unterbringung von weiblichen Untersuchungsgefangenen genutzt werden. Für die Erhaltung des Gleichgewichts zwischen „Angebot und Nachfrage" ist deshalb unter Umständen eine Änderung der Zweckbestimmung (= der sachlichen Zuständigkeit) einer oder mehrerer Justizvollzugsanstalten notwendig. Ein so weitreichender Eingriff kommt allerdings nur in Betracht, wenn die Notwendigkeit dazu durch eine deutliche Tendenz über einen längeren Zeitraum sichtbar geworden ist.

Die Erwartungen, die an den Vollstreckungsplan gestellt werden, sind mit der Herstellung des zahlenmäßigen Gleichgewichts zwischen „Angebot und Nachfrage" freilich nicht erfüllt. Die Gerichte, die Vollstreckungsbehörden und die Leiter der Justizvollzugsanstalten erwarten von den für den Vollstreckungsplan Verantwortlichen, daß für die jeweilige Aufgabe *geeignete* Haftplätze in ausreichender Zahl zur Verfügung stehen. Wiederum soll ein Beispiel dies verdeutlichen: Wenn für den offenen Vollzug an männlichen erwachsenen Verurteilten im Lande insgesamt 1.000 Haftplätze benötigt werden, dann ist die Beschaffenheit der Justizvollzugsanstalten und ihre geographische Lage für die Arbeit in der Vollzugsform „offener Vollzug" ebenso wichtig wie der in Zahlen ausgedrückte Bedarf an Haftplätzen. Offener Vollzug ist nämlich kaum denkbar in einer von hohen Mauern umgebenen, verliesartigen Justizvollzugsanstalt fernab von öffentlichen Verkehrsverbindungen und ohne Hinterland, das ein ausreichendes Angebot von Arbeitsplätzen für Gefangene in externen Betrieben hergibt. Eine solche Lage würde nicht nur den Angehörigen der Gefangenen bei jedem Besuch einen erheblichen Aufwand an Zeit und Geld aufbürden, sondern sie würde dem offenen Vollzug wesensimmanente Auflockerungen und die in dieser Vollzugsform besonders notwendige Angleichung der Arbeitsverhältnisse an die Verhältnisse in der Freiheit verhindern. Sie ist im Grunde ein kaum überwindbares Handicap für jedwede Zweckbestimmung, aber sie kann eher ertragen werden für die sachliche Zuständigkeit „geschlossener Vollzug" oder „Vollzug der Sicherungsverwahrung" als für die Einrichtung einer offenen Justizvollzugsanstalt oder einer Jugendvollzugsanstalt. Es ist deshalb die Aufgabe des für den Vollstreckungsplan Verantwortlichen, bei der Zuordnung der sachlichen Zuständigkeit nicht nur auf die Zahl der zur Verfügung stehenden Haftplätze zu sehen, sondern die nach ihrer Anlage und ihrer Beschaffenheit für die jeweilige Zweckbestimmung am besten geeignete Justizvollzugsanstalt herauszufinden oder – anders ausgedrückt – jeder Vollzugsanstalt die sachliche Zuständigkeit zuzuordnen, die die optimale Nutzung der Gegebenheiten zuläßt. Dieser Einsicht kommt seit dem Inkrafttreten des Strafvollzugsgesetzes am 1. 1. 1977 besondere Bedeutung zu. Die in den §§ 2 und 3 dieses Gesetzes beschriebenen Zielvorstellungen und Gestaltungsrichtlinien für den Vollzug von Freiheitsstrafen bestimmen seither die Anforderungen, die an einen behandlungsorientierten Vollstreckungsplan zu stellen sind, wesentlich mit.

1.1.2 Die örtliche Zuständigkeit

Die besondere Bestimmung der örtlichen Zuständigkeit einer Justizvollzugsanstalt ist erst notwendig, wenn für ein und dieselbe Zweckbestimmung mehrere Justizvollzugsanstalten zur Verfügung stehen. Das sei wiederum an einem Beispiel erläutert: In Niedersachsen werden für die Zweckbestimmung „Geschlossener Vollzug mit einer Vollzugsdauer von mehr als 8 Jahren" ständig rund 300 Haftplätze benötigt. Sie stehen in einer nach Lage und Beschaffenheit dafür mit einem erheblichen Kostenaufwand hergerichteten Justizvollzugsanstalt – der JVA Celle I – zur Verfügung. Die JVA Celle I ist deshalb die für diese Vollzugsform an männlichen erwachsenen Verurteilten einzige und damit ausschließlich zuständige Justizvollzugsanstalt des Landes. Ihre örtliche Zuständigkeit erstreckt sich auf Verurteilte aus allen Gerichtsbezirken des Landes; sie muß im Vollstreckungsplan nicht besonders bestimmt werden. Ebenso verhält es sich mit der Zuständigkeit der Justizvollzugsanstalt Vechta für die Zweckbestimmung „Vollzug der Freiheitsstrafe an weiblichen Verurteilten". In beiden Fällen erübrigt sich die Bestimmung der örtlichen Zuständigkeit im Vollstreckungsplan.

Dagegen sind mehrere große Justizvollzugsanstalten des Landes der Zweckbestimmung „Geschlossener Vollzug an männlichen erwachsenen Verurteilten mit einer Vollzugsdauer zwischen 2 und 6 Jahren" gewidmet, d. h. für die Aufnahme derjenigen Verurteilten sachlich zuständig, die eines besonders intensiven sozialen Trainings bedürfen. In diesem Fall muß die örtliche Zuständigkeit jeder der genannten Justizvollzugsanstalten im Vollstreckungsplan besonders geregelt werden.

Die Bestimmung der örtlichen Zuständigkeit hängt wiederum von „Angebot und Nachfrage", also von dem Verhältnis zwischen der Zahl der dieser Kategorie zuzurechnenden Gefangenen und der Zahl der in jeder dieser Justizvollzugsanstalten vorhandenen Haftplätze ab. Das andere, gewichtigere Kriterium für die Bestimmung der örtlichen Zuständigkeit ist indessen vollzuglicher Herkunft: Die Bestimmung der örtlichen Zuständigkeit sollte sich immer zunächst an der geographischen Lage der JVA orientieren, um die Kontakte der in diese Justizvollzugsanstalt einzuweisenden Verurteilten mit dem Umfeld, aus dem sie kommen und in das sie in der Regel zurückkehren, zu erleichtern, soweit die Kontaktaufnahme und Kontaktpflege für ihre Wiedereingliederung wichtig und förderlich ist. Wiederum mag ein Beispiel der Verdeutlichung dieses „Prinzips der Heimatnähe" dienen: Für erwachsene männliche Verurteilte aus dem OLG-Bezirk Braunschweig, die eine Freiheitssttrafe mit einer Vollzugsdauer zwischen 2 und 6 Jahren zu verbüßen haben, eignet sich die JVA Wolfenbüttel deshalb besonders, weil sie im OLG-Bezirk Braunschweig gelegen ist.

Dieses Prinzip der Heimatnähe gilt bei der Bestimmung der örtlichen Zuständigkeit allerdings uneingeschränkt nur unter der Voraussetzung, daß das in dieser Vollzugsform zu absolvierende soziale Training in Wolfenbüttel ebenso möglich ist wie in Hannover, in Lingen I oder in Meppen.

1.1.3 Besondere Regelungen, Abweichen vom Vollstreckungsplan

Kein mit der Aufstellung des Vollstreckungsplanes Befaßter ist in der Lage, mit der Festlegung der sachlichen und der örtlichen Zuständigkeit der Justizvollzugsanstalten alle denkbaren Konsequenzen für den Einzelfall vorauszusehen und zu regeln. Es gibt immer wieder Situationen, die mit den Zuständigkeitsregeln des Vollstreckungsplanes nicht befriedigend gelöst werden können. So erweist sich das für die Bestimmung der örtlichen Zuständigkeit im Regelfall dominierende Kriterium der Heimatnähe bei der Einweisung von Strafgefangenen dann als wenig hilfreich, wenn die heimatferner gelegenen Justizvollzugsanstalten gleicher sachlicher Zuständigkeit die besseren Voraussetzungen für die Durchführung der notwendigen Behandlungsmaßnahmen bieten. Das Strafvollzugsgesetz enthält deshalb Bestimmungen, die es unter bestimmten Voraussetzungen zulassen, daß von den im Vollstreckungsplan festgelegten Zuständigkeiten abgewichen wird.

Eine solche Bestimmung ist § 152 Abs. 2 StVollzG. Nach dieser Vorschrift kann der Verurteilte nach einem Aufenthalt in einer Einweisungsanstalt oder -abteilung (aufgrund der dort gewonnenen Untersuchungsergebnisse) aus Gründen der Behandlung und Eingliederung in eine andere Justizvollzugsanstalt als die nach dem Vollstreckungsplan zuständige eingewiesen werden. Der Bezug dieser Bestimmung zu den §§ 2, 3 StVollzG ist offensichtlich. Aber die Bestimmung ist nicht unproblematisch. Sie berührt das Recht eines rechtskräftig Verurteilten, sich schon vor dem Strafantritt vergewissern zu können, in welcher (sachlich und örtlich zuständigen) Justizvollzugsanstalt die Strafe, die gegen ihn verhängt worden ist, zu vollziehen sein wird. Eine Einweisungsentscheidung nach § 152 Abs. 2 Satz 2 StVollzG hat ferner Einfluß auf die Bestimmung des gesetzlichen Richters, weil sich die Zuständigkeit der Strafvollstreckungskammer nach dem Sitz der Justizvollzugsanstalt, in der die Freiheitsstrafe oder die Maßregel der Besserung und Sicherung vollzogen wird, bzw. der Justizvollzugsbehörde, die die Vollzugseinzelentscheidung getroffen hat, richtet (§ 78 a GVG). Schließlich scheint § 152 Abs. 2 Satz 2 StVollzG Einweisungsentscheidungen zuzulassen, die von dem Trennungsgrundsatz des § 141 Abs. 2 StVollzG (offener Vollzug – geschlossener Vollzug) losgelöst sind. Solche Einweisungsentscheidungen könnten die aufnehmende Justizvollzugsanstalt völlig überfordern. Die Überforderung könnte dann eintreten, wenn gefährliche Strafgefangene mit einer langen Vollzugsdauer aus Gründen der Behandlung oder Eingliederung in eine Justizvollzugsanstalt des offenen Vollzuges eingewiesen werden, obwohl begründeter Anlaß zu der Befürchtung besteht, daß sie sich dem Vollzug der Freiheitsstrafe entziehen oder die Möglichkeiten des offenen Vollzuges zu Straftaten mißbrauchen könnten.

Es gibt deshalb gute Gründe dafür, die Bestimmung des § 152 Abs. 2 StVollzG als Ausnahmebestimmung anzusehen und einschränkend dahin auszulegen, daß die im Vollstreckungsplan ausgewiesene *sachliche* Zuständigkeit der Justizvollzugsanstalten von ihr unberührt bleibt. Für diese Auffassung spricht, daß *gesetzliche* Trennungsgebote, wie sie sich aus § 140 Abs. 2 StVollzG für die Trennung von Männern und Frauen oder aus § 92 Abs. 1 JGG für die Trennung von jugendlichen Verurteilten von erwachsenen Verurteilten oder aus § 1 Abs. 2 Jugendarrestvollzugsordnung (JAVollzO) für die Trennung von Jugendarrestanten und Strafgefangenen ergeben, die Justizvollzugsverwaltung nicht nur bei der Aufstellung des Vollstreckungsplanes, sondern bei der gesamten Durchführung des Vollzuges binden. Um ein solches gesetzliches Trennungsgebot handelt es sich auch bei § 141 StVollzG. Diese Bestimmung nimmt die bereits in § 10 StVollzG angedeutete Klassifizierung der zu Freiheitsstrafe Verurteilten wieder auf und erteilt den Landesjustizverwaltungen den Auftrag, getrennte Einrichtungen (das sind Justizvollzugsanstalten oder Abteilungen von Justizvollzugsanstalten) für den geschlossenen und für den offenen Vollzug bereitzustellen. Dieses gesetzliche Trennungsgebot gilt auch gegenüber den allgemeinen Bestimmungen der §§ 2, 3 StVollzG mit der Folge, daß es mit einer Einweisungsentscheidung nach § 152 Abs. 2 Satz 2 StVollzG nicht umgangen werden kann.

Danach besteht die Bedeutung des § 152 Abs. 2 StVollzG darin, daß diese Bestimmung aus Gründen der Behandlung und der Eingliederung die Einweisung des Verurteilten in eine nach dem Vollstreckungsplan *örtlich* nicht zuständige Justizvollzugsanstalt ermöglicht.

Als besondere Regelung i. S. der vorstehenden Ausführungen sind auch die §§ 167, 171 StVollzG anzusehen. Zwar ergibt sich aus diesen Bestimmungen nicht unmittelbar die sachliche Zuständigkeit der Justizvollzugsanstalten, in denen Strafarrest (§ 9 WStG) oder die in § 171 StVollzG genannten Freiheitsentziehungen zu vollziehen sind. Den jeweils nachfolgenden Bestimmungen des Strafvollzugsgesetzes (§ 168 ff., § 172 ff StVollzG) kann aber entnommen werden, daß – abgesehen von den im Gesetz genannten Ausnahmefällen – der Vollzug des Strafarrestes und der in § 171 StVollzG genannten Haftarten unter gelockerten Bedingungen vonstatten gehen soll. In Niedersachsen sind für diesen Vollzug die offenen Justizvollzugsanstalten sachlich zuständig. Örtlich zuständig ist die jeweils nächstgelegene Justizvollzugsanstalt des offenen Vollzuges (aus naheliegenden, hier nicht näher zu erläuternden Gründen).

Schließlich enthält das Strafvollzugsgesetz in den §§ 8, 85 StVollzG Bestimmungen, die es ermöglichen, den Verurteilten aus besonderen Gründen während des laufenden Vollzuges in eine andere als die nach dem Vollstreckungsplan zuständige Justizvollzugsanstalt *zu verlegen.* Nach der Sprachregelung der Vollzugsgeschäftsordnung (Nr. 7 VGO) handelt es sich bei der Verlegung um eine *unbefristete* Überführung des Gefangenen in eine andere Justizvollzugsanstalt. Zulässig sind solche Verlegungen aus Gründen der Förderung der Behandlung des Gefangenen oder seiner Eingliederung nach der Entlassung (§ 8 Abs. 1 Ziff. 1 StVollzG), aus Gründen der Vollzugsorganisation oder aus anderen wichtigen Gründen (§ 8 Abs. 1 Ziff. 2 StVollzG; vgl. hierzu §§ 145, 146 Abs. 1 StVollzG) und aus Sicherheitsgründen (§ 85 StVollzG), letzteres nur mit Zustimmung der Aufsichtsbehörde (VV zu § 85). Bei den Verlegungsentscheidungen nach diesen Bestimmungen handelt es sich wiederum jeweils um gerichtlich überprüfbare Einzelfallentscheidungen. Die Verlegung in eine nach dem Vollstreckungsplan sachlich nicht zuständige Justizvollzugsanstalt aus den in den §§ 8, 85 StVollzG genannten Gründen ist ausnahmsweise und nur dann zulässig, wenn die Justizvollzugsverwaltung dazu vom Strafvollzugsgesetz ermächtigt wird. Solche Ermächtigungen enthalten § 10 Abs. 2 Satz 2, § 15 Abs. 2, § 85, § 140 Abs. 3, § 147 StVollzG. Nicht zulässig ist danach aber die Verlegung eines in den offenen Vollzug eingewiesenen Strafgefangenen in eine Anstalt des geschlossenen Vollzuges lediglich aus Gründen der Vollzugsorganisation, etwa weil dort im Gegensatz zum offenen Vollzug genügend freie Plätze zur Verfügung stehen.

1.2 Der Einweisungsplan

Ein letzter Hinweis soll diese Ausführungen beschließen:

Die Aufstellung des Einweisungsplanes für Untersuchungsgefangene richtet sich in erster Linie nicht nach den oben dargelegten vollzuglichen Erwägungen, sondern sie orientiert sich an der Notwendigkeit, daß ein Untersuchungsgefangener jederzeit für Gericht, Staatsanwaltschaft und Verteidigung „verfügbar" sein muß. Daran ändert auch die ohnehin verfassungsrechtliche umstrittene Bestimmung des Jugendgerichtsgesetzes, der Vollzug der Untersuchungshaft an jugendlichen Untersuchungsgefangenen sei erzieherisch zu gestalten (§ 93 Abs. 2 JGG), nichts. Während der Untersuchungshaft, die nach den einschlägigen Bestimmungen so kurz wie möglich zu halten ist (vgl. § 121 StPO, § 72 Abs. 4 JGG), kommt es im Interesse der Wirksamkeit der Strafrechtspflege und vor allem im Interesse des Untersuchungsgefangenen selbst darauf an, dem Verfahren die größtmögliche Beschleunigung zu geben. Die Möglichkeit, den am Ort oder in der Nähe untergebrachten, in Untersuchungshaft genommenen Beschuldigten in jeder neuen Lage des Ermittlungsverfahrens persönlich zu hören, trägt wesentlich zur Beschleunigung des Verfahrens bei und ermöglicht dem Beschuldigten zudem die ständige Aussprache mit dem Verteidiger seines Vertrauens oder einem bestellten Pflichtverteidiger. Diese „ständige Verfügbarkeit" ist deshalb zur sorgfältigen Aufklärung des Sachverhalts ebenso unerläßlich wie zur gewissenhaften Vorbereitung der Verteidigung. Hinter diesem Zweck rangieren alle anderen Interessen. Die Justizverwaltung wird deshalb stets bestrebt sein, möglichst in jedem größeren Gerichtsbezirk eine JVA oder Abteilung ausreichender Größe für die Unterbringung der Untersuchungsgefangenen aus diesem Gerichtsbezirks zur Verfügung zu halten. Es bedarf angesichts des Zweckes der Untersuchungshaft keiner näheren Begründung, daß für die Unterbringung von Untersuchungsgefangenen nur Justizvollzugsanstalten mit einem ausreichenden Sicherheitsgrad geeignet sind.

2. Die einzelnen Anstaltstypen

2.1 Der offene Vollzug am Beispiel des Gustav-Radbruch-Hauses*

2.1.1 Justizvollzug unter den Augen der Öffentlichkeit

Rush-Hour, auf der Ausfallstraße einer bundesdeutschen Großstadt:

Neben der voll besetzten Straßenbahn fährt ein dunkelgrüner Kastenwagen. An seiner Seite befinden sich Sehschlitze. Sieht man genauer hin, lassen sich Gesichter erkennen, deren Augen ruhelos hin- und herwandern, als fürchteten sie, etwas von der Welt da draußen könnte ihren Blicken entgehen. Das an der Fahrertür prangende Landeswappen mit der Aufschrift „Justizverwaltung" weist auf den amtlichen Verwendungszweck des Transportfahrzeuges hin.

Eine Haltestelle kommt in Sicht. Menschen steigen aus. Einige von ihnen nehmen denselben Weg wie der mittlerweile vorbeigefahrene grüne Kastenwagen: Eine junge Frau mit einem Baby auf dem Arm, ein älterer Herr mit einer Aktentasche. Aus dem benachbarten Supermarkt kommen zwei junge Männer mit prallgefüllten Einkaufstüten hinzu. Sie gehen eine Straße hinauf, die auf der einen Seite von Wohnhäusern mit Bäumen, Gebüsch und Rasen, auf der anderen dagegen von einer schier endlos verlaufenden hohen Mauer begrenzt ist.

Weiter oben ragt ein Betonkoloß, zehn Stockwerke hoch, mit einigen hundert vergitterten und zusätzlich noch mit Betonblenden versehenen Fenstern empor. Schließlich, am Ende der Straße, mit kleiner Mauer vom davorliegenden großen Parkplatz abgegrenzt, kommen mehrere zweistöckige Gebäude in Sicht, erbaut in hellen Klinkern und – im Gegensatz zu den hinter der hohen Mauer gelegenen Gebäuden – mit offenen Türen und unvergitterten Fenstern.

Während das Gefangenentransportfahrzeug durch die sich wie von Geisterhand öffnende und wieder schließende Toreinfahrt in dem Betonkoloß verschwindet, geht die junge Frau mit ihrem Kind auf eine Pforte in der hohen Mauer zu, wo sich ihr ebenso automatisch eine Tür öffnet und hinter ihr wieder schließt. Der ältere Herr und die beiden jungen Männer gehen über den mit Fahrzeugen voll besetzten Parkplatz auf das offenstehende Tor am Ende der Straße zu, das sie nach Vorzeigen ihrer Ausweise an einem Schalter passieren; sodann setzen sie ihren Weg in dem dahintergelegenen weiträumigen Gelände fort.

Auch die junge Frau mit dem Baby in der geschilderten Straßenszene befindet sich noch im geschlossenen Vollzug. Dort ist sie jedoch in einer besonderen Abteilung für Mütter mit Kindern untergebracht, getrennt von den übrigen Unterkunftsbereichen der Anstalt.

Innerhalb ihrer Wohnung, die mehr einem Wohnheim als einem Zellentrakt gleicht, darf sie sich frei bewegen; die Türen sind tagsüber nicht verschlossen und zwischen den Gefangenen sowie ihren Betreuerinnen besteht enger Kontakt.

Die junge Frau nimmt tagsüber an einem Lehrgang für Hauswirtschaftsberufe teil und besucht einen Schreibmaschinenkurs sowie einen Gesprächskreis der Drogenberatung. Ihr Kind versorgt sie in der Freizeit selbst; während der Arbeitszeit ist es in der Kinderkrippe der Anstalt untergebracht. Die junge Frau erhält wöchentlich einmal einen mehrstündigen Ausgang und monatlich bis zu 2 Tagen Urlaub, den sie zusammen mit ihrem Kind über Nacht im Haushalt ihrer Eltern verbringen darf.

* *Hermann Eiermann*, geb. 1930 in Frankfurt am Main, graduierter Sozialarbeiter; 1952 – 1954 Studium am Seminar für soziale Berufsarbeit in Frankfurt am Main; 1954 – 1956 Strafanstalt Butzbach (Fürsorger); 1956 – 1972 Straf- und Untersuchungshaftanstalt Frankfurt am Main, Hammelsgasse (leitender Sozialarbeiter); 1972 – 1980 Gustav-Radbruch-Haus (Vollzugsleiter); seit 1981 bis heute Leiter der Justizvollzugsanstalt Frankfurt am Main IV – Gustav-Radbruch-Haus –, Regierungsdirektor.

Der ältere Herr in der eingangs geschilderten Straßenszene ist Freigänger (zum Freigang vgl. auch unten S. 348). Er ist in einer Anstalt des offenen Vollzuges untergebracht und darf diese tagsüber ohne Aufsicht verlassen, um einem selbst gewählten, tariflich voll entlohnten freien Beschäftigungsverhältnis nachzugehen.

Auch die jungen Männer mit den Einkaufstüten sind in der offenen Anstalt untergebracht. Sie sind aber noch nicht Freigänger sondern zunächst noch in einer Vorerprobungsphase mit zugewiesener Beschäftigung innerhalb der Anstalt und – im Vergleich zu Freigängern – eingeschränkten Ausgangs- und Urlaubsmöglichkeiten.

2.1.2 Strafvollzug in unterschiedlichen Formen

Die freieren Verhältnisse im offenen Vollzug erlauben es, dem Wohngruppenprinzip bei der Unterbringung der Gefangenen Vorrang einzuräumen. Dies wiederum ermöglicht es, die Gefangenen in einen Lern- und Behandlungsprozeß hineinzuführen, in dem sie sich innerhalb ihrer Wohngruppe um ein verträgliches Miteinander bemühen und lernen, wie sie Konflikte auf friedliche Weise bewältigen können.

Außerdem wird dem Gefangenen neben der Vorbereitung auf seine Entlassung durch Schaffung einer wirtschaftlichen Existenz zugleich auch in optimalem Maße die Erreichung des Vollzugszieles ermöglicht: in sozialer Verantwortung ein Leben ohne Straftaten zu führen (§ 2 StVollzG).

Gleichwohl empfinden nicht wenige Gefangene ihre Unterbringung im offenen Vollzug keineswegs als so angenehm, wie dies Außenstehenden auf den ersten Blick erscheinen mag:

Sich in ein solches System von Regeln und Anweisungen einzuordnen, das auf Unterordnung, gegenseitige Rücksichtnahme und Anpassung an soziale Lebens- und Verhaltensweisen beruht, ist vor allem für solche Gefangene sehr schwierig, die erhebliche Entwicklungs- und Persönlichkeitsdefizite haben. Sie stellen denn auch im offenen Vollzug einen hohen Prozentsatz der Versager, obwohl gerade sie die Möglichkeit dieses Vollzuges am ehesten zur Behebung ihrer Defizite brauchten und deshalb auch immer wieder eine Herausforderung für die Risikobereitschaft der Vollzugsverantwortlichen darstellen.

2.1.3 Entstehung offener Vollzugseinrichtungen

Auf die über hundertjährige Geschichte des offenen Vollzuges kann an dieser Stelle nicht näher eingegangen werden (vgl. hierzu die Vorauflage dieses Buches, S. 51 ff, sowie ausführlich *Loos* 1970, 1 – 106).

Das geltende Strafvollzugsgesetz unterscheidet zwischen dem geschlossenen und dem offenen Vollzug (§ 10 StVollzG).

Es hat die in der früheren Vollzugspraxis eingeführt gewesene sogenannte halboffene Vollzugsform nicht ausdrücklich übernommen.

Ob ein Vollzug in geschlossener oder offener Form durchgeführt wird, ergibt sich im wesentlichen aus folgenden Kriterien:

Der geschlossene Vollzug hat Entweichungen auf jeden Fall zu verhindern. Dazu verfügt er über bauliche und technische Sicherheitsvorkehrungen. Auch für das Verhalten der Anstaltsbediensteten hat die Sicherheit Vorrang vor allen anderen Überlegungen.

Die Gefangenen sind in verschlossenen Hafträumen untergebracht und werden außerhalb dieser Räume ständig und unmittelbar beaufsichtigt. Ihre Kontakte untereinander also auch mit der Außenwelt unterliegen der Reglementierung und Kontrolle. Entweichungen sind erforderlichenfalls unter Einsatz von Schußwaffen zu verhindern.

Im offenen Vollzug können die baulichen und technischen Sicherheitsvorkehrungen ganz wegfallen oder deutlich vermindert sein.

Entweichungen dürfen nicht unter Einsatz von Schußwaffen verhindert werden. Die Gefangenen sind in Einzel- oder Gemeinschaftsräumen untergebracht, die bei Tag und Nacht unverschlossen bleiben und ein Zusammenleben in Wohngruppen ermöglichen sollen.

Auch auf dem Anstaltsgelände soll den Gefangenen tagsüber, zumindest stundenweise, Bewegungsfreiheit eingeräumt werden.

Die Kontakte zur Außenwelt sollen durch Gewährung von Ausgang und Urlaub gefördert werden; Briefverkehr und Telefongespräche unterliegen keiner Kontrolle.

Die Gefangenen arbeiten auch einzeln und ohne Aufsicht außerhalb der Anstalt in zugewiesener Beschäftigung, als Freigänger mit Anstaltsbezügen oder mit Einkünften aus eigenem Beschäftigungsverhältnis.

Wenn es auch naheliegt, möglichst viele Gefangene im offenen Vollzug unterzubringen, weil es für die Behandlung effektiver und den Steuerzahler auch kostengünstiger erscheint, sind dem dennoch Grenzen gesetzt. Es darf nicht übersehen werden, daß die Unterbringung im offenen Vollzug auch Risiken für die Allgemeinheit mit sich bringen kann. Das StVollzG hat daher dem Gefangenen keinen Anspruch auf Unterbringung im offenen Vollzug und die Gewährung bestimmter Lockerungen wie Ausgang, Urlaub oder Freigang, in welcher Form auch immer, eingeräumt.

So blieb vielmehr den Vollzugsbehörden unter Abwägung aller wesentlichen Umstände darüber zu entscheiden, in welchem Umfang und in welcher Weise offener Vollzug durchgeführt werden kann.

2.1.4 Offener Vollzug – Gustav-Radbruch-Haus

Wenn im nachfolgenden eine bestimmte Anstalt näher beschrieben wird, – die JVA Frankfurt/Main IV, Gustav-Radbruch-Haus, – so vor allem deshalb, weil sie dem Autor seit ihren ersten Anfängen vertraut ist, nicht um ein allgemein gültiges Modell vorzustellen.

Das Gustav-Radbruch-Haus hatte einen Vorläufer, die Außenarbeits-Zweiganstalt „Rudolfschule" des damaligen Frankfurter Straf- und Untersuchungsgefängnisses Hammelsgasse (näheres hierüber in der Vorauflage dieses Buches S. 54 ff).

Die in der Zweiganstalt Rudolf-Schule gemachten mehrjährigen Erfahrungen zeigten, daß es auch unter Berücksichtigung der Schutzbedürfnisse der Allgemeinheit vertretbar erscheint, Strafvollzug in gelockerter, offener Form durchzuführen. Zwar gab es damals häufig Entweichungen vor allem von der Außenarbeit. Aber die entwichenen Gefangenen kamen oftmals nach wenigen Stunden oder Tagen aus freien Stücken wieder in die Anstalt zurück. Schließlich war die Versuchung zu solchen kurzzeitigen Entweichungen schon deshalb groß, weil damals einerseits Ausgang, Urlaub und Freigang noch nicht eingeführt waren, andererseits die Gefangenen auch auf Außenarbeitsstellen eingesetzt waren, in deren Umgebung auch ihre Familien wohnten. Aber ernsthafte Straftaten, die die Bevölkerung hätten beunruhigen können, waren weder von den Gefangenen auf Außenarbeit noch von Entwichenen begangen worden.

Das Gustav-Radbruch-Haus wurde in den Jahren 1956 – 1961 nach den Empfehlungen des UN-Kongresses in Genf (s. oben S. 21) als offene Anstalt geplant und erbaut. An der Planung waren maßgeblich auch Anstaltsbedientete beteiligt, die damit auch ihre eigenen, auf unmittelbarer Vollzugserfahrung beruhenden Vorstellungen einbringen konnten. Ein Großteil der Bauarbeiten wurde von den Gefangenen durchgeführt, so daß auch dadurch wiederum Kosten eingespart werden konnten.

Die Anstalt wurde am 23. November 1959, dem 10. Todestag von Prof. Gustav Radbruch, dieses bedeutenden Rechtsgelehrten und Philosophen, Verfechter von Strafrechts- und Strafvollzugsreformen und Reichsjustizminister von 1923 – 1925, eröffnet. Seine Vorstellungen über einen menschenwürdigen und auch auf Sicherung der Allgemeinheit vor unverbesserlichen Rechtsbrechern bedachten Strafvollzug sind für die Anstaltsbediensteten immer wieder Anlaß, sie als Maßstab für ihr vollzugliches Handeln zu bedenken und zu übernehmen.

Das Gustav-Radbruch-Haus ist entsprechend seiner besonderen Zweckbestimmung geographisch besonders günstig gelegen: In der Mitte des Ballungsraumes Rhein-Main mit seiner hohen Bevölkerungsdichte und Wohngelegenheiten sowie vielfältigen wirtschaftlichen und kulturellen Betätigungs- und Entwicklungsmöglichkeiten. Der Arbeitsmarkt ist aufnahmefähig und steht auch den Freigängern und Haftentlassenen keineswegs ablehnend gegenüber. Das trifft auch für die zahlreichen schulischen und beruflich qualifizierenden Ausbildungseinrichtungen zu, so daß für die Gefangenen vielseitige Möglichkeiten zu einer sinnvollen, zukunftsorientierten und existenzsichernden Gestaltung ihrer Vollzugs-, namentlich Freigangzeit zur Verfügung stehen. Dazu tut die leichte Erreichbarkeit der Orte im Umkreis von ca. 50 km über die öffentlichen Verkehrsmittel des Frankfurter Verkehrsverbundes sowie über das engmaschige Autobahn- und Straßennetz ein übriges, um auch die Wegezeiten für Ausgang und Freigang auf einen angemessenen Umfang beschränkt halten zu können.

Die Anstalt selbst ist baulich und räumlich in Funktionsbereiche gegliedert, die sich nach zwischenzeitlich vorgenommenen Um- und Erweiterungsbauten wie folgt darstellen lassen:

a) Hofgelände

Der zwischen den Anstaltsgebäuden gelegene großräumige Bereich ist durch asphaltierte Wege und Plätze, Bäume und Sträucher sowie Rasenflächen und Blumenrabatten gestaltet. Neben Sitzbänken sind in einer Ecke 5 öffentliche Fernsprecher der Bundespost zur allgemeinen Benutzung aufgestellt.

Wege vermitteln den Zugang zu folgenden Anstaltsbauten: Außenpforte, Verwaltung A, Verwaltung B, Wirtschaftstrakt, Werkhof, Unterkunftshäuser 1 – 5.

Von außen sind die in den Unterkunftshäusern eingerichteten Gemeinschafts- und Werkstatträume zugänglich: Arbeitsbetrieb Montage 1 und Montage 2, Arbeitstherapie-Werkstatt, Hausmeisterei und Putzmittelausgabe, Wäscherei und Büglerei, Bücherei und Gerätegymnastik, Film und Unterricht, Kaffee- und Teestube als Treffpunkt.

Der Große Saal im Wirtschaftstrakt hat ein Fassungsvermögen bis zu 300 Personen, ist mit Bühne ausgestattet und dient unterschiedlichen Zwecken u.a. als Speisesaal sowie für Theater-, Informations- und Diskussionsveranstaltungen und Hallensport. Auch die Großen Dienstbesprechungen des Personals finden dort statt.

Ein weiterer sogenannter Kleiner Saal mit einem Fassungsvermögen bis zu 60 Personen im Verwaltungsgebäude B ist neben den Anstaltskonferenzen auch für musikalische und religiöse Veranstaltungen vorgesehen und entsprechend ausgestaltet.

b) Wirtschaftstrakt

Dem Großen Saal schließt sich eine Großküchenanlage an, verbunden mit Metzgerei, Kühlhaus und ausgedehnten Lebensmittellagern. Hier wird die Verpflegung, auch schweinefleischfreie, vegetarische und Krankenkost, für regelmäßig bis zu 1200 Gefangene einschließlich der Insassen der benachbarten Untersuchungshaftanstalt zubereitet. Dafür sind 7 Bedienstete und bis zu 30 Gefangene in drei Schichten von 04.00 Uhr – 18.00 Uhr tätig.

c) Werkhof

Im Werkhof sind die Kammerverwaltung sowie die Hauswerkstätten untergebracht (Schreinerei, Schlosserei, Bau- und Malerkolonne, Elektroinstallation). Ferner befinden sich dort Materiallager und mehrere Garagen für die Dienstfahrzeuge. Neben dem Werkhof ist die Gärtnerei mit Gewächshaus gelegen. Insgesamt werden in den genannten Bereichen regelmäßig bis zu 50 Gefangene in ihren erlernten Berufen beschäftigt.

d) Unterkunftsbereich

Für die Unterbringung der Gefangenen sind 5 Unterkunftshäuser vorgesehen, davon 4 in zweistöckiger und eines in dreistöckiger Bauweise. Insgesamt sind dort 18 Wohngruppen mit je 20 – 30 Plätzen und insgesamt 400 Einzelwohnräumen eingerichtet. Durch Doppelbelegung – namentlich in der Freigängerabteilung – lassen sich weitere 170 Plätze belegen, so daß insgesamt bis zu 570 Gefangene untergebracht werden können.

Die Unterkunftshäuser und Wohngruppen sind in der Regel bei Tag und Nacht durchgehend offen. Den Gefangenen ist es jedoch untersagt, sich zur Nachtruhezeit (22.00 – 6.00 Uhr) ohne wichtigen Anlaß außerhalb ihres eigenen Wohnraumes aufzuhalten.

Jede Wohngruppe stellt einen räumlich abgeschlossenen Bereich dar mit gemeinschaftlichen Wasch-, Dusch- und Toilettenräumen sowie einem großen Gemeinschaftsraum mit Fernsehgerät und einer Teeküche mit zwei Kochherden, Warmwasserbereitern und Anrichten.

Soweit nicht doppelbelegt, verfügt jeder Gefangene über einen eigenen Wohn- und Schlafraum, für den er auch einen eigenen Schlüssel hat. Der Wohnraum ist mit Bett, zweitürigem Kleiderschrank, Tisch, Stuhl, Bücherregal, Kühlschrank und zusätzlichen Steckdosen ausgerüstet; die Stromentnahme ist kostenlos. Der Wohnraum darf mit Pflanzen, Blumen, Bildern und Postern sowie mit eigenen Gardinen und Fenstervorhängen gestaltet werden. Der Betrieb eines eigenen Radio- und Fernsehgerätes sowie sonstiger haushaltsüblicher Elektrogeräte ist gestattet.

e) Verwaltung

In den beiden Verwaltungsgebäuden A und B sind folgende Anstaltsdienststellen untergebracht:

- Anstaltsleitung mit Beschwerdesachbearbeiter, Ermittlungsdienst und Gnadenstelle,
- Verwaltungsdienstleitung mit Hauptgeschäftsstelle und Schreibdienst,
- Vollzugsgeschäftsstelle mit Aufnahme und Aktenverwaltung,
- Wirtschaftsverwaltung mit Druckerei und Gerätelager,
- Geldverwaltung mit Zahl- und Buchungsstelle,
- Vollzugsabteilung mit Vollzugsplan-, Ausgangs- und Urlaubsstelle, Arbeitseinsatz und Freigang-Außenkontrolle.
- Vollzugsdienstleitung mit Dienstplangestalter sowie Aus- und Fortbildungseinrichtung für Bedienstete,
- Sanitätsabteilung mit anstaltsärztlichem und krankenpflegerischem Dienst.

In den beiden Verwaltungsgebäuden sind ferner Warte- und Sprechräume für Anhörungen, Vernehmungen, Anwalts- und sonstige Besuche eingerichtet. Der Personalbereich mit Kantine, Sport-, Dusch- und Umkleideräumen für Bedienstete befindet sich im Untergeschoß des Verwaltungsgebäudes A.

f) Zentrale- und Sicherheitsbereich

Von der mit Panzerglas versehenen Zentrale wird das Anstaltsgelände ständig überwacht und der Anstaltsbetrieb gelenkt. Dort sind Tag und Nacht jeweils 2 Bedienstete eingesetzt, die über Fernsehmonitore den Außenzaun sowie einen Teil des Innengeländes überwachen und über Lautsprecherdurchsagen in alle Teile der Anstalt Anweisungen geben können. Die übrigen Aufsichtsposten stehen über Funk mit der Zentrale in ständiger Verbindung.

Im Sicherheitsbereich der Zentrale sind zwei besonders gesicherte Hafträume, drei Ausnüchterungszellen und drei Transportzellen eingerichtet, wo die Gefangenen ausbruchssicher so lange untergebracht werden können, als dies zu ihrer eigenen Sicherheit, zur Behandlung oder Verhinderung einer Entweichung und bis zur Entscheidung über ihren weiteren Verbleib erforderlich ist.

Den Zentralebeamten stehen ein Alco-Testgerät zur Ermittlung der Blutalkohol-Konzentration bei Gefangenen sowie eine Laboreinrichtung zur Feststellung von Rauschgift zur Verfügung. Liegen tatsächliche Anhaltspunkte vor, werden auch Urinproben entnommen, deren Analyse vom rechtsmedizinischen Institut vorgenommen wird.

Der Zentrale sind ferner die Fahrbereitschaft und die Ausführungsstelle angegliedert. Dazu verfügt die Anstalt über 5 Dienstkraftfahrzeuge, darunter 1 VW-Bus. Diese Fahrzeuge sind im ständigen Einsatz und zwar sowohl für Außenkontrolle als auch zum Transport von Gefangenen zu Fachärzten außerhalb der Anstalt oder zu Gruppenausgängen im Rahmen von Bildungs- und Sportveranstaltungen. Auch die übrigen Anstaltsdienststellen beanspruchen die Dienstfahrzeuge für ihre unterschiedlichen Zwecke.

Über die Außensicherung offener Vollzugseinrichtungen gibt es unterschiedliche Auffassungen und Handhabungen. Einige offene Anstalten sind von mehr oder weniger hohen Mauern umgeben, die Entweichungen beschwerlicher gestalten können, als dies ein Maschendrahtzaun vermag. Andere Anstalten, namentlich Freigänger- und Übergangshäuser, aber auch einige größere Anstalten, verfügen praktisch über keinerlei Außensicherungen. Das Gelände des Gustav-Radbruch-Hauses ist von einem 2-Meter hohen Maschendrahtzaun umgeben, der – wie die Erfahrung immer wieder zeigt – verhältnismäßig leicht überwunden werden kann. Allerdings ist es durch die Fernsehüberwachung möglich, eine Entweichung, wenn nicht schon zu verhindern, so doch bereits während ihres Ablaufes zu bemerken.

Die Einweisung der Gefangenen in das Gustav-Radbruch-Haus erfolgt bei den auf freiem Fuß befindlichen Verurteilten durch die Vollstreckungsbehörden, im übrigen durch die Anstalten des geschlossenen Vollzuges. Wer die gesetzlichen Voraussetzungen für seine Unterbringung im offenen Vollzug erfüllt und seinen Wohn- oder Aufenthaltsort in einem der süd- und mittelhessischen Landgerichtsbezirke hat, wird im Gustav-Radbruch-Haus aufgenommen, sofern über seine Eignung Einvernehmen zwischen Einweisungs- und Aufnahmebehörde besteht.

Ausschließungsgründe sind u. a. anschließende Untersuchungshaft oder – bei Ausländern – nach der Entlassung zu erwartende Abschiebung oder Ausweisung. Bei Gefangenen, die wegen grober Gewalt- oder Sexualstraftaten oder Vergehen gegen das Betäubungsmittelgesetz verurteilt sind, bedarf die Einweisung in den offenen Vollzug besonders sorgfältiger Prüfung. Im offenen Vollzug kann auch nicht untergebracht werden oder bleiben, wer unzuverlässig ist, sich namentlich dem Vollzug der Strafe durch Entweichung oder Nichtrückkehr ganz oder zeitweise entzieht, sich gemeinschaftsunverträglich verhält, Drogen konsumiert oder Alkoholmißbrauch begeht.

Allein von der Länge der noch voraussichtlichen Vollzugsdauer wie auch von der Art der Straftaten, die zur Verurteilung führten, wird ein Gefangener vom offenen

Vollzug im Gustav-Radbruch-Haus nicht ausgeschlossen. Allerdings werden diese Kriterien bei der Abwägung aller Umstände, die der Entscheidung für eine Aufnahme zugrunde zu legen sind, sehr wohl berücksichtigt. Bedeutsamer erscheinen jedoch die Fragen nach der inneren Einstellung des Gefangenen sowie seiner Fähigkeit und Bereitschaft kriminelle Denk- und Verhaltensweisen zu überwinden, sich dagegen seiner sozialen Verantwortung bewußt zu werden und sein künftiges Leben danach zu führen. Dies läßt sich – wenn überhaupt – erst im Verlaufe des Vollzuges nach Aufnahme in der offenen Anstalt erkennen, wenn dem Gefangenen Gelegenheit gegeben wird, sich außerhalb der Anstalt zu bewegen und zu erproben. Dabei werden nicht selten charakterliche Eigenarten und Verhaltensdefizite festgestellt, die bisherige Untersuchungen und Begutachtungen nicht herausfinden konnten.

Die Vollzugsgestaltung im Gustav-Radbruch-Haus ist in Vollzugsbereiche mit jeweils verschiedenen Stufen, Inhalten und Lockerungen gegliedert. Grundlage für die Einstufung ist der in jedem Einzelfall erstellte Vollzugsplan. Er wird unter Mitwirkung des Gefangenen in der Vollzugsplankonferenz erstellt, in mehrmonatigen Abständen überprüft und ggfs. fortgeschrieben. Der Vollzugsplan legt unter Berücksichtigung der voraussichtlichen Restvollzugsdauer, der als Risikofaktoren festgestellten Sozialisationsdefizite und der angezeigten Fördermaßnahmen den Stufen- und Phasenverlauf, besondere Weisungen und Maßnahmen fest. So ist der Vollzug im Gustav-Radbruch-Haus in folgende Vollzugsbereiche gegliedert:

Vollzugsbereich 1 – Beobachtungsphase
Er dient der Unterbringung der Gefangenen in den Unterkunftshäusern 3 und 4 mit insgesamt 80 Plätzen in 3 Wohngruppen. Innerhalb der Unterkunftshäuser besteht tagsüber volle Bewegungsfreiheit, im Innenhof jedoch nur für jeweils 1 Stunde morgens, mittags und abends.

In den Vollzugsbereich 1 werden auch Gefangene mit Geld- oder Freiheitsstrafen bis zu 6 Monaten eingewiesen, die zur Strafvollstreckung festgenommen werden mußten, geeignet sind und ihrer Unterbringung in diesem besonderen Vollzugsbereich ausdrücklich zugestimmt haben.

Die Gefangenen der Vollzugsgruppe 1 werden in der Arbeitstherapie – Landbau oder in einem Montagebetrieb – beschäftigt, der im Untergeschoß ihres Unterkunftshauses eingerichtet ist. Für alle Gefangenen dieser Vollzugsgruppe stehen damit Arbeitsplätze innerhalb der Anstalt mit ständiger Aufsicht und Anleitung durch Anstaltsbedienstete zur Verfügung.

Brief- und Besuchsverkehr der Gefangenen werden in der Vollzugsgruppe 1 nicht überwacht. Ebenso dürfen diese Gefangenen die in der Anstalt aufgestellten öffentlichen Fernsprecher während der Bewegung im Freien benutzen, ihnen ist auch Bargeldbesitz bis zu DM 200,– erlaubt, womit sie Lebens- und Genußmittel und Tabakwaren entweder täglich an den in der Anstalt aufgestellten Automaten oder wöchentlich 1-mal in einer Einkaufsstelle in der Anstalt erwerben können.

Vollzugsbereich 2 – Behandlungsphase
Die Gefangenen dieser Vollzugsgruppe werden in den Unterkunftshäusern 1 und 2 mit insgesamt 220 Plätzen in 8 Unterkunftsgruppen untergebracht. Die Gefangenen dürfen sich tagsüber sowohl innerhalb ihrer Unterkunftshäuser als auch auf dem Anstaltsge-

lände frei bewegen, lediglich zur Nachtruhezeit haben sie sich grundsätzlich in ihren Wohnräumen aufzuhalten.

In die Vollzugsgruppe 2 wird eingewiesen, wer der Ladung zum Strafantritt im offenen Vollzug freiwillig nachgekommen oder von einer Anstalt des geschlossenen Vollzuges übernommen worden ist. In der Vollzugsgruppe 2 befinden sich auch Gefangene, die vom Freigang (Vollzugsgruppe 3) zurückgenommen werden mußten.

Die Angehörigen der Vollzugsgruppe 2 erhalten wöchentlichen Regelausgang zwischen 7 und 21 Stunden. In der Anfangserprobung (bis zu 6 Monate nach Strafantritt) wird Regelurlaub grundsätzlich nicht gewährt, im übrigen werden 2 Urlaubstage monatlich gutgeschrieben. Gefangene, deren Geeignetheit für den Freigang festgestellt worden ist, erhalten zusätzlich Freigangurlaub.

Die Gefangenen der Vollzugsgruppe 2 werden vorwiegend innerhalb der Anstalt und zwar in den Hauswerkstätten (Schlosserei, Schreinerei, Bau- und Malerkolonne, Elektroinstallation, Gärtnerei), im Küchenbetrieb (Koch- und Diätküche, Metzgerei, Gemüseputzerei oder in der Haus- und Hofreinigung) beschäftigt. Für Gefangene mit eingeschränkter Arbeitsfähigkeit bestehen Beschäftigungsmöglichkeiten in der Arbeitstherapie-Werkstatt mit insgesamt 20 Plätzen (Malen, Zeichnen, Holzverarbeitung, Töpferei).

Für die Angehörigen der Vollzugsgruppe 2 werden regelmäßig Veranstaltungen im Rahmen eines besonderen Sozialen Trainings angeboten, Fachvorträge, Referate, Vorlesungen sowie deren Vertiefung in Gesprächen und Übungen sowie Arbeit mit Gruppen unter besonderer Themenstellung, Training zur Kompensierung von Lern- und Bildungsdefiziten und Alphabetisierungskurse. Dazu werden auch jeweils problemorienterte, fachbezogene Filme, Diareihen oder Videoclips sowie Vorträge von Mitarbeitern öffentlicher Beratungsstellen mit den Themen Alkohol, Drogen, Arbeitslosigkeit, soziale Beziehungen, Gewalt in der Familie, Ursachen der Kriminalität u. a. mit anschließender Diskussion vorgeführt.

Das Besondere Soziale Training wird durch Unterricht in Rechtschreibung, Rechnen und Gemeinschaftskunde sowie in Haushaltsführung und Kochen, die Teilnahme an Sportgruppen wie Tischtennis, Volleyball und Gymnastik ergänzt.

Für Körperbehinderte ist ein besonderes Sportprogramm vorgesehen, das auch Schwimmen im Thermalbad sowie die Benutzung öffentlicher Sportanlagen vorsieht. Bewerber für das Sportabzeichen oder DLRG-Scheine erhalten Gelegenheit für ihr Trainingsprogramm durch regelmäßige Begleitgänge zu den öffentlichen Sportplätzen und Hallenbädern.

Da sich die Angehörigen der Vollzugsgruppe 2 im Wege des Regelausganges ohnehin regelmäßig stundenweise außerhalb der Anstalt aufhalten können, entfallen in der Regel Sonderausgänge und -besuche innerhalb der Anstalt. Erforderlichenfalls werden die Gefangenen von der Arbeit freigestellt, wenn sie Termine außerhalb der Anstalt wahrnehmen sollen, die in die allgemeine Arbeitszeit fallen (montags – freitags 07.30 – 16.00 Uhr).

Vollzugsbereich 3 – Bewährungsphase

Für die Unterbringung der Angehörigen dieser Vollzugsgruppe steht das Unterkunftshaus 5 mit insgesamt bis zu 270 Plätzen in 6 Unterkunftsgruppen zur Verfügung. Diesen Gefangenen sind innerhalb der Anstalt grundsätzlich die gleichen Bewegungsfreiheiten eingeräumt wie denen der Vollzugsgruppe 2. Soweit sie in produktionsbedingt notwendiger Schichtarbeit stehen, dürfen sie die Anstalt auch während der Nachtruhezeit verlassen oder in sie zurückkehren.

In der Vollzugsgruppe 2 befinden sich solche Gefangene, die einer Freigangsbeschäftigung nachgehen oder für eine solche Tätigkeit zugelassen sind und sich auf Arbeitssuche befinden. In dieser Vollzugsgruppe verbleiben grundsätzlich auch diejenigen Freigänger, die ihre Beschäftigung ohne Verschulden verloren haben oder arbeitsunfähig erkrankt sind.

Die meisten Freigänger stehen in einem selbstgewählten freien Beschäftigungsverhältnis, einer Erwerbstätigkeit oder einer beruflichen Umschulung. Die Einkünfte aus diesen Beschäftigungen sind an die Anstalt abzuführen, die sie nach den gesetzlichen Bestimmungen entsprechend verwaltet. Diese Freigänger verpflegen sich selbst, zahlen Haftkostenbeitrag für Unterkunft (Miete) an die Anstalt und decken mit ihrem Einkommen Unterhalts- und sonstige Schuldverpflichtungen ab. Die Geldverwaltungsstelle der Anstalt sorgt für die rechtzeitige Überweisung der entsprechenden Beträge, zahlt dem Freigänger das Verpflegungs- und Taschengeld sowie die Fahrtkosten aus und behält das übrige Geld als Rücklage für später notwendige Aufwendungen des Freigängers zurück.

Freigänger, die sich in schulischer oder beruflicher Ausbildung befinden oder in einer von der Anstalt zugewiesenen Beschäftigung stehen und keine Einkünfte daraus erhalten, werden von der Anstalt ohne Berechnung voll versorgt. Sie erhalten Anstaltsverpflegung und Ausbildungs- oder Arbeitsbezüge in Höhe eines Taschengeldes von derzeit DM 100,– monatlich sowie die Kosten für die öffentlichen Verkehrsmittel. Bekleidung und sonstige erforderliche Aufwendungen.

Dem Freigänger werden unter Zugrundelegung einer Kernarbeitszeit von 9 Stunden einschließlich eingelagerter betrieblicher Pausen 12 Ausgangsstunden kalendertäglich gewährt. In diese Zeitspanne sind neben der regelmäßigen Arbeitszeit auch die etwa erforderlichen Überstunden, Fahrzeiten, Zeiten zur Besorgung von Einkäufen sowie Freizeit, auch Familienbesuch, einbezogen.

Für den Aufenthalt außerhalb der Anstalt sind den Freigängern zahlreiche Weisungen erteilt, deren strikte Einhaltung auch regelmäßig überwacht wird: Meidung bestimmter Stadtbezirke sowie von Gaststätten, Mäßigung bei Alkoholkonsum, Nichtteilnahme an politischen Demonstrationen, Sport- und sonstigen Massenveranstaltungen wegen der Gefahren, die im Fall unfriedlicher Auswucherungen erwachsen können, genaueste Einhaltung der Ausgangszeiten. Im übrigen gilt für die Regelausgänge der Nichtfreigänger das gleiche.

Neben dem Regelurlaub erhalten Freigänger in den letzten 9 Monaten vor dem voraussichtlichen Entlassungszeitpunkt einen zusätzlichen Freigangurlaub, der wie folgt gestaffelt ist:

2 Tage in den ersten 3 Monaten,
4 Tage in den nächsten 3 Monaten,
6 Tage in den letzten 3 Monaten.

2.1.5 Offener Vollzug in der Bewährung

Öffentliche Einrichtungen, zumal wenn für sie erhebliche Haushaltsmittel aufgewendet werden, müssen sich, unbeschadet ihrer humanitären Zielsetzungen gefallen lassen, daß sie auch auf ihre Wirksamkeit hin kritisch überprüft werden. Der Strafvollzug, namentlich der offene Vollzug, macht hier keine Ausnahme. Mathematisch exakt arbeitende Erfolgskontrollen sind zwar schon deshalb nicht möglich, weil die Verfolgung der Lebensschicksale ehemaliger Gefangenen auf rechtliche und praktische Schwierigkeiten stößt und deshalb auch nur höchst lückenhafte Erkenntnisse bringen kann.

Zahlreiche Einzelbeispiele lassen jedoch die Erwartung durchaus gerechtfertigt erscheinen, daß die während einer Unterbringung im offenen Vollzug gegebenen Impulse, Entwicklungsfreiräume und existenziellen Hilfen in vielen Fällen zur Beendigung krimineller Karrieren Anlaß gegeben haben, manchmal auch erst nach einem zweiten oder dritten Durchlauf.

Unbeschadet der Erfolgsaussichten bleibt die Frage nach den Risiken, die möglicherweise durch den offenen Vollzug für die öffentliche Sicherheit entstehen können.

Über die deutlich geringeren Risiken des offenen Vollzuges können einige statistische Zahlen Auskunft geben:

So durchliefen im Jahre 1986 insgesamt 1891 Gefangene die offenen Vollzugseinrichtungen des Landes Hessen; davon waren 129 Freigänger mit Bezügen und 1107 Freigänger mit freiem Beschäftigungsverhältnis, also insgesamt 1136 Gefangene, die sich tagsüber außerhalb der Anstalt und ohne Aufsicht aufhielten.

Von den vorgenannten Gefangenen mußten im Verlaufe des Jahres 1986 insgesamt 319 Gefangene (= 17 %) in den geschlossenen Vollzug zurückverlegt werden. Von diesen Gefangenen wurde jedoch jeder zweite nach mehr oder weniger kurzer Zeit wieder im offenen Vollzug aufgenommen, nachdem sich ursprüngliche Mißbrauchsbefürchtungen nicht bestätigt hatten oder vorübergehende krisenhafte Situationen durch entsprechende Behandlungsmaßnahmen des geschlossenen Vollzuges bewältigt werden konnten.

Nach der Statistik des Gustav-Radbruch-Hauses betrug der Prozentsatz der Rückverlegungsfällte wegen Straftatverdachts, bezogen auf die Gesamtdurchgangszahl dieser Anstalt in den vergangenen 10 Jahren 3,5 %, wobei Schwankungen in einzelnen Jahren zwischen 3 und 4 % lagen.

Aber nicht in allen Fällen konnte der ursprüngliche Straftatverdacht bestätigt werden. So erfolgte in einem Drittel der Fälle allein aus diesem Grund nach mehr oder weniger kurzer Zeit die Einstellung des Verfahrens oder Freispruch in der Gerichtsverhandlung.

In den übrigen Straftatverdachtsfällen handelte es sich zumeist um Straßenverkehrsdelikte und Kleinkriminalität (Diebstahl geringwertiger Sachen u. a.). Ernsthafte, namentlich grobe Gewalt- oder Serienstraftaten sind bisher auf 0,5 – 0,8 % – bezogen auf die Durchgangszahl der Gefangenen – beschränkt geblieben. Aber sie zeigen auch das Risiko auf, das für die Allgemeinheit bestehen bleibt und auch durch Vollzugsmaßnahmen wie die besonders sorgfältige Auswahl und Intensivbehandlung im Vollzug nicht gänzlich beseitigt werden kann.

Zum Schluß mögen einige Zahlen den auch für die Allgemeinheit nicht unbeachtlichen finanziellen Nutzen aufzeigen, der durch die Einrichtung des Freigangs mit eigenem Beschäftigungsverhältnis erzielt werden kann. So haben die im Jahre 1986 in den offenen Vollzugseinrichtungen des Landes Hessen insgesamt untergebracht gewesenen 1107 Freigänger mit eigenem Beschäftigungsverhältnis insgesamt 6,2 Millionen Mark an Lohnzahlungen und Ausbildungsbeihilfen erhalten. Weitere 800.000,– DM sind auf den Konten als sonstige Zahlungen eingegangen, die indirekt mit der Beschäftigung zusammenhängen (Lohnsteuer-Jahresausgleich u. a.).

Die o. g. Geldbeträge wurden von den Freigängern zu einem beträchtlichen Teil für Unterhaltszahlungen und sonstige Familienunterstützungen, Erstattungsansprüche der Sozialämter, Haftkostenbeiträge und Schuldentilgungen verwendet. Nicht einmal die Hälfte ihrer Einkommen haben die Freigänger für den eigenen Bedarf verwendet. Im einzelnen ergeben sich folgende Summen:

a) Unterhaltszahlungen und Familienunterstützungen	= 1.418.000,–
b) Haftkostenbeiträge	= 1.027.000,–
c) Schuldentilgungen	= 420.000,–
d) eigener Lebensunterhalt	= 2.790.000,–
e) sonstige Auszahlungen (Beschaffung von Kleidung, Wohnung u. a.)	= 516.000,–

Darüberhinaus konnte den im Jahre 1986 entlassenen Freigängern insgesamt DM 736.000,– als Entlassungsgeld aus ihren eigenen Einkünften ausgezahlt und somit ihr Lebensunterhalt zumindest bis zur nächsten Lohnzahlung gesichert werden. Weiterhin verblieben DM 232.800,– als Spareinlagen (Rückstellungen für Entlassungsgeld) der sich noch im Vollzug befindlichen Freigänger.

Es bedarf nicht der euphorischen Stimmung früherer Jahre, um sagen zu können, daß der offene Vollzug in der Bundesrepublik mittlerweile seine Bewährungsprobe bestanden hat und zu einem festen Bestandteil unseres Strafvollzugssystems geworden ist. Dennoch bleibt auch und auch gerade für diese Vollzugsform noch vieles zu tun:

Erweiterung der offenen Vollzugseinrichtungen zu einem flächendeckenden Netz, womit regionale Lücken geschlossen werden können, weitere Neubaumaßnahmen als Ersatz für die immer noch in zahlreichen offenen Anstalten vorhandenen Gemeinschaftsunterkünfte mit Schlaf- und Wohnräumen bis zu 8 Personen und schließlich eine inhaltlich stärker auf soziales Training ausgerichtete Vollzugsgestaltung.

2.2 Frauenanstalten*

Die Regelungen des Strafvollzugsgesetzes gelten grundsätzlich für Männer- und Frauenanstalten gleichermaßen. Lediglich 7 Paragraphen betreffen Frauen ausschließlich: §§ 76–80, 135 u. 142 StVollzG. Sie haben zum Inhalt Schwangerschaft, Mutterschaft und Sicherungsverwahrung von Frauen. Ansonsten sind alle Bestimmungen so weit gefaßt, daß sie den äußeren Rahmen für sehr verschiedene Vollzugsformen schaffen können, also auch für den Frauenvollzug. In der Praxis allerdings müssen sie dann durch angemessene Auslegung differenziert und an die Besonderheit weiblichen Verhaltens angepaßt werden.

Dabei sind für die Sozialisation von Frauen andere Schwerpunkte zu setzen. Die relativ kleine Gruppe inhaftierter Frauen tritt jedoch gegenüber der großen inhaftierter Männer kaum in den Blick. Und so werden vielfach der Einfachheit halber die gleichen Richtlinien weitgehend auch in die Praxis übernommen. Die spezifischen, weiblichen Bedürfnisse können dabei nicht genügend berücksichtigt werden. So hält die seit Jahren beklagte Benachteiligung in bezug auf diese Bedürfnisse, wenn auch örtlich unterschiedlich, in gewisser Weise heute noch an. Außerdem haben in den letzten Jahren unerwünschte bürokratische Fixierungen, die z. T. auf einem zunehmenden Sicherheitsdenken infolge der Sorge vor dem Terrorismus beruhen, den Spielraum für eine angemessene Behandlung der Frauen, jedenfalls in den Bereichen des geschlossenen Vollzuges eingeengt.

Daneben muß allerdings auch beachtet werden, daß politisch-ideologische Verschiedenheiten der Länderverwaltungen, die für den Strafvollzug zuständig sind, ein unterschiedliches Gefälle von Liberalität entwickelt haben. Es ist also schwierig, Einheitliches über den Strafvollzug bei Frauen auszusagen.

Verbessert hat sich zweifellos in den 10 Jahren seit der Geltung des Strafvollzugsgesetzes die materielle Situation. Das betrifft z. B. die bis vor wenigen Jahren besonders schlechten baulichen Verhältnisse der Frauenanstalten. Es betrifft auch die Vermehrung finanzieller Mittel für die personelle und sächliche Ausstattung der Anstalten. Bei der Behandlung haben sich Bildungs- und Ausbildungsangebote und die Möglichkeiten eines freieren Umganges verbessert. Die im Gesetz vorgesehenen „Lockerungen", Ausgang, Urlaub, offener Vollzug und Freigang (vgl. dazu unten S. 347 ff) machen in etwa das Kernstück der „resozialisierenden" Behandlung aus.

* *Helga Einsele,* Dr. jur., geb. 1910, Jurastudium, vom juristischen Vorbereitungsdienst 1935 aus politischen Gründen ausgeschlossen. Verwaltungstätigkeit in einem hydrobiologischen Forschungsinstitut, ab 1947 Tätigkeit im Strafvollzug. Letzte Dienstbezeichnung: Regierungsdirektorin, jetzt i.R., Honorar-Professorin am Fachbereich Rechtswissenschaften der Joh.-Wolfgang-Goethe-Universität Frankfurt.
Sigrid Bernhardt, geb. 1948, Jurastudium, 1. jur. Staatsprüfung 1972, 2. Staatsprüfung 1975; ab 1976 Tätigkeit im Strafvollzug des Landes NRW in verschiedenen Anstalten und Aufsichtsbehörden; 1980 bis 1986 Leiterin der Vollzugsanstalt für Frauen in Frankfurt/Preungesheim; seit 1986 Richterin am Arbeitsgericht in Frankfurt.

2.2.1 Die weibliche Kriminalität, bzw. die Bewohnerinnen von Frauenanstalten

Wo nun liegen die existentiellen Besonderheiten des Strafvollzuges bei Frauen, die eine eigenständige Praxis erfordern? (dazu *Einsele* 1968, 28 ff und 334 ff und 1975, 608 ff). Während die Statistik des Statistischen Bundesamts (1985) zeigt, daß 16,4 % der Verurteilten Frauen sind, macht der Anteil von Frauen in Haft nur 3,6 % aus. Allerdings ist die Gruppe der inhaftierten Frauen mehr als die der Männer prozentual mit relativ schweren Delikten belastet. Weil nämlich die auch von Frauen ganz überwiegend begangenen Eigentumsdelikte einfacher Art und für die Opfer relativ wenig verlustreich sind, erhalten Frauen häufiger als Männer Geldstrafen, oder ihre Freiheitsstrafen werden zur Bewährung ausgesetzt. Also konzentrieren sich längere Freiheitsstrafen, die verbüßt werden müssen, mehr auf „Straftaten gegen die Person" wie Körperverletzungen, Kindesmißhandlungen und -vernachlässigungen bis zu Tötungsdelikten. In den Männeranstalten hingegen finden sich neben Männern, die „Straftaten gegen die Person" begangen haben, weit zahlreicher Täter mit schweren, auch unter Gewaltanwendung und in Banden begangenen Eigentumsdelikten wie Einbruchsdiebsthal, Raub, Drogen- und Waffenhandel ...

Die bei Frauen – in absoluten Zahlen ausgedrückt – dann doch relativ seltenen schweren Delikte stellen sich nahezu ausschließlich als „Konfliktstaten" dar, als Folge, wenigstens subjektiv gesehen, auswegloser Situationen. Sie betreffen den familiären Nahraum und sind eine Reaktion auf Bedingungen, die den Frauen absolut unerträglich erscheinen, für die sie jedoch – z. T. sicher auch aus sozialisationsbedingter Schwäche heraus – meist verzweifelt, einen sinnvolleren Ausweg nicht finden. Diese Frauen stellen in der Regel keine Gefahr für die Allgemeinheit dar. Die kriminal- und sozialpädagogische Behandlung solcher Straftäterinnen kann nicht in repressiv-abschreckenden Maßnahmen liegen, wenn sie Resozialisierung bewirken soll. In einem auf Behandlung ausgerichteten Vollzug, wie ihn das Strafvollzugsgesetz vorschreibt, muß der Umgang mit den Bewohnerinnen einer Frauenanstalt das berücksichtigen. Das heißt, es muß vor allem bei den individuellen, besonders belastenden Entwicklungsbedingungen angesetzt werden. Die aber sind so zu sehen:

Sehr viele dieser Frauen stammen aus der sozio-ökonomischen Unterschicht, aus zerrütteten bzw. nicht existenten Familien. Sie kommen aus Heimerziehung mit häufig früher menschlicher Verlassenheit, besondern dann, wenn sie als Kinder im Wechsel zwischen Heimen und verschiedenen Pflegefamilien leben mußten. Oft waren sie für niemanden wirklich wichtig, machte sich auch niemand ernsthafte Gedanken über ihren beruflichen Werdegang. Bei Mädchen geschieht das ja noch immer häufiger als bei Jungen. So erlitten sie zusätzliche schwere Benachteiligungen im Bildungs- und Ausbildungsbereich. Bei ihnen verstärkten sich also die Benachteiligungen, unter denen Frauen allgemein noch immer zu leiden haben, beträchtlich. Solche Belastungen sind seit langem bekannt. Doch in den letzten Jahren drangen weitere schwere, spezifische und fast nur Frauen vorbehaltene *Verstörungen ihres Intimlebens* auch in das öffentliche Bewußtsein. Nicht viele dieser Frauen bleiben von sexuellem Mißbrauch, von Inzest- und Vergewaltigungserfahrungen verschont. Gerade diese vielfach sehr früh, im Kindesalter einsetzenden, oft durch viele Jahre erlittenen, demütigenden und Vertrauen zerstörenden Erlebnisse – vielfach spielen sie sich im Nah- bzw. Nächstraum ab – behindern die Entwicklung von Selbstwertgefühl, Selbstbewußtsein, sozialer Durchsetzungskraft und Tüchtigkeit im Leistungsbereich. Hier setzt nicht selten auch kriminelles Ausagieren an. Und hier müssen dann auch die Bemühungen um Resozialisierung angebunden werden. Ist die Realität des Strafvollzuges mit seiner trotz des Behandlungsauftrages nach wie vor rigiden Organisationsstruktur und mit seiner längst nicht ausreichenden Ausstattung mit einem für so schwere Probleme angemessen kompetenten Personal zur Erfüllung dieser Aufgabe geeignet?

2.2.2 Die Organisation

Das Strafvollzugsgesetz fordert in § 140 II selbständige Frauenanstalten als organisatorische Grundlage für die Arbeit mit den besonderen Problemen der Frauen (dazu *Bernhardt* 1982 und *Bandell/Bernhardt* 1985). Tatsächlich sind die im Vergleich zu den Männern wenigen inhaftierten Frauen – am 31. 3. 1986 waren es 2005 im Vergleich zu 55 276 männlichen Gefangenen – auf 32 Anstalten verteilt. An selbständigen Anstalten für Frauen allein gibt es in der Bundesrepublik Deutschland bis heute erst drei. In zwei weiteren Anstalten ist die Frauenabteilung wenigstens größer als die Männerabteilung, so daß davon ausgegangen werden kann, daß sich die Schwerpunkte der Organisation an der Arbeit mit den Frauen orientieren. Mehr als die Hälfte der inhaftierten Frauen – einschließlich der jungen Gefangenen – sind in vergleichsweise kleinen Abteilungen großer Männeranstalten untergebracht. Diese Organisationsform verhindert eine ausreichend eigenständige inhaltliche Entwicklung der Arbeit mit den Frauen. Die größere und zumeist von den Sicherheisproblemen her auffälligere Männerabteilung dominiert im Bewußtsein von Leitung und Verwaltung. Dies führt zu Benachteiligungen der Frauenabteilungen bei der personellen und sächlichen Ausstattung. Die Vollzugsgestaltung kann sich nicht eigenständig genug entwickeln. Das weibliche Vollzugspersonal wird auf der Suche nach eigenen Wegen häufig durch Einmischungen aus der Männerabteilung behindert. Hier wird ohne Grund – insbesondere ohne die in § 140 Abs. 2 StVollzG geforderten „besonderen Gründe" – eine der wenigen speziell für Frauen gemachten gesetzlichen Bestimmungen nicht erfüllt.

In den meisten Bundesländern bedeutet die gesetzliche Forderung nach selbständigen Frauenanstalten wegen der geringen Zahl der Frauen die Einrichtung von einer – höchstens zwei – zentralen Frauenanstalten mit allen Haftformen unter einem Dach. Dies führt zu einer komplizierten Organisation. Die inhaltlichen Vorteile überwiegen jedoch. Die Erfahrungen in Frankfurt lehren, daß die Gefangenen und die Vollzugsgestaltung von dem Zusammenleben von Untersuchungs- und Strafgefangenen profitiert. Dies gilt vor allem für die Untersuchungsgefangenen, denen viele Behandlungsangebote zur Verfügung stehen (Mutter-Kind-Haus, Berufsausbildung, Therapie), die eine Untersuchungshaftanstalt regelmäßig nicht zur Verfügung stellt. Aber auch die Strafgefangenen profitieren davon, weil für manche Behandlungsangebote erst durch das Mitwirken der Untersuchungsgefangenen ausreichend große Gruppen zustande kommen. So wird aus einer tatsächlichen Gegebenheit eine Möglichkeit, den Untersuchungshaftvollzug menschlich zu gestalten und zugleich auf der anderen Seite die durch geringe Zahlen eingeschränkten Möglichkeiten des Strafvollzuges zu erweitern. In bezug auf die Untersuchungsgefangenen wird hierbei nicht nur ein humanitäres Anliegen verfolgt, sondern möglicherweise eine konsequente Befolgung von § 119 Abs. 3 StPO. Angesichts langdauernder Untersuchungshaft in einer unverhältnismäßig hohen Zahl von

Fällen ist dies ein Regulativ, das nicht nur den durch den Freiheitsentzug entstehenden rechtlichen Eingriff mildert, sondern darüberhinaus über die persönliche Initiative der Betroffenen dem Schutz der Gesellschaft durch sinnvolle Nutzung der Zeit dient.

2.2.3 Personal

Die personellen Bedingungen sind dadurch gekennzeichnet, daß in Frauenvollzugsanstalten in der weit überwiegenden Mehrzahl Frauen arbeiten (dazu *Bernhardt* 1982; *Bandell/Bernhardt* 1985). Die Gründe dafür sollten nicht nur in einer überkommenen Tradition gesehen werden. Vielmehr ist es – jedenfalls heute noch – sinnvoll, daß das Klima in diesen Anstalten durch Frauen gestaltet und bestimmt wird. Zum Verständnis der Probleme der inhaftierten Frauen ist die Kenntnis der gesellschaftlichen Bedingungen ihrer Entwicklung nützlich. Frauen haben die Kenntnis von diesen Bedingungen aus eigener Erfahrung, jedenfalls dann, wenn sie sich deren bewußt sind und nicht sich selbst gegenüber diese Besonderheit leugnen. Frauen gestalten in einer selbständigen Frauenanstalt das Klima völlig anders, als es in den Männeranstalten ist. Insbesondere im Umgang mit Konflikten entwickeln sie ihre eigene Art unter weitgehendem Verzicht auf Gewalt, wie z. B. den Einsatz des sogenannten gesondert gesicherten Haftraums – für Frauen eine besonders traumatisierende Einrichtung. Sind Frauen somit für diesen Arbeitsbereich besonders qualifiziert, so ist es – nicht zuletzt auf Grund der noch immer vorhandenen Benachteiligung von Frauen auf dem Arbeitsmarkt – geboten, in Frauenvollzugsanstalten in der Mehrzahl Frauen einzustellen und insbesondere die Leitungspositionen mit ihnen zu besetzen.

Soweit die Mitarbeiterinnen des Allgemeinen Vollzugsdienstes die Aufgabe erfüllen, rund um die Uhr in den Wohnbereichen zu arbeiten, entspricht es nach den Erfahrungen der Verfasserinnen dem ausdrücklichen Wunsch der Insassinnen, in diesem Bereich ausschließlich von Frauen betreut zu werden. In anderen Arbeitsgebieten des Allgemeinen Vollzugsdienstes, z. B. in den Arbeitsbetrieben, sowie aber auch in den Aufgabenbereichen des Sozial- und Psychologischen Dienstes sind zunehmend auch männliche Mitarbeiter tätig, und dies ist auch notwendig, um im Sinne des Grundsatzes der Angleichung der Bedingungen drinnen an die Bedingungen draußen (§ 3 StVollzG.) den Frauen den täglichen Umgang mit Männern – wie draußen auch – zu erhalten. Es hat sich auch bewährt, daß Frauen, die therapeutisch arbeiten wollen, wie draußen die Wahl zwischen männlichen und weiblichen Therapeuten haben. Die grundsätzliche Notwendigkeit der Besetzung der meisten Stellen und der Leitungspositionen mit Frauen hat Konsequenzen für die Personalplanung und -zuteilung, die sich als kompliziert erweist. Im Allgemeinen Vollzugsdienst führt die vielfach vorhandene Doppelbelastung mit Familie und – in diesem Falle besonders belastendem – Beruf zu einer erhöhten Ausfallsquote. Daß in Frauenvollzugsanstalten dasjenige, was oben als notwendig beschrieben wurde, nicht verwirklicht werden kann, hat zu einem guten Teil mit der ständigen Mangelsituation im Allgemeinen Vollzugsdienst zu tun, die von der Leitung erhebliche Rücksichten und Abstriche an liberalen Konzeptionen fordert. Bevor nicht für Wohnbereiche mit höchstens 20 Bewohnerinnen feste Teams mit einer die tatsächliche Ausfallsquote berücksichtigenden Zahl von Mitarbeiterinnen geschaffen werden, wird das notwendige vertrauensvolle Klima immer wieder durch Ausfälle oder Erschöpfungszustände von Mitarbeiterinnen mit den dazugehörigen unangemessenen Reaktionen gestört werden. Ein Behandlungsklima fordert zudem – wie allerdings in Männeranstalten auch – die Zuordnung von je einem Mitglied des Sozialdienstes zu jedem Team. Dies ist bei dem genannten Zahlenverhältnis in keiner Anstalt verwirklicht. Die Zahl der Mitglieder des psychologischen Dienstes sollte die Zahl zwei niemals unterschreiten – schon wegen der gegenseitigen Vertretung und der Präsenz beider Geschlechter in diesem Bereich. Wieviele Psychologen/innen im Einzelfall gebraucht werden, hängt von der Arbeitsweise ab. Wenn die Psychologen/innen ihre Aufgabe so verstehen, daß sie nicht selbst alle therapeutischen Bedürfnisse abdecken, sondern Therapeuten von draußen gewinnen – bei gesicherter Finanzierung über den Haushaltstitel der ärztlichen Versorgung, – muß ihre Zahl nicht so groß sein, wie wenn sie jede psychologische Aufgabe im Vollzug, einschließlich der Fortbildung der Mitarbeiter/innen übernehmen. Nach den Erfahrungen in Frankfurt spricht inhaltlich sehr viel dafür, gerade im therapeutischen Bereich, aber auch im Bereich der Mitarbeiterfortbildung zusätzlich Kräfte von außen heranzuziehen. Manche Insassinnen können zu Außenstehenden besser Vertrauen fassen. Diese geraten auch nicht in den Konflikt, zur Persönlichkeit einer Insassin dienstlich Stellung nehmen zu sollen. In der Fortbildung der Mitarbeiter/innen ist es ebenfalls von erheblichem Gewinn, wenn sie von außenstehenden Personen mit durchgeführt wird, die nicht der Gefahr der Betriebsblindheit unterliegen. Dem pädagogischen Dienst obliegen auch vorwiegend koordinatorische Aufgaben, wenn es gilt, verschiedene Angebote – vielfach nur für eine oder zwei Frauen – vorwiegend mit Hilfe von Honorarkräften und Fernlehrgängen zu organisieren.

Im Bereich der Leitungsfunktionen von Frauenanstalten und -abteilungen ist in keinem Bundesland eine befriedigende Situation vorzufinden. Die Einsicht, daß diese Positionen mit Frauen besetzt werden sollten, ist nicht überall vorhanden. Soweit sie vorhanden ist, fehlt es meist an jener Auswahl von Bewerberinnen, die bei der Besetzung von Leitungsstellen in männlichen Bereichen selbstverständlich ist. In allen Ländern ist zu beobachten, daß auf Juristenstellen im Strafvollzug äußerst zögernd hier und da Frauen eingestellt werden. Wenn man berücksichtigt, daß Frauen eher einmal ihre Karriere unterbrechen, so kann diese Einstellungspraxis nicht ausreichend sein. In Frankfurt hat sich zweimal hintereinander die Situation ergeben, daß in Hessen keine ausreichend vorqualifizierte Frau für die Besetzung der Stelle der Anstaltsleiterin vorhanden war. Dies hat dann jeweils zu Interimszeiten unter männlicher Leitung und im übrigen dazu geführt, daß jeweils eine einzige qualifizierte Frau zur Verfügung stand, die die Stelle unabhängig von ihrer gegenwärtigen persönlichen oder familiären Interessenlage mehr oder weniger antreten „mußte", damit die Forderung nach der weiblichen Besetzung erfüllt werden konnte. Dieses Beispiel und die Tatsache, daß gegenwärtig nur zwei selbständige Anstalten von Frauen geleitet werden, zeigt, daß derzeit noch ein Mangel an Bereitschaft sowohl darin zu sehen ist, den besonderen Bedürfnissen von inhaftierten Frauen gerecht zu werden, als auch darin, Frauen Leitungsfunktionen real zu eröffnen.

2.2.4 Behandlung

In den Empfehlungen der Strafvollzugskommission zum Frauenvollzug heißt es: „Die milieutherapeutische Form der Behandlung empfiehlt sich bereits jetzt . . ., weil in den

Frauenanstalten relativ kleine Gruppen hochgradig gestörter Personen untergebracht sind ...". Nach heutigem Verständnis und Sprachgebrauch sollte wohl das Wort „gestört" besser durch „belastet" ersetzt werden. In dem, was gemeint ist, macht das jedoch keinen Unterschied. Von einer solchen Ansprüchen genügenden Behandlung kann aber heute in keiner Frauenanstalt die Rede sein.

Jedoch sind für Frauen die klimatischen Bedingungen in den Häusern besonders wichtig. Frauen sind, wohl infolge ihrer Erziehung, besonders umweltabhängig. Noch nötiger als Männer brauchen sie zumeist eine harmonische, gepflegte Umgebung zur Stützung ihres Selbstbewußtseins. Unpersönliche Kargheit und Geschmacklosigkeit wird nur schwer von ihnen ertragen. So muß bei ihnen darauf geachtet werden, daß gepflegte Einrichtungs- und Arbeitsgegenstände auch ihr Bedürfnis nach Schönheit befriedigen. (In ausländischen Anstalten ist das häufiger der Fall als in deutschen). Frauen reagieren auch empfindlich auf herabsetzende, grobe Behandlung, so ungepflegt sie auch selbst oft auftreten mögen. Die Selbstverständlichkeit einer offenen, freien und gleichgeordneten Begegnung ist die Basis für das zur Behandlung notwendige Vertrauen. Da Sicherheitsgesichtspunkte zurückstehen bzw. durch Vertrauensbindungen ersetzt werden können, steht einem partnerschaftlichen (nicht „vertraulichen") Verhältnis zwischen Personal und Gefangenen objektiv kaum etwas im Wege.

Nach dem früher Ausgeführten steht fest, daß von den Frauen, wenn sie in Haft kommen, vielfältige Probleme bereits mitgebracht werden. Sie abzuarbeiten, die Frauen dadurch lebenstüchtiger, zuversichtlicher, d. h. vor allem auch selbstbewußter zu machen, muß durch die gesetzlich vorgeschriebene Behandlung versucht werden. Das ist nur möglich mit viel ermutigendem Verständnis, mit Glaubwürdigkeit und sachlicher Kompetenz der Helfer/innen und durch soziale Hilfe. Nur so können Unabhängigkeit und Durchsetzungsvermögen entwickelt bzw. gestärkt werden. Die wichtigste Voraussetzung für diese Form resozialisierender Behandlung ist die Möglichkeit, an die Stelle des lebensgeschichtlich angelegten Mißtrauens Vertrauen zu setzen. Nur dann können Hilfe-Vorschläge angenommen werden. Hinzukommen müssen vielfältige, differenzierte Angebote von Persönlichkeits- und Berufsbildungsprogrammen und ggf. psychologisch wirksame Sozialtherapie. Zu den heute vorhandenen Angeboten kultureller und beruflicher Bildung ist konkret zu sagen: Sie genügen den notwendigerweise hohen Ansprüchen in keiner Weise. Weil in den relativ kleinen Frauenanstalten die unterschiedlich bedürftigen Gruppen, die auch zeitlich mit ggf. längerdauernden Berufs- und Therapieprogrammen zurechtkommen, meist sehr klein sind, kann das Angebot den verschiedenen Bedürfnissen und Fähigkeiten nicht gerecht werden. Auch besteht die Gefahr, daß es sich z. B. bei der Berufsausbildung fast immer um solche zu typisch weiblichen Berufe und Techniken handelt, die auf dem Arbeitsmarkt fast keine Chance mehr haben, weil man meint, das entspräche den Bedürfnissen der Frauen (Frisöse, Büroberufe, bestenfalls Köchin und kunstgewerbliche Freizeitbeschäftigungen). Wegen kaum vorhandener Wahlmöglichkeiten ist die Bereitschaft der meist berufsunerfahrenen Frauen, längere Ausbildungszeiten durchzustehen, nur gering. Aus allen diesen Gründen werden Endqualifikationen nur selten erreicht. Eine gewisse Abhilfe könnte durch Kurzausbildungen geschaffen werden, auf die später aufgebaut werden kann. Sie scheinen z. Zt. endlich in Gang zu kommen. Als für Akzeptanz und Initiative bei den weiblichen Gefangenen günstig erweist sich die Mitarbeit anstaltsfremder Bildungs- und Ausbildungskräfte. Insgesamt ist positiv anzumerken, daß heute auch hier mehr finanzielle Mittel eingesetzt werden, als das vor der Geltung des Strafvollzugsgesetzes möglich war.

Die Behandlungsangebote im Frauenvollzug sind also teilweise die gleichen wie im Männervollzug. Sie müssen jedoch einen anderen organisatorischen Hintergrund und andere Schwerpunkte berücksichtigen (zur Behandlung im Frauenvollzug vgl. *Bernhardt* 1982; *Bandell/Bernhardt* 1985; *Einsele* 1975, 608 ff; *Einsele* 1982; *Dürkop/Hardtmann* 1978).

2.2.4.1 Ausbildung, Umschulung, schulische Maßnahmen

Alle Angebote im Bildungsbereich müssen im Frauenvollzug mit dem Problem fertig werden, daß nur eine relativ geringe Zahl von Frauen für jedes der Angebote zur Verfügung steht. In einem Bundesland befinden sich derzeit (31. 3. 86) höchstens 442 (NRW) und wenigstens 15 (Bremen) weibliche Strafgefangene. Von diesen hat mehr als die Hälfte Freiheitsstrafen unter zwei Jahren zu verbüßen. Macht man die Angebote auch den Untersuchungsgefangenen, so stehen knapp 1/4 mehr zur Verfügung. Die Differenzierungsmöglichkeiten unter den Angeboten sind vor dem Hintergrund dieser Zahlen naturgemäß gering, weil jedes der Angebote erst finanzierbar wird, wenn eine gewisse Mindestteilnehmerinnenzahl vorhanden ist. In Frankfurt wurden bis 1985 zwei Angebote mit Gesellenabschluß, nämlich die Umschulung zur Frisörin und zur Köchin, mit jeweils auf zwei Jahre verkürzter Dauer, sowie ein Stufenausbildungsangebot ohne formellen Abschluß im kaufmännischen Bereich gemacht, letzteres mit der Möglichkeit, Abschnitte zwischen 3 und 18 Monaten jeweils mit Zertifikat zu absolvieren. Die Mindestteilnehmerinnenzahlen für die institutionelle Förderung durch die Bundesanstalt für Arbeit zwischen 8 und 10 konnten zu Beginn eines Lehrganges nur knapp unter der Voraussetzung der Erweiterung des Angebotes auf Anstalten anderer Bundesländer erreicht werden. Während der Dauer der Lehrgänge bröckelten die Zahlen durch Entlassungen etc. ab, so daß die Umschulung nur mit größter Mühe und überhöhtem finanziellen Aufwand zum Ende gebracht werden konnte. Die Teilnehmerinnenwerbung stand in einem Maße unter dem Druck der Mindestzahlen, daß zuweilen weder die Betroffenen selbst noch die Ausbilder/innen sicher waren, daß die Teilnahme an der Umschulung das Richtige im Einzelfall war. Außerdem verzichten die Teilnehmerinnen mit kürzeren Strafen zum Teil auf offenen Vollzug und vorzeitige Entlassung, was nicht immer zu ihrem Guten ist. Die Teilnahme an Angeboten in der geschlossenen Anstalt nach Verlegung in den offenen Vollzug oder Entlassung ist angesichts der notwendigen Kontrollen in einer Anstalt mit Drogenproblemen und womöglich Belegung aus dem terroristischen Täterkreis nur bedingt zumutbar. Vor dem Hintergrund dieser Schwierigkeiten keimt von Zeit zu Zeit die Idee, eine zentrale Ausbildungsstätte in einer Anstalt der BRDeutschland einzurichten. Die Verwirklichung dieser Idee ist jedoch gerade bei Frauen häufig nicht interessengerecht, weil viele von ihnen auf die örtliche Nähe zur Familie angewiesen sind. Zum anderen bedeutet sie, daß die anderen Anstalten dann gar keine Angebote mehr für die Frauen machen können, die örtlich gebunden sind, weil ihnen nach Verlegung der örtlich nicht gebundenen Frauen in eine zentrale Anstalt noch weniger Frauen zur Verfügung stehen. Es wird nur möglich sein, diesem Problem mit viel Flexibilität zu begegnen, d. h. in Einzelfällen Verlegungen in andere Anstalten durchzuführen, wenn dies interessengerecht ist, für andere Fälle eine möglichst gute Zusammenarbeit mit Trägern von Schul- und Umschulungsangeboten draußen über den offenen Vollzug zu pflegen, aber auf keinen Fall ein zu großes Angebot im geschlossenen Vollzug zu installieren mit der Folge, daß interessierte Frauen nicht in den offenen Vollzug verlegt werden können. Notwendig ist in diesem Bereich eine regelmäßige Zusammenarbeit der Frauenanstalten der Bundesländer, um möglichst verschiedene Angebote zu machen. Je unterschiedlicher allerdings die Vollzugsgestaltung in den einzelnen Anstalten ist, desto geringer ist erfahrungsgemäß die Bereitschaft der Frauen, sich zwecks Teilnahme an einem Angebot in eine Anstalt verlegen zu lassen, wenn diese weniger liberale Vollzugsbedingungen hat.

2.2.4.2 Therapeutische Angebote

Da – wie bereits dargestellt – bei Frauen das Straffälligwerden meist Ausdruck schwerer, ungelöster Konflikte ist, ist ein differenziertes therapeutisches Angebot in den Anstalten besonders wichtig. Seit Mitte der Siebzigerjahre lag ein besonderer Schwerpunkt bei der Behandlung der Drogenabhängigen. In den Großstädten machten sie einen Anteil an der Gesamtbelegung bis zu 50 % aus. In den letzten Jahren ist glücklicherweise ein Rückgang in den Anstalten zu verzeichnen. Am besten hat es sich bewährt, Träger von Drogentherapie-Einrichtungen und -Beratungen auch für die Arbeit in den Anstalten zu gewinnen. Über diesen Weg ist ein ausgewogenes Verhältnis zwischen Beratung mit Vermittlung in Therapie draußen und therapeutischen Angeboten innen gewährleistet.

Auch Therapiebedürfnisse anderer Art sollten vornehmlich mit Kräften von außen abgedeckt werden. Dies gewährleistet die nötige Vielfalt, z. B. Erziehungsberatungs-Angebote für Mütter mit Kindern, gesprächstherapeutische Angebote – nicht nur in deutscher Sprache –, Selbsthilfegruppen im Suchtbereich oder – als neues Problem – für Trägerinnen des Aidsvirus, besondere therapeutische Begleitung der Umschülerinnen. Es ist – wie draußen auch – oft schwierig genug, den Frauen die Einsicht zu vermitteln, daß ihnen eine Therapie bei dem Bemühen um die Gewinnung von Selbstbewußtsein und Stabilität helfen kann. Auf keinen Fall sollte eine vorhandene Bereitschaft durch das Fehlen eines Angebots leerlaufen. Seit Anfang der Siebzigerjahre wird ein auf Behandlung ausgelegtes Klima in den Frauenanstalten durch spezifische Sicherheitsprobleme gestört: durch die Gefahr des Einbringens von Drogen und durch die Unterbringung von Terroristinnen in den Anstalten. Beides drückt erheblich auf die Verantwortung der Leitung, weil beides potentiell mit der Bedrohung von Menschenleben zu tun hat. Das Drogenproblem, das sich in den Frauenanstalten stärker auswirkt als in den Männeranstalten, ist nur durch eine Gesetzesänderung dahin, daß Drogenabhängige für den Besitz von Drogen zum ausschließlichen Eigenverbrauch nicht mehr bestraft werden, zu bewältigen. In den letzten Jahren sind Verhaftungen in diesem Personenkreis ohnehin beträchtlich zurückgegangen, ohne daß dadurch eine Verschärfung des Drogenproblems in der Gesellschaft eingetreten ist. Sehr viel schwieriger lösbar ist das Terrorismusproblem. Um die Arbeit in den Anstalten nicht zu gefährden, spräche vieles dafür, die Betroffenen in besonders gesicherten Anstalten zusammenzulegen. Die Zusammenlegung entspricht heute auch der Forderung der Betroffenen. Hierdurch entsteht jedoch ein – schier unlösbarer – Konflikt mit § 2

StVollzG, weil den Betroffenen der Ausstieg aus der Gruppe fast unmöglich gemacht wird. Bei einer Trennung der Betroffenen von der Gruppe dürfte jedoch das Zusammenwohnen der Betroffenen mit erwachsenen und jungen weiblichen Gefangenen, die Behandlungsangebote und Vollzugslockerungen wahrnehmen wollen und sollen, die ungünstigste Lösung sein. Die anderen Frauen müssen dann unter der erhöhten Sicherung der Anstalt nach draußen leiden, indem sie mehr Kontrollen und Einschränkungen bei dem Kontakt mit der Außenwelt hinzunehmen haben. Dies macht ein vertrauensvolles Klima unmöglich. Sollte jedoch einer Betroffenen der Ausstieg aus der Gruppe gelingen, sollte sofort eine Verlegung in eine Anstalt mit liberalen Bedingungen erfolgen.

2.2.4.3 Sozialtherapie

Bis jetzt gibt es nur in einer Frauenabteilung der BRDeutschland eine Sozialtherapeutische Abteilung. Bei den geringen Zahlen im Frauenvollzug bietet es sich an, verschiedene Angebote sozialtherapeutisch zu gestalten und über diesen Weg den §§ 9, 123 ff und 128 StVollzG gerecht zu werden. Dies kann für den Mutter-Kind-Vollzug, für therapeutisch begleitete Umschulungs- und Schulangebote, für Drogentherapie und für den offenen Vollzug gelten. Allerdings ist es erforderlich, diesen Bereichen auch die entsprechende personelle Ausgestaltung angedeihen zu lassen. Heute ist es noch so, daß Frauenvollzugsanstalten und -abteilungen eine Vielzahl von Inhalten unter einem Dach abdecken, ohne eine über die des üblichen „Regelvollzuges" hinausgehende Personalausstattung zu erhalten. Schon aus Gründen der Gleichbehandlung sollte daher jede Frauenanstalt bzw. jede größere Frauenabteilung eine Mehrausstattung an Personal für sozialtherapeutische Arbeit erhalten, weil in jedem Bundesland für die Männer mindestens eine gut ausgestattete Sozialtherapeutische Anstalt zur Verfügung steht.

2.2.5 Jugendvollzug

Die Zahl der jungen weiblichen Gefangenen ist besonders gering. Am 31. 3. 86 waren es 95 Untersuchungsgefangene unter 21 Jahren und 140 Gefangene, die eine Jugendstrafe verbüßten. Für sie steht in keinem Bundesland eine eigene Anstalt zur Verfügung. Alle jungen weiblichen Gefangenen sind in den Anstalten für erwachsene Frauen untergebracht. Hier ist es noch schwieriger als im Frauenvollzug allgemein, differenzierte Schul- und Berufsbildungsangebote zu machen. Von daher und wegen der gesetzlichen Forderung der erzieherischen Gestaltung des Untersuchungshaftvollzuges bei jungen Gefangenen in § 93 Abs. 2 JGG ist es geradezu geboten, Untersuchungshaft und Strafhaft zusammen zu vollstrecken. In Frankfurt liegen damit langjährige positive Erfahrungen vor. Noch ausstehende gesetzliche Bestimmungen in den Bereichen Untersuchungshaft und Jugendvollzug sollten dies berücksichtigen und nicht zu rigide Trennungsbestimmungen zum Nachteil der weiblichen Jugendlichen schaffen. Hinsichtlich der notwendigen Angebote im Bereich von Schule und Ausbildung liegt der Anschluß an die Angebote für die erwachsenen Frauen, aber auch an diejenigen benachbarter Anstalten für männliche junge Gefangene nahe.

Die gemeinsame Unterbringung von männlichen und weiblichen Gefangenen in einer Anstalt ist abzulehnen. Bei den Mädchen sind nach wie vor häufig Beziehungsprobleme allgemein und Partnerschaft mit einem männlichen Partner in Form totaler Abhängigkeit Bestandteil ihrer Gesamtproblematik. Dies kann nicht unter geschlossenen Bedingungen durch eine Zwangsgemeinschaft mit problemgeladenen und in der Überzahl befindlichen jungen Männern in Haft bearbeitet werden. Im übrigen gelten auch für Mädchen in Haft dieselben Überlegungen wie sie § 140 Abs. 2 StVollzG zugrunde liegen. Sie als Minderheit in einer Anstalt für männliche junge Gefangene unterzubringen, birgt die Gefahr, daß ihre Bedürfnisse in der Organisation und deren Zielsetzung nicht angemessen berücksichtigt werden. Anders könnte die Frage der gemeinsamen Unterbringung unter den Bedingungen des offenen Vollzuges zu beurteilen sein.

2.2.6 Mütter mit Kindern

Noch ein weiteres Problem betrifft Frauen. Es geht die Frauen als Mütter und insbesondere ihre kleinen Kinder an. Viele Frauen im „deliktspezifischen" Alter haben Kinder, die noch so klein sind, daß die Trennung von den Müttern ihre Entwicklung mit hoher Wahrscheinlichkeit schwer beeinträchtigen würde. Diese Mütter sind oft die einzigen Bezugspersonen der Kinder. Aus diesem Grunde hat das Strafvollzugsgesetz die Möglichkeit geschaffen, Kinder im noch nicht schulpflichtigen Alter gemeinsam mit den Müttern in den Frauenanstalten leben zu lassen, wenn das im Interesse der Kinder liegt. Dieses Interesse muß gründlich geprüft werden, auch im Zusammenwirken mit den Jugendbehörden. Eine intakte Restfamilie z. B., in der Kinder ohnehin schon geborgen sind, macht die gemeinsame Unterbringung meist überflüssig. Die Einrichtungen innerhalb der Frauenanstalten müssen „kindgerecht" sein, d. h. die Betreuung der Mutter-Kind-Paare muß, ebenso wie die äußere Gestaltung, den Anforderungen einer kompetenten Pädagogik entsprechen.

Sieben Frauenanstalten der BRDeutschland verfügen inzwischen über mehr oder weniger angemessene Einrichtungen mit 65 Plätzen für Mütter und 75 für Kinder. Nachdem die Anstalt in Frankfurt als erste ein in sich abgeschlossenes Haus für Mütter und Kinder auf Anstaltsgelände eingerichtet hatte, war dieses zu einem Muster für Bau und Betrieb überhaupt geworden. Nur noch in 3 Anstalten handelt es sich um bloße Abteilungen des Haupthauses. Das Behandlungskonzept in Frankfurt wurde von Anfang an wissenschaftlich begleitet und weiterentwickelt. Vor allen Dingen muß in einer solchen Einrichtung große Flexibilität mit Rücksicht auf die Bedürfnisse der Bewohner und mit sozialpädagogischem Wissen eingehalten werden.

Inzwischen ist die Anstalt in Frankfurt noch einen Schritt weitergegangen. Sie ist dabei, das Haus für Mütter und Kinder in ein Freigängerhaus umzugestalten, so daß eine Reihe von Behinderungen, die der geschlossene Vollzug für die Kinder mit sich brachte, wegfallen werden. Die Bindung an die Kinder schließt die Fluchtgefahr nahezu aus. Der Freigang kann deshalb relativ risikolos für die Mehrzahl der Frauen angewandt werden. Zu erinnern ist daran, daß das nach dem Gesetz von Anfang der Strafzeit an möglich ist. Neben der offenen Einrichtung müssen allerdings auch immer einige Plätze für Mütter, die noch nicht in den Freigang kommen können, und insbesondere für Untersuchungsgefangene bereitgehalten werden. Untersuchungsgefangene von der Möglichkeit gemeinsamer Unterbringung auszuschließen, würde dem Anliegen des Gesetzes nicht gerecht. Kinder würden den Müttern entfremdet und kämen unter erschwerten Umständen erst wieder zu ihnen zurück, wenn der offene Vollzug beginnen könnte. Das aber wäre für die Bindung, die ja erhalten bleiben soll, bedenklich.

Gerade für Mütter kleiner Kinder jedoch bietet sich Haftverschonung an. Die Möglichkeit dazu muß in jedem Einzelfall besonders eindringlich geprüft werden.

2.2.7 Offener Vollzug

Alles bisher über den Strafvollzug bei Frauen Gesagte zeigt, daß positive Erfolge nur unter sehr erschwerten Bedingungen erwartet werden können. Es fehlt ja nicht nur an konstruktiven Einflüssen. Vielmehr tritt an die Stelle, die sie einnehmen sollten, eine Vielzahl zerstörerischer Einwirkungen: vor allem durch die Haft bewirkte erneute Beeinträchtigung des Selbstwertgefühls, durch Isolation infolge der Zerstörung vorhandener Bindungen, durch Entmündigung, weil in den „totalen Institutionen" Raum für die Entwicklung von Selbstbestimmung, Selbständigkeit und Unabhängigkeit nur sehr eingeschränkt gewährt werden kann. Und so muß insgesamt festgestellt werden, daß aufs ganze gesehen trotz der durch das Strafvollzugsgesetz zweifellos verbesserten, wenn auch noch keineswegs dem Niveau des Gesetzes entsprechenden Behandlungsangebote negative Haftwirkungen im geschlossenen Vollzug bei Frauen kaum zu vermeiden sind.

Der immerhin beste Ansatz zur Vermeidung von Haftschäden im geschlossenen Vollzug liegt in den vom Gesetz angebotenen Lockerungen mit einer Fülle konstruktiver Möglichkeiten, gerade für Frauen (zum Problem „Mütter mit Kindern" vgl. *Bernhardt* 1982; *Einsele* 1982; *Krüger* 1982).

Hier steht der offene Vollzug – neben Urlaub und Ausgang – an erster Stelle, weil er es am besten ermöglicht, soziale Bezüge – gerade zu Familie und Kindern – aufrecht zu erhalten oder neu aufzubauen. Obwohl er gerade bei Frauen, die von ihren Familien durch die Inhaftierung getrennt werden, besonders wichtig ist, hinkt die Einrichtung offener Plätze für Frauen hinter derjenigen der Männer hinterher, gleichviel ob darunter nun offener Vollzug i. e. S. nach § 141 Abs. 2 StVollzG, d. h. in Einrichtungen mit keinen oder verminderten Vorkehrungen gegen Entweichungen, oder als sogenannter Freigängervollzug aus geschlossenen Einrichtungen heraus verstanden werden soll. In den Statistiken werden beide Formen häufig vermengt.

Nach der Meldung des Bundesjustizministeriums über den Bestand der Gefangenen und Sicherungsverwahrten in den Vollzugsanstalten der Landesjustizverwaltungen standen am 31. 3. 1986 für 1512 verurteilte Frauen 200 Plätze (13 %) und für 41 998 verurteilte Männer 10 115 (24 %) im offenen Vollzug zur Verfügung.

Bei Frauen sind verschiedene Gestaltungsformen des offenen Vollzuges möglich und notwendig, die bei Männern von ihrer gesellschaftlichen Situation her nur teilweise von Bedeutung sind. Die häufigste Form ist auch bei Frauen diejenige, daß die Frauen tagsüber eine Arbeit im Rahmen eines normalen Arbeitsverhältnisses leisten. Weniger häufig, aber von großer Bedeutung, ist die Möglichkeit der Teilnahme an schulischen Maßnahmen oder einer Umschulung im Rahmen des offenen Vollzuges. Gerade weil der Strafvollzug als Institution wegen der geringen Zahl von Frauen kein sehr differenziertes Angebot machen kann, gewinnt die individuelle Vermittlung einer Fortbildungsmöglichkeit im Rahmen des offenen Vollzuges an Bedeutung.

Überhaupt noch nicht verwirklicht – 10 Jahre nach Inkrafttreten des Strafvollzugsgesetzes – sind offene Einrichtungen für Mütter mit Kindern. Sie dürften nach §§ 80,

140 i. V. mit § 10 StVollzG gesetzliches Gebot sein, zumal sie am ehesten gewährleisten, daß die Kinder durch die gemeinsame Unterbringung mit den Müttern in einer Strafvollzugseinrichtung keinen Schaden in ihrer Entwicklung erleiden. Solche Einrichtungen sollten in Zukunft nicht nur in Frankfurt, wo derartiges kurz vor der Verwirklichung steht, sondern in allen Bundesländern in Erfüllung des Gesetzes mit Hochdruck betrieben werden.

Weitere Gestaltungsmöglichkeiten im offenen Vollzug, speziell für Mütter, sind: Anstelle der Berufstätigkeit versorgen die Frauen vom offenen Vollzug aus ihren Haushalt und die Kinder. Diese Gestaltungsmöglichkeit wird bereits praktiziert. Eine der betroffenen Frauen in Frankfurt z. B. war Mutter von 6 Kindern. Sie erhielt auch während des offenen Vollzuges Sozialhilfe. Für die täglichen Fahrten in ihre Wohnung erhielt sie Fahrtkosten aus dem Justizhaushalt. Die Erhebung des Haftkostenbeitrages entfiel, ebenso die Bildung eines Überbrückungsgeldes. Die Frau erhielt täglich Ausgang von 5 – 22.30 Uhr. Während ihrer Abwesenheit von der häuslichen Wohnung betreute die älteste Tochter die jüngeren Geschwister und war hierfür vom Sozialamt als Haushaltshilfe anerkannt.

Mütter mit schulpflichtigen Kindern können auch zusammen mit Müttern nicht schulpflichtiger Kinder in einem offenen Mutter-Kind-Haus wohnen und – je nach Bedürfnis – ihre Kinder am Wochenende im Mutter-Kind-Haus bei sich haben.

Grundsätzlich wäre im Rahmen des offenen Vollzuges auch daran zu denken, daß im Einzelfall ein bereits schulpflichtiges Kind bei der Mutter wohnt. Damit liegen jedoch keine Erfahrungen vor.

Noch besser allerdings wäre Haftvermeidung. Da Frauen in den wenigsten Fällen eine wirkliche Gefahr für die Allgemeinheit darstellen, wäre ein Verzicht auf den Vollzug der Freiheitsstrafe sozial verantwortbar. Bei dem als dagegen stehend angenommenen „Strafanspruch des Staates", ebenso wie bei der Forderung nach formaler Gleichbehandlung von Männern und Frauen wird übersehen, daß die von Männern ausgehende soziale Gefährlichkeit sicher weit größer ist als die von Frauen. Würde soziale Gefährlichkeit allgemein zum Kriterium für die Verbüßung von Freiheitsstrafen gemacht, so könnte sie auch vielen Männern erspart bleiben. Dann könnten ambulante Maßnahmen behandlungskonstruktiver und weniger kostenaufwendig eingesetzt werden, bei Frauen zu einem sehr hohen Prozentsatz. Eine Änderung der Bestimmungen über die Strafaussetzung zur Bewährung, vor allem die Aufhebung der starren Bindung von Höchstzeiten, würde schon relativ bald zu einer beträchtlichen Verminderung der benötigten Haftplätze, und zwar vorrangig im Frauenvollzug, führen können.

2.2.8 Entlassung und Nachsorge

Frauen sind in hohem Maße auf gründliche Vorbereitung der Entlassung und auf eine effektive Nachsorge angewiesen. Fehlende soziale Bindungen – nur etwa 10 % können in einigermaßen stabile Beziehungen zurückgehen –, labiles Selbstbewußtsein, schlechte berufliche Qualifikationen, besonders große Diskriminierung durch Vorstrafen und häufige Belastungen durch Kinder, für die sie allein sorgen müssen, machen das Leben der Entlassenen besonders schwer. Ihre Mutlosigkeit schlägt sich in Angst nieder. Frauen wagen es weniger als Männer, neue Beziehungen zu suchen. Sie wagen auch nicht, an einem neuen Arbeitsplatz, den sie ohnehin nur schwer finden, ihre Vorstrafe zu bekennen. Aber wenn sie geschwiegen haben, fürchten sie, entdeckt zu werden bzw. sich gegen Zumutungen wehren zu müssen. Bei ihrem Wunsch nach Zuwendung geraten sie oft an ungeeignete Partner, die sie ausnutzen und möglicherweise in weitere Straftaten hineinziehen. Da Männer seltener bereit sind als Frauen, sich vorurteilslos an eine bestrafte Partnerin zu binden, wenden die Frauen oft bedenkliche Mittel an, um den Mann festzuhalten. Sie geraten dann in neue Verstrickungen.

Intensive Nachsorge in einzelnen, erst in den letzten Jahren entstandenen, speziellen Einrichtungen für Frauen haben bewiesen, daß unter solchen Einflüssen nicht nur die Rückfallgefahr erheblich vermindert werden kann, sondern es wurden auch Methoden eines besonders vorsichtigen, spezifischen Umgangs mit Frauen entwickelt, die, abgeändert, auch anstelle des intramuralen Strafvollzuges verwendet werden könnten.

Hier wäre beispielhaft die Beratungsstelle für haftentlassene Frauen der Arbeiterwohlfahrt in Frankfurt zu nennen (*Einsele/Maelicke* 1980). Dort ist es mit einer besonders eindringlichen, individualisierenden Methode gelungen, nicht nur die Rückfallzahlen auf etwa 5 % zu senken, sondern den Frauen bei der Bewältigung ihrer sonstigen Lebensprobleme nachhaltige Hilfe zu geben. Mit den Frauen arbeiten ausschließlich Frauen, weil sie die Probleme von Abhängigkeit infolge des noch geltenden allgemeinen Rollenverständnisses am besten nachvollziehen können. Die Basis der Zusammenarbeit ist eine sechsmonatige Vorphase, in der die Mitarbeiterinnen der Beratungsstelle die inhaftierten Frauen, die sich freiwillig für diese Nachsorge entschieden haben, aufsuchen. In dieser langen Vorphase kann eine Vertrauensbeziehung wachsen. Hauptanliegen ist eine freiwillige, partnerschaftliche Zusammenarbeit, gemeinsame Lebensplanung und praktische Unterstützung da, wo Probleme ohne sie nicht gelöst werden können. So tritt z. B. an die Stelle finanzieller Unterstützung lediglich die Vermittlung der gesellschaftlich vorgesehenen Hilfen (Sozialhilfe, Ausbildungsförderung u. ä.). Die Beratung dauert so lange, wie es notwendig zu sein scheint und von den Frauen gewünscht wird.

Abschließend muß zum Strafvollzug bei Frauen u. E. gesagt werden: Die in ihm gemachten Erfahrungen zeigen, daß mit relativ offenen, sozialpädagogisch-liberalen Methoden Vollzugsschäden am ehesten vermieden werden können und dem Resozialisierungsanliegen, wenn überhaupt, wenigstens angebotsweise entsprochen werden kann. Ein schrittweiser Übergang zu immer freieren Formen bei der Behandlung weiblicher Kriminalität für ein störungsfreies Zusammenleben in der Gesellschaft könnte so, auch im Interesse der Allgemeinheit, demonstriert und ggf. dann für die Behandlung auch sozial nicht gefährlicher, straffälliger Männer eingesetzt werden.

2.3 Jugendanstalten*

Die Geschichte der Jugendstrafanstalten begann mit der Einrichtung des Amsterdamer Zuchthauses im Jahre 1595 (zur Geschichte vgl. oben S. 5). Damals wurde in Europa der Versuch unternommen, Rechtsbrecher, anstatt sie zu töten, zu verstümmeln oder auf Jahre in dunklen Verliesen verschwinden zu lassen, durch Gewöhnung an regelmäßige Arbeit, verbunden mit gelegentlichem geistigem Zuspruch, zu bessern. In Deutschland wurde dieser Gedanke erst 1833 durch *Hinrich Wichern* aufgegriffen, der in der Nähe Hamburgs das „Rauhe Haus" für entwurzelte junge Straffällige gründete. 1851 richtete der König von Württemberg eine „Strafanstalt für jugendliche Gefangene" in Hall (BW) ein. Ihr folgte im Jahre 1881 die Gefangenenanstalt für jugendliche Sträflinge in Niederschönenfeld (Bayern). 1912 errichtete der Staat Preußen in Wittlich (RPf.) in einer ehemaligen Erwachsenenanstalt ein Jugendgefängnis. Diese Anstalten und der in ihnen praktizierte Strafvollzug unterschieden sich von anderen Anstalten im wesentlichen durch das Alter der Insassen. Unterbringung, Vollzugsform und Personal entsprachen weitgehend dem der Erwachsenenanstalten.

Im Jahre 1923 stellte das erste Jugendgerichtsgesetz des Deutschen Reiches den Jugendstrafvollzug auf eine neue Grundlage. Es sah zwingend die Unterbringung Jugendlicher in besonderen Jugendgefängnissen oder zumindest in getrennten Jugendabteilungen von Erwachsenenstrafanstalten vor. Kurt Bondi und Walter Hermann bemühten sich mit Erfolg um die Einrichtung eines besonderen Jugendgefängnisses auf der Elbeinsel Hanöfersand bei Hamburg. Da dort der Vollzug in ziemlich freien Formen durchgeführt werden konnte, begann man mit den ersten Versuchen einer jugendgemäßen erzieherischen Gestaltung des Vollzugsalltags mit Sport und sinnvoller Freizeitgestaltung neben geregelter Arbeit und Verzicht auf ständigen Einschluß in der arbeitsfreien Zeit.

Nach dem 2. Weltkrieg entstand mit dem Jugendlager Falkenrott in Vechta/Oldenburg die erste offene Anstalt mit ähnlicher Vollzugsform und ähnlichen Zielsetzungen wie auf der Insel Hanöfersand. Das Besondere an dieser Anstalt war der Verzicht auf eine Abgrenzung gegen die Außenwelt. Die Insassen waren in vier Pavillons mit je 48 Betten in 8-Mann-Stuben untergebracht. Gemeinschaftsräume, Eßsäle, Sportanlagen wurden in der arbeitsfreien Zeit von allen Insassen frei benutzt. Nur das Verlassen des Anstaltsgeländes ohne Erlaubnis der Anstaltsleitung war untersagt.

Hanöfersand und Falkenrott wurden später Anstalten für Erstverbüßer mit relativ kurzen Jugendstrafen. Die Insassen durften nicht in Fürsorgeerziehung gewesen und mußten gemeinschaftsfähig sein. Während in Hanöfersand das Wasser der Elbe ein natürliches Hindernis gegen Entweichungen bot, hatte man im Jugendlager Falkenrott auf besondere Sicherungsvorkehrungen verzichtet.

Später zog man wegen der größeren Sicherheit wieder geschlossene Jugendvollzugsanstalten vor, in denen innerhalb der Mauern unterschiedliche Lockerungsgrade angeboten wurden, die, wo erforderlich, jederzeit und sofort wieder reduziert werden konnten. In vereinzelten Fällen wurde Insassen die Möglichkeit eingeräumt, tagsüber außerhalb der Anstalt zu arbeiten bzw. einer Berufsausbildung nachzugehen und danach wieder in die geschlossene Anstalt zurückzukehren.

In den folgenden Jahren bauten mehrere deutsche Bundesländer neue Jugendanstalten. Sie entstanden 1963 in Wiesbaden, 1969 in Bremen-Blockland, 1970 in Hamburg-Vierlande, 1971 in Ottweiler (Saarland), 1973 in Iserlohn (NRW) und in Adelsheim

* *Gerhard Bulczak*, Dr. jur., geb. 1931, Studium der Rechts- und Staatswissenschaften in Berlin und Göttingen; seit 1963 im Justiz- und Strafvollzugsdienst des Landes Niedersachsen: Staatsanwalt, Richter, Dezernent beim Generalstaatsanwalt in Oldenburg. Seit 1970 Leiter der Jugendstrafanstalt in Hameln, Leitender Regierungsdirektor, langjährige Tätigkeit als Lehrbeauftragter für Jugendkriminologie, Jugendstrafrecht und Strafvollzugskunde an den Wissenschaftlichen Hochschulen in Hildesheim und Lüneburg. Mitglied der Jugendstrafvollzugskommission und Mitverfasser des Arbeitsentwurfes eines „Jugendstrafvollzugsgesetzes" der Deutschen Vereinigung für Jugendgerichte und Jugendgerichtshilfen.

(BW), 1979 in Heinsberg (NRW), 1980 in Hameln (Nds.). 1983 wurde in Niedersachsen die offene Jugendanstalt Göttingen-Leineberg in Betrieb genommen. 1987 wird die neue Jugendanstalt Berlin-Plötzensee fertiggestellt sein. Neue Anstalten sind geplant bzw. im Bau in Neumünster (Schleswig-Holstein), Schifferstadt (RPf.) und Neuburg an der Donau (Bayern) sowie Herford (NRW). Die Anstalten in Rockenberg (Hessen) und Laufen-Lebenau (Bayern) wurden in den letzten Jahren modernisiert bzw. neu errichtet. Die übrigen Anstalten in Schwäbisch Hall (BW), Ebrach, Niederschönenfeld (Bayern), Herford, Hövelhof, Siegburg (NRW), Wittlich (RPf.) und Neumünster wurden größtenteils vor Ende des 19. Jahrhunderts errichtet. Die Unterbringung der jungen Gefangenen in diesen Anstalten ist in den meisten Fällen wegen der veralteten Bausubstanz pädagogisch sehr unvorteilhaft. Das Fehlen von Freizeit- und Schulräumen, von angemessenen Sportanlagen und Werkstätten sowie die Zusammenfassung in unübersichtlich großen Gruppen bzw. Stationen erschwert eine hinreichende persönliche Kenntnis der jungen Gefangenen und die Möglichkeit zu ausreichender Verhaltenskontrolle, entsprechender individueller pädagogischer Einflußnahme, aber auch das Angebot von Schulbildungs- und Berufsbildungslehrgängen und psychotherapeutischen Hilfen.

2.3.1 Belegungssituation

In den 21 Jugendstrafanstalten der Bundesrepublik standen zum 01. 12. 1983 6 857 Plätze zur Verfügung, sie waren mit 6 831 männlichen jungen Insassen belegt. In dieser Zahl sind nicht die zur Jugendstrafe verurteilten Mädchen enthalten. Der Anteil der weiblichen Verurteilten unter 21 Jahren war 1983 mit 312 Verurteilten sehr gering. Die weiblichen Jungtäter (vgl. ausführlich oben S. 66 f) werden in besonderen Abteilungen der Anstalten für Frauen untergebracht (z. B. Köln, Aichach, Vechta). Eine selbständige Jugendstrafanstalt für junge Mädchen besteht in der Bundesrepublik nicht.

2.3.2 Verurteiltenziffern und Jugendstrafe

In die Jugendstrafanstalten werden alle zu Jugendstrafen und alle zu Freiheitsstrafen Verurteilten eingewiesen, sofern letztere nicht älter als 24 Jahre alt sind und sich für den Jugendvollzug noch eignen (§ 114 JGG). 1984 wurden insgesamt 73 122 Jugendliche (14 – 18 Jahre) und 60 475 Heranwachsende (18 – 21 Jahre) von deutschen Jugendgerichten verurteilt = 133 597. Davon waren 15 008 junge Mädchen. Insgesamt wurden 19 733 Jugendstrafen verhängt, davon 11 847 mit Bewährung und 7 886 ohne Bewährung. Aus diesen Verurteiltenziffern folgt, daß die deutschen Jugendgerichte einen verhältnismäßig hohen Teil der von jungen Straftätern begangenen Delikte mit einer Jugendstrafe geahndet haben.

2.3.3 Gesetzliche Grundlagen

Für den Jugendstrafvollzug gibt es immer noch kein eigenständiges Gesetz. Das StVollzG regelt ausschließlich den Vollzug der Freiheitsstrafe für Erwachsene und der freiheitsentziehenden Maßregeln der Besserung und Sicherung. § 176 StVollzG sieht lediglich die Anwendung der gesetzlichen Regelungen für den Jugendstrafvollzug vor, die die Zahlung eines Arbeitsentgeltes (§ 43 StVollzG), einer Ausbildungsbeihilfe (§ 44 StVollzG), eines Unterhaltsbeitrages (§ 49 StVollzG) sowie eines Überbrückungsgeldes (§ 51 StVollzG) betreffen. Außerdem gelten für den Jugendstrafvollzug die Bestimmungen über die Festsetzung des Haftkostenbeitrages (§ 50 StVollzG) und über das Eigengeld (§ 52 StVollzG). Bislang hat die Bundesregierung von der Ermächtigung des § 115 JGG keinen Gebrauch gemacht, mit Zustimmung des Bundesrates eine Rechtsverordnung für den Vollzug der Jugendstrafe zu erlassen. 1976 berief der Bundesminister der Justiz eine Kommission, die die Grundlagen für ein Jugendstrafvollzugsgesetz zu erarbeiten hatte. Diese Kommission hat *Grundsatzvorstellungen* entwickelt, die den Bereich des Jugendstrafvollzuges und der Untersuchungshaft an Jugendlichen und Heranwachsenden abdecken. Die Ergebnisse wurden im Schlußbericht der *Jugendstrafvollzugskommission (Bundesminister der Justiz,* Schlußbericht der Jugendstrafvollzugskommission, Köln 1980) veröffentlicht. Aufgrund der Stellungnahmen zu dem Schlußbericht der Jugendstrafvollzugskommission legte der Bundesjustizminister am 01. 06. 1984 einen *Arbeitsentwurf* eines Jugendstrafvollzugsgesetzes (nicht veröffentl.) vor, der den Landesjustizverwaltungen und den Fachverbänden zur Diskussion gestellt wurde. Die Stellungnahmen zu diesem Entwurf veranlaßten den BMJ, den Arbeitsentwurf zurückzuziehen. Derzeit ist ungewiß, wann mit einem neuen Entwurf gerechnet werden kann. 1985 hat *Baumann* den Entwurf eines „Jugendstrafvollzugsgesetzes" veröffentlicht, der „wichtige Reformforderungen der Jugendstrafvollzugskommission in gesetzlichen Vorschriften verankern bzw. ein Konzept hierzu entwickeln" will. Außerdem hat die Arbeitsgemeinschaft der Leiter der Jugendstrafanstalten in der Deutschen Vereinigung für Jugendgerichte und Jugendgerichtshilfen e.V. einen Diskussionsentwurf erarbeitet, der, anders als der Entwurf von Baumann, sich weniger an die Bestimmungen des StVollG anlehnt und stärker die Besonderheiten des Jugendstrafvollzuges betont (nicht veröffentlicht).

Von den o. a. Bestimmungen des StVollzG abgesehen, gelten für den Jugendstrafvollzug in erster Linie § 91 JGG und die von den Ländern im Jahre 1977 erlassenen „bundeseinheitlichen Verwaltungsvorschriften zum Jugendstrafvollzug (VVJug)". Die VVJug lehnt sich eng an die Bestimmungen des StVollzG an.

2.3.4 Vollzugsziel und Behandlungsmethoden

Das dominierende Ziel des Jugendstrafvollzuges ist gemäß § 91 Abs. 1 JGG die Erziehung der jungen Verurteilten. Der Jugendstrafvollzug hat den besonderen Problemen und Eigenarten der Klientel Rechnung zu tragen. In § 91 JGG kommt die Überzeugung zum Ausdruck, daß das kriminelle Verhalten der Straftäter durch Erziehung im Sinne der Persönlichkeitsformung und der Wissensvermittlung beeinflußt werden kann. Da die jungen Insassen zumeist erhebliche Sozialisationsdefizite aufweisen, ist der Jugendstrafvollzug konsequent erzieherisch, heilpädagogisch und therapeutisch auszugestalten.

Außer dem grundsätzlichen Postulat der Erziehungsaufgabe enthält das JGG keine weiteren Angaben darüber, wie die Erziehungsaufgabe in der Praxis bewältigt werden kann. Abgesehen von der nur beispielhaften, im übrigen unvollständigen Aufzählung in § 91 Abs. 2 Satz 1 JGG („Ordnung, Arbeit, Unterricht, Leibesübungen und sinnvolle Beschäftigung in der freien Zeit") sind die Erziehungsmethoden im einzelnen nicht näher definiert. Das bedeutet, daß sich der Jugendstrafvollzug in der Wahl seiner Erziehungs-, Betreuungs- und Behandlungsmethoden den Erkenntnissen der Erziehungswissenschaften mit allen ihren Konsequenzen anzupassen hat. Früher ging man davon aus, daß der junge Verurteilte während des Strafvollzuges durch die Isolierung von anderen Menschen zur inneren Einkehr und dadurch wiederum zu der Einsicht gebracht werden sollte, daß er sein gemeinschaftsschädigendes Verhalten aufzugeben habe. Heute ist die Straffälligenpädagogik bestrebt, sich ausschließlich sozialisierungsförderlicher Erziehungsmethoden zu bedienen bzw. Bedingungen für sie zu schaffen. Die Auswahl der Behandlungsmethoden ist für jeden Einzelfall individuell zu treffen, je nach Art und Grad der Behandlungsbedürftigkeit, wobei sämtliche zur Verfügung stehenden pädagogischen, psychologischen, einzel- und gruppentherapeutischen Möglichkeiten in ihrer gesamten Spannbreite für die Erziehung und Behandlung anzuwenden sind.

2.3.5 Vollzugswirklichkeit

Die Jugendstrafanstalten haben im Verhältnis zu den Erwachsenenanstalten eine niedrige *Belegungsfähigkeit*. Die größten Jugendstrafanstalten sind Siegburg (820 Plätze), Hameln (598 Plätze) und Adelsheim (443 Plätze), die kleinsten das Jugendlager Falkenrott in Vechta (140 Plätze), Göttingen-Leineberg (145 Plätze) und Ottweiler (173 Plätze).

Die meisten Anstalten sind in bis zu ca. 60 Insassen umfassende *Vollzugsabteilungen* (Vollzugsgruppen) und diese wiederum in 7, häufig aber auch bis zu 50 Mann starke Erziehungs- bzw. Wohngruppen gegliedert. Die Vollzugsabteilungen werden in der Regel von Oberlehrern, Sozialarbeitern/Sozialpädagogen, Psychologen oder anderen Fachkräften geleitet. Dem *Abteilungsleiter* kommt eine besondere Bedeutung zu, weil er die Erziehungsarbeit der Abteilung zu planen und zu gestalten sowie die verschiedenen Interessen der Abteilung und der Anstalt auszugleichen und Konfliktsituationen zu lösen hat. Demgegenüber obliegen dem *Wohngruppenleiter* die unmittelbare Betreuung und Erziehung sowie die Durchführung des Erziehungs- und Behandlungsplanes (Vollzugsplanes). Der *Vollzugsleiter* hat für die Jugendlichen seines Bereiches verantwortlich den Vollzug zu gestalten. In kleineren Anstalten werden die Aufgaben des Vollzugsleiters von dem Anstaltsleiter persönlich oder seinem Vertreter wahrgenommen, in den größeren Anstalten ist diese Aufgabe besonderen Fachkräften übertragen. Die Jugendstrafvollzugskommission (siehe Schlußbericht S. 24 ff) hat gefordert, für die selbständigen Vollzugseinheiten mit je 60 Plätzen einen Vollzugsleiter zu bestimmen. In einem solchen Anstaltskonzept hätte der Anstaltsleiter keine Einzelentscheidungen in Erziehungs- und Behandlungsangelegenheiten mehr zu treffen. Seine Aufgabe wäre, für die gesetzmäßige Durchführung des Vollzuges in seiner Anstalt Sorge zu tragen.

Viele Jugendanstalten sind dazu übergegangen, den Abteilungen festes Personal (Teams) zuzuordnen. Die *Dienstplangestaltung* hat zu gewährleisten, daß die Insassen von 06.00 Uhr (Aufschluß) bis 22.00 Uhr (Einschluß) betreut werden können. Die Bildung von *Betreuerteams* verspricht mehr Kontinuität in der Betreuungsarbeit der Gruppen. Im Gegensatz zu einem Vollzug, in dem überwiegend ein Einschluß praktiziert wird und viele jg. Gefangene auf einer Station untergebracht werden, ist der Vollzug in differenziert-strukturierten Anstalten personalintensiv. Dies trifft insbesondere für den Wohngruppenvollzug zu.

Für die jungen Gefangenen ist die *Wohngruppe* (näher *Bulczak* 1983, 9 – 16) ein richtungsweisendes Bezugssystem, weil in ihr bestimmte Normen und Verhaltensmuster vorherrschen, die von den Wohngruppenmitgliedern anerkannt werden und die sie prägen. Je kleiner die Gruppe ist, um so leichter ist es für das Wohngruppenmitglied, Teil der Gruppe zu werden. In der kleinen Gruppe treten Konflikte schneller als in einer großen zutage, so daß sie von dem Erzieher entsprechend aufgearbeitet werden können. Je größer eine Wohngruppe ist, um so schwieriger hat es das Wohngruppenmitglied, seine soziale Rolle innerhalb der Gruppe zu erkennen und gegenüber anderen abzugrenzen. Bei einer größeren Gruppe besteht zudem die Gefahr, daß der einzelne junge Mensch keine Beziehung zu seiner Bezugsperson, nämlich dem Betreuer, findet. Die Erfahrungen aus der Vollzugspraxis lehren, daß eine Bezugsperson sich nur einer relativ kleinen Anzahl von jungen Menschen individuell widmen kann. Hinzu kommt, daß in großen Gruppen der einzelne in der „Masse" der Gruppe untertaucht und sich so dem Lernprozeß der Gesamtgruppe leichter entziehen kann, wozu junge Straffällige neigen. Der Vorteil der kleinen Gruppe liegt ferner darin, daß die Anstalt ein breitgefächertes Spektrum von Klassifizierungs- und Behandlungsgrundsätzen entwickeln und die Gruppen nach den verschiedenen Indikationen zusammensetzen kann. Deshalb dürfte eine Gruppengröße von 5 – 8 Personen die pädagogisch effektivste und somit optimale sein (s. Schlußbericht S. 24 der Jugendstrafvollzugskommission 1980).

Für eine Wohngruppe müssen jedoch mindestens *3 Betreuer* zur Verfügung stehen (*Großkelwing* 1980a, 111 ff). Diese Berechnung berücksichtigt, daß tagsüber während der Zeit für die Maßnahmen ein verminderter Arbeitseinsatz erfolgt, andererseits erfordert die Nachmittags- und Abendzeit eine ständige Besetzung. Hinsichtlich der Betreuung während der Arbeitszeit ist ferner zu bedenken, daß nicht alle Jugendlichen sich immer in einer Maßnahme befinden, die Häuser tagsüber also nicht immer ohne Insassen sind. Auf der anderen Seite haben die Betreuer z. B. notwendige Verwaltungsarbeiten zu erledigen, Berichte zu fertigen, Kontrollen der Gruppen durchzuführen, an Behandlungskonferenzen teilzunehmen und Kontakte zu den Ausbildern zu pflegen. Für diese Aufgaben braucht der Betreuer einen gewissen zeitlichen Spielraum. Ferner ist zu bedenken, daß die Betreuer im Schnitt 6 Wochen in Urlaub sind, wenigstens 4 Wochen fehlen wegen Fortbildung, Krankheit oder Kur und 10 Feiertage die Arbeitszeit verkürzen.

Die personelle Unterbesetzung einer Wohngruppe kann zu einer Überforderung des Betreuers und zu einer Unterbetreuung der Wohngruppenmitglieder mit allen daraus sich ergebenden Konsequenzen führen. Insbesondere wird dadurch der Freiraum der Insassen für die Ausbildung einer *Insassensubkultur* größer. Die Subkultur erschwert die Erziehungsarbeit erheblich, indem sie die Insassen gegen die Erziehungseinflüsse „immunisiert" und die Bediensteten hinter den Ereignissen „hinterherlaufen" läßt. Je größer die Anstalt ist, desto stärker wird die Anonymität für den einzelnen, und diese Anonymität begünstigt Subkultur, da der einzelne eher „wegtauchen" kann. Die Erfahrungen haben gezeigt, daß der Grad der Subkultur immer dann am höchsten ist, wenn die jungen Menschen sich selber überlassen sind.

Die Anforderungen an die *Qualifikation der Betreuer* können nicht hoch genug angesetzt werden, weil die jungen Gefangenen durchweg erhebliche Defizite, die im persönlichen Bereich und in ihrer Sozialisation begründet sind, aufweisen (*Vehre* 1980).

Nur wenige Wohngruppen (oder Stationen) werden von Fachkräften betreut. Der größte Teil der Betreuer gehört dem AVD (=Allgemeiner Vollzugdienst) an. Der AVD bringt jedoch im Umgang mit delinquenten jungen Menschen keine Berufserfahrung mit. Die gegenwärtig in der Bundesrepublik praktizierte Beamtenausbildung kann diesen Kräften nicht die Befähigung vermitteln, die erforderlich ist, um die schwierige Aufgabe der Erziehung, Betreuung und Behandlung von jungen Straffälligen zu bewältigen. Es liegt auf der Hand, daß derjenige, der die Erziehungsarbeit im Jugendvollzug leisten soll, dieses doch nur mit einer gewissen Aussicht auf Erfolg tun kann, wenn er über eine einschlägige Ausbildung verfügt, wie sie z. B. an den Fachschulen für Sozialpädagogik vermittelt wird (s. Schlußbericht der Jugendstrafvollzugskommission 1980, 58 ff).

Den Nachwuchskräften des Betreuungsdienstes bieten sich in den Jugendanstalten kaum reale *Aufstiegschancen*. Die Besoldungsspanne beläuft sich von A 6 bis A 9. Die Perspektive, beruflich und gehaltsmäßig nicht weiter aufsteigen zu können, muß zwangsläufig die Motivation und Arbeitsfreude des AVD beeinträchtigen und führt in Verbindung mit der Belastung durch den Dienst, den ungünstigen Dienstzeiten und den hohen Erwartungen der Vorgesetzten zur Frustration und Resignation.

Auch der heutige Jugendstrafvollzug ist noch „Knast" im sprichwörtlichen Sinne. Das Leben in der *„totalen Institution"* Jugendstrafanstalt zeichnet sich durch eine starke Reglementierung aus. In etlichen Anstalten wird den Insassen beim Zugang die private Habe abgenommen, was mindestens für sensible Menschen gleichbedeutend mit einer „Abnahme" der Persönlichkeit ist, d. h., der inhaftierte Mensch hat das Gefühl, daß er einen Teil seiner „individuellen Persönlichkeit" zusammen mit seiner Zivilkleidung usw. abzugeben habe. Schon äußerlich also sind die jungen Insassen durch ihre einheitliche Häftlingskleidung, die sich aus Kostengründen nicht immer der jeweiligen Jugendmode anpassen kann, als Gefangenengruppe gekennzeichnet.

Das Freizeitangebot ist durch das Fehlen einer ausreichenden Anzahl von Fachkräften mit Organisationsbegabung für Freizeitaktivitäten und infolge des in etlichen Anstalten noch praktizierten *Zelleneinschlusses* im allgemeinen noch ungenügend. Es ist zu fragen, warum in einigen Anstalten der Einschluß bereits ab 18.00 Uhr erfolgt, wo sich in anderen Anstalten tagsüber offene Hafträume in der Regel doch gut bewährt haben. Hier ist auch der Freiraum für positive Aktivitäten der jungen Menschen ungleich größer. Der junge Insasse, der viele Stunden in seinem Haftraum eingesperrt ist, lebt in dem Zustand der ununterbrochenen Frustration und stumpft ab; mit der Zeit wird er das, was er nicht sein soll: Er wird lebensuntüchtig und kapselt sich ab. Es ist pädagogisch unverständlich, einen Menschen, der mit seiner Umwelt Schwierigkeiten hat, weil er gegen bestimmte Regeln verstößt, von dieser Umwelt zu isolieren, gleichzeitig aber von ihm zu erwarten, daß er sich nach verbüßter Isolation konfliktlos in die Gemeinschaft einordnet. Hier kann nicht übersehen werden, daß oft noch die Bequemlichkeit der Bediensteten oder das Sicherungsdenken oder unangemessene organisatorische und personelle Rahmenbedingungen den Betreuungsgedanken verdrängen.

Insgesamt hat sich in den letzten Jahren im Jugendstrafvollzug der Bundesrepublik ein *grundlegender Wandel* vollzogen. In fast allen Anstalten sind ausreichende Schul- und Berufsbildungsprogramme entwickelt worden. Die Anstalten arbeiten zunehmend mit den Lockerungen des Vollzuges, d. h., sie gewähren relativ großzügig Ausgänge und Urlaube und den Freigang. Die Vollzugslockerungen sind als Versuch zu werten, von repressiven Wirkungen des Jugendstrafvollzuges abzukommen, dabei tritt, wenn es für die Erziehung und Behandlung des jungen Menschen nötig ist, das Sicherungsdenken bis zur Grenze des Vertretbaren zurück.

2.3.6 Besondere Defizite der jungen Insassen

Da das Leben eines Menschen in hohem Maße durch Schule und Beruf geprägt wird, sind diese funktionalen Einflüsse innerhalb eines Erziehungssystems von entscheidender Bedeutung. Die Schul- und Berufsausbildungsverhältnisse junger Gefangener sind außerordentlich unerfreulich. Bis zu 30 % der jungen Insassen haben die Sonderschule besucht und über 50 % das Ausbildungsziel der Hauptschule nicht erreicht. Lediglich 20 % können den Hauptschulabschluß nachweisen. Der Anteil derjenigen, die weiterführende Schulen besucht haben, ist mit 2 % sehr niedrig. Eine abgeschlossene Berufsausbildung haben bei Strafantritt noch nicht einmal 10 % der jungen Menschen (so die Ergebnisse einer in der JA Hameln durchgeführten Untersuchung). Die auch durch gestörte Familienverhältnisse und ungünstige Erziehungsverhältnisse in ihrer Entwicklung behinderte Intelligenz und das wenig ausgeprägte Leistungsverhalten kennzeichnen weiterhin die Schullaufbahn vieler junger Straffälliger. Die Schulbildung wiederum ist Voraussetzung für eine Berufsbildung, also den erfolgreichen Lehrabschluß. Schulversagen und fehlende Berufsausbildung begünstigen die Delinquenz.

2.3.7 Planung der Erziehung und Behandlung

Viele Jugendanstalten haben Aufnahmeabteilungen (zum Aufnahmevollzug s. *Mey* und *Schmidt* 1980, 37 ff) eingerichtet, in die für die Dauer von bis zu 3 Wochen die Neuzugänge eingewiesen werden. Die Aufnahmeabteilungen haben namentlich folgende Aufgaben zu erfüllen:

- Betreuung des Neuzuganges während des Aufnahmevollzuges, insbesondere Hilfestellung bei der Lösung aktueller Probleme, die sich im Zusammenhang mit seiner Aufnahme in den Vollzug ergeben,
- Information des Neuzuganges über Organisation, Förderungs-, Betreuungs- und Behandlungmöglichkeiten in der Jugendanstalt,
- Motivierung des Zuganges zu einer vertrauensvollen, aktiven Mitarbeit am Erziehungs- und Behandlungsprozeß,
- Durchführung der Persönlichkeitserforschung,
- Erstellung des Erziehungs- und Behandlungsplanes (Vollzugsplanes) gem. Nr. 3 VVJug.

Neben der diagnostischen Tätigkeit kommt der Betreuungsarbeit des Aufnahmeteams eine besondere Bedeutung zu, zumal viele Neuzugänge mehr oder weniger auffällige Verhaltensstörungen und Probleme im Kontakt- und Leistungsbereich haben. Nach Erstellung der sozialen Anamnese, den testpsychologischen Untersuchungen, ggf. dem Schulleistungstest sowie den Berufsfindungs- und Interessentests erfolgt am Schluß des Aufnahmeverfahrens die Verabschiedung des Erziehungs- und Behandlungsplanes. Dieser Plan äußert sich u. a. zu folgenden Fragestellungen:

- Zuweisung zu einem bestimmten Haus bzw. einer Wohngruppe,
- schulische und berufliche Aus-, Fort- und Weiterbildung, Arbeitseinsatz,
- Teilnahme an besonderen therapeutischen Behandlungsmaßnahmen,
- besonders zu berücksichtigende Sport- und Freizeitinteressen,
- Planung und Realisierung der Außenkontakte,
- Planung und Durchführung der notwendigen Maßnahmen zur Entlassungsvorbereitung,
- Vorschläge zu den Bedingungen und dem voraussichtlichen Zeitpunkt einer evtl. Entlassung,
- Durchführung der Sicherstellung von Hab und Gut des Neuzuganges, Beschaffung der notwendigen Arbeits- und Personalpapiere,
- Einleitung von Schuldenregulierungsprogrammen.

Nach Erstellung des Erziehungs- und Behandlungplanes wird der Neuzugang in die für ihn vorgesehene Abteilung der Anstalt verlegt.

2.3.8 Besondere Maßnahmen im schulischen und beruflichen Bereich

Die Jugendstrafanstalten in der Bundesrepublik sind zunehmend von ihren personellen und sachlichen Voraussetzungen her in der Lage, erfolgreich die schulische und berufliche Ausbildung der jungen Verurteilten zu fördern. Je nach Größe der Anstalt und den räumlichen und personellen Möglichkeiten bieten die *Anstaltsschulen* verschiedene Kurse an. *Trainingskurse* bereiten die Jugendlichen auf weitergehende Bildungsmaßnahmen vor. Sie haben das Ziel, vorhandenes Schulwissen wieder aufzufrischen, den Schüler für weitere Bildungsangebote zu motivieren und ihn darauf vorzubereiten. In *Analphabetenkursen* erlernen die Schüler lesen und schreiben. In den übrigen Angeboten können der *Sonderschulabschluß*, der *Hauptschulabschluß* und – in wenigen Anstalten – der *Realschulabschluß* erworben werden. Die Trainingskurse dauern in der Regel 8 Wochen, die übrigen schulischen Angebote 6 bis 12 Monate (*Koppe* 1985, 21 ff).

Das differenzierte *Angebot berufsqualifizierender* Maßnahmen (*Bode* 1983, 16 ff; ders. 1985, 36 ff; *Hilkenbach* 1980, 1 – 26) bildet die Voraussetzung dafür, daß die jungen Straffälligen trotz ihrer sozialen Behinderungen nach ihrer Entlassung einen qualifizierten Ausbildungs- oder Arbeitsplatz ausfüllen können und damit neben einer genügend großen Arbeitszufriedenheit eine finanzielle Existenzsicherung erreichen.

In den meisten Anstalten werden das *Berufsvorbereitungsjahr* (BVJ), das *Berufsgrundbildungsjahr* (BGJ) und eine *Fachstufenausbildung* angeboten in Lehrwerkstätten für Bauberufe, Farb- und Raumgestaltung, Holztechnik, Elektrotechnik, Kfz-Technik, Metalltechnik, Gas- und Wasserinstallateure, Heizungsbauer, Friseure, Gärtner, Raumausstatter, Koch, Schneider, Schuhmacher. Die kleineren Anstalten können kein breit gefächertes Bildungsangebot vorhalten. Der *Berufsschulunterricht* wird entweder von anstaltseigenen Gewerbelehrern oder aber von Lehrkräften der Gewerblichen Lehranstalt vor Ort erteilt. Die Prüfungen werden unter den üblichen Bedingungen abgenommen, die Zeugnisse weisen nicht aus, daß sich der Prüfling in einer Jugendstrafanstalt befunden hat. Die Werkstätten der meisten Jugendstrafanstalten sind in fabrikähnlichen Hallen untergebracht, in denen die Atmosphäre größerer Industriebetriebe simuliert wird und die den Gegebenheiten der freien Wirtschaft bzw. der Gewerblichen Lehranstalten entsprechen.

2.3.9 Besondere Maßnahmen im therapeutischen Bereich

Folgende therapeutische Maßnahmen werden – allerdings nur in wenigen Anstalten – angeboten:

a) Arbeitstherapie
Junge Menschen, deren Leistungsfähigkeit in physischer oder psychischer Hinsicht derart reduziert ist, daß sie den allgemeinen Anforderungen in schulischer und beruflicher Bildung und bei der Arbeit nicht genügen können, werden in arbeitstherapeutischen Betrieben gefördert. Hier werden unter der fachkundigen Anleitung von Arbeitserziehern ihre Fähigkeiten und Fertigkeiten soweit entwickelt, daß sie qualifizierteren Aufgabenstellungen gewachsen sein können. Die Arbeitstherapie ist gegliedert in ein Stufenprogramm. In der Eingangsstufe werden kreative Techniken geübt, wie das Töpfern, Malen, Zeichnen, Drucken, plastisches und bildliches Gestalten. In der darauffolgenden Werksphase I lernen die Probanden den manuellen Umgang mit verschiedenen Materialien, außerdem werden Konzentration, Ausdauer und Beständigkeit geübt. In der Werksphase II werden erste Anforderungen an soziale Handlungskompetenzen durch höhere Arbeitsteilung und ein höherer Grad an Kooperation an den jungen Menschen gestellt. Nach Abschluß der Behandlung wird der junge Gefangene in eine schulische oder berufliche Bildungsmaßnahme oder in Arbeit vermittelt (zur Arbeitstherapie s. *Wattenberg*, 1985).

b) Drogentherapie
In den Anstalten Berlin-Plötzensee und Hameln werden Drogen-, Alkohol- oder Medikamentenabhängige in besonderen Abteilungen betreut, die räumlich von anderen Bereichen abgegrenzt sind und denen ein festes Betreuerteam mit entsprechenden Qualifikationen zur Verfügung steht. Voraussetzung für die Behandlung ist, daß der Strafrest 9 Monate nicht unterschreitet, der persönliche Entzug bereits abgeschlossen ist und der junge Drogenabhängige für die besondere Behandlung motiviert ist.

Die Behandlung wird in mehreren Stufen durchgeführt. In der *Aufnahmephase* von ca. 7wöchiger Dauer wird der Abhängige in der Arbeitstherapie oder durch Sport und in einzel- und themenzentrierten Gruppengesprächen betreut. In der Regel werden während dieser Phase Außenkontakte nicht gestattet, die Abhängigen dürfen weder Briefe schreiben noch welche empfangen oder Besuch erhalten. Nach Durchlaufen dieser Phase wird der Klient der *ersten Behandlungsstufe* zugeordnet, die in der Regel 3 Monate dauert. Persönlichkeitsentwicklung, Drogenstabilität, Befähigung zur Zuverlässigkeit, Durchhaltevermögen, Befähigung zur Offenheit und Ehrlichkeit, Entwicklung von Frustrationstoleranz und Kreativität, Abbau der Versorgungs- und Konsumhaltung, Erziehung zur Realitätsbezogenheit, Erhöhung der Kommunikationsfähigkeit, Entwicklung von Toleranz sind Ziele dieser Stufe. Arbeitstherapeutische Angebote und kreative Tätigkeiten, Sport, aktives Musizieren, Einzel- und Gruppengespräche, autogenes Training, Wandern und Wochenendfreizeiten sind die besonderen Angebote während dieser Zeit. Die Übernahme in die *zweite Behandlungsstufe* erhöht die soziale

Verantwortung des jungen Drogenabhängigen. Insbesondere werden jetzt unbewachte Besuche, unbegleitete Ausgänge, Urlaube gewährt, die Entlassung wird gezielt vorbereitet. Es wird versucht, den Drogenabhängigen ggf. an eine ambulante Therapieeinrichtung oder Selbsthilfegruppe anzubinden bzw. ihn für die Zeit nach der Entlassung in einer drogenfreien Wohngemeinschaft unterzubringen (vgl. auch *Müller-Fricke* 1985, 12 ff).

c) Sexualstraftätertherapie

In der Jugendanstalt Hameln wird seit 5 Jahren ein kognitiv-orientiertes Therapieprogramm für junge Sexualstraftäter (Vergewaltiger) angeboten. Das *Geschlechtsrollenseminar* (GRS) hat zum Ziel, die Straftäter zu einer partnerschaftlich erlebten Sexualität zu führen, in welcher der weibliche Partner nicht mehr bloß Objektfunktionen zu erfüllen hat, sondern als ein mit eigenen sexuellen Bedürfnissen ausgestattetes Subjekt erlebt wird. Beabsichtigt ist, die Lebensfreude, Liebesbereitschaft, Toleranz, Offenheit, positive Ausstrahlung und positive Grundhaltung der Sexualstraftäter zu verbessern (*Heilemann* u. *Pern* 1985, 11 ff). Das Seminar dauert 6 Monate und erstreckt sich auf über 25 Sitzungen, wobei jede einzelne Sitzung 4 Stunden beansprucht. Das Seminar wird wesentlich mitgetragen von verschiedenen Frauen aus der Frauenbewegung.

d) Sozialtherapie

Ein *sozialtherapeutisch ausgerichtetes Programm* wird z. B. in der Jugendanstalt Hameln angeboten für behandlungsbedürftige junge Gefangene, die durch gezielte und systematische Behandlung in den Bereichen Ausbildung, Arbeit, Sozialkontakten gefördert werden sollen. Das auf 12 Monate ausgelegte Programm verläuft in drei Phasen:

- *Kontaktphase* mit überwiegendem Binnentraining,
- *Behandlungsphase* mit intensivem Binnentraining und zeitweiligem Außentraining,
- *Ablösungsphase* mit überwiegendem Außentraining bis hin zur Verlegung in eine Abteilung des offenen Vollzuges bzw. zur Entlassung.

Im Rahmen dieses Behandlungsprogramms werden jeweils auf den einzelnen jungen Menschen abgestimmte Angebote vorgehalten, so u. a. arbeitstherapeutische Gruppen, Kreativitätsgruppen im Bereich künstlerisches Gestalten und Werken, an gesprächs- und verhaltenstherapeutischen Methoden orientierte einzel- bzw. gruppentherapeutische Angebote und soziale Trainingsgruppen (*Weiß* 1985, 263 – 267).

e) Soziales Training

Projekte, wie „Vorbereitung und Begleitung des Freigang" (*Nds. Minister der Justiz*, 1986) oder das „Modellunterstützte Rollentraining – MURT –" (*Steller* u. a. 1978) bereiten den jungen Strafgefangenen gezielt auf Außentrainingsmaßnahmen oder die Entlassung vor. Jeder Projektteilnehmer hat zweimal in der Woche an einer Gruppensitzung und einmal in der Woche an einem Einzelgespräch sowie einmal im Monat an einem wenigstens achtstündigen Projekttag teilzunehmen. Inhalte der Trainingsfelder sind z. B. Arbeit, Umgang mit Geld, soziale Beziehungen, Freizeit, Rechte und Pflichten. Den jungen Straffälligen wird einmal Wissen vermittelt in Bereichen, in denen sie Defizite haben, zum anderen werden konkrete Verhaltensmuster eingeübt, damit sie in späteren Konfliktsituationen über Verhaltensalternativen verfügen. Besonderer Wert wird darauf gelegt, mit Hilfe strukturierter Gespräche die besonderen Schwierigkeiten und Wünsche jedes einzelnen gemeinsam herauszuarbeiten. Die Projektmitarbeiter wenden Methoden der Gruppen- oder Einzelarbeit, insbesondere die Prinzipien der Gesprächs- und Verhaltenstherapie an. Wichtiger Bestandteil ist das modellunterstützende Rollentraining. Es werden Modellszenen über reale Problemsituationen gespielt (z. B. Vorstellung beim Arbeitgeber mit Erwähnung der Vorstrafe), die Teilnehmer erarbeiten in der Gruppensitzung die konkreten Inhalte und die äußere Form des Vorstellungsgesprächs. Diese Konzepte wollen in besonderer Weise die Individualisierung, die soziale Integration und die Übernahme sozialer Verantwortung des jungen Straffälligen fördern.

f) Antagonistentraining zur gewaltfreien Lebensführung

Im „*Antagonistentraining*" der Jugendanstalt Hameln wird der Versuch unternommen, gezielt auf junge Gewalttäter einzuwirken, um sie zu einem gewaltfreien Leben zu befähigen. Die Therapiegruppe umfaßt ca. 5 Teilnehmer. Die Aufnahme erfolgt auf Antrag des Gewalttäters über ein Aufnahmegespräch durch das Trainerteam. Der Klient schließt mit dem Trainerteam einen Trainingsvertrag ab. Vorausgesetzt werden die Freigabe für begleitete Vollzugslockerungen und ein Strafrest von mindestens 6 Monaten.

Das Trainingsseminar umfaßt 30 Sitzungen von je 4 Std. einmal pro Woche. Zusätzlich finden themenzentrierte oder auch unspezifische freizeitpädagogische Sonderveranstaltungen statt, um die Gruppenhomogenität zu verbessern.

2.3.10 Freizeit und Sport

In den Bereichen Freizeit und Sport (vgl. dazu auch unten S. 313 ff) geht es darum, die vielfältigen Möglichkeiten, die sich in der Jugendanstalt und außerhalb bieten, sinnvoll zu nutzen. Der *Freizeitsektor* ist als wichtiger und dominanter Sozialisationsträger den Bereichen der schulischen und beruflichen Bildung gleichgestellt (*Herkert* 1980, 1 – 22). Seine Bedeutung ergibt sich u. a. daraus, daß dem jungen Menschen in einer weitgehend fremdbestimmten Lebenssituation Möglichkeiten zu einer kreativen Freizeitgestaltung eröffnet werden, damit er fähig wird, sich seiner individuellen Neigungen und Qualifikationen handelnd bewußt zu werden. Das trägt zu einer Identitätsfindung bei, wirkt zu anderen vollzuglichen Maßnahmen ausgleichend, eröffnet neue Wege zu einer angemessenen Freizeitbewältigung und befähigt ihn zu einem bewußteren und sinnvolleren Freizeitverhalten nach der Entlassung.

Die bauliche Gestaltung zahlreicher Jugendanstalten hat dem Bedeutungsgehalt des Freizeitbereichs nicht voll Rechnung getragen. Weder sind die Anstalten in Wohngruppen strukturiert, noch haben die Unterkunftshäuser hinreichend Freizeiträume für die individuelle Freizeitgestaltung und für Gruppenaktivitäten im handwerklichen, künstlerischen, musischen und kulturellen Bereich.

Anders ist die Situation im Bereich des *Sportes.* Fast alle Jugendanstalten verfügen über Sportplätze und Turnhallen. Sportlehrer sind bemüht, bei den jungen Straffälligen bestimmte persönliche Grundqualifikationen, wie Leistungsfreude, Fairneß, Selbst- und Gruppendisziplin zu entwickeln, die dann auch in anderen Lebensbereichen geübt werden können. In den Anstalten dominiert der Mannschaftssport: Fußball, Handball, Volleyball, Badminton, Basketball. Daneben sind Leichtathletik und Turnen die beliebtesten Sportarten (*Behnke* 23 – 39).

2.3.11 Seelsorge

Eine nicht zu unterschätzende Bedeutung nimmt im Rahmen des Jugendstrafvollzuges die seelsorgerische Betreuung ein. Die *Anstaltsseelsorge* geht über das Feiern von Gottesdiensten, Führen von Einzelgesprächen, Spenden der Sakramente hinaus, sie ist vielmehr auch darauf ausgerichtet, daß die delinquentes Verhalten begünstigenden Faktoren durch seelsorgerisches Verhalten verringert werden. Insoweit tragen die Seelsorger zur Erreichung des Erziehungszieles ganz entscheidend bei. Allerdings stehen in den Jugendanstalten nicht genügend Seelsorgekräfte zur Verfügung. Die Jugendstrafvollzugskommission hat für je 150 junge Gefangene einen hauptamtlichen Seelsorger gefordert. Dieser Personalschlüssel erscheint angesichts der erheblichen Defizite und Bedürfnisse der jungen Menschen im seelsorgerischen Bereich durchaus angemessen (*Seesemann* 1 – 14; *Lüdemann* 1984, 34 – 45).

2.3.12 Die Reform ist noch weiterzuentwickeln

In den letzten Jahren ist unter den gegebenen gesetzlichen und gesellschaftlichen Rahmenbedingungen der Vollzug in den Jugendanstalten umgestaltet und weiterentwickelt worden. Die meisten jungen Menschen sind jetzt in Einzelzimmern untergebracht, in einer Reihe von Anstalten sind Wohngruppen geschaffen worden, Außenanlagen und Räumlichkeiten wirken freundlicher und begünstigen schon eher ein therapeutisches Klima. In vielen Anstalten konnte ein differenziertes schulisches und berufliches Bildungsangebot entwickelt werden. Das Personal in den Jugendanstalten ist motiviert. Allerdings kann objektiv vorhandener Personalmangel nicht ausschließlich durch Engagement ausgeglichen werden. Insbesondere ist eine Qualifizierung des Personals des AVD und des Werkdienstes durch eine jugendvollzugsspezifische Fortbildung erforderlich, um Überforderungen und Resignation bei den Bediensteten entgegenzuwirken. Eine größere Anzahl von Anstalten genügt leider immer noch nicht den Anforderungen, die an die bauliche und organisatorische Struktur einer Jugendanstalt zu stellen sind. Auch die Angebote in Freizeit und Sport bedürfen der Erweiterung. Schließlich sind therapeutische Maßnahmen, wie sie in einzelnen Anstalten entwickelt und erprobt worden sind, auf den gesamten Jugendvollzug zu übertragen. Der Jugendvollzug ist in seiner Reformentwicklung deshalb noch längst nicht zum Abschluß gelangt. Wissenschaft, Praxis und Gesetzgebung haben vielmehr weiter an der Fortentwicklung eines sinnvollen und menschlich vertretbaren Jugendstrafvollzuges zu arbeiten.

2.4 Der Vollzug der Untersuchungs- und der Zivilhaft*

Zu den mit Freiheitsentzug verbundenen und daher in das Leben des Betroffenen besonders tief eingreifenden Maßnahmen des Staates gehört nicht nur die Freiheitsstrafe, sondern auch die Untersuchungs- und die Zivilhaft. Deren Vollzug soll daher einer näheren Betrachtung unterzogen werden.

* *Manfred Winter*, Dr. jur., geb. 1949 in Duisburg, Studium der Rechtswissenschaften an der Ruhr-Universität Bochum (1968 – 1974), seit 1977 Richter am Landgericht Duisburg, von 1982 bis 1987 abgeordnet an den Lehrstuhl für Kriminologie und Strafvollzug (Prof. Dr. *Schwind*) an der Ruhr-Universität Bochum

2.4.1 Zur Untersuchungshaft

In der Vollzugspraxis spielt die Untersuchungshaft neben der Freiheitsstrafe die größte Rolle. Die Untersuchungshaft wird von allen Haftarten am häufigsten angeordnet und vollzogen (*Böhm* 1986a, 252). Am 30. 6. 1986 befanden sich 11 307 Personen in Untersuchungshaft, d. h., jeder fünfte Inhaftierte war zum Stichtag Untersuchungsgefangener (s. dazu auch *Seebode* 1985, 15 ff). Die durchschnittliche Haftdauer liegt bei rd. drei Monaten (*Böhm* 1986a, 252 m.w.N.).

Angeordnet wird die Untersuchungshaft gegenüber einem dringend einer Straftat Verdächtigen, sofern (z. B.) Flucht- oder/und Verdunkelungsgefahr besteht (die Haftgründe sind abschließend in §§ 112, 112a StPO aufgeführt). Ferner muß, wie bei allem staatlichen Handeln, die Verhältnismäßigkeit gewahrt sein (so auch ausdrücklich § 112 Abs. 1 S. 2 StPO).

Der Vollzug der Untersuchungshaft ist in § 119 StPO gesetzlich geregelt; ergänzend gelten noch §§ 177 f StVollzG. Obwohl der Gesetzgeber die Voraussetzungen für den Inhaftierten belastende Maßnahmen nur mittels Blankettformeln festgelegt hat (s. § 119 Abs. 3 StPO), hält das Bundesverfassungsgericht die Regelung für verfassungsgemäß (BVerfGE 35, 311 [316]; 57, 170 [177]).

Diese recht allgemeine und mehr rudimentäre gesetzliche Ausgestaltung des Untersuchungshaftvollzugs erfährt – allerdings nur mit bindender Wirkung für die Justizvollzugsverwaltung – eine Konkretisierung durch die bundeseinheitlich erlassene Untersuchungshaftvollzugsordnung der Länder (in der ab 1. 1. 1977 geltenden Neufassung; abgedruckt bei Piller-Hermann, Justizverwaltungsvorschriften, Ord.-Nr. 2 a). Diese Verwaltungsvorschriften sind es, die – was die normative Seite anbelangt – den Vollzugsalltag bestimmen. Wie dieser in concreto aussieht, schildert (aus der Sicht des Vollzugsbediensteten) in der ersten Auflage dieses Buches *Messer* (Alltagsprobleme im Vollzug der Untersuchungs- und Zivilhaft, 227 ff).

2.4.2 Zur Zivilhaft

In der Justizvollzugsanstalt wird traditionell auch die sogenannte Zivilhaft vollzogen (*Böhm* in Schwind/Böhm 1983, §§ 171 ff Rdn 1). Unter diesem Begriff werden herkömmlicherweise folgende Haftarten zusammengefaßt:

- die Ordnungshaft,
- die Sicherungshaft,
- die Zwangshaft bzw.
- die Erzwingungshaft

(s. § 171 StVollzG i. V. m. der zu dieser Norm ergangenen VV Nr. 1 S. 1, ferner Nr. 7 VGO).

Den Anwendungsbereich der Zivilhaft genau zu bestimmen, ist schwierig. Denn die Fälle, in denen Zivilhaft angeordnet werden kann, sind nicht in einer einzigen Vorschrift, nicht einmal in einem einzigen Gesetz geregelt. Vielmehr sehen die unterschiedlichsten Bundes- und Landesgesetze die Verhängung von Zivilhaft vor, wenn auch eine Konzentration auf die Prozeßordnungen zu verzeichnen ist.

Zum besseren Verständnis der Zivilhaft seien beispielhaft einige Fälle genannt. So ist die Anordnung von Ordnungshaft bei „Ungebühr vor Gericht" i. S. d. § 178 Abs. 1 S. 1 GVG möglich. Ferner wird gegen einen Zeugen, der trotz ordnungsgemäßer Ladung zum Gerichtstermin nicht erscheint oder der ohne gesetzlichen Grund die Aussage verweigert, ein Ordnungsgeld und ersatzweise, d. h. für den Fall, daß das Ordnungsgeld nicht beigetrieben werden kann, Ordnungshaft festgesetzt (§§ 51 Abs. 1 S. 2, 70 Abs. 1 S. 2 StPO, 380 Abs. 1 S. 2, 390 Abs. 1 S. 2 ZPO). Im Fall der unberechtigten Aussageverweigerung kann zudem „zur Erzwingung des Zeugnisses die Haft" angeordnet werden (§§ 70 Abs. 2 StPO, 390 Abs. 2 S. 1 ZPO). Dieser in der Literatur auch als „Beugehaft" bezeichnete Freiheitsentzug (s. z. B. *Löwe/Rosenberg/Dahs* 1985, § 70 StPO Rdn 1, 6, 18, 39) gehört entweder in die Kategorie der Zwangshaft oder in die der Erzwingungshaft. Eine genauere Einordnung in eine dieser beiden Haftarten ist überflüssig, da die Differenzierung zwischen Zwangs- und Erzwingungshaft rein sprachlicher Natur ist, inhaltliche Unterschiede bestehen – zumindest in vollzugsrechtlicher Hinsicht – nicht (*Winter* 1987, 15).

In der Öffentlichkeit ist die Zivilhaft so gut wie nicht bekannt. In das Rampenlicht tritt dieser Freiheitsentzug nur in wenigen spektakulären Fällen. Aus der jüngeren Vergangenheit ist die Inhaftierung des Vorstandsvorsitzenden der gewerkschaftlichen Unternehmensholding „Beteiligungsgesellschaft für Gemeinwirtschaft (BGAG)", Alfons Lappas, anzuführen. Der Vorstandsvorsitzende hatte sich geweigert, vor dem „Neue-Heimat"-Untersuchungsausschuß des Bundestages auszusagen. Auf entsprechenden Antrag des Ausschusses hatte daraufhin das Amtsgericht Bonn gegen Lappas Haft zur Erzwingung des Zeugnisses gemäß § 70 Abs. 2 StPO i. V. m. Art. 44 Abs. 2 S. 1 GG verhängt. Nach seiner Festnahme am 19. 10. 1986 wurde der Vorstandsvorsitzende dann zwei Tage in Zivilhaft genommen.

Diese sehr kurze Dauer der Zivilhaft ist keineswegs außergewöhnlich, sondern entspricht im Gegenteil – mögen die Gründe für das Haftende auch in den Einzelfällen unterschiedlicher Art sein – den durchschnittlichen Erfahrungswerten in der Praxis (s. *Böhm* 1986a, 246: „Angesichts der sehr kurzen, oft nur wenige Tage dauernden Haft . . ."). Die Zivilhaft ist schon von ihrem zulässigen Höchstmaß her entschieden anders dimensioniert als andere Haftarten. Während z. B. die Obergrenze der zeitlichen Freiheitsstrafe nach § 38 Abs. 2 StGB 15 Jahre beträgt, dauert die Ordnungshaft grundsätzlich maximal 6 Wochen (Art. 6 Abs. 2 EGStGB; im Fall des § 178 Abs. 1 S. 1 GVG eine Woche); die Höchstgrenze der Sicherungs-, Zwangs- und Erzwingungshaft liegt – von Ausnahmen abgesehen – bei 6 Monaten. Aber nicht nur aus diesem Grund führt die Zivilhaft im Vollzugsalltag ein „Schattendasein". Im Hinblick auf die Zahl der Inhaftierten kommt der Zivilhaft ebenfalls nur marginale Bedeutung zu: Am 30. 6. 1986 betrug die Zahl der Strafgefangenen 36 380, die der Zivilhaftgefangenen dagegen allenfalls 999 (zu dieser Höchstzahlberechnung beim Zivilhaftvollzug s. *Winter* 1987, 170). Die Zivilhaftgefangenen stellen damit lediglich ca. 2 % der in den Justizvollzugsanstalten inhaftierten Personen.

Trotz dieser relativ geringen Inhaftiertenzahl bedingt der Vollzug der Zivilhaft einen nicht zu unterschätzenden Teil des (insbesondere mehr verwaltungsmäßigen) Arbeitsanfalls der Justizvollzugsanstalten (*Böhm* 1986a, 246; *ders.* in Schwind/Böhm 1983, §§ 171 ff Rdn 3). Die regelmäßig nur kurze Dauer der Zivilhaft bedingt eine (gemessen an der Zahl der Inhaftierten) hohe Gefangenenbewegung: durchschnittlich bis zu 100 000 Zu- und Abgänge pro Jahr (*Winter* 1987, 175).

Eine gesetzliche Regelung hat der Vollzug der Zivilhaft in den §§ 171 – 175 und 178 Abs. 3 StVollzG erfahren. Gesetzestechnisch hat es sich der Gesetzgeber dabei sehr einfach gemacht. Speziell auf die Zivilhaft zugeschnittene Regelungen gibt es nur für wenige Aspekte des Vollzugs: z. B. ist der Zivilhaftgefangene nach § 175 StVollzG nicht zur Arbeit verpflichtet; eine gemeinsame Unterbringung mit anderen (Straf- oder Zivilhaft-)Gefangenen ist nur mit seiner Einwilligung zulässig (§ 172 S. 1 StVollzG). Für das Gros der regelungsbedürftigen Punkte ordnet § 171 StVollzG die entsprechende Geltung der §§ 3 – 122 StVollzG, also der Vorschriften über den Vollzug der Freiheitsstrafe, an. Dabei steht die Analogie unter einem doppelten Vorbehalt: Weder Eigenart bzw. Zweck der jeweiligen Haft noch die speziellen Regelungen zur Zivilhaft dürfen entgegenstehen. Ferner sind aus verfassungsrechtlichen Gründen belastende Maßnahmen nur zulässig, wenn und soweit sie unerläßlich sind, um den Vollzug geordnet durchführen zu können (*Winter* 1987, 80; vergleiche auch VV Nr. 1 S. 1 zu § 171 StVollzG).

Versucht man die rechtliche Ausgestaltung der Zivilhaft näher zu bestimmen, d. h. will man die §§ 3 ff StVollzG auf ihre analoge Anwendbarkeit hin durchsehen, ist zunächst die Frage nach Eigenart und Zweck der Zivilhaft bzw. der einzelnen Zivilhaftarten zu beantworten. Als Eigentümlichkeit ist vorrangig die bereits erwähnte kurze Haftdauer zu notieren, und zwar bei allen Zivilhaftarten. Dagegen ist bezüglich der Zweckausrichtung nach den einzelnen Haftarten zu differenzieren. Eine Ausnahme gilt nur für die Zwangs- und die Erzwingungshaft: Sie sind (auch) von der Zielsetzung her deckungsgleich: Beide Haftarten sollen ein bestimmtes Verhalten erzwingen. Demgegenüber dient die Sicherungshaft, wie schon ihr Name sagt, Sicherungszwecken.

Schwieriger ist die Bestimmung des Ordnungshaftzwecks. Einen gewissen Aufschluß über Charakter und Zielsetzung der Ordnungshaft geben die Materialien zum EGStGB (Art. 6 ff EGStGB haben den Begriff der Ordnungsmittel eingeführt). Nach Abschnitt II Nr. 12 der Einleitung der amtlichen Begründung zum Regierungsentwurf des EGStGB sind die Ordnungsmittel und damit die dazugehörende Ordnungshaft als „repressive Rechtsfolgen für einen vorausgegangenen Ordnungsverstoß" einzustufen (BT-Drucks. 7/550, 195; siehe auch BT-Drucks. 7/1261, 3). Das Ordnungsmittel ist daher als staatliche Sanktion zu verstehen, mit dessen Einsatz ein nach der Rechtsordnung fehlerhaftes Verhalten geahndet werden soll (*Wessels* 1966, 588). Damit ist materiell gesehen das Ordnungsmittel als Strafe zu verstehen (BVerfGE 20, 323 [331]; 58, 159 [163]). Dieser Einordnung steht nicht Art. 5 EGStGB entgegen. Mit dieser Vorschrift ist zwar für die hier in Rede stehenden Sanktionen die Bezeichnung „Strafe" gerade abgeschafft worden. Damit sollen die Ordnungsmittel jedoch nur von den Kriminalstrafen, d. h. von den nach dem materiellen Strafrecht verhängten Strafen, abgegrenzt werden. Ihnen soll aber keineswegs der Strafcharakter schlechthin genommen werden.

Mit der Charakterisierung der Ordnungsmittel als Ahndungsmaßnahmen ist allerdings die Frage, welchen Zwecken die Ahndung durch Ordnungsmittel dient, noch ungeklärt. Die Einstufung als Strafe im materiellen Sinn legt es nahe, die bei der Kriminalstrafe erörterten Strafzwecke der Vergeltung, der Generalprävention sowie der Spezialprävention in Form der Resozialisierung, der Abschreckung des Täters von weiteren

Straftaten und der Sicherung der Allgemeinheit auch den Ordnungsmitteln zuzuordnen. Für Vergeltung ist im Ordnungsmittelrecht jedoch kein Raum. Vergeltung bedeutet Ausgleichung sozialethischer Schuld. Ein derartiges Unwerturteil trifft aber den mit Ordnungsmitteln geahndeten Rechtsverstoß nicht (*Wessels* 1966, 588). Vielmehr geht es schon von der Bezeichnung der Rechtsfolge her nur um „Ordnung" der Verhältnisse. Auch inhaltlich gesehen haben die in Rede stehenden Rechtsverletzungen nicht den Stellenwert im Vergleich zu den Straftaten, die eine sozialethische Mißbilligung rechtfertigen.

Angesichts der sozialethischen „Neutralität" der mit Ordnungsmitteln geahndeten Rechtsverstöße ist auch noch anderen (Kriminal-)Strafzwecken die Grundlage für eine Geltung im Ordnungsmittelrecht entzogen. Zu nennen sind die spezialpräventiven Zwecke der Resozialisierung und der Sicherung der Allgemeinheit vor weiteren „Taten" während der Zeit der Inhaftierung (so auch *Böhm* 1986a, 245). Dieses Ergebnis findet Bestätigung im Strafvollzugsgesetz. Die Resozialisierung des Kriminalstraftäters ist nach § 2 S. 1 StVollzG ausdrückliches Ziel des Vollzugs der Freiheitsstrafe. Zu den weiteren Vollzugsaufgaben gehört nach § 2 S. 2 StVollzG der Schutz der Bevölkerung vor erneuten Straftaten des Verurteilten, bezogen auf den Zeitraum der Haft. Diese Zielsetzung bzw. Aufgabenzuweisung gilt aber nur für den Vollzug der Strafhaft, nicht auch für den der Ordnungshaft. § 171 StVollzG erklärt allein die §§ 3 ff StVollzG für entsprechend anwendbar; gerade § 2 StVollzG ist ausgeschlossen.

Übrig bleiben als mögliche Ahndungszwecke der Ordnungshaft die Spezialprävention in der Form der Abschreckung des „Täters" vor weiteren Rechtsverstößen und die Generalprävention. Diesen Strafzwecken ist auch ihre Gültigkeit im Ordnungsmittelrecht zuzusprechen (*Winter* 1987, 53).

Die Frage, inwieweit die §§ 3 – 122 StVollzG bei Berücksichtigung des dargelegten Zwecks und der Eigenart der Zivilhaft auf ihren Vollzug anwendbar sind, läßt sich – negativ formuliert – *pauschal* wie folgt beantworten: Die Normen des 2. Abschnitts des Strafvollzugsgesetzes, die ausschließlich auf die Resozialisierung des Straftäters abstellen und zur Verwirklichung dieses Zieles Behandlungsmaßnahmen vorsehen bzw. allein aus diesem Grund dem Inhaftierten Beschränkungen auferlegen, kommen im Zivilhaftvollzug nicht zum Tragen. Dieses generelle Fazit steht in Einklang mit der einhelligen Meinung in der Literatur (*Calliess/Müller-Dietz* 1986, § 171 StVollzG Rdn 2; *Feest/Seibert* in AK 1982, § 171 StVollzG Rdn 3; *Grunau/Tiesler* 1982, § 171 StVollzG Rdn 1); es entspricht auch den erklärten Absichten des Gesetzgebers (s. die amtliche Begründung zu § 157 RE StVollzG (= § 171 StVollzG), BT-Drucks. 7/918, 100; Prot. SondA., 1886). Die Erklärung für dieses Ergebnis liegt auf der Hand: Keine der Zivilhaftarten bezweckt die Resozialisierung des Inhaftierten i. S. d. § 2 S. 1 StVollzG.

Welche Konsequenzen aus diesem pauschalen Ergebnis für die Anwendbarkeit der *einzelnen* Regelungen der §§ 3 – 122 StVollzG zu ziehen sind, kann an dieser Stelle nicht eingehend erörtert werden; insoweit wird auf die Ausführungen bei *Winter* (1987, 73 ff) verwiesen. Hier soll nur beispielhaft auf einen für jeden Zivilhaftgefangenen relevanten Punkt eingegangen werden: auf die Frage, ob Zivilhaft in einer offenen oder geschlossenen Anstalt zu vollziehen ist. Die Praxis greift grundsätzlich auf den geschlossenen Vollzug zurück. Dieses Vorgehen steht jedoch nicht in Einklang mit der gesetzlichen Regelung. § 171 StVollzG gebietet die analoge Anwendung des § 10 Abs. 1

StVollzG im Zivilhaftvollzug. Zwar stellt der offene Vollzug als besonders geeignetes „Übungsfeld sozialen Verhaltens" (*Ittel* in Schwind/Böhm 1982, § 10 StVollzG Rdn 1) eine der wichtigsten Behandlungsmaßnahmen dar (*Calliess/Müller-Dietz* 1986, § 10 StVollzG Rdn 1; *Ittel* in Schwind/Böhm 1983, § 10 StVollzG Rdn 3; *Quensel* in AK 1982, § 10 StVollzG Rdn 1). So gesehen ist der Zivilhaftgefangene mangels Behandlungsbedürftigkeit hier fehl am Platz. Auf der anderen Seite soll in entsprechender Anwendung des § 3 Abs. 1 und 2 StVollzG auch im Zivilhaftvollzug das Anstaltsleben möglichst den allgemeinen Lebensverhältnissen angepaßt und schädlichen Folgen des Freiheitsentzuges entgegengewirkt werden. Diese Prinzipien umfassend zu verwirklichen, soll gerade der offene Vollzug gewährleisten. Damit entspricht der offene Vollzug durchaus den Bedürfnissen der Zivilhaft. Dies gilt um so mehr, als die Zwecke der Zivilhaft durch den Freiheitsentzug als solchen erreicht werden sollen. Über die bloße Freiheitsentziehung hinausgehende Einschränkungen sind soweit wie möglich zu vermeiden. Damit bietet sich der offene Vollzug, der einerseits relativ geringe Beschränkungen mit sich bringt, andererseits durchaus Freiheitsentzug darstellt, für den Vollzug der Zivilhaft geradezu an.

Allerdings ist § 10 StVollzG nur unter der Bedingung des § 201 Nr. 1 StVollzG (geschlossener Vollzug, solange die räumlichen, personellen und organisatorischen Verhältnisse dies erfordern) anwendbar. Die Übergangsregelung wird im Rahmen des Zivilhaftvollzuges jedoch kaum eingreifen. Angesichts der geringen Zahl von Zivilhaftgefangenen einerseits und der (wohl) nicht vollständigen Ausnutzung der Haftraumkapazität im offenen Vollzug andererseits dürfte die Unterbringungsfrage i. S. d. § 10 Abs. 1 StVollzG zu entscheiden sein. Folglich sind Zivilhaftgefangene unter den Voraussetzungen dieser Vorschrift – zu den Voraussetzungen bei entsprechender Anwendung des § 10 StVollzG siehe *Winter* 1987, 95 f – im offenen Vollzug unterzubringen.

2.5 Die sozialtherapeutische Anstalt*

2.5.1 Vorgeschichte

In den ersten beiden Jahrzehnten nach dem Zweiten Weltkrieg fanden bei uns die Angehörigen der Randgruppen wenig Beachtung. Bis in die Mitte der 60er Jahre – die existenziellen Sorgen der Nachkriegszeit waren längst vergessen – konnte man im Strafvollzug noch keine Impulse für Entwicklung und Reform verspüren. Die Gefangenen lebten vielfach in einer Mangelsituation, gekennzeichnet durch überbelegte Anstalten, unzureichende Ausstattung und einen nicht mehr zeitgemäß kargen Speisezettel. Das Büchlein von *Rollmann* (Strafvollzug in Deutschland 1967) und der Alternativentwurf eines Strafgesetzbuches (AEStGB) aus dem Jahre 1966 sind Signale einer sich

* *Karl Peter Rotthaus*, Dr. jur., geb. 1928, studierte an den Universitäten Mainz und München, 1957 Assessorexamen, Promotion 1959 über ein rechtsgeschichtliches Thema. Seit diesem Jahre im Vollzugsdienst tätig. 1968 Leiter der Strafvollzugsschule Nordrhein-Westfalen, 1973 Leiter der Sozialtherapeutischen Modellanstalt Gelsenkirchen, 1981 Referent im Justizministerium des Landes NRW, 1984 Präsident des Justizvollzugsamts Köln, Stellvertretender Schriftleiter der „Zeitschrift für Strafvollzug und Straffälligenhilfe", Mitherausgeber der „Neuen Zeitschrift für Strafrecht (NStZ)".

wandelnden Einstellung. Das genannte Taschenbuch kritisierte den deutschen Strafvollzug besonders auch auf dem Hintergrund der Entwicklung im Ausland. Der AEStGB enthielt im Gegensatz zu dem damals geltenden StGB wesentliche Vorgaben für den Strafvollzug. Unter anderem forderte er die Einrichtung sozialtherapeutischer Anstalten. Mit der Verabschiedung des 2. Strafrechtsänderungsgesetzes im Jahre 1969 erreichte diese neue Bewegung ihren Höhepunkt. Die Zuchthausstrafe wurde abgeschafft und – ebenso wie die milderen Formen des Freiheitsentzuges: Gefängnis und Haft – durch die Einheitsstrafe (Freiheitsstrafe) ersetzt. Die Strafbarkeit homosexueller Handlungen unter erwachsenen Männern wurde beseitigt, um nur zwei wichtige Neuerungen zu nennen. Damit wurden markante Reformforderungen, die kurze Zeit vorher noch unerfüllbar schienen, Wirklichkeit. Gleichzeitig sah das Gesetz die Einrichtung sozialtherapeutischer Anstalten im Sinne des AEStGB vor.

Mit der Maßregel der Unterbringung in einer sozialtherapeutischen Anstalt erhielt die Sicherungsverwahrung, die in erster Linie dem Schutz der Gesellschaft vor Straftaten dient, ein therapeutisches Gegenstück. In diesen Anstalten sollten erheblich straffällig gewordene Rechtsbrecher zum Zwecke der Behandlung auf relativ unbestimmte Zeit verwahrt werden. In § 65 des reformierten StGB wurden im Umfang einer Druckseite die Voraussetzungen für die Anordnung dieser neuen Maßregel der Besserung und Sicherung festgelegt, insbesondere die betroffenen Gruppen der Straftäter umschrieben.

Danach sollte der Strafrichter für folgende vier Gruppen von Straffälligen die Unterbringung in einer sozialtherapeutischen Anstalt anordnen:

- Sexuelle Triebtäter,
- Chronisch-Kriminelle, die eine schwere Persönlichkeitsstörung aufweisen,
- Hangtäter unter 27 Jahren,
- Schuldunfähige und vermindert Schuldfähige, wenn eine sozialtherapeutische Behandlung eher Erfolg verspricht als eine psychiatrische.

Voraussetzung für die Einweisung sollte jeweils – jedoch mit Ausnahme der jüngeren Hangtäter – die Eignung für die sozialtherapeutische Behandlung sein. Mit der letztgenannten, vierten Gruppe von Verurteilten hat sich bis heute noch keine Sozialtherapeutische Anstalt beschäftigt, wohl weil sie in den psychiatrischen Landeskrankenhäusern dem Gesichtskreis des Strafvollzugs entrückt ist. Im übrigen stieß die Regelung des § 65 StGB, insbesondere soweit es um die Gruppe der Chronisch-Kriminellen ging, auf vielfältige Kritik: Der Begriff der schweren Persönlichkeitsstörung sei ein juristisches Konstrukt, das in den zuständigen Humanwissenschaften (Psychiatrie, Psychologie, Pädagogik) keine Entsprechung habe. – Die Vorstellung einer Persönlichkeitsstörung suche die Ursache der Kriminalität einseitig beim Verurteilten und blende die sozialen Zusammenhänge für das Entstehen von Kriminalität aus. – Die hochangesetzten strafrechtlichen Vorbelastungen müßten dazu führen, daß Sozialtherapie zu spät angeordnet würde, wenn die Straftäter durch eine lange kriminelle Karriere und die Prisonisierungsfolgen langjähriger Aufenthalte im Vollzug zur therapeutischen Behandlung nicht mehr geeignet seien. – Vor allem aber sei die Vorschrift zu kompliziert, so daß sie die Gerichte vor Aufgaben stelle, die auch mit Hilfe von Gutachtern nicht zu lösen seien.

Die praktische Bewährungprobe ist dieser Vorschrift erspart geblieben. Während man bei Erlaß des Gesetzes glaubte, die Landesjustizverwaltungen könnten die erforderlichen Einrichtungen innerhalb von drei Jahren bereitstellen, entwickelten sich schon die Erprobungsanstalten nur sehr zögernd. Nach zwei Verschiebegesetzen wurde § 65 StGB im Jahre 1984 gestrichen, ohne je in Kraft getreten zu sein. Diese Entwicklung hat den Landesjustizverwaltungen schon früh den Vorwurf eingetragen, sie betrieben Sozialtherapie als Alibi (*Heinz/Korn* 1973) oder nähmen den Auftrag des Gesetzgebers nicht ernst (*Ostermeyer* 1975). Der Vorwurf ist in dieser Form nicht berechtigt. Die Einrichtung sozialtherapeutischer Anstalten im Justizvollzug muß in einem größeren Zusammenhang gesehen werden. Dabei ist freilich einzuräumen, daß der Grundgedanke des § 65 StGB, bestimmten Gruppen von Straffälligen einen Anspruch auf sozialtherapeutische Behandlung zu geben, durch die Streichung der Vorschrift fallengelassen wurde. Heute wählen sich die Sozialtherapeutischen Anstalten im Rahmen ihrer Aufnahmefähigkeit und ihren je unterschiedlichen Behandlungskonzepten nach ihrem Ermessen zu Freiheitsstrafe verurteilte Gefangene zur Behandlung aus (vgl. unten 2.5.2; 2.5.3).

2.5.1.1 Das medizinische Modell

Beginnend in den frühen Nachkriegsjahren hatte sich in den USA, in den skandinavischen Ländern und den Niederlanden ein neues Modell für den Umgang mit schwerwiegend straffällig gewordenen Menschen entwickelt. Den Gefangenen sollte nicht mehr Vergeltung und Sühne auferlegt, sondern Hilfe und Behandlung bis hin zur Psychotherapie angeboten werden. Dieser Ansatz zur Bekämpfung der Rückfallkriminalität wurde später als das ‚Medizinische Modell' bezeichnet. Es beruhte auf damals neuartigen Erkenntnissen über die Gefangenen und ihre Umwelt. Danach kommen die meisten der vielfach Rückfälligen bei einem ganz normalen Begabungsprofil deshalb immer wieder mit dem Gesetz in Konflikt, weil sie nicht gelernt haben, ein bürgerlich normales Leben zu führen (*Calliess/Müller-Dietz* 1986, Rdn 3 zu § 9 StVollzG). Als Ursache des Versagens erkannte man, daß dieser Personenkreis durchweg ungünstige Sozialisationsbedingungen (unvollständige Familie, Heimerziehung, Armut) erlebt hatte und dadurch in Schule, Beruf und Privatleben gewissermaßen den Anschluß verpaßt hatte. Aufgabe des Strafvollzugs sei es deshalb, dem Gefangenen nicht weiteres Übel zuzufügen, sondern seine Defizite durch Behandlung auszugleichen. Auf dieser Grundlage entstanden die therapeutischen Anstalten in Dänemark (Herstedvester) und in den Niederlanden (Utrecht, v. d. Hoeven-Klinik). Diese Behandlungseinrichtungen erlangten in Deutschland einen guten Ruf, so daß sie zu Vorbildern für die sozialtherapeutischen Anstalten wurden (*Roosenburg* 1969, *Stürup* 1968). Im Jahre 1969 war diese Bewegung im Ausland freilich bereits ins Stocken geraten. Einmal hatte sich gezeigt, daß der hohe Aufwand an Behandlung nur begrenzten Erfolg hatte. Außerdem wurden rechtsstaatliche Bedenken erhoben: Die vom Strafrichter verordnete Therapie stelle einen verfassungsrechtlich und menschlich nicht zu verantwortenden Eingriff in das Selbstbestimmungsrecht der Betroffenen dar (*Egg* 1984, 54 ff).

2.5.1.2 Schwierigkeiten beim Aufbau sozialtherapeutischer Anstalten

Der Auftrag des Gesetzgebers an die Landesjustizverwaltungen, im Bereich des Justizvollzuges sozialtherapeutische Anstalten einzurichten, traf auf ein in traditionellen Strukturen erstarrtes System; er löste deshalb Verwirrung und Widerstand aus. Dabei wurde die Zumutung darin gesehen, Rechtsbrechern in Form von Zuwendung und therapeutischer Behandlung auch noch „Gutes" zu tun. Zum Konflikt kam es, als Lockerungen des Vollzuges, größere Bewegungsfreiheit innerhalb der Anstalt, Ausführungen mit Anstaltsbediensteten, Ausgang und Urlaub, von den von außerhalb des Vollzuges angeworbenen Therapeuten (Ärzten, Psychologen, Sozialarbeitern) zu Bestandteilen und unabdingbaren Voraussetzungen erfolgreicher Behandlung erklärt wurden. Im Falle der sozialtherapeutischen Anstalt Düren stellte sich die öffentliche Meinung mit leidenschaftlichem Nachdruck auf die Seite der angeblich gefährdeten Ordnung und Sicherheit (*Rasch* 1977). Es kam zu lebhaften und streitigen Erörterungen im parlamentarischen Raum. Ein Zeitungsredakteur wurde mit einem Preis belohnt, weil er nach seiner eigenen Meinung und der Meinung der Preisverleiher einen Gefängnisskandal aufgedeckt hätte. Tatsächlich waren eine Reihe von Anlaufschwierigkeiten der neu eingerichteten sozialtherapeutischen Anstalt bekanntgeworden, Schwierigkeiten, wie sie sich später in verschiedenen Bereichen des Vollzuges wiederholten, ohne daß diese dann als Skandal bewertet worden wären. Diese Schwierigkeiten sind heute überwunden. Die sozialtherapeutischen Anstalten haben die Erfahrung gemacht, daß großzügige und möglichst frühzeitige Vollzugslockerungen (vgl. unten S. 347 ff) kein Beweis für eine erfolgreiche Therapie sind. Die Öffentlichkeit und die Massenmedien haben gelernt, daß auch in anderen Vollzugsanstalten Mißbräuche der heutigen größeren Bewegungsfreiheit der Gefangenen innerhalb der Anstalten und Lockerungsverstöße vorkommen. Was aber wichtiger ist, die sozialtherapeutischen Anstalten haben bewiesen, daß therapeutische Behandlung von Straftätern in unserem Lande möglich ist und trotz aller Unkenrufe der Kritiker dieser Bemühungen auch im Justizvollzug erfolgreich durchgeführt werden kann (*Driebold* u. a. 1984, *Egg* 1984, *Rotthaus* 1981).

2.5.2 Bedarf und Angebot an Behandlungsplätzen

Umstritten und bis heute unbeantwortet blieb die Frage, wie groß der Anteil der Gefangenen ist, die sozialtherapeutischer Behandlung bedürfen und zugleich für diese aufwendige Maßnahme geeignet sind. Zwar zeigt ein großer Teil der Strafgefangenen erhebliche psychische Auffälligkeiten. In der Mehrzahl der Fälle indessen empfiehlt es sich, diese Störungen indirekt anzugehen und den Gefangenen Interventionen wie schulische oder berufliche Fortbildung und ein soziales Training zu vermitteln. Diese Maßnahmen sind auch weniger zeitaufwendig als Sozialtherapie, die durchweg zwei bis drei Jahre in Anspruch nimmt. In Nordrhein-Westfalen ging man Anfang der 70er Jahre von einem Bedarf von etwa 500 sozialtherapeutischen Haftplätzen aus; das entsprach 5 % des Gefangenenbestandes. Es sollten zwei große Anstalten mit 250 Plätzen errichtet werden. Diese Planung stieß bei Fachleuten und bei der interessierten Öffentlichkeit auf Bedenken. Die Fachleute bezweifelten, daß in so großen Anstalten therapeutische Arbeit möglich sei. Die Öffentlichkeit aber protestierte leidenschaftlich und meist erfolgreich gegen solche Einrichtungen, weil sie eine Beeinträchtigung des sozialen Umfeldes und eine Gefährdung der Bürger in der Nachbarschaft befürchtete (*Treiber* 1973). Die Verengung der Rahmenbedingungen der öffentlichen Haushalte führte dazu, daß es neben Erprobungsanstalten in älteren Gefängnisbauten nur wenige Neubauten gibt. An dem nachstehend aufgeführten Bestand an sozialtherapeutischen Anstalten wird sich in übersehbaren Zeiträumen nichts ändern:

Bundesland	Sozialtherapeutische Anstalten	Belegungsfähigkeit	
Baden-Württemberg	Ludwigsburg	68	
Bayern	Erlangen	41	
Berlin	Berlin-Tegel	160	
Hamburg	Hamburg-Bergedorf	31	
Hamburg	Hamburg-Altengamme	60	
Hessen	Kassel	60	
Niedersachsen	Bad Gandersheim	24	
Nordrhein-Westfalen	Düren	32	
Nordrhein-Westfalen	Gelsenkirchen	54	
Nordrhein-Westfalen	Köln (Übergangshaus d. JVA Düren)		28
	für sozialtherap. Fälle genutzt	9	
Rheinland-Pfalz	Ludwigshafen	68	
Schleswig-Holstein	Lübeck für Männer	28	
	für Frauen		14
		635	

Das entspricht etwas mehr als 1 % der Haftplätze in der Bundesrepublik und West-Berlin. Dieses Angebot reicht nicht aus. Doch dürfte, auch wenn sich durch die Zurückdrängung der Freiheitsstrafe unter den Gefangenen mehr schwierige Persönlichkeiten finden, mit der Kapazität von 2 – 3 % der Durchschnittsbelegung auszukommen sein. Denn während Anfang der 70er Jahre die Sozialtherapie für viele Gefangene die einzige Chance war, dem Regelvollzug in geschlossenen Anstalten zu entgehen, haben sie heute durch das Angebot anderer Hilfen und besonders durch die erheblich vermehrte Zahl von Haftplätzen in offenen Vollzuganstalten in – wenn auch begrenztem Umfang – Wahlmöglichkeiten. Damit lassen sich gleichzeitig – wiederum mit Einschränkungen – Fragen der Therapiemotivation leichter lösen. Es hat sich gezeigt, daß Sozialtherapie nur aussichtsreich ist, wenn der Gefangene zur Behandlung motiviert ist und freiwillig an ihr mitwirkt.

2.5.3 Die gesetzliche Grundlage der sozialtherapeutischen Anstalten

Obwohl der niemals in Kraft getretene § 65 StGB des 2. StÄndG inzwischen gestrichen wurde, fehlt es heute den sozialtherapeutischen Anstalten nicht an einer gesetzlichen Grundlage. Sie ist im Strafvollzugsgesetz (StVollzG) zu finden, das vor mehr als 10 Jahren, am 01. 01. 1977, in Kraft trat.

Die grundlegende Vorschrift des § 9 StVollzG ermöglicht, einen Gefangenen mit seiner Zustimmung in eine sozialtherapeutische Anstalt zu verlegen, „wenn die besonderen therapeutischen Mittel und sozialen Hilfen dieser Anstalt zu seiner Resozialisierung angezeigt sind". Für die Ausgestaltung des Vollzuges in diesen Anstalten finden sich einige Sonderregeln in den §§ 123 – 126 StVollzG. Damit gibt es für die sozialtherapeutischen Anstalten zwar eine Institutionsgarantie, der Umfang des Angebots von Behandlungsplätzen in sozialtherapeutischen Anstalten wird aber von den Justizverwaltungen ebenso bestimmt wie deren personelle und sachliche Ausstattung. Die Verwaltung (zur Vollzugsverwaltung vgl. oben S. 31 ff) entscheidet also, welche Einrichtungen als sozialtherapeutische Anstalten gelten. Äußere Ausgestaltung und Behandlungskonzept der Anstalten weichen deshalb erheblich voneinander ab. Das ist der Nachteil dieser sogenannten „Vollzugslösung", die für viele deshalb eine Enttäuschung bedeutete (*Kaiser* 1982, *Schöch* 1982). Die „Maßregellösung" des § 65 StGB hätte dagegen die Justizverwaltungen gezwungen, Anstalten mit der erforderlichen Zahl von Plätzen zur Einweisung durch die Gerichte bereitzuhalten. Es ist anzunehmen, daß dann weit mehr sozialtherapeutische Anstalten hätten eingerichtet werden müssen.

2.5.4 Leitung und Organisationsstruktur

Unter dem Einfluß der ausländischen Vorbilder hatte § 65 StGB bestimmt, daß die sozialtherapeutischen Anstalten von einem Arzt geleitet werden sollten. Das historisch gewachsene Juristenmonopol für die Leitung von Justizvollzugsanstalten sollte für die Sozialtherapie durch ein Medizinermonopol ersetzt werden. Diese Entscheidung war nicht überzeugend zu begründen, da Gefangene mit psychiatrischen Behandlungsbedürfnissen auch nach der damals geplanten Maßregellösung nicht in die sozialtherapeutischen Anstalten aufgenommen werden sollten. Ich begrüße es deshalb, daß die Praxis in Übereinstimmung mit § 156 StVollzG verschiedene Leitungsmodelle entwickelt hat. Es gibt sozialtherapeutische Anstalten, die von Juristen, von Ärzten oder von Psychologen geleitet werden. Eine Doppelspitze unter Beteiligung eines Juristen, wie sie vom Fachausschuß V des Bundeszusammenschlusses für Straffälligenhilfe vorgeschlagen und für die beiden Anstalten in Nordrhein-Westfalen eingeführt wurde, hat für mich wichtige Vorzüge (Bundeszusammenschluß für Straffälligenhilfe 1973, 22). In den Sozialtherapeutischen Anstalten wird es schon wegen ihrer Einbindung in den Justizvollzug immer Spannungen im Verhältnis zu anderen Vollzugsanstalten und zu den gemeinsamen Aufsichtsbehörden geben. Diese Spannungen lassen sich einfacher innerhalb der Anstalt im Gespräch der Leiter und in Diskussionen in den Konferenzen aufarbeiten als im Wege schriftlicher Berichte und Verfügungen im Verkehr von Anstalt und Aufsichtsbehörde. Ebenso läßt sich der unaufhebbare Zielkonflikt von sicherer Verwahrung einerseits und wirksamer Behandlung andererseits am ehesten in von gegenseitigem Verständnis getragenen mündlichen Auseinandersetzungen bearbeiten. Beide Seiten können und müssen voneinander lernen, wenn Sozialtherapie gelingen soll. So wird der juristische Leiter z. B. bald erkennen, daß ein Therapeut einen ihm körperlich überlegenen Insassen ohne besonderes Risiko ausführen kann. Die therapeutische Beziehung garantiert, solange sie nicht gestört ist, die Sicherheit besser als körperliche Gewandtheit, Fesseln oder Waffen. Andererseits werden der Therapeutische Leiter und die anderen Therapeuten auch Verständnis gewinnen für so manche Bedenken und Rücksichten, die die Leitung einer Justizvollzugsanstalt zu berücksichtigen hat. Das gilt besonders für manche Sicherheitsvorschriften, deren Anwendung im Einzelfall wenig einleuchten mag, die jedoch im Blick auf die Organisation der Anstalt als Ganzes notwendig sind. Ich bin sogar überzeugt, daß durch eine solche Funktionsteilung die Therapie freier wird. Der Therapeutische Leiter kann seine Anliegen unbefangener und entschiedener vorbringen, wenn er weiß, daß die ihm seiner Funktion nach ferner liegenden Überlegungen von der Seite des juristischen Leiters vertreten werden.

2.5.4.1 Konferenzen

Neben der (Psycho-)Therapie im engeren Sinne (vgl. hierzu eingehend unten S. 297 ff) kommt den verschiedenen Lernfeldern im Anstaltsleben eine mindestens gleichwichtige Bedeutung zu. Ich meine das enge Zusammenleben von acht bis zwölf Insassen mit dem Wohngruppenleiter, der in der Regel Sozialarbeiter sein wird, und den weiteren Wohngruppenbeamten, die dem allgemeinen Vollzugsdienst angehören. Ich denke auch an die schulische und berufliche Fortbildung, an die Freizeitaktivitäten und die Anknüpfung und Fortentwicklung von Kontakten zur Außenwelt. Auf allen diesen Gebieten müssen die Mitarbeiter der Anstalt in ein und demselben Sinne mit den einzelnen Insassen sprechen. Eine solche gleichsinnige Behandlungsweise setzt voraus, daß alle Beobachtungen in der Anstalt und sonstwie gewonnene Erkenntnisse über den Bewohner ausgetauscht und bei der Festlegung der Behandlung im weitesten Sinne verwertet werden (vgl. *Rotthaus* 1975, 83 ff). Das gilt besonders, wenn später über Anträge des Insassen auf Ausführung, Ausgang, Urlaub oder andere Lockerungen zu entscheiden ist. Sozialtherapeutische Anstalten haben deshalb stets eine sehr differenzierte Konferenzverfassung. Bei einer Doppelspitze ist dem Therapeutischen Leiter eine Behandlungskonferenz zugeordnet, in der die Therapeuten das Übergewicht haben und so die Einzelheiten der Therapieplanung festlegen. Dem (juristischen) Anstaltsleiter ist die Personalkonferenz zugeordnet, der alle Mitarbeiter angehören und die besonders dem Informationsaustausch dient. Die Insassen sind von diesem Informationsaustausch nicht ausgeschlossen. Sie können zu den Konferenzen von Fall zu Fall hinzugezogen werden. In allen Anstalten gibt es aber auch Wohngruppensitzungen und Plenarversammlungen, bei denen die Insassen in der Mehrzahl sind und im Mittelpunkt stehen. Das Konferenzsystem hat den Sinn, die Entscheidungsqualität zu verbessern und alle Mitarbeiter und Insassen in den Stand zu setzen, die Entscheidungen zu verstehen und, soweit es notwendig ist, mitzutragen und zu vertreten. Es liegt nahe, noch einen Schritt weiterzugehen und die Entscheidungen demokratisch zu treffen. Eine solche Organisation empfiehlt sich jedoch nicht für ein Team, das aus so unterschiedlich qualifizierten Mitgliedern zusammengesetzt ist wie der Stab einer sozialtherapeutischen Anstalt. Das Konferenzsystem führt jedoch unabhängig von der rechtlichen Ausgestaltung eine Klimaveränderung herbei. Gelingt der regelmäßige Informationsaustausch und wächst damit das Verständnis der verschiedenen Mitarbeitergruppen füreinander, so bedeutet das auch einen entscheidenden Schritt zur Demokratisierung. – Konferenzen sind freilich sehr zeitaufwendig. Es hat sich deshalb bewährt, die Aufstellung und Fortschreibung des Behandlungsplans für einen Gefangenen in Ausschüssen vorzubereiten, in denen nur die Mitarbeiter vertreten sind, die mit dem betreffenden Insassen ständigen Kontakt halten. In einer solchen Kleingruppe kann der Gefangene selbst und können die Angehörigen des allgemeinen Vollzugsdienstes, die sich in großen Konferenzen oft zu sehr zurückhalten, unbefangen zu Wort kommen.

2.5.4.2 Aufgaben des juristischen Leiters

Der Tätigkeitsbereich des juristischen Leiters einer Sozialtherapeutischen Anstalt unterscheidet sich erheblich von der eines anderen Anstaltsleiters. Dabei ist zunächst überraschend, daß der unmittelbare Kontakt zu den Insassen eine geringere Rolle spielt als beim Leiter einer normalen Justizvollzugsanstalt. Kommt es dort – nehmen wir an – nach (unerlaubtem) Alkoholgenuß zu einer Unruhe, so ist meist ohne besondere Sicherungsmaßnahmen wie Fesselung oder Unterbringung in der Beruhigungszelle nicht auszukommen. Es folgen Hausstrafverfahren und meist auch noch Beschwerden, mit denen sich der Anstaltsleiter auseinandersetzen muß. Die Sozialtherapeutische Anstalt ist so organisiert und mit entsprechend ausgebildetem Personal so reichlich ausgestattet, daß sie mit solchen Vorfällen an der Basis selbständig fertig werden kann. Die Tätigkeit des Anstaltsleiters beschränkt sich dann darauf, den Vorfall in der Konferenz zur Diskussion zu stellen und dafür Sorge zu tragen, daß er auf den verschiedenen Ebenen der Anstalt in rechter Weise aufgearbeitet wird. So liegt das Schwergewicht der Arbeit des Anstaltsleiters auf dem Gebiet der Arbeit mit dem Personal und der Außenvertretung gegenüber den Aufsichtsbehörden, den örtlichen Behörden und öffentlichen Stellen, der Presse, der Nachbarschaft, um nur einige Beispiele zu nennen. Ich halte es für sehr wichtig, daß der Leiter einer Sozialtherapeutischen Anstalt hier seine Grenzen sieht und den Mitarbeitern zwar zur Verfügung steht, wenn sie seine Mitwirkung wünschen, sich aber nicht ohne zwingenden Grund in das Geflecht der Beziehungen auf der Ebene der Wohngruppe oder gar im unmittelbar (psycho-)therapeutischen Raum einmischt.

2.5.4.3 Mitarbeiter ohne therapeutisch orientierte Ausbildung

Der juristische Anstaltsleiter ist aber nicht der einzige in der Sozialtherapeutischen Anstalt ohne therapeutische Ausbildung. Da ist neben der Verwaltung die Gruppe des allgemeinen Vollzugsdienstes, die ständig den engsten Kontakt mit den Gefangenen hat. Es wird die Auffassung vertreten, Vertreter dieser Gruppe hätten in einer sozialtherapeutischen Anstalt nichts zu suchen. An der Feststellung ist soviel richtig, daß es hier Arbeitsplätze ohne Bezug zum therapeutischen Gesamtgeschehen nicht gibt. Auch ist es sicher einfacher, zu einer Übereinstimmung im Denken und Handeln zu kommen, wenn alle Mitarbeiter in ihrer Ausbildung einheitlich auf therapeutische Ziele orientiert sind. Es wird aber im Justizbereich in absehbarer Zeit nicht annähernd genügend Stellen geben, um die gesamte Wohngruppenarbeit Sozialarbeitern zu übertragen. Ich sehe in der Mitarbeit der Beamten des allgemeinen Vollzugsdienstes andererseits auch Vorteile. Einmal wird das therapeutische Team durch die Anwesenheit von „Nichtfachleuten" gezwungen, seine Zielvorstellungen für Laien verständlich auszudrücken und für sie zunächst einmal im Mitarbeiterstab zu werben. Die Übermittlung an die Klienten kann dann gewissermaßen auf breiter Front in einer diesen verständlichen Weise geschehen. Außerdem bedeutet die größere soziale Nähe der Mitarbeiter des allgemeinen Vollzugsdienstes auch einen Gewinn an Realitätsnähe der therapeutischen Arbeit.

2.5.4.4 Ausbildung für die Sozialtherapie – Sozialtherapeutische Anstalten als Ausbildungsstätten

Allerdings müssen die Mitarbeiter des Allgemeinen Vollzugsdienstes und der Verwaltung sorgfältig ausgewählt und für ihre Arbeit besonders ausgebildet werden. Sie sollten den „Normalvollzug" kennen, um die Vorgeschichte der Bewohner besser zu verstehen, doch dürfen sie im allgemeinen nicht zu alt an Lebens- und an Dienstjahren im Normalvollzug sein. Ein gewisser Wechsel zwischen Sozialtherapie und Normalvollzug wird besonders letzterem nützen. Es ist sinnvoll, bewährte Mitarbeiter aus der Sozialtherapie in Beförderungsstellen anderer Anstalten zu bringen. Daneben kann eine hinreichend stabile Sozialtherapeutische Anstalt als Ausbildungsstätte dienen, ist sie doch der lebendige Beweis, wieviel geheiligte Grundsätze der Sicherheit und Ordnung verzichtbar sind, ohne daß deshalb der Himmel einstürzt (*Rotthaus* 1970). Gerade in einer Zeit, wo die Einrichtung von weiteren Sozialtherapeutischen Anstalten auf Schwierigkeiten stößt, sehe ich in dieser indirekten Möglichkeit einer Veränderung der gesamten Vollzugslandschaft eine wichtige Chance.

2.6 Maßregelvollzug

2.6.1 Sicherungsverwahranstalten*

2.6.1.1 Die Sanktion

Im Rottwelsch neuerer Zeit ist die Sicherungsverwahrung der „Hammer". Eine Verurteilung zu einer begrenzten Freiheitsstrafe mit anschließender Sicherungsverwahrung wird „Rucksack mit Hammer" genannt. Der „Rucksack" wird abgelegt, wenn er urteilsgemäß, d. h. schuldangemessen getragen wurde. Der vom "Hammer" Getroffene weiß nicht, ob und wann er sich jemals wieder erheben wird; die Dauer der ihn treffenden Sanktion ist nicht nach der Schuld bemessen, sondern vom Maß seiner Gefährlichkeit bestimmt.

In der Rechtssprache heißt es: „Die Sicherungsverwahrung sollte so gestaltet werden, daß ihr Charakter als *eine letzte Maßnahme der Kriminalpolitik* deutlich wird" (vgl. *Hanack* in LK § 66 Rdn 1 und 14).

Verhängt wird die Sicherungsverwahrung nach § 66 StGB in seiner reformierten Fassung (durch das 1. StrRG § 42e u. das 2. StrRG § 66). Voraussetzungen sind zunächst Vorverurteilungen zu Freiheitsstrafen in spezifizierter Tatbestandsform (§ 66 Abs. 1 Nr. 1 u. 2); ferner muß der Täter infolge eines Hanges zu erheblichen Straftaten, namentlich zu solchen, durch welche die Opfer seelisch oder körperlich schwer geschädigt werden oder schwerer wirtschaftlicher Schaden angerichtet wird, für die Allge-

* *Heinz Meyer-Velde*, Dr. jur., geb. 1926, war nach dem 2. Weltkrieg mehrere Jahre als Journalist tätig, Studium der Rechtswissenschaft in Göttingen, 1. juristisches Staatsexamen 1955, Promotion 1958 (Prof. Dr. *Friedrich Schaffstein*/Göttingen), 2. juristisches Staatsexamen 1959, sodann Rechtsanwalt in Berlin, seit Ende 1960 im Strafvollzug des Landes Hessen, bis Mitte 1969 Leiter verschiedener Justizvollzugsanstalten in Hessen, seit 1969 beim Hessischen Minister der Justiz (Abteilung Justizvollzug), seit 1987 Ltd. Ministerialrat.

meinheit gefährlich sein, wobei sich das Vorliegen dieser Voraussetzungen aus der Gesamtwürdigung der Persönlichkeit des Täters und seiner Tat ergeben muß (§ 66 Abs. 1 Nr. 3 StGB). Eine erste Unterbringung in der Sicherungsverwahrung ist auf 10 Jahre begrenzt (§ 67d Abs. 1 StGB), (zu der sich angesichts des Gefährlichkeits-Kriteriums hieraus ergebenden Problematik s. die ausführlichen Kommentierungen durch *Horstkotte* in LK § 67d Rdn 3 und aus der Praxis *Neu* 1976, 152 ff).; erst bei einer zweiten Verurteilung zur Sicherungsverwahrung wird der Täter dieser Maßregel auf unbestimmte Zeit unterworfen.

2.6.1.2 Historischer Exkurs

Zwar ist die Unterbringung gefährlicher Täter auf unbestimmte Zeit eine recht alte Sanktion in den Rechtssystemen, wenn auch jeweils auf unterschiedlicher rechtsdogmatischer Basis.

So heißt es z. B. in der Constitutio Criminalis Carolina von 1532 (CCC), daß ein bestimmter Täter

„. . . inn gefenknuss enthalten werden, biss er gnvgsam vnd gebürlich caution und bestandt thut, damit landt vnd leut vor jm versichert werden". (Vgl. Art. 195 [CXCV] CCC, s. a. Art. 176 [CLXXVI] CCC).

Ähnliche Ansätze zu sichernden Maßregeln finden sich auch bereits in der Constitutio Criminalis Bambergensis von 1507 und deutlich die unbestimmte Verwahrdauer im Allgemeinen Landrecht für die preußischen Staaten von 1794 (vgl. § 5 II 20 u. § 1160 ALR). Fast alle europäischen und viele außereuropäische Rechtsordnungen kennen oder kannten den durch Urteil nicht begrenzten Freiheitsentzug (vgl. z. B. „Sikkerhedsforwaring"/Dänemark, „Internierung"/Schweden und Belgien, frühere „preventive detention"/Großbritannien sowie die frühere „relegation"/Frankreich).

Indessen ist in der jüngeren Rechtsgeschichte die Sicherungsverwahrung als Sanktion grundsätzlich und in ihrer konkreten gesetzlichen Ausgestaltung nicht unstrittig. Nicht nur vereinzelt wird sie in Frage gestellt, und beachtliche Stimmen sind für ihre Abschaffung (vgl. hierzu *Hanack* in LK § 66 Rdn 8 u. 2 mit Hinweisen auf *H. Mayer, Hellmer, Lange-Hinrichsen*). Auf die „Widersprüchlichkeit eines Systems, das sich zwischen Strafe und Maßnahme nicht entscheiden kann" wiesen u. a. schon *De Mattia* (1956, 202) und *F. Bauer* (1957, 64) hin. In jüngster Zeit verstärken sich im internationalen Bereich die Tendenzen zur Einspurigkeit, u. a. in Gestalt einer Hinwendung zur schuldorientierten ggf. höheren Freiheitsstrafe beim gefährlichen Täter und notfalls der anschließenden Maßregel, der Unterbringung in einem Psychiatrischen Krankenhaus.

Als ein Indiz für die „Widersprüchlichkeit des Systems" erscheint die Begrenzung der Erst-Unterbringung in der Sicherungsverwahrung auf 10 Jahre (§ 67d StGB), eine von Anfang an bei der Entstehung der Reformbestimmungen zur Sicherungsverwahrung höchst umstrittene Regelung. Aus der breiten Diskussion soll hier nur der kulminierende Gedanke herausgefiltert werden: Wenn die Unterbringung in der Sicherungsverwahrung allein an die Gefährlichkeit, nicht aber an die Schuld des Täters gebunden ist – was unstrittig ist –, dann ist eine zeitliche Begrenzung der Maßregel schlicht unlogisch – und gefährlich. (Näheres hierzu vgl. *Horstkotte* in LK § 67d Rdn 3).

2.6.1.3 Umfang der Klientel

Gemessen an der heutigen Anzahl der Sicherungsverwahrten betrug deren Anzahl vor der Strafrechtsreform (1. u. 2. StrRG) ca. das Fünf- bis Sechsfache. Zum Beispiel lag bei der Gruppe der Sicherungsverwahrten im Vollzug des Landes Hessen (Sicherungsverwahranstalt bei dem damaligen Zuchthaus Ziegenhain/heute Justizvollzugsanstalt Schwalmstadt) die Durchschnittsbelegung bis Ende der 60er Jahre bei 60 Untergebrachten; seit nunmehr weit über 10 Jahren ist sie mit 15 Personen bei ganz geringfügigen Schwankungen konstant. Eine ähnliche Abnahme vollzog sich in den anderen Bundesländern.

Eine bundeseinheitliche Statistik gibt – auf den Stichtag 31. März 1986 bezogen – die Belegungszahlen folgendermaßen an:

Baden-Württemberg	– 39 (+ 2 im offenen Vollzug)
Bayern	– 37
Berlin/West	– 13
Bremen	– 1
Hamburg	– 31 (+ 1 im offenen Vollzug)
Hessen	– 15
Niedersachsen	– 21
Nordrhein-Westfalen	– 56 (+ 1 weibliche)
Rheinland-Pfalz	– 13

Saarland und Schleswig-Holstein – keine, was sich, wie bei Bremen (ein Sicherungsverwahrter) aus der Existenz von Vollzugsgemeinschaften mit Rheinland-Pfalz (Saarland) und Hamburg (Bremen, Schleswig-Holstein) erklärt.

Die Gesamtzahl betrug somit im Jahre 1986 insgesamt 229 männliche und eine weibliche Sicherungsverwahrte; dabei ist die Gesamtzahl der Sicherungsverwahrten während der letzten Jahre folgendermaßen angestiegen:

Jahr (jeweils Stichtag 31. März)	– **insgesamt**
1982	– 185
1983	– 185
1984	– 198
1985	– 201
1986	– 230

Es wird nirgendwo klar erkennbar, und es spricht wenig dafür, daß dieser (verhältnismäßig geringe) Anstieg auf einer verstärkten Verhängung der Sicherungsverwahrung durch die Gerichte beruht. Ursächlich hierfür mag vielmehr die geringe Anzahl der aus der Sicherungsverwahrung Entlassenen sein; sie betrug *in der gesamten Bundesrepublik* jeweils im Monat März: 1982 – 2; 1983 – 3; 1984 – 1; 1985 – 11; 1986 – 2.

Wenn man bedenkt, daß die Entlassungsquote *einer einzigen Justizvollzugsanstalt* in der Bundesrepublik (Beispiel: Justizvollzugsanstalt Butzbach in Hessen, Durchschnittsbelegung im Jahre 1986: 619 Gefangene, Vollstreckung von Freiheitsstrafen grundsätzlich zwischen 30 Monaten und 5 Jahren) im Monat März 1986 insgesamt *12 Gefangene* betrug (Jahresdurchschnitt: 13 Gefangene), dann ist das u. a. ein Indiz für die „Absonderlichkeit" der Klientel der Sicherungsverwahrten.

2.6.1.4 Die Klientel

In dem zahlenmäßigen Rückgang der Sicherungsverwahrten seit dem 1. u. 2. StrRG wird eine Einengung auf eine Klientel deutlich, die vor der Reform der Sicherungsverwahrung zwar auch vorhanden, aber nur einen relativ kleinen Teil besonders gefährlicher und schwieriger Täter in der Gesamtgruppe der Sicherungsverwahrten bildete. Der früher noch gerechtfertigte und sich lange hartnäckig haltende Vorwurf, zur Sicherungsverwahrung würden allzu viele „Hühner- und Eierdiebe" verurteilt, hat auch unter den weniger Kundigen das erste halbe Dutzend Jahre nach Inkrafttreten der §§ 66, 243 Abs. 2 StGB nicht überlebt. Die verbliebene Klientel stellt das dar, was man gemeinhin den „harten Kern" nennt, wobei sich diese Kennzeichnung nur zum Teil auf die Gefährlichkeit der Täter und mehr auf deren schwierige Persönlichkeitsstrukturen bezieht.

Die hierzu folgenden Ausführungen bezüglich Täter-Gruppierung und -Persönlichkeit stützen sich zwar vornehmlich auf Beobachtungen und Feststellungen bei den Sicherungsverwahrten im Vollzug des Landes Hessen, wenn auch über einen Zeitraum von mehreren Jahren; Praxiskontakte und – allerdings relativ seltene – Mitteilungen im Schrifttum lassen jedoch Vergleiche und Rückschlüsse auf die Zusammensetzung der Klientel in anderen Bundesländern zu, wobei sich ein zumindest ähnliches Bild ergibt.

So fehlen einerseits in den Einrichtungen für Sicherungsverwahrte – selbstverständlich – gänzlich die Terroristen/-innen. Es ist, soweit feststellbar, kein „Wirtschaftsverbrecher von Rang" verwahrt, und nur selten ist ein Krimineller aus dem Kreis des organisierten Verbrechens zu entdecken, – obgleich diese Tätergruppen zu den für die Gesellschaft am gefährlichsten und schädlichsten überhaupt gehören. Diese Tätergruppen fehlen schon deshalb „selbstverständlich" in der Sicherungsverwahrung, weil die gemäß § 66 StGB als Voraussetzung für die Verhängung der Sicherungsverwahrung erforderlichen Vorverurteilungen in aller Regel nicht gegeben sind.

Die Klientel ist also eingeengt auf Täterpersönlichkeiten, bei denen die Behandlungsmöglichkeiten zur Hilfe auf ein Leben in Freiheit (§ 129 Abs. 1 Satz 2 StVollzG) *vorerst* und *für den Vollzug* an ihre Grenzen gestoßen sind, sei es, daß Grenzen menschlichen Erkenntnisvermögens über Ursachen kriminellen Verhaltens und der Handlungsspielraum zu deren Beseitigung überhaupt erreicht sind, seien es in diesem Bereich Grenzen des sächlich und personell Machbaren, d. h. also fehlende Finanzmittel, oder sei es, daß in einigen Fällen nicht die Sicherungsverwahrung, sondern die Psychiatrie gefragt ist. Alle drei Grenzen sind veränderbar.

Bei der Gruppe der 15 Sicherungsverwahrten im hessischen Vollzug fällt zunächst eine veränderte Altersstruktur gegenüber der „alten Klientel" vor der Reform der Sicherungsverwahrung auf. Während noch in den 60er Jahren der größte Teil der Verwahrten sich im Rentenalter befand, liegen die Lebensalter derzeit zwischen 42 und 59 Jahren. Die vorangegangenen Freiheitsstrafen liegen ohne Jugendstrafen zwischen 5 und 9 Vorstrafen (bei zwei Ausnahmen: 2 und 3 Vorstrafen zuzüglich Unterbringung in einer psychiatrischen Klinik), und bei vier Verurteilten wurde die Sicherungsverwahrung zum zweiten Mal verhängt.

Es fällt ferner auf, daß der Anteil derjenigen, bei denen Vermögensdelikte zur Verhängung der Sicherungsverwahrung geführt haben, gegenüber früher stark zurückgegangen ist, nämlich z. Zt. (März 1987) auf drei Fälle (Betrug, Raub, Diebstahl), und demgegenüber der Anteil der Sexualdelinquenten auf 7 Sicherungsverwahrte stark angestiegen ist. Damit wird der größte Teil der Klientel durch Täter gestellt, die schon von eh und je einer Behandlung nur äußerst schwer zugänglich waren. Bei einer Begrenztheit der psychotherapeutischen Behandlungsmöglichkeiten müssen auch medizinische Eingriffe wie Kastration und stereotaktische Operationen häufig unterbleiben, weil der Betroffene nicht freiwillig zu diesem Eingriff bereit ist oder eine Maßnahme nicht zu verantworten ist, da der Sexualtäter infolge geringer Intelligenz oder schwerer neurotischer Schäden die Tragweite seiner „freiwilligen" Entscheidung nicht überschauen kann. Hinzu kommt, daß in jüngster Zeit die Therapeuten i. w. S. vor diesen schwerwiegenden chirurgischen Eingriffen aus unterschiedlichen Gründen zurückschrecken.

Bei diesem Täterkreis wird nicht nur in Grenzfällen die Problematik der Einschränkung der erstmaligen Verhängung der Sicherungsverwahrung auf 10 Jahre überdeutlich. Fälle, wie der in der ersten Auflage dieses Buches eingehender geschilderte Fall „Alarmtat: Indianer-Spiel" (vgl. 1. Aufl. S. 67), sind in Abwandlungen auch bei der heutigen Klientel keine Seltenheit; bei diesem Sexualtäter eskalierte seine Entwicklung vom Voyeur über den Genital-Entblößer zu erzwungenen sado-masochistischen Handlungen an jungen Männern, bis er schließlich beim „Indianer-Spiel" zehnjährige Buben an Bäume fesselte und sie mit dem „Messer ritzte, bis Blut kam" (seine eigenen Worte); gemäß einem damaligen Gutachten des Psychiaters war „der Ausbruch schwerster Gewalttätigkeiten im sexuellen Bereich in naher Zukunft mit hoher Wahrscheinlichkeit zu befürchten". In den Tagen der Niederschrift dieses Kapitels (März 1987) steht die endgültige und unwiderrufliche Entlassung (§ 67d Abs. 3 StGB) nach Vollzug von 10 Jahren Sicherungsverwahrung bei einem Sexualdelinquenten an, dessen Persönlichkeit, Vorleben und bisheriges Verhalten in Freiheit mit großer Wahrscheinlichkeit Schlimmes erwarten läßt. N. X. soll dieser Sicherungsverwahrte genannt werden, wurde letztmalig als gefährlicher Gewohnheitsverbrecher verurteilt wegen versuchter Nötigung zur Unzucht und versuchter Unzucht mit Kindern mit Todesfolge sowie gefährlicher Körperverletzung mit tödlichem Ausgang, wegen versuchter Notzucht in Tateinheit mit gefährlicher Körperverletzung, wegen gefährlicher Körperverletzung in Tateinheit mit Freiheitsberaubung sowie wegen schweren Diebstahls in fünf Fällen im Rückfall und Unterschlagung. Nach Verbüßung einer Freiheitsstrafe von 15 Jahren befand er sich nunmehr 10 Jahre in der Sicherungsverwahrung. Zahlreiche Gutachten zwischen den Jahren 1962 und 1985 kommen im Ergebnis stets zur gleichen Prognose, daß sich an der Gefährlichkeit N. X.'s nichts geändert hat. Bezeichnende Passagen in den Begutachtungen lauten: „... schwere neurotisch-psychopathische Entwicklung ... Aggressionstäter, ... Persönlichkeitsdefizite, fehlende rationale Einsicht, emotionale Abwehrmechanismen ... mangelnder Realitätsbezug, fehlende Selbsterkenntnis ... konnten im Vollzug nicht abgebaut werden ... ist davon auszugehen, daß das Verhalten des Verwahrten sich in Freiheit kaum anders darstellen kann wie zu früheren Zeiten". Und wiederholt in den Gutachten: „... angesichts der bestehenden Gefährlichkeitsprognose Vollzugslockerungen wie Urlaub und Ausgang nicht vertretbar ...". Und schließlich: „Seit der letzten Begutachtung scheint sich nichts bewegt zu haben. ... Es besteht bei Herrn N. X. weiterhin eine große Gefährlichkeit in bezug auf einen Rückfall. Es handelt sich um einen gewohnheitsmäßigen Triebtäter". Derartige Begutachtungen reichen bis in die jüngste Zeit. Angesichts der drohenden Gefahr nach der Entlassung wurden die rechtlichen Möglichkeiten einer Maßregel nach § 63 StGB oder einer Einweisung in eine psychiatrische Klinik nach dem Hessischen Freiheitsentziehungsgesetz geprüft. Die Gutachter verneinten ein Vorliegen der Voraussetzungen für diese Maßregeln. N. X. wird endgültig entlassen gemäß § 67d StGB.

Von gleicher Problematik, Schwierigkeit, Gefährlichkeit, ja buchstäblicher Brisanz sind fast stets die Fälle notorischer Brandstifter. (*Neu* [1976, 140] wies bereits aus seiner jahrelangen Praxiserfahrung auf diesen gefährdeten und gefährlichen Täterkreis hin). Bei der Lektüre von Urteilen über Pyromanen kann man sich auch ohne psychiatrische Begutachtung mitunter des Eindrucks nicht erwehren: Solange es noch Streichhölzer und Feuerzeuge gibt, wird der zündeln.

Als therapieresistent erscheinen auch die meisten sog. Erzbetrüger. Der Aufbau pseudologistischer Rechtfertigungskataloge, scheinbar moralische Handlungszwänge, ganze Ketten „ehrenhafter" Motivationen bauen einen Schild vor der Selbsterkenntnis und dem Eingeständnis bisherigen immerwährenden Versagens auf, lassen einen Leidensdruck gar nicht (erst) (mehr) entstehen und machen damit eine Behandlung zunächst erst einmal unmöglich.

Fast bei allen Sicherungsverwahrten (in der Justizvollzugsanstalt Schwalmstadt) wurden in der Vergangenheit irgendwann, meist bei stationärer Beobachtung in einer psychiatrischen Klinik psychiatrische oder psychologische Gutachten gefertigt entweder im Zusammenhang mit der Hauptverhandlung oder zur Frage einer Beurlaubung sowie vorzeitigen Entlassung. Bei der Lektüre dieser Gutachten und der Urteile häufen sich trotz vieler Verschiedenheiten bei den Einzelpersönlichkeiten doch immer wieder gleiche oder gleichartige Eigenschaften, Kennzeichnungen, Beobachtungsergebnisse; es sind dies: Debilität, psychopathische, asoziale Verhaltensweisen, ausgeprägte Gemütsarmut, stimmungslabil, haltschwach, impulsives Verhalten, bindungsarm, bindungsunfähig, verschlossen, uneinsichtig, lethargisch, Triebhaftigkeit, Vitalität reduziert, – und immer wieder mangelnde Intelligenz. Natürlich kann ein solcher Negativkatalog nicht der menschlichen Persönlichkeit eines Sicherungsverwahrten gerecht werden, er soll und kann auch nicht ein „typisches Persönlichkeitsbild des Sicherungsverwahrten" wiedergeben. Indessen ziehen sich die genannten Merkmale wie ein „roter Faden" durch die Akten der Sicherungsverwahrten und machen offenbar, wie schwierig die Aufgabe der Mitarbeiter im Vollzug ist, dem Sicherungsverwahrten zu einer Eingliederung in ein Leben in Freiheit (§ 129 Satz 2 StVollzG) zu verhelfen.

So kann es nicht verwundern, wenn die Betreuer der Sicherungsverwahrten weitgehend auf Teilnahmslosigkeit stoßen, bei der Aufstellung des Vollzugsplans auf Gleichgültigkeit bis Ablehnung treffen, eine Zukunftsplanung nur sehr schwer möglich oder sich von seiten des Verwahrten in simpel-zuversichtlichen floskelhaften Vorsatzäußerungen erschöpft, – „nächstes Mal geht's gut, bestimmt". Selten werden bei der Vollzugsplanung Wünsche nach beruflichen oder allgemeinen Bildungsmaßnahmen oder auch nur nach Arbeit geäußert; besondere Hilfs- oder Behandlungsangebote werden den Wünschen nach Lockerungsmaßnahmen nachgeordnet. Die Sicherungsverwahrten in der Justizvollzugsanstalt Schwalmstadt haben bereits wiederholt nicht an den Wahlen zur Gefangenenmitverantwortung teilgenommen. Mühsam eingerichtete Gesprächsgruppen werden plötzlich auf Wunsch der Verwahrten abgebrochen. Die häufige Unfähigkeit zu sinnvollen Gesprächen, die Energie- und Perspektivlosigkeit führen schließlich zum Aufstau von Wut und Aggressionen und konzentrieren sich nicht selten dann auf die Betreuer und Therapeuten. Es bleiben letztlich die Einzelgespräche, die, sofern sie mit der nötigen Intensität und Dauerhaftigkeit geführt werden können, zum ganz allmählichen Aufbau einer Vertrauensbasis und damit zu Ansätzen für Behandlungsmaßnahmen und eine Zukunftsplanung führen können. Hilfe von Angehörigen, sofern überhaupt noch Kontakte bestehen, ist dabei in aller Regel nicht zu erwarten. Die Ablehnung seitens der Verwandtschaft ist noch ausgeprägter und unnachgiebiger, als dies schon beim Strafgefangenen normalerweise der Fall ist. So bleibt schließlich zur Entlassungsvorbereitung häufig nur die Suche nach „der sozialen Nische", – und, wenn dies gelingt, kann man von einem Erfolg sprechen.

2.6.1.5 Die Gestaltung des Vollzuges

„Die Frage des Vollzuges betrifft eines der kritischsten Probleme der Sicherungsverwahrung" (*Hanack* in LK § 66 Rdn 18). Diese Feststellung gilt nicht nur für die bereits dargestellten Komplexe aus der Praxis des Vollzuges, sondern auch für die äußerliche Gestaltung der Vollzugseinrichtungen. Jeder hinlänglich Kundige weiß, daß eine der wichtigsten Voraussetzungen für eine Behandlung das sog. günstige „therapeutische Klima" ist, und dieses ist wiederum weitgehend abhängig von den Örtlichkeiten, in denen Sicherungsverwahrung vollzogen wird. Zwar geht das Strafvollzugsgesetz (§ 131) von der „Sicherungsanstalt" aus, eine solche Anstalt gibt es in der Bundesrepublik Deutschland aber nicht; die Länder verfügen lediglich über Abteilungen für Sicherungsverwahrte in bestehenden Justizvollzugsanstalten durchweg hohen Sicherheitsgrades. Das liegt nahe und ist verständlich, denn es waltet einmal wieder die berüchtigte „normative Kraft des Faktischen", wobei das Faktische die Zahl ist, nämlich die jeweils geringe Anzahl der Sicherungsverwahrten zwischen ca. 15 bis 50, für die sich kein Land eine eigene Sicherungsanstalt leisten kann, weder räumlich noch personell, noch funktional. Die bisher in der Bundesrepublik Deutschland einzige, ausschließlich dem Vollzug der Sicherungsverwahrung dienende Sicherungsverwahranstalt, die von der Örtlichkeit und den räumlichen Bedingungen ein hohes Maß äußerlich günstiger Verhältnisse hatte, war in den 60er Jahren über ca. ein Jahrzehnt das sog. „Kornhaus" bei dem damaligen Zuchthaus Ziegenhain (heute Justizvollzugsanstalt Schwalmstadt/Hessen). Bei vollständiger räumlicher Trennung vom Zuchthaus verfügte die Einrichtung über sehr geräumige Unterkünfte, einen großen Speisesaal, Tagesräume, verschiedene kleinere (therapeutische) Arbeits- und Beschäftigungsmöglichkeiten usw. sowie über Sporteinrichtungen und einen kleinen alten Park. Das Ende – die durch die Verhältnisse erzwungene Aufgabe dieser Vollzugseinrichtung – kam mit dem Rückgang der Belegung von 60 auf 15 Insassen (vgl. die bereits dargelegten Zahlenvergleiche) bei parallel verlaufender immer unerträglicherer Überbelegung in fast allen Justizvollzugsanstalten. So bleiben zur Schaffung wichtigster Voraussetzungen für einen effizienten Behandlungsvollzug bei den Sicherungsverwahrten nur Vollzugsgemeinschaften zwischen den Bundesländern; dabei scheint das „Integral" für die räumlichen, personellen und funktionalen Bedürfnisse bei ca. 80 Insassen zu liegen.

Zur Erfüllung der Sondervorschriften für den Vollzug der Sicherungsverwahrung (§§ 129 ff StVollzG), insbesondere zur persönlichen Gestaltung der Lebensführung haben die Bundesländer weitgehend gleiche oder ähnliche „Vergünstigungen" eingeführt.

Ähnlich gestaltet ist die Unterbringung auf möglichst weitgehend vom Strafvollzug getrennten Abteilungen, wobei eine absolute Trennung nirgendwo feststellbar ist (in der Regel keine Trennung bei Arbeit und Gemeinschaftsveranstaltungen), und daher die negativen Auswirkungen zweier Vollzugsarten nebeneinander unvermeidbar sind wie Hierarchiekämpfe in der Subkultur, Gerangel um Statussymbole, Zuwendungsgefälle, Reibereien, Neid etc. Nicht selten ist eine großzügigere Ausstattung mit Funktionsräumen wie Tages- und Fernsehraum, Teeküche, Bastelstube usw. zu finden. Vergleichbar sind auch die Zulassung individueller Einrichtungen der Hafträume, die Erlaubnis zur Kleintierhaltung oder die Überlassung eigener Fernsehgeräte, – teils auch, wie in der Justizvollzugsanstalt Schwalmstadt, eigene Verschlußmöglichkeiten des Haftraums, ferner die Ausdehnung der Freizeit und Bewegung im Freien (verdoppelt bis verdreifacht auf zwei bis drei Stunden) und späterer Einschluß (meist 22.00 Uhr, aber auch bis 24.00 Uhr) sowie die Erweiterung der Besuchsmöglichkeiten (durchschnittlich zweimal zwei Stunden pro Monat) bei großzügiger Handhabung von Sonderbesuchen und schließlich der erweiterte Bezug von Paketen zwischen vier und sieben Paketen pro Jahr. Bei alledem ist jedoch die für Behandlungsmaßnahmen entscheidende erhebliche Verstärkung fachkundigen Personals, das auf die Besonderheiten der Klientel eigens ausgerichtet ist, nirgendwo ersichtlich.

Diesen Einrichtungen und Maßnahmen zur Gestaltung einer Sicherungsverwahrung, die dem auf lange Zeit angelegten Freiheitsverlust und den damit verbundenen Erschwernissen wenigstens soweit wie möglich gerecht werden soll, „droht" indessen die Egalisierung mit der Strafhaft. Die Rechtsprechung hat in den vergangenen zehn Jahren in zunehmendem Maße den Angleichungsgrundsatz des § 3 StVollzG extensiv ausgelegt. Das gilt nicht nur für eine angemessene räumliche Unterbringung der Gefangenen, sondern auch für mannigfache Bereiche ihrer Lebensführung. In Vollziehung dieser Rechtsprechung oder auch in Folge der von ihr ausgehenden Impulse hat sich der Vollzug von Freiheitsstrafen in eine Richtung entwickelt, die sich den oben dargestellten Verhältnissen in der Gestaltung der Sicherungsverwahrung nähern; beispielhaft seien genannt der Ausbau des Wohngruppenvollzuges und die Überlassung eigener Kleidung vornehmlich im Jugendstrafvollzug, ferner geöffnete Zellentüren zu bestimmten Tageszeiten, späterer Einschluß, erweiterte Besuchsmöglichkeiten, die Zulassung eigener Fernsehgeräte (allgemein oder differenziert in bisher drei Bundesländern) usw. Diese Entwicklung ist zu begrüßen. Sie nimmt den Sicherungsverwahrten nichts – nichts als die Objekte des Neides der Strafgefangenen. Und: So wichtig diese verbesserten Lebensumstände für die Gestaltung der Sicherungsverwahrung als Voraussetzung für alles Weitere auch sind, das Wichtigste ist die humane Verwahrung allein nicht. Der Vollzug bleibt nach wie vor durch den Willen des Gesetzgebers zur Besserung auch der Sicherungsverwahrten aufgerufen. Das mag angesichts der Realitäten, wie sie u. a. oben in der Beschreibung der Klientel und von Persönlichkeiten mit scheinbar oder tatsächlich manifesten kriminellen Verhaltensweisen dargestellt wurden, sehr schwer, manchmal unmöglich sein – eine endgültige Negativbilanz gestatten auch diese Realitäten nicht.

Die Voraussetzungen für eine effizientere Behandlung und echte Hilfe zu einem Leben in Freiheit sind für die Sicherungsverwahrten – wie prinzipiell für alle Kriminellen – eine vertiefte Kenntnis von der einzelnen Persönlichkeit und ihrer Lebensführung, eine fachkundige Beurteilung solcher Feststellungen und Erkenntnisse, eine daraus resultierende Einschätzung und Beurteilung der Gesamtklientel, die Entwicklung der entsprechenden Behandlungsprogramme und Umsetzung durch das erforderliche Fachpersonal in entsprechenden räumlichen und sächlichen Gegebenheiten. Manches von dem ist bereits in Ansätzen vorhanden, über diese Ansätze muß die Entwicklung vorangehen.

Da eine Abschaffung der Sicherungsverwahrung – wie in einigen anderen europäischen Ländern schon geschehen – vorerst nicht erreichbar erscheint, kann der Weg der Sicherungsverwahrung – soll sie nicht die Inkarnation eines ewigen Widerspruches bleiben – nur von der Sicherungs-*Verwahr*anstalt zur Sicherungs-*Behandlungs*anstalt als integrierter Teil eines sozialtherapeutisch gestalteten Gesamtvollzuges führen.

2.6.2 Psychiatrisches Krankenhaus und Entziehungsanstalt*

Der Vollzug der freiheitsentziehenden Maßregeln der Besserung und Sicherung gemäß §§ 63, 64 StGB in einem psychiatrischen Krankenhaus und in einer Entziehungsanstalt.

2.6.2.1 Rechtliche, institutionelle und organisatorische Rahmenbedingungen

Die *Zweispurigkeit* des bundesdeutschen Strafrechts sieht neben der *Strafe* für gesunde und voll verantwortliche Täter als andere Sanktionsform den freiheitsentziehenden *Maßregelvollzug* für psychisch kranke und aus diesem Grunde schuldunfähige Täter vor. Sein Zweck ist die „Besserung und Sicherung" des Rechtsbrechers und legitimiert sich ausschließlich spezialpräventiv.

a) Historische Entwicklung

Die wachsende Bedeutung der Humanwissenschaften und die weitere Ausdifferenzierung der Strafrechtsdogmatik führten seit dem 19. Jahrhundert zu der Erkenntnis, daß die Feststellung von Schuldunfähigkeit eine Bestrafung sperre. In der Praxis von Strafvollzug und Psychiatrie förderte diese Erkenntnis eine lebhafte Diskussion darüber, wie mit der Gruppe der nicht bestrafbaren, aber kranken, behandlungsbedürftigen und gefährlichen Personen zu verfahren sei. Institutionell bot sich hierzu die Psychiatrie an, die seit dem ausgehenden 19. Jahrhundert über eine durch rege Neubautätigkeit ständig steigende Anzahl psychiatrischer Anstalten, teilweise mit *festen Häusern*, zur Aufnahme gefährlicher Personen verfügte.

Nach mehreren Vorentwürfen seit dem Jahre 1911 führten schließlich die Nationalsozialisten, in dieser Hinsicht durchaus im europäischen Konsens, mit dem sog. „Gewohnheitsverbrechergesetz" vom 24. 11. 1933 die Zweispurigkeit ins deutsche Strafrecht und Sanktionensystem ein.

Doch was insoweit im wissenschaftlichen und gesellschaftlichen Trend zu liegen schien, begann als *dunkle Zeit* der forensischen Psychiatrie: bis 1945 eine eher auf Vernichtung angelegte Siche-

* *Heinz Kammeier*, geb. 1947, kaufmännische Ausbildung, Abitur, Theologiestudium, anschließend Gemeindevikariat und Berufsschulpfarramt. Seit 1977 hauptamtlicher Krankenhauspfarrer am Westfälischen Landeskrankenhaus Eickelborn, nach dessen Teilung 1984 am Westfälischen Zentrum für Forensische Psychiatrie Lippstadt. Berufsbegleitend Studium der Rechtswissenschaft. Seit 1981 Vorsitzender des Förderkreises Sozialpsychiatrie Lippstadt e.V. und Geschäftsführer eines Resozialisierungsfonds. 1984–1986 Leiter des Projektes „Kontakt- und Beratungsstelle für Forensische Psychiatrie" des Bundesministers für Jugend, Familie, Frauen und Gesundheit. Zahlreiche Veröffentlichungen zu Problemen des Maßregelvollzuges. Mitherausgeber der Zeitschrift „Recht & Psychiatrie".

rung, danach weiterhin trostlose Verwahrung in überfüllten Anstalten ohne pharmakologische oder psychotherapeutische Behandlungsmöglichkeit.

Erst eine neu aufkeimende Behandlungshoffnung durch die inzwischen entwickelten Psychopharmaka, aufgrund der vermehrt zur Verfügung stehenden klinisch-therapeutisch ausgebildeten Psychologen und einer pädagogischen Aufbruchstimmung Anfang der 60er Jahre führte mit dem 2. StrRG vom 04. 07. 1969, in Kraft seit dem 01. 01. 1975, zu einem Maßregelvollzug, der tatsächlich auf „Besserung und Sicherung" ausgerichtet sein sollte.

b) Rechtsgrundlagen der Unterbringung

- *§ 81 StPO:* Unterbringung in einem psychiatrischen Krankenhaus zur Vorbereitung eines Gutachtens; Höchstdauer sechs Wochen; betroffen sind überwiegend U-Haft-Gefangene.
- *§ 126a StPO:* Einstweilige Unterbringung in der forensischen Psychiatrie bei vermutlich schuldunfähigen Tätern; vergleichbar der U-Haft.
- *§§ 20, 21 StGB:* Benennung von vier Kriterien, die die Schuldfähigkeit ausschließen oder erheblich mindern; Feststellung mit Hilfe psychiatrischer und psychologischer Sachverständiger gem. § 246a StPO (vgl. *Blau* 1984a; *Rasch* 1986).
- *§§ 63, 64 StGB:* Unterbringungsanordnung im psychiatrischen Krankenhaus oder in einer Entziehungsanstalt, wenn aufgrund der Gesamtwürdigung von Tat und Täter weitere rechtswidrige Taten zu erwarten sind und deshalb die Allgemeinheit gefährdet ist; bei gleichzeitig verhängter Freiheitsstrafe wird aufgrund des in § 67 I StGB festgelegten *Vikariierens* die Maßregel vor der Strafe vollzogen, es sei denn, das Gericht bestimmt ausdrücklich eine andere Reihenfolge oder einen teilweisen Vorwegvollzug der Strafe, § 67 II, IV StGB. (Kritisch hierzu *Hoffmann/Feest* 1986).
- *§ 67b StGB:* Aussetzung der angeordneten freiheitsentziehenden Maßregel, wenn der beabsichtigte Zweck auch anders erreicht werden kann.

c) Vollzug und Vollstreckung

Der *Vollzug* der Maßregeln nach §§ 63, 64 StGB obliegt den Ländern, Art. 74 GG. Entsprechend verweist § 138 I StVollzG auf landesrechtliche Regelung (vgl. unten Abschnitt 2.6.2.2 b).

Um das tatsächliche Vollzugsgeschehen ist ein System von *Vollstreckungsregeln* angeordnet. Diese im wesentlichen organisatorischen Vorschriften sind in der Strafvollstreckungsordnung bundeseinheitlich erfaßt.

Die wesentlichen Entscheidungen, insbesondere über die Überweisung in den Vollzug einer anderen Maßregel, Anrechnung von Freiheitsstrafe, Beendigung der Maßregelunterbringung und Entscheidungen im Zusammenhang mit der Führungsaufsicht, sind dem Richter vorbehalten: nach §§ 82 ff JGG dem Jugendrichter, nach § 78a GVG der Strafvollstreckungskammer.

d) Vollzugseinrichtungen

Seit Inkrafttreten des 2. StrRG im Jahre 1975 heißen die Maßregelvollzugseinrichtungen „Psychiatrisches Krankenhaus" bzw. „Entziehungsanstalt". Sie unterstehen nicht der Justizverwaltung, sondern sind den Gesundheits- oder Sozialministerien der Länder zugeordnet. In nur wenigen psychiatrischen Krankenhäusern werden ausschließlich Maßregelvollzugspatienten untergebracht. Die übrigen haben für diese Klientel eigene forensische Bereiche oder Abteilungen eingerichtet. Solche Bereiche können auch der Entziehungsanstalt nach § 64 StGB entsprechen. Diese relative Eigenständigkeit der forensischen Bereiche berücksichtigt nicht nur die strafrechtliche Einweisung und damit den besonderen Rechtsstatus dieser Patienten im Unterschied zu den freiwilligen, vormundschaftsgerichtlich oder ordnungsrechtlich aufgenommenen, sondern entspricht auch den besonderen Sicherungsforderungen durch bauliche und personelle Gegebenheiten.

e) Einige Daten zum Maßregelvollzug

Im Vergleich zu den gegenwärtig rund 50 000 im Strafvollzug befindlichen Personen und weiteren etwa 120 000 der Bewährungsaufsicht unterstellten Probanden ist die Zahl der von den Maßregeln nach §§ 63, 64 StGB betroffenen Patienten relativ gering.

Für 1984 nennt das Statistische Bundesamt (Fachserie 10, Reihe 4: Strafvollzug) die *Zahlen* 2 362 nach § 63 StGB und 864 nach § 64 StGB untergebrachte Personen. Die Enwicklung der Unterbringungszahlen seit dem Jahre 1963 macht folgender Überblick deutlich (*Rasch* 1986, 80):

Jahr	nach § 63	nach § 64 Untergebrachte
1963	4 148	260
1967	4 493	245
1975	3 494	183
1980	2 593	632
1984	2 362	864

Im Jahre 1967 erreichte die Anzahl der nach § 63 StGB untergebrachten Personen ihren Höchststand und ging seitdem kontinuierlich zurück. Ein gegenläufiger Trend trieb ab Mitte der 70er Jahre die Zahl der Unterbringungen nach § 64 StGB vor allem unter dem Einfluß der Drogenkriminalität sprunghaft in die Höhe.

Die *Unterbringungsquote* betrug im Bundesdurchschnitt 1984 pro 100 000 Einwohner 3,9 Personen bei erheblichen regionalen Unterschieden (*Leygraf* 1986). Fast kongruent zur Unterbringungsquote zeigte sich auch die *mittlere Verweildauer:* Während sie im Bundesdurchschnitt 6,3 Jahre betrug, lag sie in Hamburg bei 2,9, im Bereich des Landschaftsverbandes Westfalen-Lippe (OLG-Bezirk Hamm) bei 4,5 und in Schleswig-Holstein bei 8,3 Jahren (*Leygraf* 1986). Bundesweit blieben die wegen Sexualdelikte untergebrachten Personen mit 7,2 Jahren im Durchschnitt am längsten im Maßregelvollzug, während mit immerhin noch 4,7 Jahren die Eigentumsdelinquenten den niedrigsten Gruppendurchschnitt repräsentierten (vgl. *Leygraf* 1986). Die Verteilung der Patientenzahlen auf *Diagnosen* schwankt je nach Untersuchung und Zuordnung der Krankheits- bzw. Behinderungsmerkmale stark (exemplarisch *Leygraf/Heinz* 1984, 47).

2.6.2.2 Der Vollzug der Maßregeln

a) Der Auftrag: Besserung und Sicherung

Allein die *Gefährlichkeit* des aufgrund seiner Schuldunfähigkeit nicht zu Strafe verurteilbaren Täters legitimiert die freiheitsentziehende Maßregelunterbringung (*von Bülow* 1981, 3; *Kammeier* 1987a, 103 und 1987b, 107). Konsequenterweise ist deshalb unter Sozialstaatsgesichtspunkten der Sicherungsanspruch der Öffentlichkeit durch die Realisierung eines entsprechenden Besserungsanspruchs des untergebrachten Patienten zu kompensieren. Besserung und Sicherung können nicht als antagonistische Prinzipien gesehen werden; vielmehr wird die Sicherung und damit die Sicherheit der Öffentlichkeit dort am nachhaltigsten gewährleistet sein, wo mit einer erfolgreichen Behandlung eine so weitgehende Besserung des Patienten gelingt, daß seine Gefährlichkeit beseitigt oder auf ein vertretbares Maß herabgesetzt ist.

Dennoch erfordert die freiheitsentziehende Maßregel für fast jeden unterzubringenden Täter zunächst einmal eine geschlossene Unterbringung in einem sog. „festen" oder „gesicherten" Haus.

Sicherung der Öffentlichkeit und der kranken Mitpatienten läßt sich in dieser Anfangsphase der Unterbringung noch am wenigsten problematisch durch bauliche Maßnahmen erreichen. Daß dies nicht nur triste „Bunker" oder bis in den letzten Winkel elektronisch überwachte Hochsicherheitstrakte sein müssen, beweist der zwar teure, aber dafür gelungene Neubau der forensischen Abteilung in der Rheinischen Landesklinik Düren: Er sieht auf den ersten Blick auch von innen einem Ferienclub-Dorf nicht unähnlich.

Ungleich problematischer und schwieriger ist die Erfüllung des *Besserungsauftrages*.

Gerade größere Einrichtungen sehen sich einer in jeder Hinsicht inhomogenen Klientel gegenüber: einer großen Palette von Delikten, die vielfach im Zusammenhang mit einer massiven Alkoholproblematik und einem erheblichen Aggressionspotential begangen wurden, einem noch breiteren Spektrum an psychischen Krankheiten, an Persönlichkeitsstörungen, geistigen Behinderungen und sozialen und Sozialisationsdefiziten. Dazu kommt eine Altersverteilung vom 18. bis durchaus über das 70. Lebensjahr (vgl. *Schumann* 1987), wobei die größte Anzahl an Patienten zwischen 25 und 35 Jahren alt ist. Erschwerend kommt hinzu, daß das enge und langdauernde Zusammenleben solcher Personen, weitgehend ohne Rückzugsmöglichkeit in einen intimen „Privatbereich", nicht nur nicht gerade psychischer Gesundung und sozialpositivem Lernen förderlich ist, sondern im Gegenteil vorhandene Störungen, Persönlichkeitsdefizite und Aggressionen kumuliert und potenziert oder unter den gegebenen subkulturellen Bedingungen und Strukturen auch erst neu schafft. Durch § 67d II StGB ist aber zweierlei klargestellt: Weder eine dauerhafte (Wieder-) Herstellung von Gesundheit noch eine absolute Gewißheit künftiger Ungefährlichkeit im Sinne von Deliktfreiheit sind das Ziel des Besserungsauftrages (vgl. §§ 136, 137 StVollzG). Dieser besteht allein in der Reduzierung von Gefährlichkeit unter die Schwelle des „erheblich", worauf jüngst wieder das Bundesverfassungsgericht (BVerfG NJW 1986, 767) mit seinem Beschluß zur Verhältnismäßigkeit der Unterbringungsdauer hingewiesen hat.

b) Die Gestaltung: Handeln in den Grenzen von Recht und Realität

Das *Bundesrecht* nennt in den §§ 136 und 137 StVollzG nur knapp die Ziele der Behandlung, die sich im übrigen nach ärztlichen Gesichtspunkten zu richten haben. Ansonsten überläßt es die Regelung der Gestaltung der Unterbringung dem Landesrecht, § 138 I StVollzG.

Von der ihnen in §§ 136 – 138 StVollzG überlassenen Regelungskompetenz haben die *Länder* inzwischen weitgehend Gebrauch gemacht. Abgesehen von Hamburg und dem Saarland, in denen es bisher (Stand 30. 09. 87) noch keine gesetzliche Regelung des Maßregelvollzugs gibt, haben jedoch nur die Länder Bremen, Hessen, Niedersachsen, Nordrhein-Westfalen und Rheinland-Pfalz ein je eigenständiges Maßregelvollzugsgesetz geschaffen. Baden-Württemberg und Bayern haben den Maßregelvollzug im Rahmen ihres Unterbringungsgesetzes mitgeregelt, Berlin und Schleswig-Holstein entsprechend in ihren Psychischkrankengesetzen. Ohne hier eine Wertung im einzelnen vornehmen zu können, läßt sich doch soviel sagen: Die eigenständigen Maßregelvollzugsgesetze sind in ihrem formalen Aufbau eher dem Strafvollzugsgesetz nachempfunden und widmen sich neben der Behandlung insbesondere der Rechtsstellung der forensischen Patienten, während der in anderen Gesetzen mitgeregelte Maßregelvollzug zunächst in der Unterbringungsregelung für alle psychisch Kranken enthalten ist und nur einige Spezifika wie z. B. Gewährung von Ausgang und Urlaub in besonderen (zusätzlichen) Normen erfaßt sind.

Behandlung (I). In allen neun Bundesländern, die bisher gesetzliche Regelungen für den Maßregelvollzug getroffen haben, hat der forensische Patient einen mehr oder weniger deutlich formulierten *Rechtsanspruch auf Behandlung.*

In Schleswig-Holstein ist dieser auf das *Leiden*, das zur Unterbringung geführt hat, in Hessen, Bremen und Rheinland-Pfalz auf das *Vollzugsziel* bezogen. Bayern, Baden-Württemberg und Berlin gewähren die *notwendige*, Niedersachsen die *gebotene* und Nordrhein-Westfalen die *erforderliche* Behandlung. Darüber hinaus gewähren Hessen und Nordrhein-Westfalen ergänzende Gesundheitshilfen entsprechend der RVO, Bremen entsprechend dem BSHG und Rheinland-Pfalz entsprechend dem StVollzG. In Baden-Württemberg und Bayern umfaßt der Behandlungsanspruch auch Maßnahmen, die erforderlich sind, damit dem Kranken nach seiner Entlassung ein eigenverantwortliches Leben in der Gemeinschaft ermöglicht wird. Schleswig-Holstein, Niedersachsen und Berlin erwähnen weitere Hilfen nicht. (Die Gesetzestexte sind abgedruckt in *Volckart* 1986a).

Noch weiter fallen die Regelungen der Länder im Hinblick auf eine *Duldung der Behandlung* durch den Patienten auseinander.

Hier stehen sich im wesentlichen zwei Gruppen gegenüber: In Hessen, Niedersachsen, Baden-Württemberg und Rheinland-Pfalz hat der Patient die Behandlung zu *dulden;* insoweit ist die Anwendung von Zwang seitens der behandelnden Einrichtung zulässig. Während Schleswig-Holstein und Bayern eine Verpflichtung des Patienten zur Duldung seiner Behandlung *nicht erwähnen*, fordern Bremen, Nordrhein-Westfalen und Berlin ausdrücklich seine *Einwilligung.* Alle Ländergesetze sehen aber Regelungen vor, die operative Eingriffe oder mit einem besonderen Risiko verbundene Behandlungen von einer Einwilligung abhängig machen. Wo im Gesetz eine Einwilligung gefordert wird, kann diese vom Patienten selbst entweder zusammen mit oder an seiner Stelle von dem gesetzlichen Vertreter erteilt werden.

Soweit die Länder die Durchführung der Behandlung an eine wirksame Einwilligung gebunden haben, konzedieren sie den Einrichtungen dennoch die Zulässigkeit zwangsweiser Behandlungsmaßnahmen auch gegen den Willen des Betroffenen, wenn für ihn selbst oder für andere Personen schwerwiegende gesundheitliche Gefahren drohen, die nicht oder nicht so schnell anders abgewendet werden können.

Behandlung (II). Ein schlüssiges, verbindliches, tragfähiges und damit effizientes Gesamtkonzept für die Behandlung der schuldunfähigen, kranken Täter im Maßregelvollzug ist bisher noch nicht gefunden worden (vgl. *Kammeier* 1982b und 1986a). Angesichts des im Grunde erst Ende der 70er Jahre erwachten Interesses am Maßregelvollzug kann dies auch kaum realistischerweise erwartet werden. So liegen bislang in der Literatur nur wenige Therapieberichte und kaum Reflexionen über Konzepte bezüglich Behandlung, strukturelle Gliederung der Institution, Organisationsmanagement, Personal- und Ressourceneinsatz sowie Vernetzung mit anderen Rehabilitationseinrichtungen vor.

In zahlreichen forensischen Einrichtungen in der Bundesrepublik herrscht organisatorisch das sog. *Stufenkonzept* vor.

Gemeint ist damit die Zuweisung von Patienten je nach dem Grad von Gesundung und der Reduktion von Gefährlichkeit in feste, gesicherte, geschlossene, halboffene und offene Stationen bis hin zum Freigängerstatus, zu Beurlaubungen und zum Wohnen außerhalb des Krankenhauses. Bei einer Verschlechterung des Krankheitszustandes, nach Disziplinverstößen, Alkoholmißbräuchen, Entweichungen oder anderen retardierenden Ereignissen im Behandlungsverlauf erfolgt jeweils eine Rückstufung, was für den Patienten unter weiterem Zeiteinsatz ein erneutes „Erarbeiten" von Freiheiten bedeutet.

Dieses System hat Nachteile: Therapeutische Bindungen auf der Grundlage gewonnenen Vertrauens müssen um weiterer Lockerungen und der dazu notwendigen Verlegung willen abgebrochen werden. Außerdem besteht die doppelte Gefahr, daß selbstbewußte und nicht sonderlich anpassungsbereite Patienten häufiger zurückgestuft werden und deshalb weit längere Zeit bis zur Entlassung brauchen als überangepaßte und nur zum Schein therapiekonforme Patienten, die möglicherweise ohne durchgreifende Behandlungserfolge zu schnell entlassen werden.

Diese Nachteile will das sogenannte *Wohngruppenkonzept* verhindern, ohne auch dessen Vorteile aufgeben zu müssen. Danach sollen durch bauliche Maßnahmen alle Stationen grundsätzlich mit dem gleichen Sicherungsstandard ausgestattet sein. Die „Stationen" sollen aus wohnlich ansprechenden und funktionell weitgehend autonomen Einheiten für etwa 8 bis 11 Patienten bestehen. In einer solchen Wohngruppe könnten – bei ihr auch dauerhaft zugeordneten Mitarbeitern – Patienten mit einem hohen Sicherungserfordernis ebenso leben wie auch Freigänger. Das bauliche Sicherungssystem würde in Konflikt- und Krisenfällen eine Rückverlegung entbehrlich machen, da jede erforderliche Sicherung bis hin zur Einzelabsonderung in jedem Wohnbereich möglich wäre. Positive Beziehungen zu den Mitarbeitern oder der Mitpatienten untereinander müßten nicht abgebrochen werden. Sie ließen sich eher zur therapeutischen Weiterarbeit und Belastungserprobung nutzen.

Allerdings müssen auch gegenüber diesem Konzept Bedenken angemeldet werden.

Es ist zumindest fraglich, ob der für alle Wohngruppen einer Einrichtung vorgesehene potentiell gleich hohe Sicherungsgrad wirklich erforderlich ist, zumal erfahrungsgemäß tatsächlich nur ein kleinerer Teil der Patienten über längere Zeit einer besonders intensiven Sicherung bedarf. Zudem fördert eine hohe Sicherung, auch wenn sie partiell durchlässig ist, eher die Hospitalisierung der Insassen als daß sie die Eigenverantwortlichkeit der Lebensgestaltung stärkt. Darüber hinaus erschwert solch ein Konzept die gerade für den Patienten wichtige Durchschaubarkeit der Strukturierung seiner Aufenthaltsdauer in einstweilige Unterbringung (§ 126a StPO) bis zum rechtskräftigen Abschluß des Prozesses, in eine intensive Behandlungs- und eine Phase beruflicher und sozialer Rehabilitation mit anschließender Entlassung. Dabei braucht diese letzte Phase schon nicht mehr ausschließlich im Krankenhausbereich durchlaufen zu werden.

Weitere Planungen für den Maßregelvollzug sollten die Vorteile beider Grundkonzepte miteinander zu verbinden suchen: die intimere und persönlich ansprechendere Wohngruppenform mit einem klar gestuften Behandlungs- und Rehabilitationskonzept, das einen gleitenden und begleiteten Übergang bis in die Nachsorge hinein ermöglicht (vgl. *Kammeier* 1986b und 1987a).

Behandlung (III). Psychisch Kranke im engeren Sinn erfahren im Maßregelvollzug grundsätzlich die gleiche medizinisch-psychiatrische Fachbehandlung wie in nicht-forensischen psychiatrischen Krankenhäusern oder Abteilungen auch. Ärztliche Behandlung steht für diese Patienten somit ganz im Vordergrund.

Hinsichtlich der anderen Patientengruppen (Persönlichkeitsgestörte und geistig Behinderte) kommt dem Arzt in seiner Rolle als Mediziner eher eine konsiliarische Funktion zu, es sei denn, er bringt psychotherapeutische und/oder pädagogische Qualifikationen in seine Tätigkeit mit ein. In beiden Bereichen in gleicher Weise gefragt sind seine Kompetenzen bei der Behandlung von *Sexualdelinquenten*, wenn neben der Psychotherapie (*Schorsch et al.* 1985) auch das hormonell wirkende Mittel Androcur indiziert ist und therapiefördernd und -begleitend eingesetzt werden soll.

Im übrigen wird die Behandlung der *Persönlichkeitsgestörten* weitgehend von Psychologen und zunehmend von Diplom-Pädagogen durchgeführt, die seit dem Anfang der 70er Jahre, in einer Zeit katastrophalen Ärztemangels, in der forensischen Psychiatrie ein lohnendes Aufgabenfeld finden. Ihre fachliche Tätigkeit in Einzel- und Gruppentherapien (*Bayerl* 1984) ist denen ihrer Kollegen in der Sozialtherapie und im Strafvollzug durchaus vergleichbar.

Ein nach wie vor ungelöstes Problem stellt die gezielte Behandlung der *geistig Behinderten* und derjenigen *jungen Erwachsenen* dar, die aufgrund ihrer zurückgebliebenen Entwicklung noch nach Jugendstrafrecht (§ 7 JGG) eingewiesen wurden. Hierfür notwendige vorwiegend pädagogisch ausgerichtete Behandlungskonzepte und -möglichkeiten sowie die dafür erforderlichen Mitarbeiter fehlen derzeit am dringendsten.

Neben den klassischen Therapien werden in den Maßregelvollzugseinrichtungen je nach den strukturellen und personellen Gegebenheiten auch Beschäftigungs-, Musik- und Sporttherapien angeboten. Verschiedene Arbeitsgemeinschaften, Freizeitangebote und -aktivitäten können hinzukommen, vielfach durch zusätzliches privates Engagement von Mitarbeitern oder Bürgern initiiert und gestützt. Soweit möglich führen Sozialarbeiter und Mitarbeiter aus dem Pflegedienst sog. Lebensbewältigungstrainings vom (wieder) Einkaufen-Lernen bis zum Kochen, Wäschepflegen und zur Freizeitplanung und -gestaltung durch.

Arbeit ist in der forensischen Psychiatrie wie in anderen vergleichbaren Einrichtungen ein Problem. Nur wenige Patienten können in Betrieben des Krankenhauses eingesetzt werden. Krankheits- und/oder sicherungsbedingte Hindernisse sowie Mangel an geeigneten Arbeitsplätzen lassen schnell Kapazitätsgrenzen erreichen. Ausgesprochen schwierig ist es, Fremdaufträge oder produzierende Fremdbetriebe ins Krankenhaus hinein zu holen. Soweit dies dennoch gelingt, kann oft nur stupide und ausgesprochen geringe Qualifikation erfordernde Arbeit angeboten werden. Darüber hinaus ist weithin bisher weder eine angemessene Entlohnung noch eine Einbeziehung der Maßregelvollzugspatienten in die Renten- und Arbeitslosenversicherung erreicht worden (vgl. *Mrozynski* 1986a und 1986b).

Die Bundesländer, die ein eigenständiges Maßregelvollzugsgesetz erlassen haben, machen darin die Aufstellung eines *Behandlungs- und Eingliederungsplans* und auf der Grundlage dieses Planes die turnusmäßige Überprüfung der Behandlung zur Pflicht.

Auch wenn die Strafvollstreckungskammer bei der jährlichen Überprüfung nach §§ 67d II, 67e StGB im Rahmen des Vollstreckungsverfahrens die Möglichkeit der Beiziehung eines besonderen Sachverständigen hat und hiervon bei längerdauernden Unterbringungen durchaus Gebrauch macht, erschien dies dem nordrhein-westfälischen Gesetzgeber als Kontrolle der Behandlungseffizienz noch nicht ausreichend zu sein. Deshalb führte er eine *zusätzliche Begutachtung* (§ 14 III MRVG-NW) durch einen von der behandelnden Einrichtung unabhängigen Arzt jeweils drei Jahre nach dem letzten Gutachten ein. Dieser Gutachter kann aufgrund seiner größeren Distanz zum Patienten und dessen subkulturell bedingten Verhaltensweisen unter Umständen eher eine Entlassung empfehlen als die für Therapie und Stationsordnung unmittelbar verantwortlichen Mitarbeiter. Andererseits entlastet ein negatives Fremdgutachten die Therapeuten vom drängelnden Verlangen des Patienten nach einer Reduzierung des Sicherungsmaßes oder der Empfehlung zur Entlassung.

Die zahlenmäßig größte Mitarbeitergruppe in der forensischen Psychiatrie wird vom *Pflegepersonal* gestellt. Es absolviert eine dreijährige somatisch orientierte Krankenpflegeausbildung. Aber weder entspricht diese Ausbildung ihrer dann folgenden praktischen Tätigkeit, noch kann das Anforderungsprofil ohne weiteres mit der Vorstellung und dem Bild eines Wärters gleichgesetzt werden, wenngleich sichernde und Zwangsmaßnahmen durchweg von Pflegern ausgeführt werden.

Aus der sich hieraus perpetuierenden Rollendiffusion des Pflegepersonals könnte nun aber eine Entwicklung herausführen, die sich aus einer allmählichen Umstrukturierung des Maßregelvollzuges ergibt. So hat der bereits oben erwähnte Neubau des forensischen Bereichs der Rheinischen Landesklinik in Düren nicht nur in baulicher Hinsicht das Wohngruppenkonzept verwirklicht, sondern auch Veränderungen im Behandlungsablauf bewirkt, die die von den verschiedenen Berufsgruppen der Mitarbeiter bisher ausgeübten Funktionen mehr oder weniger beeinflussen. Was in Düren augenfällig sichtbar wird, läßt sich bis zum gewissen Grade auch in anderen, älteren Einrichtungen praktizieren: eine für Patienten und ihnen zugeordneten Mitarbeitern weitgehende Trennung der Bereiche Wohnen, Arbeiten und Therapie. Fand auch bisher schon die Arbeit außerhalb des Wohnbereiches statt, so gilt dies künftig auch für die Therapie. Der Patient, der zur Therapie oder zum Arzt geht, braucht nicht nur eben in Pantoffeln den Stationsflur zu überqueren, sondern er muß sich durchs Krankenhausgelände begeben, um seinen Therapeuten in dessen Therapieräumen aufzusuchen. Mit dem Auszug von Therapeut und Therapie aus dem Wohnbereich wird nicht nur der Therapeut von seiner gleichzeitig wahrzunehmenden Funktion des stationsverantwortlichen Ordnungsfunktionäres entlastet; im gleichen Zug wird diese Aufgabe im Rahmen der Gesamtverantwortung für den Bereich Wohnen und Leben in der Wohngruppe bzw. auf der Station dem Pflegepersonal übertragen! Während die Therapeuten sich nun auf die Behandlung der Krankheiten, Störungen und Behinderungen ihrer Patienten konzentrieren können, ist dem Pflegepersonal eine ebenso klare Funktionsabgrenzung im Hinblick auf die Gestaltung der Lebensbedingungen der Patienten in ihrem Wohnbereich möglich.

Auf andere Weise Neuland betritt das Westf. Zentrum für Forensische Psychiatrie in Lippstadt. Dort werden bereits seit 1984 in diesem traditionellerweise rein von Männern dominierten Bereich *weibliche Pflegekräfte* eingesetzt. Sie tragen wesentlich dazu bei, den Lebensbereich der Patienten – der gleichzeitig der Arbeitsbereich der Mitarbeiter ist! – wohnlicher zu gestalten und eine wärmere, freundlichere und würdigere Atmosphäre des Miteinander-Umgehens zu schaffen. Da für diese Tätigkeit weder eine Krankenpflegeausbildung zwingend erforderlich ist, noch genügend ausgebildete Pflegekräfte zu gewinnen sind, werden neuerdings *Erzieherinnen* für den Dienst im Wohnbereich der Patienten eingesetzt. Von diesem „neuen Typ von Mitarbeitern" (*Kammeier* 1987a, 119) wird in erster Linie ein lebenspraktischer Beitrag zur Rehabilitation erwartet.

c) Rechtsschutz

Mit Wirkung vom 01. 01. 1985 wurde durch den neu geschaffenen Absatz II des § 138 StVollzG der in den §§ 109 bis 121 StVollzG gewiesene Rechtsweg auf die Patienten im Vollzug der Maßregeln nach §§ 63, 64 StGB ausgedehnt. Damit wurde der umständliche und kaum beschrittene Weg gemäß §§ 23 ff. EGGVG entbehrlich.

So klar damit *formell* der Rechtsschutz geregelt ist, so unübersichtlich und uneinheitlich ist er doch *materiell.* Insbesondere gilt dies hinsichtlich der Länderregelungen über Lockerungen der Unterbringung und Möglichkeiten zur Gewährung von Urlaub.

Während in Nordrhein-Westfalen z. B. der Leiter der Maßregelvollzugseinrichtung den Patienten unbegrenzt beurlauben kann (§ 16 MRVG-NW), gelten in anderen Ländern teilweise zeitliche Begrenzungen und/oder sind das Einvernehmen mit der Vollstreckungsbehörde (Niedersachsen, Rheinland-Pfalz) bzw. die Zustimmung des Vollstreckungsgerichts (Baden-Württemberg, Hessen) erforderlich, in den anderen Ländern ist die Vollstreckungsbehörde zu hören.

Ähnlich gravierende Unterschiede bestehen hinsichtlich des Rechtes auf Akteneinsicht und der Dokumentations- und Auskunftspflicht bei Grundrechtseingriffen.

Hat sich zehn Jahre nach Inkrafttreten des StVollzG für den Bereich des Strafvollzugs inzwischen eine weitgehend gefestigte Rechtsprechung und -praxis entwickelt, so kann dies für den Maßregelvollzug noch nicht gesagt werden. Da diese Insassen durchweg kranker, behinderter, geistig und sozial noch schwächer sind als die Population des Strafvollzugs, besteht hier weiterhin ein erhöhter Rechtsschutzbedarf. (Erste zusammenfassende Übersichten über den Maßregelvollzug in der BRD und Hilfen zur Durchsetzung von Rechtsansprüchen s. bei *Volckart* 1986b und *Kammeier* 1987c).

2.6.2.3 Beendigung der Unterbringung und Erledigung der Maßregeln

a) Höchstdauern der Unterbringung

Abgesehen von den unterschiedlichen Unterbringungsvoraussetzungen der §§ 63 (Allgemeingefährlichkeit) und 64 StGB (Hang zum Rauschmittelkonsum) ist im übrigen der Vollzug beider Maßregeln einheitlich geregelt. Weder die Maßregelvollzugsgesetze noch die PsychKG- oder UnterbrG-Regelungen unterscheiden hier. Auch in der Vollzugspraxis ergeben sich Unterschiede zwischen 63er- und 64er-Patienten eigentlich nur durch die spezielle Suchttherapie mit ihrer Ausstrahlung auf die Kontrolle der Kommunikationswege der Patienten.

Signifikante Unterschiede zwischen beiden Vollzugsarten hat der Gesetzgeber aber im Hinblick auf das Ende der Unterbringung gemacht. So sind als Höchstfrist für die *Unterbringung in der Entziehungsanstalt zwei Jahre* vorgesehen, § 67d I StGB. Unabhängig hiervon ist der Vorwegvollzug oder ein möglicher Anschlußvollzug von Strafhaft zu sehen. Die Höchstfrist kann sich allerdings durch Hinzurechnung von gleichzeitig mitvollzogener Freiheitsstrafe erhöhen, § 67d I 3 StGB. (Zur Berechnung der Fristen und der damit verbundenen Vollstreckungsprobleme vgl. *Volckart* 1984 und 1986a, 166 ff).

Bei der Unterbringung gemäß § 63 StGB im *psychiatrischen Krankenhaus* ist das Unterbringungsende durch *keine Höchstfrist* bestimmt! Nach § 67d II StGB kommt eine Bewährungsaussetzung der 63er-Unterbringung erst in Betracht, sobald verantwortet werden kann zu erproben, ob der Untergebrachte außerhalb des Maßregelvollzugs keine rechtswidrigen Taten mehr begehen wird. Entscheidendes Kriterium für eine Beendigung der Unterbringung ist demnach in erster Linie eine günstige Legalprognose.

Nach § 67e I StGB kann das Gericht jederzeit die *Aussetzungsreife* der Unterbringung *überprüfen*. Es muß dies spätestens vor Ablauf von sechs Monaten bei der Unterbringung in einer Entziehungsanstalt und vor Ablauf eines Jahres bei der Unterbringung in einem psychiatrischen Krankenhaus, § 67e II StGB.

Zuständiges Gericht ist die Strafvollstreckungskammer des für den Ort der Unterbringungseinrichtung zuständigen Landgerichts, § 78a GVG, §§ 462a, 463 StPO. Für nach §§ 7, 93a JGG untergebrachte Patienten ist dies der Jugendrichter, § 82 I 2 JGG. Vor einem Beschluß über die Bewährungsaussetzung oder die Fortdauer der Unterbringung sind gemäß § 454 I 2 StPO die Staatsanwaltschaft und die Unterbringungseinrichtung zu hören. Der Untergebrachte selbst ist sogar mündlich anzuhören, § 454 I 3 StPO.

Die Dauer und die Intensität der Anhörungsgespräche sind sehr unterschiedlich. Zeiträume von 5 bis 30 Minuten werden berichtet. Entscheidend ist aber die Qualität und Gründlichkeit der Auseinandersetzung des Gerichts mit der Situation des Patienten (*Rittmann* 1984). Dieser kann einen Anwalt hinzuziehen (*Tondorf* 1984). Sieht sich das Gericht vor besonders problematische Entscheidungen gestellt, lädt es zum Anhörungstermin auch den zuständigen Therapeuten persönlich vor. Darüberhinaus kann es (§ 73 StPO) zusätzlich einen Auftrag zur Erstellung einer Gefährlichkeitsprognose an einen kompetenten Gutachter erteilen.

Die Entscheidung des Gerichts erfolgt durch Beschluß, in dem außer zur „Verantwortlichkeit der Erprobung" (§ 67d II StGB) auch zur Verhältnismäßigkeit der Unterbringungsdauer (§ 62 StGB) Stellung genommen werden soll.

Weder die Praktiker des Maßregelvollzugs noch die klinische oder kriminologische Forschung haben bislang ein valides Instrumentarium entwickeln können, mit dem verläßliche Prognosen zur *künftigen Gefährlichkeit* und zur Legalbewährung des zu entlassenden Patienten abgegeben werden könnten.

Auf der einen Seite ist eine gewisse Entideologisierung zu verzeichnen: Kriminalität ist auch bei Rückfalltätern nicht ein dauerhafter Lebensstil (*Geisler* 1986, 259). Weder eine psychiatrische Diagnose noch eine klinische Verlaufsuntersuchung sind ein hinreichendes Kriterium für eine Kriminalprognose (*Nepodil* 1986, 175 und 181). Ebensowenig verläßlich ist eine vorwiegende Orientierung der prognostischen Einschätzung an der Beobachtung des Verhaltens innerhalb der Unterbringungseinrichtung (*Rasch* 1984b, 136). *Rasch* (1985, 316) spricht in diesem Zusammenhang von einer Kriterienreduktion, die zur verhängnisvollen Verkennung der Gefährlichkeit im Entlassungsfall führen kann (und auch gelegentlich geführt hat). Aus den gleichen Gründen kann Gefährlichkeit aber auch überschätzt werden, so daß der Patient rechtsgrundlos zu lange in der Unterbringung festgehalten wird (zu empirischen und statistischen Erhebungen über die Folgen beider Fehlbeurteilungen vgl. *Hinz* 1986, 122).

Der in § 62 StGB normierte *Verhältnismäßigkeitsgrundsatz* gilt nicht nur für die Anordnung des Maßregelvollzugs, sondern auch in bezug auf die Vollstreckungsdauer (BVerfG, NJW 1986, 767). Danach werden mit zunehmender Unterbringungsdauer die Voraussetzungen für die Verhältnismäßigkeit des Freiheitsentzuges immer strenger. Neben einer Verringerung des Gefährlichkeitsgrades ist deshalb zu prüfen, ob nicht auch durch die nach einer möglichen Entlassung zu erwartenden (neuen) Lebensumstände, evtl. verbunden mit Maßnahmen im Rahmen der Nachbetreuung, der Einhaltung bestimmter Weisungen und der Tätigkeit eines Bewährungshelfers der Sicherungszweck der Maßregel zu erreichen ist.

Dennoch bleibt die vom Gesetz nicht befristete Unterbringungsdauer bei der Maßregel nach § 63 StGB für die therapeutische Gestaltung des Vollzuges und die zeitliche Strukturierung der Rehabilitationsphase weiterhin ein Problem. De lege ferenda werden gegenwärtig mehrere Lösungsmöglichkeiten diskutiert: Von Gesetzes wegen könnten bestimmte Delikte – vorwiegend im Bereich der Eigentums- und Vermögensdelinquenz – von der Unterbringungsanordnung ausgeschlossen werden; eine Unterbringung oder die Anordnung ihrer Fortdauer dürfte dann nur zulässig sein, wenn dasselbe Delikt, das zur Unterbringung geführt hat, aufgrund einer prognostisch hohen

Wahrscheinlichkeit wieder droht, nicht aber bei der Erwartung bloß „leichterer" Delinquenz. Noch mehr Gewicht hat die Forderung nach Einführung einer zeitlichen Befristung für die 63er-Unterbringung (vgl. *Kammeier* 1984, 216). Danach wäre die Höchstdauer der Unterbringung für schuldunfähige Täter an der Dauer des Freiheitsentzuges bei Schuldfähigkeit zu bemessen. *Bernsmann* (1984, 148) schlägt hierzu eine Orientierung am Strafrahmen vor, während aus dem Vorschlag von *Eickhoff* (1987, 67), die Wahrung der Verhältnismäßigkeit der verhängten Sanktion am begangenen Unrecht und nicht an zukünftiger potentieller Gefährlichkeit zu bemessen, wohl eine Festlegung auf ein Zeitmaß herauszulesen ist.

b) Rehabilitation nach der Entlassung

Weitgehend stellen sich hier die Versorgungssituation mit Einrichtungen und Diensten für die nachgehende Betreuung und die gegenwärtig noch bestehenden Defizite wie beim Strafvollzug dar.

Darüber hinaus weist der Maßregelvollzug aber einige Besonderheiten auf, die mit der Krankheit, Störung oder Behinderung der (wieder) einzugliedernden Patienten zusammenhängen. Soweit es sich hierbei um psychisch kranke Personen im engeren Sinne handelt, können für sie durchaus die Rehabilitations- und Nachsorgeeinrichtungen in Anspruch genommen werden, die auch nicht straffällig gewordenen Psychiatriepatienten zur Verfügung stehen, wie Tageskliniken, Übergangsheime und Sozialpsychiatrische Dienste. Für einige zu entlassende geistig Behinderte bietet sich nur die freiwillige oder zivilrechtliche Unterbringung in einer speziellen beschützenden Dauereinrichtung (z. B. mit angeschlossener Werkstatt für Behinderte) an, wenn keine geeigneten und fachlich qualifiziert betreuten offenen Wohnformen zur Verfügung stehen. Persönlichkeitsgestörte kommen für diese Einrichtungen und Betreuungsformen kaum in Frage. Schulische und berufliche Rehabilitation stehen bei ihnen im Vordergrund. Hier haben die Unterbringungseinrichtungen ihr Angebot zu erweitern. Zusätzliche Förderung durch die Arbeitsverwaltung könnten viele Patienten aus dieser Gruppe dann in Anspruch nehmen, wenn sie nach Einbezug in die Arbeitslosenversicherung durch ihre während der Unterbringungszeit geleistete Arbeit einen Anspruch auf Weiterbildungs- bzw. Umschulungsmaßnahmen nach dem Arbeitsförderungsgesetz (AFG) erworben hätten.

Für die Rückfallprävention ist das Vorhandensein von sozialen Bezugspartnern und die Wahrnehmung und Pflege von sozialen Beziehungen von nicht zu unterschätzendem Wert in der Nachentlassungsphase. Mit einem von der Bundesregierung geförderten Projekt hat der Förderkreis Sozialpsychiatrie Lippstadt e. V. modellhaft die Gewinnung von Kontaktfamilien und -personen für solche Patienten erprobt, die überhaupt keine oder keine verläßlichen Bezugspersonen „draußen" (mehr) hatten. Zusätzlich ist für manche Patienten bei speziellen Delikten, wie z. B. im Sexualbereich, eine ambulante Weiter- oder Nachbehandlung nach der Entlassung aus stationärer Unterbringung ebenso angezeigt wie eine regelmäßige Kontrolluntersuchung oder ein Kontrollgespräch. Untersuchungen bei Rückfalltätern in diesem Bereich zeigen, daß sich sexuelle Konfliktkonstellationen meist über einen längeren Zeitraum anbahnen und sich kaum je unvorhersehbar plötzlich in delinquentem Handeln entladen. (Zum Problem der Wiedereingliederung vgl. den Tagungsband von *Kammeier/Schumann* [Hg.], 1987)

c) Erledigung der Maßregel

Wenn die Höchstfrist der Unterbringung nach § 64 StGB abgelaufen ist, erledigt sich die Maßregel kraft Gesetz, § 67d III StGB. Es kann auch keine Führungsaufsicht mehr angeordnet werden. Ansonsten tritt mit der Beendigung der Unterbringung, der bedingten Entlassung und den weiteren in § 68 II StGB genannten Fällen Führungsaufsicht ein, die wenigstens zwei und höchstens fünf Jahre (§ 68c I StGB) dauern kann. Sofern das Gericht (StVK) nicht nach § 68e StGB die Führungsaufsicht vorzeitig beendet, ist erst mit ihrem Ablauf die Maßregel endgültig erledigt.

§ 5 Das Vollzugspersonal und seine Aufgaben

Übersicht

Seite

Nach § 154 Abs. 1 StVollzG „arbeiten alle im Vollzug Tätigen zusammen und wirken darin mit, die Aufgaben des Vollzuges zu erfüllen". § 155 Abs. 2 StVollzG bestimmt, daß „für jede Anstalt entsprechend ihrer Aufgabe die erforderliche Anzahl von Bediensteten der verschiedenen Berufsgruppen, namentlich des allgemeinen Vollzugsdienstes, des Verwaltungsdienstes und des Werkdienstes, sowie von Seelsorgern, Ärzten, Pädagogen, Psychologen und Sozialarbeitern vorzusehen ist". Die Aufzählung der Mitarbeiter der verschiedenen Berufsgruppen ist jedoch nur beispielhaft und hindert die Länder nicht, bei Bedarf noch andere Fachkräfte (z. B. Soziologen, Arbeitstherapeuten) einzustellen (*Rotthaus* in Schwind/Böhm 1983, zu § 155 StVollzG Rdn 2). Im § 5 dieses Bandes sollen die Mitarbeiter des Vollzuges zu Wort kommen und ihre praktische Arbeit beschreiben. Um dabei die Übersicht zu behalten, wird an den Anfang des Paragraphen das Grundschema des Organisationsplanes einer heutigen Justizvollzugsanstalt gestellt.

Übersicht: Grundschema des Organisationsplanes einer Justizvollzugsanstalt (JVA)

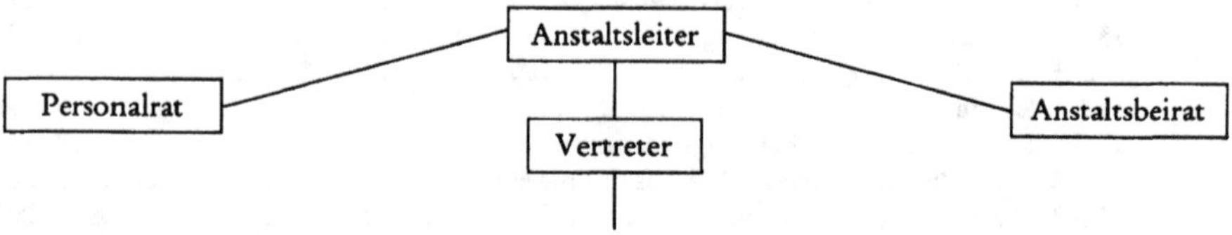

Einzelne Dienste:

- Geschäftsleiter: Geschäftsstelle usw.
- Leiter der Wirtschaftsverwaltung: Wirtschaftsverwaltung
- Leiter der Arbeitsverwaltung: Arbeitsverwaltung
- Werkmeister: Technischer Dienst
- Sicherheits- und Ordnungsdienstleiter: Sicherheit und Ordnung
- Vollzugsabteilungsleiter: für jede Abteilung ein Leiter
- Oberlehrer, Sozialarbeiter, Psychologe, Soziologe, kriminologischer Dienst, Anstaltsarzt, Seelsorger

1. Der Anstaltsleiter*

Justizvollzugsanstalten gibt es in den unterschiedlichsten Größen und mit sehr unterschiedlichen Zuständigkeiten. Wenngleich für die rund 200 Vollzugsanstalten in der Bundesrepublik Deutschland gleichermaßen das Strafvollzugsgesetz gilt, gibt es doch recht große Unterschiede in der konkreten Arbeitssituation der Anstaltsleiter. So wird der Chef einer Anstalt des geschlossenen Strafvollzuges mit 1000 Haftplätzen andere Schwerpunkte setzen müssen als der Leiter einer sozialtherapeutischen Anstalt mit 50 Haftplätzen oder der Leiter einer offenen Anstalt oder der Leiter einer Untersuchungshaftanstalt.

Die dem Anstaltsleiter vom Gesetz (§ 156 StVollzG) auferlegte und gleichzeitig garantierte Verantwortung für den gesamten Vollzug setzt die Befugnis voraus, die Vollzugsanstalt personell und organisatorisch so zu gestalten, daß die gesetzlichen Aufgaben erfüllt werden können. Nach dem Inkrafttreten des Strafvollzugsgesetzes bedeutet Verantwortung für den gesamten Vollzug, daß der Anstaltsleiter persönlich dafür einzustehen hat, daß der Auftrag des Gesetzgebers auch erfüllt wird. Dieser Auftrag beinhaltet in erster Linie, daß in der Vollzugsanstalt alles menschenmögliche getan werden muß, um den Gefangenen zu einer Lebensführung ohne Straftaten zu bringen.

Diese Behandlungsbemühungen dürfen allerdings die Sicherheit der Bevölkerung nicht gefährden. Der Konflikt zwischen Behandlung und Sicherheit beeinflußt das gesamte Vollzugsgeschehen und wird z. B. bei der Frage deutlich, ob und in welchem

* *Harald Preusker*, geb. 1943, studierte Rechtswissenschaft in Tübingen. Nach dem Assessorexamen (1973) im Justizvollzugsdienst Baden-Württembergs tätig. *Stationen:* JVA Ludwigsburg, Justizministerium, JVA Ulm, JVA Stuttgart-Stammheim (Einweisungskommission), von 1976 bis 1979 Leiter der JVA Konstanz, danach zwei Jahre Strafrichter beim Landgericht Konstanz und seit 1981 Leiter der JVA Bruchsal. Seit 1986 Vorsitzender der Bundesvereinigung der Anstaltsleiter im Strafvollzug e. V.

Ausmaß einem Gefangenen Lockerungen wie Ausgang oder Urlaub gewährt werden sollen (zu den Lockerungen vgl. unten S. 347 ff). Aber es gibt noch eine Vielzahl anderer Zielkonflikte, die der Anstaltsleiter im Grunde tagtäglich zu ertragen und im Ergebnis auch zu lösen hat.

- So wünschen sich die Bediensteten ruhige und angepaßte Gefangene; der rebellische soll diszipliniert werden, wenngleich allgemein bekannt ist, daß gerade bei denen, die sich nicht alles „gefallen lassen", die Sozialprognose günstiger ist als bei den Überangepaßten.
- Der Leiter eines Arbeitsbetriebes wünscht sich, daß ein leistungsschwacher und im Umgang recht schwieriger Gefangener wieder aus seinem Betrieb genommen wird, weil sonst die Betriebsergebnisse beeinträchtigt würden. Andererseits sollte es in den Betrieben ja gerade darum gehen, leistungsschwachen oder leistungsunwilligen Gefangenen das Arbeiten als Grundlage für ein straftatenfreies Leben zu lehren.
- Die Mitarbeiter verlangen nach Gleichbehandlung der Gefangenen anhand von eindeutigen, einfach verständlichen Regeln mit möglichst wenig Ausnahmen. Der Behandlungsauftrag dagegen ist ohne Eingehen auf die ganz persönliche Bedürfnislage eines jeden einzelnen Gefangenen nicht zu erfüllen.

So strömen von allen Seiten die unterschiedlichsten Anliegen und Forderungen auf den Anstaltsleiter ein, dem die schwierige Aufgabe zukommt, die Interessen gegeneinander abzuwägen und seine Entscheidung allen Beteiligten auch verständlich zu machen.

1.1 Berufsbild

Was sind das für Menschen, die sich einen so schwierigen Beruf ausgewählt haben?

Anstaltsleiter sind in aller Regel Juristen mit der Befähigung zum Richteramt. Bei den meisten führt der Weg über die Mitarbeit in der Anstaltsleitung über die Stellvertreterposition zum Anstaltsleiter. Das Juristenmonopol wird nur ausnahmsweise durchbrochen von Aufstiegsbeamten aus dem gehobenen Dienst oder von Beamten des höheren Dienstes aus anderen Berufsgruppen (Psychologen, Soziologen, Pädagogen). Die meisten Anstaltsleiter bleiben ihr Berufsleben lang im Strafvollzug und erreichen in der Regel die Endbesoldungsstufe des höheren Verwaltungsdienstes (A 16), die in etwa der Besoldungsstufe eines Vorsitzenden Richters (R 2) entspricht. Die Rückkehr in die allgemeine Justiz ist zwar rechtlich möglich, wird aber äußerst selten praktiziert.

Anstaltsleiter stehen innerhalb der Juristenhierarchie und damit in ihrer beruflich-sozialen Wertigkeit ziemlich weit unten. Dies gilt allerdings nicht nur für den Anstaltsleiter, sondern auch für die übrigen Mitarbeiter im Strafvollzug. Die Ursachen dafür sind mannigfaltig. Der Hauptgrund mag darin liegen, daß in der Tat in den Gefängnissen vergangener Zeiten sehr viel Machtmißbrauch, Willkür und Unmenschlichkeit praktiziert wurde. Dies gilt leider für viele Gefängnisse in totalitären Staaten auch heute noch. Das negativ geprägte Berufsbild hat natürlich auch dazu geführt, daß sich die Zahl der interessierten Bewerber in Grenzen hält. Dies ist um so bedauerlicher, als die durch das Strafvollzugsgesetz festgeschriebenen neuen Aufgaben höchste Ansprüche an den Anstaltsleiter stellen. Die Abkehr vom Vergeltungsprinzip und die Hinwendung zu einem sozialen und humanen Behandlungsvollzug verlangt vom Anstaltsleiter mehr als Rechtskenntnisse und Rechtsanwendung. Gefordert sind Persönlichkeiten, die die soziale Dimension des Strafens begreifen, die fähig sind, praktische und phantasievolle Sozialarbeit entweder selbst zu leisten oder aber die Rahmenbedingungen hierfür zu schaffen. Unabdingbar für eine Anstaltsleitertätigkeit ist auch die Fähigkeit, die schwächsten, schwierigsten und gelegentlich auch unausstehlichsten Insassen als Menschen mit all ihren Sorgen und Nöten ernst zu nehmen und sie nicht zum Objekt eines kühl-distanzierten Verwaltungshandelns zu degradieren. Anstaltsleiter müssen Persönlichkeiten sein, die Enttäuschungen als Berufsalltag ertragen können und nicht aufgeben, sich mit Phantasie und Hartnäckigkeit für eine nützliche Vollzugsgestaltung einzusetzen.

1.2 Aufgaben

Im folgenden sollen die Aufgaben eines Anstaltsleiters und die damit verbundenen Schwierigkeiten, aber auch die außergewöhnlich umfangreichen Gestaltungsmöglichkeiten am Beispiel der Vollzugsanstalt Bruchsal verdeutlicht werden.

Die Anstalt hat ca. 400 Haftplätze, 250 Mitarbeiter und ist für einen sicheren, geschlossenen Vollzug vorwiegend langer Freiheitstrafen (15 Monate bis lebenslänglich) sowie für gefährliche, gemeinschaftsunfähige und solche Gefangene zuständig, bei denen nach Verbüßung der Freiheitsstrafe noch die Vollstreckung der Sicherungsverwahrung (zur SV vgl. unten S. 95 ff) vorgemerkt ist. In den 40 Werkbetrieben der Anstalt werden jährlich ca. 5 Mio. DM eingenommen. Es werden jährlich ca. 5200 Lockerungen (vgl. hierzu unten S. 347 ff, Ausführung, Außenbeschäftigung, Ausgang, Freigang, Urlaub und Verlegungen in den offenen Vollzug) genehmigt, und in etwa ebenso vielen Fällen werden Lockerungsanträge abgelehnt. Es werden jährlich ca. 700 Disziplinarverfahren durchgeführt und etwa gleichviel besondere Sicherungsmaßnahmen verhängt. Jährlich müssen etwa 600 – im Langstrafenvollzug häufig sehr schwierige und deshalb aufwendige – Stellungnahmen zur bedingten Entlassung, zu Gnadengesuchen, Petitionen, Beschwerden u.ä. abgegeben werden (zu den Rechtsbehelfen vgl. *Schuler* in diesem Band S. 255 ff). Es finden in der Anstalt jährlich ca. 200 Konferenzen mit unterschiedlicher Besetzung und Aufgabenstellung statt. Die Anstalt wird jährlich von etwa 40 – 50 Besuchergruppen „heimgesucht". In der Anstalt arbeiten rund 120 ehrenamtliche Mitarbeiter und Betreuer, die sehr sorgfältig angeleitet und beraten werden müssen. Auch der Anstaltsbeirat (§ 162 StVollzG) muß über wichtige Vollzugsereignisse ständig informiert werden (zum Anstaltsbeirat vgl. *Gandela* in diesem Band S. 229 ff). Diese Aufgaben werden natürlich nicht vom Anstaltsleiter allein, sondern vorwiegend von seinen Mitarbeitern erledigt. Die schwierigsten und unangenehmsten Vorgänge bleiben jedoch in aller Regel am Anstaltsleiter hängen. Täglich machen etwa 10 – 15 Gefangene von ihrem Recht Gebrauch, mit dem Anstaltsleiter zu sprechen. Häufig kommt es über unbedeutende Gesprächsanlässe zu sehr intensiven und schwierigen Gesprächen über die eigentlichen Probleme der Gefangenen.

Der Anstaltsleiter sollte möglichst täglich durch die gesamte Anstalt gehen und dabei für Bedienstete und Gefangene gleichermaßen ansprechbar sein.

In der Dienstordnung für das neue Männerzuchthaus in Bruchsal aus dem Jahre 1848 heißt es hierzu: § 95 (Fleißiger Umgang in allen Teilen des Hauses): „Um allen diesen Anforderungen zu genügen, ist es nötig, daß der Vorsteher soviel als möglich außerhalb der Geschäftsstube, und überall zu unregelmäßigen Zeiten nachsieht."

§ 96 (Zellenbesuche): „Er soll täglich wenigstens den vierten Teil der Gefangenen in den Zellen besuchen und sich mit ihnen über ihre gewerbliche und sonstige Beschäftigung, über ihr vorgegangenes und künftiges Leben, ihren Gemüts- und Körperzustand, ihre Wünsche, Bedenken, Beschwerden, in ernster aber freundlicher Weise besprechen. Auch soll er die Kirchen, Schulen und Spazierhöfe häufig besuchen."

Leider ist er jedoch in aller Regel mit Büroarbeit derart belastet, daß er viel zu wenig in die Wohn- und Arbeitsbereiche der Anstalt kommt (vgl. *Winchenbach* 1985, 128). Als Chef muß er darüber hinaus täglich die zahlreichen strukturellen und personellen Interessenkollisionen zwischen einzelnen oder Gruppen von Mitarbeitern ausgleichen und wo dies nicht möglich ist, durch eine Entscheidung beenden.

Der Anstaltsleiter ist auch der Chef einer Behörde, von dem man erwartet, daß er bei allen möglichen Anlässen wie Jubiläen, Amtseinführungen, Beerdigungen, Wohltätigkeitsveranstaltungen und allerlei Empfängen anwesend ist. Universitäten, Schulen, Fortbildungsreferenten der Aufsichtsbehörden und zahlreiche andere interessierte Stellen möchten den Anstaltsleiter als Referenten, Tagungsleiter oder Gesprächspartner für Veranstaltungen der unterschiedlichsten Art gewinnen.

Dieser sicher nicht vollständige Überblick mag den Umfang und die Vielfalt einer Anstaltsleitertätigkeit erahnen lassen.

1.3 Verantwortung für die Erfüllung des Behandlungsauftrages

Unzufriedene Beamte haben manchmal den Mut, zu kündigen und auch ihre Gründe zu nennen. Dazu drei Beispiele von Bediensteten des allgemeinen Vollzugsdienstes, die ihre Kündigung etwa zwei bis drei Jahre nach Abschluß der Ausbildung wie folgt begründet haben:

Der Erste: „Das ist mir alles viel zu lasch, was man sich heute alles gefallen lassen muß, ist für mich nicht länger zu ertragen."

Der Zweite: „In der Strafvollzugsschule wurde ich mit Strafrecht, Psychologie usw. vollgestopft und auf ein eigenverantwortliches Tun vorbereitet. Doch in der Praxis sieht das ganz anders aus. Die Arbeit ist eintönig, ich habe nichts zu sagen. Ich bin der Fußabtreter für alle und sehe keine Perspektive."

Der Dritte: „Ich hatte schon während der Ausbildung Zweifel bekommen, ob ich mein Engagement und meine Ideen wirklich würde anbringen können. Die Schule gab mir Hoffnung, aber hinterher kam es ganz schlimm. Kritik an Vorgesetzten oder an Zuständen wurde als überheblich, als Nestbeschmutzung und als unkollegial abqualifiziert. Man gerät ins Abseits und da ist es das beste, wenn man wieder geht."

Die vorgetragenen Kündigungsgründe, die Unzufriedenheit der drei zitierten Mitarbeiter machen die *Personalführungsprobleme* im Strafvollzug sehr deutlich. Die jungen Beamten sahen ihre Erwartungen enttäuscht und mußten eine Praxis erleben, die mit der gelernten Theorie nicht in Einklang zu bringen war. Damit wird wieder einmal die rechtshistorische Erfahrung bestätigt, daß neue Gesetze die Rechtswirklichkeit nicht automatisch verändern. Auch der Behandlungsauftrag wird von der Praxis nur dann erfüllt werden können, wenn zunächst die unmittelbar Beteiligten, also die Anstaltsleiter und alle übrigen Mitarbeiter im Vollzug, diesen Auftrag wirklich akzeptiert haben und bereit sind, tagtäglich dafür einzutreten. Dies ist leider noch nicht in dem erwünschten Ausmaß der Fall. Wie ein Vollzug konkret aussehen soll, in dem der Gefangene fähig wird, „künftig in sozialer Verantwortung ein Leben ohne Straftaten zu führen" (§ 2 StVollzG), *muß* der Anstaltsleiter seinen Mitarbeitern für seine Vollzugsanstalt deutlich machen. Gelingt ihm das nicht, dann wird es bei dem alten an Sicherheit und Ordnung orientierten Vollzug bleiben, und bei den Mitarbeitern werden sich Unsicherheit, Resignation und Rückzug breitmachen. Von den politisch Verantwortlichen ist eine aktive, druckvolle Umsetzung des Behandlungsauftrages nicht zu erwarten, da sie sich aus nicht ganz unverständlichen Gründen vorwiegend an der öffentlichen Meinung und dem momentanen Stimmungsbild in der Bevölkerung orientieren.

1.4 Die Übersetzung der Behandlungsrethorik für die Praxis

Die mannigfaltigen und zahlreichen theoretischen Abhandlungen über den Behandlungsvollzug sind für den Stockwerksbeamten in aller Regel unbrauchbar und bedürfen einer verständlichen, in der Alltagsarbeit anwendbaren „Übersetzung". Dies muß der Anstaltsleiter leisten und sich dabei auf das real Machbare konzentrieren, wobei er sehr genau wissen muß, was er von seinen Mitarbeitern verlangen kann und wo deren „Schmerzgrenze" liegt. So wäre die Anordnung an die Bediensteten des allgemeinen Vollzugsdienstes, zukünftig vor Betreten der Hafträume anzuklopfen (vgl. LG Bielefeld NStZ 1986, 189) ziemlich unsinnig. So wenig problematisch das Anliegen klingt, so tief greift es in Vollzugstraditionen und in das Verhältnis zwischen Gefangenen und Vollzugsbediensteten ein. Hier müßte zuvor enorm viel an Überzeugungsarbeit geleistet werden, die Sicherheitsbedenken (Überraschungseffekt geht verloren!?) müßten zumindest ernsthaft diskutiert und der verfolgte Zweck und der erhoffte Nutzen müßten verdeutlicht werden. Es wäre ein *Führungsfehler*, solche Änderungen lediglich autoritär durchzusetzen, ohne zumindest den Versuch zu unternehmen, die Mitarbeiter von der Sinnhaftigkeit und Nützlichkeit einer Maßnahme zu überzeugen.

1.5 Richtlinien für die alltägliche Arbeit

Wie bereits ausgeführt ist es die wichtigste Aufgabe des Anstaltsleiters, dem Bediensteten durch *konkrete Verhaltensmaßregeln* deutlich zu machen, wie Behandlungsvollzug im alltäglichen Umgang mit den Gefangenen aussehen sollte. Dazu gehören als Minimum die folgenden Regeln:

a) „Nein"-Sagen ist für eine erfolgversprechende Erziehung genauso wichtig wie das „Ja"-Sagen (der Weg des geringsten Widerstandes darf nicht gegangen werden).
b) Es muß unentwegt deutlich gemacht werden, daß jeder für das geradezustehen hat, was er angerichtet hat (Schuldenregulierung; Täter-Opfer-Ausgleich).
c) Die Gefangenen sind nicht unsere Gegner („Der hat mich beleidigt, dem werd' ich's zeigen!"; „Der hat mich enttäuscht, dem helfe ich nicht mehr!").
d) Das Gefängnis darf niemals zum Selbstzweck werden (Nachdem die Gefangenenzahlen erfreulicherweise recht deutlich abgesunken waren, wurde der Arbeitsinspektor beim Anstaltsleiter vorstellig und beklagte sich bitter darüber, daß er nicht mehr genug Gefangene für seine Betriebe habe. Oder der Gefangene X ist zur Stütze

der Schlosserei geworden, möchte aber jetzt in den offenen Vollzug. Der Schlossermeister bittet den Anstaltsleiter inständig, den Gefangenen doch ja nicht aus der Schlosserei gehen zu lassen) (zur Arbeit vgl. unten S. 133 ff; zur beruflichen Bildung vgl. unten S. 162 ff).

e) Im Leben gibt es so gut wie nichts geschenkt, wer etwas haben will, muß auch bereit sein, etwas zu geben (Wir müssen eigene Anstrengungen des Gefangenen, beispielsweise Teilnahme an einer Sozialtherapie, Nachholen eines beruflichen oder schulischen Bildungsabschlusses, konsequent einfordern und dadurch einer überzogenen Anspruchshaltung der Gefangenen entgegenwirken).
f) Es gibt kein „Behandeln" auf eigene Faust. (Jedes Zugehen auf den Gefangenen, jedes Angebot, jede Vollzugsplanung muß in dem dafür zuständigen Gremium transparent gemacht und gebilligt werden. Kein Mitarbeiter darf sich „Lieblinge" leisten oder unsympathische Gefangene in die Ecke stellen).
g) Niemand darf von den Gefangenen Dank für seinen Einsatz und seine helfenden Bemühungen erwarten (Die Gefangenen schulden uns keinen Dank, weil sie einen Anspruch auf einen helfend-orientierten Strafvollzug haben, zu dem die Mitarbeiter des Vollzuges verpflichtet sind).
h) Jeder Gefangene hat auch positive Seiten, die gesucht und verstärkt werden müssen (Der Inhalt der Gefangenenpersonalakten macht überdeutlich, wie akribisch alles Negative gesammelt und wie wenig nach dem Positiven gesucht wird).

Wenn diese nicht abschließend gemeinten Grundpositionen von den Bediensteten mitgetragen und bei der täglichen Arbeit berücksichtigt werden, sind einige ganz wesentliche Voraussetzungen für den „neuen" Strafvollzug geschaffen. Hierzu bedarf es jedoch intensiver Überzeugungsarbeit, die im wesentlichen der Anstaltsleiter zu leisten hat. Wenn ihm diese Überzeugungsarbeit einigermaßen gelungen ist, hat der Behandlungsvollzug eine echte Chance.

1.6 Verantwortung für Sicherheit und Ordnung

Zunächst muß festgestellt werden, daß Behandlungsvollzug kein Widerspruch zu einem sicheren und ordentlichen Vollzug sein muß. Entscheidend ist jedoch, daß alle Sicherheitsmaßnahmen vernünftig begründbar sind. Dabei ist zu beachten, daß das Sicherheitsbedürfnis der Vollzugsanstalten generell höher angesetzt wird, als es tatsächlich notwendig wäre. Es ist Aufgabe des Anstaltsleiters, gegebenenfalls im Zusammenwirken mit der Aufsichtsbehörde das passende Sicherheitssystem auszuarbeiten und die baulichen, administrativen und personellen Voraussetzungen für dessen Durchführung zu schaffen. Dieses Sicherheitssystem muß gewährleisten, daß die bundeseinheitlichen Dienst- und Sicherheitsvorschriften (DsVollz) tatsächlich eingehalten werden können. Beispielsweise darf ein Anstaltsleiter von einem Bediensteten keine „besonders gründliche Kontrolle" eines Haftraumes verlangen, ohne ihm hierzu die erforderliche Zeit zu gewähren. Er muß Vorkehrungen gegen Routine, Betriebsblindheit und Abstumpfung treffen. Hierzu gehören unvermutete persönliche Kontrollen ebenso wie realistische Übungen und Planspiele (z. B. Verhalten bei Geiselnahme, Meuterei usw.).

Der Anstaltsleiter muß der großen Versuchung widerstehen, sich durch immer mehr Sicherheit gegen Fluchtfälle und andere besondere Vorkommnisse absichern zu wollen. Mehr Sicherheit heißt in diesen Fällen regelmäßig mehr Beton, Stahl und Gitter sowie neue Dienstanweisungen. Dies, obwohl die Erfahrung lehrt, daß die Sicherheit durch diesen Automatismus nur selten tatsächlich erhöht wird. Es spricht vielmehr dafür, daß die Sicherheitslage maßgeblich von der Atmosphäre einer Anstalt abhängt. Je mehr überzogene Kontrollen und Reglementierungen stattfinden, für die auch nicht ansatzweise eine vernünftige Begründung gegeben werden kann, um so größer wird die Gefahr, daß sich die Gefangenen solidarisieren, die subkulturellen Strukturen verfestigen und der Zugang zu den Gefangenen erschwert wird. Je stabiler die Subkultur ist, um so größer ist die Gefahr von Ausbrüchen, Meutereien, Hungerstreiks, gemeinsamen Arbeitsniederlegungen u. ä. Es ist folglich für die Sicherheit einer Anstalt von entscheidender Bedeutung, ob es dem Anstaltsleiter gelingt, die *subkulturellen Wirkmechanismen* zu entschärfen. Diese außerordentlich wichtige Aufgabe, von deren Bewältigung es letztlich auch abhängt, inwieweit ein einigermaßen effektiver Behandlungsvollzug möglich ist, fordert vom Anstaltsleiter Zähigkeit, persönlichen Einsatz und Mut.

Der Anstaltsleiter muß dafür sorgen, daß es auch nicht ansatzweise den in der Subkultur mächtigen Gefangenen überlassen wird, auf dem Stockwerk für Sicherheit und Ordnung zu sorgen. Er darf es unter keinen Umständen zulassen, daß diese Gefangenen weitgehend unbehelligt ihre Geschäfte und Machenschaften betreiben, während „kleine Fische" mit Sicherheits- und Disziplinarmaßnahmen überzogen werden. Der Anstaltsleiter selbst darf der regelmäßig sehr unerfreulichen und nicht immer ungefährlichen Konfrontation mit diesen Gefangenen nicht aus dem Wege gehen. Sein kompromißloses Vorgehen gegen alle Gefangene, die ihre Mitgefangenen drangsalieren, ausbeuten, zur Verweigerung oder Widerstand aufwiegeln oder sonst für ihre Zwecke benutzen, stößt bei der überwiegenden Zahl der Gefangenen auf Anerkennung, weil die meisten von ihnen unter den subkulturellen Zwängen leiden.

1.7 Schlußbemerkung

Zusammenfassend kann man sagen, daß die Antwort auf die Frage, ob und inwieweit der Behandlungsauftrag in einer Vollzugsanstalt umgesetzt wird, vorwiegend von dem Anstaltsleiter und seiner Bereitschaft abhängt, den Mitarbeitern den hierfür erforderlichen Handlungsspielraum einzuräumen. Andererseits ist der Anstaltsleiter auch dafür verantwortlich, wenn in seiner Anstalt nichts oder nicht genug geschieht, um dem Willen des Strafvollzugsgesetzes volle Geltung zu verschaffen.

2. Der Leiter der Wirtschaftsverwaltung*

Eine Arbeitswoche:
Versorgung der Insassen
Versorgung der Institution Vollzugsanstalt
Wirtschaftliche Gesichtspunkte
Ausbildung und Fortbildung
Grenzen der Wirkungsmöglichkeiten

Montag, 7.30 Uhr:
Fenster auf, muffige Luft raus, frische Luft rein! „Guten Morgen, Frau H.! Na, wie war der Urlaub? Gut erholt? Schönes Wetter gehabt?" Eigentlich rein rhetorische Fragen. In Wirklichkeit bin ich heilfroh, daß die langjährige Mitarbeiterin wieder da ist. Schafft eine Menge Routinearbeit: Speisezettel, Lebensmittel-Buchführung, Zahlungsanordnungen vorbereiten, rechnen und nochmals rechnen, Schreibarbeiten usw. Schon mal ein Lichtblick am frühen Montagmorgen. Hätte ja auch was passiert sein können. Nicht auszudenken, wo doch der andere Mitarbeiter gerade in Urlaub gegangen ist.

Telefon. „Guten Morgen, hier ist . . ." Am anderen Ende der Küchenleiter. „War was los am Sonntag?" „Nein, alles ruhig verlaufen. Schweinebraten ist bei den Insassen gut angekommen, Fleisch hätte mehr sein können, hätte beim Portionieren fast meinen Finger dazugeschnitten! Qualität war in Ordnung, aber beim nächsten Einkauf von Jungschweinen etwas mehr ansetzen!" „Gut, danke."

„Guten Morgen, Herr G..." Pünktlich wie immer der Lagerverwalter. Er muß früh kommen, damit seine Bestellungen noch telefonisch durchgegeben werden können, bevor die Lieferanten ihre Zustellfahrzeuge wegschicken. „Dringend zwei Schweinehälften, weil am Wochenende alles aufgebraucht wurde. Jungschweine hatten höheren Knochenanteil. Und Zwiebeln. Könnten eigentlich die Äpfel für die Ausgabe am Donnerstag auch gleich mitbringen und eine Kiste Zitronen für die Diabetiker."

Erst mal den Terminkalender für die Tagesbestellungen durchsehen! Morgen steht Salat auf dem Speiseplan. Anstaltsgärtnerei anrufen – hat keinen Kopfsalat mehr. Schnell in der Großmarkthalle einige Firmen anrufen – Preisvergleiche anstellen. „Hauslieferant" war etwas teurer als der billigste. Was tun? Doch lieber bei ihm kaufen, weil auf seine Qualität Verlaß ist! Erst noch ein bißchen handeln – läßt am Preis nichts nach, weiß offenbar, was seine Ware wert ist. Rasch die Fahraufträge für den

* *Gustav Urban*, geb. 1933, Anstellungsprüfung für den gehobenen Vollzugs- und Verwaltungsdienst bei den Justizvollzugsanstalten 1961, Leiter der Wirtschaftsverwaltung bei der JVA München von 1961 bis 1981; Studium an der Verwaltungs- und Wirtschaftsakademie München, Diplomprüfung 1966; Aufstiegsprüfung für den höheren Dienst 1982; Oberregierungsrat, Lehrtätigkeiten im Rahmen der Aus- und Fortbildung der Vollzugsbediensteten.

Horst Mildner, geb. 1939, Anstellungsprüfung für den gehobenen Vollzugs- und Verwaltungsdienst bei den Justizvollzugsanstalten 1968, Leiter der Wirtschaftsverwaltung bei der JVA München seit 1981; Regierungsamtsrat; Lehr- und Prüfungstätigkeit im Rahmen der Aus- und Fortbildung der Vollzugsbediensteten; Beisitzer in den Prüfungsausschüssen für die Anstellungsprüfungen beim allgemeinen Vollzugsdienst und beim gehobenen Vollzugs- und Verwaltungsdienst.

Stadtfahrer ausschreiben, wartet schon ungeduldig seit fünf Minuten. So, erster Ansturm vorbei.

Anruf der Anstaltsgärtnerei. Hat zwar keinen Salat, aber Kohlrabi, müssen diese Woche noch weg, wegen der Hitze. Wieder eine Speiseplanänderung, die optisch nichts bringt. Wäre viel besser, wenn teures Frischgemüse richtig eingeplant werden könnte und im Speiseplan auch drin stünde. „Geht es nicht bis nächste Woche?" „Nein, werden sonst holzig." „Dann liefert sie an die Schreinerei!" ... Schweigen, hat am Montagmorgen noch keinen Sinn für Späße. „Also, wann können wir das Feld abernten? Wir müssen bald Endiviensalat auspflanzen." „Aha, darum!" Macht gar kein Vergnügen, bei der Arbeitsverwaltung der eigenen Anstalt einzukaufen. Keiner läßt mit sich handeln, berufen sich immer auf den Erzeugerpreis lt. Marktbericht. Steht so in einer Vorschrift. „Also am Samstag Kohlrabigemüse statt Linseneintopf, Freitag anliefern."

So, jetzt anfangen mit dem Speiseplan für die nächste Woche. Rezeptkartei raus. War schon gut, daß das Justizministerium die Leiter der Wirtschaftsverwaltungen, die Küchenleiter und Ernährungsberater der Deutschen Gesellschaft für Ernährung (DGE) bereits 1951 in der Lehrküche einer Jugendstrafanstalt versammelt hatte. Haben eine Reihe von Rezepten erarbeitet, genau deren Nährstoffgehalt errechnet und die Rezepte auch praktisch erprobt. Wurden damals als Anlage zur „vorläufigen Verpflegungsordnung" abgedruckt. Die blieb dann über 15 Jahre in Kraft. War auch die erste Verpflegungsordnung, die unter Mitwirkung von Ernährungsberatern der DGE zustande kam. Aus gutem Grund hat die neue Verpflegungsordnung alle bewährten Regelungen übernommen und sich im übrigen dem gestiegenen Lebensstandard der Bevölkerung angepaßt. Allerdings hat sie nicht den ernährungswissenschaftlich bedenklichen Nahrungs- und Genußmittelkonsum breiter Bevölkerungskreise mitgemacht. Alkoholgenuß ist den Insassen überhaupt verwehrt. Zivilisationskrankheiten, wie Diabetes, Arteriosklerose, Herzinfarkt u. ä., hat noch kein Insasse auf die Anstaltsverpflegung geschoben. Die sog. „Freßwelle" verebbte an den haushaltsmäßigen Gegebenheiten.

Wieder läutet das Telefon. Wasserwerke. Haben einen Zählerstillstand festgestellt. Fein, deren Sache, brauchen wir weniger zahlen. „Wollen Sie nachverrechnen? Warum?" „Steht in der Satzung – nach dem Durchschnittsverbrauch des Vorjahres." Verdammt ... „Da waren 20 000 cbm Mehrverbrauch für Bauarbeiten!" „Dann nach dem jetzigen Tagesverbrauch." „Auch schlecht, weil die Gärtnerei täglich spritzt. Zählerstillstand war in den verbrauchsniedrigen Wintermonaten. Außerdem ist die Belegung stark zurückgegangen. Warum die Berechnung nicht nach angefallenen Hafttagen vornehmen? Wasserverbrauch beträgt schon seit Jahren 2,3 bis 2,4 cbm je Hafttag." „Haben wir noch nie so gemacht, die Nachverrechnung." Aha, Amtsausrede Nr. 1, offensichtlich verhandlungsbereit, die Wasserwerke. Jetzt nur nicht nachgeben. „Also, wenn überhaupt Nachverrechnung, dann nur nach Hafttagen. Die Wasserwerke berechnen den Wasserbedarf doch auch pro Kopf der Bevölkerung." „Wenn Sie unbedingt darauf bestehen, müßten Sie den Berechnungsvorschlag schon schriftlich an die Wasserwerke einreichen ..." (Amtsausrede Nr. 2) – „Gut, mache ich. Hat das Zeit bis morgen?" „Ja, aber bitte nicht später." „Danke, Wiederhören!" Gleich die Wasserverbrauchskartei und die Aufstellung der Hafttage dem Regierungsinspektoranwärter, der gerade sein erstes Berufspraktikum ableistet, in die Hand gedrückt. Soll mal schön rechnen, was herausgekommen wäre, wenn ... und den Entwurf für das Schreiben an die Wasserwerke fertigen. Mußte nach dem Abitur noch eine Einstellungsprüfung mit

Wettbewerbscharakter machen, bevor er zum Beamten auf Widerruf ernannt und zum dreijährigen Studium an der Beamtenfachhochschule zugelassen wurde. Das Studium beginnt mit einer zweimonatigen praktischen Einführung, ihr folgen zwei fachtheoretische Studienabschnitte von je 9 Monaten und zwei berufspraktische Studienabschnitte von je 8 Monaten. Fachtheoretische und berufspraktische Studienabschnitte sind ineinander verzahnt, um die Praxisnähe der Ausbildung zu gewährleisten. Das Studium schließt mit der Anstellungsprüfung (ebenfalls mit Wettbewerbscharakter) ab. Die dabei erzielte Platzziffer hat wesentlichen Einfluß auf den künftigen Verwendungsort, die Dauer der Probezeit und den Zeitpunkt der ersten Beförderung.

Endlich weitermachen mit dem Speiseplan. Schon 9 Uhr geworden, und nur das Frühstück für die nächste Woche liegt fest. Mutet spartanisch an: Misch- oder Weißbrot, als Aufstrich Diätmargarine oder Marmelade, als Getränk Milchkaffee oder Kakao. Geben Magermilchpulver in den Frühstückskaffee, damit kein Insasse über Calciummangel klagen kann.

Jetzt das Mittagessen. Eigentlich eine ganz nette Auswahl. Etwa 50 Essen in der Kartei, die Variationen nicht mitgezählt. Habe mit dem Küchenleiter vereinbart, daß wir jeden Monat ein neues Gericht erarbeiten wollen, einmal er, einmal ich. Muß mir diesen Monat noch etwas einfallen lassen. Abwechslung will organisiert sein, klingt paradox, ist aber so. Geht über die Einstellung der Karteikarten. Machen die anderen Gemeinschaftsverpfleger genauso. Jeder größere Lebensmittelhersteller, der etwas auf sich hält, bietet neuerdings solche Karteien an. Unlängst ist sogar ein Verlag eingestiegen. Haben aber alle zu geringe Beilagemengen in ihren Rezepten, kann man ruhig verdoppeln, wenn die Insassen satt werden sollen. Essen bei uns wohl auch aus Langeweile so viel. Unter 750 g Kartoffeln (Rohware) pro Teilnehmer geht es nicht. Gibt 25 Zentner für ein Mittagessen. Mußten in der alten Küche immer schon am Vortag geschält und über Nacht gewässert werden. War nicht mehr viel Vitamin C drin am nächsten Tag. Schaffen wir jetzt in der neuen Küche aber am selben Tag, dank einer Schälanlage mit 1000 kg Stundenleistung und eines Netzplans für den Arbeitsablauf.

Jetzt zum Abendessen: Einmal, höchstens zweimal in der Woche abends ein warmes Essen. An den übrigen Tagen Misch- oder Weißbrot (250 g), als Aufstrich Diätmargarine, als Belag Wurst, Käse, Quark oder Fischkonserven in verschiedenen Aufbereitungsarten, dazu Tee, Kakao oder Milchkaffee.

Für Kranke werden je nach Zuständigkeit der Anstalt eine Reihe von Diätkostformen zubereitet, z. B. Magenschonkost, Diabetikerkost, Leber- und Gallediät, salzarme Diät, Flüssigkost, Kost für frisch Operierte. Daneben gibt es Zulagen für Kranke.

So, noch die Durchschnittsenergiezufuhr errechnen, die wöchentlichen Höchst- und Mindestmengen bei verschiedenen Lebensmitteln nach der Verpflegungsordnung vergleichen, dann ist der Speiseplan endlich fertig. Ist auch bereits höchste Zeit zum Mittagessen.

Nachmittags den Speiseplan für die Personalverpflegung aufstellen und alle zu bestellenden Lebensmittel in den Terminkalender eintragen. Gleich werden die Lieferanten anrufen. Das spart Telefongebühren und kostet weit weniger Zeit als Vertreterbesuche.

Zwischendurch kurz den Posteinlauf durchsehen – kann alles bis morgen liegenbleiben, Bestellungen sind jetzt wichtiger. Müßte eigentlich wieder mal eine Nährwertberechnung anstellen. Wichtigste Zielvorstellung der Verpflegungsordnung ist nun mal eine in ernährungswissenschaftlicher Hinsicht „vollwertige" Verpflegung der Insassen. Denen ist allerdings ein schmackhaftes Essen viel wichtiger, pfeifen auf die Ernährungswissenschaft. Kann man auch verstehen. War nur eine Zeiterscheinung, daß sich anfangs der 60er Jahre die Insassen unserer Anstalt häufig über vermeintlichen Vitaminmangel beschwerten. Ein solcher Mangel bestand nicht, schon wegen der großen Kartoffelmengen.

Dienstag:
War ganz interessant am Montagabend, statt Fernsehen einen Speiseplan auf Nährstoffgehalt durchzurechnen. Gab bei unserem Anstaltsessen einige beachtliche Überschreitungen der von der DGE 1985 aufgestellten Empfehlungen. Bei:

Energie +17 %
Nährstoffe: Eiweiß +18 %
Fett +6 %
Kohlenhydrate +22 %

Mineralstoffe: K + 48 %
Ca + 14 %
P +237 %
Mg + 81 %
Fe + 83 %

Vitamine: A − 14 %
E + 30 %
B_1 + 11 %
B_2 − 11 %
Niacin + 5 %
C + 78 %

Ergebnis entspricht der im Jahre 1984 von der Bayer. Landesanstalt für Ernährung gemachten Erhebung über die Verpflegungssituation in bayerischen JVAen. Müßte man eigentlich für die nächste regionale Fortbildungstagung der Wirtschafts- und Küchenleiter auswerten. Gleich mal die beim Bayer. Landesamt für Ernährung tätige ernährungsmedizinische Beraterin anrufen, ob sie ein Referat über Nährstoffe, ihre Vorkommen und ihre Wirkungen halten will. Klappt, will aber auch über Nährstofferhaltung sprechen und dazu unser Speiseverteilungssystem besichtigen, gleich Freitag früh. Geht es nicht zu einem anderen Zeitpunkt? Nein, das ist der einzige freie Termin. Na, da wird mein Anzug wieder lange nach gebackenem Fisch riechen.

Jetzt aber drangeblieben am Telefon: den Amtstierarzt anrufen, soll einen Vortrag über Hygieneprobleme in Großküchen, über Bakterien und Salmonellen halten. Einverstanden, Honorar ist zwar ein bißchen wenig, aber er macht's! Noch einen Referenten für Unfallverhütung, am besten den, der uns sonst immer kontrolliert. Von der Staatlichen Ausführungsbehörde. Kommt gerne, kostet selbstverständlich nichts. So, den Rest der Fortbildungswoche bestreiten wir selbst. Den Vorschlag für das Tagungsprogramm ins Diktiergerät und ab ins Schreibbüro. Schon wieder Mittag. Wo doch die Zeit bleibt?

Beinahe die Kostprobe in der Küche vergessen, hätte eigentlich vor der Ausgabe erfolgen müssen. Gibt sicher keine Beschwerden, Frikadellen mit gemischtem Salat. Kommen immer gut an, besser als gepökelte Ochsenzunge in Madeirasoße. Gibt eben nicht lauter Feinschmecker.

Essen für Personal kam heute auch gut an. Gab Rohkost statt Suppe aus ernährungswissenschaftlichen Gründen. Haben sich inzwischen daran gewöhnt, die alten Bayern.

Blieb auch nichts anderes übrig, nachdem sich bei einer Umfrage zwei Drittel dafür ausgesprochen hatten. Müßte man eigentlich auch mal bei den Insassen machen, so eine Umfrage. Was die wohl so im allgemeinen von unserer Verpflegung denken? Das Besondere wissen wir aus den Beschwerden. Aber was denkt die „schweigende Mehrheit"? Wie gut oder wie schlecht ist unser Versorgungsangebot? Was kann als Maßstab dienen?

Da wäre zunächst die Selbstverpflegung. Hauptsächlich Untersuchungs- und Zivilhäftlinge können sie beanspruchen. Hatten wir doch mal einen Spaßvogel, der schrieb in einer Art Beschwerde, wir sollten ihm die für eine Portion bestimmten Zutaten auf seine Zelle schicken. Er würde uns die Arbeit des Zubereitens abnehmen und hätte dabei selbst die Gewißheit, daß auch alle im Speiseplan ausgewiesenen Zutaten drin wären. Das ist natürlich nicht gemeint mit Selbstverpflegung. Vielmehr muß eine Speisewirtschaft täglich die Verpflegung auf Kosten des Insassen anliefern. Praktisch bleibt diese Vergünstigung, wohl aus Kostengründen, ungenützt. Seit Jahren beobachte ich, daß von etwa zehntausend jährlich zugehenden Untersuchungshäftlingen höchstens zwei für kurze Zeit Selbstverpflegung verlangen.

Mehr Aufschluß geben schon die Einkäufe der Insassen. Nach § 22 Strafvollzugsgesetz dürfen sie Nahrungs- und Genußmittel sowie Toilettenartikel u. ä. einkaufen. Der Strafgefangene darf dafür sein ganzes Hausgeld (im ersten Monat auch Eigengeld) und der Untersuchungshäftling Eigengeld bis zu 212,– DM monatlich verwenden.

Die Vollzugsanstalt soll für ein Angebot sorgen, das auf Wünsche und Bedürfnisse der Gefangenen Rücksicht nimmt. Dies geschieht durch ein vertrauenswürdiges Unternehmen. Dabei entsteht bei den Insassen naturgemäß sehr viel Unzufriedenheit. Vor einiger Zeit hofften wir, daß sich ein namhaftes Versandhaus in unserer Anstalt engagieren würde. Aber leider kapitulierte es vor der vielen Kleinarbeit. Augenblicklich ist ein anderes Unternehmen dabei, bundesweit Verkaufsstellen in den Justizvollzugsanstalten einzurichten. Was fehlt, ist der freie Wettbewerb. Der Insasse ist so an ihn gewöhnt, daß ihm jede bisher organisierte Einkaufsmöglichkeit suspekt erscheinen muß.

Für die repräsentative Auswertung der Einkaufsgepflogenheiten eignen sich zwei Abteilungen mit längerfristigen Insassen. Berücksichtigt wurden nur die Einkaufsscheine für den Monat November 1986, weil die Einkäufe von der besseren Verpflegung und dem Paketempfang zu Weihnachten nicht beeinflußt sind. Danach gaben durchschnittlich aus für:

	Strafgefangene DM	Untersuchungshäftlinge DM
Tabakwaren	28,31	47,42
Kaffee	21,10	15,14
Tee	–,57	–,63
Schokolade, Bonbons u. ä.	21,70	27,02
Radiobatterien	2,69	3,15
Toilettenartikel	2,34	4,46
Obst	3,33	2,06
Rasierklingen	–,22	–,66
Seife	–,36	–,27
Schreibmaterial	–,27	1,62
Zahnpasta	–,28	–,64
Spiele	–,–	1,08
Briefmarken	1,56	2,41
Insgesamt	82,73	106,56

Vier von 39 Strafgefangenen und fünf von 51 Untersuchungsgefangenen kauften überhaupt keine Tabakwaren. Rasierklingen, Seife, Zahnpasta, Schreibmaterial und Spiele wurden deshalb eigens ermittelt, weil bei diesen Artikeln die Anstalt eine ausreichende Versorgung mit mittleren Handelsqualitäten anbietet. Dementsprechend handelt es sich bei den eingekauften Artikeln ausschließlich um Spitzenprodukte, die mit aufdringlicher Werbung vertrieben werden. Bei Zahnpasta z. B. „Strahler Küsse ...". Für wen eigentlich? Hätten besser Obst kaufen sollen. Überhaupt: nur 13 von 39 Strafgefangenen und 17 von 51 Untersuchungshäftlingen kauften Obst. Dabei bietet die Anstaltsverpflegung selten mehr als wöchentlich 480 g Obst und Kompott.

Mittwoch, 7.30 Uhr:
Telefon. „Guten Morgen, hier ist ..." In der Leitung der Anstaltsvorstand. Wird doch nicht kontrollieren wollen, ob ich pünktlich zum Dienst komme? Nein, wir müssen beide zu einer Besprechung ins Landbauamt, um 14.00 Uhr. Die Ausstattung der neuen Wäscherei wird vergeben. Die gewünschte Waschstraße ist nicht die billigste. Wissen wir, ist aber bedeutend wirtschaftlicher im Betrieb. Wäscht im Gegenstromsystem, kann chemothermisch desinfizieren. Unentbehrlich im Seuchenfall oder bei Hautkrankheiten. Also, Vor- und Nachteile der in Frage kommenden Waschmaschinensysteme schriftlich formulieren und nachmittags bei der Besprechung übergeben ... der Tag ist fort. Halt! Posteinlauf durchsehen, Kostprobe machen, früher zum Mittagessen gehen.

Donnerstag, 7.30 Uhr:
War ein harter Nachmittag, der gestrige. Ist aber doch geschafft. Bald werden in der neuen Wäscherei 4 Beamte und 30 Insassen je Arbeitstag 2,5 Tonnen Trockenwäsche und bis zu 140 kg Kleidung aus der Chemisch-Reinigungs-Anlage bewältigen. Müssen zur Auslastung des Maschinenparks während der ersten Jahre Lohnaufträge von anderen Behörden und vom Personal hereinnehmen. Werden aber in zehn Jahren vom Anstaltsbedarf restlos ausgelastet sein. Steigt ja jährlich um 8 %, der Wäscheanfall. Der Wäschermeister ist auch sehr froh über den Ausgang der gestrigen Besprechung. Sehr

tüchtiger Mann. Aufsichtsbeamter, hat sich in seiner Freizeit auf die Gehilfenprüfung und später auf die Meisterprüfung vorbereitet, im Alter von über 40 Jahren. Ein Insasse ist jetzt bei ihm Lehrling. Die anderen wollen nicht, fühlen sich schon zu alt für eine Lehre. Werden in der Wäscherei angelernt. Könnten es nach der Entlassung in einer Großwäscherei versuchen, die brauchen immer Hilfskräfte.

Endlich den restlichen Posteinlauf aufarbeiten! Waren ein paar Rechnungen darunter, die zur Arbeitsverwaltung oder zur Bauverwaltung gehörten. Sonst gehören sowieso alle Rechnungen zur Wirtschaftsverwaltung: für Verpflegung, Kleidung, Bettwäsche, Toilettenartikel, Medikamente, Arzthonorare, Wasser, Strom, Heizöl, Dienstkleidung etc., etc. Führen schon seit Jahren eine umfangreiche Bestellkartei, damit die Knöpfe an der Anstaltskleidung und das Licht aus den Zellenfenstern bei jeder Nachbeschaffung wieder die gleichen Farben haben.

Was, jetzt ein Grundstücksgebührenbescheid? Vorsicht, könnte rechtskräftig werden! Ach ja, die Stadt übernimmt die Gehwegreinigung vor der Frauenanstalt in der Innenstadt – stand im Amtsblatt. Um so besser, brauchen wir nicht mehr Schnee räumen. Aber die Verfügung über die Wegesicherung muß geändert werden – hat aber noch etwas Zeit bis Oktober – in den Terminkalender eintragen!

Frau H. zieht mir die Rechnungen unter den Händen weg und legt sie nach kurzer Zeit mit Zahlungsanordnungen versehen wieder auf den Tisch. Höchste Zeit für die Oberjustizkasse, wenn in dieser Woche noch gezahlt werden soll. Muß unbedingt, denn sonst zahle ich verfallene Skontobeträge aus eigener Tasche. Ist mir schon passiert, aber nicht oft.

Wieder schrillt das Telefon. Anruf aus der Küche. Kartoffelschälanlage steht. Rest wird mit der Hand geschält, aber morgen früh muß sie wieder funktionieren. Kundendienst anrufen. Monteur ist schon weg ... kann aber erreicht werden ... ist in spätestens zwei Stunden da, Glück gehabt.

So, jetzt noch alle Zahlungsanordnungen in die Haushaltsüberwachungsliste eintragen – reichen wieder nicht, die Ausgabemittel, sieht man jetzt schon. Nächsten Monat Verstärkung der Ausgabemittel beim Ministerium beantragen. Wird schwer zu kriegen sein, wenn die staatliche Sparpolitik beibehalten wird.

Wieder ein Anruf, Wasserwerke. Sind mit der Nachverrechnung fürs Wasser auf Grund der Hafttage einverstanden. Macht trotzdem noch über 20 000,– DM, aber 4000,– DM weniger als nach der von den Wasserwerken beabsichtigten Berechnungsart.

Trrt, Trrrt, Trrrt ... den ganzen Tag. Man müßte das Telefon abschalten können. Aber was täte man ohne es? Jetzt war es schon eine halbe Stunde lang ruhig? Ach ja, Feierabend.

Freitag, 7.30 Uhr:

Es läutet Sturm – komme ja schon, was ist los? Das Fischfilet ist noch nicht angeliefert worden. Muß noch portioniert und paniert werden. Fischlieferant ist belegt. Rufen wohl dort jetzt alle an, seine Kunden. Immer noch belegt, nach vier Minuten endlich frei, welche Ewigkeit! Lieferfahrzeug steckt fest im Berufsverkehr. Hat jetzt Funkkontakt mit dem Fahrzeug, ist freigekommen und fährt zuerst die Anstalt an. Wir sind auch ein zuverlässiger Kunde, essen sogar in den Monaten ohne „r" Fisch, im tiefsten Binnenland. Die Insassen mögen ihn gern, besonders gebacken. Gibt schöne Portionen, 200 g Filet, kommen besonders heiß zum Haftraum. Ist überhaupt ein Problem, die Speisenverteilung. Frau B. von der Bayer. Landesanstalt für Ernährung ist angekommen. Wir gehen in die Küche.

Spannung ... warten noch auf die Fischlieferung. Kartoffelsalat wird schon stationsweise portioniert. Jede Station (60 Insassen) hat 2 elektrisch beheizbare Wärmewagen mit Gastro-Norm-Einsätzen. Die Portionier- und Transportzeiten lassen sich dadurch sehr kurz halten. Einzelportionierung mittels Band in der Küche (wie im Krankenhaus) würde doppelt so lange dauern. Die Einzelportionen werden erst auf der Station zusammengestellt. Ist auch individueller. Nicht jeder hat jeden Tag den gleichen Appetit.

Fischfilet ist angekommen. Zwei Arbeitsgruppen schneiden und panieren die Stücke. Zwei weitere Gruppen stehen an den Friteusen und Wärmewagen. Geht jetzt ruckzuck, alle 4 Minuten eine Charge. Um 11.15 Uhr muß die ganze Menge auf einmal ausgestoßen werden. Nicht wie in der Mensa oder im Restaurant, wo es kontinuierlich geht. Die Küchenausstattung ist darauf abgestimmt. Solide, großvolumige Geräte. Kessel, Kippbratpfannen, Friteusen, Backrohre, keine komplizierten Automaten, weil auch die eingesetzten Insassen in der Mehrzahl erst angelernt werden müssen. Ganz selten mal ein Koch unter ihnen, ab und zu ein Kellner. Wenn die Hälfte von ihnen früher in einem verwandten Beruf (Metzger, Bäcker) gearbeitet haben, ist der Küchenleiter schon glücklich. Aber sie erreichen beachtliche Fertigkeiten. Nach der Entlassung haben sie eindeutig bessere Aussichten auf einen Arbeitsplatz. Die Gastronomie sucht dringend Arbeitskräfte. In der Regel bietet sie zum Arbeitsplatz auch Unterkunft an.

Wir gehen jetzt ins Untergeschoß zum „Wagenbahnhof". Die letzten Speisetransportwagen kommen gefüllt von der Küche, werden nachgeheizt. In fünf Minuten kommen die ersten Stationen zum Abholen. Die Zeiten sind gestaffelt, weil sich sonst die Hausarbeiter von 33 Stationen gegenseitig auf die Füße treten. Und einen Bazar organisieren würden. Die am weitesten entfernten kommen zuerst. 340 m ist der Transportweg lang. Trotzdem soll vom Füllen des Wagens bis zur Austeilung an die Insassen nicht viel mehr als eine halbe Stunde vergehen. Wegen der Geschmacks- und Nährstofferhaltung, sagt Frau B. Sie will jetzt auch noch sehen, wie das Essen serviert wird. Hat mal was vom Blechnapf gehört. War auch ärgerlich, wie früher selbst das schönste Essen hineingeknallt und zu einer wenig ansehnlichen Masse deformiert wurde. Ist aber schon lange her. Unsere jugendlichen Insassen klagten damals immer über zu kleine Portionen. Wurde schlagartig anders, als wir dreiteilige Speiseplatten und Suppenteller einführten. Die wurden plötzlich alle satt, obwohl die Portionen gar nicht größer geworden waren. Nur optisch, das Auge ißt eben mit! Sind allerdings aus Edelstahl, die Platten, die Teller, die Kannen und die Tassen. Oder aus Kunststoff, in einigen Anstalten aus Steingut. Porzellan ist unmöglich. Hat ja sogar die Bundeswehr jährlich ca. 100 % Bruch.

Frau B. hat es plötzlich eilig, muß am Nachmittag noch einen Vortrag vor landwirtschaftlichen Lehrkräften halten. Kleidung, Haar ... alles riecht nach gebackenem Fisch. Ob sie's wohl noch schafft? Wollte ja unbedingt am Freitag kommen!

Im Büro der Posteinlauf ...

Nachmittags wird es ruhiger. Da arbeiten in der freien Wirtschaft nur noch die Unentwegten. Deshalb haben wir die Vertreterbesuchszeit auch auf Freitag von 13 – 15

Uhr festgelegt. Die würden mir sonst die Tür einrennen. So kommen allenfalls diejenigen, die sich eine echte Verkaufschance ausrechnen. Die anderen hängen sich ans Telefon.

„Herein!" Vertreter von einer bekannten Wurstfabrik. Hat einen Posten Schinkenwurst, 100 g vakuumverpackt, beste Qualität, kostet im Laden 2,50 DM, für uns aber nur 1,20 DM. Warum? Mindesthaltbarkeitsdatum ist der heutige Tag. Aha, sitzt auf der Ware. „Geht nicht, ich kann die Ware frühestens übermorgen ausgeben, dann ist das Datum bereits überschritten." „Das macht doch nichts, die Ware war nie in einem Laden, immer im Fabrikkühlraum. Der fehlt gar nichts. Nur über den Handel würde es zu lange dauern, bis sie abgesetzt ist. Ich kann im Preis auch auf 1,10 DM heruntergehen." „Geht trotzdem nicht, ich kriege Beschwerden von den Insassen." „Aber das Mindesthaltbarkeitsdatum sagt doch nur ... und die Lebensmittelaufsicht nimmt doch im Laden auch erst eine Probe, wenn das Datum um 1 – 2 Wochen überschritten ist und die Ware verdächtig erscheint. Ich schneide die Packung auf, Sie können sich überzeugen." „Nein danke, geht nicht. Einige von über 1500 beschweren sich sicher." Schneidet die Packung trotzdem auf. „Gut, dann mache ich ein letztes Angebot, verkaufe mit Verlust, um ... 1,– DM die Portion!"

Wäre schon sehr verlockend. Viel schmackhaftere Wurst als die Plockwurst für Sonntag abend! Die ist noch nicht aufgeschnitten – könnte aufgehoben werden. Aber nein, gab schon wiederholt Scherereien. Zuletzt mit dem Käse. War prima Qualität damals. Die Insassen waren begeistert. Nur 3 von 1700 nicht. Die beschwerten sich. Zwei ließen sich überzeugen. Einer blieb hart. Schöpfte alle Möglichkeiten aus. Bis zur Strafanzeige wegen Körperverletzung. Verfahren wurde zwar eingestellt, mußte aber ein Jahr lang immer wieder Stellungnahmen schreiben. Zum Glück hatte ich damals einen Rest der Ware bei der ersten Beschwerde sofort chemisch untersuchen lassen, war natürlich einwandfrei. Wäre mir sonst schlecht gegangen.

„Nein, so sehr mir Ihre Schinkenwurst auch zusagt, ich kann sie nicht nehmen, schade!"

Bevor er geht, schaut er mich noch recht verständnislos an und denkt sich sicher was über die sturen Beamten.

3. Der Leiter der Arbeitsverwaltung/Arbeitsinspektor*

3.1 Begriffsbestimmung

Arbeit und berufliche Bildung sind Begriffsinhalte modernen Strafvollzuges. Sie dienen nach § 37 Abs. 1 StVollzG insbesondere dem Ziel, Fähigkeiten für eine Erwerbstätig-

* *John Gahlen,* geboren 1932, Abitur 1951 (Scheffel-Preisträger), Rechtspflegerausbildung, seit 1954 im Vollzugs- und Verwaltungsdienst des Landes Baden-Württemberg tätig; derzeit als Oberamtsrat Verwaltungsleiter und Hauskonferenzleiter einer speziellen Jugendabteilung in der modernen Jugendvollzugsanstalt Adelsheim. Gewerkschaftliches Engagement im Bund der Strafvollzugsbediensteten Deutschlands, langjähriges Mitglied des Bundesvorstands, Landesvorsitzender a. D. Baden-Württemberg, Ehrenmitglied im baden-württembergischen Landesverband, Sachverständiger der Strafvollzugskommission für Arbeitsverwaltungsfragen, viele Jahre Ausbilder an der Strafvollzugsschule Baden-Württemberg, mehrere Jahre Lehrbeauftragter an der Fachhochschule für Rechtspflege in Schwetzingen.

keit nach der Entlassung zu vermitteln, zu erhalten oder zu fördern. In der vollzuglichen Praxis bedeuten sie konkret, daß Beschäftigungsplätze, Produktionsbetriebe, Lehrwerkstätten und Unternehmerbetriebe für die Beschäftigung und die Berufsbildung von Insassen eingerichtet und betrieben werden müssen. Die Insassen müssen auf ihre beruflichen Wünsche, Neigungen, Möglichkeiten und Notwendigkeiten überprüft, zur Arbeit eingesetzt, in Berufsbildungsmaßnahmen eingestellt und bezahlt werden. In genau geregelten Verfahren des Haushalts-, Rechnungs- und Wirtschaftswesens sind Maschinen, Geräte und Werkzeuge, Rohstoffe, Hilfsstoffe und allgemeine Betriebsmittel zu beschaffen und die betriebliche Versorgung mit Energien sicherzustellen. Vielfältige technische Verrichtungen fallen an. Arbeitsschutz und Unfallverhütung stellen Aufgaben ebenso wie der Abschluß externer Arbeitsverträge für Freigänger.

Die vielfältigen und umfangreichen Geschäfte und Tätigkeiten im Zusammenhang mit Arbeit und beruflicher Bildung der Insassen werden in der „Arbeitsverwaltung" erledigt. Leiter der Arbeitsverwaltung ist der Arbeitsinspektor. Er ist verantwortlicher Manager der vollzuglichen Betriebswirtschaft „Arbeitsverwaltung". Ihm unterstehen der Werkdienstleiter, Werkbedienstete und Mitarbeiter des Verwaltungsdienstes. Für Aufgaben der beruflichen Aus- und Weiterbildung wird in Anstalten mit breitangelegter Aufgabenstellung dieser Art zusätzlich ein Leiter für die berufliche Ausbildung eingesetzt. Arbeitsinspektoren gehören dem gehobenen Dienst an.

3.2 Leitungs- und Planungsaufgaben

Im Rahmen der Gesamtleitung der Arbeitsverwaltung hat der Arbeitsinspektor Leitungs- und Planungsaufgaben zu erfüllen, die sich auf die betriebliche Gesamtstruktur, Beschaffungen, Lagerhaltung, Markt und Absatz, Finanzen, Investitionen, Entwicklung, Koordinierung und Berufsbildung beziehen.

Der breitangelegte Bereich erstreckt sich vom Geschäftsverteilungsplan für Mitarbeiter über Nutzen-Kosten-Analysen bis hin zu Marketing-Programmen und der Erschließung neuer Absatzbereiche. Dazwischen liegt alles, was auch den Inhalt des Managements eines mittleren freiwirtschaftlichen Unternehmens kennzeichnet.

3.3 Organisationsaufgaben

Als Abteilungs-Manager hat der Arbeitsinspektor dafür zu sorgen, daß die Arbeitsverwaltung aufgabenbezogen funktioniert. Dies muß durch Organisationsmaßnahmen sichergestellt werden. Die Organisationsmaßnahmen sollen bewirken, daß die grundsätzlichen Ziel- und Planungsentscheidungen in die Wirklichkeit umgesetzt, in vollzugliche Realität und vollzugliches Tatsachengeschehen eingebracht werden. Sie können unter anderem in mündlichen und schriftlichen Regelungen, generellen oder einzelfallbezogenen Weisungen, Entscheidungen, Besprechungen und Absprachen mit anderen Personen und Stellen bestehen.

Beispielsweise:
- führt der Arbeitsinspektor regelmäßig organisationsbezogene Team-Gespräche mit allen Mitarbeitern der Arbeitsverwaltung, zu denen gegebenenfalls auch Insassenvertreter hinzugezogen werden;
- knüpft, unterhält und fördert er alle nur denkbaren Kontakte zu wichtigen Partnern der Arbeitsverwaltung, insbesondere Industrie- und Handelskammer, Handwerkskammer, Arbeitsamt, Berufsberater, Innungen, Berufsschulen, Gewerkschaften, Arbeitgebern, Gewerbeaufsichtsamt und Unfallverbänden.

3.4 Kontrollaufgaben

Im Rahmen des gesamten Organisationsgeschehens der Arbeitsverwaltung obliegen dem Arbeitsinspektor auch Kontrollaufgaben. Soll er sicherstellen, daß grundsätzliche Ziel- und Planentscheidungen in vollzugliche Realität umgesetzt werden, so muß er im Sinne steuernder Regeltätigkeit ständig auf Übereinstimmung zwischen „Soll" und „Ist", zwischen Plan und Verwirklichung bedacht sein, Abweichungen registrieren, Störgrößen feststellen und bei Eingriffsnotwendigkeit Regelmaßnahmen zum Erzielen gewünschter Ergebnisse konzipieren und veranlassen.

Beispiele:
- Der Arbeitsinspektor stellt fest, daß in einem Ausbildungsbetrieb die Berufsausbildungseffizienz unter unangemessener Überbetonung des Produktionsdenkens notleidet. Er veranlaßt durch konkrete Weisungen, daß das gewünschte Gleichgewicht zwischen Ausbildung und Produktion wieder hergestellt wird.
- Er bemerkt bei seinen Betriebsbegehungen, daß das Arbeitsschutzdenken merklich nachläßt und die Unfallverhütungsvorschriften nicht mehr eingehalten werden. Deshalb beruft er Dienstbesprechungen aller beteiligten Mitarbeiter nebst Insassenvertretern ein und bespricht die Notwendigkeit vorbeugenden Unfallschutzes.
- Es zeigt sich, daß wichtige Firmen sich von der Vollzugsanstalt zurückziehen, weil gegebene Zusagen zur Qualität von Werkstücken nicht eingehalten und Lieferfristen unangemessen häufig unerfreulich lange überzogen werden. Der Arbeitsinspektor entscheidet nach Besprechung mit seinen Mitarbeitern, wie die Mißstände abzustellen sind.

3.5 Arbeitsbeschaffung, Markt- und Absatzfragen

Nach § 37 Abs. 2 StVollzG soll die Vollzugsbehörde den Gefangenen wirtschaftlich ergiebige Arbeit zuweisen. § 41 StVollzG erlaubt darüber hinaus, den Insassen jährlich bis zu drei Monaten zu Hilfstätigkeiten in der Anstalt zu verpflichten und ihn mit seiner Zustimmung in einem von privaten Unternehmen unterhaltenen Betrieb zu beschäftigen. Der Arbeitsinspektor hat somit dafür zu sorgen, daß Arbeit in Eigenbetrieben, Unternehmerbetrieben, Mischbetrieben und Hausarbeitsbetrieben zur Verfügung steht und in eigenen Betrieben hergestellte Erzeugnisse abgesetzt werden können. Arbeitsbeschaffung, Markt- und Absatzfragen gehören – insbesondere in Zeiten schlechter Konjunktur – zu den schwierigen und oft nicht befriedigend zu lösenden Aufgaben der Arbeitsverwaltung. Hier liegt ein großes Feld noch offener Probleme. Sie beginnen mit der Frage, wie auch Staatsaufträge optimal an Vollzugsanstalten vergeben werden können, und enden mit der kaum realisierbaren Vorstellung, Vollbeschäftigung mit vollzuglich wertvoller Arbeit zu verbinden.

3.6 Einkauf, Beschaffung, Betriebsbüro

Arbeitsverwaltungen großer Vollzugsanstalten beschäftigen Insassen in vielfältigen Betriebsarten, Berufsfeldern und Werkstätteneinheiten. Je nach Größe der einzelnen Vollzugsanstalt arbeiten zwischen 300 und 1000 Insassen in den nur stellvertretend und beispielhaft genannten Bereichen Metall, Holz, Elektro, Bau, Malerei/Lackiererei, Kraftfahrzeugwesen, Nahrung, Landwirtschaft und Gärtnerei. Die Skala der Betriebe moderner Arbeitsverwaltungen, die nach § 149 Abs. 2 StVollzG den Verhältnissen außerhalb der Anstalten anzugleichen sind, reicht von der Hochleistungdruckerei über zahlreiche gängige Handwerks- und Industriebetriebseinheiten bis hin zu Spargelanbau und Schweinemast auf dem Anstaltshofgut. Damit ergeben sich zahlreiche Funktionen des Arbeitsinspektors in Tätigkeiten des Einkaufs und der Beschaffung von Produktions- und Betriebsmitteln in Lagerhaltung und Materialverwaltung. Daneben sind Aufgaben des Betriebsbüros zu besorgen.

3.7 Angelegenheiten der Freigänger

Nach § 3 StVollzG soll das Leben im Vollzug den allgemeinen Lebensverhältnissen soweit als möglich angeglichen werden. Im Bereich der Arbeit und Berufsbildung bedeutet dies gemäß § 39 StVollzG, daß dem Gefangenen gestattet werden soll, einer Arbeit, Berufsausbildung, beruflichen Fortbildung oder Umschulung auf der Grundlage eines freien Beschäftigungsverhältnisses außerhalb der Anstalt nachzugehen. Damit stellen sich Aufgaben bei der Vermittlung von Freigängern in freien Arbeitsstellen außerhalb der Vollzugsanstalt. Hier arbeiten Arbeitsinspektor, Sozialarbeiter, Hauskonferenz und Wohngruppenbetreuer in Teamarbeit zusammen.

3.8 Unfallverhütung, Arbeitsschutz, Arbeitssicherheit

Die Arbeitsplätze und Werkstätten der Arbeitsverwaltung stehen unter dauernder Aufsicht der Gewerbeaufsichtsämter und der Technischen Aufsichtsdienste der Unfallversicherungsträger. Sie unterliegen den Prüfungen durch Wirtschaftskontrolldienste, Hygieneabteilungen der Staatlichen Gesundheitsämter und örtliche Brandschutzbeauftragte. Damit ergibt sich neben der gesetzlich vorgeschriebenen Verantwortlichkeit, das gesamte Unternehmen arbeitssicher zu betreiben, Sicherheitsbeauftragte zu bestellen und die vielfältigen Unfallverhütungsvorschriften einzuhalten, eine Fülle von Aufgaben in Zusammenarbeit mit den Dienststellen für Arbeitsschutz und Arbeitssicherheit, die engagiertes Bewußtsein des Arbeitsinspektors für vorbeugenden Unfallschutz und sichere Arbeitsplätze für alle Mitarbeiter und Insassen erfordern und voraussetzen.

Die gesetzliche Verpflichtung, in Arbeitsbetrieben von Vollzugsanstalten die Arbeitsschutz- und Unfallverhütungsvorschriften zu beachten, ergibt sich aus § 149 Abs. 2 StVollzG.

3.9 Administrationsangelegenheiten, Haushalts- und Rechnungswesen, Vollzugsmaßnahmen

Die sehr differenzierten vollzuglichen Arbeitsverwaltungsorganisationen sind in der Regel einem mittleren freien Unternehmen in vieler Hinsicht vergleichbar. Damit fallen für den Arbeitsinspektor alle in einem Unternehmen üblichen Tätigkeiten insbesondere im Schriftverkehr, Haushalts- und Betriebsmittelwesen, im betrieblichen Rechnungswesen und in der Bearbeitung von Angelegenheiten der als „Arbeitnehmer" zu betrachtenden arbeitenden Insassen an.

- So führt der Arbeitsinspektor mit Firmen Schriftverkehr,
- er überprüft – dies ist ländermäßig verschieden geregelt – die Buchführung der Betriebsbücher der Arbeitsverwaltung und übernimmt durch Unterschrift die Verantwortung für Periodenabschlüsse;
- er erstellt Rentabilitätsberechnungen, Gewinn- und Verlustrechnungen und wertet betriebliche Statistikwerte aus;
- im Rahmen des Rechnungseinzugsverfahrens bearbeitet er Mahnsachen der Arbeitsverwaltung;
- im Team mit Einweisungs- bzw. Zugangskonferenzen und Wohngruppenbetreuern sorgt er für Arbeitseinteilung von Insassen;
- auf der Grundlage der §§ 43 ff StVollzG bearbeitet er die umfangreichen Aufgaben des „Lohnbüros" im Zusammenhang mit der Zahlung von Arbeitsentgelt an Insassen. Hierbei bedient er sich moderner betriebswirtschaftlicher Erkenntnisse und Methoden (z. B. analytische Arbeitsplatzbewertungen, Akkordlohnsysteme mit Sollvorgabezeiten, Refa-Verfahren, Leistungsgradschätzung, Abrechnung mit Leistungsfaktoren, differenzierte Prämiensysteme mit Anforderungstabellen);
- er wirkt bei der Rechnungslegung und Rechnungsprüfung mit und entwirft den Jahrestätigkeitsbericht der Arbeitsverwaltung.

Diese Aufzählung ist lediglich beispielhaft.

3.10 Berufliche Bildung

Gemäß § 37 Abs. 3 StVollzG soll geeigneten Gefangenen Gelegenheit zur Berufsausbildung, beruflichen Fortbildung, Umschulung oder Teilnahme an anderen ausbildenden oder weiterbildenden Maßnahmen gegeben werden. Hieraus ergeben sich umfangreichste Einzeltätigkeiten des Arbeitsinspektors, dessen Zuständigkeiten insofern auch auf einen zentralen Ausbildungsleiter überführt werden können. Sie beginnen bei der Planung konkreter Berufsbildungsprogramme im Rahmen der speziellen einzelnen Arbeitsverwaltung und erstrecken sich über die Mitarbeit an der didaktischen, methodischen und curricularen Aufbereitung einzelner Programme über die Einrichtung von Lehrwerkstätten und Festlegen betrieblicher Ausbildungspläne bis hin zur Beschaffung und Bereitstellung von Medien, die im Zusammenhang mit beruflicher Bildung in der Anstalt benötigt werden. Stete Kontakte zu Berufsschulen, betrieblichen Ausbildern, den für die Berufsbildung zuständigen Stellen des freien Lebens – vergleiche hierzu auch § 148 StVollzG –, insbesondere Innungen, Kammern, Arbeitsberatern und Arbeitsvermittlern, sind ebenso notwendig wie dauernder Team-Kontakt zu Sozialarbeitern und schulischen Betreuern innerhalb der Anstalt, deren Betreuungsarbeit am einzelnen Insassen in viele Bereiche beruflicher Bildung direkt hineinspielt. Zu bedenken sind etwa die Motivierung für eine bestimmte berufliche Ausbildung, Möglichkeiten späterer Entlassungsvermittlung in eine geeignete Arbeitsstelle, Abgrenzung und gleichzeitige Koordinierung zwischen Werkstattpraxis, Werkstattunterricht, Berufsschulunterricht und Therapie-Vorhaben des Sozialarbeiters, des Psychologen, Notwendigkeiten allgemeiner Bildung und Ergänzung aller Bildungsmaßnahmen durch sinnvolle und erholsame Freizeitgestaltung. Die immense Fülle der speziell im Berufsbildungssektor anfallenden Aufgaben, die sich auch auf die Betreuung des einzelnen Ausbildungsverhältnisses erstrecken, rechtfertigt für große Arbeitsverwaltungen, insbesondere aber für Lehrwerkstätten im Jugendvollzug, den Ruf nach einem speziellen Ausbildungsleiter (Ingenieur, Berufsschulpädagoge), der als Team-Mitglied der kollegialen Leitung einer Arbeitsverwaltung angehören sollte.

3.11 Schlußbemerkung

Diese Darstellung ist nur ein Grobraster. Sie dient nur einer Übersicht über wichtige Zentralbereiche. Zahlreiche und sehr differenzierte Funktionen sind in dieses Managementraster – ländermäßig verschieden geregelt – eingebettet. Vollzug und Gesellschaft messen der Arbeit und Ausbildung von Gefangenen hohen Resozialisierungswert zu. Moderne Groß-Werkhöfe, EDV, computergesteuerte Maschinen und Hochqualitätsausbildung prägen das Bild heutiger Arbeitsstätten im Vollzug. Der heutige Leiter der Arbeitsverwaltung entspricht dieser Entwicklung. Das Profil des Arbeitsinspektors ist das eines All-round-Managers, der sowohl mit Menschen als auch mit Produktionen, Programmen und Kosten umgehen und Betriebserfolg realisieren kann.

4. Der Werkmeister/Technischer Dienst*

4.1 Zur Entwicklung des Werkdienstes

Die geschichtliche Entwicklung des Werkdienstes im Strafvollzug ist auf das engste mit der Entwicklung des Vollzugs verknüpft. Nachdem nur Leibes- und Lebensstrafen bekannt waren, begann man im 16. Jahrhundert, in eigens erstellten Häusern (London und Amsterdam) Landstreicher, Arbeitsscheue und Diebe aufzunehmen, um sie zur Arbeitsamkeit und Pünktlichkeit zu erziehen. Man erkannte schon sehr früh, daß die

* *Friedrich Sternkopf*, geb. 1924, Besuch der Gartenbauschule (Gärtnermeister); von 1956 – 1984 im Werkdienst der JVA Mannheim tätig. Zuletzt als Betriebsinspektor; ehrenamtliche Tätigkeit im Landesverband des Bundes der Strafvollzugsbediensteten in Baden-Württemberg und als Ehrenvorsitzender der Arbeitsgemeinschaft Technischer Dienst in Baden-Württemberg.
Rolf Blum, geb. 1943 Hauptschulabschluß 1958, Fachschulreife (Telekolleg) 1978, Druckerlehre 1958 – 1961 – Meisterprüfung 1966. Buchdruckermeister/Betriebsinspektor. Seit 1971 im Strafvollzug Baden-Württemberg – JVA Mannheim, bis 1978 als Druckermeister in der Druckerei; ab 1. 1. 1979 Werkdienstleiter; Sicherheitsbeauftragter der JVA Mannheim; seit 1979 nebenamtliche Lehrkraft der Strafvollzugsschule; ehrenamtliche Tätigkeit als Fachvertreter im Landesverband des Bundes der Strafvollzugsbediensteten in Baden-Württemberg und als Landesvorsitzender der Arbeitsgemeinschaft Technischer Dienst bei den JVA in Baden-Württemberg.

Ausdauer in der Arbeitsleistung Schule der Willenskraft und Gewissenhaftigkeit ist und den Charakter mitgestaltet. Die damals in diesen Häusern eingesetzten Werkmeister erhielten die zusätzlichen Aufgaben eines Erziehers übertragen, hatten die Gefangenen in einem Beruf zu unterweisen und sie ständig fortzubilden.

Viel später erst wurde der Erkenntnis Raum gegeben, daß es letztlich darum geht, den Gefangenen zum Ausharren zu veranlassen, ihn die Arbeit als sinnvoll erleben zu lassen, ihm aber auch dadurch einen besseren Start für seine Zukunft in wiedergewonnener Freiheit zu ermöglichen. Mit dieser Erkenntnis änderte sich die Wertung der Gefangenenarbeit allgemein (siehe auch § 37 Abs. 2 StVollzG). Galt sie früher als „zusätzliche Bestrafung", so ist sie heute zu einem wesentlichen Faktor des Behandlungsvollzuges geworden. Arbeit ist keine Strafe. Sie ist in unseren Vollzugsanstalten echte Resozialisierungshilfe. Sie dient vor allem dem Behandlungsziel. Durch sie sollen im Rahmen des Vollzugsplanes (§ 7 Abs. 2 StVollzG) die Fähigkeiten des Gefangenen gefördert und erhalten werden, damit sich dieser nach der Entlassung durch Arbeit seinen Lebensunterhalt sichern kann (§ 37 Abs. 1 StVollzG).

Die Erfüllung dieses Zieles bleibt allen anderen Aufgaben des Werkdienstes/technischen Dienstes vorangestellt. Die Arbeit des Gefangenen, ein wesentlicher Resozialisierungsfaktor, prägt insoweit auch die Tätigkeit des Werkmeisters im Strafvollzug von heute. Sie ist für ihn ein echter, praktischer Sozialdienst, der sein volles Engagement erfordert.

4.2 Die Arbeit in den Werkbetrieben

Der Gefangene ist zur Arbeit verpflichtet (§ 41 Abs. 1 Satz 1 StVollzG) und muß also beschäftigt werden. Davon ausgenommen sind Untersuchungsgefangene, die jedoch feiwillig eine Arbeit aufnehmen können. Die Arbeitspflicht gilt nicht für Gefangene über 65 Jahre (§ 41 Abs. 1 Satz 2 StVollzG). Die Verpflichtung zur Arbeit ist unausweichlich mit der Übernahme von Verantwortung verknüpft, der sich ein Teil der Gefangenen – wie in seinem bisherigen Leben – zu entziehen versucht. Vor allem ist es jene große Gruppe von Inhaftierten, die keinen Schulabschluß oder Berufsabschluß vorzuweisen hat. Dies trifft bei 80 % – 90 % der Gefangenen zu. Sie sind es auch, die selbst durch Disziplinarmaßnahmen von der Notwendigkeit sinnvoller Beschäftigung oft nicht zu überzeugen sind. Soweit es möglich ist, wird der Gefangene in seinem erlernten oder einem artverwandten Beruf eingesetzt (§ 37 Abs. 2 StVollzG). Ungelernte Kräfte werden nach Bedarf vermittelt, wobei auch hier die Fähigkeiten und die Eignung berücksichtigt werden. Dennoch sind diese Gefangenen mit der ihnen zugewiesenen Arbeitsstelle unzufrieden. Sie versuchen schon sehr bald den Arbeitsplatz zu wechseln, was ihnen leider immer wieder gelingt. Dieses Verhalten des Gefangenen hat oft sehr verschiedene Gründe. Er findet einfach die Einstellung zu einer sinnvollen Arbeit nicht, will auf einen Arbeitsplatz, wo er seine bestimmten „Kumpane" hat, oder ist regelrecht arbeitsscheu.

Der Werkmeister hat in seinem Betrieb alle Arten von „Beschäftigten" – Lehrlinge, Angelernte, selten Fachleute und auch unverbesserliche Arbeitsscheue. Diese Vielfalt bringt viele Probleme und es bedarf einer großen Umsicht durch den Werkmeister, aus diesem Konglomerat eine brauchbare Betriebsbelegschaft zu formen. Die seelischen Belastungen des Inhaftierten, weitgehend durch den Vollzug mitgeprägt, der immer wieder auftretende „Haftkoller", sowie seine häufigen Stimmungsschwankungen, erschweren dem Werkmeister dieses Vorhaben erheblich.

Arbeitsniederlegungen, als Reaktion für Ablehnungen bei Urlaubs- oder Lockerungsanträgen (zu diesen unten S. 353 ff) sind oft die Folge; auch führen negative Nachrichten aus der Familie zur Änderung seiner Verhaltensweise. Die sonst aufgeschlossenen Mitarbeiter werden dann plötzlich andere Wesen, die „Löcher in die Wände starren". Dann müssen Sozialarbeiter, Geistliche und Psychologen um Mithilfe gebeten werden. Eine solide Arbeitsleistung des Gefangenen ist in solchen Fällen nicht mehr zu erwarten!

Hier einige Beispiele aus der Praxis:

a) Der Gefangene M kommt schon zwei Tage nicht zur Arbeit. Als ich ihn in seinem Haftraum aufsuche und befrage, erklärt er, er habe den Kauf eines Radios beantragt und warte schon seit 14 Tagen auf eine Antwort. Er gehe so lange nicht arbeiten, bis er das Radio habe.

b) Der Gefangene H. kommt zu mir und erklärt, daß er ab morgen nicht mehr zur Arbeit kommt. Er habe vor 8 Wochen die Verlegung von einer Gemeinschaftszelle in eine Einzelzelle beantragt. Seine beiden Mitbewohner würden nichts arbeiten und hätten bis ein Uhr nachts das Radio aufgedreht. Er könne nicht mehr.

c) Der Gefangene V. ist starken Stimmungsschwankungen unterworfen; er ist nur schwer ansprechbar und ständig gereizt. Die Beamten und Mithäftlinge wissen darum und behandeln ihn wie ein rohes Ei. Doch V. provoziert; er schimpft vor sich hin: „Das ist ein Nazistaat, diese Schergen, die Gefangenen sind blöd, daß sie arbeiten." Während die Beamten ruhig bleiben, wollen Mithäftlinge V. an den Kragen. V. wird zur eigenen Sicherheit auf den Haftraum gebracht, um anschließend dem Psychologen vorgestellt zu werden. Nach drei Tagen ist V. wieder im Betrieb. Er hat sich beruhigt und ist wieder ansprechbar. Inzwischen hat er aber eine Anzeige gegen die Bediensteten gemacht, weil sie ihn angeblich ungerechtfertigt auf die Zelle gebracht hätten. Das Ermittlungsverfahren wird zwar nach einiger Zeit eingestellt, aber Stellungnahmen mußten abgegeben und Aussagen bei der Staatsanwaltschaft gemacht werden. Nachdem die Beamten das Spielchen einige Male mitgemacht haben, drängen sie auf Ablösung.

d) Die angespannte Situation zwischen Türken und Kurden bringen zusätzliche Belastung in die Arbeitsbetriebe. Hier machen es vor allem die sprachlichen Barrieren dem Beamten schwer, gefährliche Situationen im Vorfeld zu erkennen. Die uns fremdartige Mentalität und der innere Stolz dieser Menschen kommen noch hinzu. Der Gefangene K., der von sich selbst schreibt: „Alles was mein Wunsch ist, ist, meine noch verbleibenden 10 Jahre Haft in Ehre und Würde zu verbüßen, da es Menschen gibt, die voller Sehnsucht auf meine Rückkehr warten", ist dafür bekannt, „daß er sich gegenüber Bediensteten immer als Biedermann darzustellen pflegt, jedoch ein starker Unruheherd in der Anstalt ist". Seine politische Einstellung sowie seine bekannte „Aversion gegen kurdische Gefangene" sorgen immer wieder für tätliche Auseinandersetzungen. Trotzdem muß dem türkischen Gefangenen K. ein Arbeitsplatz zugewiesen werden, um zu verhindern, daß „wiederum Aggressionspotential anwächst". Ein Teufelskreis –, zumal der Gefangene nicht bereit ist, jeden Arbeitsplatz anzunehmen – dazu ist er zu stolz. Solche Zwischenfälle hemmen den Betriebsablauf, es gibt Arbeitsausfälle und zeitraubende Unterbrechungen. Mutwillige Sachbeschädigungen, absichtlich fehlerhafte Arbeitsleistungen und auch Arbeitsverweigerungen runden das Bild im alltäglichen Betriebsablauf ab. Die Gefangenen unserer Anstalten erbringen heute noch nicht die produktive und qualitative Arbeitsleistung, die sich mit jener in der freien Wirtschaft vergleichen ließe. Sie müssen erst einmal an die regelmäßige und gültige Arbeitszeit und an die qualifizierte Leistung, wie sie die freie Wirtschaft verlangt, herangeführt werden. Dies erfordert viel Geduld und ständiges Bemühen des Werkmeisters, den Inhaftierten in den normalen Arbeitsprozeß einzuführen. Wie aber soll der Gefangene den echten Arbeitsalltag kennenlernen und sich ihm anpassen, wenn ihm immer noch die Gelegenheit gegeben wird, die Arbeit durch allerlei Aktionen und Vorhaben zu unterbrechen? So geschieht es z. B., daß der Gefangene morgens den Anstaltsarzt aufsucht, im Anschluß zum Anwaltsbesuch gerufen wird und nachmittags Besuch von seinem Verwandtenkreis empfängt. Trotz einer Kernarbeitszeit in den Morgenstunden, während der der Gefangene möglichst nicht von der Arbeit abgerufen werden soll, versucht und schafft er es immer wieder, seinen Arbeitstag auf die „angenehme Weise" zu verbringen und ihn zu kürzen. Je größer eine Anstalt ist, desto leichter gelingt ihm sein Vorhaben. Hier werden an den Werkmeister große Anforderungen an aufzubringender Geduld und Verständnis gestellt. Dabei ist er doch verantwortlich, daß Liefertermine eingehalten sowie Menge und Güte der Arbeitsleistung gewährleistet bleiben. Der Weg des Gefangenen von der Arbeitspflicht bis zur echten Mitarbeit ist sehr lang und beschwerlich – und nicht selten bleibt alles Bemühen vergebens. Hier hat der Werkmeister neben seinen beruflichen Fähigkeiten auch sein pädagogisches und psychologisches Können unter Beweis zu stellen, will er einen gewissen Erfolg erzielen.

„Das Leben im Vollzug soll den allgemeinen Lebensverhältnissen soweit als möglich angeglichen werden" (§ 3 Abs. 1 StVollzG), das bedeutet im Werkdienst, daß der Werkmeister den einzelnen Gefangenen an die Verhältnisse im betrieblichen Alltag der freien Wirtschaft heranzuführen hat. Der Gefangene muß lernen, unter den Bedingungen einer leistungsorientierten Gesellschaft zu arbeiten und sich zu bewähren. Er muß lernen, Schwierigkeiten im Arbeitsalltag zu meistern und nicht, ihnen aus dem Weg zu gehen. Das setzt aber auch voraus, daß ärztliche Verordnungen nicht von den üblichen Normen der freien Gesellschaft und Arbeitswelt abweichen und dann etwa so lauten: „Leichte körperliche Arbeit erforderlich, die im Sitzen, Gehen und Stehen ausgeführt werden kann" oder „Arbeit nur in staubfreien Räumen". Der derzeitige immense Leerlauf, der heute noch in den Betrieben der Vollzugsanstalten besteht, widerspricht allen Grundsätzen des Strafvollzugsgesetzes (§ 2 und § 4 StVollzG).

4.3 Die Berufsausbildung der Gefangenen

Der Gefangene erhält mit seiner Zustimmung Gelegenheit zu einer Berufsausbildung, zu beruflicher Fortbildung, Umschulung oder Teilnahme an anderen ausbildenden oder weiterbildenden Maßnahmen (§ 37 Abs. 3 StVollzG). Dies gehört zu den vordringlichsten Aufgaben des Behandlungsvollzuges. Um ein differenziertes Bildungsangebot – orientiert an arbeitsmarktpolitischen Gesichtspunkten – anbieten zu können, müssen die Werkmeister mit den Arbeitsämtern, Handwerkskammern, Industrie- und Handelskammern und Innungen eng zusammenarbeiten.

Das Arbeitsamt ist verpflichtet nach dem Arbeitsförderungsgesetz (AFG) unter Berücksichtigung des Arbeitsförderungs-Konsolidierungsgesetzes, das am 22. Dez. 1981 – BGBl. I, 1497 ff – verabschiedet wurde, zu prüfen, ob die berufliche Bildungsmaßnahme der individuellen Förderung bedarf. So wird grundsätzlich die erste Berufsausbildung (§ 40 AFG), die berufliche Fortbildung nach einer zurückliegenden abgeschlossenen Berufsausbildung oder angemessenen Berufserfahrung (§§ 41 ff AFG) sowie eine berufliche Umschulung, um einen Übergang in eine andere geeignete berufliche Tätigkeit zu ermöglichen, gefördert. Die Leistungen nach § 37 Abs. 1 AFG sind: Berufsausbildungsbeihilfe gem. § 40 AFG, Unterhaltsgeld gem. § 44 AFG bei Fortbildungs- und Umschulungsmaßnahmen und Sachkosten (Lehrgangskosten, Fahrtkosten, Kosten für Arbeitskleidung und Lernmittel) gemäß § 45 AFG. Trotzdem wird von der Möglichkeit zur Aufnahme eines Ausbildungsverhältnisses von seiten der Gefangenen noch zu wenig Gebrauch gemacht, obwohl in den Werkstätten der Vollzugsanstalten alle Voraussetzungen gegeben sind. Daß es so ist, hat seine vollzugsspezifischen Gründe.

Allen voran steht der mangelnde Wille und das geringe Interesse. Viele, die keinen Hauptschulabschluß haben, scheuen sich davor, diesen vor Aufnahme eines Ausbildungsverhältnisses nachzuholen. Für die meisten jedoch ist das reichliche Angebot an Freizeitgestaltung willkommener, als sich dem Zwang und der Mühe des Lernens und Fortbildens zu unterziehen. Es gibt aber auch welche, deren Haftzeit kürzer ist als die vertragliche Ausbildungszeit und die sich weigern, die Lehre nach der Entlassung bis zum ordentlichen Abschluß fortzusetzen, weil sie die damit verbundenen Schwierigkeiten scheuen.

Erklärt sich ein Gefangener zu einer beruflichen Fortbildung bereit, so sorgt die Anstaltsleitung ebenso für eine Berufsberatung wie für Eignungstests durch die entsprechenden Pädagogen.

Dem Werkmeister obliegt die berufliche Ausbildung des Gefangenen nach den Ausbildungsvorschriften der Innungen. Die kooperative, optimale Zusammenarbeit von Handwerkskammer, Industrie- und Handelskammer, Berufsschule, Anstaltsleitung und dem ausbildenden Meister ist voll gewährleistet. Dem Werkmeister obliegt dabei die praktische Unterweisung in den verschiedenen Arbeitsvorgängen, die Aufstellung eines Ausbildungsplanes, der den Ausbildungsvorschriften der Innungen entspricht, die Überprüfung der Tages- und Wochenberichte und die Vornahme von Korrekturen. Es gehört dazu die Erteilung fachtheoretischen Unterrichts durch den Werkmeister als auch die Anleitung zur Anfertigung von Werkstücken. Der Auszubildende erhält Berufsschulunterricht, und hierbei ist es die Aufgabe des Werkmeisters, im Einvernehmen mit dem Berufsschullehrer die gemeinsame Ausbildung des Auszubildenden zu koordinieren (§ 38 Abs. 1 Satz 2 StVollzG). In verschiedenen Anstalten hat man eigens Lehrwerkstätten eingerichtet, um die Auszubildenden vom eigentlichen Arbeitsprozeß im Werkbetrieb auszuklammern. Dies ist vor allem bei den metall-, elektro- und holzverarbeitenden Berufssparten geschehen.

Für die Qualität der Ausbildung in den Vollzugsanstalten sprechen die hervorragenden Abschlußnoten und der Wille zur Leistung derjenigen Gefangenen, die sich freiwillig für eine Lehre entschieden haben.

Muß eine Lehre nach der Entlassung fortgesetzt und abgeschlossen werden, bemüht man sich seitens der Anstaltsleitung unter Einbeziehung der Verbindungen des Werkmeisters zu den Innungen und den Kammern, diese Möglichkeit zu realisieren.

Aus dem Abschlußzeugnis bzw. Gesellenbrief des Auszubildenden darf die Gefangenschaft nicht erkennbar sein (§ 40 StVollzG), eine Regelung, die mit gutem Grund zur Erleichterung der Eingliederung schon seit vielen Jahren praktiziert wird. Ergänzend sei gesagt, daß die Berufsausbildung und berufliche Fortbildung auch außerhalb der Anstalt erfolgen kann, wenn dies im Rahmen des Vollzugsplans dienlich erscheint und die Gefahr der Flucht und des Mißbrauchs nicht entgegenstehen (§ 39 StVollzG).

4.4 Der technische Dienst – Der Werkmeister

Die Arbeit des Gefangenen dient dem Behandlungsziel; sie soll im Rahmen des Vollzugsplanes besonders seine Fähigkeiten fördern oder erhalten, sich nach der Entlassung durch Arbeit seinen Lebensunterhalt zu sichern. Die Erfüllung dieses Zieles bleibt allen Aufgaben des technischen Dienstes vorangestellt. Die von den Gefangenen zu leistende Arbeit ist ein wesentlicher Resozialisierungsfaktor. Sie prägt insoweit auch die Tätigkeit des Werkmeisters im Strafvollzug von heute.

Die Werkmeister in der mittleren technischen Laufbahn zusammengefaßt, als Werkmeister im Strafvollzug, haben die Meisterprüfung ihres Faches und die Ausbildungsberechtigung nachzuweisen, um in diese Laufbahn eingestellt zu werden. Sie haben nahezu alle ihre Tätigkeit als Handwerksmeister bereits in der freien Wirtschaft ausgeübt. Überwiegend sind es Leute, die sich aus den verschiedensten Gründen nicht selbständig machen konnten und eine Stellung im Staatsdienst einer solchen in der freien Wirtschaft vorzogen.

Die Anzahl der Werkbeamten richtet sich nach der Größe und Struktur einer Vollzugsanstalt sowie nach den vorhandenen Werkbetrieben und deren Arbeitskapazität. Im Land Baden-Württemberg besteht (1987) ein Zahlenverhältnis von etwa 320 Werkbeamten zu 2130 Beamten des allgemeinen Vollzugsdienstes. In anderen Bundesländern verschiebt sich das Verhältnis zugunsten des allgemeinen Vollzugsdienstes (dazu *Dünkel* 1981, 284 f), da dort mehr Unternehmerbetriebe vorhanden sind, deren fachliche Führung den Meistern der jeweiligen Firma obliegt – und in denen der allgemeine Vollzugsdienst die sicherheitsrelevanten Aufgaben innerhalb dieser Unternehmerbetriebe wahrzunehmen hat. Unternehmerbetriebe sind von den Eigenbetrieben zu unterscheiden.

Die Eigenbetriebe der Vollzugsanstalten sind durchgehend handwerkliche Betriebe, die in anstaltseigener Regie produzieren und auch die Berufsausbildung der Gefangenen durchführen. Diese Betriebe werden ausschließlich von Werkmeistern des Strafvollzugs geleitet.

Bei den Unternehmer- oder Fremdbetrieben hingegen stellt die jeweilige Vollzugsanstalt grundsätzlich nur die Räumlichkeiten und die Arbeitskräfte, während die Leitung oft in der Hand von Meistern und Vorarbeitern der jeweiligen Fremdfirma liegt (§ 149 Abs. 4 StVollzG).

Der Vollständigkeit halber sei noch erwähnt, daß in den Vollzugsanstalten zwei weitere Betriebsarten vorhanden sind, die jedoch nicht als Werkbetriebe anzusehen sind:

In arbeitstherapeutischen Betrieben werden Gefangene, die zu einer wirtschaftlich ergiebigen Arbeit nicht fähig sind, durch arbeitstherapeutische Beschäftigung an die Arbeit herangeführt. In Versorgungsbetrieben, wie Küche, Wäscherei und Metzgerei werden unter Nutzung der Gefangenenarbeit Versorgungsleistungen für Gefangene und die Vollzugsanstalt erbracht.

Die Gefangenen können jährlich bis zu drei Monaten zu Hilfstätigkeiten verpflichtet werden (§ 41 Abs. 1 StVollzG). Hilfstätigkeiten sind alle Arbeiten in den Versorgungsbetrieben, die nicht die Kenntnisse eines Facharbeiters voraussetzen, sowie Arbeiten außerhalb der Betriebsstätten für Gefangene und die Vollzugsanstalt (GAV Baden-Württemberg Erster Teil Pkt. 4).

Während der Werkmeister als Leiter eines Eigenbetriebes unternehmerisch wirken, produzieren und marktpolitisch reagieren kann, liegen die Nachteile der Unternehmerbetriebe in der Abhängigkeit zur freien Wirtschaft, in deren Konjunkturanfälligkeit und in den nur geringen Möglichkeiten beruflicher Aus- und Fortbildung für Gefangene. Es handelt sich meist nur um einfache, monotone Hilfstätigkeiten oder Stücklohnbeschäftigungen, ähnlich jenen, die sich in Heimarbeit und Behindertenwerkstätten ausführen lassen.

Wie bei allen Laufbahnen des mittleren Dienstes haben auch die Werkbeamten eine Ausbildung zu absolvieren, die in Baden-Württemberg, einschließlich sechs Monate Strafvollzugsschule, 18 Monate beträgt. Während dieser Zeit werden die „Werkmeisteranwärter" mit der Strafvollzugspraxis vertraut gemacht, in die betriebstechnischen Besonderheiten eingewiesen und in die speziellen, vollzugsbedingten Aufgaben eingeführt. Neben den berufsbezogenen Ausbildungsfächern ergänzt die Unterrichtung in Rechtskunde, Kriminal- und Sozialkunde, Beamtenrecht als auch Psychologie die qualifizierte Ausbildung des Werkmeisters im Vollzug. Die vielseitigen Aufgaben der Werkmeister sind im § 37 StVollzG festgelegt: „Arbeit, arbeitstherapeutische Beschäftigung, Ausbildung und Weiterbildung dienen insbesondere dem Ziel, Fähigkeiten für eine Erwerbstätigkeit nach der Entlassung zu vermitteln, zu erhalten oder zu fördern."

Der Werkmeister leitet den ihm von der Arbeitsverwaltung übertragenen Betrieb, verhandelt mit den Vertretern und Kunden, bestimmt das Betriebsgeschehen und legt die Arbeitsabläufe fest. Die Anleitungen der Gefangenen reichen vom einfachen Einführen in primitive Arbeitsvorgänge bis hin zur qualifizierten Ausbildung an modernsten Maschinen und Geräten. Daneben hat der Werkmeister die Belehrung seiner beschäftigten Gefangenen über die Unfallverhütungsvorschriften durchzuführen und deren Einhaltung zu überwachen. Daß dabei auch die besonderen Vorschriften über Sicherheit und Ordnung beachtet werden müssen, sei ergänzend erwähnt. Die in den Betrieben vorhandenen Werkzeuge und Geräte dienen immer wieder als Angriffswaffen und Ausbruchswerkzeuge. Die tägliche Kontrolle auf Vollständigkeit dieser Arbeitsmittel ist deshalb ebenso erforderlich wie die ständige Überwachung der beschäftigten Gefangenen. Da Gefangene immer wieder versuchen, Rohstoffe und Fertigwaren zu entwenden, um sie entweder einzutauschen oder selbst zu verwenden, muß auch hierauf ein besonderes Augenmerk gerichtet sein. Materialien aus der Schlosserei zur Anfertigung von Nachschlüsseln und Ausbruchswerkzeug können ebenso eine Gefahr darstellen wie das Herstellen von Führerscheinen, Ausweisen oder gar Falschgeld in einer der modernst eingerichteten Druckereien unserer Vollzugsanstalten.

Der Werkmeister hat ferner die Kalkulationen zu erstellen, setzt die Arbeits- und Leistungsbelohnung für die Gefangenen fest, führt die alljährliche Inventur in Betrieb und Lager durch und sorgt durch rechtzeitige Beantragung von modernen Maschinen und Geräten dafür, daß „sein" Betrieb auf dem neuesten Stand der Technik bleibt. Bei der Beurteilung des Gefangenen im Rahmen des Vollzugsplanes (§ 7 StVollzG), bei Urlaubsgewährung und ähnlichen Vollzugslockerungen (vgl. hierzu unten S. 347 ff) sowie in Gnadensachen wird die Mitwirkung des Werkmeisters erforderlich, da sein Verhältnis zur Arbeit als wesentlicher Resozialisierungsfaktor gilt.

Nebst den bisher genannten Aufgaben ist jeder Werkbeamte darum besorgt, Aufträge für seinen Betrieb hereinzubekommen, obwohl dies in erster Linie Aufgabe des Leiters der Arbeitsverwaltung bleibt. Sein Kontakt zu Kunden und Lieferanten kommt ihm hierbei zustatten.

Eine wichtige Aufgabe des Werkmeisters bleibt es, sich Zeit für ein erforderliches Gespräch mit dem Gefangenen zu nehmen. Es steht außer Zweifel, daß er den Gefangenen durch den bedingten täglichen Umgang mit ihm wohl am besten kennt. Ja, er ist zweifelsohne die wichtigste Bezugsperson für den Gefangenen. Nirgends gibt sich der Inhaftierte ungezwungener als an seinem Arbeitsplatz. Im Betrieb, in der arbeitenden Gemeinschaft, zeigt er sich ausgeglichener und ist eher ansprechbar als im Zellenbau. Dies zeigt auch die Tatsache, daß Suizidversuche im Arbeitsbetrieb, trotz der vorhandenen gefährlichen Maschinen und Geräte, nahezu unbekannt sind. Eine bedeutende Hilfe für den Gefangenen bleibt die stete Möglichkeit, bei seinem Werkmeister das für ihn wichtige, befreiende Gespräch zu suchen und zu finden. Dieser bildet dann oft genug die erforderliche Nahtstelle in der Zusammenarbeit mit allen anderen Fachdiensten des Vollzuges.

4.5 Zusammenfassung und Schlußbemerkung

Die Tätigkeit des Werkbeamten ist zweifelsohne von weitaus positiveren Komponenten bestimmt als die der Beamten des allgemeinen Vollzugsdienstes. Er findet die berufliche Befriedigung zumindest in der Ausübung seines erlernten Berufes. Für die künftige und günstige Entwicklung des technischen Dienstes im Strafvollzug ist es notwendig, den Werkbeamten bessere Möglichkeiten für eigene Fortbildung zu bieten, damit sie jeweils den gegebenen Anforderungen der freien Wirtschaft entsprechen und sie nicht in eine hoffnungslose Isolation geraten. Dies erfordert mehr finanzielle Mittel und eine progressivere Genehmigungspraxis als bisher.

Noch immer werden die Werkmeister mit berufsfremden und vorwiegend Aufgaben des allgemeinen Vollzugsdienstes belastet. Eine offensichtliche Benachteiligung einer Berufsgruppe, die ihre fachlichen Kenntnisse in den Dienst des Vollzuges stellt! Das hat zur Folge, daß die fachliche Leistungskapazität der Werkmeister nicht entsprechend genutzt wird. Von nicht geringer Bedeutung und entscheidend für einen modernen Werkdienst wird es auch sein, daß nicht nur Werkmeister im Land Baden-Württemberg keine Uniform mehr tragen. Aversionen, die der Gefangene beim Anblick von Uniformen immer wieder empfindet, erschweren die Zusammenarbeit im Werkbetrieb. Auch hier sollte man sich den Verhältnissen in der freien Wirtschaft anpassen und damit dem Gesetz nach § 3 Abs. 1 und § 149 Abs. 2 StVollzG entsprechen. Jeder Werkbeamte ist sich dennoch darüber im klaren, daß die Gefangenenarbeit stets nur eines der Mittel bleiben wird, um die Zwecke der Freiheitsstrafe verwirklichen zu können.

5. Der Sicherheits- und Ordnungsdienstleiter*

5.1 Stellung und Aufgaben

Ich bin seit 1972 Leiter des Sicherheits- und Ordnungsdienstes (Sicherheits- und Ordnungsdienstleiter) in der Justizvollzugsanstalt Wuppertal. Zunächst bis 1980 in der alten Anstalt (Bezug 1886) in der Bendahler Straße; dann ab April 1980 in der neuen Anstalt (Ersatzbau) in Wuppertal-Vohwinkel.

Die Anstalt ist auch jetzt noch vorwiegend zuständig für den Vollzug von Untersuchungshaft und für die Vollstreckung von relativ kurzen Freiheitsstrafen (geschlossener und offener Vollzug in der Außenstelle Wuppertal-Barmen). Die neue Hauptanstalt ist eine Anstalt höchsten Sicherheitsgrades.

Als Sicherheits- und Ordnungsdienstleiter bin ich unmittelbar zuständig und verantwortlich für die Sicherheit und die Ordnung in der Justizvollzugsanstalt. Meine Funktion ist vergleichbar mit der eines Polizisten. Allein jedoch kann ich nicht für Sicherheit und Ordnung sorgen. Meine Helfer finde ich insbesondere im allgemeinen Vollzugsdienst, den uniformierten Bediensteten, die in der Regel ständig unmittelbaren Kontakt mit den Gefangenen haben. Ich bin ihnen „vorgesetzt".

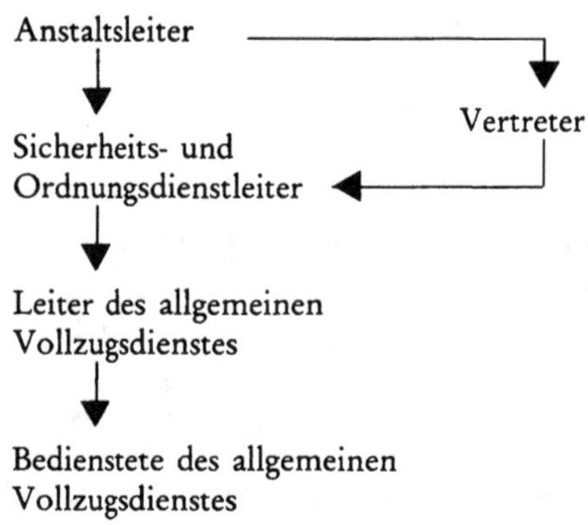

Der Sicherheits- und Ordnungsdienst ist eine Dienststelle, deren Geschäfte von einem Beamten des gehobenen Vollzugs- und Verwaltungsdienstes wahrzunehmen sind.

Meine Einstellung als Regierungsinspektoranwärter (Beamter auf Widerruf) erfolgte 1968. Die Ausbildung, die ich u. a. an einer Strafvollzugsschule erhielt, dauerte drei Jahre und gliederte sich in einen theoretischen und in einen praktischen Teil.

Die Theorie (Unterweisung in allen Vollzugs- und Verwaltungsangelegenheiten; Sicherheit und Ordnung waren nur ein Teilgebiet) wurde in einem Einführungs- und in einem Abschlußlehrgang – insgesamt 11 Monate – vermittelt.

* *Klaus-Peter Watzlawek*, geb. 1949; trat 1968 in den gehobenen Vollzugs- und Verwaltungsdienst ein. 1972 Ernennung zum Regierungsinspektor z. A. und Sicherheits- und Ordnungsdienstleiter. 1978 Ernennung zum Regierungsoberinspektor. 1983 Diplomsozialwissenschaftler (Berg. Uni Wuppertal). 1984 Doktorand (Sozialpsychologie, Berg. Uni Wuppertal). 1985 Diplom-Verwaltungswirt (Nachgraduierung).

Zur praktischen Ausbildung wurde ich an große und kleine Anstalten des Bezirks abgeordnet. Es folgten weitere Ausbildungsabschnitte bei dem Amtsgericht, dem Landgericht, der Staatsanwaltschaft und der Kriminalpolizei.

Die dreijährige Ausbildung endete mit der Laufbahnprüfung.

Der Nachweis des Reifezeugnisses oder einer entsprechenden Befähigung ist weiterhin erforderlich, um in den Vorbereitungsdienst (Regierungsinspektoranwärter) eingestellt zu werden. *Heute* gliedert sich die Ausbildung in fachpraktische Studienzeiten in den Justizvollzugsanstalten sowie fachwissenschaftliche Studienzeiten an der Fachhochschule für Rechtspflege in Bad Münstereifel. Das Bestehen der Laufbahnprüfung berechtigt, den akademischen Grad "Diplom-Verwaltungswirt" zu führen. Der sich anschließende eigenverantwortliche Einsatz als Regierungsinspektor z. A. in den Sachgebieten Sicherheit und Ordnung, Arbeitsverwaltung, Wirtschaftsverwaltung, Bau- und Personalverwaltung sowie Vollzugsgeschäftsstelle orientiert sich an dem jeweiligen Bedarf und der individuellen Neigung.

Der Geschäftsverteilungsplan sieht für mich folgende Aufgaben vor:

a) *Hauptaufgabe:* Überwachung der Ordnung und der Sicherheit in der Anstalt; hierunter fällt u. a. die Aufstellung von Sicherungs- und Alarmplänen, die beispielsweise Anweisungen für bestimmte Gefahrensituationen enthalten (Geiselnahme etc.)
b) Mitwirkung bei Disziplinarverfahren gegen Gefangene (vgl. hierzu unten S. 270 ff), der Anordnung von besonderen Sicherungsmaßnahmen, der Durchführung von unmittelbarem Zwang (Ermittlungen, Vernehmungen, Entwurf des Disziplinarmaßnahmenantrages bei Untersuchungsgefangenen), §§ 102 ff, § 88, §§ 94 ff Strafvollzugsgesetz (StVollzG).
c) Mitwirkung bei der Bearbeitung besonderer Vorkommnisse (z. B. Ausbrüche und Ausbruchsversuche, Suizide und Suizidversuche, natürlicher Todesfall, Entweichung etc.). Das beinhaltet: Führen der Ermittlungen, Entwurf der Berichte für die Aufsichtsbehörde.
d) Aufsicht über die ordnungsgemäße Verwaltung der Waffen und der Munition; Beschaffung von Waffen und Zubehör, Durchführung von Übungsschießen, §§ 99, 100 StVollZzG.
e) Einleitung gerichtlicher Verfahren gegen Inhaftierte (z. B. Fluchthilfe, Widerstand gegen die Staatsgewalt etc.).
f) Erteilung von Unterricht im Sachgebiet „Sicherheit und Ordnung" für Beamtenanwärter des allgemeinen Vollzugsdienstes; Überwachung der Ausbildung, Zuteilung von Hausarbeiten und Klausuren einschließlich der Bewertung; Fertigung von Zeugnissen. Fachpraktische Ausbildung der Beamtenanwärter des gehobenen Vollzugs- und Verwaltungsdienstes.
g) Betreuung der zur Ausbildung zugewiesenen Bediensteten anderer Behörden.
h) Genehmigungsverfahren bei Sondereinkäufen, Sonderbesuchen, Rundfunk- und Fernsehgeräten, Musikinstrumenten, Schreibmaschinen, Mal- und Bastlererlaubnissen, §§ 67 ff StVollzG.
i) Erledigung und Bearbeitung von Anträgen, Gesuchen und Beschwerden Gefangener, §§ 108 ff StVollzG; Aufgaben, die besonders typisch für den Sicherheits- und Ordnungsdienst sind.

5.2 Ein Arbeitstag in der Justizvollzugsanstalt Wuppertal

Ich betrete zum Dienstbeginn die Anstalt. Dort treffe ich meinen Kollegen, einen Regierungsinspektor, der seit längerer Zeit meiner Abteilung zugeteilt worden ist. Diese Personalverstärkung war unbedingt erforderlich, um der neuen Situation (Bezug der neuen, baulich viel größeren Anstalt; Anwachsen der Aufgaben; viel mehr Gefangene und viel mehr Personal!) gerecht zu werden.

Der Außenpfortenbedienstete teilt mir wie immer Neues mit.

Gegen 8 Uhr erscheint der Leiter des allgemeinen Vollzugsdienstes (vgl. Skizze) in meinem Arbeitszimmer und informiert mich über den vergangenen Nachtdienst. Er legt mir an mich gerichtete Anträge Gefangener vor. Danach steht eine dienstliche Beurteilung eines Anwärters des allgemeinen Vollzugsdienstes an. Wir besprechen uns; anschließend tippe ich die Beurteilung in die Schreibmaschine.

Gerade hat mich der Leiter des allgemeinen Vollzugsdienstes verlassen, erscheint der Leiter der Wirtschaftsverwaltung und will von mir wissen, wer die Krankenhauskosten tragen muß, die anläßlich einer Schlägerei zwischen Gefangenen entstanden sind. Ich erinnere mich sofort daran, daß ich die Beteiligten im Auftrage des Anstaltsleiters verwarnt habe. Ich gebe dem Wirtschaftsinspektor zur Antwort, daß sich die Gefangenen vertragen und geeinigt hätten, die Kosten zu gleichen Teilen zu tragen. Befriedigt verläßt er mein Dienstzimmer.

Endlich habe ich Zeit, mich an den Postverteilerschrank zu begeben. Jede Abteilung hat dort ein Fach. Ich leere das meinige und gehe mit dem Aktenbündel zurück in mein Zimmer. Jetzt beginne ich mit der Durchsicht der vom Leiter des allgemeinen Vollzugsdienstes vorgelegten Anträge.

M., der Inhaber eines Maler- und Anstreichergeschäftes ist, beantragt einen Sonderbesuch, damit er mit seiner Ehefrau wichtige geschäftliche Dinge bereden kann, §§ 23 ff StVollzG. Da mir die persönlichen Verhältnisse des Gefangenen bekannt sind, genehmige ich den Sonderbesuch.

S. hat gleich drei Wünsche: Mal- und Bastelerlaubnis, eine Gitarre, einen Radiorekorder mit Englischsprachkurs, Gegenstände der Freizeitbeschäftigung, vgl. §§ 67 ff StVollzG. Routine, die Arbeit ist rasch vom Tisch; die Anträge werden genehmigt.

Gerade ist es 9 Uhr, als der Verwaltungsleiter erscheint und meint, ich müsse heute zwei zur informatorischen Ausbildung zugewiesene Kriminalkommissaranwärter betreuen. Ich mache mir eine Notiz. Dann teile ich dem Verwaltungsleiter noch mit, daß ich in den nächsten Tagen für den Regierungsinspektoranwärter P., der mir zwei Monate zur fachpraktischen Ausbildung zugeteilt worden war, das Abteilungsgutachten vorlegen werde.

Schließlich begebe ich mich erneut an meinen Aktenberg, der nicht kleiner werden will. Da habe ich plötzlich eine Beschwerdeschrift des Gefangenen F. vor Augen. Er führt Beschwerde, daß in der letzten Woche das Mittagessen (Hackfleischsoße mit Nudeln) versalzen gewesen sein soll. Er verlangt eine Entschädigung, weil er deswegen einen Teil seiner beim monatlichen Einkauf erworbenen Lebensmittel verbrauchen mußte. Nachdem ich Ermittlungen angestellt habe, suche ich zunächst das Gespräch mit dem Beschwerdeführer. Unsere Standpunkte nähern sich bald. Wir beide sind nämlich Hobbyköche. Schließlich „treffen" wir uns, ohne daß eine Partei „das Gesicht" verloren hat. Die Hackfleischsoße war – ich selbst hatte die Mittagskost als Inspektor vom Dienst probiert – „hart an der Grenze" gewürzt. Damit ist die Beschwerdeschrift erledigt. Unzufriedenheit kann mitunter Sicherheit und Ordnung beeinträchtigen bzw. gefährden.

Endlich, 10.30 Uhr, mit einigen belegten Brötchen aus der Kantine habe ich meinem Magenknurren ein Ende gesetzt. Zusammen mit meinem Abteilungskollegen und dem Leiter des allgemeinen Vollzugsdienstes begebe ich mich zum Anstaltsleiter. Hier werden dienstliche Dinge vorgetragen, die der Entscheidung des Leiters bedürfen. Schließlich gibt es letzte Instruktionen für den Tagesablauf.

11 Uhr, ich mache mich auf meinen Routinerundgang durch die Anstalt.

Auf dem Fahrbereitschaftshof inspiziere ich einige abgestellte Gefangenentransportfahrzeuge. Zu meiner Verwunderung stelle ich bei einem Fahrzeug fest, daß die linke Wagentür unverschlossen ist. Sofort schließe ich die Tür. Ich werde den Fahrdienstleiter auf diese Unregelmäßigkeit hinweisen. Auch „offene" Fahrzeuge können mitunter Fluchtmöglichkeiten bieten.

Die Arbeitsbetriebe begehe ich nur kurz, weil ich heute wenig Zeit habe. Wichtig ist, daß man gesehen wird. Sicherheit und Ordnung müssen überall präsent sein!

Von meinem Aktenberg ziehe ich den Vorgang „Entweichung des Gefangenen H.". Der Gefangene war vor einigen Wochen bei einer Ausführung zu einem Facharzt außerhalb der Anstalt entwichen. Der Aufsichtsbehörde, die um einen Sachstandsbericht gebeten hatte, teile ich mit, daß der Entwichene bisher nicht wieder ergriffen werden konnte.

Gegen H. ist auch noch ein Ermittlungsverfahren wegen Widerstandes und Körperverletzung anhängig. Den entsprechenden Berichtsentwurf hatte ich gefertigt. Der Gefangene hatte beim Verlassen des Gefangenentransportwagens, der vor der Arztpraxis mitten im Stadtzentrum gehalten hatte, einem Bediensteten einen Faustschlag ins Gesicht versetzt und war dann davongelaufen.

Nach der Mittagspause lasse ich mir von einem Bediensteten des allgemeinen Vollzugsdienstes einige Gefangene vorführen. Hierbei handelt es sich in der Regel um Angelegenheiten, die eine persönliche Unterredung erforderlich machen.

Eine Disziplinarmeldung liegt gegen den Gefangenen N. vor. Ein „Haschhund" der Kripo hatte in der vergangenen Woche in seiner Zelle ca. 10 g Haschisch gefunden. Den Tip bekam ich von einem Mitgefangenen. N. will jetzt nicht zur Sache aussagen. Er verweist vielmehr auf seine bei der Kripo gemachten Angaben. Ich teile ihm noch mit, daß er mit einer 10tägigen Arreststrafe rechnen muß. Einen entsprechenden Antrag an das zuständige Gericht – N. ist Untersuchungsgefangener – lasse ich vom Anstaltsleiter unterschreiben. Das ersuchte Gericht wird in der Regel schnell über den Disziplinarmaßnahmeantrag entscheiden.

Über dieses besondere Vorkommnis muß ich der Aufsichtsbehörde und dem Justizminister berichten.

Erfahrungsgemäß – sofern einschlägige Vorbelastungen nicht vorhanden sind und andere Gründe nicht widersprechen – muß der Gefangene N. strafrechtlich mit einer Geldstrafe rechnen.

15 Uhr. Plötzlich klingelt mein Telefon. Der Bedienstete von der Abteilung L 1 meldet kurz: „Der Gefangene H. zerschlägt sein Zelleninventar!" Ich sage zu, daß ich sofort komme. Schnell bin ich in der L 1. Einige Bedienstete des allgemeinen Vollzugsdienstes haben sich versammelt. Die Gefangenen sind in ihre Zellen eingeschlossen

worden. Ich informiere mich noch einmal kurz und öffne die Haftraumtür. H. ist gerade im Begriff, sein Bett auseinanderzunehmen. Es sieht wüst aus. H. läßt sich durch meine Anwesenheit nicht stören. Schließlich spreche ich ihn an. Er hält einen Moment inne und schaut mich an. Jetzt versuche ich es mit beruhigenden Worten. Doch der Gefangene fordert, sofort von der Abteilung L 1 (Zugangsabteilung) in das Hafthaus verlegt zu werden. Ich erkläre ihm, daß dort im Augenblick kein Haftraum für ihn frei sei. H. zeigt sich unverändert uneinsichtig; er kündigt weitere Sachbeschädigungen an und droht schließlich mit Selbstverletzungen.

Ich bringe ihn in die sog. Beruhigungszelle, § 88 Abs. 2 Ziff. 5 StVollzG. Zwei Bedienstete begleiten mich. Der Gefangene geht freiwillig mit.

Die Verlegung in die Beruhigungszelle ist mir nicht leichtgefallen. Dort erwartet den Gefangenen strenge Isolation; eine Zelle ohne die üblichen Einrichtungsgegenstände, lediglich mit einer französischen Toilette und einer ebenerdigen Holzliege ausgestattet, Monitorüberwachung. Anstaltsleiter, Arzt und Psychologin werden von mir unterrichtet.

16 Uhr, Dienstschluß!

5.3 Kollegiale Zusammenarbeit

Zusammenarbeit in allen Bereichen des Strafvollzugs ist für mich nach wie vor oberstes Gebot. Um Sicherheit und Ordnung zu gewährleisten, arbeiten der Anstaltsleiter, der Sicherheits- und Ordnungsdienstleiter und der Leiter des allgemeinen Vollzugsdienstes mit seinen Helfern besonders eng zusammen. Daneben darf das Zusammenwirken mit den Fachdiensten (Soziologe, Psychologe, Lehrer, Arzt, Pfarrer und Sozialarbeiter) nicht ins Hintertreffen geraten. Wie wichtig das ist, zeigt sich erfahrungsgemäß gerade an hohen Feiertagen. Es kommt zu einer Ballung von Gefühlen; es geht bis an die Grenzen der Belastbarkeit des einzelnen Gefangenen. Mitunter geht es schon einmal darüber hinaus. Selbstverletzungen, Suizidversuche und Gewalt gegen Personen und Sachen können die Folge sein. Es ist daher wichtig, ein reichhaltiges „Unterhaltungs"-Angebot zu schaffen, um gerade dann das Leben in der Justizvollzugsanstalt, einer „totalen Institution, erträglich zu machen. Seit Jahren kommen wir in Wuppertal sehr gut über die Feiertage.

Es ist wirklich nicht einfach, Sicherheit und Ordnung mit Behandlungsvollzug oder mit dem Zweck der Untersuchungshaft in Einklang zu bringen.

6. Der Vollzugsabteilungsleiter*

Begriff und Funktion des „Abteilungsleiters" sind im deutschen Strafvollzug nicht neu. Sachsen, Hamburg, aber auch Preußen, mit den ehemals großen Strafvollzugsan-

* *Hans-Jürgen Feldmann*, Dipl.-Verwaltungswirt (FH), geb. 1946, mittlere Reife, Industriekaufmann, Polizeivollzugsbeamter im BGS, seit 1972 im niedersächsischen Justizvollzug, Amtmann im Justizvollzugsdienst, 10 Jahre Vollzugsabteilungsleiter, seit 1985 Verwaltungsleiter der Arbeitsverwaltung in der JVA Hannover, Vorsitzender der „Landesarbeitsgemeinschaft des gehobenen Vollzugs- und Verwaltungsdienstes" in Niedersachsen.

stalten in Berlin, Brandenburg und Breslau sowie in Hannover und Köln, gliederten ihre Anstalten in Abteilungen und beschäftigten demgemäß Abteilungsleiter.

In den großen Anstalten, die häufig schon räumlich (Gebäude, Flügel eines Zellenhauses), aber auch fachlich und funktional (Abteilung für weibliche Gefangene, Jugendliche, Untersuchungshäftlinge) in einzelne Abteilungen gegliedert wurden, vertraten und unterstützten die Abteilungsleiter innerhalb ihrer Abteilung den Vorstand (Leiter) der Anstalt.

Der Abteilungsleiter – mit einem eher räumlich, weniger fachlich abgegrenzten Wirkungskreis – war im Erwachsenenvollzug (besonders in Hamburg und Sachsen) der Träger des Vollzuges überhaupt; er wurde in seiner Tätigkeit unterstützt vom Arzt, Oberlehrer und Pfarrer und leitete den Vollzug innerhalb seines Bereiches selbständig. In Sachsen gab es dafür eine spezifische Laufbahn als Gefangenenanstalts-Amt- und -Oberamtmann, aus der sich die Leiter der selbständigen Vollzugsanstalten überwiegend rekrutierten.

Für Niedersachsen bezeichnete nach 1945 die Strafvollzugsordnung den „Abteilungsleiter" als Leiter einer Vollzugsabteilung im Gegensatz zu den Leitern der Verwaltungsdienststellen (Hauptgeschäftsstelle, Zahlstelle, Vollzugsgeschäftsstelle, Arbeitsverwaltung usw.): vgl. dazu auf S. 118 das Grundschema eines Organisationsplanes einer JVA.

6.1 Aufgabenstellung und Aufgabenschwerpunkte

Für Niedersachsen werden „Stellung und Aufgaben der Vollzugsabteilungsleiter bei den Justizvollzugsanstalten" durch eine AV des Ministers der Justiz vom 23. Juli 1982 geregelt (Nds. Rpfl. 1982, 172 ff). Danach können „Beamten des höheren und des gehobenen Vollzugs- und Verwaltungsdienstes, Psychologen, Lehrern und Sozialarbeitern, in besonderen Fällen auch Angehörigen anderer Berufsgruppen, die Aufgaben eines Vollzugsabteilungsleiters ... übertragen werden".

In der bisherigen Praxis sind Vollzugsabteilungsleiter allerdings vorwiegend Angehörige des gehobenen Vollzugs- und Verwaltungsdienstes. Sie entstammen der „Inspektorenlaufbahn", die Abitur oder Fachhochschulreife voraussetzt. Ihre *Aufgaben* bestehen (in Niedersachsen) u. a. in der

- Führung von Zu- und Abgangs-, Einzel- und Gruppengesprächen,
- Vorbereitung des Vollzugsplans und seiner Änderungen,
- Vorbereitung von Stellungnahmen zu Gnadenmaßnahmen und zur Aussetzung des Strafrestes,
- Vorbereitung von Entscheidungen über Verlegungen, Vollzugslockerungen und Urlaub,
- Vorbereitung von Berichten zu Beschwerden, Widersprüchen und Eingaben,
- Vorbereitung verschiedener anderer Entscheidungen (z. B. über ein Besuchsverbot [§ 25 StVollzG], Zulassung eines eigenen Fernsehgerätes [§ 69 Abs. 2, 2. HS StVollzG], Disziplinarmaßnahmen [§ 103 StVollzG]).

Die *Aufgabenschwerpunkte* verteilen sich in der Praxis etwa wie folgt:

- Einzelgespräche (20 %) und Gruppengespräche mit den Gefangenen (5 %),
- Leitung der Abteilung durch Koordination der Fachkräfte und der eingesetzten Be-

diensteten des allgemeinen Vollzugsdienstes sowie der neben- und ehrenamtlichen Mitarbeiter und Lehrkräfte. Dazu zählen auch Aus- und Fortbildungsüberlegungen für diese Personenkreise (25 %).

– Verwaltungsarbeit in Form von Berichten, Stellungnahmen und Vorbereitungen von Entscheidungen des Anstaltsleiters (50 %).

Der Anstaltsleiter kann dem Vollzugsabteilungsleiter weitere Aufgaben, insbesondere auch für den gesamten Anstaltsbereich, zuweisen. Dies gilt (nach der erwähnten Nds. AV) „namentlich dann, wenn Mitarbeiter des sozialen und pädagogischen Dienstes nicht zur Verfügung stehen. Der Anstaltsleiter koordiniert die Tätigkeit der Vollzugsabteilungsleiter und bildet zu diesem Zweck Abteilungsleiterkonferenzen, die möglichst einmal im Monat einberufen werden.

Der Vollzugsabteilungsleiter sieht sich oft als *Mittler zwischen Gefangenem und Dienstherrn* gefragt. Strafgefangene befinden sich in einer Ausnahmesituation. Sie sehen sich einer Verwaltung gegenüber, deren Handeln sie akzeptieren müssen, ohne direkt auf Entscheidungen Einfluß nehmen zu können. Hier liegen sicherlich Ursachen dafür, daß Inhaftierte mit übersteigerter Aggression auf Anforderungen reagieren, die zur Aufrechterhaltung eines geordneten Vollzuges notwendig sind.

Der Dienstherr fordert vom Vollzugsabteilungsleiter, den Vollzug so zu gestalten, daß der Inhaftierte nach seiner Entlassung sein Leben in sozialer Selbstverantwortung, also als vollwertiges Mitglied der Gesellschaft, führen kann. Auf der anderen Seite soll gewährleistet sein, daß die Allgemeinheit durch den Vollzug vor weiteren Straftaten geschützt wird.

Welches *Konzept* ein Abteilungsleiter auch immer zur Verwirklichung seines Auftrages entwickelt, wirksam kann es nur werden, wenn er es versteht, die an der Betreuung und an der Behandlung der Insassen mitwirkenden Mitarbeiter in den Entscheidungsprozeß einzubeziehen, und wenn er Entscheidungen in Absprache mit dem Anstaltsleiter „vor Ort" treffen kann. Insgesamt gilt es, die Konzeption eines kooperativen Führungsstils in der praktischen Tätigkeit umzusetzen.

Dies geschieht in der Regel in der Weise, daß die Mitarbeiter des allgemeinen Vollzugs- und Werkdienstes und die Angehörigen der Fachdienste – Sozialarbeiter, Psychologen, Pädagogen – in die Entscheidungsfindung miteinbezogen werden. Sie alle müssen eng zusammenarbeiten und Erfahrungen und Kenntnisse in die tägliche Arbeit einbringen. Entscheidungen sollen abgestimmt und gemeinsam getroffen werden, wobei dann auch die „Fachkräfte" diese gemeinsamen Entscheidungen respektieren müssen. Absicht der Fachdienste muß es sein, ihre speziellen Kenntnisse weiterzugeben, damit auf dieser Grundlage eine Entscheidung gemeinsam getroffen werden kann mit der Absicht, den einzelnen Gefangenen von Sinn und Gehalt dieser Entscheidung zu überzeugen.

Dies setzt allerdings voraus, daß auch der einzelne Gefangene soweit als möglich in die ihn betreffenden Entscheidungsvorgänge einbezogen wird.

Vielfach aber wird der Gefangene nach wie vor als „Sicherheitsfaktor" betrachtet und folglich ihm nur der Objektcharakter zugesprochen. Zu den Aufgaben des Abteilungsleiters sollte es gehören, dafür Sorge zu tragen, daß eine solche Einstellung gegenüber den Gefangenen abgebaut wird und der Gefangene schon im Strafvollzug die Chance erhält, an Veränderung bzw. Neuaufbau seines zukünftigen Lebens verantwortlich mitzuarbeiten.

6.2 Ausbildungsgang

Die praktische und theoretische Ausbildung als Vollzugsabteilungsleiter richtet sich in Niedersachsen nach der „Ausbildungs- und Prüfungsordnung für die Laufbahn des gehobenen Vollzugs- und Verwaltungsdienstes" (AV vom 27.02.1978; Nds. Rpfl. S. 69 und vom 22. 01. 1980; Nds. Rpfl. S. 25). Diese Verordnung ist an den Studieninhalten der Fachhochschule in Bad Münstereifel orientiert, an der ein Studiengang für die Laufbahn des gehobenen Dienstes im Justizvollzug eingerichtet ist.

In Niedersachsen hat die 1974 gegründete „Landesarbeitsgemeinschaft des gehobenen Vollzugs- und Verwaltungsdienstes" bereits 1977 sowohl den „Entwurf eines Berufsbildes über Aufgabenbereiche und Tätigkeitsmerkmale der Bediensteten im gehobenen Vollzugs- und Verwaltungsdienst wie auch den „Entwurf eines Ausbildungsplanes für die berufspraktische Ausbildung" vorgelegt.

6.3 Perspektiven

Der Vollzugsabteilungsleiter muß in immer stärkerem Maße bereit sein, mit anderen zusammenzuarbeiten, und akzeptieren, sich an gemeinsamen Entscheidungen auszurichten. Forum für die Zusammenarbeit ist die sog. Konferenz, die, soweit es seine Abteilung betrifft, nicht nur Entscheidungen vorzubereiten hat, sondern Entscheidungen trifft und durchsetzt. Darunter fallen Konferenzen, die sich mit dem einzelnen Insassen befassen, wie z. B. die Zugangskonferenz, die den Vollzugsplan erstellt, sowie einzelne Wohngruppenkonferenzen, in denen nicht nur der Vollzugsplan überwacht, sondern auch in die Tat umgesetzt und der Entwicklung des einzelnen Gefangenen angepaßt wird. Form, Zusammensetzung und Häufigkeit der Konferenzen richten sich nach der jeweiligen Aufgabenstellung und der Bereitschaft des Vollzugsabteilungsleiters, auf seine Mitarbeiter und die ihm anvertrauten Gefangenen einzugehen.

Ein Schwerpunkt in der zukünftigen Entwicklung des Berufsbildes des Vollzugsabteilungsleiters ist die eigene, aber auch die Fortbildung der Mitarbeiter. Hier hat die „Landesarbeitsgemeinschaft des gehobenen Vollzugs- und Verwaltungsdienstes" in Niedersachsen bereits Vorarbeit geleistet, indem sie insbesondere für den Vollzugsabteilungsleiter und die mit ihm zusammenarbeitenden Bediensteten und ehrenamtlichen Helfer Fortbildungsseminare angeboten hat. Diese Seminare erstreckten sich u. a. auf folgende Themen:

- Rechts- und gesellschaftspolitische Gesichtspunkte zur Aus- und Fortbildung des gehobenen Justizvollzugsdienstes nach Inkrafttreten des Strafvollzugsgesetzes
- Selbst- und Fremdbild des gehobenen Vollzugs- und Verwaltungsdienstes im Spannungsfeld interdisziplinärer Auseinandersetzungen
- Randsituation von Strafvollzug und Resozialisierung
- Soziales Management im Strafvollzug
- Ausländer im Strafvollzug
- Alternativen zum und im Strafvollzug
- Medizinische Versorgung in Justizvollzugsanstalten – ein komplexes Problem?
- NS-Regime und Strafvollzug – mahnende Verpflichtung bis heute
- Strafvollzugsreform in der Krise? Auf der Suche nach einer neuen Kriminalpolitik
- Der Entwurf eines Untersuchungshaftvollzugsgesetzes.

Der Vollzugsabteilungsleiter – dies sollte deutlich geworden sein – arbeitet nicht isoliert; er ist darauf angewiesen, mit allen Fachdiensten (Pädagogen, Psychologen, Soziologen, Sozialarbeitern, u. a.) zusammenzuarbeiten. Darüber hinaus muß der Vollzugsabteilungsleiter auch mit den Organisationen und Verbänden außerhalb des Vollzuges Kontakt halten und mit diesen gemeinsam darauf hinwirken, die Bedingungen im modernen Strafvollzug zu verbessern mit dem Ziel, die Rückfallquote Strafgefangener zu senken und die Wiedereingliederung des Gefangenen in die Gesellschaft in immer besserem Maße zu ermöglichen.

7. Der allgemeine (mittlere) Vollzugsdienst*

7.1 Die Aufgaben des allgemeinen Vollzugsdienstes

In den Justizvollzugsanstalten und Jugendarrestanstalten der Länder waren 1986 insgesamt etwa 28 000 Vollzugsbedienstete – Beamte, Angestellte und Arbeiter – hauptamtlich tätig. Die meisten von ihnen, nämlich rund 20 200 Beamte und Angestellte, gehörten dem allgemeinen (mittleren) Vollzugsdienst an.

Die Bezeichnung „allgemeiner Vollzugsdienst" ist durch das Strafvollzugsgesetz (§ 155 Abs. 2) eingeführt und hat die frühere Bezeichnung „Aufsichtsdienst" (vgl. Nr. 18 Dienst- und Vollzugsordnung – DVollzO) ersetzt. In der Presse ist – trotz des wiederholten Protestes der Betroffenen, ihrer Berufsverbände und der Vollzugsbehörden – noch immer häufig von „Wächtern", „Wärtern" und „Schließern" die Rede. Auch im Fernsehen werden die Angehörigen des allgemeinen Vollzugsdienstes gern gezeigt, wie sie Riegel auf- und zuschieben, mit Schlüsseln hantieren oder Gefangene durch lange, kahle Gänge führen. Natürlich gehört auch dies zu ihrem Dienst, ebenso wie der nächtliche Streifengang oder die Wache auf dem Turm mancher Anstalten.

Insgesamt wird damit aber nur ein kleiner Ausschnitt der vielfältigen Aufgaben erfaßt, die der allgemeine Vollzugsdienst zu erfüllen hat. Sie sind in den Vorschriften bisher sehr unvollkommen niedergelegt. Nr. 12 der 1976 von den Landesjustizverwaltungen bundeseinheitlich erlassenen „Dienst- und Sicherheitsvorschriften für den Strafvollzug" (DSVollz) weicht nur wenig von Nr. 18 der mit Inkrafttreten des StVollzG aufgehobenen DVollzO ab und erwähnt in Abs. 1 neben der Beaufsichtigung und Versorgung der Gefangenen lediglich auch deren Betreuung. In Nr. 12 Abs. 2 DSVollz werden als Aufgaben des allgemeinen Vollzugsdienstes im einzelnen aufgeführt:

* *Horst Henze*, geb. 1934, studierte Jura und Sozialpädagogik in Göttingen und Berlin, 1963 – 1970 Gerichtsassessor und anschließend Amtsgerichtsrat, 1970/71 Richter im Hochschuldienst an der Universität Göttingen, seit 1972 Referatsleiter in der Justizvollzugsabteilung des Niedersächsischen Ministeriums der Justiz, seit 1975 Leitender Ministerialrat. Arbeitsschwerpunkte: Personalwesen im nds. Justizvollzug, Aus- und Fortbildung der Justizvollzugsbediensteten, Sozialtherapeutische Anstalten.

- die Mitwirkung bei der Aufnahme und Entlassung der Gefangenen,
- die sichere Unterbringung der Gefangenen,
- die Mitwirkung bei der Behandlung, Beurteilung und Freizeitgestaltung der Gefangenen,
- die Sorge für die Ordnung und Sauberkeit in allen Räumen mit ihren Einrichtungs- und Lagerungsgegenständen,
- die Sorge für die Reinlichkeit der Gefangenen, ihrer Wäsche und Kleidung,
- die Mitwirkung bei der Pflege erkrankter Gefangener,
- nach örtlicher Bestimmung die Führung von Büchern, Listen und Nachweisungen sowie die Entgegennahme von Anträgen.

Zu einer Neufassung dieser Vorschrift auf der Grundlage einer eingehenden und umfassenden Tätigkeitsbeschreibung des allgemeinen Vollzugsdienstes haben sich die Landesjustizverwaltungen bisher nicht entschließen können, weil über die Rangfolge und Gewichtung der einzelnen Aufgaben Einigkeit nicht erzielt werden konnte.

Eine knappe, aber im wesentlichen vollständige Darstellung der vielfältigen Tätigkeiten, die den Angehörigen des allgemeinen Vollzugsdiensts obliegen, findet sich in einem vom *Bund der Strafvollzugsbediensteten* (1982) herausgegebenen „Berufsbild allgemeiner Vollzugsdienst".

Unter dem Stichwort „Behandlung" werden dort die Aufgaben zusammengefaßt, durch die der allgemeine Vollzugsdienst in Zusammenarbeit mit allen anderen im Vollzug Tätigen (§ 154 Abs. 1 StVollzG) schädlichen Folgen des Freiheitsentzuges entgegenwirken (§ 3 Abs. 2 StVollzG) und die Gefangenen befähigen soll, zukünftig in sozialer Verantwortung ein Leben ohne Straftaten zu führen (§ 2 Satz 1 StVollzG). Man kann darüber streiten, ob das Schlagwort „Behandlung" als Oberbegriff gut gewählt ist, da ein großer Teil der darunter aufgeführten Tätigkeiten wohl zutreffender zur Betreuung der Gefangenen zu zählen ist (vgl. zur Unterscheidung *Kerner* in Kaiser, Kerner, Schöch (1982) § 16 Rdn 391). Das „Berufsbild" nennt u. a. die Teilnahme an der Behandlungsuntersuchung (vgl. hierzu unten S. 197) und an der Aufstellung des Vollzugsplans, das Führen von Gesprächen, um die Gefangenen zu beraten, ihnen Anregungen und Hilfen zu vermitteln, die Mitwirkung an Gruppenveranstaltungen, die Förderung von Freizeitbeschäftigungen und sportlicher Betätigung der Gefangenen und die Abgabe von Stellungnahmen und Berichten, z. B. vor der Entscheidung über Vollzugslockerungen oder über die vorzeitige Entlassung eines Gefangenen.

Unter der Überschrift „Beaufsichtigung und sichere Unterbringung der Gefangenen" beschreibt das „Berufsbild" ferner die zahlreichen Überwachungsaufgaben des allgemeinen Vollzugsdienstes, die u. a. verhindern sollen, daß Gefangene entweichen oder unerlaubt Verbindung zu anderen Personen aufnehmen, daß unbefugt Gegenstände in die Anstalt eingebracht werden oder das geordnete Zusammenleben in der Anstalt gestört wird. Zu den Pflichten des allgemeinen Vollzugsdienstes gehören in diesem Zusammenhang namentlich die Kontrollen der Zellen und des gesamten Anstaltsgeländes, die Aufsicht bei Gemeinschaftsveranstaltungen, während des Aufenthalts im Freien, bei Besuchen, Ausführungen und Außenarbeiten, körperliche Durchsuchungen, die Überprüfung von Briefen und Paketen und der Pfortendienst (vgl. dazu Nr. 16 DSVollz). Erforderlichenfalls müssen die Angehörigen des allgemeinen Vollzugsdienstes zur Erfüllung ihrer Sicherheits- und Ordnungsaufgaben unmittelbaren Zwang (§§ 94 f StVollzG und Nr. 7 DSVollz) anwenden.

Der dritte wichtige Tätigkeitsbereich des allgemeinen Vollzugsdienstes umfaßt die Versorgung der Gefangenen, durch die ein wesentlicher Teil der Lebensbedürfnisse sichergestellt werden soll, für die die Gefangenen aufgrund ihrer Inhaftierung nicht selbst sorgen können. Das „Berufsbild" nennt in diesem Zusammenhang die Ausgabe des Essens und der notwendigen Gegenstände des täglichen Bedarfs, die Weiterleitung der Post und die Entgegennahme von Anträgen.

Betreuungs-, Aufsichts- und Versorgungstätigkeiten sind am engsten im täglichen Dienst der Gruppen-, Stations- und Abteilungsbeamten miteinander verbunden. Die Fülle der zu erledigenden Aufgaben läßt allerdings wenig Zeit für längere Gespräche mit den Gefangenen und ein ernsthaftes Eingehen auf ihre Sorgen und Wünsche. Eine kontinuierliche Betreuung der Gefangenen wird außerdem häufig durch gruppen- bzw. abteilungsübergreifenden Nacht- und Wochenenddienst und die daran anschließende Freizeit zum Ausgleich von Mehrarbeitsstunden, durch die Ausführung von Sonderaufträgen sowie Abwesenheitsvertretungen für Kollegen in anderen Bereichen verhindert (*Bruns* 1986, 229). So sind es oft nur wenige, meist ältere Beamte, die von anderen Aufgaben ganz oder teilweise freigestellt werden, um sich der Betreuung der Gefangenen widmen oder besondere Behandlungsaufgaben – z. B. im Rahmen des sozialen Trainings (*Otto* 1986, VII) – übernehmen zu können

Daneben gibt es eine Fülle weiterer Dienstposten, deren Schwerpunkt zumeist in jeweils einem der beschriebenen Aufgabenfelder liegt.

Zum Versorgungsbereich gehören z. B. die Küchen- und Kammerbeamten. Erstere wirken bei der Aufstellung des Speiseplans mit und bereiten – zusammen mit ihnen unterstellten Gefangenen – die Speisen zu. Die Kammerbeamten sind für die sachgerechte Lagerung der Gefangenenhabe verantwortlich und kümmern sich um die Gegenstände des täglichen Bedarfs sowie um die Gefangenenkleidung, Wäsche und Bettzeug, für deren Aufbewahrung, Ausgabe, Reinigung und Ergänzung sie zu sorgen haben. Sowohl Kammer- als auch Küchenbeamte haben darüber hinaus ein umfangreiches Buchwerk zu führen.

In Arbeitsbetrieben, in denen ein Angehöriger des Werkdienstes nicht erforderlich ist oder nicht zur Verfügung steht, werden Angehörige des allgemeinen Vollzugsdienstes als Werkaufsichtsbeamte eingesetzt, die häufig Aufgaben zu erfüllen haben, die sonst dem Werkdienst obliegen (vgl. Nr. 12 Abs. 3 und Nr. 13 DSVollz).

Zum allgemeinen Vollzugsdienst gehören schließlich auch die Beamten des Sanitätsdienstes (s. § 158 Abs. 2 StVollzG), von denen ein Teil als Krankenpfleger, viele aber auch nur als Krankenpflegehelfer ausgebildet sind. Sie wirken in enger Zusammenarbeit mit den hauptamtlichen oder nebenberuflichen Anstaltsärzten (vgl. hierzu unten S. 193 ff) bei der Pflege erkrankter Gefangener mit.

Eine besonders herausgehobene Stellung hat der Leiter des allgemeinen Vollzugsdienstes, der Diensteinteilung und -ablauf der ihm unterstellten Beamten und Angestellten regelt, die Ausführung der diesen obliegenden Aufgaben überwacht, bei ihrer Beurteilung mitwirkt und den Anstaltsleiter in allen Fragen berät, die den Einsatz des allgemeinen Vollzugsdienstes betreffen.

Auch wenn einzelnen Bediensteten besondere Schwerpunkte im Bereich der Behandlung und Betreuung, der Versorgung oder Beaufsichtigung der Gefangenen zugewiesen sind, dürfen sie sich nicht einseitig nur einer dieser Aufgaben verpflichtet fühlen. Dabei fällt es nicht immer leicht, insbesondere den Betreuungs- und Behandlungsauftrag mit den notwendigen Sicherheitserwägungen in Einklang zu bringen: Die eine Aufgabe setzt menschliche Aufgeschlossenheit und die Bereitschaft voraus, auch nach wiederholter Enttäuschung immer wieder einen Vertrauensvorschuß zu gewähren, während die andere nicht ohne Distanz und kritische Wachsamkeit auskommt. Aber auch Bedienstete, die – z. B. als Kontroll- oder Aufsichtsbeamte – in erster Linie die Sicherheit und Ordnung der Anstalt zu gewährleisten haben, müssen sich bemühen, unnötige Schärfen im Umgang mit den Gefangenen zu vermeiden, durch die das Anstaltsklima vergiftet werden könnte und die Möglichkeiten eingeschränkt würden, jeden Gefangenen im Rahmen seiner Fähigkeiten zu fördern.

Von den übrigen Bediensteten heben sich die Angehörigen des allgemeinen Vollzugsdienstes (und des Werkdienstes) dadurch ab, daß sie verpflichtet sind, eine einheitliche Dienstkleidung zu tragen, die in jedem Bundesland einen eigenen Zuschnitt hat. In den letzten Jahren hat die Dienstkleidung allerdings weitgehend ihren – dem Militär bzw. der Polizei entliehenen – Uniformcharakter verloren; z. B. ist fast durchweg auf Achselstücke und Rangabzeichen verzichtet worden. In einigen Ländern tragen die Bediensteten lediglich einen einfarbigen – z. B. mittelgrauen – Anzug, der nur durch seine Einheitlichkeit und ein aufgenähtes Landeswappen als Dienstkleidung zu erkennen ist (vgl. z. B. AV des Nieders. MJ vom 17. 12. 84 – Nds. Rpfl. 1985, 5). Durch Sondervorschriften ist in einzelnen Anstalten (z. B. in Baden-Württemberg und Rheinland-Pfalz im offenen Vollzug, ebenfalls in Baden-Württemberg sowie in Nordrhein-Westfalen und Schleswig-Holstein in sozialtherapeutischen Einrichtungen) auch für die Angehörigen des allgemeinen Vollzugsdienstes Zivilkleidung zugelassen, wodurch die Gleichstellung mit dem übrigen Betreuungs- und Behandlungspersonal betont und die Aufsichtsfunktion weniger herausgestellt wird. Für den Jugendvollzug (dazu oben S. 70 ff) ist dies im Schlußbericht der Jugendstrafvollzugskommission (1980, 57) ausdrücklich gefordert worden. Inzwischen gibt es aber auch gegenläufige Bestrebungen. So ist in Baden-Württemberg eine Dienstkleidung vorgeschrieben, die in Form und Schnitt der (bundeseinheitlichen) Polizeiuniform angeglichen ist. Entsprechende Forderungen sind auch für den Bayerischen Vollzugsdienst erhoben worden, wobei ausdrücklich auch die Einführung von Dienstgradabzeichen und Achselstücken verlangt wurde (vgl. „Der Strafvollzugsbeamte – Organ des Landesverbandes der Bayerischen Justizvollzugsbediensteten", Nr. 6, 1986, 8).

7.2 Personalberechnung und -bedarf

In Statistiken wird häufig die Zahl der Angehörigen des allgemeinen Vollzugsdienstes auf die (Jahres-)Durchschnittszahl der Gefangenen bezogen. 1986 befanden sich durchschnittlich rund 54 700 Gefangene in den Justizvollzugsanstalten und Jugendarrestanstalten (vgl. dazu oben S. 27), so daß sich ein – rechnerisches – Verhältnis von einem Beamten bzw. Angestellten des allgemeinen Vollzugsdienstes zu 2,67 Gefangenen bzw. 36,9 Bediensteten zu 100 Gefangenen ergab. Dabei sind auffällige Unterschiede zwischen den Bundesländern festzustellen: In Baden-Württemberg lautete das Verhältnis z. B. 1 zu 3,6 bzw. 27,8 zu 100, in Berlin, dagegen 1 zu 1,6 bzw. 61,5 zu 100.

Das Zahlenverhältnis zwischen Bediensteten und Gefangenen wird oft falsch interpretiert. Es sagt kaum etwas darüber aus, in welchem Maße die einzelnen Bediensteten belastet sind, insbesondere, wieviele Gefangene ein Bediensteter zu betreuen oder zu beaufsichtigen hat. Auch der Versuch, sog. „Schlüsselzahlen" für ein sachgerechtes Zahlenverhältnis zwischen Bediensteten und Gefangenen festzulegen, ist immer wieder mißlungen und wird auch künftig nicht gelingen können. Die unterschiedlichen Aufgaben, baulichen Verhältnisse und organisatorischen Strukturen der Anstalten haben nämlich zur Folge, daß für jede von ihnen – selbst bei gleicher Belegungsfähigkeit – ein anderer Personalbedarf besteht. So ergeben sich z. B. erhebliche Unterschiede in der Personalausstattung geschlossener und offener Einrichtungen sowie zwischen Anstalten, die in kleinere Einheiten (vgl. § 143 Abs. 2 StVollzG) aufgegliedert sind, und solchen mit baulich und organisatorisch nicht unterteilten Zellenhäusern. Eine vergleichsweise große Zahl von Angehörigen des allgemeinen Vollzugsdienstes haben viele sozialtherapeutische Einrichtungen, aber auch Anstalten bzw. Abteilungen mit besonders gefährlichen Gefangenen.

Bei der Interpretation der Personalzahlen ist ferner zu berücksichtigen, daß es in den Anstalten unterschiedlich viele Dienstbereiche gibt, die „rund um die Uhr" besetzt sein müssen, z. B. die sog. „Zentrale", die Pforte, die Wachtürme einer Sicherungsanstalt und andere besonders sicherheitsempfindliche Stellen, aber auch eine Krankenabteilung. Muß ein bestimmter Dienstposten ständig wahrgenommen werden, so entfallen auf ihn jährlich insgesamt 8 760 Dienststunden. Da ein Bediensteter unter Berücksichtigung des Urlaubsanspruchs und der durchschnittlich zu erwartenden Krankheitszeiten jährlich etwa 1 630 Arbeitsstunden leistet, sind für einen ständig zu besetzenden Dienstposten etwa 5,3 Personalstellen erforderlich. Entsprechende Berechnungen sind für Dienstbereiche durchzuführen, die täglich – oder auch nur werktäglich – während zweier Schichten oder lediglich für eine Schicht oder eine noch geringere Stundenzahl zu besetzen sind. Die Aufstellung von Personalbedarfsplänen – z. B. bei der Einrichtung einer neuen Anstalt – setzt deshalb voraus, daß alle in einer Anstalt zu erfüllenden Aufgaben und die dafür notwendigen Dienststunden aufgelistet und in Stellen umgerechnet werden. In der Regel werden die danach erforderlichen Stellen allerdings nur in geringerem Umfang bewilligt, weil die angespannte Haushaltslage der Länder zu Einsparungen zwingt. Die Folge ist, daß die Zahl der zur Verfügung stehenden Bediensteten in den meisten Anstalten nicht ausreicht, um alle anfallenden Aufgaben erschöpfend zu erfüllen. Der Anstaltsleiter – und in seinem Auftrag der Leiter des allgemeinen Vollzugsdienstes – ist deshalb genötigt, bei der Diensteinteilung Prioritäten zu setzen, die regelmäßig zugunsten der Sicherungs- und Versorgungsaufgaben ausfallen. Erst wenn der dort bestehende Personalbedarf erfüllt ist, können auch Bedienstete für die Betreuung und Behandlung der Gefangenen eingeteilt werden. Dies erklärt sich u.a. daraus, daß das Strafvollzugsgesetz die Vollzugsbehörden unausgesprochen verpflichtet, Entweichungen aus der Anstalt und Störungen ihrer Ordnung zu verhindern (s. auch Nr. 20 DSVollz), und daß die Allgemeinheit, namentlich die Presse, regelmäßig kritisch reagiert, wenn Versäumnisse im Sicherheits- oder Versorgungsbereich offenkundig werden, während Versäumnisse in der Betreuung oder der Behandlung der Gefangenen weniger greifbar sind und in der Öffentlichkeit – von Ausnahmen abgesehen – leider auch eher hingenommen werden.

Nicht selten werden den Vollzugseinrichtungen neue Aufgaben übertragen, ohne daß zuvor geprüft worden ist, ob diese Aufgaben auch mit dem vorhandenen Personal erfüllt werden können. Dies ist insbesondere nach Inkrafttreten des Strafvollzugsgesetzes geschehen. Zwar wurden in den Bundesländern seit 1978 die Stellen des allgemeinen Vollzugsdienstes von 16 700 auf 20 200 im Jahre 1986, also um fast 21 %, erhöht. Dabei ist jedoch zu berücksichtigen, daß der Personalzuwachs in den einzelnen Ländern durchaus unterschiedlich war. Zugleich verringerten sich die auf einen Beamten des allgemeinen Vollzugsdienstes jährlich entfallenden Dienststunden insbesondere durch Verkürzungen der Dienstzeit und die Begründung erweiterter Urlaubsansprüche. In vielen Fällen wurden zusätzliche Stellen auch nur für neue Anstalten mit besonders personalaufwendiger Organisationsstruktur bewilligt, so daß sich die Personalzahlen in den älteren Anstalten kaum erhöhten und damit die Belastung der einzelnen Bediensteten in diesen Einrichtungen eher zunahm.

Dies ist eine Erklärung dafür, daß in einigen Bundesländern die Zahlen der nicht abgegoltenen Überstunden beachtliche Höhen erreicht haben. So wurde aus Nordrhein-Westfalen berichtet, daß dort 1985 mehr als 290 000 Überstunden vergütet worden seien (Der Vollzugsdienst 1986, Heft 4/5 S. 22). Damit entfielen in diesem Bundesland auf jeden Angehörigen des allgemeinen Vollzugsdienstes rechnerisch ca. 50 bezahlte Überstunden, die nicht durch Freizeit ausgeglichen werden konnten, wobei es in der Praxis vorkommen kann, daß einzelne Bedienstete mehr als 100 Überstunden ansammeln, während andere keine Mehrarbeit leisten. Auch in anderen Ländern wird von hohen Überstundenzahlen berichtet. Sie sind entweder dadurch abzubauen, daß man zusätzliches Personal zur Verfügung stellt, oder die Vollzugsverwaltungen überprüfen die Dienstpläne darauf, wieweit die dem allgemeinen Vollzugsdienst im einzelnen übertragenen Aufgaben mit dem vorhandenen Personal überhaupt erfüllt werden können. Klafft eine Lücke zwischen Anspruch und Wirklichkeit, so muß diese offengelegt und von den Verantwortlichen geklärt werden, auf welche Aufgaben zukünftig verzichtet werden soll, wenn das Personl nicht vermehrt werden kann. Entsprechendes gilt, wenn dem Personal zusätzliche Aufträge erteilt werden. Bei der Überprüfung der Dienstpläne kann sich allerdings auch herausstellen, daß Personal unrationell eingesetzt wird und überflüssige oder weniger notwendige Dienstposten bzw. -stunden eingespart werden können. Nicht zu empfehlen ist es, für Überstunden eine besondere Vergütung zu zahlen, statt sie durch die Gewährung von Freizeit auszugleichen, da hierdurch das Mißverhältnis zwischen dem vorhandenen Personal und dem Übermaß an Aufgaben bzw. der unrationelle Personaleinsatz nur vertuscht wird.

Bei der Planung neuer Einrichtungen ist zu bedenken, daß die Entscheidung für eine bestimmte Anstaltsstruktur erhebliche Auswirkungen auf den Personalbedarf haben kann. Frühere Anstalten sind oft so gebaut worden, daß Zellenhäuser mit mehreren hundert Gefangenen von wenigen Bediensteten überwacht werden konnten. Natürlich war dann auch eine eingehendere Betreuung oder Behandlung der Gefangenen kaum möglich. Nach § 143 Abs. 2 StVollzG sind dagegen die Vollzugsanstalten so zu gliedern, daß die Gefangenen in überschaubaren Betreuungs- und Behandlungsgruppen zusammengefaßt werden können. Diese Vorschrift ist zwar nur für alle neu zu errichtenden Anstalten bindend, doch sieht § 201 Nr. 4 StVollzG vor, daß auch ältere Anstalten entsprechend gegliedert werden sollen. Zumindest im geschlossenen Vollzug hat eine solche Struktur auch einen erhöhten Personalbedarf zur Folge (vgl. für den Jugendvollzug: Jugendstrafvollzugskommission 1980, 54), da die Gruppen sich nicht selbst überlassen bleiben sollten. In Gruppen ohne eine genügende Beaufsichtigung oder Betreuung müßte damit gerechnet werden, daß sich Gefangene mit einem starken negativen

Einfluß auf die anderen Gefangenen durchsetzen und subkulturelle Erscheinungen gefördert werden (*Bruns* 1986, 132, 149).

Wegen der angespannten Haushaltslage aller Bundesländer ist kaum damit zu rechnen, daß sich die Zahl der Bediensteten in den nächsten Jahren wesentlich erhöhen wird. Um so wichtiger ist es, die Stellen- und Dienstpläne immer wieder kritisch darauf zu überprüfen, ob alle Bediensteten sinnvoll eingesetzt sind, Aufgaben neu gewichtet werden müssen und wie freiwerdende Kräfte zukünftig verwendet werden sollen. Hierzu ist besonderer Anlaß, seitdem die Gefangenenzahlen sinken und deshalb die Chance besteht, neue Schwerpunkte in der Arbeit zu setzen. Es wäre schließlich untersuchenswert, welche Auswirkungen die unterschiedlichen Personalzahlen der Länder – im Verhältnis zu den jeweiligen Gefangenenzahlen – auf die Vollzugsgestaltung und insbesondere die Betreuung und Behandlung der Gefangenen haben. Hierzu fehlen bisher leider konkrete Anhaltspunkte.

7.3 Eignungsauswahl, Ausbildung und weiterer Berufsweg

Einstellungsvoraussetzungen und Ausbildung für den allgemeinen Vollzugsdienst sind nur zum geringen Teil bundeseinheitlich, im übrigen aber in voneinander abweichenden Landesvorschriften festgelegt.

Nach § 13 Beamtenrechtsrahmengesetz muß der Bewerber entweder wenigstens den Realschulabschluß oder den Hauptschulabschluß und eine förderliche Berufsausbildung nachweisen. Das Mindestalter liegt in einigen Ländern schon bei 18 Jahren, in anderen bis zu 5 Jahren darüber. Auch das Höchstalter ist unterschiedlich zwischen 32 und 40 Jahren festgesetzt. Diese Höchstaltersgrenzen gelten allerdings nicht für Inhaber von Eingliederungsscheinen nach dem Soldatenversorgungsgesetz. Für sie ist außerdem ein bestimmter Anteil freier Stellen vorzubehalten.

Die Vorschriften der meisten Länder über Ablauf und Inhalt des Auswahlverfahrens sehen nicht nur eine Prüfung des Bildungsstandes und ein Gespräch mit einer Auswahlkommission vor, sondern auch eine psychologische Eignungsuntersuchung. Über die Anwendung von Persönlichkeitstests gab es in Niedersachsen eine heftige politische Auseinandersetzung; seitdem wird dort auf solche Tests verzichtet (*Steinhilper* 1986). Wegen der Vielseitigkeit der Aufgabenstellung und der daraus abzuleitenden Uneinheitlichkeit des Berufsbildes ist es schwierig, die persönlichen Anforderungen an die Nachwuchskräfte umfassend zu beschreiben. In Niedersachsen hat eine Arbeitsgruppe folgende Kriterien zusammengestellt:

- geistige Beweglichkeit und Lernfähigkeit
- Anstrengungsbereitschaft und Selbständigkeit
- Ausgeglichenheit und Belastbarkeit
- Bereitschaft und Fähigkeit zur Zuwendung, Zusammenarbeit, Verantwortung und sozialen Auseinandersetzung.

Die Nachwuchskräfte für den allgemeinen Vollzugsdienst werden als Assistent-Anwärter im Beamtenverhältnis auf Widerruf eingestellt. Ihre Ausbildung dauert in den meisten Ländern 2 Jahre. Mehrmonatige Lehrgänge, die gewöhnlich an einer Justizvollzugsschule durchgeführt werden, wechseln mit praktischer Unterweisung, die in einigen Ländern von theoretischem Unterricht begleitet wird.

Im folgenden soll die Ausbildung in Niedersachsen (vgl. Nds. Rpfl. 1982, 156) dargestellt werden, die in ähnlicher Weise auch in einigen anderen Ländern stattfindet. Sie gliedert sich in eine berufspraktische Einführung, den Grundlehrgang, die berufspraktische Ausbildung und den Fachlehrgang und endet nach 2 Jahren mit der Laufbahnprüfung, die aus 4 schriftlichen Arbeiten und einer mündlichen Prüfung besteht.

Während der berufspraktischen Einführung, die wenigstens 3 und höchstens 6 Monate dauert, soll der Anwärter einen Einblick in die Aufgaben des Justizvollzugs, die Organisation einer Justizvollzugsanstalt und in die Tätigkeit und die besonderen Berufspflichten des allgemeinen Justizvollzugsdienstes erhalten.

Der dreimonatige Grundlehrgang soll dem Anwärter durch Unterricht und praktische Übungen einen Überblick über die Entstehungszusammenhänge der Kriminalität (6 DStd.), den Ablauf der Strafverfolgung (12 Dstd.), die rechtlichen Grundlagen des Justizvollzuges (12 DStd.), die Situation und die Behandlung der Gefangenen (33 DStd.), psychologische und pädagogische Grundlagen der Behandlungsmaßnahmen im Vollzug (18 DStd.), die Aufgaben des allgemeinen Vollzugsdienstes (32 DStd.), die Vollzugsorganisation und -verwaltung (15 DStd.), die staatliche Grundordnung (11 DStd.) und das öffentliche Dienstrecht (12 DStd.) geben. Hinzukommen Unterweisungen in waffenloser Selbstverteidigung (15 DStd.), Fesseln, Waffenkunde und -anwendung (8 DStd.) und Erster Hilfe (8 DStd.). Außerdem finden gruppendynamische Übungen (8 DStd.) und Sport (12 DStd.) statt. Soweit dies möglich ist, sollen die inhaltlich zusammengehörenden Unterrichtsstoffe mehrerer Themenfelder unter besonderer Hervorhebung vollzugspraktischer Gesichtspunkte in zeitlichem Zusammenhang behandelt werden, außerdem soll sich die Reihenfolge der Einzelthemen an dem Leitthema orientieren: „Von der Straftat und ihren Ursachen über das Strafverfahren zum Justizvollzug bis zur Entlassung".

. In der berufspraktischen Ausbildung soll der Anwärter in allen wesentlichen Aufgabenbereichen des allgemeinen Justizvollzugsdienstes unterwiesen werden und dabei Gelegenheit erhalten, die in den vorangegangenen Ausbildungsabschnitten erworbenen Kenntnisse und Fähigkeiten anzuwenden und zu vertiefen. Er ist jeweils wenigstens 3 Monate lang im Vollzug der Untersuchungshaft und im Vollzug der Freiheitsstrafe oder der Jugendstrafe auszubilden. Während der berufspraktischen Ausbildung hat der Anwärter an ganztägigen Arbeitsgemeinschaften teilzunehmen, die wenigstens einmal in zwei Monaten stattfinden und namentlich dem Kennenlernen unterschiedlicher Vollzugseinrichtungen dienen.

Während des dreimonatigen Fachlehrganges wird der Anwärter in folgenden Fächern unterrichtet:

- Vollzugsgestaltung (einschließlich ihrer pädagogischen und psychologischen Grundlagen) – 40 DStd.
- Vollzugsrecht – 12 DStd.
- Straf- und Strafverfahrensrecht – 8 DStd.
- Vollzugsorganisation und -verwaltung – 32 DStd.
- Berufspraxis – 25 DStd.
- öffentliches Dienstrecht – 12 DStd.
- Berufskunde – 6 DStd.
- politische Bildung – 12 DStd.

– waffenlose Selbstverteidigung – 12 DStd.
– Waffenkunde und -gebrauch – 6 DStd.

Für gruppendynamische Übungen sind 8 und für Sport 12 DStd. vorgesehen.

In den Lehrgängen sollen die erprobten Methoden der Erwachsenenbildung eingesetzt und vor allem auch solche Methoden verwendet werden, die den Bediensteten in ihrer späteren beruflichen Tätigkeit zu Gebote stehen müssen. Hierzu gehören u.a. selbständige Informationsbeschaffung und Erarbeitung von Problemen, Referate und Diskussionen, Gesprächsführung, Diskussionsleitung, Gruppenarbeit, gruppendynamische Übungen, Fallbesprechungen, Rollen- und Planspiele und Lernprogramme. Der Unterricht ist durch die Teilnahme an Gerichtsverhandlungen und die Besichtigung anderer Einrichtungen zu ergänzen.

Eine Spezialisierung, etwa für die Nachwuchskräfte im Jugendvollzug, ist während der Ausbildung nicht vorgesehen.

Nach erfolgreichem Abschluß der Prüfung werden die Nachwuchskräfte zu Assistenten z. A. (Besoldungsgruppe A 5) im Beamtenverhältnis auf Probe ernannt. Im weiteren Verlauf ihres Berufsweges können sie – nach Bewährung und unter der Voraussetzung, daß eine entsprechende Stelle zur Verfügung steht – bis zum Amtsinspektor (A 9) aufsteigen. Soweit eine Vorbereitung auf berufliche Schwerpunkte notwendig ist und der Beamte die erforderlichen Kenntnisse nicht schon vor der Ausbildung erlangt hat, wird Gelegenheiten zur Fortbildung gegeben, z. B. zum Sportübungsleiter, Küchenbeamten, Krankenpfleger bzw. -pflegehelfer oder Arbeitstherapeuten. Leider hindern Personalmangel und Mittelknappheit daran, jeden Beamten in kürzeren Abständen zu Fortbildungsveranstaltungen einzuberufen, in denen insbesondere sozialpädagogische Fähigkeiten zu vermitteln wären und die entgegenwirken könnten, daß der Dienst in bloßer Routine erstarrt.

Die Tätigkeit unter den schwierigen Bedingungen des Justizvollzuges, insbesondere der Schichtdienst und die Spannungen, denen die Bediensteten ausgesetzt sind, fordern einen hohen persönlichen Einsatz. Das Landesrecht (z. B. § 230 a Nieders. Beamtengesetz) sieht deshalb vor, daß die Angehörigen des allgemeinen Vollzugsdienstes – ebenso wie die Polizeivollzugsbeamten – nach Vollendung des 60. Lebensjahres in den Ruhestand treten.

8. Der Oberlehrer*

Der Titel „Oberlehrer" soll hier stellvertretend für alle Lehrer im Justizvollzug stehen, die im Rahmen ihrer pädagogischen Tätigkeit zur Resozialisierung bzw. Sozialisierung von Inhaftierten beitragen.

Daher soll sich die Pädagogik im Strafvollzug nicht nur in der Vermittlung von Schulwissen erschöpfen. Neben der Erteilung von Unterricht steht im gleichen Maße

* *Matthias Kuhlmann*, geboren 1940, studierte Pädagogik an der Pädagogischen Hochschule Westfalen-Lippe, Abteilung Münster, 1. Staatsexamen 1968, Volksschullehrer in Gelsenkirchen, 2. Staatsexamen 1970, Oberlehrer im Strafvollzug 1972, stellvertretender Abteilungsleiter des Pädagogischen Zentrums in der Justizvollzugsanstalt Münster 1974, Rektor und Abteilungsleiter in derselben Einrichtung 1978.

und von ebenso großer Wichtigkeit die fachbezogene pädagogische Mitwirkung bei der Erfüllung der Aufgaben des Vollzuges (§ 2 StVollzG, § 92 JGG). Die Lehrer im Justizvollzug bringen als Voraussetzung die Befähigung

a) zum Lehramt für Primarstufe oder Sekundarstufe 1 bzw. für das Lehramt an Grund- und Hauptschulen oder Realschulen,
b) zum Lehramt für Sekundarstufe 2 (berufliche Fachrichtung) bzw. für das Lehramt an berufsbildenden Schulen, oder
c) zum Lehramt für Sonderpädagogik bzw. für das Lehramt an Sonderschulen mit.

Eine zusätzliche Ausbildung in der Erwachsenenbildung ist wünschenswert. Bei dem Eintritt in den Justizvollzug wechselt der Lehrer in der Regel vom Kultusministerium in den Bereich des Justizministeriums und wird somit Justizvollzugsbediensteter. Damit vollzieht sich die Tätigkeit der Lehrer im Justizvollzug innerhalb der geltenden Vorschriften und institutionellen Regelungen in Justizvollzugsanstalten. Bei der Wahrnehmung seiner Aufgaben arbeitet der Lehrer mit anderen Bediensteten zusammen (§ 154 Abs. 1 StVollzG, Nr. 101, Abs. 1 VVJug).

8.1 Die Notwendigkeit der schulischen Förderung im Strafvollzug

Dem Auf- und Ausbau schulischer Maßnahmen für Inhaftierte lag die bekannte Tatsache zugrunde, daß zwischen schulischen Defiziten und kriminellem Versagen ein enger Zusammenhang besteht. Denn das schulische Versagen führt in der Regel auch zur Verhinderung einer qualifizierten Berufsausbildung. Diese Mißerfolge in der frühen Jugendzeit führen nicht selten zum Abbau des Selbstwertgefühls und mindern Leistungsbereitschaft und kontinuierliche Durchhaltefähigkeit.

Die hohe Quote der Schulversager unter den Gefangenen – ca. 45 % der Gefangenen haben eine unter dem Hauptschulabschluß liegende Schulausbildung – beruht jedoch nicht primär auf deren Mangel an Intelligenz. Es ist unter anderem im Land Nordrhein-Westfalen festgestellt worden, daß sich der Durchschnitt der Inhaftierten in der Intelligenz nicht wesentlich vom Durchschnitt der vergleichbaren Gesamtbevölkerung unterscheidet. Vielmehr ist das Schulversagen für diese Klientel häufig in gestörten Familienverhältnissen (Eltern/Kind-Beziehung), die dann zu sozial unangepaßtem Verhalten führen, zu suchen.

Diese Defizite gilt es aufzuarbeiten. Dies kann jedoch nicht nur durch die Vermittlung von Schulabschlüssen geschehen. Vielmehr muß der Schulabschluß als geeignete Voraussetzung für eine qualifizierte Berufsausbildung – nach Möglichkeit noch während der Haftzeit – angesehen werden. Denn unsere Arbeitswelt verlangt mehr denn je nach Mitarbeitern mit einer qualifizierten Berufsausbildung. Der technische Fortschritt und die wirtschaftliche Weiterentwicklung lassen ein längeres Verweilen in einem Beruf oft nicht zu, so daß der Arbeitnehmer zu einem Wechsel bereit sein muß. Um diese berufliche Mobilität zu erlernen und *sie richtig einzusetzen,* bedarf es einer gründlichen Ausbildung in der Schule.

So soll auch der Unterricht im Strafvollzug eine Möglichkeit sein, dem Gefangenen fehlende schulische Kenntnisse zu vermitteln. Daher sieht auch das Strafvollzugsgesetz vor, daß geeignete Gefangene, die den Abschluß der Hauptschule nicht erreicht haben, Hauptschul- oder Sonderschulunterricht erhalten sollen (§ 38 Abs. 1 StVollzG), der während der Arbeit stattfinden soll. Der Gefangene soll auch Gelegenheit erhalten, an weiterführendem Unterricht und sonstigen Bildungsmaßnahmen teilzunehmen (§ 67 StVollzG). Darüber hinaus existiert eine breite Palette schulischer Maßnahmen für Gefangene. Die entsprechenden Maßnahmen konzentrieren sich gemäß den festgestellten Bildungsdefiziten auf Unterrichtsveranstaltungen im Sonderschulbereich – beginnend beim Analphabeten und gleichstehende – bis zu Maßnahmen, die zur Erlangung des mittleren Bildungsabschlusses führen. In Einzelfällen werden auch höhere Schulabschlüsse ermöglicht.

8.2 Das Arbeitsfeld des Oberlehrers

Die Umsetzung und Durchführung der umstehenden Überlegungen übernimmt, der Lehrer im Justizvollzug. Wie z. B. aus Richtlinien für hauptamtliche Lehrer bei Justizvollzugsanstalten des Landes Nordrhein-Westfalen unter anderem hervorgeht, obliegt diesen Lehrern die Erteilung von Unterricht für die Gefangenen (§§ 38, 7 StVollzG, Nr. 33, 58 VVJug und Nr. 80 Abs. 3 UVollzO).

So erteilen die Lehrer unter Berücksichtigung der nach § 38 vorgesehenen Unterrichtsveranstaltungen folgenden Unterricht:

- Elementar- u. Sonderschulunterricht,
- Unterricht zur Erlangung des Hauptschulabschlusses,
- vorbereitenden Unterricht auf den Wissensstand der 8. Klasse,
- Unterricht zur Erlangung eines anderen Schulabschlusses, soweit ein entsprechender Bedarf besteht,
- Unterricht zur Auffrischung des Schulwissens zwecks Teilnahme an berufsfördernden Maßnahmen,
- Berufstheoretischen Unterricht auf Einzelgebieten (z. B. Fachrechnen, Raumlehre, technisches Zeichnen),
- berufsbildenden Unterricht im Rahmen der beruflichen Ausbildung, Umschulung und Fortbildung, soweit ein entsprechender Bedarf besteht,
- Ergänzungsunterricht zur Förderung besonderer Begabungen und individueller Interessen und
- Lebenskundlichen Unterricht

Darüber hinaus beraten die Lehrer im Justizvollzug die Gefangenen in Angelegenheiten der Bildung, Weiterbildung und Ausbildung. Ferner werden sie bei Vollzugsmaßnahmen wie Vollzugsplanung (§ 7 StVollzG), Verlegung in den offenen Vollzug (§ 10 StVollzG), bei Vollzugslockerungen (§ 11 StVollzG) und bei Urlaubsanträgen von Gefangenen (§§ 13, 15, 35 StVollzG) beteiligt.

Für den Freizeit- und Medienbereich – Rundfunk, Fernsehen, Film – (§§ 67, 69 StVollzG, Nr. 58, 60 VVJug) – planen sie gemeinsam mit den anderen Bediensteten und wirken mit bei der Auswahl von Büchern und Schriften für die Gefangenenbücherei.

Der Unterricht bei jungen Untersuchungsgefangenen dient dazu, den Abbruch von Lernprozessen zu verhindern oder neue Lernprozesse in Gang zu setzen und den Wissensstand, die Lernfähigkeit und den Lernwillen festzustellen.

Wie ein Strafgefangener, der die Möglichkeit hatte, an einer Schulmaßnahme teilzunehmen, „diese Schule im Knast" sieht, mag man den folgenden wenigen Gedanken dieses Strafgefangenen abschließend entnehmen:

„Wir haben hier die Gelegenheit, etwas für uns selbst zu tun, etwas für unseren Kopf und für unsere Seele. Wir haben hier nicht das Gefühl, ausgenutzt zu werden und nichts als eine billige Arbeitskraft zu sein, die in Halle X am Schraubstock Y – mit Verlaub gesagt – dämliche Arbeiten auszuführen hat. Wir können hier den Real- bzw. Hauptschulabschluß erlangen, und wenn auch niemand von uns sich zu der Annahme versteigen wird, er sei auf dem Weg zum Industriemanager, oder die ‚Schule im Knast' sei ein Sprungbrett in die Gefilde der Gelehrten, so wissen wir aber doch eines: Wir haben aus der verdammten Knastzeit das Beste gemacht. Wir haben die Zeit genutzt, und selbst wenn wir mit Hilfe des Real- oder Hauptschulabschlusses draußen auch noch nicht ein einziges Brot kaufen können, steht aber dieses fest:

Dümmer, als wir reingekommen sind, kommen wir nicht hinaus. Und das allein ist schon etwas. Denn: Im Gefängnis zu verblöden, abzustumpfen und zu verrohen, ist nicht schwer. Der Haftzeit eine wirklich positive Seite abzugewinnen, ist nicht leicht. Hier in der ‚Schule im Knast' ist es möglich."

9. Der Sozialarbeiter*

9.1 Vorbemerkungen

Mit meinem Beitrag will ich versuchen, das Bild des Sozialarbeiters im heutigen Strafvollzug zu skizzieren, ohne den Anspruch zu erheben, umfassend auf alle Fakten und Problemstellungen einzugehen. Dabei werde ich mich im wesentlichen auf meine persönlichen Erfahrungen im Umgang mit männlichen Jugendlichen und erwachsenen Gefangenen sowie auf die Zusammenarbeit mit zahlreichen Kollegen dieses Berufsstandes beziehen.

9.2 Die Sozialarbeit in ihrer Entwicklung

Mit Beginn des industriellen Zeitalters hat sich die menschliche Gemeinschaft insbesondere in ihrer sozialen Konstellation beträchtlich verändert und Konfliktsituationen geschaffen, aus der sie sich nur noch mit professioneller sozialer Hilfe zu befreien vermag. Bestanden in den Entwicklungsjahren noch mancherlei Zweifel an der Notwendigkeit des Berufsstandes des Sozialarbeiters, so ist er heute unverzichtbarer Bestandteil unserer Gesellschaftsstruktur geworden. Man kann sagen, daß sich diese Berufsdisziplin zwingend notwendig ergeben mußte, um in Teilbereichen der Bevölkerung Hilfestellung denjenigen zu geben, die mit den veränderten gesellschaftlichen Bedingungen zunehmend in Konflikt geraten sind.

* *Wolfgang Blum*, geb. 1943, Sozialamtmann, 6 Jahre Mitarbeiter im elterlichen Fabrikationsbetrieb (Betriebsleiter), anschließend 8jährige Dienstzeit bei der Bundeswehr, 1973 – 76 Studium der Sozialarbeit an der Fachhochschule für Sozialwesen in Bielefeld (staatliche Anerkennung als Sozialarbeiter (grad.), nach Beendigung des Studiums ab 01. 03. 1977 bis heute Vollzugsabteilungsleiter in der Jugendanstalt Hameln in verschiedenen Abteilungen (Einzelhaftvollzug, Untersuchungshaftvollzug, Strafvollzug für Jugendliche und Heranwachsende), Mitarbeit bei der Aus- und Fortbildung Bediensteter des Allgemeinen Vollzugsdienstes, Öffentlichkeitsarbeit, Ausbilder am Arbeitsplatz geh. Dienst „Vollzugsabteilungsleiter".

Die Vorläuferin der Sozialarbeit im heute verstandenen Sinn war die Fürsorge, die zunächst von Kirchen und Wohlfahrtsverbänden geleistet und nach und nach vom Staat übernommen wurde. Seit 1962 ist der Begriff „Fürsorge" dann in „Sozialhilfe" umbenannt worden.

Nach dem 2. Weltkrieg hat sich der Begriff „Sozialarbeit" gebildet, der einen Komplex vielfältiger Arbeitsbereiche beinhaltet. Die Methoden dieser jungen Disziplin wurden allerdings bereits seit 1920 in den USA entwickelt, eine Tatsache, die insbesondere der historischen Entwicklung der „Neuen Welt" zuzuschreiben ist.

Es handelt sich um:

1. Soziale Einzelhilfe (Social casework)
2. Soziale Gruppenarbeit (Social Groupwork)
3. Soziale Gemeinwesenarbeit (Social Community-Organization).

Nach dem vom Deutschen Berufsverband der Sozialarbeiter e. V. im Jahre 1973 herausgegebenen Berufsbild ist Sozialarbeit

„... eine Form beruflichen sozialen Handelns mit gesellschaftlich politischem Bezug, insbesondere

- Mitgestalten von gesellschaftlichen Bedingungen
- Aufdecken von sozialen Problemen
- Verhindern, Beheben und Mindern von persönlichen und gesellschaftlichen Konflikten
- Befähigung zu Kommunikation, Eigenständigkeit und Toleranz
- Erschließen und Vermitteln von Hilfsquellen
- Erschließen und Aufzeigen von Bildungsmöglichkeiten ...".

Während sich der Fürsorger früherer Prägung im wesentlichen an den einzelnen Menschen wandte, um die ärgsten materiellen und psychischen oder gesundheitlichen Notstände zu mildern, dabei vornehmlich aus human-ethischer Intention sein Handeln bestimmte, leistet der heutige Sozialarbeiter „Hilfe zur Selbsthilfe". Der Klient soll befähigt werden, eine bessere Anpassung an die Umwelt zu erreichen; des weiteren, seine soziale Wertordnung und seine sozialen Beziehungen in der Umwelt zum Funktionieren zu bringen. Der Sozialarbeiter stellt sich mit seinen Hilfsangeboten auf die Seite des Hilfsbedürftigen und versucht mit ihm, seine Probleme zu lösen.

9.3 Die Aufgabenstellung des Sozialarbeiters im Strafvollzug entsprechend dem Grundsatz des Strafvollzugsgesetzes

Die Aufgabenstellung des Vollzuges legt der Gesetzgeber im § 2 StVollzG fest:

„Im Vollzug der Freiheitsstrafe soll der Gefangene fähig werden, künftig in sozialer Verantwortung ein Leben ohne Straftaten zu führen (Vollzugsziel). Der Vollzug der Freiheitsstrafe dient auch dem Schutz der Allgemeinheit vor weiteren Straftaten."

Die Gestaltung des Vollzugs wird im § 3 StVollzG vorgegeben:

„(1) Das Leben im Vollzug soll den allgemeinen Lebensverhältnissen soweit als möglich angeglichen werden.

(2) Schädlichen Folgen des Freiheitsentzuges ist entgegenzuwirken.

(3) Der Vollzug ist darauf auszurichten, daß er dem Gefangenen hilft, sich in das Leben in Freiheit einzugliedern."

Neben der Vorgabe des Vollzugsziels und der Art der Gestaltung ist der Anspruch des Gefangenen auf soziale Hilfe in den §§ 71 ff StVollzG festgeschrieben. Dadurch werden die grundsätzlichen Wirkungsbereiche des Sozialarbeiters in ihrer Zielsetzung betont; zum anderen erwächst für den Vollzug die notwendige Verpflichtung, Sozialarbeiter konzeptionell einzubinden, weil nur dieser Berufsstand über die Legimitation zur Ausübung der Sozialarbeit verfügt. Aus dem § 2 StVollzG ergibt sich gleichzeitig die Grundproblematik, zwischen Hilfe und Kontrolle Verantwortung zu übernehmen, dadurch, daß zwar vorrangig die Resozialisierung als Vollzugsziel formuliert wird, andererseits die Sicherung des Gefangenen hervorgehoben ist."

9.3.1 Die Einsatzmöglichkeiten des Sozialarbeiters im Vollzug

Seitens des Gesetzgebers sind keine nennenswerten Einschränkungen hinsichtlich des Einsatzes des Sozialarbeiters vorgesehen. So unterschiedlich sich die Tätigkeitsmerkmale dieser Berufsgruppe darstellen, so verschieden sind auch die Vollzugsbereiche, in denen der Sozialarbeiter tätig ist. Ob nun Jugend- oder Erwachsenenanstalt, ob Untersuchungshaftabteilungen oder Anstalten mit weiblicher Insassenschaft, der Sozialarbeiter ist heute weitestgehend zum festen Bestandteil in der Institution Strafvollzug geworden. Während die auf Eigenständigkeit des Individuums ausgerichtete Arbeitsweise des Sozialarbeiters aus institutioneller Sicht eher als Störfaktor betrachtet werden muß, weil sie von ihrem Wesen her immer noch eher auf gleichförmige Behandlung und uniformes Funktionieren der Institution ausgerichtet ist, bedienen sich die Gefangenen längst seiner spezifischen Hilfsangebote und erkennen seine besondere Stellung innerhalb einer Anstalt an. Unterschiedlich sind die Rollen und auch Positionen, die seinen Handlungsspielraum und seine Kompetenz weitgehend mitbestimmen. Gehört der Sozialarbeiter der einen Anstalt dem Team einer Vollzugsabteilung oder Station an, so kann er in einer anderen Anstalt abteilungsübergreifend eingesetzt sein („Sozialer Dienst"). Wir finden ihn in einem interdisziplinär zusammengesetzten Team mit anderen Fachkräften, aber auch als Trainer einer besonderen Zielgruppe. In neuerer Zeit betreut er eigenverantwortlich auch Wohngruppen oder ist in Spitzenfunktion als Vollzugsabteilungsleiter, ja Vollzugsleiter angesiedelt. Darüber hinaus werden Sozialarbeiter in Beratungsfunktionen, bei der Aus- und Fortbildung Vollzugsbediensteter oder mit Aufgaben der Öffentlichkeitsarbeit betraut.

9.3.2 Sozialarbeit im Strafvollzug aus der Sicht der Praxis

Als ich mich 1976 für den Strafvollzug entschied, war mir kaum bewußt, wie schwierig diese Aufgabe werden würde. Vielen Studenten und Dienstanfängern wird es ähnlich gehen. Aus meiner heutigen Sicht muß ich jedoch feststellen, daß dieser Schritt richtig gewesen ist, weil ein Sozialarbeiter kaum ein besseres Betätigungsfeld zur Verwirklichung seines beruflichen Anliegens antreffen kann. Dabei habe ich durchaus Verständnis für diejenigen Kollegen, die nicht ausgehalten haben, weil sie entweder an den Zwängen der Institution scheiterten oder der Vielfalt der Problemstellungen nicht gewachsen waren. Ich möchte angehende Sozialarbeiter dazu ermutigen, in der Betreuung Straffälliger ihre berufliche Zukunft zu suchen.

Der Arbeit im Strafvollzug geht vermutlich deshalb traditionell ein negativer Ruf voraus, weil die Möglichkeit, effektive Sozialarbeit leisten zu können, gering eingeschätzt wird. Richtig ist, daß auch der moderne Strafvollzug noch mit den Problemen der „totalen Institution" mit all ihren Charakteristika behaftet ist:

- Zwangsweise räumliche Beschränkung der Insassen,
- Reglementierung aller Aktivitäten durch formale Vorschriften,
- Deprivation und Degradierung bei Aufnahme und Zuschreibung einer neuen Identität,
- Aufrichtung sozialer Barrieren zwischen Personal und Insassen,
- Selektive Reduzierung der Insassenpersönlichkeit auf einen für die Anstalt relevanten Aspekt u. a. m.

Als Reaktion auf die hierdurch geschaffenen restriktiven Lebensbedingungen bilden die Insassen eine Subkultur (vgl. hierzu unten S. 277 ff) mit eigenen Kommunikationsformen und Verhaltensstrategien heraus. Sozialarbeit zu leisten ist zweifellos angesichts der institutionsbedingten, hemmenden bzw. blockierenden Faktoren äußerst schwierig, aber auch besonders notwendig. Kaum irgendwo anders leben Menschen in ähnlicher extremer psychischer und sozialer Not.

Die Haftzeit eines Gefangenen besteht im wesentlichen aus drei Abschnitten, die jeweils unterschiedliche Anforderungen an die Gesamtheit der Mitarbeiter einer Anstalt und an die Insassen stellen. Es sind dies die ersten Wochen der Inhaftierung (Aufnahmephase), die Vollzugszeit (Behandlungsphase) und die Zeit der Vorbereitung zur Entlassung. In allen diesen Zeiträumen setzt auch der Sozialarbeiter die Schwerpunkte seiner vielfältigen Arbeit entsprechend ein. Dabei arbeitet er eng mit den übrigen, an der Behandlung beteiligten Mitarbeitern und den Angehörigen des Allgemeinen Vollzugsdienstes zusammen.

9.3.3 Der Beitrag des Sozialarbeiters in der Aufnahmephase

Der Entzug der Freiheit ist für den betroffenen Menschen eine schmerzvolle Erfahrung, zumal dann, wenn dies unvermittelt geschieht, wie etwa bei den Untersuchungsgefangenen, die oftmals auf der Straße festgenommen werden. Aber auch jene, die darauf vorbereitet sind, müssen sich einer psychischen Belastung unterwerfen, der sie lange Zeit nicht gewachsen sind. Aus der Erfahrung wissen wir, daß der Eingewöhnungsprozeß in die Unfreiheit einige Monate dauert. In diesem Zeitraum ist der Sozialarbeiter in besonderer Weise gefordert, bei der Aufnahme durch Gesprächsführung und Erstellung der Anamnese die Nöte und Probleme zu erfassen, die zur Behandlungsuntersuchung wesentlich sind. Er muß den Gefangenen auf- und annehmen, derart, daß es möglich wird, ihn zuerst aufzurichten, um ihn dadurch für die vollzugliche Planung und deren Durchführung zu gewinnen. Darüber hinaus gilt es, die materiellen und persönlichen Angelegenheiten zu regeln und den Kontakt zur Außenwelt herzustellen, sich dadurch erste Erkenntnisse über die sozialen Verhältnisse zu verschaffen. Die wesentliche Aufgabe liegt in der behutsamen Vorbereitung auf die kommende Haftzeit, die dem Inhaftierten weitgehend unbekannt ist, die vielfach Angst und Panik auslöst, oft aber Depressionen und Suizidgedanken verursacht. Es ist die Zeit der Hoffnungslosigkeit. An diesem Ausgangspunkt beginnt der Sozialarbeiter in planmäßiger, organisierter Weise und mittels spezifischer und personaler Methoden mit der Einordnung des Klienten in seine neue Umwelt.

9.3.4 Der Sozialarbeiter im Behandlungsvollzug

Nachdem die ersten vollzuglichen Ziele, die Stabilisierung und die Integration, vollzogen sind, gilt es, die gemeinsam erstellte Vollzugsplanung in die Tat umzusetzen. Drei wesentliche Faktoren prägen von nun an den Weg des Inhaftierten:

Die Struktur der Anstalt, die Insassensubkultur und die Außenwelt des Klienten (Familie, Freunde, Gläubiger). Von ihrem Einwirkungsgrad wird es abhängen, ob die gesteckten Ziele erreicht oder verhindert werden. Dem Sozialarbeiter kommt dabei die bedeutende Rolle des Koordinators zu.

9.3.4.1 Die Anstaltsstruktur

Jegliches Bemühen um die Inhaftierten steht und fällt mit der vorgegebenen Infrastruktur einer Anstalt. Dabei sind die baulichen und technischen Voraussetzungen ebenso wichtig wie die personelle Ausstattung – sowohl in quantitativer als auch qualitativer Hinsicht. Die größte Bedeutung ist allerdings der herrschenden Anstaltsideologie beizumessen, von der sich ableiten läßt, ob Sicherheit oder Behandlung im Vordergrund stehen; weiterhin, wie die Kompetenzen verteilt werden und welcher Fachrichtung der größte Einfluß gewährt wird. Allen Anstalten zu eigen ist eine der Sache der Resozialisierung hinderliche starre Bürokratie, deren Mentalität eher konservativ geprägt ist. Der Sozialarbeiter hat seine Arbeit den vielfältigen Gegebenheiten anzupassen; in der Regel muß er Ansprüche zurückschrauben und einige Teilziele der Politik der Anstalt „opfern". Nur mit einer langfristigen Arbeitsperspektive hat er die Chance, das System „Strafvollzug" zu verstehen, aber auch selbst in seinem beruflichen Handeln verstanden zu werden.

9.3.4.2 Die Außenwelt

Mit dem Freiheitsentzug werden die Außenkontakte des Insassen abrupt unterbrochen, und es besteht die Gefahr des dauerhaften Verlustes. Waren sie positiv und hilfreich in seinem bisherigen Leben, so ist es die Aufgabe des Sozialarbeiters, Hilfen anzubieten, die geeignet sind, den Schaden so gering wie möglich zu halten. Dabei ist das persönliche Kennenlernen der Bezugspersonen unabdingbar; erstrebenswert sind Hausbesuche (möglichst gemeinsam mit dem Inhaftierten). In der Anfangsphase können die Kontakte allerdings lediglich durch Briefe, Telefongespräche oder Besuche durch die Angehörigen hergestellt werden. Der Einflußnahme der Angehörigen ist besondere Beachtung zu schenken. Aus der Kriminologie wissen wir, daß deviantes Verhalten zumeist auf die soziale Umwelt zurückzuführen ist. Um so wichtiger ist die Einbeziehung der Eltern/Bekannten in die Handlungsstrategie des Sozialarbeiters, der diese Zielgruppe in seine Resozialisierungsarbeit mit einbeziehen muß. Die Außenkontakte gestalten sich oft deshalb problematisch, weil die Bewertung notwendigerweise unvollständig ist. So verhindert beispielsweise allein schon die Zahl der zu betreuenden Insassen eine gründlichere Behandlung dieser Problematik. Schon von daher ist der Sozialarbeiter gehalten, Schwerpunkte zu setzen. Krisenintervention ist das Schlagwort, das den Alltag bestimmt. Manche Partnerschaft findet während der Haftzeit ein plötzliches Ende, weil dem Partner die Gelegenheit günstig erscheint, ohne die Auseinandersetzung einen Schlußstrich setzen zu können. Dabei berücksichtigen die Bezugspersonen (Ehepartner, Verlobte, Freunde) in den wenigsten Fällen die psychische Notlage, in der sich der Inhaftierte befindet. Ganz besonders hart betroffen sind Jugendliche, deren Eltern sich von ihren Kindern abwenden, in einer Situation, in der sie auf deren Zuspruch angewiesen sind. Der Sozialarbeiter versucht in dieser Lage, die Eltern zu ersetzen und neue Bezugsperson zu sein.

Ein weniger emotionales, jedoch nicht minder brisantes Problem sind die Gläubiger, die bereits jetzt ihre Hände ausstrecken und Ansprüche an den Gefangenen anmelden. Abgesehen von der zusätzlichen psychischen Belastung ist schon zu diesem Zeitpunkt eine Lösung zu erarbeiten, die nach der Haftentlassung anzustreben ist.

9.3.4.3 Die Insassensubkultur

In allen Anstalten ist die Subkultur (vgl. hierzu unten S. 277 ff) fester Bestandteil der Gefangenenwelt. Der Verlust der Bewegungsfreiheit, die Einschränkung der Verhaltensfähigkeit und der Entzug gewohnter Konsumgüter erzeugen Regression und bewirken die Verkümmerung sozialer Fähigkeiten. Die Kommunikation beschränkt sich auf Verhaltensmuster, die auf Anpassung ausgerichtet sind und die Absicherung der persönlichen Sicherheit bewirken soll (Verhaltenskonformität). Durch die konsequente isolierende Kasernierung ergeben sich letztlich Persönlichkeitsdeformationen, die einer Vorbereitung auf das Leben außerhalb der Anstalt zuwiderlaufen. Die bekannteren Auswüchse sind neben der latenten Negativbeeinflussung die Unterdrückung durchsetzungsschwächerer Insassen, Übergriffe im sexuellen Bereich sowie die Ausbreitung der Drogenkultur mit ihren spezifischen Wechselwirkungen. Vertrauen zwischen den Behandlungspartnern allein reicht nicht aus, diesen Bedrohungen zu begegnen. Vielmehr sind Prozesse sozialen Lernens einzuleiten, die eine Neuorientierung möglich machen. Neben geeigneten Arbeits-, Bildungs- und Ausbildungsprogrammen kommt der Freizeitbewältigung eine bedeutende Rolle zu. Gerade die arbeitsfreie Zeit bereitet die größten Probleme, weil sie überwiegend ungelenkt verläuft, die wenigen Angebote einfach nicht ausreichend sind. Der Sozialarbeiter wird hier immer einen Kompromiß zwischen Idealziel und der Umsetzungsmöglichkeit finden müssen. Die Kultur der Insassenschaft baut weitgehend auf der eigenen Sozialisation auf; das aus ihrem Empfinden heraus erfolgreiche Verhalten, das zwar den Bruch der Normen bedeutete, jedoch gleichsam zum Ziel führte, wird zunächst innerhalb der Gefängnismauern fortgesetzt.

Wenn keine gezielte Intervention bzw. Gegensteuerung erfolgt, werden aus Sicht des Insassen auch in der devianten Wertwelt der Subkultur weiterhin Erfolge erzielt, die subjektiv als Beweis für die Richtigkeit der vor der Inhaftierung erlernten Verhaltensstrategien erlebt und dann auch weiterhin angewandt werden. Die Motivation der Inhaftierten hinsichtlich der Mitarbeit an der vollzuglichen Zielsetzung wird weiterhin erschwert durch die eingeschränkten Entfaltungsmöglichkeiten der auf Sicherheit und Ordnung eingerichteten Strafanstalten.

Eine der Grundvoraussetzungen erfolgreicher vollzuglicher Sozialarbeit ist es, neben dem offiziellen Vollzugssystem das inoffizielle System der Gegenkultur der Insassen zu verstehen und darin gezielt zu intervenieren. Auch muß alles geschehen, um ein totales Abgleiten des Gefangenen in subkulturelle Ideologien zu vermeiden. Das ist allerdings nur dann mit einer gewissen Aussicht auf Erfolg möglich, wenn dem Sozialarbeiter genügend Zeit zur Verfügung steht, sich dem einzelnen Insassen zuzuwenden und seine psychosoziale Situation zu erfassen.

9.3.5 Die Mitwirkung des Sozialarbeiters bei der Entlassungsvorbereitung

Die Hilfe der Entlassung ist im § 74 StVollzG festgeschrieben:

„Um die Entlassung vorzubereiten, ist der Gefangene bei der Ordnung seiner persönlichen, wirtschaftlichen und sozialen Angelegenheiten zu beraten. Die Beratung erstreckt sich auf die Benennung der für Sozialleistungen zuständigen Stellen. Dem Gefangenen ist zu helfen, Arbeit, Unterkunft und persönlichen Beistand für die Zeit nach der Entlassung zu finden."

Mit der Hilfe zur Entlassung leitet der Sozialarbeiter die letzte Phase der Resozialisierung des Gefangenen ein, der dann in seiner Entwicklung so weit gefestigt sein sollte, daß ein Leben in sozialer Verantwortung möglich ist. Bei der Entlassungsvorbereitung handelt es sich um eine berufstypische Aufgabe der Sozialarbeit. Aufgrund seiner Ausbildung und Kenntnis der Träger der Sozialhilfe sowie der freien Wohlfahrtsverbände und Einrichtungen verfügt der Sozialarbeiter über die notwendigen Grundlagen, die auf den Einzelfall ausgerichtete Hilfe leisten zu können.

Die Vorbereitung zur Entlassung beginnt bereits mit der Aufnahme des Gefangenen. Sie erfährt Fortschreibung in der Behandlungsphase der Vollzugszeit, damit eine möglichst nahtlose Reintegration verwirklicht werden kann.

Die Schwerpunkte der Hilfe zur Entlassung orientieren sich einerseits an den deliktspezifischen Mängeln, zum anderen an der individuellen Bedürftigkeit des Gefangenen. In Zeiten wirtschaftlicher Rezession und latenter Dauerarbeitslosigkeit muß der Arbeitsvermittlung besondere Bedeutung beigemessen werden.

Durch die gezielte Gewährung von Lockerungen des Vollzugs (Ausgang, Urlaub) soll der Gefangene schrittweise auf das Leben in Freiheit vorbereitet werden. Dadurch werden soziale Bindungen aufrechterhalten, die der persönlichen Entwicklung des Insassen förderlich sind. Die im Vollzugsplan festgelegten, für die Entlassung relevanten Hinweise müssen schon zu Beginn der Haftzeit in die konzeptionellen Überlegungen mit einbezogen sein, damit schrittweise das Entlassungsziel angesteuert werden kann. Ein optimaler Vollzugsverlauf ist Entlassungsvorbereitung schlechthin. Alle Hilfe, die der Sozialarbeiter vermittelt, ist auf das Ziel der Wiedereingliederung ausgerichtet.

9.4 Schlußbemerkungen

1. Seit Inkrafttreten des Strafvollzugsgesetzes ist Sozialarbeit im Behandlungsvollzug fest verankert. Damit ist auch die Frage, ob man auf sie verzichten könnte, hinreichend und abschließend beantwortet.
2. Sozialarbeit im Vollzug ist, wie beschrieben schwierig und problematisch für alle Handlungsbeteiligten; bei hinreichender Kenntnis aller institutionellen Rahmenbe-

dingungen und einer langfristigen Arbeitsperspektive ist sie zweifelsfrei erfolgreich, wenn gleichzeitig die Erwartungshaltung auf realisierbare Ziele gerichtet ist.

3. Sozialarbeit könnte besser gelingen, wenn von ihr nicht ständig erwartet würde, daß sie sich den Zwängen und Restriktionen des Vollzugssystems – teilweise bis zur Aufgabe der beruflichen Identität – unterzuordnen hätte. Die für den Vollzug Verantwortlichen sind aufgerufen, stärker als bisher den Wesensgehalt und die Arbeitsform sozialarbeiterischen Handelns zu begreifen und ihm die Ressourcen für eine am Vollzugsziel orientierte Arbeitsweise zur Verfügung zu stellen.

10. Der Psychologe*

10.1 Widerspruch der Institution

Psychologie ist nicht gleich Psychologie und ein Psychologe nicht wie der andere. Die Psychologie als berufliche Praxis entwickelt sich ortsgebunden. Das Gefängnis ist ein besonderer sozialer Ort. Im Altertum nannte man es einen „Ort des Schreckens". Das neuzeitliche Gefängnis wollte ein „Ort der Besserung" sein. Damit war ein folgenreiches Einsperrungs-Konzept vorgegeben, das zunächst nach Psychologie und später dann nach Psychologen „verlangte".

Heute wird die erneut modernisierte Besserungsanstalt als Behandlungseinrichtung im Gegensatz zum Verwahrungsvollzug von allen und überall politisch vertreten. Auf dieser Betrachtungsebene fällt den Psychologen die Sonderrolle von Behandlungs-Darstellern zu, wobei es hier weniger darauf ankommt, daß sie wirklich behandeln, sondern daß sie den Behandlungsanspruch repräsentieren.

Tatsächlich sind Gefängnisse jedoch keine klinischen Behandlungseinrichtungen, in denen unverschuldet erkrankte Menschen (Patienten) geheilt, sondern freiheitsentziehende Anstalten, in denen verschuldet straffällig gewordene Personen (Verurteilte) eingesperrt werden. Der Freiheitsentzug wirkt als Strafe und soll gleichzeitig einer Behandlung dienen, die sich heute Resozialisierung nennt. Seit gut hundert Jahren hat nun diese widersprüchliche Zusammenstellung von Bestrafung und Behandlung an einem Ort Gültigkeit für die Programmatik des modernen Gefängnisses. Reformer haben zu verschiedenen Zeiten immer wieder neue Ortsbestimmungen zugunsten von mehr Behandlung versucht. Ihre Bemühungen glichen häufig der „Quadratur des Kreises". Zuletzt wollten auch die Psychologen eine Ortsaneignung nach ihrem Berufsbild vornehmen: „... helfende Arbeit ist eng verbunden mit dem beruflichen Selbstverständnis des Psychologen. Der Versuch einer Aufwertung ... psychologischer Tätig-

* *Horst Bohling*, Dr. phil, Dipl.-Soz., geb. 1944, Studium der Philosophie, Soziologie und Psychologie in Köln, München und Marburg. Nach einer universitären Lehr- und Forschungstätigkeit auf psychosozialem Gebiet seit 1979 Mitarbeiter im Psychologischen Dienst der JVA Butzbach. Fortbildung in Gruppenpsychoanalyse.
Roland Kunze, geb. 1944, studierte Psychologie in Frankfurt/Main, seit 1971 Psychologe an der JVA Rockenberg. Arbeitsschwerpunkte: Psychotherapie mit Gefangenen und deren Angehörigen. Organisationsentwicklung, Mitarbeiterfortbildung. Lehrbeauftragter für Sozialpädagogik an der Universität Mainz.

keit ist deshalb de facto identisch mit dem Versuch, die Resozialisierungsintention des StVollzG konsequent Realität werden zu lassen" (*Mai* 1981, 8). Der Lösungsversuch eines Jahrhundert-Widerspruches bestand jetzt darin, die institutionelle Identität des Strafvollzugs auf das Niveau eines beruflichen Selbstverständnisses von Psychologen zu heben, was praktisch eine Anpassung der Organisation an den meist einzelnen Anstaltspsychologen bedeutet hätte. Man muß kein Soziologe sein, um darin die Geschichte einer beruflichen Anpassungs-Illusion zu erkennen.

10.2 Hilfestellung und Instandsetzung

Der Leser dieses Lehrbuches über den Strafvollzug in der Praxis möchte natürlich wissen, was denn die Psychologen jenseits ihrer politischen Erscheinung und beruflichen Illusion alltäglich tun. Die Beantwortung erweist sich aus verschiedenen Gründen als schwierig. Es ist heute – anders als noch vor zehn Jahren – aussichtslos, die Arbeit des Psychologen im Strafvollzug auf einem „gemeinsamen Nenner" darzustellen, denn als Berufsgruppe haben sich die Anstaltspsychologen inzwischen ausdifferenziert. Es gibt sie in allen Positionen mit unterschiedlichen Titeln und Bezahlungen: als ministeriale Fachreferenten, als Anstalts- und Abteilungsleiter, als Diagnostiker im Zugangsbereich, als Therapeuten und als Lehrkräfte in der Aus- und Weiterbildung. Neben ihren jeweiligen Amtsgeschäften im Vollzug veranstalten sie in einzelnen Bundesländern regelmäßige Treffen, organisieren sich in regionalen Arbeitsgemeinschaften und halten von Zeit zu Zeit Bundeskongresse ab. Der psychologische Abteilungsleiter steht dem juristischen Anstaltsleiter handlungsmäßig näher als seinem diagnostizierenden oder behandelnden Berufskollegen, dessen Tätigkeit sich zum Teil mit sozialarbeiterischen Aufgaben überschneidet. Sofern die Psychologen nicht Arbeitsinhalte übernommen haben, die bislang von anderen Berufsgruppen wahrgenommen wurden, hängen sie als Mitarbeiter mit eigenem Handlungsprofil in der Luft. Das rührt ganz wesentlich daher, daß der im engeren Sinne fachliche Einsatz von Psychologen institutionell unter „Sonstiges" fällt. Wenn es in einer Anstalt darum geht, einen aufgebrachten Insassen zu „beruhigen", einen selbstmordgefährdeten zu „stabilisieren" oder einen uneinsichtigen zu „überzeugen", dann erinnert sich die Anstalt an „ihren" Psychologen. In der Ausübung solcher institutionell geforderten Befriedungsfunktionen kreuzt sich die Tätigkeit des Psychologen auch mit der des Pfarrers (zur Seelsorge vgl. unten S. 209 ff). Innerhalb eines funktionierenden Anstaltsablaufs sind Ausnahmezustände von Inhaftierten wie die genannten Krisen menschliche „Restprobleme" ohne feste Bearbeitungs-Zuständigkeit. Die Psychologen haben unter dem Stichwort *„Krisenintervention"* die Lösung solcher Probleme zu ihrem berufseigenen Thema gemacht (*Michelitsch-Traeger* 1981). Das Krisenbild einer psychologischen Praxis zählt immer schon zur Grundvorstellung über die Tätigkeit von Psychologen in Institutionen. Es bildet eine Schnittmenge aus verschiedenen individuellen und institutionellen Erwartungen und einer professionalisierten Helferrolle. Auch im Strafvollzug werden die Psychologen mit dem Bild von „Helfern in Notlagen" identifiziert. Das Krisenverständnis von Psychologie ist geradezu eine institutionelle Berufs-Imago und überlagert andere, die Berufswirklichkeit treffendere Funktionsbestimmungen der Rolle von Psychologen im Strafvollzug. Dies läßt sich gerade auch am Krisenbild psychologischer Praxis aufzeigen. Man braucht hierzu nur verschiedene Perspektiven auf eine Krisenerscheinung miteinander in Beziehung zu setzen. Aus der Sicht einer Organisation ist eine menschliche Krise ein „Störfall", der beseitigt werden muß. Für den in einer Krise befindlichen Insassen handelt es sich um eine persönliche Notlage, die einer Klärung bedarf. Schließlich kann der einzelne Psychologe anläßlich einer Krise seine professionelle Kompetenz unter Beweis stellen. Bei der Bearbeitung einer Krise in einer Institution wird der Psychologe zum Diener zweier Herren: Er muß ein institutionelles Funktionieren wiederherstellen und ein persönliches Leid beheben. Mit *Goffman* (1985) wird man hierin die „diskrepante Rolle" eines „Vermittlers" oder „Zwischenträgers" erkennen können, der seine Loyalität auf das leidende Individuum und die gestörte Organisation gleichermaßen verteilt. Das ist eine höchst zwiespältige Berufsangelegenheit, weil ein persönliches und ein institutionelles Problem zu seiner Lösung ganz unterschiedliche Kompetenzen erfordert. Die Organisation erwartet bei einer Krise vom Psychologen die Leistung eines Technikers, der eine Reparatur vornimmt, der einzelne Insasse verlangt in einer Krisensituation nach einem Menschen, der ihm Verständnis entgegenbringt. Der Psychologe muß also einen „Wartungsdienst" für die Institution und ein „Vertrauensangebot" für eine Person in einer intervenierenden Handlung vornehmen.

Damit ist in aller Kürze eine ganz allgemeine Tätigkeitsbestimmung von Psychologen am Beispiel „Krisenintervention" vollzogen. Nicht die Krisenintervention als wichtige Einzelleistung ist wirklich typisch für die Arbeit von Anstaltspsychologen, sondern das hier an der Krisenintervention aufgewiesene Handlungsmuster einer zwiespältigen Vermittlung von institutionellem Steuerungsbedarf und individuellen Verstehensbedürfnissen. Der Psychologe handelt bei allem, was psychologisch von ihm erwartet wird, als ein *„Doppelagent"* (*Bohling/Weidenfeller* 1984) in ungeklärten Situationen. In dieser besonderen Rolle wird er vom Strafvollzug in der Praxis wirklich gebraucht. Diese Sicht erlaubt zum Schluß auch noch eine veränderte Bewertung des häufig von Psychologen selbst beklagten unscharfen Handlungsprofils. Das Handlungsangebot ist gar nicht so vage, sondern die im Strafvollzug entstehenden Handlungslagen sind so diffus, daß zur Lösung eine besonders flexible Kompetenz erforderlich ist, die der Vollzug vorzugsweise bei „seinen" Psychologen vorfindet.

Eine gewöhnliche Krisenszene

Ein 31jähriger Gefangener, der im Grunde wegen „Kleckerkram" fortlaufend verurteilt worden ist und inzwischen 10 Jahre Freiheitsstrafe hinter sich hat, fällt eines Tages zunächst dadurch auf, daß er am Arbeitsplatz immer schlechtere Leistungen erbringt, weil er mit seinen Gedanken „woanders" ist. Der Gefangene kann sich bei der Arbeit nicht mehr richtig konzentrieren und „hindert den Betrieb". Der Werkmeister schickt ihn zur Beruhigung zurück auf seine Station. Hier, allein in seiner Einzelzelle, setzen sich Unruhe und Nervosität verstärkt fort, weil keine Ablenkung mehr durch Arbeit existiert. Der Gefangene will mit jemandem sprechen und verlangt, zu einem Mitgefangenen umgeschlossen zu werden. Weil das Stationspersonal jedoch gerade keine Zeit für sein Anliegen hat, kommt gestaute Wut zur Niedergeschlagenheit hinzu. Jetzt beginnt er ständig „die Klappe zu drücken" und wird so zur Belastung auf der Station. Schließlich kann er sich vor innerer Erregung nicht mehr überzeugend mitteilen und kündigt zerstörerische Handlungen an. Damit ist die Schwelle für einen „Störfall" erreicht. Der Psychologe soll sich den Mann anschauen und ihn beruhigen. Das Gespräch mit dem Psychologen erbringt, daß der Gefangene seit Tagen aus den Briefen seiner Freundin Trennungsabsichten herausliest und darüber geängstigt ist. Tatsächlich gab es in den Briefen jedoch gar keine wirklichen Anhaltspunkte dafür, so daß die konkrete Trennungsfurcht als allgemeine Verlassenheitsangst alleine im Gefangenen selbst lag. Eine solche unbestimmte Angst findet sich in Biografien mit traumatischen Beunruhigungen durch Verlust oder Unzuverlässigkeit von ersten Bezugspersonen häufig, so daß in der konkreten Krisensituation Trennungserfahrungen eines gesamten Lebens gegenwärtig sind. Es war daher auch nicht einfach möglich, den Gefangenen kurzfristig dadurch zu beruhigen, daß ihm an den Briefen die Gegenstandslosigkeit seiner Trennungsbefürchtungen vorgeführt wurde. Hier ging es ja auch wirklich nicht um eine begründete Furcht vor Trennung, sondern um eine nicht greifbare Angstbereitschaft, die sich vermittelt über die Briefe der Freundin als unbestimmte Beunruhigung gemeldet und sich in eine Betriebsstörung institutionell umgesetzt hatte. Damit die Krise als institutionelle Störung beseitigt werden konnte, mußte sie vom Psychologen als „Angstbindung" (*Bowlby* 1976) aufgenommen und zunächst als ein persönliches Beziehungsangebot, auf das sich der Gefangene verlassen konnte, beantwortet werden. Wenn dies eine beruhigende Wirkung hat, so sieht es nach außen wie eine psychotechnische Instandsetzung aus, die sich beliebig oft und leicht von Psychologen in Krisen reproduzieren läßt. Im Beziehungsangebot als akute Hilfestellung stellt sich jedoch der Psychologe als Person für die Angstminderung eines Gefangene zur Verfügung.

10.3 Begutachtung und Einstufung

Das Dilemma einer Berufsgruppe, die einzelnen Menschen helfen will und gleichzeitig für andersartige Organisationszwecke herangezogen wird, tritt heute, nachdem die sozialreformerischen Ideen der siebziger Jahre aufgezehrt sind, unverhüllter zutage. Die hochgesteckten Ziele von damals, Gefängnisse in eine „problemlösende Gemeinschaft" oder ein „therapeutisches Milieu" umzugestalten (*Mai* 1981), haben sich nicht erfüllt. Das Gefängnis, das nicht nur in den Köpfen von Psychologen überholt schien, hat sich erhalten. So drückt heute das Fortschritts-Erbe einer abgelaufenen Reform-Periode auf die berufliche Stimmung der Anstaltspsychologen. Ein kurzer Blick zurück auf das entgegengesetzte Stimmungsende eines sozialwissenschaftlichen Eifers für Veränderungen ist hier angebracht.

Seit Anfang der siebziger Jahre begaben sich Anstaltspsychologen in Analysen und Vorstellungen zur Strafvollzugsreform aus der überkommenen Außenseiterrolle und stellten sich gedanklich an die Spitze einer institutionellen Fortentwicklung (*Wagner* 1972). Es herrschte zur damaligen Zeit fachwissenschaftliche Hochstimmung. Reformpolitiker und Experten bestätigten sich wechselseitig darin, daß allein Wissen Anspruch auf Macht habe. Die Verwissenschaftlichung institutioneller Verhältnisse stand dementsprechend auf der politischen Tagesordnung auch der Strafvollzugsreform. Hiervon fühlten sich Psychologen ganz besonders angesprochen. Um ihren Führungsansprüchen zur Verwissenschaftlichung einer vorurteilsverhaftet operierenden Institution Gewicht zu verleihen, empfahlen sie sich nachdrücklich als „Fachpsychologen" mit entsprechend „fachpsychologischen Methoden" (*Wagner* 1972), für die im Grunde nur Gestaltungs-Aufgaben als Mitglied in einem Direktorium, als Personalchef oder Referatsleiter vorgesehen waren (*Wagner* 1972). Bis zur Erreichung eines Behandlungsvollzugs sollte die Einzelbehandlung der Insassen zurückgestellt werden.

Wir wissen heute, daß die wirkliche Platzverteilung der Psychologen im Strafvollzug etwas anders ausgefallen ist als die in Forderungen nach „Entscheidungsbefugnissen" (*Haas* 1981) erhofften Spitzenfunktionen. Durch Einzelerlasse, berufliche Richtlinien und Geschäftsverteilungspläne sind die Psychologen dorthin verwiesen worden, wo ihr größter institutioneller Nutzen lag, und zwar um das Entscheidungsgeschehen herum: vorgelagert zur „Absicherung" und nachgeordnet zur „Abfederung" von Entscheidungen. Immerhin hat die Blickrichtung der Psychologen auf Entscheidungsbefugnisse die Aufmerksamkeit für eine neue Art institutioneller Strukturierung von Gefängnissen geweckt. Tatsächlich läßt sich unter einem Ordnungs-Aspekt das heutige Gefängnis als ein historisch junger Entscheidungs-Betrieb darstellen (*Bohling/Weidenfeller* 1984). Entscheidungen treffen ist etwas ganz anderes als ge- oder verbieten. Verbote ergehen begründungs- und rechtfertigungslos, Entscheidungen hingegen sind an Verfahren und Gremien gebunden und am Ende rechtlich überprüfbar. Die Umstellung der heutigen Gefängnisse von einer bloßen Verbots-Ordnung auf eine sozial empfindliche Entscheidungs-Ordnung stellt sicherlich einen Gewinn an institutioneller Vernunft dar, der den Anstalts-Insassen vor allem zugute kommen kann, wenn sich die Entscheidungsarbeit an der Idee von offener und durchschaubarer Diskussion bemißt. Das ist im Alltag des unter Verwaltungsdruck stehenden Strafvollzugs jedoch keineswegs so. Hier dominiert eine Einebnung des Zugewinns an Handlungsrationalität auf eine höchst pragmatische Steuerungstechnik. In dieser verengten Entscheidungs-Realität nimmt das psychologische Fachwissen gleichfalls eine rein technische Gestalt an. Die Psychologie unterliegt einer verwaltenden Logik, die im Entscheidungsprozeß Fachwissen und Machtausübung für Steuerungszwecke kurzschließt. Wegen ihres besonderen Fachwissens über menschliches Verhalten sind die Psychologen an die erste Stelle einer Beihilfe für personenbezogene Entscheidungen aufgerückt. Damit ist ein weiteres berufstypisches Bild von Psychologen herausgehoben. Psychologen wissen über Menschen Bescheid, sie haben eine besondere Kenntnis. Was das psychologische Geschick für die Krisenintervention, ist das psychologische Bescheidwissen für die Entscheidungsbeihilfe: „Ein großer Teil der Verwaltungsarbeit im Gefängnis wird von Entscheidungsproblemen beansprucht, zu deren optimaler Lösung spezielles Fachwissen vonnöten ist, welches nur von einem wissenschaftlich ausgebildeten Psychologen ... erbracht werden kann" (*Mai* 1981, 14).

Das gesamte Arbeitsgebiet der gutachtlichen Stellungnahmen zu Lockerungen, Verlegungen, Entlassungen usw., aber auch der Zugangsbeurteilungen und Persönlichkeitserforschungen fällt unter das institutionelle Thema einer wissenschaftlichen Beihilfe zu personenbezogenen Entscheidungen. Hier existiert eine höchst brisante Verstrickung von wissenschaftlichen Erkenntnisleistungen mit institutionellen Regulierungsfunktionen. Die Psychologen sind mit ihrem Fachwissen in den Sog eines Anstaltshandelns geraten, das durch die Umstellung auf eine Entscheidungspraxis sich in Überzeugungs- und Rechtfertigungsnöten befand. Der Vollzug hatte Legitimationsprobleme, und die Psychologen waren – voll ihres wissenschaftlichen Selbstbewußtseins – zur Stelle. Im Grunde ist dies natürlich eine lange Annäherungs-Geschichte, die hier nur ganz verkürzt abschließend wiedergegeben werden kann.

Bevor die Psychologen als diplomierte Berufsgruppe nach dem Zweiten Weltkrieg in die bundesdeutschen Gefängnisse einzogen, existierte bereits seit langem ein praktisch bedeutsames Kraftfeld für spätere psychologische Vorstellungen und Tätigkeiten. Schon vor rund hundert Jahren wurde eine Maxime jeder zukünftigen psychologischen Praxis im Strafvollzug unter der Überschrift „Die Eintheilung der Verbrecher nach ihrer psychischen Vereigenschaftung" (*Kirn* 1888) ausgesprochen. In dieser altmodischen Formulierung erkennen wir heute die einfachste Ortsbestimmung der heutigen Gefängnis-Psychologie. Es geht um persönlichkeitsorientierte Klassifikationen zur wissenschaftlichen Anhebung des klassischen Stufenvollzugs. Bevor sich Psychologen einer wissenschaftlich fundierten Taxier- und Sortierarbeit von Menschen annehmen konnten, mußten auch die Weichen in der Psychologie-Geschichte für eine „objektivierende" Persönlichkeitserforschung gestellt sein. Dies geschah auf dem Weg zur „differentiellen Psychologie", d. h. einer von der Wahrnehmung des menschlichen Innenlebens freigesetzten Meß-Methode individueller Differenzen von Mensch zu Mensch. Die Psychologie entwarf sich als methodenbewußte Unterscheidungs-Disziplin. Mit dieser Entwicklung konnten die alten „Vertreter" der Gefängnispsychologie – Geistliche und Lehrer – nicht mehr mithalten. Erst als die Psychologie im Strafvollzug von Psychologen in die Hand genommen wurde, ließen sich die Selektionsleistungen des Strafvollzugs nach modernen Maßstäben fortentwickeln.

Eine übliche Entscheidungssituation

Ein 47jähriger Gefangener, der wegen einer Sexualstraftat eine Freiheitsstrafe von vier Jahren verbüßt und schon mehrfach einschlägig vorverurteilt worden war, hatte Urlaub zu seiner Mutter beantragt. Wegen der zahlreichen Sexualstraftaten tat sich die aus Sozialarbeitern, Aufsichtsdienst und Vollzugsabteilungsleiter zusammengesetzte Konferenz mit einer Entscheidung schwer.

Der Psychologe wurde mit der Bitte um eine„Stellungnahme zur Persönlichkeit" herangezogen, um so zu einer Urlaubs-Entscheidung zu gelangen, die sich besser begründen ließ. In der Stellungnahme bemühte sich dann der Psychologe darum, die Straftaten des Gefangenen aus der besonderen Lebensgeschichte „plausibel" zu machen. Die Straftaten standen alle in einem Kränkungszusammenhang: Einmal trennte sich plötzlich und unerwartet die Ehefrau von ihm – und es kam kurz darauf zu einer Sexualstraftat; ein anderes Mal ließ eine Verlobte den geplanten Heiratstermin am Morgen platzen – und wieder beging er ein Sexualdelikt. Der Mann schien sich, ohne daß ihm das selber klar war, offenbar für erlittene Zurückweisungen durch nahestehende Frauen in Form von sexuellen Attacken an fremden Frauen zu rächen. Weiter ergab die geforderte „Persönlichkeitserforschung", daß kurz nach seiner Ehescheidung zunächst der Vater und dann der Bruder verstorben war, so daß die Mutter ohne Mann und der Sohn ohne Frau dastand. Mutter und Sohn gingen daraufhin eine Trost- und Notgemeinschaft ein, in der der Sohn der Mutter den Mann und die Mutter dem Sohn die Frau „ersetzte". Diese besonders enge und durch tragische Lebensumstände bedingte Bindung der Mutter an ihren Sohn und umgekehrt überdeckte eine frühkindliche Lebensphase mit keineswegs ausreichender mütterlicher Fürsorge, so daß eine Unzufriedenheit von früher als ständige Bedürfnisspannung in die später „erzwungene" Lebensgemeinschaft von Mutter und Sohn hineinspielte. Im Grunde hielt den Sohn zu Hause nichts, außer einer Ordnungs- und Sauberkeitsgarantie, an die er sich auch im Gefängnis als Ersatz für wirklich verläßliche Lebensorientierungen klammerte. Eine solche die Biografie eines Straftäters erhellende Persönlichkeitserforschung bringt den Entscheidungsvorgang zunächst nicht weiter, weil das Persönlichkeitsbild eines Menschen noch zu keiner Entscheidung führt. Deshalb müssen die Ergebnisse der psychologischen Persönlichkeitserforschung noch einmal unter einem entscheidungsrelevanten Zuschnitt „gelesen" werden. Das geschieht in der Regel so, daß die Stellungnahme nach möglichen „Angriffspunkten" abgesucht wird. Diese finden sich gewöhnlich dort, wo eine einstufende Etikettierung vorgenommen werden kann. Im vorliegenden Fall hatte der Psychologe bemerkt, daß der Gefangene wortkarg sei und dementsprechend wenig von sich aus zur Persönlichkeitserforschung beitrage. Dies ließ sich als Aufhänger für die Einstufung „mangelhafte Aufarbeitung der Taten" verwerten. Insgesamt war aus der psychologischen Stellungnahme auch klar herauslesbar, daß die delinquenten „Konfliktlösungen" irgendetwas mit der besonders engen Beziehung zur Mutter zu tun hatten, so daß die Beurlaubung dorthin von den Konferenzteilnehmern als zu riskant eingeschätzt wurde. Der Urlaub mußte dementsprechend versagt werden. Erst eine solche „umordnende" Lesart gibt dem psychologischen Persönlichkeitsbild den Charakter einer brauchbaren Entscheidungshilfe. Wesentlich ist hierbei die Übersetzung psychologischer Aussagen mit Geltung für die „Beziehungsebene" in tatsächliche Feststellungen auf der „Verhaltensebene". So diente der Bezug auf die Mutter in der psychologischen Stellungnahme der Kennzeichnung eines Beziehungs-Konflikts, während im Entscheidungsvorgang diese „Innenansicht" der Mutter „nach außen" im Sinne einer realen Risiko-Verbindung gewendet wurde.

10.4 Behandlung und Beeinflussung

Neben der Hilfestellung in akuten Krisen und der gutachtlichen Beihilfe zu Entscheidungen fällt die Behandlung einzelner Strafgefangenen ins Arbeitsgebiet des Psychologen. Stärker denn je begreifen Psychologen ihr berufseigentliches Handeln als Therapie. Seitdem der moderne Strafvollzug den Anspruch einer Behandlungseinrichtung hat, können Psychologen den „klinischen" Teil eines breiten Spektrums behandlerischer Aktivitäten ausfüllen.

Behandlung als psychologische Therapie kann sich nach den beiden Handlungs-Mustern einer Zwecktätigkeit, die auf andere einwirkt und sie beeinflußt, ausrichten oder nach einem Verständigungsprozeß, der mit anderen in eine Beziehung tritt. Als Zwecktätigkeit meint Behandlung Arbeit *am* Menschen und als Verständigung einen Austausch *mit* Menschen.

Über das Behandlungsthema haben die Anstaltspsychologen zuletzt Ende der siebziger Jahre eine zeittypische Diskussion geführt. Es ging darum, ob durch eine personell verstärkte Behandlung in vielen einzelnen Fällen mit entsprechender Supervision und Fortbildung der gesetzlich angestrebte Behandlungsvollzug zu realisieren sei (*Kury/Fenn* 1977a), oder ob zunächst durch eine von Psychologen gezielt betriebene organisatorische Einflußnahme auf den Vollzug behandlungsgünstige infrastrukturelle Voraussetzungen geschaffen werden sollten (*Steller* 1978). Einigkeit bestand darin, daß die Psychologen Behandlung entweder in der Rolle von „Klinikern" durchführen oder in der von „Organisatoren" erst institutionell ermöglichen. Während nun aber die klinische Position von Kury und Fenn eher traditionell an Therapie im Einzelfall dachte, strebte die organisationspsychologische Position von Steller eine sozialwissenschaftlich verbreiterte Behandlungsbasis an: „‚Behandlung' im Strafvollzug bedeutet ... nur in relativ seltenen Fällen die Durchführung spezifischer psychotherapeutischer Maßnahmen (z. B. im Sinne einer Verhaltenstherapie oder Gesprächstherapie). Vielmehr bedeutet ‚Behandlung' im Strafvollzug die Gestaltung der gesamten Lebensbedingungen der Gefangenen als ein Feld sozialen Lernens. ... Soll Behandlung effektiv im Sinne der Rückfallverhinderung, der Sozialisierung sein, so ist ein kontinuierlicher Veränderungsprozeß i. S. eines ‚sozialen Trainings' erforderlich" (*Steller* 1978, 210/211). Man braucht hier im einzelnen nicht das für die Fortentwicklung des Behandlungvollzugs folgenreiche Konzept des „Sozialen Trainings" nachzuvollziehen, um unschwer aus der zitierten Passage die Richtung einer Behandlung in Anführungszeichen auf dem analytischen Hintergrund von Zwecktätigkeit und Beziehungsaustausch zu erahnen. Das „Soziale Training" ist eine zweckgerichtete Technik der Einflußnahme und der gezielten Einwirkung auf Menschen und damit eine formale Gestalt von Pädagogik.

Auf dem Niveau von unterschiedlichen Trainingsfeldern hat sich heute die allgemeine Behandlungsdiskussion im Strafvollzug eingependelt, was seinen Grund vor allem darin hat, daß der moderne Behandlungsgedanke von den geschichtlichen Unterströmungen der älteren Besserungsvorstellungen erfaßt und an den Bedeutungsrand einer Zwecktätigkeit gedrängt wurde. Die jüngste Behandlungsreform hat – so gesehen –

in ihrem Ergebnis des „Sozialen Trainings" (*Braune* et al. 1983, *Braun-Heintz* et al. 1981, *Kury* 1983a, *Steller* 1977) im wesentlichen sozialwissenschaftliche Akzeptanz für den Besserungs- und Beeinflussungsanspruch aus früheren Reformzeiten der zwanziger Jahre beschafft und damit auch eine „Säkularisierung" der Gefangenenbehandlung zu Ende gebracht; das soll heißen: Behandlung im Sinne des „Sozialen Trainings" hat sich reduziert auf eine psychotechnische Einwirkung.

Das alles muß hier nicht weiter ausgeführt werden, um davon zu überzeugen, daß auf ein für Psychologen berufstypisches Behandlungsangebot die institutionellen Vorgaben der Verhaltensbeeinflussung einengend wirken. Verkürzt gesprochen hat es jede psychologische Behandlung im Strafvollzug schwer, die sich aus dem pädagogischen oder deutlicher „orthopädischen" Kontext einer Korrektur von Verhaltensschäden ablöst. Diese pädagogische Fesselung von Therapie versteht man auch mit Blick auf die verdinglichten Herangehensweisen „an" Menschen im Vollzug nach Art von Anhörungen, Vorführungen, Absonderungen, Umschlüssen usw. Eine rationelle und zweckbestimmte Erledigung drückt allen Tätigkeiten im Rahmen des „Anstaltshandelns" (*Weber* 1968) einen Stempel auf, auch der institutionellen Psychologie. Das Gefängnis als Besserungsanstalt gibt einen gegenläufigen Rahmen ab für eine manipulationsfreie, in vielen Richtungen offene psychologische Behandlung von Straftätern. Alle Handlungen drängen hier auf einen formalen Zuschnitt der Erziehung oder Beeinflussung anderer.

Zwei alltägliche Behandlungsanlässe

Ansichten über psychologische Behandlungen von Gefangenen werden in der Regel an viel zu starren Vorbildern systematischer Handlungen entwickelt. Man stellt sich vor, daß besonders „kaputte" Insassen in die „Werkstatt" eines Psychologen gegeben werden, der den Schaden gründlich untersucht und behebt. Tatsächlich ergeben sich Behandlungsanlässe für den Psychologen jedoch viel zufälliger aus der ganz alltäglichen Beschäftigung mit „Fällen".

Ein 25 Jahre alter Strafgefangener, der auch schon eine Jugendstrafe verbüßt hatte, war wegen Totschlags zu einer achtjährigen Freiheitsstrafe verurteilt worden. Dem war ein sich über viele Jahre hinziehender sozialer Abstieg mit Alkoholmißbrauch vorausgegangen. Als er stark alkoholisiert einen alten Mann erschlug, der ihn bei einem Einbruch überraschte und mit einem Hammer angriff, führte er bereits das Leben eines Stadtstreichers oder „Wermutbruders". Die Inhaftierung und Verurteilung waren das Ende einer deprimierenden Entwicklung, die dieser Mann, gut begabt, sensibel und differenziert, sehr genau registriert hatte. Sein Antrag auf eine besondere Behandlung in einer sozialtherapeutischen Anstalt war aus formellen Gründen abgelehnt worden. So versuchte er, sich am „eigenen Schopf aus dem Sumpf zu ziehen", indem er Ausbildungsangebote der Anstalt wahrnahm und die üblichen freiheitserprobenden Maßnahmen durchlief.

Damit erschöpft sich gewöhnlich auch der Behandlungsanspruch des Strafvollzugs. Der Gefangene hat seine Ausbildungschancen und Gelegenheiten zu Kontakten nach draußen eingeräumt bekommen, und er muß nun sehen, was er daraus macht. Erst wenn etwas „schieflaufen" sollte, wird sich der Vollzug weitere Behandlungsgedanken machen. Unabhängig davon wäre aber aus psychologischer Sicht ein therapeutisches Gesprächsangebot zur Ergänzung seiner Fortbildungsbemühungen angesichts der Geschichte seines sozialen Scheiterns sinnvoll. Tatsächlich erwies sich auch später, daß trotz der guten Ausbildungserfoge Beziehungsschwierigkeiten im Sozialurlaub auftraten, was erneut die Bedeutung einer psychologischen Entwicklungsbegleitung, auf die der Gefangene durch seinen Sozialtherapieantrag schon früher hinauswollte, erkennen ließ.

Bei dem zweiten Gefangenen handelt es sich um einen 30jährigen Mann, der wegen versuchten Totschlags an seinem halbjährigen Säugling zu sechs Jahren Freiheitsstrafe verurteilt worden war. Inzwischen hatte er fast die Hälfte der Strafe verbüßt, und es standen jetzt Lockerungen zur Entscheidung an. Er und seine Frau, die ihn mit den beiden Kindern – auch der von ihm schwerverletzten Tochter – regelmäßig besuchte, beabsichtigten, nach seiner Entlassung wieder zusammenzuziehen. Er stellte sich vor, dort wieder anknüpfen zu können, wo er durch seine Verhaftung die Familie verlassen hatte. Er war ganz geleitet von dem Gedanken, möglichst viel an seiner Tochter wieder gutzumachen. Die Frau hatte in den vergangenen Jahren, nachdem das Ehepaar und die Kinder vor der Verhaftung des Mannes bei der Schwester der Ehefrau sehr beengt in Untermiete leben mußten, jetzt eine eigene Wohnung eingerichtet und sich mit der kleinen Tochter, die extrem viel Pflege benötigte, und dem Sohn arrangiert. Teils mit Hoffen – hinsichtlich einer Entlastung bei der Kinderversorgung und Haushaltsführung – und teils mit Bangen, daß sich der Mann in das gemachte Nest setzen könnte und sie ihn zusätzlich versorgen und betreuen müsse, sah sie der Rückkehr des Mannes entgegen. Nachdem sich das Ehepaar drei Jahre immer nur unter Aufsicht kurzzeitig in dem gemeinschaftlichen Besuchsraum der Anstalt gesehen und gesprochen hatte, war abzusehen, daß auf sie beide während seiner ersten stundenweisen und später tageweisen Beurlaubungen ein schwieriger Prozeß der Annäherung zukommen werden würde bzw. auch eine Entwicklung beginnen könnte, die zu einer Trennung führt.

Von daher ergaben sich für einen Psychologen ganz andere Behandlungsüberlegungen als die, ob wegen des Kindes verantwortet werden kann, den Mann nach Hause zu beurlauben. Aus dem der Öffentlichkeit verpflichteten Handeln des Vollzugs wurde an den Psychologen ein maßnahmebegleitendes Behandlungsansinnen herangetragen, durch das Komplikationslosigkeit während eines Urlaubs sichergestellt werden sollte. Das ist eine verständliche, aber ganz anders geartete Behandlung als die, die sich auf das „Hoffen und Bangen" aller Familienmitglieder richtet. Vom Vollzug aus geht die Behandlungserwartung an den Psychologen dahin, nachdrücklich auf den Gefangenen einzuwirken, daß ein bestimmtes Verhalten nicht wieder auftritt, während der Psychologe von sich aus an die Behandlung Ansprüche nach einem offenen Meinungs- und Gefühlsaustausch in der Familie stellt, wodurch sich günstigere Entwicklungsvoraussetzungen auch für den Mann herausbilden können. Der Bezugspunkt des im engeren Sinne therapeutischen Handelns eines Psychologen liegt damit anders als die institutionelle Behandlungsansicht. Die Behandlungsinstitution möchte, um den Rückfall zu verhüten, am Gefangenen vom Psychologen unmittelbar etwas bewirkt haben. Was der Psychologe sonst noch mit dem Gefangenen tut, ist nicht mehr Behandlungssache der Anstalt.

Beide Beispiele zeigen soviel, daß eigene Behandlungsaufgaben für den Psychologen nicht direkt in die Entwicklungsreihe vollzuglicher Behandlungsmaßnahmen hineinpassen. Der Vollzug als Institution entwickelt eine eingeschränkte Fallsicht, die es erlaubt, ein Problem nach einer Routinebehandlung „abzulegen".

Der Gefangene im ersten Beispiel hatte seine Ausbildung und Lockerungen erhalten, und um den im zweiten Beispiel sollte sich ein Psychologe in rückfallverhindernder Absicht kümmern. In dieser Behandlungswirklichkeit ist der Psychologe nicht von vornherein „regungslos" festgelegt. Er kann sich vielmehr auch seinen therapeutischen Behandlungszugang suchen und andere Bezugspunkte seines Handeln wählen. Hier unterscheiden sich die Arbeitsbedingungen für Psychologen im Jugendvollzug, im Erwachsenenvollzug und in einer Sondereinrichtung ganz erheblich. Berufserfahrungen in Gefängnissen mit wenig Handlungsspielraum begünstigen bei den einzelnen Psychologen einen Rückzug von selbstverantworteten Behandlungsaufgaben. Die Psychologen gehen dann in dem allgemeinen formalistischen Umgang mit den Gefangenen auf, d. h. auch sie handeln verwaltungsgemäß nach Aktenlage und führen keine eigehenderen Gespräche mehr. Ein solcher Gesprächsverlust im psychologischen Handeln bestärkt den eher „stummen", auf Korrekturen, Abänderungen und Richtigstellungen angelegten institutionellen Behandlungsansatz.

10.5 Doppelgesicht der Psychologie

Die Tätigkeit von Psychologen im Strafvollzug ist an den drei Beispielen der *akuten Hilfestellung*, der *Begutachtung* und *Behandlung* als janusgesichtig dargestellt worden. Für die hier exemplarisch genannten Aufgaben bringen Psychologen eine berufseigene Kompetenz mit, die sich jedoch im institutionellen Kontext des Strafvollzugs verformt.

Eine verständnisvolle Hilfestellung in persönlichen Krisen geschieht immer auch als technische Instandsetzung organisatorischer Funktionsabläufe. Auch die Lebensläufe erschließende Persönlichkeitsbegutachtung unterliegt dem institutionellen Zwang abgesicherter Entscheidungen und läuft dann auf grobe Einstufung für eine steuernde Handhabung der Insassen hinaus. Schließlich steckt der Strafvollzug mit seinem mächtigen pädagogischen Erbe auch den Aktionsrahmen für therapeutische Behandlungen in Richtung auf Formen einwirkender Beeinflussungen ab.

Es hängt von vielen Arbeitsplatz- und Persönlichkeitsfaktoren ab, inwieweit einzelne Psychologen dennoch eine kontaktfreudige und beziehungssuchende Haltung ausbilden können, die „ansteckend" auf die Organisationsumwelt wirkt.

11. Der Soziologe*

Der Soziologe repräsentiert im Vollzug den jüngsten und zugleich kleinsten Fachdienst. Als solcher existiert er seit Anfang der siebziger Jahre.

Gelegentlich wird vom Sozialwissenschaftler gesprochen. Darunter werden jedoch auch Vertreter anderer Fachdisziplinen wie Psychologen verstanden. Zur Verwendung dieser etwas diffusen Berufsbezeichnung beigetragen hat sicherlich die Gründung der Arbeitsgemeinschaft norddeutscher Sozialwissenschaftler im Vollzug (ANSIV), in der vorwiegend Psychologen und nur wenige Soziologen organisiert sind. Laut Siefer (*Siefer* 1985) sind unter dem Begriff „Sozialwissenschaftler" jedoch vorrangig Soziologen zu verstehen.

In den letzten zehn Jahren hat sich die Zahl der Soziologen von 13 auf 21 erhöht. Sie teilen sich folgendermaßen auf die Bundesländer auf:

Baden-Württemberg	4
Bremen	1
Hamburg	4
Hessen	2
Niedersachsen	3
Nordrhein-Westfalen	6
Rheinland-Pfalz	1

Hinzu kommen mehrere Arbeitsbeschaffungsmaßnahmen, in denen Soziologen befristet beschäftigt sind. Soziologen sind in sehr unterschiedlichen Bereichen tätig und von daher in unterschiedlichen Einrichtungen angesiedelt:

* *Cordelia Balzer-Ickert*, geb. 1947, studierte Soziologie in Hamburg und Mannheim, Mitarbeit an Forschungsprojekten des Sonderforschungsbereiches Wirtschafts- und Sozialpsychologie, Diplom 1972, ab dann hauptamtliche Tätigkeit in der JVA Münster, therapeutische Leiterin der Behandlungsabteilung für drogenabhängige Strafgefangene.

- Einweisungsanstalten
- Sondereinrichtungen (Sozialtherapie, Drogentherapie)
- Anstalten des Regelvollzuges
- Jugendanstalten
- Kriminologischer Dienst
- Strafvollzugsschule
- Fachhochschule für Rechtspflege

Die Tätigkeitsfelder der Soziologen lassen sich in folgende Bereiche aufteilen (vgl. Berufsbild):

- Organisationsberatung/Planung
- Bestandsaufnahme/Behandlung
- Leitung
- Aus- und Fortbildung
- Kriminologische Forschung

Diese Bereiche lassen sich natürlich nicht streng voneinander trennen, sondern es finden Überschneidungen statt, sowie ja der Strafvollzug insgesamt (zumindest innerhalb eines Bundeslandes) als ein System mit verschiedenen Subsystemen gesehen werden muß (vgl. § 3 Organisation des Strafvollzuges). So sind auch die meisten Soziologen in mindestens zwei Bereichen tätig.

11.1 Organisationsberatung/Planung

Das System des Strafvollzugs wird als eine Organisation mit einer bestimmten Struktur und bestimmten Interessen aller Beteiligten (vorgesetzte Behörden, Mitarbeiter in den Anstalten, Insassen) verstanden. Struktur (formale Gegebenheiten) und Interessen (persönliche Bedürfnisse) bedingen sich gegenseitig. Sie sind unter dem Organisationsziel „Resozialisierung" zu optimieren. Dieses Ziel hat mit dem neuen StVollzG mehr Gewicht bekommen, was sich wiederum im formalen Aufbau der Organisation niederschlägt.

11.1.1 Reform von Organisationsstrukturen

Auf der Ebene der Anstalt ging es nach Inkrafttreten des StVollzG zunächst darum, in der formal weiterhin bestehenden streng hierarchischen Struktur der in § 154 StVollzG aufgeführten Pflicht zur Zusammenarbeit Rechnung zu tragen und sie mit Leben zu erfüllen. Die gleichberechtigte Mitarbeit eines jeden Dienstes (vgl. *Hoffmann* 1980, 474) stellte insbesondere die Mitarbeiter des allgemeinen Vollzugsdienstes vor ungewohnte Aufgaben. Hier galt es für die Soziologen, die auftretenden Kommunikations- und Kooperationshemmnisse beseitigen zu helfen. Dies geschah zunächst in Form von beratender und planerischer Tätigkeit. Umstrukturierungen von formalen Abläufen, Neuverteilungen von Funktionen, Hinzugewinnung neuer Kompetenzen, Verkleinerung von Abteilungen zu Wohngruppen, Änderungen in der Dienstplangestaltung wurden vorgeschlagen und umgesetzt. Das hatte für einige Berufsgruppen eine Neudefinition ihres Arbeitsfeldes zur Folge (vgl. *Kreissl* 1986, 207 wie *Koepsel* 1982, 198).

11.1.2 Behandlungsplanung und -organisation

Ein weiteres Tätigkeitsfeld ergibt sich mit der Planung und Organisation von Behandlung/Betreuung, insbesondere auf der Grundlage des § 3 StVollzG (Angleichung an die allgemeinen Lebensverhältnisse, Hilfe für die Eingliederung in das Leben in Freiheit). So war z. B. eine Soziologin mit der Einführung des sozialen Trainings in Baden-Württemberg betraut (vgl. Das soziale Training im Strafvollzug, 1982). Die Konzepterstellung der Behandlungsabteilung für drogenabhängige Strafgefangene in der JVA Münster ist in weiten Bereichen auf die Mitwirkung der Autorin zurückzuführen.

11.1.3 Prozeßberatung/Supervision

Unter Prozeßberatung versteht man einen Ansatz aus der Organisationsentwicklung, dessen Ziel es ist, einen langfristigen Organisationswandel zu begleiten (vgl. *Sievers* 1975). Die Supervision dagegen ist ein Ansatz aus der Therapie, bei der es in diesem Zusammenhang darum geht, den Mitarbeiter mit den Auswirkungen seines beruflichen Handelns zu konfrontieren. Beide Ansätze können sehr persönliche Belange berühren, so daß diesbezügliche Verschwiegenheit notwendig ist. Diese ist leichter gewahrt, wenn der Berater/Supervisor nicht Mitarbeiter der entsprechenden Einrichtung ist. Typische Themen, die in derartigen Sitzungen behandelt werden, sind Störungen des therapeutischen Systems, unterschiedliche Wert- und Normvorstellungen, Führung und Autorität, Kooperation und Konkurrenz von Gruppen und Einzelnen sowie Rollenkonflikte.

11.1.4 Orientierungshilfen zum Rollenverständnis

Ausgehend von wiederkehrenden Erfahrungen mit Rollenkonflikten haben Soziologen Orientierungshilfen zum besseren Rollenverständnis von einzelnen Bedienstetengruppen, insbesondere des allgemeinen Vollzugsdienstes, erarbeitet. (Vgl. *Vehre* 1982, oder *Kreissl* 1986, Einbeziehung des allgemeinen Vollzugsdienstes in ein „laiisiertes" [im Gegensatz zum professionalisierten] Therapiekonzept sowie die Vorbereitungen von Krankenschwestern auf die kustodialen Aspekte eines Vollzugskrankenhauses).

11.2 Bestandsaufnahme/Behandlung

11.2.1 Bestandsaufnahme

Die Bestandsaufnahme eines Problems ist die Voraussetzung für seine Behandlung unabhängig davon, ob es sich um soziale Systeme oder Personen handelt. Sie kann sehr komplex sein (und umfangreiche Gutachten oder Forschungen erfordern) oder ganz einfach strukturiert sein (und in der Wiedergabe von Beobachtungen bestehen).

Beispiel: Auf der Behandlungsabteilung für Drogenabhängige wird verstärkter Haschischkonsum festgestellt. Bei Nachfragen stellt sich heraus, daß für die Klienten Drogenkonsum ein kalkulierbarer Regelverstoß ist, dessen „Preis" innerhalb der Therapie einem Sanktionskatalog zu entnehmen ist.

Ist der Einzelne Gegenstand der Untersuchung, so spricht man von Persönlichkeitserforschung. Seitens der Soziologen erfolgt sie in erster Linie in den Einweisungsanstalten oder Aufnahmeabteilungen. Diese Einrichtungen führen Behandlungsuntersuchungen durch und sprechen Empfehlungen für die Gestaltung des Vollzugsplanes aus. Innerhalb des interdisziplinären Teams lenkt der Soziologe verschärft den Blick auf die gesellschaftlichen Zusammenhänge und Hintergründe, er schlägt sozusagen die Brücke zwischen der Gesellschaft und den individuellen Lebensläufen (vgl. *Mertzlin* 1984, 84). Nach und nach haben auch die anderen Fachdienste diesen Aspekt in ihre Wahrnehmung übernommen (vgl. *Kreissl* 1986, 204), so daß sich eine Spezialisierung der Mitglieder der Einweisungskommissionen anbot.

So ist der Soziologe in den beiden Einweisungsanstalten in Nordrhein-Westfalen bei Angehörigen von Randgruppen (z. B. Ausländer) und Subkulturen, bei Gruppen- bzw. organisierter Kriminalität sowie bei Wirtschaftsstraftätern zuständig.

11.2.2 Behandlung

Behandeln, im Behandlungsvollzug als Betreuung des einzelnen Gefangenen verstanden, bedeutet für den Soziologen auch die Behandlung bzw. Einbeziehung von Mitarbeitern und Mitarbeitergruppen. Als Behandler sollte der Soziologe seine Außenseiterrolle verlassen und selber „Hand anlegen". Dieses kann er eher aus einer Position der Linie heraus als aus einer Stabsposition. Außerdem kann er so durch Modellverhalten (vgl. *Bandura* 1970) und Richtlinienkompetenz in Behandlungsbereiche hineinwirken, die ihm nicht unmittelbar zugänglich sind.

11.2.2.1 Schaffen von Rahmenbedingungen

Rahmenbedingungen oder das „setting", in dem Behandlung vollzogen wird, hat Einfluß auf die Art der Behandlung (vgl. *Sagebiel* 1979, *Katein, Kury* und *Waldert* 1986). Insofern sind die Rahmenbedingungen Variable der Behandlung, die es zu optimieren gilt.

Als Beispiel sei hier der schon erwähnte Sanktionskatalog genannt, der abgeschafft wurde zugunsten von Einzelfallentscheidungen, in denen die jeweils individuelle Situation des Klienten berücksichtigt wird.

Doch die Änderung von Rahmenbedingungen allein reicht häufig nicht, sofern nicht auch über deren Einhaltung gewacht und diese durchgesetzt wird. Hier sollte der Soziologe sich nicht damit begnügen, Veränderungen anzustoßen, sondern gemeinsam mit allen Mitarbeitern sie umsetzen. Das heißt in dem genannten Beispiel:

- Klienten über Änderungen aufklären
- bei neuen Regelverstößen Mitarbeiterreaktion transparent machen.

11.2.2.2 Integration der Behandlungsbereiche

Ein weiteres Anliegen des Soziologen ist es, die verschiedenen Behandlungsbereiche (Arbeit, Schule, Ausbildung, Therapie, Freizeit, Außenkontakte) nicht isoliert voneinander zu betrachten, sondern zu integrieren.

So werden die Bereiche „Therapie" und „Außenkontakte" zusammengeführt, indem interessierte Fachkundige (z. B. Mitarbeiter anderer Anstalten, Studenten, externe Drogenberater) mit interessierten Klienten zusammentreffen. Zu solchen Gesprächen stellen sich meist therapieerfahrene und eher selbstbewußte Klienten, die ihrerseits die Gespräche aktiv gestalten. Die Besucher konfrontieren die Klienten zwangsläufig mit ihren Wertvorstellungen. Wollen die Klienten verstanden werden, so müssen sie sich darauf einstellen. Auf diese Weise können sie das Spektrum ihrer Erklärungsmuster erweitern, wie es ihnen nach der Entlassung nur behilflich sein kann.

Ein zweites Beispiel sei die Hineinnahme des Urlaubes in das Therapiegeschehen. Urlaub wird so zum Außentraining sich wandelnder Verhaltens- und Einstellungsmuster. Urlaub dient ferner der langsamen Ablösung von den Therapeuten.

Die Tätigkeit des Soziologen vollzieht sich

- unmittelbar im Kontakt mit Anghörigen der verschiedenen Behandlungsbereiche (Beispiel 1)
- mittelbar im Organisieren eines solchen Kontaktes
- in stetiger Sorge um die Gesamtbetrachtung des Insassen in seinen sozialen Bezügen (Beispiel 2).

11.2.2.3 Bearbeitung von Interaktionsstörungen

Zur Behandlung gehört auch die Bearbeitung von Interaktionsstörungen zwischen den verschiedenen Gruppen, insbesondere zwischen
Insassen – Mitarbeitern
Mitarbeitern – Öffentlichkeit
Insassen – Öffentlichkeit

Während die Schwierigkeiten zwischen Insassen und Mitarbeitern im täglichen Umgang miteinander aufgearbeitet oder zumindest immer wieder thematisiert werden können, gestaltet sich die Einbeziehung der Öffentlichkeit schon schwieriger. Diesen äußerst sensiblen Bereich, der außer bei der pflichtgemäßen jährlichen Pressekonferenz nur bei besonderen Vorkommnissen, die dann häufig als Versagen des Vollzuges dargestellt werden, in Erscheinung tritt, könnte der Soziologe verbessern helfen.

So sah es die Autorin als eine Möglichkeit an, in einem begrenzten, ihr zugänglichen Ausschnitt von Öffentlichkeit für die Belange des Strafvollzuges und seiner Insassen um Verständnis zu werben. Sie gestaltete gemeinsam mit Insassen und interessierten Bürgern in einer Kirchengemeinde eine öffentliche Diskussion. So konnte ein Anfang gemacht werden, um gegenseitige Feindbilder abzubauen.

11.3 Leitung

Wenn auch die im Alternativentwurf vorgeschlagene Form der kollegialen Anstaltsleitung mit der Beteiligung eines Diplomsoziologen oder einer entsprechend akademisch gebildeten Fachkraft (vgl. Alternativentwurf zum Strafvollzugsgesetz) nicht ins StVollzG übernommen worden ist, so haben sich doch einige Bundesländer die Kompetenz der Fachdienste, so auch der Soziologen, zunutze gemacht und sie mit Leitungsfunktionen innerhalb der Linie betraut (vgl. *Schneider* 1984, 141). So leitet in Hamburg ein Soziologe eine Jugendstrafanstalt, ein anderer eine sozialtherapeutische Anstalt. In anderen Bundesländern gilt dagegen nach wie vor das Juristenmonopol für Leitungstätigkeiten.

11.4 Aus- und Fortbildung

11.4.1 Anstaltsinterne Aus- und Fortbildung

Während unter anstaltsinterner Ausbildung in erster Linie die Ausbildung des allgemeinen Vollzugsdienstes innerhalb einer Anstalt verstanden wird, an der der Soziologe wie unter 4.2. aufgeführt beteiligt ist, kann anstaltsinterne Fortbildung andere Formen annehmen.

So wurde in Nordrhein-Westfalen zur Vorbereitung der in § 154 StVollzG genannten Pflicht zur Zusammenarbeit eine Tagungsreihe „Kommunikation und Kooperation" konzipiert, die sich jeweils an Mitarbeiter einer Organisationseinheit wendet. Indem alle Mitarbeiter einbezogen werden, können verbindliche Kooperationsstrategien entwickelt werden. Fortbildung bleibt so nicht im „Sandkastenspiel" stecken. Soziologen arbeiten sowohl am Konzept als auch im interdisziplinären Trainerteam mit. Dieses Team rekrutiert sich wie die Teilnehmer aus unterschiedlichen Dienstbereichen, vom Vertreter des allgemeinen Vollzugsdienstes bis zum Juristen. Voraussetzung ist, daß die Trainer nicht als solche in der eigenen Anstalt tätig werden.

11.4.2 Anstaltsexterne Aus- und Fortbildung

Diese Art der Aus- und Fortbildung findet in erster Linie an der Strafvollzugsschule oder einer Fachhochschule statt. Soziologen unterrichten in den Fächern Soziologie, Kriminologie sowie Sozialpsychologie. Daneben gestalten sie Fortbildungsreihen oder einzelne Tagungen zu Themen wie:

- Entstehungszusammenhänge von abweichendem Verhalten und Kriminalität
- täter- und gesellschaftsorientierte Kriminalitätstheorien
- Sozialstruktur einer JVA
- sozialpsychologische Abläufe einer JVA
- Strafvollzug und Gesellschaft
- Drogenabhängigkeit

11.4.3 Organisation von Aus- und Fortbildung

Hinzu kommt die Organisation der jeweiligen Maßnahmen mit den entsprechenden Koordinierungsaufgaben und der Erarbeitung von Curricula:

- Erarbeitung von fachspezifischen und Mitwirkung an fachübergreifenden Curricula
- Koordinierung verschiedener Aus- und Fortbildungsmaßnahmen
- Koordinierung der Lehr- und Lehrplangestaltung
- Koordinierung zwischen Ausbildungsstätte und Anstalt

11.5 Kriminologische Forschung

Forschung innerhalb der Institution für die Institution setzt sich immer dem Vorwurf aus, sie sei „Staatsforschung" und somit nicht mehr unabhängig (vgl. *Brusten* 1983 und *Driebolds* Wiederlegungen 1983). Eine Untersuchung von 120 Projekten angewandter Sozialforschung in den Niederlanden hat u. a. ergeben, daß der institutionell-organisatorische Nutzen höher liegt, wenn der Sozialforscher innerhalb der Organisation beschäftigt ist (vgl. *Schneider* 1985, 29 f). Die seinerzeit von *Eva Rühmkorf* (1973) beschriebenen Reibungspunkte zwischen Forschung und Praxis im Strafvollzug prägen heute die Zusammenarbeit zwischen Strafvollzug und Universität nicht mehr. Dafür tritt nun als Mittler oder aus Sicht der Anstalten als Puffer der Kriminologische Dienst ein (vgl. *Steinhilper* 1983b und *Dolde* 1987). Mit der gesetzlichen Regelung über diesen Kriminologischen Dienst (§ 166 StVollzG) wurde dem Einsatz von Soziologen ebenso Vorschub geleistet wie mit der Erprobungsphase der Sozialtherapie. Im Gegensatz zu den Universitäten, die vorrangig Grundlagenforschung betreiben, ist die Hauptaufgabe des Kriminologischen Dienstes die praxisorientierte Bedarfsforschung. Diese schlägt sich nieder in

- Untersuchungen zu besonderen Behandlungseinrichtungen (insbesondere Sozialtherapie) in Form von organisationsanalytischen Arbeiten oder Evalutionsstudien zum Resozialisierungserfolg (vgl. *Lange* 1983)
- Rückfalluntersuchungen
- Untersuchungen zur Drogenproblematik, Entlassungssituation, zum Freizeitverhalten von Gefangenen, Freigang
- der Erprobung von Modellen zur Kriminalitätsvorbeugung und Resozialisierung.

Bei größeren Forschungsvorhaben ist die Zusammenarbeit von wissenschaftlichen Forschungseinrichtungen und Kriminologischem Dienst unerläßlich.

Auswirkungen sozialwissenschaftlicher Forschung zeigen sich nach *Kreissl* (1986) in einer differenzierten Betrachtung von Straftätern und Vollzugsformen. Er nennt dies die „sozialwissenschaftliche Modernisierung der Buchhaltung" im Strafvollzug. Die Differenzierung und Verwissenschaftlichung, d. h. Durchdringung mit sozialwissenschaftlichem Wissen, das empirisch zu untermauern ist, führt zu einem Prozeß der Ablösung von formalrechtlichen hin zu mehr behandlungsorientierten Kriterien bei der Beurteilung abweichenden Verhaltens.

Eine weitere Auswirkung sozialwissenschaftlicher Forschung ist allerdings vertan: ihre Anwendung bei der Gesetzgebung. Hier hat *Gerda Wieland* (1978) aufgezeigt, welche „Alltagstheorien" bei der Formulierung des Strafvollzugsgesetzes verwendet wurden und wie sie nach sozialwissenschaftlichen Kriterien hätten formuliert werden können.

Diejenigen Soziologen, die in keinem Forschungsprojekt tätig sind, können dennoch ihre Kenntnis der Methoden empirischer Sozialforschung für anstaltsinterne, kurzfristige Fragestellungen nutzen (um die „Buchhaltung" weiterzuschreiben, was besonders für die Jahresberichte sinnvoll sein kann).

11.6 Zusammenfassung

Nach der Beschreibung so unterschiedlicher Arbeitsbereiche mag man sich fragen, was denn eigentlich die spezifisch soziologische Fachkompetenz ausmache. Neben fachlicher und administrativer scheinen bei einer Reihe von Soziologen die soziale Kompetenz (vgl. *Hartmann* 1986, 6) oder die interaktiven Fähigkeiten (vgl. *Kreissl* 1986, 202) besonders ausgeprägt zu sein. Dies mag sich dadurch erklären, daß außer im Kriminologischen Dienst völlig unklare Erwartungen an diese Berufsgruppe bestehen (vgl. *Witjes-Kallabis* 1976, 87).

Zumindest im Anfangsstadium soziologischer Tätigkeit besteht das Problem darin, daß andere Berufsgruppen dem Soziologen zunächst nur solche Aufgaben überlassen, die sie von jeher nur nebenbei übernommen haben. Erst im Laufe der Zeit erarbeitet er sich spezifische Aufgabengebiete (vgl. *Heuschkel* 1980) und weckt damit auch Bedürfnisse seitens des Dienstherrn.

Anders als Arzt oder Psychologe hat der Soziologe keinen Bereich professionellen Handelns für sich abgegrenzt, für den er das Monopol beansprucht und dessen Zugang er durch Vergabe von Lizenzen und Zertifikaten regelt. Seine Kompetenz bezieht sich darauf, daß er den Gefangenen auf dem gesellschaftlichen Hintergrund seiner individuellen Geschichte und den Mitarbeiter auf dem Hintergrund seiner Einbettung in organisatorische Bezüge mit ihren Auswirkungen sieht. Seinen Beitrag leistet der Soziologe in Teamarbeit und fügt damit den vorhandenen Einstellungen und Handlungsmöglichkeiten eine weitere Dimension hinzu.

Für die vollzugliche Alltagsarbeit ist der Soziologe wie auch andere Fachdienste qua Ausbildung (mit Ausnahme des Kriminologischen Dienstes) noch nicht qualifiziert. Er wird es erst durch zusätzliche Qualifikationen, die er sich im Arbeitsfeld selbst erarbeitet oder durch Zusatzausbildungen aneignet. So kann er als Experte in dem einen und anderen Bereich eingesetzt werden. Oder er bearbeitet als „Generalist" die anfallenden Arbeiten im Bereich Planung, Organisationsberatung (bei Struktur- und Ablaufproblemen innerhalb der Anstalt), Auswertung, Leitung von Aufnahmeabteilung, Unterricht bzw. Organisation von Fortbildungsveranstaltungen und Gruppenarbeit mit Insassen (vgl. *Maetze* 1983). Als solch vielseitig einsetzbarer Fachdienst wäre er an jeder größeren Anstalt wünschenswert.

Die Ansiedlung des Soziologen in der Hierarchie, wird in den Bundesländern unterschiedlich gehandhabt. So kann er sich im Stab als „relativer Außenseiter", entlastet von alltäglich sich drängender Arbeit, die kritische Distanz und damit professionelle Identität bewahren.

Bei der Aufrechterhaltung professioneller Identität spielt die Standesorganisation eine große Rolle. So haben sich einige Soziologen in der Bundesarbeitsgemeinschaft der Soziologen im Strafvollzug (BAGS) beim Bundeszusammenschluß für Straffälligenhilfe e. V. sowie in der Sektion Kriminalpolitik/Strafvollzug des Berufsverbandes deutscher Soziologen (BDS) organisiert.

Oder er geht als Praktiker innerhalb der Linie den Weg der kleinen Schritte, gerüstet mit institutioneller Macht, doch in der Gefahr, vom Arbeitsfeld aufgesogen zu werden, den Kontakt zur eigenen Disziplin und damit u. U. sogar seine Identität als Soziologe zugunsten einer neuen Identität zu verlieren (vgl. *Kreissl* 1986).

12. Der Kriminologische Dienst*

12.1 Entstehung und Bewertung

Das Strafvollzugsgesetz sieht in § 166 einen Kriminologischen Dienst vor (ähnlich Nr. 109 der VVJug). In der Strafvollzugspraxis der Bundesrepublik Deutschland ist diese Einrichtung jedoch noch nicht zu einem Instrument geworden, das den Justizvollzug „wissenschaftlich fortentwickeln und die Ergebnisse der Forschung für Zwecke der Strafrechtspflege nutzbar machen" könnte. Dies liegt in erster Linie an dem Gesetzgeber selbst, der den Kriminologischen Dienst (zur Geschichte s. *Oberthür* 1976 mwN) im Strafvollzugsgesetz nicht als Mußaufgabe verankert hat; er hat es den einzelnen Landesjustizverwaltungen vielmehr selbst überlassen, ob und in welchem Umfange sie eine solche Organisationseinheit nach ihren finanziellen und personellen Möglichkeiten einrichten (BT-Drucks. 7/3998, 47).

Obgleich die Notwendigkeit eines Kriminologischen Dienstes für den Gesetzgeber außer Frage stand, haben die Landesjustizverwaltungen den Kriminologischen Dienst bisher nur spärlich ausgebaut. Als das Strafvollzugsgesetz 1977 zahlreiche Neuerungen einführte, wurden zunächst vorrangig andere Aufgaben in Angriff genommen; der Kriminologische Dienst wurde einstweilen weitgehend zurückgestellt. Heute hat sich die Finanzlage verschlechtert. Es steht daher zu befürchten, daß das vom Gesetzgeber gewünschte Instrumentarium auf absehbare Zeit nicht weiter ausgebaut wird. Dabei knüpft der Kriminologische Dienst an einen Grundgedanken schon aus dem vergangenen Jahrhundert an. Auch die Alternativprofessoren (§§ 37 – 39 AE – StVollzG) hatten eine ständige und einflußreiche Organisation gefordert, die Wissenschaft und Forschung eine deutliche Gestaltungsmöglichkeit verschafft hätte, um den Strafvollzug zu verbessern (grundlegend zur empirischen Forschung und Strafvollzug *Müller-Dietz* 1976; s. auch *Schaller-Schmidtke* 1981, 125 ff; zu kriminologischer Forschung und Kriminalpolitik s. *Schwind* 1981, 80 ff).

12.2 Bisheriger Ausbaustand

In den einzelnen Bundesländern ist der Kriminologische Dienst sehr unterschiedlich organisiert und ausgebaut (s. *Schwind/Böhm* § 166 StVollzG Rdn 2 – 5; *Steinhilper* 1983b, 95 ff). Nordrhein-Westfalen z. B. hat eine Arbeitsgruppe eingerichtet und darüber hinaus neuerdings auch eine „Kriminologische Datei" geschaffen. Baden-Württemberg und Rheinland-Pfalz haben Vollzugsanstalten mit Aufgaben des Kriminologischen Dienstes betraut; in Bayern, Berlin, Bremen, Hamburg, Hessen und im Saarland sind jeweils ein oder mehrere Referate innerhalb der Strafvollzugsabteilung im Ministerium zentral für den Kriminologischen Dienst mit zuständig. In Niedersachsen wurde 1979 im Justizministerium die Referatsgruppe „Planung, Forschung, Soziale Dienste"

* *Gernot Steinhilper*, Dr. jur., 1943 geboren, studierte Jura an den Universitäten Göttingen, Erlangen, Berlin, Heidelberg; Promotion 1971; Assessor-Examen 1972; Mitarbeiter des „Kriminalistischen Instituts" des Bundeskriminalamtes (Wiesbaden) bis 1978; bis 1987 im Niedersächsischen Ministerium der Justiz als Ltd. Minsterialrat tätig (Leiter einer Referatsgruppe) und Lehrbeauftragter an der Universität Hannover.

geschaffen, in der Wissenschaftler unterschiedlicher Fachrichtungen und Praktiker Aufgaben des Kriminologischen Dienstes wahrnehmen (vgl. die Beiträge in der Schriftenreihe „Krimologische Forschung"). Inzwischen ist diese Referatsgruppe Teil der Abteilung „Justizvollzug und Forschung" des Ministeriums.

Personell und finanziell ist der Kriminologische Dienst (abgesehen von Niedersachsen, Baden-Württemberg und Nordrhein-Westfalen) nach wie vor sehr dürftig ausgestattet. Er befaßte sich bisher (in Eigen- oder Auftragsuntersuchungen) schwerpunktmäßig mit der Rückfälligkeit Strafgefangener, mit Wirkungsanalysen zu sozialtherapeutischen Modellversuchen, Erhebungen zur Drogenproblematik im Strafvollzug, Untersuchungen zum Freizeitverhalten von Gefangenen des Kurzstrafenvollzugs, zur Entlassungssituation, zum Freigang und anderen Vollzugslockerungen, zur Untersuchungshaft, zu Aus- und Fortbildung im Strafvollzug sowie zur Schuldensituation nach der Entlassung und zur Ersatzfreiheitsstrafe. Darüber hinaus wurden Modelle zur Kriminalitätsvorbeugung und Resozialisierung (einschließlich Entlassenenhilfe) erprobt.

Trotz dieser Erfolge in Einzelbereichen bleibt kritisch anzumerken, daß § 166 StVollzG nach wie vor überwiegend Programm geblieben ist.

Dabei wäre es nicht notwendig, in jeder Anstalt (unabhängig von ihrer Größe) einen Kriminologischen Dienst vorzusehen. Sinnvoller ist es, jeweils in der obersten Landesbehörde ein interdisziplinäres Team einzurichten, das projektbezogen in dem nachgeordneten Bereich (insbesondere in den Vollzugsanstalten) geeignete Mitarbeiter als Ansprechpartner hat. Dadurch kann der Zugang zu Daten, Informationen und Arbeitsabläufen der Praxis erheblich erleichtert werden (zu den „datenschutzrechtlichen Problemen kriminologischer Forschung" s. die Beiträge der gleichnamigen Tagung der „Kriminologischen Zentralstelle" Wiesbaden vom 4. – 6. 3. 1987). Gelingt es, Praktiker in die Arbeiten des Kriminologischen Dienstes mit einzubeziehen, kann der Praxisbezug schon bei der Planung berücksichtigt und eine Praxisverwertbarkeit der Ergebnisse eher garantiert werden.

12.3 Aufgaben und Chancen des Kriminologischen Dienstes

Der Kriminologische Dienst hat mehrere Arbeitsfelder (s. *Steinhilper* 1983 und 1986, 61 ff; ferner neuerdings *Dolde* 1987, 16 f).

a) Kriminologische Eigenforschung

Der Kriminologische Dienst sollte grundsätzlich selbst forschen, d. h. die praxisrelevanten Fragen stellen, die dafür erforderliche Forschung planen, die Daten erheben und auswerten und die Ergebnisse umsetzen. Inhaltlich kann sich der Kriminologische Dienst dabei nahezu mit allen Fragen in und um den Strafvollzug befassen (bis hin zu Untersuchungen zu Alternativen zum Strafvollzug). Um zu einem sinnvollen Behandlungsvollzug im Sinne des Gesetzes zu kommen, müßte die Erfolgsbeurteilung einzelner Maßnahmen im Strafvollzug wesentliche Aufgabe des Kriminologischen Dienstes sein. Kosten-Nutzen-Gesichtspunkte sollten dabei nicht außer acht gelassen werden (s. dazu neuerdings *Dünkel* 1987). Auch Vergleiche zwischen ambulanter Straffälligenhilfe und stationären Maßnahmen sind nicht auszuschließen.

b) Veranlassung von Fremdforschung

Der Kriminologische Dienste wird personell und finanziell kaum in der Lage sein, alle klärungsbedürftigen Fragen der Praxis selbst wissenschaftlich untersuchen zu können. In diesen Fällen liegt es nahe, Untersuchungsaufträge an Dritte weiterzugeben oder praxiserhebliche Fragen an die Wissenschaft heranzutragen, damit diese sie systematisch untersucht. Der Kriminologische Dienst sollte dabei gesprächs- und kooperationsbereit bleiben, damit im Laufe der Untersuchung eine ursprünglich praxisnahe, konkrete Frage nicht zu einem eher abstrakt-theoretischen Problem wird, dessen Lösung für die Praxis bedeutungslos ist.

c) Unterstützung von Fremdforschung

Forscher von Universitäten und vergleichbaren Einrichtungen tragen an die Strafvollzugspraxis häufig Forschungsanliegen heran und benötigen die Praxis als Untersuchungsfeld. Praktiker, die durch Datenerhebungen Mehrbelastungen für den Strafvollzug oder auch Störungen befürchten, zeigen dafür gelegentlich wenig Verständnis, insbesondere dann, wenn sie bei früheren Gelegenheiten sehr wohl kooperationsbereit waren, von den Forschungsergebnissen aber nie etwas gehört haben oder wenn der spätere Forschungsbericht zu abstrakt oder unverständlich war oder wenn das eigene Arbeitsgebiet so verzerrt interpretiert wurde, daß sich der Praktiker in dem Text kaum wiedererkennen konnte. Dem Kriminologischen Dienst eröffnet sich hierbei die Chance, zwischen dem Forschungsanliegen der Universitäten und den Bedürfnissen der Praktiker zu vermitteln. In der Vergangenheit gab es mehrfach Beispiele dafür, daß behördeninterne Forschungseinrichtungen externer kriminologischer Forschung zum Erfolg verholfen haben. Es besteht also weniger die Gefahr, daß der Kriminologische Dienst kriminologische Forschung von Universitäten verhindert; vielmehr übernimmt er eine Mittlerfunktion zwischen Wissenschaft und Praxis (zum Meinungsstreit behördeninterne gegen -externe kriminologische Forschung *Störzer* 1983, 69 ff mwN).

d) Praxisbegleitung

Seit jeher wird gefordert, Maßnahmen im, neben und auch nach dem Strafvollzug auf ihre Wirksamkeit hin empirisch zu überprüfen. Häufig werden Strafvollzugsmaßnahmen jedoch ohne wissenschaftliche Begleitung begonnen. Dies hat damit zu tun, daß die Praktiker dies zum Teil für entbehrlich halten; umgekehrt sind Wissenschaftler häufig an solchen Begleitstudien auch nicht interessiert. Es liegt daher nahe, daß sich der Kriminologische Dienst um die wissenschaftliche Begleitung neu eingeführter Programme kümmert. Das gilt nicht nur bei Gesetzesänderungen, sondern auch für Maßnahmen, die im Justizvollzug praktisch erprobt werden. Zusammenarbeit mit externen Forschern erscheint dabei unumgänglich.

e) Wissensvermittlung

Die Kriminologie hat zahlreiche Erkenntnisse erbracht; viele Ergebnisse sind jedoch nicht so aufbereitet, daß sie von der Praxis (Sachbearbeiter, Führungspersonal oder politischer oder administrativer Entscheidungsträger) verstanden und umgesetzt werden können. Aufgabe des Kriminologischen Dienstes ist es daher, kriminologische Forschungsergebnisse daraufhin zu überprüfen, wieweit sie in die Vorbereitung von Gesetzen, in die praktische Ausführung des Strafvollzugsgesetzes oder auch für Modellerprobungen genutzt werden können. Diese Mittlerfunktion wird vom Wissenschaftler häufig unterschätzt. Die Vollzugspraxis ist jedoch begierig, verläßliche und verwertbare Informationen zu erhalten, um mehr Entscheidungs- und Verhaltenssicherheit bei Einzelfällen zu erlangen. Die Erkenntnisvermittlung bietet damit zugleich die Chance der Praxisgestaltung.

f) Modellerprobung
Zur Fortentwicklung des Strafvollzuges gibt es immer wieder Anstöße aus Wissenschaft und Praxis. Eine verantwortungsvolle Aufgabe des Kriminologischen Dienstes ist es, aus der Fülle solcher Anregungen, Ideen, Vorschläge, Pläne und Initiativen das Umsetzbare herauszufiltern und in der Praxis zu erproben. Modellerprobungen sind nach bisherigen Erfahrungen immer dann sinnvoll, wenn sie nicht von Ausnahmesituationen ausgehen, sondern von Anfang berücksichtigen, daß die Ergebnisse später flächendeckend auch bei „Normalsituationen" umgesetzt werden müssen.

g) Warn- und Kritikfunktion
Der Kriminologische Dienst sollte nicht nur bei Überprüfung der Gesetzesanwendung mitwirken oder aufgrund seiner Erkenntnisse Gesetzesänderungen anregen. Im Sinne einer kritischen Beratung kommt ihm auch die Aufgabe zu, vor Maßnahmen zu warnen, die schädliche Nebenwirkungen befürchten lassen. Was politisch vernünftig erscheinen mag, kann kriminologisch widersinnig sein. Insoweit sollte der Kriminologische Dienst auch vor Kritik nicht zurückschrecken. Kritik sollte dabei empirisch abgesichert sein. Im Extremfall kann die Beratungsaufgabe des Kriminologischen Dienstes soweit gehen, auch die Rücknahme oder Korrektur einer Regelung anzuregen.

h) Sonstige Aufgaben
Kriminalpolitische Enscheidungen gehen oft verschlungene Wege. Diskussionen in den Ausschüssen der Parlamente, bei Parteigremien und Vorlagen in den Fachabteilungen der Ministerien sind häufig Anlaß für Neuerungen. Der Kriminologische Dienst müßte daher darauf achten, auch insoweit gehört zu werden. Seine Stellungnahmen sollten daher auch einfließen in die Beantwortung von Anfragen in den Landtagen, bei Ausschußvorlagen, Presseerklärungen und anderen Verlautbarungen zum Strafvollzug. Schließlich ist die Aus- und Fortbildung ein sehr weites Feld, bei dem sich der Kriminologische Dienst einbringen sollte.

Eher zu warnen ist vor einem unstrukturierten Sammeln von Daten über Tat, Täter, Vollzugsmaßnahmen etc. auf Vorrat (kritisch auch *Kaiser* 1982, 12 ff). Erfolgversprechender ist es, projektbezogen nach Vorgabe eines Auswertungskonzeptes gezielt Informationen zu erheben.

13. Anstaltsarzt und ärztliche Versorgung*

13.1 Die Situation der hauptamtlichen Vollzugsärzte in der Bundesrepublik

Etwa 60 000 Untersuchungs- und Strafgefangene der Bundesrepublik werden zur Zeit von rund 100 hauptamtlichen beamteten und angestellten Vollzugsärzten und außerdem von einer fluktuierenden, bindend nicht erfaßbaren Zahl von Vertragsärzten versorgt. In der angegebenen Zahl der hauptamtlich tätigen Vollzugsärzte sind auch bereits die an sogenannten Vollzugskrankenhäusern eingesetzten Ärzte erfaßt. Die Vertragsärzte sind überwiegend nur für Stunden in den Einrichtungen des Strafvollzuges tätig und im allgemeinen außerhalb dieser Zeit nur beschränkt verfügbar.

Bei dieser Ausgangssituation kann deshalb ein ärztlicher Dienst „rund um die Uhr" nicht mehr in allen Einrichtungen des Strafvollzuges befriedigend aufrechterhalten werden. Dies hat in vielen Vollzugsanstalten zu einer nicht zulässigen Überforderung des Krankenpflegepersonals und zu nicht vertretbaren Risiken geführt. In diesem Zusammenhang muß auf die Richtlinien des Bettenschlüssels für Krankenhäuser verwiesen werden, wonach im Durchschnitt – auf eine differenzierte Betrachtung im einzelnen kann hier verzichtet werden – von einem Arzt maximal 10 – 15 Krankenbetten zufriedenstellend versorgt werden können. In den meisten Vollzugskrankenhäusern liegt der Bettenschlüssel heute bei über 30 Betten pro Arzt.

Wenn es auch gelungen ist, in letzter Zeit die Mehrzahl der offenen Stellen im Strafvollzug zu besetzen, so handelt es sich häufig um sehr junge Ärzte, für die die Tätigkeit im Vollzug nur kurzfristig und vorübergehend ist, bis sich „etwas Besseres" findet. Im übrigen wird eine vollzugsärztliche Tätigkeit als sehr unattraktiv eingeschätzt. Hierfür gibt es verschiedene Gründe:

a) die außergewöhnliche seelische Dauerbelastung der Ärzte im Strafvollzug und ihre Frustration durch einen hohen Prozentsatz an aggressiv-abartigen menschlichen Verhaltensformen,
b) die Skepsis der Ärzte gegenüber einer juristischen Weisungsbefugnis im ärztlich-juristischen Grenzbereich. Die im Strafvollzugsgesetz niedergelegten Ausführungen zum ärztlichen Dienst sind nicht geeignet, diese Bedenken zu zerstreuen. Auch Vorkommnisse bezüglich Zwangsisolierung, Zwangsuntersuchung und Zwangsernährung bestimmter Gefangener und die im Anschluß daran entstandene Diskussion zwischen Ärzteschaft und ihren Standesorganisationen auf der einen Seite und Justizministerium und nachgeordneten Juristen im Strafvollzug auf der anderen Seite, die in der Presse ein breites Echo fanden, haben gezeigt, wie berechtigt die Skepsis der Ärzte ist,

* *Dietrich Zettel*, geb. 1939, studierte 1959 bis 1965 Medizin und Philosophie an den Universitäten Freiburg, Erlangen und Hamburg; 1965 Staatsexamen Medizin in Hamburg; 1968 Approbation und Promotion in Göttingen; ebenfalls 1968 Pflichtdienstzeit bei der Bundeswehr als Stabsarzt; von 1968 bis 1972 Weiterbildung als wissenschaftlicher Assistent an der Medizinischen Hochschule Hannover in Epidemiologie und Sozialmedizin; seit Ende 1972 Leitender Arzt an der JVA Hannover (Medizinaldirektor); von 1971 bis 1974 nebenamtliche Dozentur für Sozialmedizin in der FHS für Sozialwesen in Hannover; 1972 bis 1975 Weiterbildung im Fach Arbeitsmedizin; seit 1986 Teilnahme an der Hauptvorlesung Sozialmedizin in der MHH.

c) die Gefahr der Markierung des Vollzugsarztes aus der Sicht des kranken Gefangenen als „Erfüllungsgehilfe" der Justiz und die daraus entstehenden Konsequenzen für das Selbstverständnis des Arztes und seiner Arbeit,
d) eine Abneigung der Ärzte gegen institutionelle ärztliche Verwaltungsarbeiten, insbesondere den Schriftverkehr mit juristischen Instanzen,
e) das Fortbestehen unfreundlicher, veralteter und unzureichend ausgestatteter ärztlicher Einrichtungen und unzulänglicher persönlicher Arbeitsräume (sog. „Sperrmüllpraxis"),
f) eine bei der Registrierung dieser von der ganzen Ärzteschaft erkannten schweren Arbeitsbedingungen äußert unattraktive Besoldung, wodurch der Anstaltsarzt häufig gezwungen ist, sich Nebenverdienste zu suchen. Bei vergleichbarer Inanspruchnahme liegen die Einkommensverhältnisse bei älteren Assistenzärzten, Oberärzten oder Chefärzten in Krankenhäusern erheblich höher, bei niedergelassenen Ärzten um das Zwei- bis Mehrfache, als bei dem in der Regel beamteten Vollzugsarzt.

13.2 Die Versorgungssituation der Vollzugsanstalt Hannover

Der ärztliche Dienst in der JVA Hannover ist in seiner Grundkonzeption einer Gemeinschaftspraxis ähnlich, die in kollegialer Zusammenarbeit von 3 Allgemeinmedizinern (1 Halbtagsstelle, 1 Psychiater mit Psychotherapieausbildung, 1 Röntgen- und medizinisch-technischen Assistentin, 1 Masseur und 15 Krankenpflegern bzw. Krankenpflegehelfern) betrieben wird. Betreut werden im Durchschnitt ca. 900 Gefangene, darunter ca. 25 % Untersuchungsgefangene und ca. 5 % weibliche Gefangene. Infolge der besonderen psychischen Situation der Inhaftierung und der überwiegenden Herkunft aus der Unterschicht nehmen unsere Patienten den ärztlichen Dienst weit häufiger in Anspruch, als es sonst in einer Allgemeinpraxis üblich wäre.

13.2.1 Der ärztliche Stab

Der leitende Arzt der JVA Hannover besitzt eine Fachausbildung in den Fächern Arbeits- und Sozialmedizin einschließlich mehrjähriger Hochschullehrerfahrung, jedoch keine Fachausbildung in innerer Medizin oder Psychiatrie sowie auch kein Amtsarztdiplom. Der Vertreter des leitenden Arztes ist Psychiater und besitzt eine psychotherapeutische Fachausbildung. Eine weitere Allgemeinmedizinerstelle ist durch eine jüngere Ärztin besetzt, die nach ihrer Universitätsausbildung keine weitere klinische oder praktische Erfahrung sammeln konnte; eine nebenberufliche Arztstelle ist halbtags durch einen erfahrenen Praktiker auf Stundenhonorarbasis besetzt. Wir sind natürlich auch noch auf die Mitarbeit anderer Fachkollegen angewiesen, wobei es unser Bestreben ist, möglichst viele Facharztsprechstunden innerhalb der Anstaltsmauern anzubieten, um Ausführungen und Vorführungen zu sparen. Folgende Facharztsprechstunden finden in der Anstalt statt:

HNO-Arzt, Urologe, Orthopäde, Pneumologe, Dermatologe (mit allergologischer phlebologischer und proctologischer Zusatzausbildung) und eine Zahnarztsprechstunde. Letztere findet 3 x wöchentlich, alle anderen etwa 2 x monatlich statt. Weiterhin verfügen wir über eine Abteilung für Krankengymnastik, Massage und physikalische Therapie, ein mittleres internistisches Labor und eine neuere Röntgeneinrichtung.

13.2.2 Die Lazarettstation

Neben den praxisähnlichen ambulanten Einrichtungen verfügt die JVA Hannover über eine „Lazarettstation" von 30 Betten, die weitgehend Krankenhauscharakter besitzt, da wegen der Überlastung und personellen Unterbesetzung des einzigen niedersächsischen Anstaltskrankenhauses in Lingen klinische Behandlungen häufig per „Ausführung" oder Kurzeinweisung in öffentliche Krankenhäuser mit anschließender klinischer Nachbehandlung in der Lazarettstation oder auch ganz in der Lazarettstation unter Hinzuziehung von Fachärzten umliegender Krankenhäuser durchgeführt werden. Ca. 15 Betten der Station sind ausschließlich psychiatrischen Fällen vorbehalten, die sich aus ganz Niedersachsen hier sammeln.

13.2.3 Multifunktionalität der JVA Hannover

Besondere Belastungen für den Anstaltsarzt ergeben sich in Hannover aus der Multifunktionalität der Anstalt: Die Justizvollzugsanstalt Hannover ist zugleich zentrale Untersuchungshaftanstalt Niedersachsens, Strafanstalt für Mittelstrafige ($^1/_2$ – 6 Jahre), zentrale Aufnahmestation und Verteileranstalt, Lehrhaftanstalt für Resozialisierungsfälle mit mehreren Lehr- und Anlernberufszweigen, Schulanstalt mit Sonderschul-, Volksschul- und Realschulzweigen, Freigängeranstalt für an freien Arbeitsplätzen auszubildende oder arbeitstätige Gefangene. Zudem besteht eine zentrale Lazarettstation, die, wie oben erläutert, teilweise bereits klinische Funktion hat und in wachsender Anzahl kranke, psychisch auffällige oder auch besonders schwierige Gefangene von anderen kleinen niedersächsischen Anstalten übernimmt. Schließlich hat die Justizvollzugsanstalt Hannover auch noch eine Art Auffangfunktion für überlaufende andere Anstalten, weshalb hier Massenunterkünfte immer wieder eingerichtet werden müssen. Die Überbesetzungsquote kann dann bis auf über 130 % steigen; in der Regel liegt sie bei 115 %, d. h. 850 – 1000 Gefangene bei ursprünglich 750 vorgesehenen Haftplätzen.

Diese Multifunktionalität der Anstalt hat auf das Vollzugsklima einen außerordentlich ungünstigen Einfluß. Sowohl die Arbeit der Bediensteten als auch die Unterbringung der Gefangenen in sehr freundlich ausgestatteten und personell durch akademische und halbakademische Hilfskräfte unterstützten „Vollzugsgruppen" ist erheblich angenehmer als in den Abteilungen des „Regelvollzuges" oder gar in einem Massenquartier mit über 50 Gefangenen in 2 Räumen. Diese praktische Erfahrung wird von neueren vollzugskundlichen und kriminologischen Erkenntnissen anderer europäischer Länder gestützt, die besagen, daß verschiedene Vollzugsformen und Vollzugsfunktionen stets auch örtlich getrennt werden sollten. Um dieser Forderung Rechnung zu tragen, wird derzeit versucht, in der Justizvollzugsanstalt Hannover immer mehr auf räumliche Trennung der verschiedenen Abteilungen zu achten und auch durch An- und Umbauten diese räumliche Trennung zu fördern.

Alle genannten Vollzugsfunktionen erfordern ärztliche Mitarbeit in besonderer Weise. Hinzu kommen noch die arbeitsmedizinische Betreuung einschließlich Einstellungs-, Tauglichkeits- und Kontrolluntersuchungen von über 200 Bediensteten und allen arbeitenden und auszubildenden Gefangenen (500 – 600), Arbeitsplatzbegehungen und Sicherheitskontrollen.

13.2.4 Der Inhaftierte – ein schwieriger Patient

Es sollte auch nicht unerwähnt bleiben, daß, wie auch in anderen Anstalten, das Patientengut des Vollzugsarztes in Hannover durch die besondere Situation des Eingesperrtseins auf der einen Seite, aber auch in vielen Fällen durch die primäre Persönlichkeitsstruktur auf der anderen Seite, in der täglichen Sprechstunde an die Geduld, die Toleranz und die nervliche Belastbarkeit des Arztes besondere Anforderungen stellt. Kaum ein Arzt ist auf die Dauer bereit – das haben wir bei nebenamtlich tätigen Kollegen häufig gesehen –, sich von seinen Patienten täglich belügen, beschimpfen, bedrohen, nötigen oder gar gelegentlich tätlich angreifen zu lassen, was nun einmal zum „täglichen Brot" des Vollzugsdienstes gehört, ohne daß er sich solche Patienten – wie der Arzt „draußen" – durch die Ablehnung der Behandlung oder die Überweisung „vom Halse schaffen" kann.

13.3 Die Aufgaben des Anstaltsarztes

13.3.1 Behandlungsziel des Strafvollzuges

Laut § 2 StVollzG soll der Gefangene befähigt werden, „künftig in sozialer Verantwortung ein Leben ohne Straftaten zu führen". Für den Vollzugsmediziner bedeutet dies, daß er, wenn er schon dem Gefangenen in der Regel eine erfolgversprechende, rückfallpräventive – wie auch immer geartete – Sozio- oder Psychotherapie nicht bieten kann, doch versuchen sollte, nach den Regeln ärztlicher Kunst und mit dem gesamten ihm zur Verfügung stehenden Instrumentarium moderner Medizin sämtliche, auch lange vorbestehende chronische Leiden körperlicher oder psychosomatischer Natur zu beheben, die bei Fortbestehen das Wohlbefinden des Patienten beeinträchtigen könnten und zudem die spätere Arbeitsfähigkeit einschränken würden. Praktisch bedeutet das für uns Vollzugsärzte häufig, daß wir mit der grundsätzlichen Forderung des Vollzuges, so wirtschaftlich resp. so billig wie möglich zu arbeiten, in Konflikt geraten. Das derzeit praktizierte medizinische Versorgungssystem ist darauf aufgebaut, daß eine ärztliche Behandlung außerhalb des Vollzuges, d. h. in der Regel in Fachkliniken eigentlich nur dann vorgesehen ist, wenn die Vollzugstauglichkeit des Patienten nicht mehr gegeben ist, und das heißt wiederum, daß „nahe Lebensgefahr" bestehen muß. So ist es meistens sehr schwierig, bei Patienten, die an einer vorbestehenden körperlichen Behinderung oder chronischen Erkrankung leiden, eine stationäre Aufnahme in einem freien Krankenhaus zu erreichen (z. B.: eine schlecht verheilte Fraktur des Beines; eine nicht ausreichend versorgte Sehnenruptur der Hand; eine dauernd Beschwerden verursachende, bis auf die frühe Kindheit zurückreichende, die Gehörfähigkeit beeinträchtigende chronische Mittelohrvereiterung; eine entstellende, die Ventilationsfähigkeit der Nase beeinträchtigende, lange Jahre vorbestehende Nasenbeinfraktur; ein chronisches Meniscusleiden; ausgedehnte Hämorrhoiden oder Krampfadern an den Unterschenkeln, nur um einige häufige Beispiele zu nennen).

Alle diese Patienten werden auch dann von uns einer klinischen Behandlung zugewiesen, wenn die Leiden lange vor der Inhaftierung bereits bestanden, und auch dann, wenn sie sich durch Eigenverschulden und Nachlässigkeit des Patienten verschlimmert haben.

Die Schwierigkeit in solchen die Vollzugstauglichkeit des Patienten nicht wesentlich beeinträchtigenden und nicht hochakuten Fällen liegt in zwei Dingen: Einmal ist es schwierig, einen Kostenträger zu finden, da das Sozialamt nur dann für die Kosten eintritt, wenn Vollzugsuntauglichkeit vorliegt und wenn die Haft unterbrochen ist, was außerhalb der Kompetenz der Vollzugsanstalten liegt; zum anderen ist es schwierig, einen Patienten, der unter Bewachung stehen muß, in Krankenhäusern unterzubringen, da sich die Ärzte in den „freien" Krankenhäusern oft weigern, einen nicht akut kranken Patienten unter Bewachungsbedingungen aufzunehmen. So ist der Vollzugsarzt häufig gezwungen, mit einer solchen Einweisung dann so lange zu warten, bis tatsächlich aus dem chronischen ein akuter Krankheitsfall geworden ist, was die Heilungsprognose häufig verschlechtert, oder bis der Gefangene ein solches Vollzugsstadium erreicht hat, daß die Vollzugsbehörden meinen, einen Krankenhausaufenthalt ohne Bewachung verantworten zu können.

Aus dem hier genannten Beispiel wird auch deutlich, welche zentrale Stellung im sozialen Spannungsgefüge einer Vollzugsanstalt der Arzt einnimmt. Er muß einmal bestrebt sein, übertriebene Forderungen seiner Patienten nach Hinzuziehung von Spezialisten zu bremsen. Es gibt ja Gefangene, die buchstäblich wegen Blähungen, Schweißfüßen, einem einfachen Schnupfen u. a. Banalitäten sofort zum „Professor" gehen wollen. Andererseits muß er aber auch mit aller Energie berechtigte Forderungen nach Spezialisteneinsatz, häufig gegen den Widerstand von Vollzugsinstitutionen, durchzusetzen versuchen.

13.3.2 Die Zugangsuntersuchung

Die erste Bekanntschaft mit seinem zukünftigen Patienten macht der Arzt in der Vollzugsanstalt bei der Zugangsuntersuchung. Hier wird eine kurze Krankheitsvorgeschichte erhoben. Es wird nach früheren Krankenhausaufenthalten und nach besonderen Erkrankungen gefragt und die Anamnese schriftlich festgehalten. Dabei wird besonders auf etwa vorher durchgemachte Lungenkrankheiten, Geschlechtskrankheiten, Hepatitis, HIV-Infektionen, Suchten sowie auch Aufenthalte in psychiatrischen Kliniken und in Entzugskrankenhäusern geachtet. Die Anamneseerhebung wird im allgemeinen durch Befragung durchgeführt. Versuche, diese Befragung schriftlich durch standardisierte Erhebungsbögen durchzuführen, haben sich aufgrund der mangelnden Bereitschaft zur Mitarbeit und der erheblichen Anzahl von stark Minderbegabten nicht bewährt.

Besonders wird bei der Anamneseerhebung auch auf eine etwa vorhandene Suicidgefährdung geachtet. Vermehrt suicidgefährdet sind neben solchen Gefangenen, die an einer echten endogenen Psychose leiden, alle solche, die bereits früher Suicidversuche unternommen haben, solche, die eine Konflikt- oder Affekttat begangen haben, sowie auch Gefangene, die sich das erste Mal in Haft befinden. Der Arzt wird daher auch das Faktum (den Tatvorwurf) und die Straflänge versuchen zu erfragen. Bei allen suicidgefährdeten Gefangenen wird eine Gemeinschaftshaft speziell angeordnet und, falls erforderlich, ein antidepressiv wirksames Medikament für die erste Zeit verordnet.

Im Gegensatz zur Anamneseerhebung geht die eigentliche Zugangsuntersuchung im Regelfall recht rasch vonstatten, da es sich bei den meisten Neuzugängen ja um junge Menschen im Alter zwischen 20 und Ende 30 handelt. In Einzelfällen, wo es notwendig erscheint, kann sie aber auch recht ausführlich werden und durch Laboruntersuchungen, Röntgenuntersuchungen, Elektrokardiogramme und Vorstellungen bei Fachärzten unterstützt werden. Bei der Zugangsuntersuchung wird auch die Entscheidung über Bestehen der Vollzugstauglichkeit gefällt und auch der Grad der Arbeitsfähigkeit festgelegt. Eine sofortige Enthaftung wegen Vollzugsuntauglichkeit bei der Zugangsuntersuchung kommt in der Praxis recht selten vor; in der Justizvollzugsanstalt Hannover bei etwa 5 000 Zugängen pro Jahr im Durchschnitt nicht mehr als ein- bis zweimal im Jahr. Bei Verdacht auf Bestehen einer ansteckungsfähigen Tuberkulose wird sofortige Isolierung und Untersuchung durch einen Lungenfacharzt veranlaßt; falls sich der Verdacht bestätigt, wird die Überführung in das Vollzugskrankenhaus Lingen angeordnet, das über eine Lungenfachabteilung verfügt (während die interne und die chirurgische Abteilung derzeit keinen hauptamtlichen Arzt mehr haben). Neben medizinischen Dingen werden während des Zugangsgesprächs häufig auch Rechtsfragen erörtert, gelegentlich auch Kontakt zu dem zuständigen Richter, Staatsanwalt oder Rechtsanwalt aufgenommen.

In neuerer Zeit (seit Anfang 1985) wird bei der Zugangsuntersuchung auch das AIDS-Risiko erfragt, wovon die Entscheidung abhängig gemacht wird, ob ein HIV-Antikörpertest durchgeführt wird. Näheres dazu siehe in dem Kapitel Infektionskrankheiten.

13.3.3 Unterbringung der Gefangenen

Die Unterbringung der Gefangenen und die Ausstattung des Haftraumes wird in § 17 bis § 19 StVollzG geregelt. Da der Arzt auf die Unterbringung der Gefangenen Einfluß nehmen kann und auch besondere Möglichkeiten besitzt, auf die Ausstattung des Haftraumes einzuwirken, werden ihm diesbezüglich häufig Wünsche oder Forderungen der Gefangenen vorgetragen. So kann der Arzt Einzelhaft anordnen; er wird dies aber in der Regel nur tun, wenn der Gefangene es wünscht. Er kann auch Gemeinschaft anordnen, auf Wunsch des Gefangenen, oder wenn dies aufgrund einer Erkrankung, z. B. aufgrund eines Anfallsleidens, einer körperlichen Behinderung bzw. Hilfsbedürftigkeit oder auch wegen bestehender Suicidgefahr erforderlich wird. Auch auf die Ausstattung des Haftraumes kann der Arzt Einfluß nehmen, wenn eine besondere Erkrankung oder Behinderung des Gefangenen dies notwendig macht. So wird häufig vom Arzt die „Verordnung" eines Fernsehapparates wegen Schwerhörigkeit oder Analphabetismus oder die Verordnung eines elektrischen Kochgerätes wegen Magenerkrankung gefordert. In solchen Fällen muß die „Notwendigkeit" schriftlich bescheinigt werden. Der Anstaltsarzt tut gut daran, nur in wirklich berechtigten Fällen solche Forderungen zu unterstützen, da er sonst unter Umständen einige Tage später die Sprechstunde von Gefangenen überlaufen findet, die ein elektrisches Kochgerät wünschen. Andererseits ist es bezüglich der Ausgestaltung des Haftraumes häufig sehr schwierig für den Anstaltsarzt, die in der Vollzugsordnung festgelegten Haftraumgrößen für die Gefangenen durchzusetzen. So werden in der Justizvollzugsanstalt Hannover gegen den energischen Protest des Anstaltsarztes Doppelbelegungen von Einzelzellen und Unterbringung in zum Teil menschenunwürdigen Massenquartieren immer wieder durchgeführt.

13.3.4 Kleidung der Gefangenen

Kleidung: Laut § 20 StVollzG erhält der Gefangene Oberbekleidung des allgemein üblichen Zuschnitts. Der allgemein übliche Zuschnitt der Gefangenen-Oberbekleidung in der Vollzugsanstalt ist der sogenannte „Blaumann", eine Art verwaschener, mittelblauer Monteuranzug, nicht gerade modischen Zuschnitts, von dem auch nicht immer alle Größen vorhanden sind. Auch bezüglich der Kleidung werden häufig Sonderwünsche an den Anstaltsarzt gerichtet, wobei dann meistens eine „Allergie gegen die Anstaltskleidung" angegeben wird, die tatsächlich jedoch recht selten vorkommt.

13.3.5 Ernährung und Ernährungsstörungen

In der täglichen Sprechstunde des Anstaltsarztes machen Klagen über die Kost, Wünsche nach Kostveränderung oder Kostvermehrung, Klagen über Appetitlosigkeit, über Eintönigkeit der Kost etc. ca. 10 % aller Inanspruchnahmen aus. Es scheint daher notwendig, auch aus ärztlicher Sicht einiges zur Ernährung des Gefangenen beizutragen, obwohl dies einem besonderen Kapitel im Buch vorbehalten ist (vgl. hierzu oben S. 128 f).

Außerordentlich häufig werden über Magenbeschwerden, Verdauungsstörungen, Appetitstörungen (z. T. trotz Gewichtszunahme!) Klagen vorgebracht. Diese Klagen werden zum Teil mürrisch und mißmutig, zum Teil laut und drohend vorgetragen, wobei nicht selten Speiseproben dem Arzt zur Begutachtung vorgelegt werden, in seltenen Fällen auch als Wurfgeschosse gegen den Arzt benutzt werden, der nach Meinung der Gefangenen „die Schuld" an der als ungenießbar oder unzureichend empfundenen Ernährung trägt. Nun ist seit langem bekannt, daß bei Strafgefangenen gastrointestinale Störungen überrepräsentiert sind. Neben psychischen und sozialen Faktoren, die bei der Entstehung dieser Störungen eine Rolle spielen, ist wohl auch die Eintönigkeit und Minderwertigkeit der Anstaltskost ein nicht zu unterschätzender Faktor. Der Anteil an Medikamenten gegen Magen- und Darmstörungen der gesamten Medikamentenausgaben ist sehr hoch, obwohl diese Mittel relativ billig sind.

Ebenfalls auffällig hoch ist die Inanspruchnahme wegen Hautaffektionen, darunter besonders Akne und Haarausfall. Hierfür ist neben einem gewissen Vitaminmangel hauptsächlich die fette Ernährung, nämlich die überaus reichliche Verwendung tierischer, sogenanter gesättigter Fette verantwortlich. Der überreiche Genuß solcher ungesunder Fettsorten (Schweinefett, Rinderfett, billige Margarine tierischer Herkunft) hat neben der genannten aknefördernden Wirkung auch noch schwerwiegende Auswirkungen auf das Herz- und Kreislaufsystem und ist neben dem Zigarettenrauchen in unserer Zivilisation, besonders aber auch hier in der Gefängnissubkultur, einer der wichtigsten krankmachenden somatischen Umweltfaktoren.

Schließlich fällt auf, daß bei „verwahrlosten" frisch Eingelieferten Bagatellverletzungen der Haut sehr häufig zu schweren Eiterungen führen. Dies ist als typisches Zeichen für Vitamin- und Eiweißmangel zu werten, ein Syndrom, das ja auch aus der Kriegs- und Nachkriegszeit zur Genüge bekannt ist. Gerade der hohe Anteil an Alkoholikern und Drogenabhängigen unter den Gefangenen (mit ihren selbstverschuldeten Ernährungsstörungen und Leberschäden) sollte eine eiweißreiche Ernährung angezeigt erscheinen lassen. Echter Eiweißmangel, der nach den Mengen der im Kostplan vorgeschriebenen, als Eiweißträger zu bezeichnenden Speiseanteilen gar nicht bestehen dürfte, kann im Vollzug gelegentlich eben deshalb auftreten, weil bestimmte „gesunde" Speisen, wie z. B. Fisch und Quark, nicht gegessen werden und die Fleisch- und Wurstanteile in den Speisen oft minderwertig (d. h. zu fett) sind.

Versuche des Anstaltsarztes, hier auf genereller Basis durch Anheben des Verpflegungssatzes, durch Veränderung des Kostplanes und der Speisefolge, durch Forderung nach qualifizierterem Küchenpersonal (insbesondere was die Zubereitung der in großen Anstalten üblichen Diät-Verpflegung angeht), ja auch durch persönliche Unterstützung von Beschwerden seitens der Gefangenen an höhere Instanzen, eine Änderung zu bewirken, sind meistens zum Scheitern verurteilt. Der Arzt kann hier im allgemeinen nur durch individuelle Kostzulagen und medikamentöse Vitaminzufuhr helfen, was auch in großzügiger Weise geschieht.

13.3.6 Mitwirkung des Arztes bei Disziplinierungs- oder Zwangsmaßnahmen

Selten einmal werden Zwangs- und Isolationsmaßnahmen aus medizinischen Gründen erforderlich sein. Nach dem Bundesseuchengesetz sind bei bestimmten *Infektionskrankheiten* (auch in Freiheit!) Zwangsbehandlungen nach den Regeln der ärztlichen Kunst zulässig. Hier besteht auch für den Arzt eine Behandlungspflicht und Meldepflicht; der Arzt muß also die Behandlung durchführen, auch wenn der Patient sie verweigert. Das ist bei der Tuberkulose und bei Geschlechtskrankheiten der Fall, daneben bei einigen anderen, in unseren Breiten seltenen Volksseuchen.

Bei *HIV-Positiven* sind besondere Unterbringungs- bzw. Isolationsmaßnahmen in der Regel aus ärztlicher Sicht nicht angebracht, außer wenn besondere Aggressivität, aktive Homosexualität oder Fortführung von i. v. Drogengebrauch in Haft dem Anstaltsarzt bekannt werden.

Weiterhin werden durch „richterlichen Beschluß" bisweilen *Blutentnahmen* für diagnostische Zwecke, auch für Gutachten, an den Anstaltsarzt herangetragen. Das kann der Fall sein bei Intoxikationen durch Alkohol oder Drogen, beim Vaterschaftsnachweis oder zur Spurensicherung (Blutgruppenbestimmung) bei bestimmten Kriminalfällen. In allen letztgenannten Fällen sollte der Anstaltsarzt diese Maßnahmen ablehnen, wenn der Patient sie verweigert, auch dann, wenn – wie häufig – eine „dienstliche Weisung" erteilt wird. Der Anstaltsarzt darf nie vergessen, daß der Gefangene sein Patient ist, und daß ein besonderes Vertrauensverhältnis zum Arzt besteht.

Häufig hat der Anstaltsarzt mit charakterabnormen, gegen sich selbst oder gegen andere aggressiven Menschen zu tun. Dabei wird er nicht selten vor der Entscheidung stehen, ob er im Interesse des Gefangenen gelegentlich ein *Beruhigungsmittel* gegen den Willen des Betreffenden, d. h. unter Anwendung von List oder Zwang, verabreicht. Er sollte derlei Behandlungen immer ablehnen und im Ernstfall den psychiatrischen Kliniken überlassen, auch wenn sein Dienst dadurch unbequemer wird. Es kommt natürlich vor, daß eine sofortige Einweisung in ein Landeskrankenhaus wegen Überfüllung desselben nicht sofort möglich ist, eine psychopharmakologische Behandlung aber dennoch sofort notwendig ist. Dann sollte versucht werden, einen Psychiater „von draußen" für die Zwangsbehandlung zu gewinnen. Der Anstaltsarzt sollte Zwangsbehandlungen nach Möglichkeit, außer in Infektionsfällen, immer ablehnen.

Das gilt sinngemäß auch für die *Zwangsernährung*, die in den letzten Jahren in der Presse Schlagzeilen machte, und die zu einer Auseinandersetzung zwischen Ärzten und

Verwaltungsorganen geführt hat. Trotz vorliegender ministerieller Erlasse, Empfehlungen und Weisungen sollte der beamtete bzw. hauptamtliche Anstaltsarzt niemals bei Zwangsernährungen gegen „seine" Gefangenen mitwirken. Er sollte gegebenenfalls auch hier Ärzte „von draußen" gewinnen oder die Patienten bei gefährlicher Abmagerung in ein freies oder Vollzugskrankenhaus einweisen. „Gefährlich" wird eine Abmagerung, wenn nur noch zwei Drittel des Durchschnittsgewichtes, gemessen nach dem Broca-Index (Größe in cm – 100 in kg) vorliegen. Unterschreitet das Untergewicht die 50 %-Marke, so kann der Tod plötzlich und ohne Vorboten eintreten. Verweigert der Patient auch das Wiegen, so muß versucht werden, ihn tragend zu wiegen, unter Abzug des Gewichtes der Träger, des Vollbettes oder Rollstuhles. Diese Methode hat hier nie Schwierigkeiten gemacht. Nach der Neufassung des § 101 StVollzG, in der die Entscheidung über eine Zwangsbehandlung weitgehend dem Ermessen der Ärzte überlassen bleibt (die dies in aller Regel ablehnen), sind ernst gemeinte, länger dauernde Hungerstreikaktionen auch bei Terroristen kaum mehr vorgekommen.

Häufig wird das Urteil des Anstaltsarztes bei *vollzuglichen Maßnahmen* eingeholt. Ablehnen sollte der Anstaltsarzt seine Mitwirkung bei allen Maßnahmen, die eine Schädigung des Gefangenen herbeiführen könnten. So wird er über den Grad der Transportfähigkeit (Sammeltransport, Einzeltransport, liegender Transport im Krankenwagen etc.) wohl noch mitentscheiden müssen. Schwieriger wird die Entscheidung über die „Arrestfähigkeit". Arrest bedeutet Isolation, diese aber ist nach geltender Auffassung für die Gefangenen – wie überhaupt für alle Menschen (ja sogar für Affen) – äußerst schädlich; ist doch die Mehrzahl der Gefangenen bereits seit früher Kindheit isolationsgeschädigt. Deshalb sollte eine Isolation (Einzelhaft, Absonderungshaft) nur dann ärztlich genehmigt werden, wenn der Gefangene selbst sie wünscht (Ausnahme: Suicidgefährdete).

Schwierig ist bisweilen die Frage der *Fesselung* bei erheblich suicidgefährdeten Gefangenen, die sich ständig selbst verletzen oder an ihren Selbstverletzungen manipulieren. Falls eine sofortige Einweisung in eine psychiatrische Klinik nicht möglich ist, kann hier ausnahmsweise aus ärztlichen Gründen eine Fesselung der Hände notwendig werden, jedoch niemals länger als 24 Stunden. Sonst sollte aber der Arzt an Maßnahmen zur Fluchtsicherung, zur Disziplinierung, zur Brechung von Widerstand etc. niemals mitwirken, auch nicht wenn dies, was häufig geschieht, von ihm gefordert wird. Der Arzt sollte im Gegenteil immer wieder auf die gesundheitlichen Risiken solcher Maßnahmen hinweisen. Die Mitwirkung des Anstaltsarztes bei Maßnahmen zur Aufrechterhaltung der „Sicherheit und Ordnung" in der Anstalt, bei „Zwangsmaßnahmen" und bei „Disziplinarmaßnahmen" wird im Strafvollzugsgesetz gefordert. Um die moralische Verantwortung für die von den Vollzugsbehörden für notwendig erachtete anstaltsinterne Überwachung, Sicherheit und Strafmaßnahme den Arzt mittragen zu lassen, wird vom Arzt jeweils eine Unbedenklichkeitsbescheinigung solcher Maßnahmen gefordert und in gängiger Praxis auch erbracht. Auch hier ist äußerste Zurückhaltung am Platze.

Die meisten größeren Anstalten verfügen heute über sogenannte *Sicherheits- und Hochsicherheitsstationen.* Hier hat der Arzt, der sonst wegen jeder den Gefangenen angehenden Entscheidung gefragt wird, häufig kaum Einflußmöglichkeiten auf Belange der Unterbringung und Alltagsgestaltung seines Patienten. Das ist oft schwer erträglich.

13.3.7 Die ärztliche Schweigepflicht

Bei jeder Stellungnahme, zu der der Anstaltsarzt von Vollzugsbeamten, Richtern, Staatsanwälten, aber auch von „Fremden" oder von Angehörigen der Gefangenen aufgefordert wird, hat er gewissenhaft zu prüfen, ob die Aussage, die er abgibt, mit dem Prinzip der ärztlichen Schweigepflicht noch übereinstimmt. Im Zweifelsfalle sollte er den betreffenden Gefangenen immer selbst fragen und ihn auch über die möglichen Folgen der Schweigepflichtentbindung unterrichten. Das gilt besonders auch bei der Erstattung von gerichtlichen Gutachten, wo der Arzt dann ja in erster Linie als Fachmann und Helfer des Gerichtes auftritt und nicht als Vertrauensmann und Helfer des Gefangenen. Letzteres ist ihm hier sogar untersagt! Der Arzt als Gutachter muß „nach bestem Wissen und Gewissen" aussagen; er „darf nichts verschweigen". Leider sind die meisten Vollzugsärzte auf den Nebenverdienst durch Gutachten angewiesen, da das Beamtensalär allein ihnen eine „standesgemäße" Lebensführung nicht ermöglicht. Jedenfalls sollte der Vollzugsarzt sich immer der Problematik bewußt sein, daß er sich gemäß seinem hippokratischen Eid verpflichtet hat, seinen Patienten *niemals zu schaden*, andererseits aber als Gutachter über seinen Patienten wahrheitsgemäß aussagen muß, was dem Betreffenden sehr wohl schaden könnte. Denn häufig erhält er im vertraulichen Gespräch in der psychiatrischen Exploration Kenntnis über Dinge, die der Staatsanwalt besser nicht erfährt. Er sollte viel häufiger von seinem Recht Gebrauch machen, sich für befangen zu erklären.

In manchen Ersuchen um ärztliche Stellungnahmen fand sich sogar der Passus: „Der Gefangene ist vom Inhalt der Stellungnahme nicht zu unterrichten." Solche Forderungen einer „übergeordneten" Vollzugsbehörde zeigen, wie wachsam der Vollzugsarzt sein muß, und wie wenig nicht selten dort vom Wesen ärztlicher Tätigkeit begriffen wird.

Bei zwei Problemkreisen wird die Standfestigkeit des Vollzugsarztes hinsichtlich seiner Verschwiegenheit nicht selten in besonderer Weise gefordert: Bei hungerstreikenden Gefangenen, insbesondere solchen aus der Terroristenszene, verlangen die Vollzugsbehörden häufig detaillierte Bulletins über den Gesundheitszustand des Hungernden. Solche Auskünfte darf der Anstaltsarzt nur dann geben, wenn er ausdrücklich vom Hungernden von der Schweigepflicht entbunden wurde. Auch dann, wenn er durch „Verfügung" des Justizministeriums dazu aufgefordert wird, seine Schweigepflicht zu brechen. In solchen Fällen ist Ungehorsam des beamteten Arztes am Platze.

In jüngster Zeit ist das Problem der Wahrung der ärztlichen Schweigepflicht auch bei HIV-Infizierten besonders konträr diskutiert worden. In der überwiegenden Zahl der Bundesländer wird der Arzt durch „Verfügung" der Ministerien unter Druck gesetzt, auch hier die Schweigepflicht zu brechen, damit Isolations- und Sicherheitsmaßnahmen gegen den HIV-Infizierten durchgesetzt werden. Das geht in manchen Bundesländern soweit, daß schon die Transportpapiere und Personalakten einen roten Stempelaufdruck: „Vorsicht! Blutkontakt vermeiden!" tragen. Gottlob gibt es eine große Anzahl von Vollzugsärzten, die auch hier mit Ungehorsam reagieren. In der JVA Hannover wird die ärztliche Verschwiegenheit gewahrt, sofern das Verhalten des Gefangenen (Aggressivität, aktive Homosexualität, fortgesetztes Fixen mit Nadeltausch) nicht isolierende Maßnahmen gebietet. Nach Möglichkeit werden aber auch diese Maßnahmen unter Wahrung des Arztgeheimnisses im medizinischen Bereich getroffen, z. B.

durch Verlegung ins Lazarett oder ins Vollzugskrankenhaus. Die Situation wird aber sicher in Zukunft immer schwieriger werden, wenn die Anzahl der HIV-Infizierten weiter ansteigt, womit zu rechnen ist. Derzeit liegt sie in Hannover bei knapp 1 % der Gefangenen (10 – 15 % der Fixer). In den großen JVA'en der Großstädte Berlin, München, Frankfurt und Hamburg sind die Zahlen 2 – 3 x höher. Im Gegensatz zu den Verhältnissen in Freiheit spielt die Homosexualität für das AIDS-Problem zahlenmäßig im Strafvollzug offenbar nur eine sehr geringe Rolle.

13.3.8 Die Qualität ärztlicher Versorgung im Vollzug

An der Qualität der ärztlichen Versorgung in Vollzugsanstalten wird von verschiedensten Seiten immer wieder Kritik geübt. Es scheint die Meinung vorzuherrschen, der Gefangene könne aufgrund seiner besonderen Situation des Eingesperrtseins Beeinträchtigungen seiner Gesundheit nicht in gleicher Weise durch eigene Initiative wie in der Freiheit begegnen. Dem ist aber nach unseren Erfahrungen nicht zuzustimmen, solange die Personalsituation im medizinischen Bereich auch nur einigermaßen geregelt ist. Zwar besteht für den Gefangenen keine „freie Arztwahl", nur in Ausnahmefällen kann der Gefangene einen Arzt seiner Wahl auf eigene Kosten konsultieren; aber tatsächlich besteht diese ja auch in Freiheit nur von Quartal zu Quartal und keineswegs also im konkreten Fall. Zudem haben eine Reihe von europäischen Ländern ein gutes ärztliches Versorgungssystem ohne freie Arztwahl. Im übrigen ist der Gang zum Arzt für die Gefangenen viel leichter als in Freiheit. Deshalb ist auch die Konsultationsrate viel höher als bei einer freien Vergleichspopulation. Sie beträgt etwa pro Sprechstunde 10 %, die durchschnittliche Anzahl der Anliegen 2 – 3 pro Konsultation. Die Wartezeiten sind in der Regel kürzer, besonders auch in Notfällen. Die Behandlung ist in der Regel auch besser, d. h. bedürfnis- und persönlichkeitsangepaßter. Sie ist auch sicherer, da ein Anstaltsarzt ja ständig „defensive Medizin" betreiben muß und niemals so viele Behandlungsrisiken eingehen kann wie der niedergelassene Arzt, der ja Regreßklagen kaum je zu erwarten hat, während letztere beim Anstaltsarzt sozusagen „zum täglichen Brot" gehören. Ein Anstaltsarzt, der seinen „Job" ernst nimmt und nicht nur nebenbei, d. h. neben einer umfangreichen Gutachter- oder Praxistätigkeit ausübt, kann sicher eine ebenso gute, wenn nicht sogar bessere ärztliche Versorgung „liefern" als der gewöhnliche Kassenarzt. Zudem braucht er keinerlei Kosten zu scheuen; denn es gibt kaum Kontrolle darüber, ob die Verordnung diagnostischer oder therapeutischer Maßnahmen auch „kassenwirtschaftlich" durchgeführt wird. Der Anstaltsarzt ist auch nicht vom Patienten und dessen Wünschen abhängig, er braucht nicht dauernd abhängigkeitsverursachende Sedativa, Psychopharmaka oder Analgetica zu verordnen, nur um den „Schein" im nächsten Quartal wieder zu bekommen, was beim Kassenarzt in einem überversorgten Stadtgebiet durchaus geschehen könnte.

Schließlich hat die Tätigkeit des Anstaltsarztes auch eine große Bedeutung für die Früherkennung von Krankheiten. Da der Anstaltsarzt jeden möglichen Patienten mindestens einmal sieht, nach Krankheiten und Beschwerden befragt und untersucht, entdeckt er eine Menge schleichender oder verschleppter Krankheiten, die er dann therapeutisch angehen kann. Der Kassenarzt sieht eben in seinem Einzugsgebiet in der Regel nur einen Bruchteil der Population, auch dann, wenn er Vorsorgeuntersuchungen ausführt.

Besser als sein Ruf ist auch in der Regel der Anstaltssanitäter. Jeder Arzt, der unbefangen erstmalig in einer Vollzugsanstalt Dienst tut – das haben mir viele Kollegen bestätigt –, ist überrascht, mit wieviel Sach- und Menschenkenntnis, mit wieviel Geduld und Gutwilligkeit, mit wieviel Gewissenhaftigkeit und Verantwortungsbewußtsein die meisten der Vollzugssanitäter arbeiten. In der Regel hat der Vollzugssanitäter nach seiner vollzuglichen Ausbildung eine 1jährige klinische Tätigkeit und Weiterbildung zum Krankenpflegehelfer hinter sich. Einige wenige besitzen auch das große Krankenpflegeexamen mit 3jähriger Ausbildungszeit.

Ein großes Problem für das Selbstverständnis der Sanitäter besteht meines Erachtens in der Zwitterstellung, die sie zwischen Vollzug und Medizin einnehmen. Sie sind dementsprechend auch doppelt weisungsgebunden und geraten hierdurch leicht in Konflikte. Für die Zukunft ist hier unbedingt anzustreben, daß die ärztlichen Abteilungen von Vollzugsanstalten mit allen ihren Bediensteten eine weitergehende Unabhängigkeit in der Anstaltshierarchie gewinnen.

13.4 Vollzugsmedizinisch bedeutsame Krankheitsgruppen

13.4.1 Infektionskrankheiten

Viruskrankheiten Neben den häufigen Banalinfekten, „Erkältungen", der üblichen „Hustensaftmedizin" spielen eine Reihe von spezifischen Infektionen in der Vollzugsmedizin eine besondere Rolle. Da wäre zunächst als Viruskrankheit die echte asiatische Grippe zu nennen, die in einer abgeschlossenen Gefangenenpopulation zu epidemischer Ausbreitung kommen könnte, was aber bisher hier nie geschah. Deshalb wird auf Wunsch nach vorheriger Ankündigung durch Anschlag jährlich einmal gegen Grippe geimpft. Auch gegen Polio (Kinderlähmung) wird regelmäßig geimpft.

Weiter spielen die 3 Formen der Virushepatitis wegen der Häufigkeit unter den Drogenabhängigen eine große Rolle. Wir sehen ca. 5 manifest Erkrankte bei einem Durchlauf von 4000 – 5000 Gefangenen im Jahr. Infektionen mit Hepatitis-B haben wir bei Lazarettmitarbeitern in den letzten 15 Jahren 3mal erleben müssen. In einem Fall hat so eine Infektion zur vorzeitigen Pensionierung geführt. Bei Vollzugsbediensteten, deren Gesamtzahl 20mal so hoch ist, haben wir in keinem Falle eine Hepatitisinfektion beobachtet. Wir haben daher auch bei Einführung der Schutzimpfung gegen Hepatitis-B das gesamte medizinische Personal geimpft.

Schließlich spielt, wie schon erwähnt, für den Vollzugsarzt auch das *AIDS-Virus* eine zunehmende Rolle. Manifest am Vollbild AIDS erkrankte Gefangene haben wir bisher nicht gesehen, Infizierte ca. 30 pro Jahr, nahezu ausnahmslos Fixer. Eine Durchtestung aller Gefangenen wird von uns abgelehnt, da die Ausbeute unter der Nichtrisikopopulation zum gegenwärtigen Zeitpunkt noch praktisch null ist. Getestet werden nur Drogenabhängige (auch Nichtfixer wegen der Möglichkeit von Sexualkontakten zu infizierten Fixerinnen), Homo- und Bisexuelle, HWG-Personen (z. B. Zuhälter, Prostituierte), Afrikaner (sofern sie länger inhaftiert bleiben), Afrikatouristen und frisch Tätowierte. Andere Personen werden auf Wunsch untersucht, wobei aber ohne besonderes Risiko nur dann getestet wird, wenn die Betreffenden sehr darauf drängen.

Groß ist die Verunsicherung und Furcht der Bediensteten vor HIV-Infektionen, obwohl sie natürlich im üblichen Vollzugsalltag kaum vorkommen können. Besonders gefürchtet sind aggressive HIV-positive Gefangene. Wenn auch bisher eine Infektion durch blutende Wunden oder Bisse bei Tätlichkeiten in der Literatur weltweit nicht beschrieben wurde, so läßt sich die Möglichkeit einer Infektion auf diesem Weg auch nicht von der Hand weisen. Für das Lazarettpersonal ist ein echtes Risiko auch durch die Möglichkeit der Nadelstichverletzung gegeben, wenn dies Risiko auch nach derzeitigem medizinischen Wissensstand um ein Zigfaches geringer ist als bei der Hepatitis-B.

Von den bakteriellen Infektionen ist besonders die Tuberkulose von Bedeutung. Nachdem wir von den früher allgemein üblichen Röntgenreihenuntersuchungen zwischenzeitlich auf Rat der Gesundheitsämter abgekommen waren, da die Erkrankungsraten in den letzten Jahrzehnten auf einen Bruchteil gesunken waren, haben wir sie nach einigen schweren Zwischenfällen wieder aufgenommen. Zur Zeit wird jeder Neuzugang, der in den letzten 6 Monaten keine Lungenaufnahme hatte, erneut geröntgt. Andere Anstalten führen Hauttests durch (z. B. den Tine-Test). Im Verdachtsfalle werden die Gefangenen sofort isoliert und gegebenenfalls der Behandlung in einer Fachabteilung zugeführt. Eventuelle Kontaktpersonen werden nach den üblichen Richtlinien nachkontrolliert.

Eine weitere Gruppe bakterieller Erkrankungen sind die Salmonellosen, die aber praktisch nur präventivmedizinische Bedeutung haben. Alle im Küchenbetrieb arbeitenden oder in Kochlehrgängen ausgebildeten Gefangenen werden regelmäßig auf Salmonellosen untersucht. Eine Übertragung durch Mövenkot wurde behauptet, aber nie bewiesen. Tatsache ist, daß zahlreiche Vogelarten, besonders Lachmöven und Krähen in Massen auf den Gefängnishöfen erscheinen, um fortgeworfene Speisereste aufzunehmen.

Als dritte Gruppe will ich die Geschlechtskrankheiten Tripper und Syphillis nennen. Besonders erstere ist bei Neuzugängen recht häufig, bietet aber therapeutisch ebenso wie die Syphillis keine Probleme. Gelegentlich können Penicillinallergien der Patienten und Penicillinresistenz der Gonokokken vorkommen. Auch die in letzter Zeit häufig diagnostizierten Chlamydieninfektionen bieten, wenn man daran denkt, therapeutisch keine Schwierigkeiten (Tetracyclingaben über mehrere Wochen).

Parasitäre Erkrankungen Nicht ganz selten sind Fälle von Verlausungen und Krätzmilbenbefall. Auch diese bieten, rechtzeitig erkannt und ausgesondert, keine therapeutischen Probleme. Die Behandlung erfolgt mit Insektizidsalben. Verwurmungen sind in den letzten Jahren sehr selten geworden. Gelegentlich finden sich Spulwurm- und Madenwurmerkrankungen. Auch gegen diese Erkrankungen gibt es wirksame Medikamente, die bereits nach Gabe einer Einzeldosis erfolgreich sind. Parasitosen sind, wenn man danach schaut, bei Gefangenen aus Entwicklungsländern jedoch recht häufig festzustellen.

13.4.2 Chronische Erkrankungen der inneren Organe

Magenerkrankungen, also Schleimhautentzündungen, Übersäuerungen und Geschwürsleiden von Magen und Zwölffingerdarm sind außerordentlich häufig. Darauf wurde schon hingewiesen. Magenkarzinome (die zweithäufigste Krebsform bei Männern) sind jedoch selten, da sie erst im fortgeschrittenen Alter auftreten. Das gilt ebenfalls für Darmkrebse und Prostatakrebse, die ja ausgesprochene Alterskrankheiten sind. So wird auch für über 40jährige männliche und über 30jährige weibliche Gefangene auf Wunsch die übliche Krebsvorsorgeuntersuchung durchgeführt.

Eine besondere Rolle spielen chronische Leber- und Pankreaserkrankungen wegen der Überrepräsentation von chronischen Alkoholikern und Drogenmißbrauchern (Fixern) in der Haft. Leberschäden pflegen sich aber fast stets auch ohne Medikamente und Diät deutlich zu bessern, da in der Haft kaum lebertoxische Stoffe mißbraucht werden können. Gallenwegserkrankungen sind erfahrungsgemäß bei jüngeren Männern recht selten. Chronische Erkrankungen der Harnorgane (Blase, Prostata, Nieren mit Nierenbecken) sind nicht ganz selten, aber abgesehen von verschleppten Gonorrhoen, wohl nicht häufiger als in der Normalbevölkerung.

Viel wird – wie gesagt – über die Kost, namentlich über die Diät-Kost geklagt. Tatsächlich ist die Magenschonkost, die in größeren Anstalten für Magenkranke, Überempfindliche und Gallenleidende ausgegeben wird, oft nicht ganz einwandfrei. Besonders macht es Schwierigkeiten, das Küchenpersonal dazu zu bewegen, fettarm zu kochen. Überhaupt sollte jede größere Anstalt einen ausgebildeten Koch, möglichst mit Diät-Lehrgangsnachweis, beschäftigen, was aber kaum je der Fall ist. Häufig wird dann als Koch ein entsprechend ausgebildeter Gefangener in der Küche mit beschäftigt, was aber den hauptamtlichen Koch nie ersetzen kann.

13.4.3 Abhängigkeiten und Suchten

Eines der Hauptprobleme des Anstaltsarztes sind Suchten und Abhängigkeiten. Der Grund dafür ist unter anderem in der hohen Rate schwerst frühkindlicher Milieugestörter mit den entsprechenden oralen Frustrationsreaktionen zu sehen.

Das macht sich besonders in der hohen Anzahl von starken *Rauchern* bemerkbar; Nichtraucher gibt es so gut wie gar nicht. Man bedenke, daß der normale Gefangene 50 % bis 80 % seines freien Geldes für Rauchwaren ausgibt. Der „Koffer" (= 1 Paket Tabak) ist im bargeldlosen oder bargeldarmen Anstaltsmilieu das dominierende Zahlungsmittel (z. B. 1 Flasche Schnaps im Schwarzhandel ist = 20 bis 30 „Koffer"). Der Versuch, auf der hannoverschen Lazarett-Abteilung ein Rauchverbot einzuführen, schlug völlig fehl und führte durch Schleichhandel zu einer überstarken Stellung der gesunden und mobilen Lazarett-Kalfaktoren.

Alkohol spielt innerhalb des Vollzuges in der Regel keine erhebliche Rolle, wenn auch Schnapsschmuggel (auch durch Bedienstete) gelegentlich vorkommt. Ältere Gefangene wissen auch aus Brotresten, Obstresten, Zucker, Hustensaft und Hefe „einen Eimer anzusetzen". Hierdurch entsteht ein alkoholhaltiges Gebräu, das sich durch seinen Reichtum an Fuselölen und durch scheußlichen Geschmack auszeichnet und heftige „Kater"-Erscheinungen verursacht. Aber es berauscht, besonders wenn es durch einige Valium- oder Schlaftabletten angereichert wird. Gelegentlich entstehen dadurch Intoxikationen, die zu erhöhter Reizbarkeit des Gefangenen führen und dann bei geringen Anlässen „Bambulen", d. h. Tobsuchtsanfälle auslösen.

In der kriminogenen Vorgeschichte der meisten Gefangenen spielt der Alkohol natürlich eine ganz dominante Rolle.

Alkoholentzugssyndrome in Form von Delirien und prädeliranten Zuständen sind recht häufig, treten praktisch aber nur in den ersten Tagen der Inhaftierung auf. Sie sind gelegentlich Anlaß zu Einweisungen in Suchtkliniken, da hier lebensbedrohliche

Zustände vorkommen. Seit der Einführung des Medikamentes Distraneurin sind die Gefahren geringer geworden.

Rauschdrogenabhängigkeit hat sich in den letzten 20 Jahren explosiv verbreitet und ist erst in den letzten 5 Jahren konstant geblieben. Schwere Entzugssyndrome sind nicht ganz selten, werden aber stets beherrscht, und zwar in der Regel ohne Medikamentengabe (sog. „Cold-Turkey"-Entzug). Lediglich auf die Herzkreislauffunktion einwirkende Medikamente werden häufiger verabfolgt. Es bedarf aber eines erheblichen Standvermögens bei Sanitätern und Ärzten, den ständig klagenden, jammernden und drängenden Abhängigen die verlangten stark sedierenden und schmerzlindernden Medikamente zu verweigern. Es lohnt sich aber für beide Teile, Patienten und Therapeuten, hier hart zu sein, da der Entzug dadurch erheblich verkürzt wird. Der Verfasser verfügt über einschlägige Erfahrungen in einer „freien" Entzugsstation und behauptet: Es gibt keinen rascheren und erfolgversprechenderen Entzug als einen Radikalentzug in Haft. Hiermit ist allerdings nur die physische Abhängigkeit beseitigt. Dennoch beobachten wird nach längerer Haft (ca. 2 Jahre und mehr) auch recht häufig ein „Ausbrennen" der psychischen Abhängigkeit. Wird die Haftzeit durch Lehrgänge für berufliche Fortbildung genutzt, so sind die Resozialisierungschancen oft recht gut. Die Gefahr besteht aber in einer Kriminalisierung vorher nicht krimineller Drogenabhängiger. Diese Gefahr läßt sich nur durch Einrichten geeigneter geschlossener, „harter" therapeutischer Wohngruppen in größerem Umfange beseitigen. Diese Wohngruppenbehandlung sollte an die Stelle der Haft treten, was ja neuerdings auch möglich ist (§ 35 BTMG).

Eines der Hauptprobleme der täglichen Sprechstunde ist die *Tablettenabhängigkeit*. Viele Gefangene sind durch jahre-, ja sogar jahrzehntelangen Analgetika-Abusus und Schlafmittel-Abusus „draußen" und „drinnen" dermaßen abhängig geworden, daß der Versuch, sie von diesen Mitteln zu entziehen, auf heftigen Widerstand stößt. Explosive Wut-, Haß- und Aggressionsreaktionen gegen den Arzt sind oft die Folge. Aber auch Eingaben an Landtag, Ärztekammer oder andere Behörden sowie auch Strafanzeigen wegen der Verweigerung „notwendiger" Behandlung durch den Anstaltsarzt sind häufig. Das Hauptargument ist immer wieder: „Mein Arzt draußen", der ja ein „richtiger" Arzt ist, nicht bloß ein „Knastologe" und „Fernsehdoktor", habe die Tabletten immer verordnet. Hier sollte man sich nicht erpressen lassen, auch wenn die Beantwortung der „Ersuchen um Stellungnahme" erhebliche Zeit und Mühe kostet. Nicht selten danken es die Patienten nach erfolgter Entwöhnung, weil die Kopfschmerzen, deretwegen Analgetica gefordert, die Unruhezustände, weshalb Schlafmittel verlangt wurden, spontan abklingen.

13.4.4 Autoaggressive Aktivitäten

Eine besondere Bedeutung in der Vollzugsmedizin haben autoaggressive Trotzreaktionen ohne suicidale Absicht. Solche Trotzreaktionen, die oft auf geringfügige Frustrationen folgen oder in erpresserischer Absicht getätigt werden, zeigen sich meist in Rasierklingenschnittwunden an den Unterarmen (Arterienverletzungen sind selten!), Verschlucken von Metallgegenständen (Löffelstiele, Nägel, Haarnadeln, präparierte Rasierklingen und vieles andere mehr), im Schlucken von Tabletten oder, wenn auch seltener, Chemikalien, Reinigungsmitteln, Kot. Wenn der Vollzugsarzt mehrere dieser

Gefangenen zu betreuen hat, kann er durch deren Aktivitäten in seiner Arbeitskraft stark beansprucht werden. Diese Gefangenen sammeln sich naturgemäß in den großen Anstalten, da die kleinen sie abschieben. Eine Einweisung in psychiatrische oder chirurgische Krankenhäuser bringt meist nur wenige Tage Ruhe, da diese sich solch unbequemer Patienten ebenfalls schnellstens entledigen. Auch hier ist nach unseren Erfahrungen äußerste Zurückhaltung zu sedierenden, antipsychotischen oder schmerzlindernden Medikamenten am Platze, auch wenn gerade unbefriedigte Medikamentenforderungen Auslöser für Autoaggressionshandlungen sind. Durch Psychopharmaka und Analgetica werden Hemm- und Schmerzschwelle dermaßen verändert, daß die Neigung zur Selbstverletzung und Selbstbeschädigung ansteigt.

Eine interessante Erklärung für autoaggressives Verhalten bei schwerst milieugestörten Psychopathen hat in den letzten Jahren die Verhaltensforschung geliefert. Mutterlos an der „Drahtmutter" ohne Leibkontakt aufgezogene Affen zeigten eine erhebliche Neigung zu Selbstverletzungen, keine soziale und „normale" sexuelle Kontaktfähigkeit sowie ungehemmte Aggressivität schwächeren Artgenossen gegenüber.

Auch beim Suicid liegt oft eine kernneurotisch (mit a. W., „psychopathisch") bedingte Autoaggressionsneigung vor. Es gibt aber auch schwer vorhersehbare depressive Reaktionen, die zu einem „Bilanz"-Selbstmord führen können.

Insgesamt stellen die Suicide die häufigste Todesursache in Vollzugsanstalten dar. Sie sind etwa doppelt so häufig wie alle anderen vollzugsinternen Todesursachen zusammen und etwa 5mal so häufig wie bei einer nach Alters- und Sozialstruktur vergleichbaren Population „draußen". Auf tausend Gefangenenjahre muß man mit ca. 1 Todesfall durch Suicid jährlich rechnen. „Draußen" beträgt die Sterbeziffer ca. 20 auf hunderttausend Personen pro Jahr.

Die Zahl der „ernsthaften" Suicidversuche läßt sich relativ schwer feststellen, da es Definitionsschwierigkeiten gibt. Die Frage ist, ob man jede Selbstbeschädigung, jede ernsthafte Selbstbeschädigung oder nur jede Selbstbeschädigung mit deutlicher suicidaler Absicht dazu rechnen soll. Letztere sind sicher am seltensten, müssen aber als solche erkannt werden, da hier ein klärendes Gespräch, eine vollzugliche, juristische oder ärztliche Maßnahme unbedingt notwendig und unter Umständen lebensrettend ist.

Besonders gefährdet sind Ersthäftlinge in den ersten Tagen der Haft; weiterhin Konflikttäter, besonders wenn sie eine lange Strafe zu erwarten haben, z. B. Totschläger, Sexualstraftäter, aber auch Intelligenztäter wie Großbetrüger, bei deren Inhaftierung „eine Welt zusammenbricht".

13.4.5 Weitere anstaltspsychiatrisch relevante Erkrankungen

Die Darstellung der recht häufigen psychosomatischen Leiden, z. B. vegetative Dystonie, orthostatische Kreislaufsyndrome, vasomotorischer Kopfschmerz, Obstipation, Fettsucht und andere Störungen, soll hier nicht im einzelnen erfolgen. Desgleichen sollen die sehr zahlreichen simulatorischen und aggravatorischen Syndrome sowie auch die echten Neurosen und Psychosen, die aber nicht überrepräsentiert sind, hier nicht detailliert abgehandelt werden, da dieses den Rahmen des Werkes sprengen würde. Verweisen möchte ich an dieser Stelle auf die ausgezeichneten Ausführungen von Achim Mechler: Psychiatrie des Strafvollzuges, 1981.

14. Der Seelsorger

14.1 Evangelische Seelsorge*

14.1.1 Theologische Grundlagen

Die Aufgabe des Staates, die in der Rechtsordnung manifestierten Werte und Normen zu garantieren und auf deren Verletzung zu reagieren, gehört zu den klassischen Themen der theologischen Ethik. Dabei verläuft die Entwicklung, die in den letzten 150 Jahren in der Behandlung dieses Themas zu erkennen ist, weitgehend parallel zu der im Bereich der Rechtsphilosophie unter gegenseitiger Beeinflussung beider.

Zwei Grundlinien sind erkennbar: Eine das Denken Kants und Hegels widerspiegelnde Ordnungstheologie, die die Strafe als sühnende Wiederherstellung der verletzten Rechtsordnung uneingeschränkt bejaht. *P. Althaus* und *E. Brunner* (Rendtorff, T., 1959) sind namhafte Vertreter dieser bis weit in dieses Jahrhundert hinein dominierenden Richtung. Eine andere Grundlinie lehnt es dagegen unter Verweis auf den stellvertretenden Sühnetod Christi strikt ab, weltliche Strafe als Sühne zu begründen. Die Strafe wird hier als pädagogische Fürsorgemaßnahme begriffen und theologisch nur insoweit bejaht, als ihr Maß und ihr Vollzug daran orientiert sind. Bedeutendster Exponent dieser Richtung ist *K. Barth* (Rendtorff, 1959, 65 ff).

Von der letzteren Auffassung her hat sich für viele evangelische Anstaltspfarrer eine ausdrückliche Bejahung des Konzepts „Behandlungsvollzug" nahegelegt, in dessen Richtung auch das Strafvollzugsgesetz weist. In dem Maße jedoch, in dem die Reformfähigkeit des Gefängnisses im Sinne dieses Konzepts als eher begrenzt erfahren wird, entwickelt sich ein Selbstverständnis der Gefängnisseelsorge, das sich eigenständig, d. h. nicht oder nur bedingt im Sinnzusammenhang des staatlichen Geschehens zu begründen sucht, das sich im Gefängnis vollzieht. Dabei spielt die theologische Lehre von der Rechtfertigung des Menschen als Sünder allein durch den Glauben an den gerechten und barmherzigen Gott eine wesentliche Rolle. Diese zentrale theologisch-anthropologische Aussage erlaubt es nicht, im Gefangenen einen Sünder besonderer Art zu sehen und hier den Ansatzpunkt der Seelsorge zu suchen. Vielmehr wird er gesehen als durch seine besondere Situation als Gefangener, Angehöriger einer stigmatisierten Randgruppe, bestimmt, dem in dieser besonderen Lage wie jedem anderen Adressaten des Evangeliums die bedingungslose Annahme des Menschen durch den in Jesus Christus offenbarten Gott zu bezeugen ist.

Vom übrigen Fachpersonal einer Vollzugsanstalt wird sich der Seelsorger von daher u. a. dadurch unterscheiden, daß es für ihn keine besondere „Zielgruppe" unter den Gefangenen geben kann. Unabhängig von Behandlungsfähigkeit und Resozialisierungsaussichten ist für ihn prinzipiell jeder Gefangene Adressat dessen, was ihm aufgetragen ist. Im Kirchenchor oder der Bibelgruppe wird für den x-mal vorbestraften Wiederholungstäter fortgeschrittenen Alters ebenso Platz sein wie für den Erstinhaftierten mit intaktem sozialen Hintergrund und geringer Rückfallgefahr. Auch wer zum „voll-

* *Herbert Koch*, Dr. theol., geb. 1942, Studium der Theologie in Bethel, Heidelberg und Göttingen, 1971 Promotion in Göttingen, (Prof. Eduard Lohse), von 1977 – 1985 Pastor an der Justizvollzugsanstalt Hannover, heute Leiter des Industriepfarramtes des Stadtkirchenverbandes Hannover.

zugseigenen Kind" geworden ist, kann nicht als aus der Gotteskindschaft herausgefallen betrachtet werden.

14.1.2 Erwartungen

Die allgemein mit dem Beruf des Pfarrers verbundene Erwartung, in ihm eine Person anzutreffen, der man in besonderer Weise Vertrauen entgegenbringen kann, begegnet dem Gefängnisseelsorger in besonders ausgeprägter Weise, da das Gefängnis ja notwendigerweise starke Züge organisierten Mißtrauens aufweist. Dem Pfarrer kommt in dieser Situation seine singuläre Rechtsstellung zugute, die ihn staatlicherseits von jeder Anzeige- und Aussagepflicht freistellt und kirchlicherseits durch eine strenge Pflicht zur Verschwiegenheit über alles, was ihm als Seelsorger anvertraut wird, bindet. Ihre Verankerung hat diese besondere Rechtsposition in der Gewährleistung der ungestörten Religionsausübung durch Art. 4 GG.

Paradoxerweise verknüpft sich jedoch mit der so gesicherten Vertrauensposition des Seelsorgers auf seiten der Gefangenen oft zugleich die gegenteilige Erwartung zur Verschwiegenheit: daß der Pfarrer nämlich reden möge im Sinne von Fürsprache nehmen bei der Anstaltsleitung zugunsten des Gefangenen als dessen besonders glaubwürdiger Anwalt. Seit die Möglichkeit der Gewährung von Ausgang und Urlaub aus der Haft geschaffen wurde (vgl. zu den Lockerungen unten S. 347 ff), sind Anstaltspfarrer besonders häufig mit dieser Erwartung konfrontiert. „Sie haben doch Einfluß, Herr Pfarrer, sie wissen doch, wie es meiner Familie geht."

Dem Seelsorger wird so eine Mittlerrolle zugewiesen, die ihm von seiten der Anstaltsleitung in der Regel auch zugestanden wird (in § 159 StVollzG auch eine rechtliche Basis hat), die aber in dem Moment für ihn konfliktträchtig wird, wo sie auf seiten der Anstaltsleitung der Erwartung begegnet, der Pfarrer möge im Sinne einer vertrauensvollen Zusammenarbeit seine besondere Kenntnis des Gefangenen vollständig und vorbehaltlos offenlegen, um über dessen Anliegen möglichst sorgfältig entscheiden zu können. Der Anstaltspfarrer kann sich so immer wieder der Notwendigkeit einer diffizilen Gratwanderung mit hohem Risiko ausgesetzt sehen. Dem entziehen kann er sich jedoch nur durch eine konsequente Verweigerung gegenüber den äußersten Notlagen, die ihm begegnen. Da diese jedoch zumeist eng mit der inneren Not des Gefangenen verbunden sind, ist ihm dies in der Regel nicht möglich.

Weniger konfliktträchtig, wenn auch nicht weniger kompliziert, sind demgegenüber Vermittlungserwartungen, die sich auf Probleme zwischen dem Gefangenen und seinen Angehörigen oder anderen ihm nahestehenden Personen beziehen.

Eine andere, ständig begegnende Erwartung entsteht aus der oft miserablen materiellen Lage vieler Gefangener bzw. ihrer Angehörigen. Der Pfarrer wird als Helfer in sonst zumeist ausweglosen Situationen angefragt. In der Regel hat er dafür einen begrenzten Fonds aus Kirchensteuer- oder Spendenmitteln zur Verfügung, über den er weitgehend unbürokratisch verfügen kann.

Es wird hieraus deutlich, daß ein Anstaltspfarrer oft alle regulären und traditionellen Funktionen der Kirche in seiner Person und seinem Berufsalltag gleichzeitig wahrzunehmen hat: Verkündigung, Seelsorge, Diakonie, gesellschaftliche Verantwortung. Nur selten hat er dabei zu seiner Entlastung oder Ergänzung hauptberufliche Mitarbeiter zur Seite. Um so wichtiger ist für ihn die Möglichkeit, ehrenamtliche Helfer (vgl.

hierzu unten S. 221 ff) für seine Arbeit zu gewinnen und durch die Vollzugsbehörden beglaubigen zu lassen.

Erwartungen an den Anstaltspfarrer bestehen natürlich auch auf seiten der Vollzugsbediensteten. Diese gehen nur selten dahin, daß der Pfarrer in derselben Weise Seelsorger der Beamten sein möge, wie er es für die Gefangenen ist. Daß es den Anstaltspfarrer um der Gefangenen willen gibt, ist den Vollzugsbeamten in aller Regel bewußt. Dennoch wird er nicht einfach wie ein Vollzugsmitarbeiter unter vielen anderen gesehen. Vielmehr ist bewußt, daß der Pfarrer von der Kirche entsandt ist und diese repräsentiert. Damit verbindet sich die Erwartung, daß der Pfarrer auch die Probleme und Schwierigkeiten der Bediensteten mit einer bestimmten Aufmerksamkeit wahrnehmen und sehen möge, insbesondere wenn er sich in den Konfliktfeldern zwischen Gefangenen und Bediensteten zu bewegen hat.

Dieser Erwartungsstruktur gegenüber dem Gefängnisseelsorger, die stark von einem tradierten und auch weithin gültigen Bild vom Aufgabenfeld der Kirche geprägt ist, entspricht es, wenn heute die Mehrzahl der Pfarrerinnen, Pfarrer und Diakone im Strafvollzug sich nicht mehr im Staatsdienst befindet, sondern im Dienst der jeweils zuständigen Landeskirche verbleibt, die sie auf der Basis einer vertraglichen Regelung in den staatlichen Bereich entsendet. In einigen Bundesländern ist jedoch der Übergang ins staatliche Dienstverhältnis noch der Regelfall. Die dann im Landesdienst beschäftigten Seelsorger unterscheiden sich aber von ihren kirchlich bediensteten Kollegen insofern nicht, als auch sie nach kirchlichen Richtlinien ausgebildet, examiniert und ordiniert sind.

14.1.3 Gottesdienst

Den Gefangenen in ihrer besonderen Situation einen „Raum der Bewahrung" zu schaffen, in diesem Bild hat die Evangelische Kirche in Deutschland (EKD) 1979 in ihren „Empfehlungen zur Seelsorge in Justizvollzugsanstalten" die Aufgabe der Gefängnisseelsorge zusammengefaßt (Rat der EKD 1979). Der Gottesdienst, der am Sonntagmorgen in der Vollzugsanstalt ebenso angeboten wird wie in jeder Kirchengemeinde „draußen" und der in einer Anstaltskirche oder zumindest einem besonderen Andachtsraum stattfindet (der oft in einer Anstalt der einzige Raum ist, der keinen Gefängnischarakter hat), in diesem Gottesdienst kann dieser „Raum der Bewahrung" für manchen Gefangenen zu einem Stück sinnlich erfahrbarer Realität werden. Äußerungen von Gefangenen über ihre Erfahrungen mit dem Gefängnisgottesdienst lassen das deutlich erkennen (*Koch*, H. u. a. 1984, 18 ff, 36 f):

- „Bei dem Gottesdienst fühle ich meine Gefühle und meine Gedanken frei."
- „Mir gefällt am Gottesdienst, daß man mich als Mensch sieht und nicht nur als Akte."
- „Nur in der Kirche fühle ich mich frei von der Aufsicht der Beamten."

Indem er so stark als Freiraum erlebt wird, gibt der Gottesdienst im Gefängnis oft ein sehr lebendiges, buntes Bild ab, in dem lautstarke Reaktionen auf Äußerungen des Pfarrers ebenso vorkommen können wie eine gebannte Stille und Aufmerksamkeit infolge eines Wortes in Predigt oder Gebet, das die Situation der hier versammelten Gemeinde in besonderer Weise getroffen hat. Wer hier Gottesdienst gestaltet, begegnet einer gegen alle unechten Töne hochsensiblen Gemeinde, muß immer mit entsprechenden Rückmeldungen rechnen, hat aber auch die Chance, befreiende Begegnung mit der Botschaft des Evangeliums zu ermöglichen, wo es ihm gelingt, von der theologischen Richtigkeit zur hier konkret anzusagenden und auszusprechenden Wahrheit vorzustoßen. Gottesdienst ist deshalb im Gefängnis in derselben Weise als das zentrale Angebot der Kirche anzusehen und mit entsprechender Sorgfalt zu gestalten wie in jeder Ortsgemeinde und sollte in Anstalten, in denen ein Seelsorger hauptberuflich tätig ist, auch an jedem Sonntag stattfinden.

Bei der konkreten Ausgestaltung sollten nonverbale Elemente, Musik, Symbolisches, Elemente des Feierns immer wieder berücksichtigt und phantasievoll eingesetzt werden, die hier von besonderer Aussagekraft sein können und darüberhinaus geeignet sind, ein gewisses Gegengewicht gegen einen oft tristen Alltag darzustellen (*Wendeberg, W.;* in: *Koch,* H. u. a. 1984, 123 ff).

14.1.4 Einzelseelsorge

Das Gespräch unter vier Augen im Sprechzimmer des Pfarrers oder dem Haftraum des Gefangenen nimmt in aller Regel den breitesten Raum im Alltag des Gefängnisseelsorgers ein. Zugleich hat er sich auf diesem Feld seiner Arbeit am intensivsten mit einem seiner Grundprobleme auseinanderzusetzen, der Frage nach dem seiner Rolle und Aufgabe entsprechenden Maß von Nähe oder Distanz zu den Gefangenen. Tiefgehendes menschliches Leid, aber auch Abgründe menschlicher Irrungen können sich im seelsorgerlichen Einzelgespräch regelmäßig in einem solchen Maße offenbaren, daß eine hohe Betroffenheit der eigenen Gefühle des Seelsorgers entsteht. Er kann damit leicht selbst in die Depression absinken oder auch unkontrolliert in Aggression verfallen, beides erhebliche Belastungen für eine hilfreiche Beziehung.

Ohne Einfühlung in das Gegenüber, ohne ein Stück Mit-Leiden aber ist eine seelsorgerliche Beziehung wiederum nicht denkbar, gerade dann nicht, wenn in dem Maß von Akzeptanz, das dem Gefangenen in der Seelsorge begegnen kann, etwas von der prinzipiellen Annahme jedes Menschen durch den in Christus offenbar gewordenen Gott erfahrbar werden soll, was gerade im Blick auf Menschen, von denen die Gesellschaft sich ausdrücklich und täglich spürbar distanziert hat, das Ziel seelsorgerlicher Bemühung sein muß.

Zulassen und Wahrnehmen der eigenen Gefühle und ein angemessener, eingeübter Umgang mit ihnen ist also ein wichtiger Bestandteil der Einzelseelsorge. Voraussetzung etwa dafür, eine Suicidgefahr wahrzunehmen, die sich in verdeckten Äußerungen zu erkennen gibt; oder vor einer ganz offen geäußerten Suicidabsicht nicht in belanglose Beschwichtigung auszuweichen, die letztlich nur dem eigenen inneren Gleichgewicht dient.

Wer als Seelsorger im Gefängnis arbeitet, wird sich weiter damit auseinandersetzen müssen, daß Kommunikationsformen in einem bestimmten Maße schichtgebunden sind. Als Angehöriger der gebildeten Mittelschicht ist er selbst in verbale Kommunikationsformen und eine umfangreiche und differenzierte Sprachausstattung eingeübt. Seiner Kommunikation mit den Gefangenen wird dies jedoch nur begrenzt dienen können, da er hier in großer Zahl Menschen begegnet, deren Ausdrucksformen in starkem Maße durch ihre Zugehörigkeit zur gesellschaftlichen Unterschicht geprägt sind. Sie neigen stärker zum Agieren als zum Verbalisieren, wobei dem Symbolcharakter von Handlungen eine bestimmte Bedeutung zukommt. Der Seelsorger muß dafür bei sich die notwendigen Antennen entwickeln und seine eigenen Mitteilungsweisen entsprechend modifizieren.

Es liegt bei alledem auf der Hand, daß Gefängnispfarrer gerade im Blick auf die Einzelseelsorge auf qualifizierte Fortbildungs- und Supervisionsangebote pastoralpsychologischer Art in besonderer Weise angewiesen sind (vgl. *Brandt*, P., 1985, 303 ff). Die Bereitschaft dazu wird deshalb mit Recht in den meisten Landeskirchen bei der Übernahme einer Gefängnispfarrstelle erwartet.

14.1.5 Gruppenarbeit

Fragt man Gefangene, die zu einer Bibel- oder Gesprächsgruppe ihres Anstaltspfarrers gehen, was ihnen diese Gruppenteilnahme bedeutet, so wird man fast immer an erster Stelle zur Antwort bekommen, daß man hier endlich einmal etwas anderes hören und über etwas anderes reden könne, als es sonst in der Anstalt möglich ist.

Die Gesprächsthemen der Gefangenen untereinander bewegen sich in einem sehr engen Rahmen und sind stark subkulturell (vgl. hierzu unten S. 277 ff) geprägt. Begangene, angeblich begangene oder zukünftige Straftaten sowie der sexuelle Bereich sind neben dem, was der Anstaltsalltag hergibt, die dominierenden Themenfelder. Vergleichbares läßt sich bei der Programmauswahl in den gemeinschaftlichen Fernsehräumen beobachten: Krimis und oberflächliche Unterhaltung werden von der Mehrheit ständig gegen anderweitige Interessen durchgesetzt.

Unter den Gefangenen leiden besonders die erstmalig Inhaftierten mitunter sehr unter dieser Situation und sind dankbar für die Möglichkeit zu Gesprächen, die sie als normal, als der Lebenswelt draußen entsprechend empfinden können.

Nicht selten ist der Pfarrer der einzige Anbieter solcher Gesprächsmöglichkeiten in einer Anstalt. Daß dieses Angebot für die daran interessierten Gefangenen vor dem beschriebenen Hintergrund schon als solches einen hohen Stellenwert hat, sollte er sich bewußt machen. Denn er muß auf der anderen Seite häufig Abstriche machen im Hinblick auf die Gesprächsdisziplin oder die Fähigkeit zu argumentativer Auseinandersetzung, wie er sie vielleicht aus der Gruppenarbeit in einer Ortskirchengemeinde kennt. Legt er hier jedoch realistische Maßstäbe an, so kann er die Erfahrung machen, daß es bei den Gefangenen zu einer hohen Identifikation mit ihrer/seiner Gruppe kommen kann, die jede Woche wieder zu einem sich heraushebenden Ereignis im eingeschränkten Lebensvollzug des einzelnen wird.

Ein sinnvolles Angebot können auch Gruppen sein, die zugleich eine bestimmte Aufgabe wahrnehmen, wie ein Kirchen- oder Posaunenchor, der regelmäßig im Gottesdienst mitwirkt, oder eine Gruppe, mit der im Ganzen regelmäßig Gottesdienste vorbereitet werden.

Eine anders geartete, aber besonders zu erwähnende Form der Gruppenarbeit ist die Beteiligung von „Kontaktgruppen" in der Anstaltsseelsorge. Damit sind Gruppen aus Ortskirchengemeinden gemeint, die zu Gesprächskontakten mit Gefangenen regelmäßig in eine Anstalt hineinkommen. Es handelt sich dabei formell um eine Form der ehrenamtlichen Mitarbeit, deren besonderer kirchlicher Sinn darin zu sehen ist, daß sie deutlich und erfahrbar macht, daß Gefängnismauern nicht eine Ausgrenzung aus der christlichen Gemeinde bedeuten können, wie ja auch jeder Gefangene Mitglied der Kirchengemeinde seines Heimatwohnortes bleibt.

Kontaktgruppenarbeit ist insofern besonders anspruchsvoll, als die von außen in die Anstalt kommende Gruppe eine sachkundig begleitende Nacharbeit benötigt, um die Erfahrungen in der Begegnung mit den Gefangenen der erforderlichen Reflexion in der Gruppe zu unterziehen. Dies gilt ganz besonders dann, wenn Einzelbetreuungen aus dieser Gruppenarbeit erwachsen.

14.1.6 Ausblick

Die Entwicklung des Selbstverständnisses der Gefängnisseelsorge, wie sie eingangs dargestellt wurde, dürfte den Gefängnispfarrer in Zukunft stärker noch, als es im Prinzip schon immer der Fall war, als eine eigenständige Größe innerhalb des Justizvollzuges hervortreten lassen. Angesichts der Vielgestaltigkeit der Probleme, die das Bild des Strafvollzuges heute prägen, kann die Beziehung des Seelsorgers zum Vollzug auf der Basis dieser Eigenständigkeit von Fall zu Fall unterschiedlich aussehen: von eher konstruktiv-harmonisch bis überwiegend kritisch-konfliktträchtig.

Der Seelsorger wird jedenfalls die aus seinem kirchlichen Auftrag erwachsende Orientierung seiner Arbeit auch dann durchhalten müssen, wenn sie mit der staatlicherseits dem Vollzug vorgegebenen Maßgabe nicht aufgeht. Er wird sich in diesem Falle jedoch dem Vollzugspersonal gegenüber in besonderer Weise seelsorgerlich reflektiert zu verhalten haben, indem er zwischen systemimmanenten Faktoren, zu denen er nicht ohne Widerspruch sein kann, und dem, was der persönlichen Verantwortung der Bediensteten zuzuordnen ist, sorgfältig zu unterscheiden weiß.

Wie immer auch sich der Strafvollzug und auf ihn bezogen das Selbstverständnis der Gefängnisseelsorge entwickeln mag, zutreffend wird immer die schon im letzten Jahrhundert von einem Seelsorger gegebene Definition des Anstaltspfarrers als eines „wirklichen Freundes und Trösters" der Gefangenen bleiben. Er fügt hinzu: „Die Aufgabe ist freilich eine sehr schwere, sie erfordert einen Mann von ernstem Charakter, wahrhaft christlicher Frömmigkeit und großer Menschenliebe." (*Reusche*, F. 1894, 67).

14.2 Katholische Seelsorge*

14.2.1 Inhalt und Umfang der Seelsorge im Strafvollzug von heute

Seelsorge im Strafvollzug heißt auf einen einfachen Nenner gebracht: Versöhnung mit Gott und den Menschen, „Heilssorge" und „Heilsdienst" an Strafgefangenen, wobei unter „Heil" sowohl das ewige Heil als auch das irdische Wohl zu verstehen ist. Seel-

* *August Raming*, geb. am 10. 10. 1935. Abitur im Jahre 1956, Studium der Philosophie, Psychologie, Pädagogik und Theologie in Frankfurt, Münster und Osnabrück. 1962 Abschluß und Priesterweihe. Anschließend Tätigkeit als Kaplan und Religionslehrer in der Gemeindeseelsorge und in der Schule. Am 1. 2. 1974 Übernahme der Gefangenenseelsorge in den Emslandanstalten Lingen I, Lingen II und Meppen. Seit 1976 Mitglied des Beirats, seit 1984 Mitglied des Vorstandes der Konferenz der katholischen Seelsorger bei den Justizvollzugsanstalten der Bundesrepublik Deutschland mit Berlin (West).

sorge heißt: Solidarität der Kirche, der Christen mit den Menschen, die auf der Schattenseite des Lebens stehen, mit denen, deren Leben nach den Maßstäben der Gesellschaft gescheitert ist, die aber resozialisiert werden sollen. Der Seelsorger soll die Liebe Gottes zu den Menschen vermitteln und mithelfen, das Leben zu bewältigen. Irdisches Wohl und ewiges Heil, das sind die beiden Dimensionen der Seelsorge im Strafvollzug. Von der Liebe Gottes erzählen, setzt praktizierte Liebe voraus. Der „heile" Mensch setzt Heilung im Alltag voraus, bevor er „geheiligt" werden kann. So gehört der kirchliche Weltdienst ebenso zur Seelsorge wie der Gottesdienst. Die Gefangenen gehen dabei erfahrungsgemäß stets den Weg über die Alltagsprobleme, bevor sie geistigen und geistlichen Interessen folgen. In einer internen Befragung der Geistlichen in den Justizvollzugsanstalten über ihr Selbstverständnis wurde darüber geklagt, daß der Seelsorger vor allem als „Pater Batavia" gesehen wird, der akute materielle Wünsche erfüllen soll. Dabei darf aber nicht übersehen werden, daß die neutrale Frage z. B. nach einem Päckchen Tabak auch ein erstes Testen des Seelsorgers und eine Brücke zu einer wesentlicheren Auskunft und einem tieferen Gespräch sein kann. Die kleine materielle Gefälligkeit ist für manchen Gefangenen offenbar ein unverzichtbares Mittel zum Zweck.

Die Grundüberzeugung des Seelsorgers muß sein, daß alle Menschen mehr wollen als soziale Hilfe. Der Blick auf Jesus Christus und seine Botschaft muß unsere Tätigkeit prägen. Jesus sieht sich gesandt: „Den Armen frohe Botschaft zu bringen, Befreiung zu künden den Gefangenen, den Blinden neues Augenlicht – Geknechtete in Freiheit zu setzen und auszurufen das Gnadenjahr des Herrn." (Lk 4, 18). Sein Umgang mit Sündern, Zöllnern (Lk 19, 1 – 10), Dirnen (Lk 7, 36 – 50) und Ehebrecherinnen (Joh. 8, 3 – 11) ist eine fruchtbare Anregung für die Gefängnisseelsorge. Ein Beispiel frühchristlicher Strafvollzugspraxis ist der Brief des Apostels Paulus an Philemon. Er ist sozusagen ein erstes, im christlichen Geiste formuliertes Resozialisierungsschreiben, weil Paulus einen entlaufenen Sklaven, Onesimus, an seinen Herrn, Philemon, zurückschickt und dabei um christliche Aufnahme bittet. Für Bischof Ambrosius (339 – 397) treten über die Glaubensgefangenen hinaus Schuldgefangene, Kriegsgefangene und kriminelle Gefangene in das Blickfeld seelsorglichen Bemühens. Augustinus (354 – 430) bringt wohl zum ersten Mal den Begriff des Verbrechens in Analogie zum Krankheitsbegriff.

Die rechtlichen Grundlagen der Seelsorge im Strafvollzug sind heute befriedigend geregelt. Anweisungen gibt das Strafvollzugsgesetz in den §§ 53 und 54. Wertvoll für alle Seelsorger sind die Ausführungsbestimmungen und Vereinbarungen zwischen Kirche und den einzelnen Bundesländern (dazu *Rehborn* 1978). Einige Tätigkeitsbereiche der Seelsorge seien des weiteren hier kurz vorgestellt:

14.2.2 Einzelgespräche

Mag es auch den äußeren Anschein haben, daß materielle Hilfe besonders gefragt ist, so erwartet der Gefangene vom Anstaltsseelsorger doch in erster Linie Hilfe in Gewissensfragen und in Glaubens- und Lebensfragen. In diesen Punkten wird das Einzelgespräch gesucht und gewünscht. Wenn die Sorge um seine Ehe oder Familie oder die Frage um Glaubens- und Gewissensentscheide wirklich ernst sind, dann will der einzelne sie nicht durch die Mitgefangenen zerreden lassen. Je ernster die Frage, desto empfindlicher der Hilfesuchende gegenüber abfälligen Bemerkungen der anderen. In diesem Intimbereich sucht er das Gespräch unter vier Augen, besonders beim Seelsorger. Besonderes Augenmerk muß der Seelsorger auf den stillen und unauffälligen Gefangenen richten und auf die, die das erste Mal einsitzen und in dieser ersten und schwierigen Phase der mitfühlenden Hilfe bedürfen.

14.2.3 Gruppenarbeit

Einzelgespräche und Gespräche in der Gruppe ergänzen sich. Viele Fragen des einzelnen sind von allgemeiner Bedeutung. Gruppenarbeit könnte man lebenskundlichen Unterricht nennen, in dem der Sinn und Wert des Lebens – auch des nicht erfolgreichen – besprochen, Lebensängste und Lebensnöte benannt und durchdacht werden. Da die meisten Inhaftierten unter einem starken Minderwertigkeitsgefühl leiden, muß das Selbstbewußtsein des einzelnen gefördert werden, indem die guten Seiten, die jeder Mensch hat, bewußt gemacht werden. Niemand kann nur vom Negativen leben. „Die schlimmste Krankheit ist nicht die Lepra oder die Tuberkulose, sondern das Gefühl, von niemandem angesehen zu sein, ungeliebt zu sein von jedermann." (Friedensnobelpreisträgerin aus Indien, *Mutter Theresa,* auf dem Katholikentag in Freiburg).

Es ist der ernsthaften Gruppenarbeit nicht abträglich, wenn das Erlebnishafte und Gesellige nicht zu kurz kommt. Ehrenamtliche Teilnehmer können da sehr hilfreich sein. Sie bringen den „Duft von draußen" mit und vermitteln durch ihre Anwesenheit bei den Inhaftierten das Gefühl der Anerkennung als Menschen.

14.2.4 Kontakte zu den Familien

Bei all den Aktivitäten mit dem Inhaftierten innerhalb der Anstalt muß festgestellt werden, daß ein guter Kontakt der Gefangenen nach draußen – zum Lebenspartner oder zur Familie – die wirksamste Hilfe ist. „Jetzt weiß ich, wofür ich mich anstrenge", so ein Gefangener, der eine Lebenspartnerin gefunden hatte. Der gute Kontakt nach draußen steigert das Verantwortungsbewußtsein und die Bereitschaft des Gefangenen, an sich zu arbeiten. In der Zeit nach der Entlassung sind der Partner und die Familie die eigentliche Stütze. (vgl. „Mitteilungen" der Konferenz der katholischen Seelsorger, I, 1986).

Deshalb ist die Pflege des Kontaktes zwischen Inhaftierten und seiner Familie ein großes seelsorgliches Anliegen.

Das grundsätzliche Vertrauen seitens der Familie und die Arbeitsbedingungen seitens der Anstalt geben dem Seelsorger hier gute Möglichkeiten: Briefkontakt, Telefongespräche, Besuchsüberwachung. Dem Seelsorger ist es fast als einzigem möglich, den Partner oder die Familie zu Hause aufzusuchen, dort Verhältnisse zu klären, die Sorge der Familie zu erfahren und somit sachgerechter mit dem Gefangenen die anliegenden Sorgen und Probleme anzugehen.

14.2.5 Gottesdienste

Zentrum aller Seelsorgearbeit ist und bleibt der Gottesdienst mit der Anstaltsgemeinde. „Ich lade dort meinen inneren Akku wieder auf für die Woche", so ein Inhaftierter.

Allein der festliche Raum, die kirchlichen Gewänder, der Blumenschmuck schaffen eine Atmosphäre, die sich wohltuend vom grauen Alltag absetzt. Die Deutung der Schrift kann Wege der „inneren Befreiung", Wege der Versöhnung aufzeigen. Der Inhaftierte kann erfahren, daß er – zunächst von Christus – angenommen ist, daß er durch Christus zur Gemeinschaft der Gläubigen gehört und mit seinem Problem nicht allein ist.

Die Predigt verkündet in der Anstaltskirche die gleiche Frohbotschaft wie draußen, vielleicht mit einer stärkeren Betonung der Barmherzigkeit und Liebe Gottes zu den Menschen in Not. „Nicht die Gesunden bedürfen des Arztes, sondern die Kranken." (Mt. 9, 12). Gedanken und Themen der Gruppenarbeit können hier gut im Lichte des Evangeliums wieder aufgegriffen werden.

Die Teilnahme an der Eucharistiefeier bedeutet Teilnahme am Leiden und Sterben, aber auch am Leben und an der Auferstehung Christi. Es kann Hinweis sein, daß Leiden, Traurigkeit, Verzweiflung nicht das Letzte und Endgültige sind. So kann die Mitfeier Hoffnung und Freude vermitteln, das ein Grundanliegen jeder Gottesdienstfeier sein müßte. Die Inhaftierten erfahren Lebenssinn.

Nicht selten herrscht Unsicherheit bzgl. der Fragen, welcher Personenkreis am Gottesdienst teilnehmen und unter welchen Bedingungen und Umständen ein Inhaftierter ausgeschlossen werden kann. „Das Recht des Gefangenen zur Teilnahme am Gottesdienst und an anderen religiösen Veranstaltungen gemäß § 54 Abs. 1 StVollzG resultiert aus dem Recht der Religionsfreiheit gemäß Artikel 4 GG und hat damit Grundrechtsrang. Einschränkungen dieses Rechts auf Teilnahme am Gottesdienst und an anderen religiösen Veranstaltungen oder gar ein Ausschluß hiervon sind nur unter den sehr engen Voraussetzungen von § 54 Abs. 3 StVollzG zulässig, die Gründe für eine Einschränkung oder einen Ausschluß müssen ausschließlich in der Person des Gefangenen liegen. Sie dürfen z. B. nicht allein aus der Unterbringung in einem bestimmten Anstaltsteil abgeleitet werden ... Bei allen Maßnahmen bitte ich zu beachten, daß das Grundrecht der Religionsfreiheit und das Recht der ungehinderten Religionsausübung auch für den Strafvollzug garantiert ist und daß verfassungsrechtliche und staatskirchenrechtliche Grundsätze bei der Auslegung und für das Verständnis der entsprechenden Vorschriften des StVollzG vorrangige Bedeutung haben. Unerläßliche Beschränkungen sind nur aus überwiegenden Gründen der Sicherheit und Ordnung in der Anstalt gerechtfertigt. Der Verhältnismäßigkeitsgrundsatz muß hier in besonderer Weise beachtet werden." (Der Niedersächsische Minister der Justiz, Erlaß 4561 I – 403.35 vom 6. 6. 1986).

14.2.6 Seelsorge im Frauenvollzug

Die Seelsorge im Frauenvollzug steht bis heute weitgehend im Schatten des Männervollzuges. Wegen der höheren Zahl inhaftierter Männer (ca. 30 : 1) ist dieser Sachverhalt verständlich. Dennoch bedarf die inhaftierte Frau einer besonderen seelsorgerischen Zuwendung, die mehr ihrer weiblichen Psyche entspricht. Ein Vollzug, der überwiegend von Männern konzipiert und durchgeführt wird, hat diesen speziellen Sachverhalt bis heute nicht genügend im Blick (vgl. hierzu § 4.2.2). Treffend beschreibt dieses Problem Karl Peters: „Die Frau ist, soweit es sich um die für die Behandlung maßgebliche Kriminalität handelt, tiefer mit ihrem Handeln persönlichkeitsverbunden und persönlichkeitsverletzt. Die weibliche Kriminalität berührt mehr den Persönlichkeitskern als die männliche, da die Frau im Grunde tiefer handelt. Damit tritt bei ihr ein größerer Persönlichkeitsverlust ein. Die Handlung kommt stärker aus der Empfindungswelt und formt wiederum stärker die Empfindungswelt. Mag es sich bei alledem auch nur um allgemeine Linien handeln, so sind solche Feststellungen von erheblicher praktischer Bedeutung." (*Peters* 1960, 270 f).

Dementsprechend wird in der heutigen Gefangenenseelsorge eine Tendenz spürbar, „Seelsorgerinnen" bei inhaftierten Frauen einzusetzen. An einigen großen Justizvollzugsanstalten unseres Landes sind bereits Ordensfrauen tätig. Besonders zu erwähnen sind die Dominikanerinnen von Bethanien, die einen solchen Einsatz als speziellen Auftrag seit ihrer Gründung (1866) konzipiert haben.

Die bis heute erprobte Praxis belegt, daß der seelsorgerische Zugang zu den inhaftierten Frauen durch Frauen – ebenfalls in der Zusammenarbeit mit den weiblichen Bediensteten – wesentlich verbessert wurde.

14.2.7 Zusammenarbeit mit den übrigen Fachdiensten

Der Seelsorger im Gefängnis ist die älteste „Fachkraft" im Gefängniswesen. In früheren Jahrhunderten war der Priester im Strafvollzug Seelsorger, Psychologe, Lehrer und Sozialarbeiter in einer Person. In ihm waren geistliche, geistige und sozial caritative Eigenschaften integriert.

Die Ausfächerung der Humanwissenschaften hat die Rolle des Gefängnisseelsorgers im allgemeinen auf seine geistliche Aufgabe eingegrenzt, weil die übrigen Aufgaben von Psychologen, Pädagogen, Sozialarbeitern und Soziologen weitgehend übernommen wurden. Von daher ist eine Abgrenzung und Abklärung der verschiedenen Rollen der einzelnen Fachkräfte, die heute noch in vollem Gange ist, von ausschlaggebender Bedeutung.

Zum Wohle des Gefangenen ist aber auch eine positive Zusammenarbeit mit allen übrigen Fachbereichen unumgänglich (vgl. § 154 StVollzG). Der Seelsorger darf und kann nicht in einem Dualismus von Gott oder Welt, sondern in den Dimensionen von Gott und Welt seinen geistlichen Dienst verrichten. Seine Aufgabe durch den Auftrag der Kirche ist zusätzlich besonderer Natur, nämlich den Gefangenen das Heilswirken Gottes zu vermitteln, zur Versöhnung und Verzeihung zu motivieren, durch Glauben neuen Sinn zu eröffnen.

Entscheidend für das Gelingen von Zusammenarbeit und notwendiger Abgrenzung ist die gegenseitige Toleranz im Vollzugsgeschehen, die sich besonders in der Achtung vor fremden Überzeugungen, Weltanschauungen und Aufgaben in unserer pluralistischen Gesellschaft äußert. Das Wohl des Gefangenen darf nicht zu einem Spielball des möglicherweise unterschiedlichen Menschenbildes des Seelsorgers, des Psychologen oder des Sozialarbeiters werden.

14.2.8 Die Verschwiegenheit des Seelsorgers

Der Verschwiegenheit des Seelsorgers kommt eine besondere Bedeutung in der Ausübung der Seelsorge zu. Sie ist die Basis für das Vertrauen, das der Gefangene gerade deswegen dem Seelsorger schenkt.

Die Unverletzlichkeit des Beichtgeheimnisses ist im Kodex des Kanonischen Rechts in den Kanones 983 und 984 festgelegt und für jeden Priester strengste Verpflichtung. „Das Beichtgeheimnis ist unverletzlich. Dem Beichtvater ist es daher streng verboten, den Pönitenten durch Worte oder auf irgendeine andere Weise und aus irgendeinem Grund irgendwie zu verraten." (CIC Can. 983 § 1). Über diese Bestimmungen des kirchlichen Rechts hinaus gilt zusätzlich das Seelsorgegeheimnis, das sich auf alles erstreckt, was dem Anstaltsseelsorger aus seelsorgerischen Gesprächen bekannt wird. Dies wird auch von den staatlichen Behörden anerkannt. „Geistliche können von Gerichtsbehörden und anderen Behörden nicht um Auskünfte über Tatsachen angehalten werden, die ihnen bei der Ausübung der Seelsorge anvertraut worden sind und deshalb unter die Pflicht der seelsorgerischen Verschwiegenheit fallen." (Konkordat zwischen dem Heiligen Stuhl und dem Deutschen Reich vom 20. 7. 1933 Art. 9).

Aus den dargelegten Sachverhalten ist *das Zeugnisverweigerungsrecht der Geistlichen* bei der Ausübung der Seelsorge (vgl. §§ 53, 54 StPO) eine zwingende Konsequenz.

Hierzu gibt es eine Reihe von Einzelbestimmungen der Bundesländer und Diözesen (vgl. § 7 der allgemeinen Richtlinien für den Dienst der evangelischen und katholischen Anstaltsseelsorger in den Vollzugsanstalten des Landes Baden-Württemberg; Art. 1 der Vereinbarung über die katholische Seelsorge an den hessischen Justizvollzugsanstalten; Zeugenaussagen von Geistlichen vor staatlichen Gerichten und Verwaltungsbehörden siehe kirchl. Amtsblatt des Erzbistums Paderborn 1963 Nr. 199).

14.2.9 Aus- und Weiterbildung der Seelsorger im Strafvollzug

a) Ausbildung

Wenn es auch in der Regel gelingt, wunschgemäß für die Gefängnisseelsorge in der Pfarrgemeindearbeit erfahrene Kräfte zu gewinnen, so ist für die Seelsorgearbeit im Strafvollzug eine spezielle Einführung, Ausbildung und Schulung notwendig. Neben Praktika in den einzelnen Anstalten bietet die „Konferenz der Kath. Anstaltsseelsorger" eine jährliche Einführungstagung in Zusammenarbeit mit der „Konferenz der ev. Anstaltspfarrer" an. In einer Tagungswoche wird versucht, den Anfängern wie auch anderen am Strafvollzug Interessierten eine Einführung in die Seelsorgearbeit mit den Strafgefangenen zu geben. Ein Vierjahreszyklus wird dabei für die Ausbildung zugrunde gelegt. (Die Referate der Einführungstagung und der Jahreskonferenz werden veröffentlicht in: Seelsorge im Strafvollzug „Materialien – Fortbildung – Erfahrungen" Hrsg. Konferenz der kath. Seelsorger bei den Justizvollzugsanstalten).

b) Fortbildung

Die Fortbildung der JVA-Seelsorger wird geleistet durch die jährlichen Tagungen der Landeskonferenzen und durch die Jahreskonferenzen auf Bundesebene. Hierbei werden Referenten eingeladen und aktuelle Themen behandelt.

c) Internationale Zusammenarbeit

Der Blick über den nationalen Zaun verhindert ein Festfahren in ausgetretenen Geleisen, schärft den Blick für die Probleme des Strafvollzugs und der Gefangenenseelsorge auf europäischer Ebene und läßt neue Problemlösungen erkennen. Im alpenländischen Raum besteht seit 1968 eine sehr enge Zusammenarbeit zwischen Österreich, Schweiz und Bayern. Alle zwei Jahre treffen sich die Seelsorger in einem der Alpenländer. Im Norden besteht sporadisch eine ähnliche Zusammenarbeit mit den Niederländern. Auf europäischer Ebene trifft sich in dreijährigem Rhythmus die „Commission Internationale des Aumoniers Généraux des Prisons", um unter Teilnahme der meisten westlichen Länder Europas im europaweiten Austausch über Gefangenenprobleme zu beraten. Zuletzt traf sich diese Konferenz 1985 in Madrid. Sie beleuchtete die Sitaution der jugendlichen Gefangenen in den einzelnen europäischen Ländern.

14.3 Öffentlichkeitsarbeit

Die Probleme des Strafgefangenen und Seelsorge im Strafvollzug enden nicht am Gefängnistor, sondern beginnen eigentlich erst dort, bei dem Milieu, das ihn geformt hat und in das er zurückkehrt, bei den Mitmenschen, die seine künftigen Begleiter oder Feinde sein werden. Echte Seelsorge kann sich darum nicht auf die Anstalt und ihren Bereich beschränken, sie muß aus ihren Erfahrungen heraus an die Gesellschaft herantreten, ihre Belastungen für den Straffälliggewordenen und Entlassenen aufzeigen und an ihre Mithilfe appellieren. Humanisierung des Strafvollzuges, Urlaub, Ausgang, Ausbildung, Betreuung der Inhaftierten, Maßnahmen außerhalb der Gefängnismauern müssen von der Öffentlichkeit verstanden und akzeptiert werden, sonst haben sie nicht ihre volle Wirkung und helfen den Straffälligen wenig. Um diese Akzeptanz bei der Bevölkerung zu wecken, muß auch hier der Seelsorger seine Chance wahrnehmen und seinen Einfluß auf die kirchliche Bildungsarbeit nützen, indem er sich und entsprechende Themen anbietet, um als Seelsorger über Strafvollzugsreformen und Resozialisierung in den Kirchengemeinden zu informieren, Verständnis zu wecken und Vorurteile abzubauen. Die Gesellschaft, besonders die christlichen Gemeinden, müssen auch ihrerseits eine Versöhnungsbereitschaft erkennen lassen.

Schlußbemerkung

Die ganze Skala menschlicher Bezugspersonen für den einzelnen Gefangenen und Entlassenen muß gesehen, angesprochen und zur Mitarbeit aktiviert werden, soll dieser Mensch wieder zurückfinden in ein normales Leben.

Die Seelsorge am Strafgefangenen umfaßt viele Bereiche, ist sich aber durchaus bewußt, daß sie dazu vieler Mitarbeiter in und außerhalb der Anstalt bedarf. Nur die Zusammenarbeit aller Betroffenen kann Rückfälligkeit verhindern und bei den Gefangenen den Glauben an Gott und die Menschen festigen.

§ 6 Ehren- und nebenamtliche Mitarbeiter im Strafvollzug*

Übersicht

Wenn das Strafvollzugsgesetz eine konstruktive sozialisierende Behandlung des Rechtsbrechers als Vollzugsziel (§ 2) festlegt, so geschieht dies in der Erkenntnis, daß die Strafanstalt im negativen oder im positiven Sinne zum Sozialisationssystem wird, in dem der Betroffene entweder weiter geschädigt oder in seinem Sozialverhalten positiv gefördert wird. Weil die Institution Strafvollzug, also die Strafanstalt eine „totale Institution" darstellt, die alle geschädigten und intakten Lebensbereiche des Insassen erfaßt und beeinflußt (*Goffman* 1972), entsteht auch eine umfassende Verantwortung für die Gefangenen. Sozialisation ist aber nur in der Gesellschaft möglich, für die der Gefangene vorbereitet werden soll. Auch bei einer relativen Auflockerung des Vollzugs (halboffene und offene Anstalten) bleibt eine mehr oder minder umfassende Trennung des Gefangenen von der Außenwelt bestehen. Der Inhaftierte kann mit gesellschaftlichen Gruppen, Organisationen und Institutionen in eigener Initiative nicht kommunizieren. Gesellschaftsadäquate Sozialisationshilfe ist dann möglich, wenn die Gesellschaft in den Strafvollzug kommt, d. h. soziale Substanzerhaltung und soziales Lernen dort realisiert (dazu grundlegend: *Häußling* 1975/76). Wenn Staat und Gesellschaft nicht identisch sind – und davon muß in einem demokratischen Gemeinwesen ausgegangen werden, das sich nicht einer anonymen Staatsallmacht ausliefern will –, dann kann der Strafvollzug mit seinen hauptamtlichen Bediensteten (Pädagogen, Psychologen, Lehrern, Sozialarbeitern usw.) kein Monopol der Behandlung beanspruchen. Vielmehr muß eine „sozialisierende und therapierende Gemeinschaft" in der Strafanstalt als wesentliches Strukturelement die Mitarbeit des Bürgers in vielgestaltiger Form einbeziehen. Freie Mitarbeiter sind also keine Lückenbüßer oder ergänzenden Kräfte, wo es

* *Max Busch*, Dr. phil., geboren 1922, studierte von 1946 bis 1951 Pädagogik, Sozialpädagogik, Geschichte, Philosophie und Theologie an den Universitäten Tübingen und Frankfurt/Main. 1954 Promotion und Staatsexamen als Sozialarbeiter, 1955 bis 1974 Dozent für Jugendhilfe an den Fachhochschulen für Sozialarbeit in Kassel und Darmstadt (nebenamtlich). 1950 bis 1959 Sozialpädagoge an der Untersuchungshaftanstalt für männliche junge Gefangene in Frankfurt am Main/Höchst und an der Justizvollzugsanstalt in Kassel. 1963 bis 1974 Leiter der Jugendstrafanstalt Wiesbaden. Ab 1973 Lehrbeauftragter am Institut für Sonderpädagogik der Universität Mainz für Verhaltensgestörtenpädagogik. 1974 bis 1976 Lehrbeauftragter für Strafvollzugskunde an der Juristischen Fakultät der Universität Heidelberg. Ab 1974 ordentlicher Professor für Sozialpädagogik und Straffälligenpädagogik an der Universität/Gesamthochschule Wuppertal. Gastprofessuren an den Universitäten Leuven/Belgien und Graz.

an hauptamtlichen Mitarbeitern fehlt oder Spezialisten für einzelne Aufgaben nicht zur Verfügung stehen. Sie sind ein zu integrierender und unentbehrlicher Bestandteil eines Sozial- und Therapiekonzepts, das den Freiheitsentzug einerseits mit einem Minimum an sozialen Schäden ablaufen lassen will und andererseits eine Chance für nachzuholende Sozialisationsprozesse eröffnen soll. Die Frage, ob freie Mitarbeiter im Strafvollzug zugelassen werden, ist also schon beantwortet, wenn dem Strafvollzug überhaupt eine konstruktive Aufgabe zugeschrieben wird. Das Strafvollzugsgesetz ist allerdings in dieser Hinsicht wenig fördernd. Lediglich in § 154 Abs. 2 werden die Vollzugsbehörden in einer Soll-Vorschrift angewiesen, mit Personen und Vereinen, deren Einfluß die Eingliederung des Gefangenen fördern kann, zusammenzuarbeiten.

1. Geschichte der freien Mitarbeit

Für die Möglichkeit und Grenzen ehrenamtlicher oder besser „freier" Mitarbeit im Bereich des Strafvollzugs und für das Verständnis der Funktion dieser Arbeit, wie wir sie heute vorfinden oder anstreben, ist die geschichtliche Entwicklung von wesentlicher Bedeutung. Es können hier aber nur einige wenige Aspekte und Wirkungsfaktoren genannt werden. Soziale Hilfe, Sozialarbeit, Erziehung und Therapie wurden im Bereich der Behandlung straffälliger Menschen überhaupt erst möglich, als zu Beginn des 19. Jahrhunderts die Freiheitsstrafe die Körperstrafen weitgehend ablöste (dazu *Schwind* in diesem Bande S. 7 ff). Die Strafrechtspflege sah sich plötzlich mit tausenden von Gefangenen in Strafanstalten konfrontiert, die nach mehr oder minder langer Zeit wieder in Freiheit, d. h. in die Gesellschaft entlassen wurden. Damit mußte ein Interesse der Öffentlichkeit an der Frage entstehen, in welchem Zustand Gefangene aus Strafanstalten entlassen werden. Staatliche Sozialarbeit und öffentliche Erziehung existierten noch nicht und waren daher auch für den Strafvollzug nicht verfügbar. Es ist daher verständlich, daß zunächst unter christlich-ethischen Aspekten eine Einwirkung auf die Gefangenen durch die in den Strafanstalten eingerichtete Seelsorge erfolgte oder von kirchlichen Organisationen außerhalb des Vollzugs versucht wurde. In den ersten Jahrzehnten des 19. Jahrhunderts wirkten insbesondere anglo-amerikanische Vorbilder auf die Bemühungen in Deutschland ein (*Klare* 1969, *Krebs* 1978). In Pennsylvanien war wohl zum ersten Mal eine systematische ehrenamtliche Hilfe für Strafgefangene durch die Quäker entstanden. Man ging von einer absoluten Isolierung des einzelnen Gefangenen in einem Zellengefängnis aus. Diese völlige Trennung der Rechtsbrecher untereinander wurde angestrebt, um negative Einflüsse auf ein Minimum zu beschränken und keine verbrecherischen Gemeinschaften entstehen zu lassen. Da aber der einzelne Mensch weder ohne soziale Kontakte existieren kann, noch soziales Verhalten in der Isolierung erreichbar ist, wurden Besuchsdienste eingerichtet, die darin bestanden, daß ein dafür verpflichteter Bürger den Gefangenen regelmäßig besuchte und mit ihm Gespräche führte.

Angeregt insbesondere durch die Bemühungen auf protestantischer Seite (Johann Hinrich Wichern und Theodor Fliedner) wurde auch in Deutschland versucht, Hilfe für Strafgefangene und deren Wiedereingliederung in die Gesellschaft anzubieten. 1826 entstand der erste Verein für die Hilfe für Strafgefangene, die Rheinisch-Westfälische

Gefängnisgesellschaft, der eine Vielzahl von Organisationen folgte. Die heute fast in allen Großstädten der Bundesrepublik bestehenden Gefangenenfürsorgevereine oder Vereine für Soziale Hilfe gehen meist auf Initiativen des späten 19. Jahrhunderts zurück (*Krebs* 1974). Weitgehend sind diese Vereine, die anfangs von der Mittel- und Oberschicht getragen wurden, inzwischen zu Vertreterorganisationen geworden, in denen sich wenige unmittelbar interessierte Bürger mit einer Mehrzahl von kirchlichen, kommunalen und caritativ orientierten Verbandsvertretern treffen. Neben den speziell hierfür gegründeten Vereinen richteten die großen freien Wohlfahrtsverbände Abteilungen für Gefährdeten- und Straffälligenhilfe ein, über die ehrenamtliche Hilfe an den Strafvollzug vermittelt wurde und wird (*Müller-Dietz* 1977). Nach dem Zweiten Weltkrieg haben sich neue Organisationsformen der Straffälligenhilfe entwickelt, z. B. der Verein Unihelp in Berlin. Seit den 70er Jahren sind teils verbunden mit Strafrechts- und Vollzugskritik alternative Hilfsformen (Bürgerinitiativen, Projektgruppen, gemeindenahe Hilfsorganisationen) entstanden (*Ossowski* 1972, *Ortner* 1983, *Marks* 1984).

2. Die Situation in der Gegenwart

Das allgemeine Interesse der Bevölkerung an sozialen Randgruppen, zu denen auch die Straffälligen gezählt werden, hat in den letzten Jahrzehnten auch durch Vermittlung der Medien ständig zugenommen. Dies kann an der Vielzahl von lokalen und Teilaspekte oder besondere Schwierigkeiten aufgreifenden Initiativen abgelesen werden. Eine weitere Form der Aktivierung freier Kräfte für den Strafvollzug ist durch den Ausbau der sozialpädagogischen Ausbildung und verwandter Wissenschaftszweige entstanden. Sowohl einzelne Studenten, die eine praktische Ausbildung benötigen oder anstreben, als auch Studentengruppen mit sehr verschiedenartiger Zielsetzung bemühen sich, im Strafvollzug zu arbeiten, und zwar sowohl als Einzelhelfer als auch in Gruppenaktivitäten (*Busch* 1971).

In der Sozialgesetzgebung und in den Strafvollzugsvorschriften ist die freie Mitarbeit von Bürgern im Strafvollzug inhaltlich nicht verankert. Die Bundesländer haben Erlasse, Informationsschriften und Ratgeber herausgegeben (z. B. JM Baden-Württemberg 1986), in denen das Ziel der Tätigkeit des Helfers, die persönlichen Voraussetzungen, das Zulassungsverfahren, die Rechte und Pflichten, Beschränkungen und die Form der Zusammenarbeit zwischen Vollzug und Helfer festgelegt sind.

Selbstverständlich muß für freie Mitarbeit in einer Institution wie der des Strafvollzugs ein äußerer Rahmen gefunden werden, doch darf dieser weder zum Ziel haben, freie Hilfe auf wenige, genau kanalisierte Hilfsformen einzuschränken, noch kann ein unbegrenztes Recht der Tätigkeit aller Bürger im Bereich des Strafvollzugs fixiert werden. Der Grundsatz, daß Mitarbeit von Bürgern und Bürgergruppen im Strafvollzug erwünscht, notwendig und sinnvoll ist, muß aber über § 154 Abs. 2 StVollzG hinaus deutlich gemacht werden, um die Strafvollzugsverwaltung zu einer aktiven Zusammenarbeit und zu einer Bemühung um derartige Kontakte zu verpflichten (*Münchbach*, 1973). Die Tätigkeit der Anstaltsbeiräte (dazu unten S. 229 ff) stellt eine institutionalisierte und repräsentative Kooperationsform von Vollzug und Öffentlichkeit dar (§§ 162 – 165 StVollzG) und ist mit freier Straffälligenhilfe nicht gleichzusetzen.

Mit der fortschreitenden Professionalisierung der sozialen und sozialpädagogischen Berufe und der wissenschaftlichen Durchdringung sozialer Hilfe und menschlicher Interaktion ist eine an sich begrüßenswerte Qualifizierung eingetreten, die hier und da zu einer Hypothese führte, Hilfeleistung für derart schwierige und in einem solchen Maße geschädigte Personen, wie dies die Strafgefangenen seien, könne nur von Fachkräften geleistet werden. Freie Helfer könnten hier nur Hilfsdienste und Teilfunktionen übernehmen, jedoch nicht selbständig und qualifiziert handeln. Sicherlich ist mit gutgemeinter, aber naiver Hilfeleistung ohne Gesetzeskenntnis, ohne soziologische und psychologische Einsichten und ohne ein pädagogisches Instrumentarium der komplizierte Problemzusammenhang der Kriminalität, des Freiheitsentzugs und deren Folgen nicht zu bewältigen. Oft sind gutgemeinte, aber unqualifizierte Angebote gescheitert oder unwirksam geblieben und haben bei freien Helfern zu Resignation und Verbitterung geführt. Festzuhalten ist, daß berufliche Tätigkeit in der Straffälligenhilfe und freie Mitarbeit durchaus jeweils eigenständige Funktionen haben. Eine maximale Wirkung helfender Dienste kann nur erreicht werden, wenn beide Seiten intensiv und qualifiziert zu einer Zusammenarbeit bereit sind und kooperieren (*Aves* 1973, *Deutscher Verein* für öffentliche und private Fürsorge 1967, *Busch* 1980). Dabei müssen sozialpädagogische Fachkräfte akzeptieren, daß freiwillige Helfer stets den Vorsprung haben, in einer vom Gefangenen repressiv oder feindlich erlebten totalen Institution nicht als Funktionäre des Systems, sondern als „neutrale", nicht amtliche, „exterritoriale" und insofern befreiend wirkende Partner erlebt zu werden (*Kaiser/Kerner/Schöch,* 1983, 320). Auch die neuerdings unter Sparaspekten betriebene Idealisierung und Überforderung freier Kräfte (Einsparen von Fachkräften durch Aktivitäten aus der Gesellschaft) ist nicht vertretbar.

3. Arbeitsmöglichkeiten für Helfer

Eine Aufzählung aller Betätigungsfelder im Bereich des Strafvollzugs ist hier nicht möglich. Es sollen daher zur Veranschaulichung verschiedener Formen ehrenamtlicher Tätigkeit einige Beispiele gegeben werden.

Beispiel 1

In einer Jugendstrafanstalt stellt sich ein junger Schauspieler des Staatstheaters der Stadt zur Verfügung, um mit den Jugendlichen über Theaterstücke und literarische Probleme zu diskutieren. Er stellt fest, daß bei den jungen Strafgefangenen, die weitgehend aus der Unterschicht stammen, kein Interesse an Literatur oder Theater besteht, weil sie mit diesen Medien des kulturellen Lebens bisher nicht in Kontakt kamen. Theatervorstellungen im Strafvollzug sind nur in begrenztem Umfang möglich. Moderne Stücke werden häufig aufgrund ihrer stark intellektualisierten und konstruierten Darstellungsform kaum verstanden. Auch zu moderner Literatur besteht kaum Zugang, obwohl die Bibliothek der Anstalt gut ausgestattet ist.

Der Schauspieler versucht, durch Lesen von verständlichen Szenen in getrennten Rollen Interesse zu wecken. Auch dies gelingt kaum. Ein weiterer Versuch, mit Laienspielen weiterzukommen, stößt auf wenig Interesse, da dies von den bereits etwa 18–21jährigen Heranwachsenden als „Kinderei" angesehen wird und im übrigen das Lernen der Rollen erhebliche Schwierigkeiten bereitet.

Nach Kontaktnahme mit dem Psychologen der Anstalt beschließt der Schauspieler, Rollenspiele durchzuführen, die von realen Situationen aus der Lebenswelt der jungen Gefangenen ausgehen. Der Psychologe erklärt sich bereit, mit dem Schauspieler in der Form der Supervision (qualifizierte Praxisanleitung) zusammenzuwirken.

Unter anderem wird folgende Szene gespielt: Zwei Gefangene werden zum gleichen Zeitpunkt entlassen. Der eine Jugendliche ist Alkoholiker, der andere ist in dieser Richtung nicht gefährdet. Der Alkoholiker hat sich vorgenommen, keinen Alkohol mehr zu genießen, da er erkannt hat, daß er dann keine Grenzen findet. Der andere, nicht gefährdete Jugendliche möchte mit dem Alkoholiker die Entlassung feiern und fordert ihn auf, mit ihm ein Bier trinken zu gehen.

Ergebnis der Szene: Der alkoholgefährdete Jugendliche sieht sich nicht in der Lage, gegen die Argumente seines Partners aufzukommen. Es entsteht erhebliche Depression im Hinblick auf die Bewältigung künftiger Lebenssituationen. Ermutigung und Befähigung, mit typischen Situationen fertig zu werden, ist notwendig. Dem Schauspieler gelingt es, Situationen und Rollen plastisch zu gestalten, während der Psychologe fachliche Hilfe gibt. So kommt eine fruchtbare Kooperation zwischen freiem Mitarbeiter und Fachkraft zustande.

Beispiel 2

Eine Gruppe von Jurastudenten erklärt sich bereit, in einer Strafanstalt mit Strafgefangenen Prinzipien des Strafrechts zu diskutieren, Die Gruppe scheitert recht bald an der Tatsache, daß die Gefangenen an allgemein rechtspolitischen Fragen nicht interessiert sind, sondern lediglich wissen wollen, welche Chancen ihnen im Rahmen der rechtlichen Gegebenheiten für eine Verbesserung ihrer Situation in ihrem Sinne verschafft werden können. In Zusammenarbeit mit dem Lehrer der Anstalt und mit dem Anstaltsleiter gelingt es, einerseits die Probleme und Wünsche der Gefangenen aufzuarbeiten, andererseits aber auch eine über die augenblickliche Situation hinausgehende Information und Orientierung bei den Gefangenen zu vermitteln.

Beispiel 3

Eine Goldschmiedemeisterin erklärt sich bereit, mit einer kleinen Gruppe von Jugendlichen in einer Strafanstalt Metallarbeiten zur Förderung kreativer Fähigkeiten durchzuführen. Die Jugendlichen gewinnen in persönlichen Fragen Vertrauen zur Helferin, weil sie wissen, daß diese nicht von der Institution eingesetzt ist und sie bei ihr freier reden können. Einerseits werden in der Gruppe wertvolle und ästhetisch schöne Geschenke hergestellt, die Verwandten zu Festtagen geschenkt werden können, andererseits werden Lebensfragen behandelt, die dann wiederum zu einer Zusammenarbeit zwischen Helferin und den Sozialarbeitern der Anstalt führen.

Beispiel 4

In einer Strafanstalt befindet sich ein junger Strafgefangener, der aufgrund der Intelligenzprüfung durch den Psychologen und seiner schulischen Vorbildung (Abbruch des Besuchs eines Gymnasiums kurz vor dem Abitur) in der Lage wäre, die Abschlußprüfung zu absolvieren. Dies wird ihm als Externem bei einer weiterführenden Schule der Stadt ermöglicht. Hierfür bedarf es aber noch intensiver Vorbereitung und der Ausfüllung von Wissenslücken. Der Anstalt stehen für einige Fächer Lehrer zur Verfügung, für andere Fächer aber müssen freie Helfer, nämlich Gymnasiallehrer aus der Stadt, gewonnen werden, die dem Jugendlichen die erforderlichen Spezialkenntnisse vermitteln.

Beispiel 5

Durch die Werbung eines Gefangenen-Fürsorge-Vereins findet sich in einer Stadt ein Personenkreis, der auf Wunsch von erwachsenen Gefangenen, die in verschiedenen Anstalten des Landes untergebracht sind, deren Familien in der betreffenden Stadt während der Haftzeit des Familienvaters berät und unterstützt. Dabei wird mit dem Sozialamt und anderen Dienststellen eng zusammengearbeitet, Besuche beim inhaftierten Vater werden durchgeführt. Unter anderem konnte dadurch vermieden werden, daß Familien aus Wohnungen ausgewiesen werden und z. B. eine Mutter mit den Problemen ihres 12jährigen Sohnes nicht mehr fertig wurde.

Beispiel 6

Ein Sportverein in einer Großstadt erklärt sich bereit, zunächst einzelne Spiele gegen Gefangenenmannschaften auszutragen. Daraus wird ein dauerhaftes geregeltes Training in der Turnhalle der

Anstalt. Der Verein erklärt sich bereit, nach der Entlassung einzelne junge Sportler aufzunehmen und ihnen auch persönliche Hilfe (z. B. Arbeits- und Wohnungssuche) zu gewähren. Kontakte entstehen bereits während der Strafzeit. Es kommt nach der Entlassung zu einer Zusammenarbeit zwischen dem freien Helfer und der Bewährungshilfe.

4. Zusammenarbeit des Vollzuges und des Helfers

Die Zusammenarbeit zwischen freien Helfern und dem Strafvollzug ist mit einer Fülle von schwer zu lösenden Problemen belastet, die sich unter anderem aus der Tatsache ergeben, daß beide Seiten nicht genügend über die Struktur, die Motive, die Zielsetzungen und die Methoden des jeweiligen Partners informiert sind. Um wenigstens in einigen Grundfragen dieser Schwierigkeit abzuhelfen, hat eine Arbeitsgruppe des Deutschen Paritätischen Wohlfahrtsverbandes 1975 in mehreren Sitzungen eine Reihe von Thesen erstellt, die die Zusammenarbeit erleichtern sollen. Die von freien Helfern und Fachkräften des Strafvollzugs erarbeiteten Thesen sind im folgenden auszugsweise wiedergegeben (DPWV-Nachrichten 1975, 141).

I. Aufgaben und Funktion ehrenamtlicher Hilfe
Die in der Strafvollzugsanstalt tätigen Bediensteten können nicht alle Aufgaben gegenüber Gefangenen wahrnehmen. Da sie von den Gefangenen in der Regel mit der Institution „Vollzug" identifiziert werden, wird ihnen die Erfüllung bestimmter Aufgaben erschwert oder unmöglich gemacht.

II. Voraussetzungen, die der ehrenamtliche Helfer erfüllen sollte
Angebote der ehrenamtlichen Hilfe sollten sich an den Bedürfnissen der Gefangenen orientieren. Dazu können auch eine kritische Reflexion der Lebensbedingungen im Vollzug und die Erarbeitung von Änderungsvorschlägen gehören.

Im einzelnen sollte der ehrenamtliche Helfer zu folgendem bereit sein:

1. Gegenüber dem Gefangenen:

a) Der ehrenamtliche Mitarbeiter sollte seine Motivation, mit Gefangenen zu arbeiten, klären.

b) Er sollte sich seine Beziehungen zu den Gefangenen, mit denen er sich in der Anstalt beschäftigt, bewußt machen. Er muß wissen, welche Rollen (z. B. Therapeut, Kumpel, Lehrer, Freund, Berater, Vermittler, Betreuer, Gruppenleiter) ihm zugeschrieben werden, welche er spielt und welche er ausfüllen und durchhalten will und kann. Diese Klärung ist notwendig, um Enttäuschungserlebnisse zu vermeiden.

c) Der ehrenamtliche Helfer muß sich bewußt machen, daß die Gefangenen ihn „testen". Er sollte beachten, daß es nicht darum gehen kann, den Gefangenen kurzfristig gefällig zu sein, sondern auf ein selbständiges Leben in Freiheit vorzubereiten. Die Art seiner Hilfe darf weder „einseitiges Fordern" ermutigen noch das Gefühl der Abhängigkeit bestärken.
Insbesondere darf der Helfer in seinem Verhalten keine Ansätze für Nötigungs- und Erpressungstechniken – etwa durch das Umgehen von Anstaltsbestimmungen – geben. Er muß vermeiden, sich gegen Anstaltsbedienstete ausspielen zu lassen bzw. Anstaltsbedienstete gegen sich ausspielen zu lassen.

d) Um zu vermeiden, daß die Mitarbeit mit einem Mißerfolg oder einer Enttäuschung endet, soll der Helfer überprüfen, ob er sein Angebot seiner zeitlichen Belastbarkeit, seiner Zeitplanung auf längere Sicht und seiner eigenen Leistungsmöglichkeit entsprechend begrenzt hat.

2. Gegenüber der Strafvollzugsanstalt:

a) Vor der Aufnahme der Arbeit sollte der ehrenamtliche Mitarbeiter ausführliche Informationen über Anstaltsregelungen einholen und sich – wenn möglich – über die Gefangenen, mit denen er arbeitet, mit deren Einverständnis, unterrichten.
b) Die Anstaltsregelungen sind zur Vermeidung von Konflikten bewußt einzuhalten. Sollten sie als unbegründet oder hinderlich eingeschätzt werden, sind sie nicht zu umgehen, sondern zur Diskussion zu stellen.
c) Der freie Mitarbeiter sollte keine Bedürfnisse wecken, die er nicht auch erfüllen kann. Er muß sich bewußt machen, daß seine Einwirkungsmöglichkeit punktuell, die der Anstalt aber kontinuierlich ist. Nicht erfüllbare Bedürfnisse produzieren Konflikte, die oft von den Mitarbeitern der Anstalt ausgehalten werden müssen.

III. Voraussetzungen, die der Vollzug erfüllen sollte:

1. Der ehrenamtliche Helfer darf nicht nur als eine Entlastung der täglichen Vollzugsarbeit, sondern muß als eigenständiger Mitarbeiter mit einem spezifischen Aktionsfeld angesehen werden. Der Vollzug muß dabei akzeptieren, daß zwischen Vollzug und Helfer unterschiedliche Zielprioritäten bestehen können.
2. Eine gemeinsame Arbeit im Interesse der Gefangenen verlangt von den Kräften der Anstalt die weitgehende Bereitschaft zur Hilfestellung gegenüber dem freien Mitarbeiter.
3. Die jeweiligen Rollen von Vollzugsmitarbeitern und ehrenamtlichen Helfern gegenüber den Gefangenen sind stets neu abzuklären und zu koordinieren. Es sollte die Bereitschaft vorhanden sein, die sich aus divergierenden Teilzielen ergebenden Konflikte gemeinsam zu verarbeiten.
4. Die Beschlüsse der Anstalt sollten gegenüber den freien Mitarbeitern auf Wunsch begründet werden. Zwangsläufig entstehende Konflikte sind institutionell, d h. in Anstaltsgremien auszutragen und dürfen sich nicht in einem heimlichen Konkurrenzkampf mit gegenseitigem Boykott der Arbeit niederschlagen.

IV. Für die Organisation der Zusammenarbeit empfehlen sich folgende Schritte (hierzu auch: *Bock* 1969, 306)

1. Der freie Mitarbeiter legt seine Absichten im Einzelfall dar und diskutiert sie mit den zuständigen Kräften der Anstalt. Dies gilt auch, wenn sich aus dem Interaktionsprozeß mit dem Gefangenen eine Revision der Ziele ergibt.
2. Dem freien Mitarbeiter wird eine ausführliche Information über die Anstaltsregelungen gegeben. Er macht dem Gefangenen klar, daß diese ihm bekannt sind und er sie zu respektieren gedenkt. Er wird auch ausdrücklich über die Schweigepflicht belehrt.
3. Dem freien Mitarbeiter wird ein Kontaktbeamter genannt, mit dem er auftauchende Probleme besprechen kann.
4. Entstehende Konflikte werden in den Anstaltsgremien zur Sprache gebracht, wenn sie nicht zwischen den beteiligten Partnern abgeklärt werden können.
5. Integration der freien Mitarbeit.

Die freie Mitarbeit im Bereich der Straffälligenhilfe und des Strafvollzugs darf heute nicht mehr isoliert gesehen werden. Sie ist zu verstehen als ein Teilbereich der freien Mitarbeit im Bereich Sozialer Dienste (*Aves* 1973, auch: *Orlowsky* 1979, *Müller-Dietz* 1980 und *Busch* 1980). Wenn die Stigmatisierung und Etikettierung des Rechtsbrechers als eines aus der Gesellschaft ausgeschlossenen Menschen aufgehoben oder vermieden werden soll, darf auch soziale Hilfe für diesen Personenkreis nicht nur in als solche erkennbaren Spezialinstitutionen realisiert werden. Vielmehr ist davon auszugehen, daß der Insasse einer Strafanstalt ein Sonderfall im Gesamtkomplex des abweichenden oder normwidrigen Verhaltens darstellt, der sicherlich spezifischer Hilfemaßnahmen bedarf, die jedoch nicht soweit von der übrigen Sozialarbeit entfernt sind, daß stets eine organisatorische Trennung erforderlich wäre. Mit der Reform des Strafvollzugs, die auch zu einer Öffnung der geschlossenen Anstalten für gesellschaftliche Kräfte führen muß und in wesentlich größerem Umfang als bisher halboffene und offene Einrichtungen ermöglicht, werden sich die „klassischen" Aufgaben freier Helfer im Vollzug verändern. Sie werden vielgestaltiger und der allgemein in der Gesellschaft zu findenden Sozialarbeit und Sozialpädagogik angepaßter gestaltet werden. Als Beispiel sei hier nur die Tatsache genannt, daß ein großer Teil der Gefangenen heute während ihrer Strafzeit für einige Tage oder Wochen Urlaub erhält, der mit allen Belastungen des plötzlichen Eintritts in die alte Umwelt und der notwendigen Rückkehr in die Strafanstalt bewältigt werden muß. Im Urlaub, als Freigänger im gelockerten oder offenen Vollzug und nach der Entlassung wird der Betroffene Ängste und Skepsis gegenüber allen Behörden, staatlichen und institutionalisierten Einrichtungen haben. Hier kann der freie Helfer die Rolle des Vermittlers zwischen der Gesellschaft und ihren Institutionen einerseits und einem mit besonders schwerwiegenden Problemen belasteten Bürger andererseits einnehmen.

Die wissenschaftlich qualifiziert ausgebaute Methodik der Sozialarbeit kann dem freien Helfer hierbei wertvolle Unterstützung zukommen lassen. Sowohl in der Einzelberatung und Einzelfallhilfe als auch in der Gruppenarbeit und Gruppentherapie, ebenso in der Gemeinwesenarbeit z. B. im Rahmen von Bürgerinitiativen, werden qualifizierende Hilfen angeboten, die die erforderliche Kompetenz vermitteln. Die freien Wohlfahrtsverbände, kirchliche Akademien und andere Fortbildungsstätten haben in den letzten Jahren Tagungen und Lehrgänge für freie Helfer im Strafvollzug angeboten. Leider fehlt es hier zur Zeit an einer zentralen Informationsmöglichkeit, so daß der freie Helfer hier selbst Erkundigungen einziehen muß, aber auch sollte.

Wesentlich für das Gelingen freier Mitarbeit und für die Erhöhung des Stellenwerts dieser Hilfeform ist eine Bewußtseinsveränderung in der Bevölkerung. So wichtig wie die Hilfe für die Opfer von Straftaten sein mag, so wesentlich ist es auch, neue Opfer durch Sozialisationshilfen für Straffällige zu vermeiden. Straffälligenhilfe, Mitarbeit bei der Sozialisation, Resozialisierung oder Integrierung von Straffälligen in die Gesellschaft ist eine Verpflichtung, die sich unter anderem aus der Tatsache ergibt, daß das Straffälligwerden weitgehend in der Gesellschaft selbst produziert wird und daher dort seine Ursachen hat. Freie Mitarbeit beruht also letztlich auf der Erkenntnis, daß hier nicht Leistungen vollbracht werden, die den Helfer als besonders qualifizierten Menschen erscheinen lassen, sondern daß hier eine Wiedergutmachung der Gesellschaft für unterlassene Hilfeleistung geschieht, die darin beruht, daß erkennbare Mangelsituationen früher nicht aufgegriffen und bewältigt wurden.

§ 7 Anstaltsbeiräte*

Übersicht

„Justiz-" und „Straf*vollzug*" sind Begriffe, die allein schon vom Wort her eine automatische Unerbittlichkeit des zeitgenössischen Freiheitsentzuges signalisieren. Dabei bleibt der geschlossene Vollzug als schärfste Sanktion für Fehlverhalten oft selbst hilflos-hart am Rande der Humanität.

Religiöse, soziale und auch politische Motive führten zu ehrenamtlicher Einwirkung auf das Gefängniswesen. Laien wurden zuerst tätig aus christlicher Nächstenliebe und ethisch motivierter Fürsorgepflicht zur Besserung der „Missetäter". Heute kommt dazu die Einsicht, daß totale Institutionen demokratischer Transparenz bedürfen und daß Gefängnisse Vollzugs-Laien von „draußen" benötigen, die den „Knast" mit common sense und ohne professionelle Verhärtung betrachten und immer wieder die Möglichkeiten zur Reintegration von Gefangenen anmahnen.

1. Zur Geschichte und zum Begriff

Nach religiös motivierten Vorbildern ehrenamtlicher Arbeit im Gefängniswesen Nordamerikas, z. B. der „Philadelphia Society for Alleviating the Miseries of Public Prisons" Ende des 18. Jahrhunderts und dem Wirken von Elisabeth Fry nach 1813 in England (*Krebs* 1982, 715; *Münchbach* 1973, 21), entstanden auch in Deutschland im vergangenen Jahrhundert Gefängnisvereine, so die 1826 von dem evangelischen Pfarrer Theodor Fliedner gegründete „Rheinisch-Westfälische Gefängnisgesellschaft". Sie wollte auf die Gefangenen während der Haft und nach der Entlassung zur „Beförderung der sittlichen Besserung" einwirken.

* *Jürgen Gandela*, Dipl.-Soz., 1944 geb., studierte Soziologie in Frankfurt/Main. Während des Studiums freie Mitarbeit bei Hörfunk und Fernsehen. Ab 1972 Redakteur für Jugend- und Studentensendungen beim Hessischen Rundfunk. Nach publizistischen Beiträgen zum Strafvollzug Mitarbeit im Anstaltsbeirat der Justizvollzugsanstalt III in Frankfurt/Main, zeitweise Vorsitzender. (Frauengefängnis Ffm-Preungesheim, mit Mutter-Kind-Haus)

Freie, nicht der Staatsverwaltung angehörende Bürger durften in den 1848 eingeführten „Aufsichtsräten" badischer Gefängnisse mitwirken. Sie sollten sich bereits um „vorschriftsmäßige Behandlung, Kirchen- und Schuldienst" sowie Dienstfehler, Beschwerden und Vergünstigungen kümmern, sie hatten jedoch vor allem Haushaltsrechte, Berichtspflichten und Verwaltungsaufgaben. Andererseits sah der Verein der Deutschen Strafanstaltsbeamten schon 1877 in den Aufsichtsräten ein „Mißtrauensvotum gegen die Anstaltsvorstände", bemerkte jedoch auch, die Laienbeteiligung im Strafvollzug könne das Vertrauen zu seiner gesetzesmäßigen Gestaltung heben und ihm ein beschränktes Maß an Publizität geben (*Schäfer* 1987, 22).

Preußen führte nach dem Ende des 1. Weltkrieges im Rahmen der einsetzenden Demokratisierung Laien-Gefängnisbeiräte ein, die ebenfalls an der Überwachung des Strafvollzuges mitwirkten. Die anderen deutschen Länder, die sich 1923 diesen Regelungen anschlossen, bestellten ihre Beiräte zum Teil als Überwachungsorgane oder auch mehr zur Förderung der Straffälligenbetreuung. Das Dritte Reich sah die Anstaltsbeiräte als nicht mit dem „Geist der neuen Zeit" vereinbar, die Bestimmungen über die Beiräte wurden 1934 „ersatzlos gestrichen".

Nach dem 2. Weltkrieg begannen Hamburg und Bayern mit der Wiedereinführung. Einen aktuellen Anstoß für eine Rückbesinnung auf die Beiräte gaben jedoch erst die „spektakulären Todesfälle" in Untersuchungsgefängnissen in Hamburg und Köln, „Glocke" und „Klingelpütz" (*Schibol/Senff* 1986, 202). In einer Hamburger Beruhigungszelle war 1966 ein Häftling durch Mißhandlung in Zusammenhang mit der Überheizung der Zelle zu Tode gekommen. In der Folge richteten auch die meisten anderen Bundesländer Anstaltsbeiräte ein, um die Öffentlichkeit kontrollierend und beratend stärker in den Strafvollzug einzubeziehen. Dies fiel zusammen mit der Vorarbeit der 1967 einberufenen Strafvollzugskommission an einem neuen Strafvollzugsgesetz. Ein Regierungsentwurf steckte 1972 nur einen gesetzlichen Rahmen ab und wollte das weitere durch landesrechtliche Vorschriften geregelt haben. Daraufhin legten 1973 unabhängige deutsche und schweizerische Strafrechtslehrer einen Alternativ-Entwurf zum Strafvollzugsgesetz vor und forderten die Beteiligung von Personen des öffentlichen Lebens an den Anstaltsbeiräten, z. B. von Journalisten. Der Alternativ-Entwurf beschrieb die aktive „Kontrollfunktion", die „Hilfs- und Beratungsfunktion" der Beiräte und gab ihnen weitgehende Rechte: Teilnahme an Anstaltskonferenzen, Besichtigung anderer Anstalten, Akteneinsichtsrecht. Gefordert wurde die Veröffentlichung eines zu erstellenden Tätigkeits- und Erfahrungsberichtes durch die Presse (*Baumann* 1973, 103, 105).

Münchbach (1973, 9 f) versucht, die unterschiedlichen Ansprüche wie folgt zu definieren: Strafanstaltsbeiräte seien „also im weitesten Sinne als Kommissionen zu bezeichnen, die – im wesentlichen aus unabhängigen Laien zusammengesetzt – durch beratende und sozialpädagogische Mitwirkung am Strafvollzug in der Öffentlichkeit Interesse und Anteilnahme an den Problemen des Strafvollzuges und der Gefangenen wecken und die Vollzugsanstalten durch demokratische Kontrolle transparent machen sollen". Noch stärker definieren die Arbeiterwohlfahrt (1976, 175) und Kerner (in: *Kaiser/Kerner/Schöch* 1982, 296) die Beiräte von ihrer Öffentlichkeitsfunktion her: Anstaltsbeiräte sollen als „Mittler zwischen Vollzug und Öffentlichkeit" wirken und als „wichtigstes Symbol" der Beteiligung von Außenstehenden am Strafvollzug die „institutionalisierte Öffentlichkeit" darstellen.

2. Beiräte heute – Bundesgesetz und Länderregelungen

2.1 Bildung von Anstaltsbeiräten

§ 162 StVollzG des seit 1977 in Kraft befindlichen Strafvollzugsgesetzes schreibt die „Bildung von Anstaltsbeiräten" zwingend vor. Diesem Auftrag sind alle Bundesländer nachgekommen und haben von der Befugnis Gebrauch gemacht, „das Nähere" selbst zu regeln (*Harenberg* 1984, 150 – 152). Sie wurden jedoch nicht legislativ tätig, sondern durch verwaltungsinterne Anordnungen, mit dem Ergebnis, daß die Justizbehörden der Länder sich selbst „ohne Beteiligung der Parlamente in den Stand setzen, ihre eigenen Kontrolleure auszuwählen, zu ernennen, zu entlassen und zu suspendieren" (*Wagner* 1986, 341). Jedoch soll der Ausschluß von Vollzugsbediensteten aus den Beiräten Interessenkollisionen vorbeugen und deutlich machen, daß vor allem Personen beteiligt werden sollen, die mit dem Strafvollzug beruflich nichts zu tun haben. Für eine Bestellung zum Anstaltsbeirat auf 3 – 5 Jahre gelten als geeignet nach den Ländervorschriften besonders auch Arbeitnehmer- und Arbeitgebervertreter sowie in der Sozialarbeit und Entlassenenfürsorge erfahrene Personen, in NRW außerdem Mitglieder des Landtages, in Rheinland-Pfalz daneben auch Mitglieder kommunaler Vertretungen und Sozialarbeiter. Im Saarland wird außerdem auf in der Seelsorge tätige Mitarbeiter hingewiesen.

Beirat in Bayern kann werden, wer für den Bayerischen Landtag wählbar ist. In Hamburg muß ein Beiratsmitglied Deputierter der Justizbehörde sein. Häufig wird „Interesse und Verständnis für die Aufgaben des Justizvollzuges und die Bereitschaft, in der Öffentlichkeit für die Eingliederung entlassener Gefangener zu wirken", erwartet. Auch die erwünschte Mitarbeit von Frauen wird angesprochen. Ausgeschlossen werden Personen mit beruflicher Pflichtenkollision.

2.2 Aufgaben der Beiräte

§ 163 StVollzG beschreibt die „Aufgaben der Beiräte": Die Mitglieder „wirken bei der Gestaltung des Vollzuges und bei der Betreuung der Gefangenen mit. Sie unterstützen den Anstaltsleiter durch Anregungen und Verbesserungsvorschläge und helfen bei der Eingliederung der Gefangenen bei der Entlassung". Bremen geht über die Festsetzungen des Strafvollzugsgesetzes hinaus, indem es die Beiräte „Vertreter der Öffentlichkeit" nennt. Hervorzuheben ist die „Allgemeine Verfügung" des Landes Hessen, „die eine konkrete Vorstellung von der Aufgabenstellung zu vermitteln versucht" (*Schibol/Senff* 1986, 203). Dort heißt es, „wesentliche Aufgabe" sei es, „an der Planung und Fortentwicklung des Vollzugs beratend mitzuwirken" und „um Verständnis für die Belange eines auf Resozialisierung gerichteten Strafvollzugs in der Öffentlichkeit zu werben". Die Beiräte sollen „ein der Realität entsprechendes Bild des Justizvollzuges und seiner Probleme vermitteln" (Beteiligung der Öffentlichkeit am Justizvollzug, RdErl. d. Hess. Ministers d. Justiz v. 6. 12. 78, JMBI 1979, 68). Außerhalb Hessens bleibt die Forderung nach Öffentlichkeitsarbeit wie im Bundesgesetz weithin unausgesprochen. Bei der Betrachtung des bundesgesetzlichen Normprogramms fallen Ungenauigkeiten und Unbestimmtheiten auf, so etwa bei der Frage nach Form, Grad und Grenze der Mitwirkung der Beiräte. So läßt der § 163 StVollzG große Freiräume für eine liberale, aber auch für eine restriktive Auslegung.

2.3 Befugnisse

§ 164 StVollzG regelt die „Befugnisse". „Die Mitglieder des Beirats können namentlich Wünsche, Anregungen und Beanstandungen entgegennehmen. Sie können sich über die Unterbringung, Beschäftigung, berufliche Bildung, Verpflegung, ärztliche Versorgung und Behandlung unterrichten sowie die Anstalt und ihre Einrichtungen besichtigen. Die Mitglieder des Beirats können die Gefangenen und Untergebrachten in ihren Räumen aufsuchen. Aussprache und Schriftwechsel werden nicht überwacht". Fast in allen Bundesländern haben die Beiräte das Recht auf Information über die besonderen Vorgänge in der Anstalt („auf Verlangen" (NRW), „baldmöglichst" in Baden-Württemberg). Der Tod eines Gefangenen, Entweichungen, Verweigerung der Nahrungsaufnahme, Meuterei, aber auch „Erlasse und Hausverfügungen von grundsätzlicher Bedeutung", Veranstaltungen und wichtige Anstaltsbesuche sind (in Hessen) Kriterien für eine Unterrichtung des Beirats. Die freie, unangemeldete Besichtigung der Anstalt, zum Teil mit der Einschränkung „nicht zur Unzeit", wird vielfach zugesichert. Auch die Einsichtnahme in die Personalakten ist bei Zustimmung des Gefangenen vielfach möglich. In Hessen sind die Anstaltsbeiräte befugt, beratend mitzuwirken bei der Haushaltsanmeldung und Personalplanung der Anstalt und bei Fragen der Vollzugsordnung sowie bei Planungsmaßnahmen zur Bildung und Weiterbildung der Gefangenen.

Problematisch ist die unüberwachte mündliche und schriftliche Kontaktaufnahme zu Untersuchungsgefangenen, die für Strafhaftgefangene zugesichert wird. Die Entscheidung darüber bleibt dem Richter vorbehalten.

2.4 Verschwiegenheitspflicht

§ 165 StVollzG beschreibt die „Pflicht zur Verschwiegenheit". Die Beiratsmitglieder sind verpflichtet, außerhalb ihres Amtes über alle Angelegenheiten, „die ihrer Natur nach vertraulich sind", besonders über Namen und Persönlichkeit der Gefangenen und Untergebrachten, Verschwiegenheit zu bewahren. Ein Bruch der Verschwiegenheitspflicht wird jedoch nicht mit einer Strafandrohung belegt.

Die Länder regeln im einzelnen auch die Frage der Entschädigung für entstandene Reisekosten und Sitzungsgelder. Bis zu 40,– DM pro Sitzungstag werden gezahlt. Der Versicherungsschutz der Beiräte ist zumeist geregelt.

3. Die Praxis der Beiratsarbeit – Untersuchungsergebnisse und Erfahrungen

3.1 Aufgaben und Befugnisse

Als Hauptaufgabe sehen die Anstaltsbeiräte selbst den „Einsatz für den einzelnen Gefangenen" (*Gerken* 1986, 222). Diese „Beschäftigung mit konkret faßbaren Einzelproblemen sorgt offenbar für ein Mindestmaß an Zufriedenheit", doch besteht z. B. in Hessen auch Einigkeit darüber, die Funktion der Beiratsmitglieder liege nicht in erster Linie in einer fürsorgerisch-caritativen Einzelfallhilfe, „als vielmehr in einer Mitwirkung zur Förderung und Verbesserung der Gesamtstruktur in der Anstalt" (Schäfer 1987, 12). Die Beiräte können schon aus Zeitmangel zumeist keine Kummerkastenfunktion wahrnehmen (bei Ehe-, Familien- und Erziehungsproblemen beraten, die Ängste vor der Zukunft, z. B. nach der Entlassung, aufgreifen und abbauen). Sie können sich nur auf solche Einzelfälle einlassen, an denen strukturelle Mängel erkennbar werden.

So schätzen die Beiräte auch ihre vom Gesetzgeber intendierte „Entlassungshilfe" (z. B. persönliche Betreuung bei der Wohnungssuche, bei Behördengängen, Abfedern des Realitätsschocks) für den einzelnen Gefangenen nicht hoch ein, obwohl sie in ihren Reihen auch Arbeitgebervertreter haben, die in ihren Verbandsorganen um Arbeitsplätze für künftige Freigänger und Haftentlassene werben können.

Die Anstaltsbeiräte beschäftigen sich sehr häufig mit der „Belegungssituation", d. h. zumeist mit den Problemen der Überbelegung, die den Gefangenen einen letzten Rest persönlichen Freiraums nehmen. Vielfach haben die Gefangenen eine Schwellenangst, von sich aus den Beirat anzusprechen, auch wenn auf jeder Station Kontakttelefonnummern und Adressen aushängen. Es hilft, regelmäßige Treffen mit der Interessenvertretung der Gefangenen abzusprechen und sie dann anzuhören und nicht zu verhören, damit nicht der Eindruck von „Handlangern der Justiz" entsteht.

Es folgt als zweithäufigstes Gesprächsthema die Personalsituation. Über viele Jahre gab es zuwenig Personal, als daß es wirklich der Ansprechpartner für die Gefangenen sein konnte, statt nur „Schließer". Die Bediensteten waren zu jung und unerfahren in Hinsicht auf den „Niveauanstieg" durch Drogen- und politisch motivierte Täter. Und insgesamt werden sie bei geringem Ansehen in der Öffentlichkeit zu schlecht bezahlt für einen „ganzen Menschen", der nicht Kerkermeister, sondern Betreuer sein will. Doch viele Verbesserungen im Strafvollzug sind nur über die Kooperation mit den Bediensteten zu erreichen: Sinnvolle Lockerungen (z. B. längerer Aufschluß der Zellen, mehr Umschluß – insgesamt häufigere Kommunikationsmöglichkeiten), Ausgangsmöglichkeiten, mehr Kontakt mit der realen Welt verlangen zumeist den guten Willen zur Mehrarbeit beim Anstaltspersonal. Und auch die Kluft zwischen einem allumfassenden Sicherheitsstreben und der Forderung nach mehr Resozialisierungsbemühungen kann nur vermindert werden, wenn nicht nur die Anstaltsbediensteten, sondern auch die Öffentlichkeit bereit sind, das Risiko mitzutragen, das viele Haftentlassungen in sich bergen.

Dem Vertrauen zwischen Anstaltsleitung, Bediensteten und Anstaltsbeirat steht jedoch vielfach dessen Kontrollfunktion entgegen. Nur in einem ständigen Dialog kann das forschende Mißtrauen überwunden werden. So ist es auch gerechtfertigt, daß Anstaltsbeiräte keine Entscheidungsbefugnisse haben und keine Beschwerdeinstanzen sind. Diese Machtposition würde die auf Vertrauen gegründete Mittlerfunktion erheblich stören. Grundlage für das Vertrauensverhältnis bleibt vor allem eine aktive Informationspolitik der Anstaltsleitung, die auch die informellen Kontakte der Beiräte zu den Gefangenen und ehrenamtlichen Mitarbeitern für legitim hält.

Auf das Thema „ärztliche Versorgung" verwenden Anstaltsbeiräte einen großen Teil ihrer Zeit. Wenn schon „draußen" zuwenig Informationen über Diagnosen, Therapien und die Wirkweise von Medikamenten gegeben werden, so führt die verstärkte Abhängigkeit im Gefängnis und die Unmöglichkeit, den Arzt ohne weiteres zu wechseln, erst recht zu seelischen Härten. Anstaltsärzte müßten große Kommunikatoren sein und bei aller Sorge vor Simulanten immer wieder bereit, auch informierend zu helfen.

Weitere Hauptaktivitäten der Beiräte bestehen in dem Bemühen, eine möglichst große Vielfalt von „Freizeitangeboten" für die Gefangenen zu schaffen (vom Fotokurs bis zum Bodybuilding). Viele Initiativen gelten der realitätsnahen „beruflichen und schulischen Bildung" (Haupt-, Realschulabschluß oder sogar Abitur, Einrichtung von

Sprachkursen und Nähkursen oder z. B. einer EDV-Ausbildung), sie beziehen sich auf die „Verpflegung und Versorgung" (Entspricht die Verpflegung modernen ernährungswissenschaftlichen Erkenntnissen, gibt es genügend Obst, werden Kranke, Andersgläubige und Vegetarier genügend berücksichtigt?), auf „Baumaßnahmen, Veranstaltungen, Anstaltsbesuche, besondere Vorkommnisse, Erlasse und Hausverfügungen, Vollzugslockerungen, Sicherheitsmaßnahmen" (Sind die schärferen Vollzugsregelungen für politisch motivierte Straftäter in jedem Falle gerechtfertigt und sinnvoll?), „auf die Anstaltsorganisation insgesamt, auf personelle Einzelprobleme" und zuletzt erst auf „Öffentlichkeitsarbeit" (so *Schäfer* 1987, 73).

Bei diesen vielfältigen Arbeitsinhalten haben manche Beiräte Probleme, sich nicht mit „Kleinkram und Beschwerden" zu verzetteln, damit sie ihrer selbstgewählten Hauptaufgabe gerecht werden können, sich für die „Belange der Gefangenen ein(zu)-setzen" und „Mißstände im Vollzug aufzudecken" (*Gerken* 1986, 219). Für ihre Kontroll- und Vermittlungstätigkeit halten sie es für besonders wichtig, sich jederzeit frei in der Anstalt bewegen zu können sowie im „unüberwachten Gespräch mit Gefangenen sich zu informieren und Wünsche, Anregungen und Beschwerden entgegenzunehmen" (*Schäfer* 1987, 126).

3.2 Praxis der Beiratsarbeit am Beispiel einer Justizvollzugsanstalt

Die Beiratsmitglieder der Frankfurter JVA III wurden vorgeschlagen von den Kirchen, den Arbeitnehmer/Arbeitgebervereinigungen, von Vertretern der Bewährungshilfe, dem Sozialamt und einem früheren Anstaltsbeirat. (Er hielt einen Journalisten im Beirat für nötig). Alle werden einschließlich Ersatzmitgliedern zu 12 Sitzungen im Jahr eingeladen. Nur bei Abstimmungen spielt der Vertreterstatus eine Rolle. Bei den Beiratssitzungen steht folgende Mindesttagesordnung fest:

- Beschlußfassung über das Protokoll der vorangegangenen Sitzung,
- Gespräch mit der Interessenvertretung der Gefangenen,
- Bericht der Anstaltsleitung mit Nachfragen der Beiräte,
- Verschiedenes (z. B. Terminplanung für Gespräche mit verschiedenen Gruppen der Anstalt/Themenvorschläge für die gemeinsamen Arbeitsbesprechungen aller hessischen Anstaltsbeiräte).

Wichtig sind die protokollierten Begehungen, bei denen sich der Anstaltsbeirat „vor Ort" Hinweisen auf unzuträgliche Zustände annimmt. Er besucht das Krankenhaus, die Werkstätten, den Zellenbau, die Küche, das Freigängerhaus oder das Mutter-Kind-Haus. Dabei finden Gespräche mit den Bediensteten und den dort wohnenden/arbeitenden Gefangenen statt. In vielen Fällen wurden protokollierte Mißstände durch die Anstaltsleitung und das Ministerium schnell abgestellt. Es zeigte sich, daß Bedienstete Mängel oft ungern selbst monieren. Sie argumentieren, der Anstaltsbeirat sei mit seinen Rügen effektiver.

Der Beirat bittet die Gefangenen häufig, keine allgemeinen Beschwerden und Gerüchte an ihn weiterzugeben, sondern möglichst belegbare Tatsachenschilderungen vorzutragen.

3.3 Anstaltsbeiräte und Öffentlichkeit

Der Einfluß und die Wirksamkeit der Anstaltsbeiräte sind in den einzelnen Bereichen unterschiedlich einzuschätzen und könnten insgesamt noch gesteigert werden. So schätzt *Schäfer* (1987, 143) die Gesamtsituation in Hessen kritisch ein, und *Gerken* (1986, 264) fordert auch für Hamburg eine Effektivitätssteigerung der Beiräte. Beide Untersuchungen resümieren, daß eine der gesetzlichen Hauptaufgaben der Beiräte, die Öffentlichkeitsarbeit für die Belange eines auf Resozialisierung gerichteten Strafvollzugs, kaum wahrgenommen werde, und damit die Abkapselung des Vollzugs weiter bestehe. Die Beiräte würden also dem Demokratisierungsgedanken nicht gerecht. Die Öffentlichkeitsarbeit steht jedoch auch in einem Spannungsverhältnis zur Verschwiegenheitspflicht, die Publizierungsvorhaben schon im Vorfeld hemmt. Denn § 165 StVollzG fordert zu unpräzise Verschwiegenheit in Angelegenheiten, die „ihrer Natur nach vertraulich sind". Pressekonferenzen der einzelnen Anstaltsbeiräte oder auch gemeinsame Pressekonferenzen der Anstaltsbeiräte eines Landes mit dem Justizministerium können ein Ansatz zu erweiterter Information der Öffentlichkeit über die Realität und die Probleme des Strafvollzugs sein.

Wenn es den Beiräten nicht gelingt, Kontakte zu den Rundfunkanstalten und Printmedien herzustellen, dann können sie wenigstens durch Reden zu offiziellen Anlässen auf die verbesserungswürdigen Resozialisierungsmöglichkeiten hinweisen, etwa bei Jubiläen, Ministeriumsbesuchen und durch Leserbriefe in Zeitungen.

„Landesbeiräte", die den Kontakt zur Öffentlichkeit zentral aufnehmen könnten, werden allgemein nicht für sehr sinnvoll gehalten. Sie würden den direkten Kontakt eines jeden Anstaltsbeirates zum Justizministerium abschwächen und eine Hierarchie einführen. Gerade Anstaltsbeiräte sollten jedoch unbürokratisch und ohne „Amtsweg" arbeiten.

3.4 Schlußbemerkung

Wenn auch nicht öffentlichkeitswirksam, sondern weitgehend im Verborgenen: Die meisten Anstaltsbeiräte orientieren sich am Resozialisierungsziel. Auf dieses Ergebnis deuten die Zahlen über die tatsächlichen Tätigkeitsschwerpunkte hin (*Gerken* 1986, 214). Und obwohl die „Gestaltung" und die „Planung und Fortentwicklung" des Vollzugs in Hessen und in Hamburg keinesfalls Schwerpunkte der Tätigkeit der Anstaltsbeiräte sind, besteht besonders bei der Neukonzipierung von Justizvollzugsanstalten, bei Um- oder Neubau für sie eine große Chance zur Mitwirkung. Sie können auch die Realisierungschancen und die Akzeptanz innerhalb und außerhalb der Anstalt fördern sowie auf eine zeitlich absehbare Verwirklichung drängen.

Der Beirat der JVA III in Frankfurt befaßte sich innerhalb eines Jahres zum Beispiel mit der Konzeption eines offenen Mutter-Kind-Hauses und einer kleinen geschlossenen Mutter-Kind-Abteilung, befürwortete die Entscheidung der Anstaltsleitung, den bereits begonnenen Neubau des A-Hauses umzuwidmen in ein Freigängerhaus, da die Anzahl der damit verfügbaren Freigängerplätze so verdoppelt wird. Er wünschte aber auch eine „nach außen dokumentierte ‚freigängermäßige' Gestaltung, der nicht das Stigma des ‚Knasts' anhaftet" (Jahresbericht JVA III, 1986).

Viele Beiräte werden nicht genügend auf ihre Arbeit vorbereitet und erfüllen ihre Aufgaben nur zum Teil. In einigen Bundesländern muß das Bewußtsein ihrer Unabhängigkeit und Weisungsfreiheit noch gestärkt werden. Doch trotz ihrer „eher harmonisierenden Haltung gegenüber den Anstaltsleitungen" (*Gerken* 1986, 227) kann 10 Jahre nach ihrer Institutionalisierung durch Bundesgesetz zumindest für einige Bundesländer festgehalten werden: „Die Beiräte sind im Justizvollzug ein stabiler Faktor und eine feste Größe, die nicht zu übergehen sind" (*Schäfer* 1987, 143).

§ 8 Die Gefangenen

Übersicht

1. Die Subkultur der Strafanstalten*

1.1 Die Strafanstalt als eigene Welt und als Gesellschaftsspiegel

Wie Menschen ihre Situationen prägen, so prägen Situationen auch ihre Menschen (vgl. *Goffman* 1975, 9). Die Übermacht der Situation und ihr Einfluß auf Bedürfnisse, Reaktionen und sonstige Verhaltensweisen der Betroffenen kann das Entstehen von Subkulturen notwendig machen.

Subkulturen sind dann Alltagsrealitäten, die den Wechsel politischer Systeme und den Wandel juristischer Normen und Reformen unbehelligter überdauern als offizielle Einrichtungen der herrschenden Kultur. Sie prägen das Verhalten der von ihnen betroffenen Menschen meist stärker, als umgekehrt die Menschen diese Situationen beeinflussen.

Die Strafanstalt ist eine besondere Welt in der sie umgebenden Welt, als geschlossene Teilgesellschaft sowohl Fremdkörper als auch Teil der Gesamtgesellschaft. Das Besondere der Strafanstalt ist die unfreiwillige Unterordnung. Da Menschen auf Interaktion und sinnhafte und symbolische Verarbeitung von Situationen angelegt sind, muß diese Besonderheit für beide Seiten verarbeitet und „lebbar" gemacht werden. Dazu dienen nicht nur Rechtsvorschriften, sondern – davon ganz unabhängig – ritualisierte Verhaltensweisen, die Sicherheit verleihen, und Gegennormen, die Überleben ermöglichen.

Die Absicht, den Täter „durch den Strafvollzug an seinem Körper, seiner Gesundheit, seiner Ehre, seiner Persönlichkeit und seiner sozialen Stellung zu schädigen", wird gern in vergangenen Zeiten angesiedelt (*Schneider* 1987, 821). Dennoch geschieht heute, wenn auch vielleicht mit weniger Absicht, unverhinderbar recht Ähnliches. Man kann gleichwertige Kollegen nicht einsperren. Hat man sich von ihnen aber distanziert und sie sozial tiefer gestuft, macht das Einsperren weniger Mühe. Dieser (Rationalisierungs-)Vorgang wird für die von Gefängnisstrafe Betroffenen durch eine Serie von „Markierungen, Degradierungen und Ritualen auf einer Reise ohne Wiederkehr" (*Weis* 1985, 405 ff) gekennzeichnet. Die Abweichung wird verallgemeinert, das bisherige Verhalten wird uminterpretiert, der mindere Status und die neue Identität des Häftlings werden durch Degradierungszeremonien (insbesondere Aufnahmeprozeduren bei der Einlieferung) rituell bekräftigt, die Degradierung wird durch weitgehend ritualisierte Vorgänge wie etwa Wecken, Essensausgabe, Abschließen und Lichtlöschen

* *Kurt Weis,* Prof., Dr. jur., geb. 1940, studierte in Freiburg, Berlin und Göttingen Jura; Referendar 1964; Promotion durch die Juristische Fakultät der Harvard Universität, USA, 1968; Stage bei der Europäischen Menschenrechtskommisssion und der Division of Crime Problems des Europarates, Straßburg; Assessorexamen 1970; Wissenschaftlicher Assistent am Soziologischen Institut der Saar-Universität, Saarbrücken, 1970; Research Fellow am Center for Studies in Criminal Justice, Juristische Fakultät, Universität von Chicago, 1971 – 72; Research Associate an der Kriminologischen Fakultät der Universität von Kalifornien, Berkeley, Calif., 1972 – 73; Assistenzprofessor für Soziologie an der Universität des Saarlandes, Saarbrücken (1972 – 79). Habilitation für Soziologie ebda 1979. Seit 1980 Prof. für Soziologie an der Technischen Universität München. Schwerpunkte der wissenschaftlichen Arbeit: Kriminologische Prognoseforschung, Soziologie Abweichenden Verhaltens, Methoden empirischer Sozialforschung, Viktimologie, Selbstmordverhütung, Sportsoziologie, Jugendkulturen.

bestätigt. Die fortwährende Nichtanerkennung als menschlich und sozial gleichwertiger Partner bei jedem Kontakt mit Aufsicht und Anstaltsleitung setzt für den Häftling die Erniedrigung der Einlieferung alltäglich fort.

Strafanstalten mit ihrer Atmosphäre spiegeln die Probleme einer Gesellschaftsordnung gelegentlich in übersteigerter Form wider. Sie repräsentieren Aspekte des politischen, menschlichen und ökonomischen Klimas ihrer Gesellschaft wie in einem Vergrößerungsglas. Jede Gesellschaft hat die Strafanstalten, die sie charakterisieren. Wer verschiedene Gesellschaften und ihre Gefängnisse kennt, dem ist unmittelbar einleuchtend, wie viel von der Frage abhängt, ob er etwa in einem skandinavischen, einem süd- oder einem osteuropäischen, einem morgenländischen, einem nord- oder einem südamerikanischen Gefängnis einzusitzen hat. Auch zwischen den Anstalten verschiedener mitteleuropäischer Länder und zwischen verschiedenen bundesdeutschen Anstalten machen hafterfahrene Experten bemerkenswerte Unterschiede. Dennoch ist das grundsätzliche Phänomen der Gefängnissubkultur allgemein und logisch unabdingbar.

Seit der Vorauflage dieses Buches hat ein inzwischen klassisches Beispiel erneut verdeutlicht, wie im Strafvollzug gelegentlich gesellschaftliche Probleme vorweggenommen werden oder übersteigert und in komprimierter Form zu beobachten sind: die langfristig tödlich verlaufende Immunschwächekrankheit AIDS. Früher als in der Gesamtbevölkerung regten sich im Gefängnis berechtigte Sorge, Angst und Hysterie. Denn dort finden sich gehäuft Mitglieder der sogenannten Risikogruppen: Drogenabhängige und Fixer, homosexuell Aktive, Kontaktpersonen des Prostituiertenmilieus. Entsprechend hoch ist der Durchseuchungsgrad der Anstalten. Sorge und Lebensangst trafen sowohl das Personal wie auch die Häftlinge, verstärkt durch Unsicherheit und Spekulationen, wie leicht AIDS wohl übertragbar sei und wie schnell ein AIDS-Kranker durch eine kleine Ratschwunde einem Mithäftling oder Wärter die tödliche Krankheit ebenfalls vermitteln könne.

Abgesehen von dem allgemeinen Gewöhnungseffekt machen sich inzwischen in den Strafanstalten wie auch in der Gesamtbevölkerung die wissenschaftlich genährten Erkenntnisse breit, daß sich AIDS nicht mehr auf die erwähnten sogenannten Risikogruppen beschränken wird, sondern alle betreffen kann, daß die Wahrscheinlichkeit zufälliger Übertragung viel geringer als befürchtet ist, daß es aber gegen mutwillige Übertragung keinen Schutz gibt.

Auch für die Diskussion um Zwangsuntersuchungen (für Einreisende, bayerische Beamtenanwärter und minder geschätzte Menschengruppen) waren die Gefängnisse Vorreiter der Entwicklung. Inzwischen wurden – ohne erkennbaren Eindruck auf den behördlichen Alltag – mit juristischer Begründung weitere Fragen gestellt, so z. B., ob ein nur mit Freiheitsentzug bestrafter Häftling auch dazu verurteilt sei, unter wesentlich erhöhtem Lebensrisiko mit infizierten Mitgliedern der Risikogruppen einsitzen zu müssen. Es wurde schließlich erörtert, ob bereits ausgebrochener AIDS eine Strafaussetzung zur Bewährung für die letzten Lebensmonate besonders angebracht erscheinen lasse – oder ob umgekehrt die Gesellschaft vor aidskranken Häftlingen zu schützen sei und diese zumindest nicht vorzeitig entlassen werden dürften.

Es bleibt abzuwarten, ob das Thema und das Problem AIDS den Anstaltsalltag und seine Subkultur oder andere gesellschaftliche Bereiche langfristig beeinflussen wird.

1.2 Die Informationsquelle

Hier soll nur am Rande auf die anstaltsbedingten Besonderheiten für das Leben derjenigen eingegangen werden, die im Gefängnis sind, ohne dort als Gefangene eingesperrt zu sein. Vielmehr geht es um die Häftlinge, derentwegen Gefängnisse ja gebaut sein sollen. Das führt zu einer gewissen Verkürzung der Perspektive, da eine Gefangenensubkultur in einer Anstalt nur als ein Teilsystem gesehen werden sollte, das kaum losgelöst von anderen Teilsystemen der gleichen Anstalt – wie denen der Aufsichtsbeamten, des Resozialisierungspersonals und der Leitung – verstanden werden kann. Natürlich ist auch der Anstaltstyp von Bedeutung. In Anstalten des geschlossenen Vollzuges treten die subkulturellen Eigenheiten stärker hervor.

Es gehört zum Wesen und zu den Intentionen einer Gefangenensubkultur, daß sie verborgen bleibt und nicht zu besichtigen ist. Daraus wird manchmal zu Unrecht geschlossen, daß es sie auch nicht gebe.

Über das Leben der Gefangenen sollten die folgenden Gruppen mit in der Reihenfolge der Nennung abnehmender Intensität am besten Auskunft geben können: die Gefangenen selbst, das Aufsichtspersonal, die Anstaltsleitung, interessierte Wissenschaftler. Doch sind die meisten Mitglieder all dieser Gruppen in der Regel zu einer einsichtsvollen objektiven Berichterstattung wenig qualifiziert.

Wer den Prozeß der Auswahl und Kriminalisierung durch alle Filterstationen, besonders Polizei und Gericht, bis in das Gefängnis durchstanden hat, gehört überwiegend jener unterprivilegierten Schicht an, die in der Kunst des Schreibens und der klaren Formulierung nicht ausgebildet ist und sich nicht hervortun will. Eine Ausnahme bilden etwa die in Briefen selbstberichteten „Gefängniskarrieren" (*Gareis/Wiesnet* 1973, 57 ff). Rechtsbrecher, die die vorgenannten Künste beherrschen und nutzen, werden zumeist nur dann eingesperrt, wenn ihr Fall eine politische Komponente hat. So sind es vor allem Dichter und Revolutionäre, deren Schilderungen vorliegen (vgl. dazu *Müller-Dietz* 1969). Hier sind besonders die Schriften der rassisch unterdrückten Schwarzen aus den USA und die Werke von Solschenizyn über sowjetische Gefängnisse und Lager bekannt geworden. Völligen Ausnahmecharakter haben die noch während einer zehnjährigen Haftzeit geschriebenen Beobachtungen eines Arztes über „Verhaltensweisen deutscher Strafgefangener heute" (*Scheu* 1971). Literarische Produkte einer militanten politischen Richtung zu Gefängnis und Strafvollzug werden im eigenen Land wenig geschätzt – auch wenn in der Bundesrepublik außer den Gefangenen um Baader-Meinhof wohl kaum ehemalige Studienstiftler des Deutschen Volkes über Hafterfahrungen berichten könnten. Demgegenüber erobern Berichte und Tagebuchäußerungen über die Überlebensstrategien in Haftsituationen, die durch uns weniger nahestehende Systeme und Mächte reglementiert werden, schnell die Bestsellerlisten (*Solschenizyn; Speer* 1975).

Auch die Aufsichtsbeamten gehören nach Herkommen und Ausbildung nicht zu den literarisch Mitteilsamen. Obendrein werden sie, auch wenn sie ihren Dienst mit sozialem Engagement begonnen haben, nach einer gewissen Zeit weniger empfänglich für die Anliegen und Probleme der Gefangenen, weil sich die Belastung des Dienstes und ihre unvermeidlichen Rollenkonflikte noch am ehesten ertragen lassen, wenn sie zwischen sich und den Gefangenen soziale Distanz aufbauen und sich vorwiegend auf die Verwahrungsaufgaben der Anstalt beschränken. Entsprechend fand eine deutsche empirische Studie über Einstellungen im Gefängnis, daß 64 % der befragten Aufsichtsbeamten der Meinung waren, die Insassen hätten im gegenwärtigen Strafvollzug „zuviel Rechte" (*Hohmeier* 1973, 57). Nach der gleichen Untersuchung sahen 44 % der Aufsichtsbeamten den „hauptsächlichsten Zweck" ihrer Tätigkeit in der Aufrechterhaltung von Sicherheit und Ordnung, 30 % in einem Beitrag zur Resozialisierung und 16 % in der Betreuung der Insassen. Dabei steigt die kustodiale Auffassung mit dem Alter der Beamten (*Hohmeier* 1973, 56). Darüber hinaus führt die Rollenverteilung in Schließer und Eingesperrte, Aufseher und Beaufsichtigte ohnehin zu einem Freund-Feind-Denken, das eine vorurteilsfreie und verständnisvolle Schilderung oder auch nur Ahnung von der Welt der Gegner ausschließt.

Die gruppenbezogene Polarisierung zwischen Insassen und Beamten gehört zum Vollzug. Sie erschwert oder verhindert die Arbeit zwischen den Fronten. Das trifft z. B. den Anstaltspsychologen (*Kerner* 1978, 185 mwN): Der in die Anstaltshierarchie integrierte Anstaltspsychologe verliert therapeutisch relevante Vertrauenskontakte. Identifiziert er sich umgekehrt mit den Häftlingen und ihren Problemen, wird er für den Anstaltsbetrieb dysfunktional und behält lediglich eine Alibifunktion für die nach außen behauptete Aufgeschlossenheit der Anstalt.

Die beide Seiten prägende Kraft der Gefängnissituation wurde in einem berühmten Experiment an der kalifornischen Stanford Universität vorgeführt. Studenten, die sich freiwillig gemeldet hatten, sollten die Rollen von Aufsichtspersonal und Gefangenen übernehmen, denen sie in einer gefängnisähnlichen Situation für 14 Tage nachzukommen hatten. Die von 70 Bewerbern für die Untersuchung ausgewählten zwei Dutzend Teilnehmer waren eine ursprünglich recht homogene Gruppe „reifer, emotional ausgeglichener, normaler, intelligenter junger Leute aus der Mittelschicht". Nach kürzester Zeit war es nicht mehr auszumachen, wo die Realität einer doch nur simulierten Gefängnissituation endete und wahres Rollenspiel begann. In der Tat waren die meisten zu Aufsehern oder Gefangenen geworden.

> „Praktisch jeder Aspekt ihres Verhaltens, Denkens und Fühlens hatte sich dramatisch geändert. In weniger als einer Woche hatte die Gefängniserfahrung die Lehren eines ganzen Lebens (zeitweilig) ausgelöscht; menschliche Werte wurden aufgehoben, Selbstkonzepte in Frage gestellt, und die häßlichsten und primitivsten pathologischen Seiten der menschlichen Natur kamen zum Vorschein. Wir waren entsetzt, weil wir sahen, wie einige Leute (Aufseher) die anderen mit Freude an Grausamkeiten behandelten, als seien sie jämmerliche Tiere, während andere (Häftlinge) zu servilen entmenschlichten Robotern wurden, die nur an Flucht, ihr eigenes individuelles Überleben und ihren steigenden Haß auf die Aufseher dachten." (*Zimbardo* 1973, 278)

Drei Gefangene mußten während der ersten vier Tage wegen akuter traumatischer Reaktionen wie hysterischen Schreiens, Geistesverwirrung und schweren Depressionen entlassen werden. Andere beantragten Strafaussetzung zur Bewährung, und als diese ihnen am fünften Tag abgelehnt wurde, gingen sie schweigend in ihre Zellen zurück wie Gefangene, die ihre Strafe ausgesetzt bekommen wollten, nicht aber wie Studenten, die auf ihre Gage von 15 Dollar pro Tag hätten verzichten und heimgehen können. Den Wärtern war es gelungen, die anfängliche Solidarität der Gefangenen zu zerschlagen, so daß letztere, ohne Rücksicht auf ihre Mithäftlinge, nur noch nach eigenem Vorteil strebten.

Ein Teil der Wärter war grausam und durch seine Macht korrumpiert, ein Teil tat scharf, aber korrekt seinen Dienst, und einige versuchten, den Gefangenen zu helfen und deren Los zu erleichtern. Diese, aus der Sicht der Gefangenen „guten Wärter" setzten sich aber nie für die Gefangenen ein, widersprachen nie den scharfen Anordnungen der „schlechten Wärter" und beschwerten sich nie bei dem Gefängnisdirektor (= Leiter des Experiments). Sie schienen die Gefangenen zu benutzen, um ihr eigenes Selbstbild im besseren Licht erscheinen zu lassen. Tatsächlich perpetuierten sie die Gefängnissituation mehr als die „schlechten Wärter", da sie sich einerseits deren Anordnungen nie widersetzten und andererseits die Gefangenen durch ihre Freundlichkeit von der Rebellion abhielten. Das Experiment wurde wegen der zu starken Realitätsnähe von dem erschrockenen Leiter bereits nach sechs Tagen abgebrochen (*Zimbardo* 1973).

Eine dergestalte tägliche Konfrontation zwischen Aufsichtsdienst und Häftlingen liefert also keinen guten Boden für ein echtes Verständnis der jeweils anderen Seite. Eine ähnliche Einschränkung gilt auch für einen Bericht über die Gefangenensubkultur von seiten der Anstaltsleitung. Auch diese ist Partei und der Vorteil, daß sie nicht so sehr in die dauernde Konfrontation eingespannt ist, schlägt in Nachteil um, weil sie dadurch auch von vielerlei Alltagserfahrungen abgeschnitten ist.

Jedoch darf man bei aller Betonung der gegenseitigen Abneigung und Verachtung und sozialen Distanz nicht verkennen, daß Wärter und Bewachte sich in ihren Handlungssystemen gegenseitig bedingen, in ihrem Selbstverständnis voneinander abhängig sind und dank der Tatsache, daß sie sich gemeinsam hinter den gleichen verschlossenen Türen bewegen, auch zu mancher nicht eingeplanten menschlichen Interessenverknüpfung gelangen. Dafür sei nur ein nicht untypisches Beispiel aus einer extremen Lage gebracht. Das Spandauer Kriegsverbrechergefängnis war überbewacht, überreglementiert, durch Sprechverbot zwischen Wärtern und Gefangenen und durch persönlichen und politischen Hader zwischen dem Personal der verschiedenen Aufsehermächte gekennzeichnet. Dennoch kann Speer auf einem seiner 25 000 aus dieser Situation herausgeschmuggelten Zettel von der Manie des Mithäftlings Schirach zur Spinnenfütterung und der allgemeinen Jagd nach kleinen Futtertieren berichten: „Gemeinsam im Gras auf den Knien verfolgten heute ein amerikanischer, ein französischer, ein russischer Wärter und Schirach einen Grashüpfer!" (*Speer* 1975, 442).

Schließlich muß auch dem „neutralen" Wissenschaftler ein Bericht über die „Subkultur der Gefangenen" schwerfallen. Eine Subkultur kann man nicht durch häufige Besuche feststellen, sondern muß sie durch die empirische Forschungsmethode der teilnehmenden Beobachtung „erleben". Dies ist nicht nur ungeheuer zeitaufwendig, so daß sich dieser Mühe freiwilliger Gefangenschaft bestenfalls Doktoranden für ihre Dissertation unterziehen. Auch ist der Zugang zu einer geschlossenen Anstalt nicht leicht zu erreichen, da ein sich für das Leben der Gefangenen längerfristig interessierender Wissenschaftler eine im Gefängnis nicht vorgesehene Rolle übernehmen will. Insbesondere wenn er mit dem Gefängnisalltag nicht hinreichend vertraut ist, wird ihm die Anstaltsleitung – aus ihrer Sicht zu Recht – zur Vermeidung von Störungen und zusätzlichem Arbeitsaufwand den Zugang versagen. Eine grundsätzliche und genauso grundsätzlich übersehene Schwierigkeit wissenschaftlicher Arbeit über Sub- und Gegenkulturen sei hier besonders hervorgehoben. Von dem Forscher, der über ein kulturelles System berichtet, sollte erwartet werden, daß er Phänomene, die von seiner eigenen Kultur und von seinen eigenen Wertvorstellungen abweichen, „nach ihrem eigenen Selbstverständnis und nach ihrer eigenen Logik beschreibt und analysiert. Dies erfordert ein Maß intellektueller Askese, kultureller Selbstverleugnung und Eigendistanz, das oft selbst der Sozialwissenschaftler, der also aus professionellem Ethos dazu Verpflichtete, aufzubringen kaum in der Lage ist" (*Sack* 1971, 272). So lassen sich Arbeiten über Subkulturen häufig danach aufteilen, ob in ihnen die eigene Wertposition des Forschers durchschimmert oder ob der Forscher ganz für die von ihm Untersuchten Partei ergreift.

Trotz all dieser Einschränkungen soll der folgende Teil des Beitrages auf Erkenntnisse und Meinungen von Wissenschaftlern gestützt werden und nur zum Schluß mit dem Bericht eines Zuchthäuslers noch einmal länger auf die Erfahrungen eines Betroffenen eingehen.

1.3 Deprivationen

Im Anschluß an eine amerikanische Untersuchung (*Sykes* 1958, 65 – 83) werden auch hierzulande die folgenden haftbedingten Verluste und Entbehrungen als besonders bedrückend und schädlich angesehen.

1.3.1 Der Freiheitsverlust

Der Freiheitsverlust ist der sichtbarste und einzige offiziell bezweckte Einschnitt. Ihm folgen jedoch mehr oder minder automatisch weitere Einschränkungen, da – ohne zwingende Logik, aber mit vielen Folgeschäden – „Einsperrung" mit „Absperrung" gleichgesetzt wird (*Schüler-Springorum* 1970, 51). Der Kontakt zu Familie und Freundeskreis wird eingeschränkt oder entfällt. Die darin einmal übernommene soziale Rolle verödet, und der durch sie bestätigte Selbstwert der Person wird zerstört. Das Leben verliert an Information und Sinn. Die besonders bei der Einlieferung in die Strafanstalt durchlaufenen Degradierungszeremonien (Garfinkel 1956) und später beim Kontakt mit Aufsicht und Anstaltsleitung immer neu exerzierten Degradierungsrituale machen für alle Beteiligten deutlich, daß der Häftling seinen Status als anständiger Mitbürger und als Mitglied der menschlichen Gesellschaft verloren hat – oder doch verlieren soll. Denn das Einsperren von Gleichberechtigten würde zu so starken kognitiven Dissonanzen führen und so sehr jedermanns Bedürfnis nach einer heilen Welt stören, daß schon im Interesse von Schließer und Gesellschaft der Eingesperrte seinen sozialen Wert verlieren muß.

Der Gefangene, seines personalen Wertes, seiner eigenen Kleidung sowie weitestgehend auch seiner Rechte beraubt, hat nur wenige Möglichkeiten, einen gewissen Selbstwert und eine gewisse Identität zu wahren, die ihn über die Degradierung und Objektivierung zu einer Nummer erhaben sein lassen. Er kann etwa versuchen, (a) sich unter seinen Mithäftlingen eine Machtposition aufzubauen, (b) durch Akte der Selbstverletzung oder sonstige Störung des Anstaltsbetriebes kurzfristig Aufmerksamkeit auf sich zu lenken oder (c) z. B. durch Tätowierung etwas Persönliches zu erhalten, das man ihm nicht fortnehmen kann. All dies, einschließlich des verpönten Tätowierens, muß als ein Versuch der Identitätswahrung, Selbstdarstellung und Kommunikation gewertet werden.

Der Gefangene muß die Kontakte pflegen, die ihm möglich sind. Stärker als im freien Leben mit seinen vielfältigen Abwechslungen fördert im Vollzug das Bedürfnis nach

Unterhaltung und sozialen Kontakten auch das Interesse am Gottesdienst in der Gefängniskapelle sowie am Sport.

1.3.2 Der Verlust materieller Habe und Hilfe

Mit der Tatsache, daß die meisten Gefangenen überleben, kann man beweisen, daß sie zumindest mit dem Existenzminimum ausgestattet sind. Auch darf ihnen nach § 19 StVollzG als Erinnerungsstück mehr als nur ein Bild von Angehörigen für die Zelle belassen bleiben. Doch bildet dies geringfügige Entgegenkommen keinen Ausgleich in einer Gesellschaft, die wie die unsrige gesteigerten Wert auf die Anhäufung von Besitz und Eigentum legt und den Wert einer Person nach dem Ausmaß des Angehäuften bemißt. Ein genauso blühender wie verbotener Tauschhandel ist die Folge, wenn der Gefangene versucht, die vor seiner Festnahme und nach seiner Entlassung geltenden Normen im Gefängnis nicht zu vergessen.

1.3.3 Der Verlust heterosexueller Beziehungen

Wiewohl die meisten Menschen (gerade in dem Alter, in dem sich die Mehrzahl der Strafgefangenen befindet) zur Entfaltung und Erfüllung das andere Geschlecht benötigen, ist dies schon in der Freiheit ein möglichst zu verheimlichendes Problem. Um so mehr wird es im Strafvollzug verschwiegen oder heruntergespielt. Da Verschweigen das Problem nicht löst, ergeben sich im Strafvollzug zwingend neben Praktiken der Selbstbefriedigung vielerlei Fälle von homosexueller Ausbeutung und Abhängigkeit. Die Angst vor dem Verlust der Männlichkeit und die geschlechtsspezifisch verschieden ausgeprägte Intensität bei der Darstellung eigener Gefühle in Briefen und bei kurzen Besuchen gehören zu den meistbedachten und besprochenen Problemen während der Gefangenschaft (vgl. *Scheu* 1971, 40 – 45, 51 ff). Hinzu kommt wegen des Entzuges von auch nur visuellen Kontakten mit dem jeweiligen anderen Geschlecht eine sexuell betonte Verrohung von Sprache und Phantasie. Demgegenüber haben Versuche auf Männerstationen in anderen Ländern gezeigt, daß man explosive Unruhe nicht nur durch den Ausschluß von weiblichen Besuchern verhindern sollte, sondern daß man umgekehrt dauerhaftere Ruhe und einen besseren Ton auch durch Einsatz von weiblichem Aufsichtspersonal erreichen kann.

Ausführlicher über die sexuellen Probleme sowie über die Rolle echter und haftbedingter Homosexualität im Gefängnis schreibt mit Beispielen in der Vorauflage *Suttinger* (1976, 258 ff).

1.3.4 Der Verlust der Selbstbestimmung

Die Strafanstalt ist der klassische Fall einer „totalen Institution" (*Goffmann* 1972, 16), in der das eigene Leben nicht mehr einem selbst gehört. „Von der Anstalt beköstigt, bekleidet, behaust, bis tief ins Fühlen und Trachten von ihr bestimmt, ohne die gewohnte Verantwortung für sich selbst und ohne Verantwortung für Angehörige ... wahrnehmen" zu können (*Harbordt* 1972, 13), ist der Insasse auf den Status eines unmündigen Kindes zurückgestuft (ungenau vielfach als „Infantilisierung" bezeichnet). Totale Überreglementierung führt dazu, dem Insassen das Rückgrat zu brechen und

Selbständigkeit abzugewöhnen. Wer dennoch nicht verkümmern und im Strafvollzug die andernorts geforderten Werte wie Selbständigkeit und Eigeninitiative üben will, schadet entweder der Anstaltsruhe oder seinem Charakter. Denn er kann sich nur gegen seine eigene Überreglementierung auflehnen oder die Reglementierung der anderen fördern, sei es, daß er die anderen selbst unterdrückt, sei es, daß er als „guter Gefangener" wie ein „Kriegsgewinnler von jenem Vollzugssystem zu profitieren" sucht (*Schüler-Springorum* 1970, 27).

1.3.5 Der Verlust der eigenen Sicherheit

Zellen und Gefängnismauern schützen zwar die Gesellschaft vor den Eingesperrten, aber nicht diese voreinander und vor Übergriffen durch das Personal. Es liegt im Interesse einer totalen Anstalt, nicht nur die Eingesperrten zu verbergen, sondern auch das Unrecht, das ihnen möglicherweise widerfährt. Dabei müssen in einer generell durch Zielkonflikte gekennzeichneten Institution (*Waldmann* 1968) der bis hier angedeutete Katalog der Deprivationen unter den Gefangenen wie auch die unlösbaren Rollenkonflikte bei den Vollzugsbeamten, oft „Stab" genannt, zu Spannungen führen, die sich leicht in Rechtsverletzungen entladen.

Die in pönologischer Literatur gern als „Stab" bezeichneten Vollzugsbeamten sind im organisationssoziologischen und damit technischen Sinne kein Stab, sondern eher alles andere und nach übereinstimmender Lehre das Gegenstück zum Stab. Ein Stab besteht aus fachlich qualifizierten, für exakt abgrenzbare Aufgaben einsetzbaren Experten, die außerhalb der Hierarchie stehen, d. h. keine Weisungsbefugnis nach unten haben und nach oben nur bestimmten Personen oder Abteilungen verpflichtet sind. Ein Stab dient insbesondere zur Erledigung spezieller zeitlich begrenzter Aufgaben, für die er besonders ausgebildet wurde. Das Gefängnispersonal ist im Gegensatz dazu in die Hierarchie eingebunden, seine Aufgaben sind nicht spezieller Art, sondern betreffen den Gefängnisalltag. An Spezialausbildung mangelt es ihm zumeist.

Aus der Tatsache, daß nur manchmal Beamten zur Last gelegte skandalöse Todesfälle aus den Mauern an die Öffentlichkeit dringen, darf man nicht schließen, daß die Gefahr gering ist, von Mitgefangenen angegriffen und mißhandelt zu werden. Da im Gefängnis die meisten üblichen Wege, Rangordnungen und Macht aufzubauen, verschlossen sind, ist die Anwendung einer sehr handgreiflichen Hackordnung unabdingbar.

Die oft behauptete Solidarität der Gefangenen sichert derartige Angriffe nach außen ab, da sie nicht dem gegenseitigen Schutz der Gefangenen, sondern primär der gemeinsamen Frontstellung gegen das Personal dient. Das ohnehin überlastete Aufsichtspersonal seinerseits übersieht oft geflissentlich gefangenen-interne Auseinandersetzungen, soweit diese nicht erkennbar den Anstaltsbetrieb stören.

Auf die mit der Immunschwächekrankheit Aids auftretenden Sicherheitsprobleme wurde schon im Eingangskapitel hingewiesen.

1.4 Insassentypen und -rollen

Verhaltensweisen und Rollenerwartungen des Strafgefangenen werden geprägt von (a) den formellen Anstaltsvorschriften, (b) den informellen Erwartungen des Personals, (c) den Verhaltenserwartungen der Mitgefangenen und (d) den individuellen Normen und Bedürfnissen (vgl. *Harbordt* 1972, 57). Diese Normgruppen können sich widersprechen und zu einem Rollenkonflikt führen. Versuche, derartige Konflikte zu lösen, bereiten dann den Boden für gefängnisspezifische Verhaltensweisen. In all diesen Rollen wird der Versuch gesehen, die erwähnten Deprivationen zu meistern.

Wieder aus dem Amerikanischen sind fünf allgemeine Insassen-Typen: square John (prosozial), right guy (antisozial), politician (pseudosozial), outlaw (asozial) und ding beschrieben worden, die allerdings nicht immer in Reinform aufzutreten brauchen. Davon bezeichnet der erste Typ den Häftling, der den Normenkonflikt zugunsten der Anstaltsleitung entscheidet und bei gewünschten Aktivitäten aktiv mitarbeitet. Das sind oft Erst- und Gelegenheitstäter ohne kriminelle Karriere, die von der Mehrheit der Gefangenen wenig geschätzt und wenig gehaßt werden. Der zweite Typ hat seine Loyalität ganz auf seiten der Gefangenen. Er ist ein harter, „ganzer Mann", dem mit Strafen nicht beizukommen ist, der eine meist ausgedehnte kriminelle Karriere aufweisen kann und der als Vorbild wirkt, da er uneigennützig die Interessen der Gefangenen vor seine eigenen stellt. Der dritte Typ, der oft die Rolle des deutschen Kalfaktors innehat, ist überproportional häufig wegen Betruges oder anderer, das Opfer manipulierender Delikte verurteilt worden. Als Opportunist und häufig glänzender Rollenspieler verschafft er sich in den gefängniseigenen Betrieben, besonders etwa auch bei der Essensausgabe, Aufgaben, die es ihm erlauben, sowohl mit dem Personal als auch mit anderen Gefangenen häufig zusammenzukommen. Daraus ergeben sich Informationsvorsprung und Einfluß. Wie der Kalfaktor setzt auch der vorletzte Typ, der „outlaw", seine eigenen Interessen vor alles andere, doch lehnt der „outlaw" die Normen von Beamten und Gefangenen und Mitarbeit mit irgendeiner Gruppe mit wenig Überlegung ab. Der letzte Typ schließlich („ding") bezeichnet denjenigen, dessen Verhalten bei wichtigen Problemen so unvorhersagbar ist, daß er keiner der anderen Rollenverteilungen zugeordnet werden kann. Hierunter finden sich manche (nicht gewalttätige) Sittlichkeitstäter. – Weiterhin gibt es verschiedene homosexuelle Rollen.

Diese heute allenthalben zitierte Typologie geht zurück auf *Schrags* unveröffentlichte Magisterarbeit (1944) und seine ebenfalls unveröffentlichte Dissertation „Crimeville: A Sociometric Study of a Prison Community", unpubl. doct. diss., University of Washington, Seattle, 1950. Schrag war den Klassifizierungsversuchen nachgegangen, die Häftlinge über Mithäftlinge gegeben hatten, und hatte diese dann analysiert. Insofern handelt es sich bei der Zuschreibung von Insassenrollen zumindest ursprünglich um ein sog. „soziales Fremdbild". Dies ist insbesondere bei Untersuchungen zu beachten, die den Einfluß von verschiedener Haftlänge oder verschiedenen Therapieformen auf die verschiedenen Insassentypen für ihre Bewährung nach der Entlassung messen wollen. Zu derartigen Versuchen vgl. *Garrity* (1956) und *Weis* (1968, 207–231). Garrity, ein Schüler Schrags, bei dem sich die genauesten Identifikationstafeln für die verschiedenen Typen finden (*Garrity* 1956, 174–78), hatte in seiner Studie zusätzlich zu den fünf Grundtypen noch drei Zwischentypen gebildet, die den Definitionen für die ersten drei Haupttypen nahekamen, ohne sie jedoch in allen Punkten zu erfüllen. Aber auch diese Aufteilung wurde noch nicht als vollständig angesehen, und in den beiden von Garrity untersuchten Strafanstalten ließen sich 27 % bzw. 35 % der Gefangenen keinem der acht Typen zuordnen und blieben „unclassified" (*Garrity* 1956, 179, 180).

1.5 Die Normen der Insassen

Als wichtigstes Element einer Insassensubkultur wird gern ein besonderer Kodex oder ein System von Werten und Normen oder von Verhaltensorientierungen genannt.

Diese seien kurz zusammengefaßt (vgl. auch *Sykes* und *Messinger* 1960, 8 – 9; *Harbordt* 1972, 21 ff):

Vorrangig gilt das Gebot des Zusammenhaltens und der Loyalität unter den Häftlingen und der Solidarität gegen die Beamten. Dies schließt neben dem absoluten Verbot des Kontaktes mit den Beamten eine Reihe allgemeiner Anstandsregeln ein, etwa Mitgefangene nicht zu verpfeifen und sich nicht in ihre privaten Angelegenheiten zu mischen, schließlich ihnen gegenüber aufrichtig, verläßlich, uneigennützig und hilfsbereit zu sein. Besonders hochgeschätzt werden Souveränität und Unabhängigkeit. Die Unbeeinflußbarkeit durch Insassen und Beamte dient u. a. der Berechenbarkeit und Verläßlichkeit des Verhaltens von Mitgefangenen. Diese Unabhängigkeit wird durch Macht erleichtert, wenn sie diese auch nicht voraussetzt. Damit im Zusammenhang steht die Fähigkeit, sich nicht aus der Fassung bringen zu lassen und in Ruhe seine Zeit abzudienen. Weiterhin zählen insbesondere unter Langstraflern Ruhe und Ordnung, also das Nicht-gestört-Werden, zu den nichtverletzbaren Werten.

Dieser mit vielerlei männlichen und honorigen Imperativen fortsetzbare Katalog von Verhaltensorientierungen dient teilweise als Maßstab für die Zuschreibung von Status innerhalb der Gefangenenhierarchie. Im übrigen ist bei ihm scharf nach Anspruch und Wirklichkeit zu trennen. Tatsächlich scheinen die genannten Normen dieses Ehrenmännerkodex besonders durch Lippenbekenntnisse (*Hood* und *Sparks* 1970, 230) aufrechterhalten zu werden. Wieweit ihre Übertretung intern geahndet wird, ist nicht völlig geklärt. Wichtig ist dieser Normenkatalog insbesondere, weil er Verhaltensanweisungen gibt, wie aus der Sicht eines erfahrenen Gefangenen die Haft am besten zu überstehen sei.

Wertsysteme und Insassennormen sind gelernte Reaktionen auf Situationen. Hier wird auf die an Tabak, Kaffee und Drogen orientierten gefängnisinternen Währungssysteme nicht weiter eingegangen. Auch der oben erwähnte Verlust normaler heterosexueller Beziehungen führt zu neuen Normen.

1.6 Machtbildung

Die Prozesse der Machtbildung sind ein faszinierendes und kaum erforschtes Gebiet. Nach *Popitz'* (1968, 39) eingehender Beschreibung von drei Beispielen kann Machtausübung in Verbindung stehen mit (a) überlegener Organisationsfähigkeit bestimmter Gruppen, (b) exklusiven Verfügungsgewalten über mehr oder minder knappe und begehrte Güter und mit (c) Prozessen der Anerkennung einer Ordnung, die sich als Macht etabliert und nunmehr legitimieren läßt. Das letzte Element ist besonders wichtig, weil hier mit der normativen Kraft des Faktischen ein Grund für eine dauerhafte Verfestigung einer anstaltsinternen Unrechtsordnung liegt. Denn erst die zunehmende Neigung der Unterdrückten, eine Unterdrückungsordnung als Ordnung anzuerkennen, ermöglicht es ihnen, in diese Ordnung Interessen zu investieren und in dieser Ordnung einen sicheren Platz zu finden, anstatt die Zwangsordnung und damit die aufoktroyierte Rolle und damit sich selbst laufend in Frage zu stellen.

Eine derartige Selbstanerkennung der Unterworfenen legitimiert die Herrschaft der Unterwerfer, rückt gleichzeitig das Element der Unterwerfung aus dem Blickfeld und macht die Ordnung somit ausnutzbar und unumstößlich.

Da die Beispiele von Popitz sich auf „kasernierte Vergesellschaftungen" beziehen (Schiff; Kriegsgefangenenlager; Erziehungsheim für Jungen), zu denen alle Teilnehmer „gleichsam mit leeren Händen" antreten und in denen sie ihre Konflikte nicht dadurch lösen können, „daß man sich trennt, kündigt, austritt, scheidet, abreist, umzieht" (*Popitz* 1968, 6), gibt er wohl die wichtigsten Anregungen zur Analyse der inoffiziellen Machtprozesse im Strafvollzug.

Einzelne Häftlinge können in Machtpositionen insbesondere durch Ausnutzen ihrer ökonomischen Lage bei Tauschgeschäften oder durch direkte Wucherzinsen beim Arbeiten mit der Tabakwährung gelangen. Schließlich gibt es die Ausbeutung mit roher Gewalt durch den Typ des sog. Gorilla. Physische Gewalt ist eine besonders universelle Grundlage für Macht (*Luhmann* 1975, 61).

Die Macht- und Einflußpositionen unter den Mitgefangenen hängen von ihrem Status ab. Abgesehen von den erwähnten Machtbildungsprozessen wird Status in der Subkultur nach dem Durchstehen zahlreicher testähnlicher Situationen verliehen. Eine differenzierte Liste der Kriterien für Statuszumessung findet sich bei *Harbordt* (1972, 55):

a) Machtausübung, vor allem wenn sie auf der Vermittlung zwischen Stab und Insassen beruht, aber zum Teil auch, wenn sie sich auf körperliche Gewaltanwendung stützt.
b) Erfüllung der Insassennormen,
c) größere Bewegungsfreiheit, verbunden mit der Möglichkeit, sich oder anderen verbotene Annehmlichkeiten zu verschaffen,
d) die Fähigkeit, Strafen zu ertragen, ohne zu zerbrechen,
e) mit Hafterfahrung gepaarte Seniorität („Dienstalter" quasi),
f) krimineller Ruf, kriminelle Erfahrung und soziale Herkunft,
g) eine gewisse Charakterfestigkeit, besonders im Sinne von Konstanz (die Berechenbarkeit ermöglicht).

1.7 Prisonisierung und Akkulturation

Die Anpassung an verschiedene Aspekte der Gefängniskultur und die stärkere oder schwächere Übernahme ihrer Gebräuche, Sitten und Gewohnheiten wird oft mit *Clemmers* (1950, 299) eingedeutschtem Begriff „Prisonisierung" wiedergegeben. Dieser Anpassungsprozeß soll einer U-Kurve folgen, derzufolge zu Beginn und Ende der Haftdauer die größte Konformität, in der Mittelphase aber die größte Abweichung zwischen den Einstellungen der Häftlinge und den offiziellen Normen der Anstalt und der freien Gesellschaft festzustellen ist (*Wheeler* 1971, 102). Allerdings besteht keine Einigkeit darüber, ob der Grad der Prisonisierung mit dem Herannahen des Entlassungszeitpunktes tatsächlich wieder abnimmt. Es dürfte ohnehin zweckmäßig sein, diesen Sammelbegriff in einzeln mehr faßbare und klarer meßbare Bestandteile wie „subkulturelle Anpassung, Realitätsverlust, Kontaktverlust, Vereinzelung, ideelle Hypertrophierung, in einzelne neurotische Entwicklungen usw." aufzugliedern (*Hoppensack* 1969, 161).

Man könnte den Anpassungsprozeß, wie vielfach üblich, als Akkulturation verstehen, wenn es sich dabei um einen sozialen Prozeß des kulturellen Wandels handelt, in dem Mitglieder eines Kultursystems durch direkten und fortgesetzten Kontakt mit

Mitgliedern eines anderen Kultursystems Elemente aus deren Kultur übernehmen und in die eigene integrieren (vgl. *Endruweit* 1974, 4 f mwN).

Falls die Gefangenen eine kriminelle Subkultur des Gefängnisses übernehmen, der sie bislang nicht angehört haben, so würde der Strafvollzug nicht zur Sozialisierung oder Resozialisierung, sondern zur Ent-Sozialisierung führen. Dann wäre es schon ein kaum erreichbares Ziel, wenn die Gefangenen das Gefängnis so verlassen könnten, wie sie es betraten.

1.8 Eine eigenständige Sub-Kultur?

Fraglich ist allerdings, ob es sich bei den Besonderheiten des Gefangenenlebens wirklich um eine eigene (Sub-)Kultur handelt. Diese Frage ist nicht nur von theoretischem Interesse für den Soziologen, sondern kann auch praktische Bedeutung für den Pönologen erlangen. Denn sie schließt das umstrittene Problem der Ursache jener „Gefangenen-Subkultur" ein. Falls letztere als Überlebensstrategie auf die Deprivationen der Anstalt entsteht, ist sie anstaltsbedingt und ein möglicherweise in den Strafvollzug eingebauter Bumerang zur Verhinderung des Vollzugszieles. Falls sie jedoch durch die Gefangenen aus ihrem früheren Lebenskreis in die Anstalt nur hineingetragen und dort modifiziert wird, ist dem Strafvollzug der Vorwurf weiterer De-Sozialisierung weniger zu machen.

Das Subkulturkonzept wird seit einigen Jahren inflationär und nicht ohne gewisse manieristische Züge (*Sack* 1971, 278 Anm. 5) verbreitet. Eine Subkultur ist eine eigene Kultur im Bereich einer anderen, dominierenden Kultur, ein gesellschaftliches Partialsystem im Vergleich zum umfassenden Gesamtsystem. Eine Subkultur ist damit nicht unabhängig von der sie umgebenden Standardkultur. Eine delinquente oder auf Konflikt beruhende Subkultur sollte hierbei vielleicht treffender als „Gegenkultur" (*Yinger* 1960) bezeichnet werden. Auch dabei sind Begriffe wie Subkultur und Gegenkultur wertfrei zu verwenden.

Kultur ist u. a. durch Tradition und Enkulturation, Weitergeben und Lernen der Normen und Werte eben dieser Kultur geprägt. Dabei ist kulturbedingtes von situationsbedingtem Verhalten zu unterscheiden. Eine Trennung von subkulturellen und situativen Normen fällt üblicherweise recht schwer (vgl. *Wolfgang* und *Ferracuti* 1967, 105). Kulturell modifiziertes Verhalten ist autonom in dem Sinne, als die dem einzelnen tradierte Verhaltensregel einzige Quelle seines Verhaltens ist. Eine Verhaltensänderung würde also eine kulturelle Umerziehung oder wirkliche Resozialisierung erfordern. Situationsbedingtes Verhalten ist demgegenüber nicht Befolgen einer autonomen Regel, sondern ein Reflex auf kurzfristig bestehende und sich ändernde Situationen, ein Anpassen an extreme Bedingungen, eine Überlebensstrategie. Dieses Verhalten kann bereits beeinflußt werden durch eine Änderung der Situation und Manipulation des Handlungskontexts (vgl. *Sack* 1971, 266 ff). Allerdings können in einem weiteren Sinne auch autonome, also situationsunabhängige kulturelle Elemente als ursprüngliche Strategien der Anpassung und Reaktion des Menschen auf seine externe Umwelt verstanden werden. Man mag dann nur noch einen graduellen Übergang zwischen kurzfristig situativer Anpassung und autonomen kulturellen Regeln als Bestimmungsfaktoren für Verhalten sehen.

Der praktisch bedeutsame Unterschied würde sich aus einer experimentellen Überprüfung ergeben, die festzustellen hätte, ob nach Wegfall einer möglicherweise verhaltensprägenden Situation die aufgetretenen Verhaltensweisen ebenfalls entfallen oder ob sie autonom weiterleben. Auf den Strafvollzug übertragen lautet die Frage also, ob der entlassene Gefangene die im Gefängnis typischen Wertordnungen und Verhaltensmuster in der Freiheit weiter befolgt. Gerade diese Frage läßt sich aber nur schwer beantworten, weil die Freiheitssituation eines entlassenen Strafgefangenen nicht mit der Freiheitssituation eines anderen, nicht vorbestraften Mitbürgers vergleichbar ist. Dann würde ein weiteres Befolgen von Werten oder ein „Rückfall" in Verhaltensweisen, die in der Haft üblich sind, nicht zwingend auf die prägende Kraft der Gefängnissubkultur hinweisen. Eine Ursache könnte vielmehr jetzt auch darin liegen, daß die Situation des Strafentlassenen in vielerlei Hinsicht der Situation des Häftlings mit seiner Isolierung und dem fehlenden Zugang zu Ressourcen ähnlich ist. Damit bleibt die Frage weiter unbeantwortet, ob man dem Gefängnisleben den Charakter einer prägenden Subkultur oder eines situationsgebundenen Durchgangsstadiums zusprechen soll. Die oben erwähnte U-Kurve der Prisonisierung würde mit ihrem Nachlassen von gefängnistypischen Orientierungen gegen Ende der Haftzeit darauf hindeuten, daß in der Strafanstalt keine autonomen kulturellen Einflüsse tradiert werden, die dem Insassen die gewünschte (Re-)Sozialisierung von vornherein unmöglich machen. Doch sammelt er in jedem Fall viel Erfahrung und Wissen durch den Umgang mit Leuten, die er nach seiner Entlassung gerade meiden soll.

In diesem Zusammenhang sind Untersuchungen zur Kriminalprognose aufschlußreich, die aufgrund statistisch erhobener Daten eine Aussage über das strafrechtlich relevante Verhalten nach der Entlassung treffen wollen. Die meisten dieser Untersuchungen berücksichtigen unter den als prognostisch aussagekräftig gefundenen Faktoren keinerlei Angaben aus der Haftzeit. Man mag dies als Indiz dafür ansehen, daß entweder die prognostisch relevanten Faktoren des Gefängnisverhaltens noch nicht gefunden sind – oder daß die Gefangenschaft eine insoweit irrelevante Episode im Leben des Betroffenen ist und dementsprechend Versuche, aus der anstaltsinternen Führung des Gefangenen, Hausstrafen und Kollaboration, und dem von ihm gezeigten Ausmaß an Einsicht in das Unrecht seiner Straftat auf sein zukünftiges Verhalten in Freiheit zu schließen, mehr schöngeistig-moralisierender als effektiver Natur sind.

Von weiterer grundsätzlicher Bedeutung ist die Frage, ob eine in der Strafanstalt beobachtete oder vermutete kriminelle Subkultur von außen in die Anstalt hineingetragen wurde oder dort erst entstanden ist. Denn wenn eine Insassensubkultur nur der verlängerte Arm einer schon vor dem Freiheitsentzug bestehenden kriminellen Subkultur ist, dann wären wesentliche Vorwürfe gegen die entsozialisierende Wirkung des Gefängnisses entkräftet. Hier ist besonders auf sog. Subkulturen jugendlicher Banden zu verweisen, die sich auf kollektiver Basis häufig als Reaktion gegen die mittelschichtgeprägte Erwachsenenkultur gebildet haben. Da diesen Jugendlichen die tatsächlichen Möglichkeiten fehlen, den Wertvorstellungen der Mittelschicht nachzukommen, zeugen viele Aktivitäten ihrer Gegenkultur von einem „negativistischen", „böswilligen" und „nicht-hedonistischen" Charakter (*Cohen* 1961). Die Frage, ob eine kriminelle Subkultur von außen das Leben im Gefängnis prägt, war Gegenstand einiger ausländischer Untersuchungen (vgl. *Wheeler* 1971, und die Literaturübersicht bei *Klingemann* 1975). Dabei konnte jedoch über die Selbstverständlichkeit hinaus, daß der soziale Hintergrund der einzelnen Insassen sich auf Art und Grad ihrer Prisonisierung und die im

Gefängnis gespielte subkulturelle Rolle deutlich auswirken, nichts Bestimmtes ausgesagt werden. Es ergab sich auch, daß es von der sozialen Rolle abhängt, die der einzelne Häftling im Gefängnis spielt, zu welchem Zeitpunkt innerhalb seiner gesamten Haftzeit die Insassenkultur auf ihn den stärksten Einfluß ausübt (*Garabedian* 1971, 127). Schließlich blieb der Streit unentschieden, ob man je nach der vorinstitutionellen Prägung der Gefangenen durch eine latente Subkultur in der Freiheit bei der Insassengesellschaft zwischen drei verschiedenen Subkulturen zu trennen habe: (1) einer kriminellen Subkultur, die besonders anhand professioneller Diebe beschrieben wird, die sich auch nach Bezugsgruppen „draußen" ausrichten, (2) einer Häftlingssubkultur von häufig jungen Tätern, welche die Haftzeit mit optimalem Nutzen überstehen wollen und auch nach der Entlassung diese Häftlingswelt als ihre Bezugsgruppe und damit zugleich eine hohe Rückfallquote erfahren, und schließlich (3) einer legitimen Subkultur von Insassen, die sich während und nach der Haft um den Einsatz nicht krimineller Mittel für ihre Ziele bemühen (*Irwin* und *Cressey* 1962, 142 – 155; dagegen *Roebuck* 1963, 193 – 200).

So falsch es also ist, die „kulturelle Übertragungstheorie" als einziges Erklärungsmodell der Insassenkultur im Strafvollzug anzusehen, so wenig erscheint es gerechtfertigt, diese Insassenkultur ausschließlich durch den herkömmlichen strukturell-funktionalen Ansatz zu begründen. Allerdings bleibt festzuhalten, daß die eingangs geschilderten Deprivationen mit den organisationsbedingten Identitätsbedrohungen für den Gefangenen wohl zwingend zu Versuchen führen, neben der primären Bedürfnisbefriedigung auch sonstige Kontakte und eigene Selbstbestätigung zu erlangen (vgl. *Quensel* 1968, 178; *Haas* 1975, 3). Dieser Zwang zur soziokulturellen Eigenständigkeit äußert sich auch in „der stilschöpferischen Kraft der Subkulturen. Sie erfinden neue Moden und Mythen, Namen, Ränge, Symbole, Geselligkeitsformen und Karrieren" (*Waldmann* 1975, 64).

Insbesondere wenn die Insassenkultur der Durchsetzung grundlegender menschlicher Bedürfnisse dient, kann ihre Entwicklung durch die Anstalt nicht unterbunden werden. Verschärfte repressive Eingriffe der Anstalt führen dann nur zu verschärften und devianteren Gegenreaktionen der Insassenkultur (*Hohmeier* 1971, 132). Ein dennoch erfolgreicher Ausschluß von anstaltsinternen Kontakten kann zur Zerstörung der Person des Betroffenen führen. Die Isolationshaft ist von einigen Gefangenen um Baader-Meinhof und die Rote-Armee-Fraktion trotz mancherlei Vergünstigungen als Folter zur Zerstörung ihrer Persönlichkeit empfunden worden. Dieses Ergebnis sollte man nicht nur, wie üblich, unter dem Eindruck der teilweise extremen sensorischen Deprivation, sondern auch als Folge des völligen Ausschlusses von anstaltsinternen subkulturellen Kontakten betrachten. Dieser Ausschluß ist nicht nur durch die vielerorts detailliert angeordnete Isolationshaft, sondern auch dadurch bewirkt worden, daß die sich selbst als „Politische" verstehenden Gefangenen von ihren Mithäftlingen als Fremdkörper angesehen und nicht in deren Kreis und Subkultur aufgenommen wurden. Die sich aus derartiger doppelter Isolierung ergebenden Deprivationen sind von ganz unüblicher und wohl besonders unerträglicher Art. Andererseits fördert auch eine verstärkte Insassenselbstverwaltung nicht den Abbau subkultureller Eigenheiten (vgl. *Haas* 1975, 4), sondern nur, daß unter Duldung und Aufsicht der Beamten die in der „kasernierten Gesellschaft" bestehenden Machtverhältnisse gefestigt und die Einflußreichen noch einflußreicher und die Einflußlosen noch einflußloser werden. Bei diesen Machtbildungsprozessen bestätigt sich die als „absurd" beschriebene Selbstverständlichkeit, daß „sich eine Minderheit gegen die eindeutigen Interessen und Intentionen der Mehrheit durchsetzt" (*Popitz* 1968, 6, 42). Der Rahmen, innerhalb dessen sich diese Gesetzmäßigkeiten abspielen, ist im Strafvollzug unter organisationssoziologischen Aspekten noch am besten zu erklären. Dies sei in dem folgenden Abschnitt angedeutet.

1.9 „Die Verrohung des Franz Blum" und die Ruhe im Vollzug

Trotz aller Reformhoffnungen ist das mechanische Funktionieren des Anstaltsalltages wichtiger als die moralisch-ethische Motivation und (Re-)Sozialisierung der Gefangenen. Entsprechend wird auch belohnt. Einen klassischen Beleg dafür lieferte der autobiographische Bericht von *Driest* (1972), der nach fünfjährigem Jurastudium wegen Bankraubes zu fünf Jahren Zuchthaus verurteilt worden war. Sein unpersönlich prägnanter, von Sozialromantik und folgenloser Einfühlung in die Vereinsamung des Gefangenen freier Bericht liefert bessere und eindrucksvollere Einblicke in den Anstaltsalltag als die meisten hier zitierten lobenswerten wissenschaftlichen Arbeiten. Er beschreibt Zuchthaus und Moorlager als Orte, an denen nach den üblichen Degradierungszeremonien bei der Einlieferung archaische Verhältnisse von Herrschaft und Knechtschaft und das atavistische Recht des Stärkeren das Leben regulieren. Lernen erscheint als darwinistisches Sichanpassen im Überlebenskampf und Einfügen in eine Hierarchie, die auf brutale Gewalt, besser noch auf raffiniertes geschäftliches Kalkül und idealiter auf deren Kombination gegründet ist.

Blum, anfangs isoliert, arglos und zusammengeschlagen, erkennt allmählich das vom Wachpersonal geduldete und latent geförderte Gesetz gegenseitiger Unterdrückung und ständig neuer Hierarchisierung unter den Gefangenen. Er lernt es einzusetzen. Dank seiner besseren Vorbildung und Intelligenz perfektioniert er das perfide Kredit- und Vasallensystem, läßt andere für sich arbeiten und kontrollieren und steht am Ende in der Lager- und Zuchthaushierarchie ganz oben. Die Karriere wird von der Anstaltsleitung anerkannt. Nach Abauf von zwei Dritteln seiner Strafe wird er wegen guter Führung auf Bewährung entlassen und vom Anstaltsleiter verabschiedet: „Sie waren lange hier, wir hoffen, aus Ihnen ist ein anderer Mensch geworden. Machen Sie weiter so!" (*Driest* 1972, 126).

Zwar handelt es sich hier um den Bericht eines einzelnen. Und nicht jede Anstalt ist ein Moorlager oder war ein Zuchthaus, und nicht jeder ist ein Franz Blum, der vor der Festnahme als Jurastudent, in der Unfreiheit als lernfähiger Schlägertyp, nach der Entlassung als Schauspieler und Autor mit Brutalo-Image auf eine interessantere und bessere Karriere als andere Gefangene schauen kann. Doch erschienen sein Bericht und der davon gedrehte Fernsehfilm gerade rechtzeitig. Die lebensprägende Bedeutung der meist negativen, häufig haßerfüllten Gefühle, die den Strafvollzug charakterisieren (*Schüler-Springorum* 1985, 360 ff), wird ohnehin meist verkannt. Denn man begann sich in Deutschland wieder damit zu beruhigen, daß die schrecklichen Zustände, die von Betroffenen und Wissenschaftlern über das Leben hinter amerikanischen Gefängnismauern berichtet wurden, auf deutsche Verhältnisse nicht übertragbar seien. Diese Hoffnung ist nun trotz vielzitierter Unterschiede in Größe, Bauweise und Haftstil zwischen beiden Ländern wenig zwingend. Sie wäre auch unlogisch. Das ergibt sich aus allgemeinen Erkenntnissen der Organisationssoziologie, für die der Widerspruch zwischen dem tatsächlichen Zweck strafvollziehenden Handelns und den offiziell anerkannten und gebilligten Zielen der Anstalt als einer rationalen Organisation (*Goffman* 1972, 78) ein Hauptthema ist.

Das Gefängnis als Organisation ist ein soziales Gebilde, das spezifische Ziele erreichen soll und aus dem Dienst an diesen Zielen seine Daseinsberechtigung erhält (vgl. *Etzioni* 1967, 15). „Das Vollzugsziel ist Orientierungspunkt und Maßstab für eine Vielzahl einzelner Entscheidungen" (*Kaiser* 1974 a, 44). Als derartige Ziele werden genannt: Unschädlichmachung, Verhütung, Abschreckung und Besserung (*Cressey* 1961, 168) und insbesondere Resozialisierung. Allerdings ist erstes Ziel im Strafvollzug, wie in jeder Organisation, die Erhaltung des eigenen Bestandes und die Sicherstellung der reibungslosen Arbeit. Denn erst auf dieser Voraussetzung können die weiteren Ziele erreicht werden. Selbsterhaltung wird oft Selbstzweck (*Mayntz* 1967, 46 f). Der Austausch von Mittel und Ziel ist die mildeste und häufigste Form des Prioritäten- und Zielwechsels (*Etzioni* 1967, 24 ff). Statt also den Strafvollzug der Resozialisierung dienen zu lassen, dient der Vorwand der Resozialisierung dem Fortbestand des Strafvollzuges. Das Interesse der Mitglieder der Organisation wird von den erklärten Zielen abgelenkt und konzentriert sich auf naheliegende Ziele mit vorwiegend organisationsinterner Bedeutung. Es gibt empirische Belege dafür, daß Vollzugsbeamte bei Gefangenen ein Verhalten herbeiführen, das dann seinerseits einen repressiven Aufbewahrungsstil rechtfertigt und den Konflikt zwischen Behandlung und Verwahrung immer zugunsten der letzteren löst (*Perrow* 1962, 382). Die tatsächlichen Ziele oder der eingetretene Zielwandel lassen sich besonders aufschlußreich am Einsatz von Arbeitskräften und Sachmitteln erkennen. Hier wird in der Tat deutlich, daß es dem Vollzug weniger um die Resozialisierung, sondern mehr um reibungslosen Vollzug als solchen und um reine Aufbewahrung der Insassen geht.

Für humane technische Dienstleistungen werden Fachleute eingestellt, die selbst frustriert sind, weil sie weniger den offiziell angegebenen Zielen der Anstalt dienen, sondern mehr der Imagepflege der Anstalt und der Alibi-Aufgabe, auch für alles Humane gesorgt zu haben (*Goffman* 1972, 94). Daß tatsächlich der ungestörte Anstaltsalltag und der gute Eindruck nach außen der Anstalt höchstes Ziel sind, läßt sich einleuchtend auch an der Reaktion auf Hungerstreik und Selbstmord zeigen (vgl. *Weis* 1975, 89 f). Das Gesicht der Anstalt ist deswegen so wichtig, weil hier die Möglichkeit zur Milderung des grundsätzlichen Konfliktes zwischen Proklamierung der Resozialisierung einerseits und der Wirklichkeit andererseits liegt (*Waldmann* 1968, 35). Zur Wahrung dieses Gesichts und des nach außen reibungslosen Ablaufs dient jede Subkultur, solange sie nur eine wie immer geartete Ruhe und Ordnung mit sich bringt.

Die Aufrechterhaltung von subkulturellen und Insassen-internen hierarchischen Systemen liegt im Interesse der Anstalt, weil Delegation von Kontrollmacht und Duldung von Abhängigkeitsverhältnissen und Terrorbasen, die von der Anstaltsaufsicht unabhängig sind, diese Aufsicht erleichtern und Ruhe gewährleisten. „Je repressiver die Vollzugswirklichkeit, desto mehr hängt der Aufsichtsdienst in der Erfüllung seines Bestrebens, reibungslose ‚Ruhe' zu erhalten, von deren Kooperationsbereitschaft ab" (*Kerner* 1974, 180; 1978, 211). Denn Organisationen erreichen ihre Ziele desto eher, je mehr diese Ziele von den informellen Gruppen der jeweiligen Organisation unterstützt werden (*Hummell* und *Opp* 1971, 61; *Klingemann* 1975, 183). Ein machthungriges Organisationsgenie vom Schlage eines Franz Blum verdient in der Tat Lob wegen guter Führung. Denn er hat sich durch Eigeninitiative um die Anstalt verdient gemacht.

Die Anstaltsleitung hat als offizielle Spitze der Befehlshierarchie im Gefängnis das letzte Wort. Doch werden Leben und Tagesstil in der Anstalt zwischen allen Beteiligten in vielfältigen Beziehungen ausgehandelt. Eine Störung dieser eingespielten Beziehungen, z. B. durch Ausschalten oder Verlegung wichtiger Bezugspersonen unter den Gefangenen oder beim Personal, kann zu Unruhe, teilweise sogar zu Aufruhr führen (vgl. *Mattick* 1972, 10 f). Leben und ausgehandelter Stil einer Freiheitsentzugsanstalt hängen weiter ab von den angebotenen Arbeitsprogrammen, der durch die Gefängnisarchitektur bedingten täglichen inneranstaltlichen Mobilität (Rumlauferei und Auf- und Zuschließerei), Verstand und Verständnis von Personal und Gefangenen, Korruption, Tradition, dem äußeren politischen Klima und mancherlei anderen Faktoren.

Subkulturelle Systeme unter den Gefangenen ergeben sich zumeist aus Anpassungsstrategien an die Anstaltssituation, die teils nur das Überleben erleichtern sollen, teils auch direkt kriminellen Charakter haben. Diese Systeme sind nicht nur durch das Herkommen der Gefangenen sowie deren Situation in der Anstalt bedingt, sondern dienen auch der Aufrechterhaltung eines ruhigen repressiven Anstaltsbetriebes. Sie nutzen also allen in der Strafanstalt direkt Betroffenen. Man kann sie nicht abschaffen.

2. Rechte (Rechtsbehelfe) und Pflichten*

2.1 Rechtsbehelfe

Jede Vollzugsbehörde ist nach dem Rechtsstaatsgrundsatz des Art. 20 Abs. 3 GG verpflichtet, sich bei all ihren Aktivitäten strikt an Gesetz und Recht zu halten. Vollzugsbehörden sind auch dann niemals „völlig frei", wenn sie aufgrund der gesetzlichen Bestimmungen nach ihrem Ermessen vorzugehen berechtigt sind. Willkürverbot und der Grundsatz der Verhältnismäßigkeit binden die Vollzugsbehörden (BVerfGE 18, 353; 49, 168). Zu dem Rechtsstaatsprinzip gehört unverzichtbar der Vertrauensschutz der Gefangenen in die Rechtmäßigkeit staatlichen Handelns. Ohne das Bewußtsein der Gefangenen, während der Inhaftierung innerhalb der Rechtsordnung zu verbleiben, würden daher alle Bemühungen, den Gedanken der Resozialisierung zu verwirklichen, zum Scheitern verurteilt sein (*Maetzel* 1970, 460). Die Einhaltung der Bindung an Gesetz und Recht wird durch verschiedene Kontrollen gewährleistet. Wie jede andere Verwaltung unterliegt auch der Strafvollzug zunächst einer besonderen Kontrolle der Öffentlichkeit, insbesondere durch die Medien, da durch deren Tätigkeit der Informationsanspruch der Bürger realisiert wird.

* *Manfred Schuler*, geb. 1935; Studium der Rechtswissenschaften in Heidelberg, München und Mainz; 1964 Assessorexamen, Gerichtsassessor, Staatsanwalt in Mainz und bei der Generalstaatsanwaltschaft Koblenz. Seit 1971 Referent im Ministerium der Justiz; zuständig u. a. für Personalangelegenheiten, Aus- und Fortbildung der Bediensteten, Gesetzgebung, Strafvollzug. Mitarbeiter am Großkommentar Schwind-Böhm. Ministerialrat/stellvertretender Abteilungsleiter im Ministerium der Justiz Rheinland-Pfalz.

Zu einem modernen Rechtsstaat gehört auch, daß die Sicherung des Grundsatzes der Gesetzmäßigkeit jeder Tätigkeit von Verwaltungsbehörden durch besonderen Schutz garantiert wird. Zwei voneinander zu unterscheidende Kontrollmöglichkeiten üben diese Schutzfunktion aus: Die *verwaltungsinterne Kontrolle (Selbstkontrolle)* und die *gerichtliche Überprüfung von Vollzugsmaßnahmen (Fremdkontrolle).*

Nach der hierarchischen Organisation der Vollzugsbehörden (§ 151 StVollzG) unterliegt jede Tätigkeit der Justizvollzugsanstalten einer Kontrolle (Aufsicht) durch die höhere Behörde (Justizvollzugsamt, Justizministerium: vgl. oben S. 31 ff). Im Rahmen der Dienst- bzw. Fachaufsicht können die Aufsichtsbehörden die nachgeordneten Behörden kontrollieren, verbindliche Weisungen erteilen und Entscheidungen ändern oder aufheben. Derartige Aufsichtsmaßnahmen können von der Aufsichtsbehörde selbständig aufgrund eigener Entschließung getroffen werden. Der Anstoß eines mit der Entscheidung nicht zufriedenen Gefangenen ist hierfür nicht notwendig. Ein betroffener Gefangener kann jedoch auch durch eigene Initiative eine Überprüfung der ihn belastenden Vollzugsmaßnahmen mit einem *formlosen Rechtsbehelf* – ein Verfahren verwaltungsinterner Selbstkontrolle – herbeiführen.

Die *formlosen Rechtsbehelfe* sind an keine Förmlichkeiten und Fristen gebunden. Das Recht, formlose Rechtsbehelfe einzulegen, ist durch Art. 17 GG gewährleistet. Danach kann sich jeder Gefangene mit Bitten und Beschwerden schriftlich an die zuständigen Stellen wenden. Art. 17 GG verbürgt ein subjektives öffentliches Recht und gewährleistet, daß die Eingabe sachlich geprüft und daß ein Bescheid erteilt wird, der zumindest die Art der Erledigung enthält. Es entspricht herrschender Meinung in der Rechtsprechung und der Literatur, daß Art. 17 GG demjenigen, der eine zulässige Petition einreicht, insoweit ein im Verwaltungsrechtsweg mit der allgemeinen Leistungsklage verfolgbares Recht gewährt wird (OVG Rh.-Pf. 10. 12. 1981 – 12 A 75/81 –; BVerfGE 2, 225; BVerwG in NJW 1976, 637; *Maunz-Dürig-Herzog*, Art. 17, Rdn. 2, 6, 7, 8, 9). Mit dem Petitionsrecht wird außerdem anerkannt, daß menschliche Nöte und Sorgen außerhalb formaler Rechtsmittel und gerichtlicher Verfahren zur Kenntnis genommen und geprüft werden. Deshalb kommt dem Petitionsrecht im staatlichen Bereich die menschliche Funktion des „Herzausschüttenkönnens" zu (*Maunz-Dürig-Herzog*, Art. 17, Rdn. 1; *Calliess/ Müller-Dietz*, § 108, Rdn. 2). Formlose Rechtsbehelfe können gegen jedes Handeln einer Vollzugsbehörde und ihrer Bediensteten eingelegt werden und nicht nur gegen Vollzugsmaßnahmen (Vollzugsverwaltungsakte) im Sinne von § 109 Abs. 1 StVollzG. Ihnen kommt daher besondere Bedeutung bei Handlungen zu, die unmittelbar nur einen tatsächlichen Erfolg herbeiführen, der Bedingung für eine rechtliche Folge sein kann (Realakte: z. B. Durchsuchung, Festnahme).

Bei den formlosen Rechtsbehelfen werden unterschieden: *Die Gegenvorstellung*, mit der man sich mit der Bitte um erneute Sachprüfung an die Vollzugsbehörde wendet, die die beanstandete Maßnahme erlassen hat. Die angegangene Behörde muß dem Gefangenen keinen förmlichen Bescheid erteilen, eine Rechtsbehelfsbelehrung ist entbehrlich. Der Gefangene sollte jedoch eine formlose Mitteilung über die Behandlung seiner Gegenvorstellung erhalten. *Die Fachaufsichtsbeschwerde*, die sich mit dem gleichen Ziel an die übergeordnete Behörde wendet. Über das Ergebnis der Überprüfung ist dem Gefangenen ein Bescheid zu erteilen. *Die (persönliche) Dienstaufsichtsbeschwerde*, mit der das persönliche Verhalten eines Bediensteten gerügt werden kann. Zuständig für die Behandlung der Dienstaufsichtsbeschwerde ist der jeweilige (unmittelbare) Dienstvorgesetzte des betreffenden Bediensteten.

In § 108 StVollzG wird Strafgefangenen *zusätzlich* und *neben* den formlosen Rechtsbehelfen *ein besonderes Beschwerderecht und ein Anspruch* eingeräumt, sich mit Wünschen und Anregungen an den Anstaltsleiter zu wenden (OLG Koblenz ZfStrVO 1981, 82). Die gleiche Verpflichtung für die Vollzugsbehörde enthält auch Nr. 36 der Minima.

§ 108 Abs. 1 Satz 1 StVollzG gewährt dem Gefangenen das Recht, sich mit *seinen Anliegen* unmittelbar an den Anstaltsleiter zu wenden. Dieses Recht kann schriftlich oder mündlich wahrgenommen werden. Dadurch wird die in Art. 17 GG vorgesehene Zulassungsvoraussetzung der Schriftform erweitert. Für Beschwerden oder Anliegen zugunsten Dritter sieht das Strafvollzugsgesetz keine Regelung vor. Hierzu besteht jedoch im Rahmen der Gefangenenmitverantwortung (§ 160 StVollzG) eine Möglichkeit (*Schwind-Böhm*, § 108, Rdn. 14; *Calliess/Müller-Dietz*, § 108, Rdn. 3 und 11, *AK-Schmidt*, § 108, Rdn. 8). In welcher Art und Weise die Gelegenheit, sich an den Anstaltsleiter zu wenden, zu gestatten ist, unterliegt der Regelung durch die Vollzugsbehörden im Rahmen ihres pflichtgemäßen Ermessens (§ 161 Abs. 2 Nr. 3 StVollzG). Die Verweisung auf Sprechstunden, die vom Anstaltsleiter regelmäßig abzuhalten sind (§ 108 Abs. 1 Satz 2 StVollzG), ist zulässig (*Schwind-Böhm*, § 108, Rdn. 3; *Calliess/Müller-Dietz*, § 108, Rdn. 4). Grundsätzlich darf sich der Anstaltsleiter einem persönlichen Gespräch nicht verweigern. Eine Delegation auf einen Abteilungsleiter im Sinne von § 156 Abs. 2 Satz 2 StVollzG ist jedoch vertretbar. Entscheidend ist, ob das Anliegen zu dem Aufgabenbereich des Abteilungsleiters gehört, in dem er als „Anstaltsleiter" nach zulässiger Delegation zu entscheiden befugt ist (*Schwind-Böhm*, § 108, Rdn. 3; *Calliess/Müller-Dietz*, § 108, Rdn. 4; KG 6. 3. 1986 – 5 Ws 519/85 Vollz; OLG Hamm 23. 1. 1986 – 1 Vollz (Ws) 171/85). Zuständig für die Entscheidung über eine Beschwerde gegen nachgeordnete Bedienstete einer Justizvollzugsanstalt nach § 108 Abs. 1 StVollzG i. V. m. Nr. 2 Abs. 2 der hierzu erlassenen bundeseinheitlichen Verwaltungsvorschrift ist nicht das jeweilige Justizministerium bzw. das Vollzugsamt, sondern zunächst der Anstaltsleiter (Bayer VGH 20. 3. 1986 – Vf 65 – IV – 85, *Franke* NStZ 1987, 360). Für die Entgegennahme einer Eingabe ist jede Stelle zuständig; jede Stelle ist jedoch nicht zuständig, auch jede Petition selbst zu erledigen. *Die sachliche Zuständigkeit wird nach organisationsrechtlichen Regeln bestimmt.* Für die demnach sachlich nicht zuständige Stelle besteht jedoch die Pflicht zur Weiterleitung an die zuständige Stelle (BK Art. 17 Rdn. 106). Ein Recht auf Anwesenheit seines Verteidigers bei einem Gespräch mit dem Anstaltsleiter steht dem Gefangenen nicht zu (OLG Nürnberg ZfStrVO SH 1979, 93). Schriftlich kann sich ein Gefangener jederzeit an den Anstaltsleiter wenden (VV Nr. 1 Abs. 1 zu § 108). Nach § 108 Abs. 2 StVollzG ist einem Gefangenen außerdem die Möglichkeit einzuräumen (§ 161 Abs. 2 Nr. 3 StVollzG), bei einer Besichtigung der Anstalt *dem Vertreter der Aufsichtsbehörde* seine Anliegen vorzubringen (Nr. 36 der Minima).

Neben dem Recht, sich an die „zuständigen Stellen" zu wenden, eröffnet *Art. 17 GG auch die Möglichkeit, Bitten oder Beschwerden schriftlich bei der Volksvertretung* vorzubringen. Träger des Petitionsrechts ist jedermann, also auch ein ausländischer Gefangener. Das Petitionsrecht kann nicht nur von einem einzelnen, sondern auch „in der Gemeinschaft mit anderen" als Sammelpetition wahrgenommen werden. Art. 17 GG begründet jedoch keinen Anspruch der Gefangenen zum Kontakt mit anderen Gefangenen, um eine Sammelpetition vorzubereiten *(Maunz-Dürig-Herzog,* Art. 17, Rdn. 32; BK Art. 17, Rdn. 72). *Volksvertretungen sind:* Der Deutsche Bundestag, die Landtage, die Bürgerschaften in Bremen und Hamburg sowie das Abgeordnetenhaus in Berlin. Die Parlamente der Landkreise und Gemeinden sind ausgenommen *(Maunz-Dürig-Herzog,* Art. 17, Rdn. 58b). Ebenso sind Fraktionen der Volksvertretungen keine zulässigen Petitionsadressaten. Auch das Anschreiben von einzelnen Abgeordneten ist kein Einbringen einer Petition im Sinne von Art. 17 GG *(Maunz-Dürig-Herzog,* Art. 17, Rdn. 60 und 61). Es kann jedoch durch Weiterleitung an die Volksvertretung zu einer Petition gemacht werden. Nach Art. 17 GG bedürfen *Petitionen der Schriftform* (Ausnahme durch die Landesverfassungen von Hessen und Baden-Württemberg). Bei schreibunkundigen Gefangenen ist sog. „Schreibhilfe" zu gestatten *(Schwind-Böhm,* § 108, Rdn. 3). Auch fremdsprachige Petitionen sind zulässig. Obwohl Art. 17 GG nach dem Wortlaut keine Einschränkung des Petitionsrechts kennt, hat die Rechtsprechung bestimmte Grenzen ausgearbeitet, denn durch die Ausübung des Petitionsrechts dürfen nicht unverhältnismäßig die Rechte anderer verletzt und unwahre Behauptungen aufgestellt werden (OLG Düsseldorf, NJW 1972, 651). Entsprechend sind erpresserische Petitionen zu behandeln. Eine Petition, die etwas Unmögliches oder rechtlich Verbotenes fordert, kann ebenso keine Erledigungspflicht auslösen (BVerfGE 2, 225). Im übrigen sichert Art. 17 GG nur die freie Einreichung einer Petition zu, nicht aber die Straflosigkeit ihres Inhalts (BK Art. 17 Rdn. 81). Die Feststellung, daß zahlreiche Eingaben von Gefangenen aus Querulanz oder zur Durchsetzung unberechtigter Anliegen eingebracht werden, darf nicht dazu führen, das Petitionsrecht allgemein einzuschränken. Aus der Möglichkeit einzelner, ein Recht zu mißbrauchen, kann nicht dessen Beschränkung abgeleitet werden *(Böhm,* 1986 a, 208).

Die Volksvertretungen haben selbst zwar keine unmittelbare Entscheidungskompetenz, sondern können die Eingabe der Regierung zur Berücksichtigung (das Anliegen war berechtigt), zur Erwägung (das Anliegen nochmals zu überprüfen) überweisen oder sie für erledigt erklären, wenn das Verhalten der Vollzugsbehörde nicht zu beanstanden ist. Die Behandlung der Petitionen erfolgt bei den Volksvertretungen durch einen Petitionsausschuß. In Rheinland-Pfalz kann auch der Bürgerbeauftragte entweder unmittelbar oder über den Petitionsausschuß des Landtages eingeschaltet werden. Schließlich kann sich ein Gefangener mit seinen Sorgen auch an den *Beirat der Justizvollzugsanstalt* wenden (§§ 162, 163 StVollzG).

Auch Gefangenen steht die Möglichkeit zu, Hilfe nach dem *Gesetz über Rechtsberatung und Vertretung für Bürger mit geringem Einkommen (Beratungshilfegesetz)* in Anspruch zu nehmen, sofern diese Hilfe nicht durch die Justizvollzugsanstalt gewährt wird. Die Justizvollzugsanstalt muß durch geeignete Maßnahmen, wie z. B. Ausführung zum Amtsgericht, die Möglichkeit für eine Inanspruchnahme der Beratungshilfe schaffen.

2.2 Gerichtliches Verfahren

2.2.1 Verfahren vor der Strafvollstreckungskammer

Die Tätigkeit der Vollzugsbehörden bei Ausübung öffentlicher Gewalt unterliegt grundsätzlich der Rechtschutzgarantie des Art. 19 Abs. 4 GG (ebenso Nr. 56 Abs. 2 der Minima). Die *§§ 109 bis 121 StVollzG regeln den Rechtschutz* im Vollzug der Freiheitsstrafe und der freiheitsentziehenden Maßregeln der Besserung und Sicherung (§ 1) und seit dem 1. 1. 1985 auch für Maßnahmen außerhalb des Justizvollzuges bei der Unterbringung in einem psychiatrischen Krankenhaus oder in einer Entziehungsanstalt (§§ 136, 137 StVollzG). Die §§ 109 ff StVollzG gelten nicht im Vollzug der Untersuchungshaft (hier: §§ 126, 304 StPO) und im Vollzug der Jugendstrafe und des Jugendarrestes, wo es bei der Zuständigkeit der Oberlandesgerichte nach §§ 23 ff EGGVG bleibt *(Calliess/Müller-Dietz,* § 109, Rdn. 1 und 2). Für die Überprüfung von Vollzugsmaßnahmen bei Gefangenen, die eine Jugendstrafe im Erwachsenenvollzug verbüßen (§ 92 Abs. 2 JGG), kommt nur das Verfahren nach §§ 109 ff StVollzG in Betracht (BGH ZfStrVO 1980, 83).

Das Strafvollzugsgesetz enthält kein eigenständiges, in sich geschlossenes Verfahrensrecht; soweit das gerichtliche Verfahren keine eigene Regelungen enthält, sind nach § 120 Abs. 1 StVollzG die Vorschriften der Strafprozeßordnung entsprechend anzuwenden, obwohl es sich im Grunde bei den zu überprüfenden Maßnahmen vorwiegend um Verwaltungstätigkeiten von Vollzugsbehörden handelt, und das Verfahren nach dem Strafvollzugsgesetz ebenso wie das gerichtliche Verfahren nach §§ 23 ff EGGVG seiner Struktur nach dem Verwaltungsgerichtsprozeß nachgebildet ist *(Müller-Dietz,* 1985; *Calliess/Müller-Dietz,* § 109, Rdn. 3; *Schwind-Böhm,* § 120, Rdn. 1).

Über Anträge auf gerichtliche Entscheidung nach § 109 StVollzG entscheidet eine *Strafvollstreckungskammer als erstinstanzliches Tatsachengericht* (ausführlich dazu unten S. 339 ff). Strafvollstreckungskammern befinden sich bei den Landgerichten, in deren Bezirk Justizvollzugsanstalten unterhalten werden oder andere Vollzugsbehörden (Vollzugsamt, Justizministerium) ihren Sitz haben (§ 78a Abs. 1 GVG). *Örtlich* zuständig ist die Strafvollstreckungskammer, in deren Bezirk die beteiligte Vollzugsbehörde (§§ 139, 151 StVollzG) ihren Sitz hat (§ 110 StVollzG).

Eine gerichtliche Überprüfung in dem Verfahren nach §§ 109 ff StVollzG ist nur bei *Maßnahmen zur Regelung einzelner Angelegenheiten auf dem Gebiet des Strafvollzugs zulässig.* Der Begriff „Maßnahme" knüpft an die Definition des Verwaltungsaktes in § 35 Abs. 1 VwVfG an *(Müller-Dietz,* aaO, 348; *Calliess/Müller-Dietz,* § 109, Rdn. 6; *Schwind-Böhm,* § 109, Rdn. 11; *Böhm,* Strafvollzug, 2. Aufl. 1986 a, 210). *Eine Vollzugsmaßnahme liegt immer dann vor, wenn sie als Regelung einer einzelnen Angelegenheit die Rechtsverhältnisse eines Gefangenen berührt und mit unmittelbarer Außenwirkung ausgestattet ist.* Daran fehlt es in der Regel bei innerdienstlichen Vorgängen *(Schwind-Böhm,* § 109, Rdn. 20). Realakte unterliegen grundsätzlich der gerichtlichen Überprüfung *(Schwind-Böhm,* § 109, Rdn. 18). Die abstrakte gerichtliche Überprüfung von Hausordnungen und allgemeinen Verwaltungsanordnungen ist nicht zulässig. Nur die darauf beruhenden Einzelmaßnahmen können nach § 109 StVollzG angefochten werden *(Calliess/Müller-Dietz,* § 109, Rdn. 6–8; *Schwind-Böhm,* § 109, Rdn. 11–20). Ebenso sind Ankündigungen von Disziplinarmaßnahmen nicht anfechtbar (OLG Nürnberg, 22. 12. 1986 – Ws 640/86 –). Gegen die Zurückweisung einer Dienstaufsichtsbeschwerde ist ein Antrag auf gerichtliche Entscheidung ebenfalls nicht zulässig *(Schwind-Böhm,* § 108, Rdn. 12).

Antragsberechtigt ist nur, wer geltend macht, durch die Maßnahmen in seinen Rechten verletzt zu sein (§ 109 Abs. 2 StVollzG). Dies sind nicht nur Strafgefangene, sondern auch Dritte, die von Vollzugsmaßnahmen unmittelbar betroffen sind, wie z. B. der Besucher bei Ablehnung seines Besuchsantrages *(Calliess/Müller-Dietz,* § 109, Rdn. 9; *Schwind-Böhm,* § 109, Rdn. 28). Auch einer politischen Partei steht ein Antragsrecht nach den Vorschriften der §§ 109 ff StVollzG zu, wenn die Antragstellerin die Verletzung eigener Rechte behauptet und diese Verletzung möglich erscheint (OLG Nürnberg, 22. 12. 1986 – Ws 640/86; *Franke* NStZ 1987, 357). Ob Organe der Gefangenenmitverantwortung antragsberechtigt sind, ist umstritten (im einzelnen *Schwind-Böhm,* § 109, Rdn. 29; *Calliess/Müller-Dietz,* § 109, Rdn. 11).

Für die Zulässigkeit des Antrages ist nicht erforderlich, daß der Antragsteller tatsächlich in seinen Rechten verletzt ist, sondern daß er eine solche Rechtsverletzung geltend macht; er muß Tatsachen vortragen, die eine Rechtsverletzung möglich erscheinen lassen. Im Verfahren nach §§ 109 ff StVollzG ist eine Popularklage ausgeschlossen (§ 109 Abs. 2 StVollzG); es kann auch an einem Rechtsschutzbedürfnis des Antragstellers fehlen, wenn er ausschließlich prozeßfremde Zwecke verfolgt (BK Art. 19 Abs. 4, Rdn. 145). Prozeßbevollmächtigung ist zulässig. Dem bevollmächtigten Rechtsanwalt kommt die Stellung eines Verteidigers zu *(Schwind-Böhm,* § 26, Rdn. 3). Auch in Strafvollzugssachen ist die Mehrfachverteidigung (§ 146 StPO) verboten (BVerfG NJW 1986, 1161).

Der Antrag auf gerichtliche Entscheidung kann zum Ziel haben: *Die angefochtene Maßnahme aufzuheben* (§§ 109 Abs. 1 Satz 1, 115 Abs. 2 Satz 1 StVollzG – z. B. Anfechtung einer Disziplinarmaßnahme); *eine abgelehnte oder unterlassene Maßnahme zu erlassen* (§§ 109 Abs. 1 Satz 2, 115 Abs. 4 StVollzG – z. B. Anfechtung der Ablehnung eines Urlaubsantrages und Antrag auf Gewährung von Urlaub nach § 13 StVollzG); sowie *bei zurückgenommenen oder anders erledigten Maßnahmen festzustellen, daß die Maßnahmen rechtswidrig waren,* wenn ein berechtigtes Interesse an der begehrten Feststellung besteht (§ 115 Abs. 3 StVollzG – z. B. Anfechtung einer Disziplinarmaßnahme, die zwischenzeitlich vollzogen wurde und danach die Feststellung begehrt wird, daß die Disziplinierung rechtswidrig war). Der Übergang von einem Antrag auf Anfechtung oder zur Verpflichtung zum *Feststellungsantrag* ist immer zulässig, wenn von der Vollzugsmaßnahme eine diskriminierende Wirkung ausgeht, wenn die Gefahr der Wiederholung belastender Maßnahmen zu erwarten ist und wenn die Feststellung Grundlage z. B. für einen Staatshaftungsanspruch sein kann *(Müller-Dietz,* aaO, 346, 347; *Schwind-Böhm,* § 115, Rdn. 17). Ein *vorbeugender Unterlassungsantrag* ist ebenfalls bei Wiederholungsgefahr zulässig *(Schwind-Böhm,* § 109, Rdn. 24 – 27; *Calliess/Müller-Dietz,* § 109, Rdn. 14).

Der Antrag auf gerichtliche Entscheidung kann grundsätzlich *unmittelbar bei Gericht* eingereicht werden (§ 112 Abs. 1 Satz 1 StVollzG). Nach § 109 Abs. 3 StVollzG wird es jedoch den Landesjustizverwaltungen überlassen, die Zulässigkeit des Antrages von der Durchführung eines *Verwaltungsvorverfahrens* abhängig zu machen. Von der Möglichkeit eines Verwaltungvorverfahrens haben Gebrauch gemacht: Baden-Württemberg, Bremen, Hamburg, Niedersachsen, Nordrhein-Westfalen und Schleswig-Holstein. Das Verwaltungsvorverfahren ist durch Vorschriften dieser Länder im einzelnen geregelt. Soweit das Landesrecht ein Verwaltungsvorverfahren vorsieht, sind vor einem Antrag auf gerichtliche Entscheidung Rechtmäßigkeit und Zweckmäßigkeit der Vollzugsmaßnahmen nachzuprüfen. Das Vorverfahren kann zur Aufhebung der angefochtenen Vollzugsmaßnahme führen oder die Behörde kann den Antrag in einem Widerspruchsbescheid zurückweisen. Der erfolglose Widerspruch ist eine zwingende Sachurteilsvoraussetzung für das gerichtliche Antragsverfahren. Ausnahmsweise bedarf es keines Vorverfahrens, wenn dies in der entsprechenden Länderregelung vorgesehen ist. Beispiel: Bei Anfechtung einer Vollzugsmaßnahme der Aufsichtsbehörde (*Schwind-Böhm*, § 109, Rdn. 33 – 40; *Calliess/Müller-Dietz*, § 109, Rdn. 16 – 19) oder wenn über die Gefangenenbeschwerde nach 3 Monaten noch nicht entschieden ist (OLG Karlsruhe NStZ 1986, 430).

Eine Maßnahme oder ihre Ablehnung kann nur *innerhalb einer Frist von 2 Wochen* nach Zustellung oder schriftlicher Bekanntmachung angefochten werden (§ 112, Abs. 1 StVollzG). Hieraus läßt sich nicht die Verpflichtung der Vollzugsbehörde ableiten, ihre Maßnahmen und deren Begründung dem Betroffenen schriftlich bekanntzugeben. Die mündliche Eröffnung der Maßnahme setzt jedoch die 2-Wochen-Frist nicht in Lauf. Der Antrag auf gerichtliche Entscheidung ist dementsprechend bis zum Ablauf eines Jahres zulässig (*Calliess/Müller-Dietz*, § 112, Rdn. 1). Soweit ein Verwaltungsvorverfahren durchzuführen ist, beginnt die Frist mit der Bekanntgabe des Widerspruchsbescheids (§ 112 Abs. 1 Satz 2 StVollzG). Bei Versäumung der Antragsfrist ist Wiedereinsetzung in den vorigen Stand möglich (§ 112 Abs. 1 und 2 StVollzG). Das Verschulden eines Verteidigers muß der Gefangene gegen sich gelten lassen. Das Fehlen einer Rechtsmittelbelehrung wird als Wiedereinsetzungsgrund in der Regel nicht anerkannt (im Gegensatz zu § 44 Satz 2 StPO), da Strafgefangene durch besondere Information über ihre Rechte hinreichend unterrichtet sind (*Schwind-Böhm*, § 112, Rdn. 9; *Calliess/Müller-Dietz*, § 112, Rdn. 3). Der Antrag auf gerichtliche Entscheidung muß *schriftlich oder zur Niederschrift der Geschäftsstelle* des Gerichts (§ 110 StVollzG) gestellt werden oder bei einem nach § 299 StPO zuständigen Amtsgericht.

An dem gerichtlichen Verfahren sind *beteiligt* (§ 111 StVollzG) der Antragsteller, die Vollzugsbehörde, deren Maßnahme angefochten wird, und in dem Rechtsbeschwerdeverfahren vor dem Oberlandesgericht und bei Vorlage zum Bundesgerichtshof (§ 121 Abs. 2 GVG) die Aufsichtsbehörde. Lediglich Bayern hat durch Organisationserlaß festgelegt, daß das Bayerische Staatsministerium der Justiz durch die jeweilig zuständige Generalstaatsanwaltschaft bei dem Oberlandesgericht vertreten wird. § 111 StVollzG und die anderen Verfahrensvorschriften enthalten keine Regelung darüber, wer zur Einlegung der Rechtsbeschwerde befugt ist. Man wird wohl davon ausgehen können, daß hierzu sowohl die Justizvollzugsanstalt, als auch die Aufsichtsbehörde befugt sind (zum Meinungsstand *Calliess/Müller-Dietz*, § 111, Rdn. 3 und 4; *Schwind-Böhm*, § 111, Rdn. 5 und 6).

Mit § 113 StVollzG wird Gefangenen bei verzögerlicher Behandlung ihrer Begehren durch die Vollzugsbehörde im Interesse der Beschleunigung des Rechtsschutzes das Recht eingeräumt, *einen Vornahmeantrag (Untätigkeitsantrag)* zu stellen (Beispiel: Nichtbescheidung eines Urlaubsantrages zu einem bestimmten Termin). Jeder Gefangene hat nämlich einen Anspruch, binnen angemessener Zeit beschieden zu werden. An dem verfassungsrechtlich statuierten Willkürverbot sind nicht nur die von den Vollzugsbehörden zu treffenden Entscheidungen selbst zu messen, sondern auch der

Verfahrensablauf, welcher der Herbeiführung einer gesetzmäßigen, gerechten und letztlich auch in angemessener Zeit getroffenen Entscheidung dient. Der Vornahmeantrag kann jedoch bei Gericht nicht vor Ablauf von 3 Monaten seit Beantragung der Maßnahme gestellt werden.

Ein effektiver Rechtschutz (Art. 19 Abs. 4 GG) erfordert bei der Einlegung von Rechtsbehelfen gegen belastende Vollzugsmaßnahmen auch einen *vorläufigen Rechtschutz.* Das Strafvollzugsgesetz kennt eine automatische Koppelung des Suspensiveffektes mit der Antragstellung auf gerichtliche Überprüfung nicht, wie dies z. B. in § 80 Abs. 1 VwGO vorgesehen ist. Nach § 114 Abs. 1 StVollzG bewirkt ein Antrag auf gerichtliche Entscheidung *keine aufschiebende Wirkung.* Eine große Zahl von entscheidenden Vollzugsmaßnahmen sind nicht mehr rückgängig zu machen; die aus einer möglichen Rechtsverletzung sich ergebenden Beeinträchtigungen lassen sich nicht mehr oder nur unvollkommen beseitigen. Daher sieht § 114 Abs. 2 StVollzG die *Aussetzung des Vollzugs der angefochtenen Maßnahme* durch das Gericht vor. Die Vollzugsbehörde kann selbstverständlich bei Anfechtung durch einen Gefangenen ihre Maßnahme von sich aus bis zur gerichtlichen Klärung aussetzen. Daneben kann das Gericht *eine einstweilige Anordnung* entsprechend § 123 Abs. 1 VwGO erlassen *(Calliess/Müller-Dietz,* § 114, Rdn. 1 und 2; *Böhm,* Strafvollzug, 2. Aufl. 1986, 218–219; *Schwind-Böhm,* § 114). Vorläufiger Rechtschutz ist immer dann zu gewähren, wenn die Beeinträchtigung der rechtlichen Interessen eines Gefangenen bei unterstellter Rechtswidrigkeit der angeordneten Maßnahme schwerer wiegt als die durch die Aussetzung der Maßnahme oder durch die einstweilige Anordnung beeinträchtigten Interessen des Vollzuges. Aussetzung des Vollzuges einer Maßnahme und einstweilige Anordnung können, soweit sie dasselbe Ziel verfolgen, nicht nebeneinander begehrt werden. Eine einstweilige Anordnung darf grundsätzlich die endgültige Entscheidung nicht vorwegnehmen. Entscheidungen über die Aussetzung des Vollzuges einer Maßnahme und einstweiligen Anordnung sind nicht anfechtbar; das Gericht kann jedoch seine Entscheidung jederzeit ändern oder aufheben (§ 114 Abs. 2 Satz 3 StVollzG).

Die Strafvollstreckungskammer entscheidet *ohne mündliche Verhandlung durch Beschluß* (§ 115 Abs. 1 StVollzG); Entscheidungen der Strafvollstreckungskammern sind schriftlich zu begründen. An einen Beschluß sind dieselben Anforderungen zu stellen wie an die Begründung eines strafgerichtlichen Urteils (§§ 267, 34 StPO). Für das Verfahren gilt der *Untersuchungsgrundsatz,* d. h. das Gericht ist zur Aufklärung des Sachverhalts und zur Ermittlung der materiellen Wahrheit verpflichtet. Nach dem *Verfügungsgrundsatz* bestimmt der Antragsteller mit seinem Antrag den Streitgegenstand mit bindender Wirkung für das Gericht und die anderen Verfahrensbeteiligten. Die Beschränkung eines Antrages auf bestimmte Punkte ist dementsprechend zulässig; ebenso ist das Gericht an Erledigungserklärungen des Antragstellers gebunden. Der Grundsatz des *rechtlichen Gehörs* (Art. 103 Abs. 1 GG) gewährt den Verfahrensbeteiligten einen Anspruch, zu Tatsachen und Beweisergebnissen, die das Gericht bei seiner Entscheidung berücksichtigen will, gehört zu werden. Das Gericht ist demnach verpflichtet, nur solche Tatsachen und Beweisergebnisse zu verwerten, zu denen die Verfahrensbeteiligten Stellung nehmen konnten. Ein Rechtsanspruch auf Einsicht in seine Gefangenenpersonalakten steht einem Gefangenen nicht zu. Der Grundsatz des rechtlichen Gehörs verlangt jedoch dann die Gewährung von Akteneinsicht, wenn ein Gefangener seine Rechte ohne Kenntnis des Akteninhalts nicht wahrnehmen kann *(Schwind-Böhm,*

§ 108, Rdn. 9 und § 115, Rdn. 7; *Calliess/Müller-Dietz,* § 108, Rdn. 12 und § 115, Rdn. 5; *Rüping* NVwZ 1985, 304; *Franke* NStZ 1987, 360). Die Einsichtnahme in die Krankenunterlagen kann einem Gefangenen ebenfalls nicht grundsätzlich verwehrt werden (OLG Hamm, ZfStrVO 1985, 318; OLG Nürnberg ZfStrVO 1986, 61; OLG Celle NStZ 1986, 284). Ein Nachschieben von Gründen ist im gerichtlichen Verfahren in Strafvollzugssachen nicht uneingeschränkt zulässig. Die angefochtene Maßnahme darf in ihrem Wesen nicht durch nachgeschobene Gründe verändert werden (*Schwind-Böhm,* § 115, Rdn. 4; *Müller-Dietz,* aaO, 349, 350).

Bei einem *begründeten Anfechtungsantrag* (§ 109 Abs. 1 Satz 1 StVollzG) hebt das Gericht die angefochtene Maßnahme und bei vorausgegangenem Verwaltungsverfahren den Widerspruchsbescheid auf (§ 115 Abs. 2 Satz 1 StVollzG). Die Aufhebung wirkt regelmäßig auf den Zeitpunkt des Erlasses der Maßnahme zurück. Auch bereits vollzogene Maßnahmen sind aufzuheben; dem Antragsteller steht ein *Folgenbeseitigungsanspruch* nach § 115 Abs. 2 Satz 2 StVollzG zu (*Böhm*, Strafvollzug, 2. Aufl. 1986, 214, 215). Hat sich die Hauptsache vor einer Entscheidung des Gerichts „erledigt", so kann das Gericht auf Antrag die Feststellung (*Fortsetzungsfeststellungsantrag* s. o.) treffen, daß die Maßnahme rechtswidrig gewesen ist (§ 115 Abs. 3 StVollzG). Die Strafvollstreckungskammer kann die Vollzugsbehörde verpflichten, die beantragte Maßnahme vorzunehmen, wenn weitere Erhebungen nicht mehr erforderlich sind und festgestellt wird, daß deren Ablehnung oder Unterlassung rechtswidrig war (§ 115 Abs. 4 Satz 1 StVollzG). Bei Ermessensentscheidungen oder Entscheidungen mit Beurteilungsspielraum wird die richtige Entscheidung oft von weiteren Feststellungen abhängen. Die Strafvollstreckungskammer wird z. B. bei der Anfechtung eines Urlaubsantrages (§§ 13, 11 Abs. 2 StVollzG) die Prognose einer Flucht- oder Mißbrauchsbefürchtung der Justizvollzugsanstalt nicht durch ihre eigene Prognose ersetzen. Ist einer Justizvollzugsanstalt für den Erlaß oder die Ablehnung einer Maßnahme ein Ermessen eingeräumt, so kann die Strafvollstreckungskammer die Entscheidung der Justizvollzugsanstalt nur auf Ermessensfehler überprüfen; das Gericht kann nicht die Ermessensentscheidung der Justizvollzugsanstalt durch eine andere, ihr richtig erscheinende Entscheidung ersetzen (§ 115 Abs. 5 StVollzG). Nach § 115 Abs. 4 Satz 2 StVollzG kann bei fehlender Entscheidungskompetenz die Strafvollstreckungskammer jedoch die Verpflichtung aussprechen, den Antragsteller unter Beachtung der Rechtsauffassung des Gerichts erneut zu bescheiden. Dies bedeutet, daß die bisherigen Feststellungen der Justizvollzugsanstalt den Erlaß oder die Ablehnung der Maßnahme nicht tragen und bei einer neuen Anordnung nicht mehr verwendet werden können. *Ermessensentscheidungen* der Vollzugsbehörden liegen immer dann vor, wenn die Behörde zwischen mehreren vom Gesetzgeber als rechtmäßig angesehenen Entscheidungen wählen darf. Anhaltspunkte für einen vom Gesetzgeber gewollten Ermessensspielraum sind Formulierungen wie: „kann", „darf", „ist befugt". Neben zahlreichen Ermächtigungen zur Ausübung von Ermessen enthalten die Vorschriften des Strafvollzugsgesetzes *unbestimmte Rechtsbegriffe,* die sich auf der Tatbestandseite der Norm durch Formulierungen wie „angemessen", „regelmäßig", „Eignung", „in begründeten Ausnahmefällen" kennzeichnen; unbestimmte Rechtsbegriffe können auch auf der Rechtsfolgeseite der Norm vorkommen, wie z. B. bei den Formulierungen „geeignete Maßnahme", „soziale Hilfe". Unbestimmte Rechtsbegriffe sind voll justitiabel, d. h. die Ermittlung ihres Sinngehaltes ist eine Rechtsfrage. Das Strafvollzugsgesetz kennt außerdem Vorschriften, welche die Ermächtigung zu einer Ermessensausübung gekoppelt mit einem unbestimmten Rechtsbegriff enthalten. Den Vollzugsbehörden steht in diesen Fällen ein *Beurteilungsspielraum* zu. Die Strafvollstreckungskammer hat in diesem Fall nur zu prüfen, ob die Justizvollzugsanstalt von einem zutreffenden und vollständig ermittelten Sachverhalt ausgegangen ist, ob sie die Grenzen ihrer Einschätzung (also ihres Beurteilungsspielraums) eingehalten und die richtigen Wertmaßstäbe angewendet hat. Die gerichtliche Kontrolle der Anwendung unbestimmter Rechtsbegriffe mit Beurteilungsspielraum ist ähnlich der Überprüfung von Ermessensentscheidungen eingeschränkt. Beispiel für einen Beurteilungsspielraum der Vollzugsbehörden sind sog. Prognoseentscheidungen: Fluchtgefahr, Mißbrauchsgefahr in § 11 Abs. 2 (BGH NStZ 1982, 173; *Müller-Dietz*, aaO, 341 ff).

Bei den Entscheidungen der Justizvollzugsanstalten spielen in der Praxis die von den Landesjustizverwaltungen *bundeseinheitlich erlassenen Verwaltungsvorschriften zum Strafvollzugsgesetz* eine bedeutende Rolle. Diese Verwaltungsvorschriften sollen eine gleichmäßige Behandlung der Strafgefangenen gewährleisten. Mangels Rechtsnormqualität können sie die Gerichte jedoch nicht binden. Rechtlich verpflichtende Bedeutung kommt jedoch den Verwaltungsvorschriften bei Ermessensausübung der Vollzugsbehörden im Rahmen der Selbstbindung der Verwaltung zu (*Böhm* 1986 a, 217; *Calliess/Müller-Dietz*, § 13, Rdn. 3; *Schwind-Böhm*, § 4, Rdn. 14 ff und § 115, Rdn. 23 mit Angaben von Rechtsprechung und Literaturhinweise).

Die Mehrzahl der Gefangenen ist nicht in der Lage, die mit der Durchführung eines gerichtlichen Verfahrens entstehenden finanziellen Aufwendungen zu erbringen. Sie wären dadurch in der Regel daran gehindert, ihre Rechte vor Gericht zu verfolgen oder zu verteidigen; ihr Rechtschutz könnte in diesem Falle gefährdet sein. Dies zu verhindern ist Aufgabe der *Prozeßkostenhilfe* (§§ 114 ff ZPO), die nach § 120 Abs. 2 StVollzG auf das gerichtliche Verfahren entsprechend anzuwenden ist. Die Bewilligung von Prozeßkostenhilfe wird zu Recht von der Prüfung der Erfolgsaussichten des beabsichtigten Verfahrens abhängig gemacht. Gegen die Versagung der Prozeßkostenhilfe ist ein Rechtsmittel nicht zulässig (*Schwind-Böhm*, § 120, Rdn. 5).

2.2.2 Rechtsbeschwerde

Die Entscheidung einer Strafvollstreckungskammer kann mit der *Rechtsbeschwerde (§§ 116 bis 119 StVollzG)* angefochten werden. Das Rechtsmittel der Rechtsbeschwerde ist nur zulässig, wenn es geboten ist, die Nachprüfung der Entscheidung einer Strafvollstreckungskammer zur *Fortbildung des Rechts* oder zur *Sicherung einer einheitlichen Rechtsprechung* zu ermöglichen (§ 116 Abs. 1 StVollzG – vgl. auch § 80 Abs. 1 OWiG). Neben dieser besonderen Zulässigkeitsvoraussetzung muß selbstverständlich auch eine *Beschwer* vorliegen. Eine Rechtsbeschwerde ist aber auch dann zulässig, wenn die Feststellungen des angefochtenen Beschlusses einer Strafvollstreckungskammer so unzulänglich sind, daß noch nicht einmal die Voraussetzung der Zulässigkeit überprüft werden kann (*Schwind-Böhm*, § 116, Rdn. 6). Mit der Rechtsbeschwerde wird kein weiterer Tatsachenrechtszug eröffnet. Die Rechtsbeschwerde kann nur darauf gestützt werden, daß die Entscheidung der Strafvollstreckungskammer auf einer *Gesetzesverletzung* beruhe (§ 116 Abs. 2 StVollzG); sie ist ferner nur gegen Hauptsachenentscheidungen zulässig (*Schwind-Böhm,* § 116, Rdn. 10; *Franke* NStZ 1987, 361). Nach § 116 Abs. 3 Satz 1 StVollzG hat die Rechtsbeschwerde keine aufschiebende Wirkung. Die Vollzugsbehörde ist daher verpflichtet, wenn die Strafvollstreckungskammer dem Antrag eines Gefangenen auf gerichtliche Entscheidung entsprochen hat, diese Entscheidung unter Beachtung der Rechtsauffassung des Gerichts auszuführen, solange nicht auf Antrag eine Außervollzugsetzung der angefochtenen gerichtlichen Entscheidung nach § 116 Abs. 3 Satz 2 i. V. m. § 114 Abs. 2 Satz 2 StVollzG angeordnet oder eine anderslautende Sachentscheidung im Rechtsbeschwerdeverfahren ergangen ist (OLG Koblenz, ZfStrVO 1978, 180; OLG Hamm, ZfStrVO SH 1979, 105; OLG Zweibrücken NStZ 1987, 344; *Schwind-Böhm,* § 116, Rdn. 13). Der gegenteiligen Auffassung (*Böhm,* Strafvollzug, 2. Aufl. 1986, 220; OLG Karlsruhe, ZfStrVO SH 1978, 58; OLG Stuttgart, ZfStrVO SH 1979, 109), wonach die Vollzugsbehörde durch einen dem Antrag eines Gefangenen stattgebenden Beschluß der Strafvollstreckungskammer nicht gebunden sein soll, und der Gefangene zur Durchsetzung seines Anspruches einer zusätzlichen Eilentscheidung im Rechtsbeschwerdeverfahren bedürfe, kann nicht zugestimmt werden (zum Meinungsstand, *Calliess/Müller-Dietz,* § 116, Rdn. 6; *Müller-Dietz,* aaO, 352). Die Vorschriften der Strafprozeßordnung finden für das Rechtsbeschwerdeverfahren entsprechend Anwendung (§ 116 Abs. 4 StVollzG). *Zuständig* für die Entscheidung über die Rechtsbeschwerde ist ein Strafsenat eines Oberlandesgerichts, in dessen Bezirk die Strafvollstreckungskammer ihren Sitz hat (§ 117 StVollzG). Der Strafsenat entscheidet im Beschlußverfahren (§ 119 Abs. 1 StVollzG). Die Rechtsbeschwerde muß innerhalb eines Monats nach Zustellung der gerichtlichen Entscheidung bei dem Gericht, dessen Entscheidung angefochten wird, mit einer von einem Rechtsanwalt unterzeichneten Schrift oder zur Niederschrift der Geschäftsstelle erklärt werden; sie ist zu begründen (§ 118 StVollzG). Bei Versäumung der Rechtsbeschwerdefrist ist Wiedereinsetzung in den vorigen Stand zulässig; jedoch nach § 45 Abs. 1 StPO nur innerhalb der Frist von einer Woche. § 112 Abs. 1 StVollzG gilt nicht im Rechtsbeschwerdeverfahren (*Schwind-Böhm,* § 118, Rdn. 10). Ist die Rechtsbeschwerde begründet, so wird der Strafsenat die angefochtene Entscheidung der Strafvollstreckungskammer aufheben und bei Spruchreife in der Sache selbst entscheiden (§ 119 Abs. 4 S. 1 u. 2 StVollzG) oder an die Strafvollstreckungskammer zurückverweisen (§ 119 Abs. 4 S. 1 u. 3 StVollzG). Ein Fortsetzungsfeststellungsantrag ist im Rechtsbeschwerdeverfahren nicht zulässig (*Schwind-Böhm,* § 116, Rdn. 1).

Auch im gerichtlichen Verfahren nach dem Strafvollzugsgesetz ist über die *Kosten und Auslagen* zu befinden (§ 121 StVollzG). Es ist selbstverständlich zulässig, daß der Staat für die Inanspruchnahme seiner Gerichte Kosten erhebt. Damit soll Gefangenen das Kostenrisiko deutlich vor Augen geführt werden, um unnötige Verfahren zu verhindern. Zur Begleichung der Verfahrenskosten kann darüber hinaus in entsprechender Anwendung von § 121 Abs. 5 StVollzG neben dem Hausgeld auch das Taschengeld eines Gefangenen in Anspruch genommen werden, soweit es den Betrag von monatlich 30 DM übersteigt (OLG Koblenz NStZ 1986, 144).

Nach ergebnisloser Ausschöpfung des Rechtsweges kann ein Gefangener, auch ein Ausländer, bei dem Bundesverfassungsgericht *Verfassungsbeschwerde* einlegen, wenn er glaubt, durch eine Entscheidung der Vollzugsbehörde oder eines Gerichts in seinen verfassungsmäßigen Rechten verletzt zu sein (Art. 93 Abs. 1 Nr. 4 Buchstabe a GG). Zur Rechtswegausschöpfung gehört grundsätzlich der Abschluß des Rechtsbeschwerdeverfahrens durch die Entscheidung eines Oberlandesgerichts. Nach Art. 25 der EMRK steht einem Gefangenen nach Erschöpfung des innerstaatlichen Rechtsweges die Möglichkeit offen, bei der Europäischen Kommission in Straßburg *Beschwerde (Individualbeschwerde)* einzulegen.

2.3 Beispielsfall

Fall: Der Gefangene A. verbüßt seit zwei Jahren in der Vollzugsanstalt X-Stadt erstmalig eine Freiheitsstrafe von 7 Jahren wegen schweren Raubes; sein Verhalten während der Zeit seiner Inhaftierung war tadelsfrei. Den Antrag des Gefangenen A. auf Urlaub aus der Haft (§ 13 StVollzG) hat ein Abteilungsleiter der Justizvollzugsanstalt abgelehnt, da nach seiner Auffassung Mißbrauchsbefürchtungen bestehen (§ 11 Abs. 2 StVollzG).

Was kann der Gefangene A. gegen die Entscheidung des Abteilungsleiters der Justizvollzugsanstalt X-Stadt unternehmen?

Rechtsbehelfe: A. kann sich bei dem Leiter der Justizvollzugsanstalt, dem Dienstvorgesetzten des Abteilungsleiters beschweren (§ 108 Abs. 1 StVollzG). Dieser kann die Ablehnung des Urlaubsgesuchs abändern, weil der Abteilungsleiter z. B. die tadelsfreie Führung nicht berücksichtigt hat.

A. kann sich auch an den Vertreter der Aufsichtsbehörde wenden (§ 108 Abs. 2 StVollzG); er kann aber auch Gegenvorstellung und Dienstaufsichtsbeschwerde erheben (§ 108 Abs. 3 StVollzG).

Mit der Gegenvorstellung, die bei demjenigen einzureichen ist, der die beschwerende Entscheidung erlassen hat, wird der Abteilungsleiter gebeten, seine Ablehnung nochmals neu zu überdenken. Hilft der Abteilungsleiter auf die Gegenvorstellung nicht ab, ist Dienstaufsichtsbeschwerde mit dem Ziel möglich, eine Überprüfung durch den Dienstvorgesetzten des Abteilungsleiters, also durch den Leiter der Justizvollzugsanstalt, herbeizuführen. Hilft dieser der Dienstaufsichtsbeschwerde ebenfalls nicht ab, kann der Gefangene gegen die Entscheidung des Anstaltsleiters (weitere) Dienstaufsichtsbeschwerde bei der Aufsichtsbehörde (Vollzugsamt, Ministerium) einlegen. Zuständig für Dienstaufsichtsbeschwerden gegen Maßnahmen und Entscheidungen des Anstaltsleiters ist die Aufsichtsbehörde.

Petition: Neben oder anstelle von Beschwerden kann der Gefangene A. sich auch an den Petitionsausschuß des Landtages wenden und dadurch eine Überprüfung der Ablehnung erreichen; der Petitionsausschuß hat zwar keine Entscheidungskompetenz, kann aber die Eingabe mit einer Empfehlung an die Vollzugsbehörde weiterleiten.

Gerichtliches Verfahren: Bei der Ablehnung des Urlaubsantrages handelt es sich um eine Vollzugsmaßnahme, gegen die der Gefangene A. Antrag auf gerichtliche Entscheidung stellen kann (§ 109 Abs. 1 StVollzG). Zuständig für die gerichtliche Überprüfung ist die Strafvollstreckungskammer des Landgerichts, in dessen Bezirk die Justizvollzugsanstalt liegt. Der Abteilungsleiter hat seine Ablehnung allein mit Mißbrauchsbefürchtungen begründet. Bei dem Begriff der Mißbrauchsgefahr handelt es sich um einen unbestimmten Rechtsbegriff mit Beurteilungsspielraum. Bei einem Beurteilungsspielraum, insbesondere immer dann, wenn es sich um die Beurteilung in der Zukunft liegender Vorgänge (Prognoseentscheidungen) handelt, ist die Entscheidung des Abteilungsleiters ermessensähnlich zu bewerten. Die Strafvollstreckungskammer darf in diesem Fall die Ablehnung nur dahingehend überprüfen, ob der Abteilungsleiter bei der Versagung des Hafturlaubs von zutreffenden und vollständigen Feststellungen ausgegangen ist (§ 115 Abs. 5 StVollzG). Hieran fehlt es, da der Abteilungsleiter die tadelsfreie Führung bei seiner Ablehnung des Urlaubsantrages nicht in seine Abwägungen einbezogen hat. Die Strafvollstreckungskammer wird daher die Maßnahme der Justizvollzugsanstalt (Abteilungsleiter) aufheben; sie kann jedoch nicht in dieser gerichtlichen Entscheidung den Hafturlaub selbst gewähren, sondern wird die Angelegenheit zur erneuten Entscheidung unter Berücksichtigung der Rechtsauffassung des Gerichts an die Justizvollzugsanstalt zurückverweisen. Dadurch wird die Justizvollzugsanstalt (Abteilungsleiter) verpflichtet, neu über den Urlaubsantrag des Gefangenen A. zu befinden und die tadelsfreie Führung des Gefangenen hierbei zu berücksichtigen (§ 115 Abs. 4 StVollzG).

Gegen die Entscheidung der Strafvollstreckungskammer kann die Justizvollzugsanstalt Rechtsbeschwerde einlegen. Die Rechtsbeschwerde ist jedoch nur dann zulässig, wenn die Nachprüfung der Entscheidung der Strafvollstreckungskammer zur Fortbildung des Rechts oder zur Sicherung einer einheitlichen Rechtsprechung geboten ist (§ 116 Abs. 1 StVollzG).

2.4 Besondere Rechte

Die Rechte der Gefangenen erschöpfen sich nicht nur in Rechtsbehelfen und Anträgen in dem gerichtlichen Verfahren. Das Strafvollzugsgesetz räumt einem Gefangenen auch *besondere Rechte* ein, welche die mit dem Freiheitsentzug verbundenen Einschränkungen ausgleichen sollen. So darf die Vollzugsbehörde einem Gefangenen die *religiöse Betreuung (Recht auf Seelsorge)* nicht versagen (§§ 53 ff StVollzG). Der Gefangene hat auch einen Anspruch auf *kostenlose Gesundheitsfürsorge* (§§ 56 ff StVollzG) und auf Maßnahmen zur Früherkennung von Krankheiten (§ 57 StVollzG), da er während des Freiheitsentzuges nicht in gleicher Weise wie ein freier Bürger Beeinträchtigungen seiner Gesundheit begegnen kann. Daneben verpflichtet das Strafvollzugsgesetz die Justizvollzugsanstalten, soziale Hilfe und Beratung sicherzustellen (§§ 71 ff StVollzG).

2.5 Pflichten

„Das Zusammenleben in einer Vollzugsanstalt verlangt gegenseitige Rücksichtnahme und das Einhalten einer bestimmten Ordnung. Die dafür maßgebenden Grundsätze sind im Strafvollzugsgesetz und in Verwaltungsvorschriften zu diesem Gesetz enthalten" (Einleitung – Information zum Strafvollzugsgesetz –).

Ein geordnetes menschliches Zusammenleben erfordert die Einhaltung von Grundregeln. Dies bedeutet, daß der einzelne sich diejenigen Einschränkungen seiner Handlungsfreiheit gefallen lassen muß, die zur Pflege und Förderung des sozialen Zusammenlebens notwendig sind. Das enge und unfreiwillige Zusammenleben in einer Justizvollzugsanstalt verlangt den Gefangenen noch weitergehende Pflichten ab, ohne die eine Gewährleistung von Ordnung und Sicherheit in einer derartigen Institution nicht möglich ist. Zur Durchsetzung und zur Verhinderung von Pflichtverstößen sieht das Strafvollzugsgesetz Sanktionsmaßnahmen vor (§§ 102 – 107). Die Anordnung von Disziplinarmaßnahmen ist danach zulässig bei der schuldhaften Verletzung von Pflichten, die dem Gefangenen durch das Strafvollzugsgesetz oder aufgrund des Gesetzes (Verwaltungsvorschriften, Hausordnungen oder Einzelanordnungen) auferlegt sind.

Die Ordnung in einer Justizvollzugsanstalt erfordert aber nicht nur „formale" Regeln; es gilt auch hier die Anerkennung der prinzipiellen Verbindlichkeit des

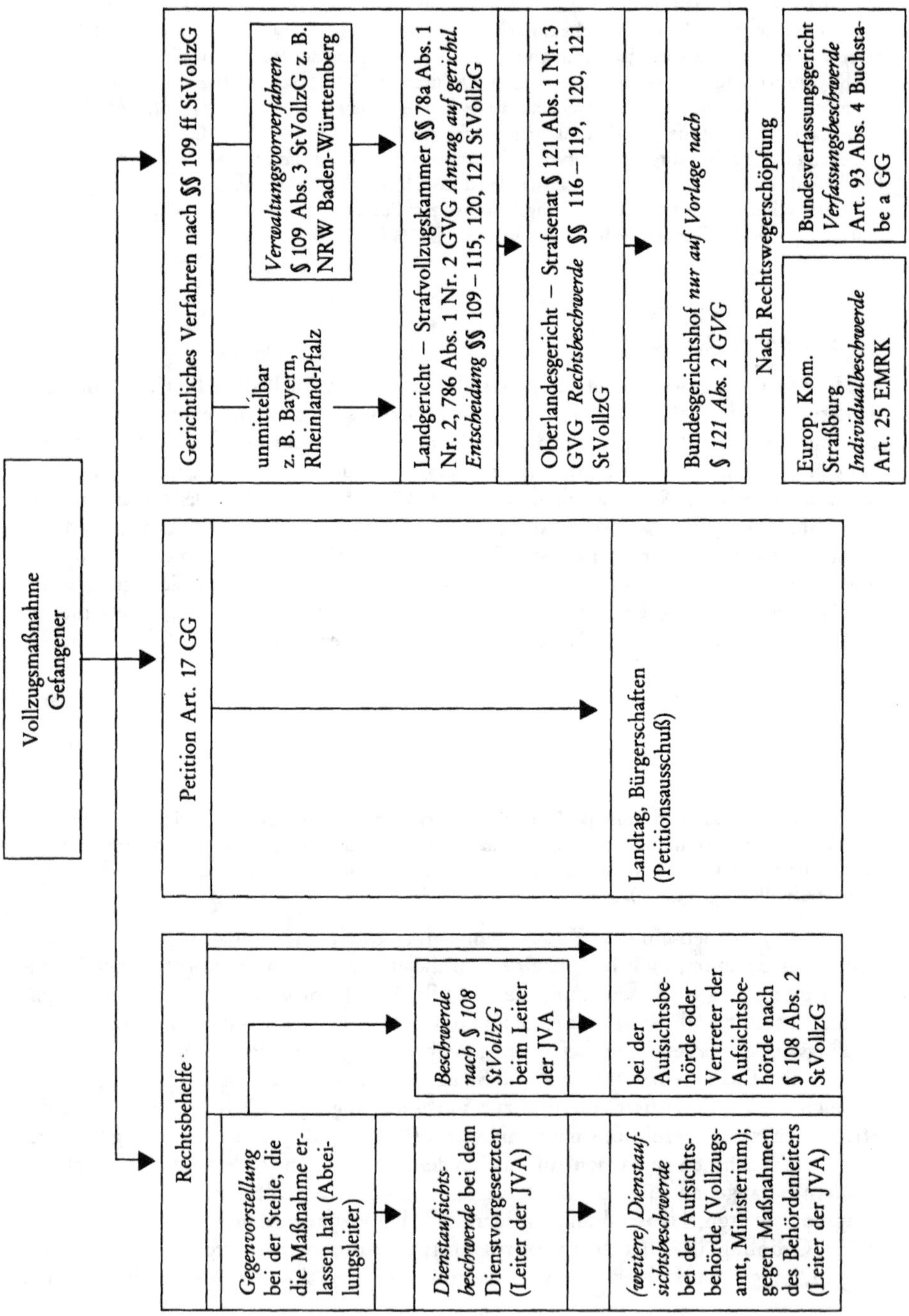
Vollzugsmaßnahme Gefangener
Rechtsbehelfe
Gegenvorstellung bei der Stelle, die die Maßnahme erlassen hat (Abteilungsleiter)
Dienstaufsichtsbeschwerde bei dem Dienstvorgesetzten (Leiter der JVA)
(weitere) Dienstaufsichtsbeschwerde bei der Aufsichtsbehörde (Vollzugsamt, Ministerium); gegen Maßnahmen des Behördenleiters (Leiter der JVA)
Beschwerde nach § 108 StVollzG beim Leiter der JVA
bei der Aufsichtsbehörde oder Vertreter der Aufsichtsbehörde nach § 108 Abs. 2 StVollzG
Petition Art. 17 GG
Landtag, Bürgerschaften (Petitionsausschuß)
Gerichtliches Verfahren nach §§ 109 ff StVollzG
unmittelbar z. B. Bayern, Rheinland-Pfalz
Verwaltungsvorverfahren § 109 Abs. 3 StVollzG z. B. NRW Baden-Württemberg
Landgericht – Strafvollzugskammer §§ 78a Abs. 1 Nr. 2, 786 Abs. 1 Nr. 2 GVG Antrag auf gerichtl. Entscheidung §§ 109 – 115, 120, 121 StVollzG
Oberlandesgericht – Strafsenat § 121 Abs. 1 Nr. 3 GVG Rechtsbeschwerde §§ 116 – 119, 120, 121 StVollzG
Bundesgerichtshof nur auf Vorlage nach § 121 Abs. 2 GVG
Nach Rechtswegerschöpfung
Europ. Kom. Straßburg Individualbeschwerde Art. 25 EMRK
Bundesverfassungsgericht Verfassungsbeschwerde Art. 93 Abs. 4 Buchstabe a GG

Rechts. Wer Rechte für sich beansprucht, kann dies nur unter der Voraussetzung, daß er bereit ist, anderen die gleichen Rechte zuzugestehen und sich den daraus erwachsenden Pflichten zu unterwerfen (*Calliess/Müller-Dietz*, § 4 Rdn. 4; *Brühl*, ZfStrVO 1979, 219; *Diepolder*, ZfStrVO 1980, 140; *Böhm*, Strafvollzug 2. Aufl. 1986 a, 201).

Einem Gefangenen sind durch das Strafvollzugsgesetz im einzelnen bestimmte *Pflichten* auferlegt, die der Aufrechterhaltung von Ordnung und Sicherheit und nicht zuletzt der Gleichbehandlung aller Gefangenen dienen:

Der Gefangene hat grundsätzlich Anstaltskleidung zu tragen (§ 20 StVollzG); bei einem Besuch darf er Gegenstände nur mit Erlaubnis übergeben (§ 27 Abs. 4 Satz 1 StVollzG) oder in Empfang nehmen (§ 83 Abs. 1 Satz 1 StVollzG). Die Absendung und der Empfang von Schreiben hat er durch die Anstalt vermitteln zu lassen (§ 30 Abs. 1 StVollzG). Eingehende Schreiben sind unverschlossen zu verwahren (§ 30 Abs. 3 StVollzG). Der Gefangene ist verpflichtet, eine zumutbare Arbeit auszuüben (§ 41 Abs. 1 StVollzG); er hat die notwendigen Maßnahmen zum Gesundheitssschutz und zur Hygiene zu unterstützen (§ 56 Abs. 2 StVollzG); nach der Tageseinteilung der Justizvollzugsanstalt (Arbeitszeit, Freizeit und Ruhezeit (§ 82 Abs. 1 Satz 1 StVollzG)), die in der Hausordnung geregelt ist (§ 161 Abs. 2 Nr. 2 StVollzG), hat er sich zu richten. Durch sein Verhalten gegenüber Vollzugsbediensteten, Mitgefangenen und anderen Personen darf ein Gefangener das geordnete Zusammenleben nicht stören (§§ 82 Abs. 1 Satz 2, 161 StVollzG). Die Anordnungen von Vollzugsbediensteten hat der Gefangene zu befolgen, auch wenn er sich durch sie beschwert fühlt (§ 82 Abs. 2 Satz 1 StVollzG); die Einlegung eines Rechtsbehelfs, z. B. einer Dienstaufsichtsbeschwerde befreit den Gefangenen nicht von der Befolgung der Anordnung. Den ihm zugewiesenen Bereich darf ein Gefangener nicht ohne Erlaubnis verlassen (§ 82 Abs. 2 Satz 2 StVollzG). Seinen Haftraum und die ihm von der Anstalt überlassenen Sachen hat er in Ordnung zu halten und schonend zu behandeln (§ 82 Abs. 3 StVollzG). Umstände, die eine Gefahr für das Leben oder eine erhebliche Gefahr für die Gesundheit einer Person bedeuten, sind unverzüglich zu melden (§ 82 Abs. 4 StVollzG). Er darf nur Sachen in Gewahrsam haben oder annehmen, die ihm von der Vollzugsbehörde oder mit deren Zustimmung überlassen werden (§ 83 Abs. 1 Satz 1 StVollzG). Weitere Pflichten können Gefangenen entweder durch Allgemeinverfügung, Hausordnung oder durch Einzelanweisung auferlegt werden. Hierfür ist eine Ermächtigung erforderlich, die sich aus dem Strafvollzugsgesetz ergeben muß, d. h. die auferlegte Pflicht muß dem der einzelnen gesetzlichen Bestimmung zugrunde liegenden Sinn entsprechen (*Schwind-Böhm*, § 102 Rdn. 6). Derartige Pflichten können z. B. aus Weisungen bei der Gewährung von Vollzugslockerungen entstehen (§ 14 StVollzG). Streitig ist, ob ein Gefangener durch Selbstbeschädigung (versuchter Selbstmord) gegen Pflichten verstößt. Grundsätzlich wird ein Pflichtverstoß wegen des Fehlens einer ausdrücklichen Regelung zu verneinen sein (*Brühl*, aaO; *Diepolder*, aaO; *Stuth*, ZfStrVO 1981, 83; *Schwind-Böhm*, § 102 Rdn. 7; *Calliess/Müller-Dietz*, § 102 Rdn. 3). Die Frage, ob das Entweichen aus einer Justizvollzugsanstalt einen Pflichtverstoß darstellt, ist ebenfalls umstritten. Eine Pflichtverletzung wird wohl zu bejahen sein (OLG München, ZfStrVO 1979, 63; *Schwind-Böhm*, § 102 Rdn. 16, 17; *Diepolder*, aaO – dagegen *Calliess/Müller-Dietz*, § 102 Rdn. 4 – 6; *Brühl*, aaO).

Aus § 4 Abs. 1 Satz 1 StVollzG ist keine Pflicht des Gefangenen herzuleiten, an seiner Behandlung und dem Erreichen des Vollzugszieles mitzuwirken, die durch Sanktionen erzwungen werden darf. Das Strafvollzugsgesetz geht von der *Mitwirkungsnotwendigkeit* aus (*Calliess/Müller-Dietz*, § 4 Rdn. 5). Die fehlende Bereitschaft, an seiner Resozialisierung mitzuwirken, wird jedoch bei Entscheidungen und Ermessensabwägungen der Vollzugsbehörde, insbesondere bei Prognoseentscheidungen, zur Gewährung von Lockerungen und bei der Frage der Aussetzung eines Strafrests zur Bewährung (§ 57 StGB) zu berücksichtigen sein (*Schwind-Böhm*, § 4 Rdn. 9). Die gleiche Problematik gilt auch für das Aufnahmeverfahren nach § 5 StVollzG.

3. Disziplinarmaßnahmen („Hausstrafen") und Vergünstigungsdenken*

In dem Gesetz über den Vollzug der Freiheitsstrafe und der freiheitsentziehenden Maßregeln der Besserung und Sicherung, dem sog. Strafvollzugsgesetz (StVollzG), das die bis Ende der sechziger Jahre gültige Dienst- und Vollzugsordnung für den Strafvollzug (DVollzO), eine Vereinbarung der Justizminister der Bundesländer, abgelöst hat, kommen die Begriffe „Hausstrafen" und „Vergünstigungen" nicht mehr vor. Das spiegelt eine gewisse Sensibilisierung und ein Bemühen um Fortschritt wider, die sich auch aus den Begründungen und Kommentaren zum Strafvollzugsgesetz entnehmen lassen. So wird in der Begründung zum Regierungsentwurf (BT-Dr. 7/918 81, bzw. BT Dr. 7/3998, 38) davon gesprochen, daß Disziplinarmaßnahmen zwar notwendige, aber nicht die wichtigsten Mittel zur Wahrung und Hebung der Disziplin in den Vollzugsanstalten seien; die Disziplin sei vielmehr statt mit „reaktiven Maßnahmen" durch „aufbauende Methoden" der „sozialen Arbeit mit Gruppen" zu gewährleisten.

Der Katalog der Disziplinarmaßnahmen, mit denen schuldhafte Pflichtverletzungen von Gefangenen geahndet werden (§ 103 Abs. 1 Nr. 1–9 StVollzG), entspricht mit Ausnahme des verschärften Arrestes, der mit einem Entzug des normalen Bettlagers und Kostschmälerung verbunden war, den schon in der DVollzO (Nr. 182) enthaltenen Hausstrafen:

1. Verweis,
2. die Beschränkung oder der Entzug der Verfügung über das Hausgeld und des Einkaufs bis zu drei Monaten,
3. die Beschränkung oder der Entzug des Lesestoffs bis zu zwei Wochen sowie des Hörfunk- und des Fernsehempfangs bis zu drei Monaten; der gleichzeitige Entzug jedoch nur bis zu zwei Wochen,
4. die Beschränkung oder der Entzug der Gegenstände für eine Beschäftigung in der Freizeit oder die Teilnahme an gemeinschaftlichen Veranstaltungen bis zu drei Monaten,

* *Günter Neuland*, geb. 1927, studierte Psychologie an der Universität Marburg (Diplom 1953) und Soziologie an den Universitäten Frankfurt/M und Gießen. 1953 Fürsorger in der Jugendstrafanstalt Rockenberg, von 1956 – 1981 dort Anstaltspsychologe, seitdem Psychologieoberrat an der Aus- und Fortbildungsstätte für Justizvollzugsbedienstete des Landes Hessen – H.B. Wagnitz-Seminar – in Rockenberg. Seit 1963 Lehrbeauftragter für Pädagogische Psychologie an der Universität in Gießen, von 1975 – 1979 Leiter der Sektion Sozialtherapie im Deutschen Arbeitskreis für Gruppendynamik und Gruppentherapie (DAGG).

5. die getrennte Unterbringung während der Freizeit bis zu vier Wochen,
6. der Entzug des täglichen Aufenthaltes im Freien bis zu einer Woche,
7. der Entzug der zugewiesenen Arbeit oder Beschäftigung bis zu vier Wochen unter Wegfall der in diesem Gesetz geregelten Bezüge,
8. die Beschränkung des Verkehrs mit Personen außerhalb der Anstalt auf dringende Fälle bis zu drei Monaten,
9. Arrest bis zu vier Wochen.

In dem Strafvollzugsgesetz (StVollzG) ist die in der DVollzO enthaltene Aufzählung von Vergünstigungen weggefallen und durch die Gewährung von Rechten ersetzt worden.

In der Fassung der DVollzO vom 1. März 1971 waren die folgenden, früher als „Vergünstigungen" genannten Maßnahmen (Nr. 62 DVollzO) neu mit „Maßnahmen zur Förderung und Betreuung" überschrieben worden:
– „Teilnahme an Gemeinschaftsveranstaltungen (z. B. Film- und Theatervorführungen, Vorträgen, musikalischen Darbietungen, Fernseh- und Rundfunkempfang,), – Teilnahme am Leihverkehr der Gefangenenbücherei, – Bezug von Zeitungen und Zeitschriften nach Maßgabe der dafür getroffenen Regelung, – Besitz eigener Bücher in angemessener Zahl, – Beschaffung von Zusatznahrungs- und Genußmitteln, Mitteln der Körperpflege und der sonstigen in der Anstalt zum Einkauf freigegebenen Gegenstände, – Empfang von Paketen nach Maßgabe der dafür getroffenen Regelung, – Besitz von Lichtbildern nahestehender Personen, Erinnerungsstücken und anderen Gegenständen von ideellem Wert, – Mitwirkung in einem Chor, Orchester, einem Laienspielkreis oder ähnlichen Gruppen, – Teilnahme an Kursen oder anderen Möglichkeiten der Fortbildung oder Freizeitgestaltung, – Teilnahme am Sport, – Ausschmücken des Haftraumes in angemessenem Umfang, – Besitz von Gegenständen für eine angemessene Freizeitbeschäftigung, – Schreibmaterial und eigenem Briefpapier."

Es ist zunächst zu fragen, mit welchen Zielvorstellungen das Verhängen von Disziplinarmaßnahmen verbunden ist, d. h. was man mit ihnen bewirken will. Sie haben in der Vorstellung von Theorie und Praxis des Strafvollzugs eine doppelte Funktion: Einerseits dienen sie dazu, die Sicherheit und Ordnung in der Anstalt aufrechtzuerhalten und damit den Bestand der Institution Justizvollzugsanstalt zu sichern; andererseits soll durch eine Disziplinarstrafe der Gefangene „gebessert", d. h. bei ihm sollen Verhaltens-, Einstellungs- und Persönlichkeitsänderungen im Sinne einer Sozialisierung, einer sozialen Integration bewirkt werden; dabei spielt auch noch die Hoffnung eine Rolle, die so erreichte Anpassung an die Regeln der Anstalt erhöhe die Wahrscheinlichkeit eines späteren normgerechten Verhaltens in der Gesellschaft. Dieser logische Kurzschluß, Disziplinierung eines Gefangenen mit dessen Besserung gleichzusetzen, ist auch heute noch in den Justizvollzugsanstalten verbreitet und verwurzelt. Man begegnet ihm auch in der Strafvollzugsliteratur, z. B. in den Kommentaren zum Strafvollzugsgesetz.

Bei *Calliess/Müller-Dietz* (1986, Rdn. 1 zu § 102) ist einerseits von einer „repressiven", d. h. unterdrückenden und hemmenden Wirkung, und andererseits von einer resozialisierenden Funktion der Disziplinarmaßnahme die Rede. „Allerdings ist die Repression nicht Zweck an sich, sondern sie dient der Unterstützung der Behandlung und ist mit ihr im Zusammenhang zu sehen". Vor allem auch, weil sie zunächst die Spielregeln eines geordneten Zusammenlebens und die Sicherheit in der Anstalt gewährleiste und im Kontext des Resozialisierungsvollzuges selbst eine resozialisierende Funktion habe.

Auch in dem Alternativkommentar zum Strafvollzugsgesetz (*Brühl*, 1980, Rdn. 8 zu § 102) ist von pädagogischen Zielen der Disziplinarmaßnahmen die Rede, die „das letzte Einwirkungsmittel" seien, „wenn sich andere pädagogische Maßnahmen als aussichtslos" erwiesen, „weil der Gefangene durch die Bediensteten nicht mehr anders als mit Disziplinarmaßnahmen ansprechbar ist". Von ihnen sei abzusehen, wenn sie sinnlos seien, d. h., das unerwünschte Verhalten noch verstärken.

Ausführlich und kritisch setzt sich *Böhm* (1986 a, 199–203; 1983 in *Schwind/Böhm*, Rdn. 1 ff zu § 102; 1 ff zu § 103) mit dem Problem der Disziplinarmaßnahmen im Vollzug auseinander. „Die meisten der im Katalog des § 103 vorgesehenen Disziplinarmaßnahmen sind unpädagogisch und unzweckmäßig." Sie hätten mit der Erreichung des Behandlungszieles kaum etwas zu tun. Es sei schwer einsichtig, wieso der Arrest als Disziplinarmaßnahme etwas anderes als repressiv sein solle.

Die enge Verbindung zwischen Disziplin und Anpassen an die Hausordnung mit der Vorstellung, daß dadurch eine positive Veränderung bei dem Insassen bewirkt wird, ist eine Grundvorstellung, die sich durch die Geschichte des Strafvollzuges zieht, wie z. B. frühere Dienstanweisungen für den Strafvollzug gut erkennen lassen.

In einer für die Geschichte des Strafvollzuges bedeutenden Dienstanweisung aus dem Jahre 1835, dem „Reglement für die Strafanstalt Rawicz", wird in dem Abschnitt „Instruktion für den Direktor" folgendes ausgeführt:

„§ 17: Wenn der Sträfling auf diese Weise zur Beachtung der Ordnung in der Anstalt und zur Befolgung der ihm gegebenen Befehle nicht bewogen werden kann, so muß der Vorsteher zu den ernstesten Strafen übergehen, bis der Gehorsam hergestellt ist, weil der Erfolg aller Disziplin, aller Ordnung und Sicherheit der Anstalt, sowie die Möglichkeit einer Besserung der Sträflinge wesentlich von einem unbedingten Gehorsam derselben abhängt."

Die schematische Vorstellung, daß der Gefangene, der sich gut führt und der gut arbeitet, als „gebessert" zu betrachten ist und mit der Erwartung entlassen werden kann, daß er „künftig einen rechtschaffenen Lebenswandel führt", ist auch für den sogenannten „Stufenstrafvollzug" charakteristisch, dessen Einfluß auch heute noch in dem Denken der Strafvollzugsbediensteten sehr verbreitet ist. Nach den Grundsätzen des Stufenstrafvollzugs (*Busch* 1967, 94–102) erhielt der Gefangene schrittweise Vorteile, die davon abhängig waren, wie er sich verhielt, d. h. wie er sich führte. Ob er ein oder mehrere Bilder von Angehörigen erhielt, eine Tageszeitung lesen, sich fortbilden, im Chor singen, sich am Sport beteiligen, ein Hemd mit Kragen oder sogar einen Schlips tragen durfte, war davon abhängig, ob er sich das durch gute Führung verdient hatte.

Obwohl schon Gustav Radbruch, der 1923 als Reichsjustizminister den Stufenstrafvollzug einführte, später resigniert festgestellt hat: „Man hatte ein Mittel der Erziehung zur Freiheit gesucht, gefunden aber ein vorzügliches Mittel der inneranstaltlichen Disziplin", prägte dieser Gedanke den fortschrittlichen Vollzug der Freiheits- und Jugendstrafe während der Weimarer Republik. Nach 1945 knüpfte der Strafvollzug teilweise an diese Tradition an. Im Jugendstrafvollzug galt der Strafvollzug in Stufen, auch „Progressiver Vollzug" genannt, als Methode der Wahl. Noch in der neuesten Literatur *Hellmer* (1978, 125/126), *Eisenberg* (1985, Rdn. 35 zu § 91), *Böhm* (1985a, 200), *Brunner* (1986, Rdn. 7 zu § 91) und *Schaffstein* (1987a, 201) findet – nur teilweise mit kritischem Unterton – eine Auseinandersetzung mit Gedanken des Stufenstrafvollzuges statt, der jedenfalls in Ansätzen noch als präsent in den Jugendstrafanstalten angenommen wird.

Gemeinsam ist für den Stufenstrafvollzug und die vorgestellte Wirkung von Disziplinarmaßnahmen, daß man davon ausgeht, daß solche Maßnahmen eine generelle Wirkung haben. Nur selten wird im Strafvollzug untersucht und an einzelnen Gefangenen überprüft, ob die vorgestellte und die tatsächliche Wirkung einer Maßnahme übereinstimmen. Es fällt auf, daß solche schematischen Vorstellungen oft mit einem mechanistischen Bild vom Menschen verbunden sind: Man tut etwas hinein, gibt z. B. den Gefangenen Vergünstigungen oder Vertrauen, und erwartet, daß man dafür – und zwar sofort – etwas zurückbekommt, z. B. Wohlverhalten und Dankbarkeit, und ist enttäuscht, wenn diese Erwartung nicht erfüllt wird. Solche Enttäuschungen kommen auch dadurch zustande, daß man die Anpassung an das Anstaltsleben, in dem die Belastungen des Lebens in der Freiheit weitgehend fehlen, oft als „Reifungsprozeß" des Gefangenen mißversteht.

Kerner (1982, 323 – 325) unterscheidet einen religiösen (innere Einkehr und bewußte Läuterung durch das Erlebnis der Entsagung) und einen funktionalen Aspekt des Vergünstigungssystems im Strafvollzug. Der einfache Grundgedanke des funktionalen Aspektes sei es, das Verhalten der Insassen dadurch zu steuern, daß man ihnen zunächst die Möglichkeit der Selbstbestimmung nehme, die sie sich dann „durch Wohlverhalten und Anpassung an die Anstaltsregeln Stück für Stück bis zu einem gewissen Grad wieder zurückverdienen" können. „Bei Abweichung besteht dann umgekehrt die Möglichkeit, bereits gewährte Vergünstigungen jederzeit wieder zu entziehen und den Betroffenen entsprechend dem eingeschätzten Grad des abweichenden Verhaltens bis auf die notwendigen Grundbedürfnisse zum Weiterleben zu beschränken". Empirische Untersuchungen widerlegen diese mechanistischen Vorstellungen. Wenn es überhaupt Zusammenhänge zwischen den Häufigkeiten von Disziplinarmaßnahmen und späterem Legalverhalten geben sollte, so sind sie wesentlich differenzierter zu betrachten (*Neuland* 1966, 40 – 58; *Böhm* 1973a; *Böhm* 1973b, 33 ff).

Obwohl der Begriff „Vergünstigung" im Strafvollzugsgesetz (StVollzG) nicht mehr vorkommt, spielt das Vergünstigungsdenken auch im heutigen Alltag der Justizvollzugsanstalten eine erhebliche Rolle. Vor allem die Möglichkeit, die für die Gefangenen sehr wichtigen Vollzugslockerungen – wie Ausgang und Urlaub – zu entziehen, übt auf diese einen starken Druck aus, der eine äußere Anpassung fordert. Das wirkt sich oft behindernd auf Behandlungsangebote aus, für die Offenheit und Vertrauen vorauszusetzen bzw. anzustreben sind. Auch im offenen Vollzug spielt ein Vergünstigungsdenken im Sinne eines Stufenstrafvollzugs eine erhebliche Rolle. Das läßt sich vor allem auch an den Auswahlkriterien dafür und daran erkennen, aufgrund welcher Vorfälle und Verhaltensweisen Rückverlegungen in den geschlossenen Vollzug erfolgen. In der Regel werden in den offenen Vollzug jeher angepaßte und „problemfreie" Gefangene übernommen und nicht solche, für die dieser als Trainingsfeld notwendig wäre (*Thomas* 1985, 220 ff; hierzu kritisch *Böhm* 1986 b, 201 ff und 204).

Calliess-Müller-Dietz (1986, Rdn. 3 zu § 103) unterscheiden allgemeine Disziplinarmaßnahmen, die bei allen Verfehlungen in Betracht kommen (§ 103 Abs. 1 Nr. 1, 2, 9) und spezielle Disziplinarmaßnahmen in dem Sinne, daß sie spezifische Antworten auf bestimmte Verfehlungen darstellen. Der Gesetzgeber halte die Anwendung dieser Maßnahmen in der Regel nur dann für pädagogisch sinnvoll, wenn gemäß Abs. 4 zwischen der Verfehlung und der einzelnen Disziplinarmaßnahme ein innerer Zusammenhang besteht, d. h. wenn die Reaktion die Verfehlung widerspiegelt. „Diese Vorschrift soll unterstreichen, daß die gewählten Disziplinarmaßnahmen im Hinblick auf § 2 StVollzG möglichst den Charakter einer „pädagogischen Behandlung mit Sozialisationseffekt" tragen. Stört der Gefangene z. B. einen Kurs der Weiterbildung, so soll ihm nicht die Arbeit entzogen, sondern die Teilnahme an dieser Veranstaltung untersagt werden".

Dieses „Spiegeln" – der Begriff ist in der Strafrechtsgeschichte bekanntlich nicht neu – wird oft, worauf auch *Böhm* (1986a, 199–203 und 1983 in *Schwind/Böhm*, Rdn. 3–8 zu § 103) hinweist, zu einer „Lernsperre", wenn den Gefangenen gerade die „Befugnisse" entzogen werden, mit denen sie Schwierigkeiten haben und in deren Bewältigung sie sich üben sollten.

Gezielte, d. h. am einzelnen Gefangenen orientierte Maßnahmen, die Einschränkungen zur Folge haben, können m. E. pädagogisch durchaus sinnvoll sein. Nicht alle „Maßnahmen zur Förderung und Betreuung" sind für die Behandlung eines Gefangenen wichtig. Stört z. B. ein Gefangener wiederholt beim Fernsehen, so wird es ihm sicher nichts schaden, wenn er von einigen solchen Fernsehveranstaltungen ausgeschlossen wird. Selbst das kann aber problematisch sein, wenn es sich dabei um einen Gefangenen handelt, der sehr dazu neigt, sich zurückzuziehen und sich zu isolieren.

Der Spielraum, der einem Anstaltsleiter zur Verfügung steht, wenn er im Rahmen einer Disziplinarkonferenz auf Meldungen über schuldhafte Pflichtverletzungen von Gefangenen reagieren muß, ist auch in der Strafvollzugswirklichkeit aus anderen Gründen begrenzt. Selbst wenn er gut über den Gefangenen informiert ist und erkennt, warum sich dieser in einer bestimmten Weise verhält, kann er seine Maßnahmen nicht an dieser Einsicht allein orientieren. Er muß die Einstellungen und Erwartungen der Bediensteten – oft auch energisch vertreten durch den Personalrat – sehen und sich nicht zuletzt überlegen, wie sich die Art seiner Reaktion auf denjenigen oder diejenigen Bediensteten auswirkt, die von einem Vorfall betroffen sind. Da die meisten „Hausstrafmeldungen" von Bediensteten des allgemeinen Vollzugsdienstes geschrieben werden, die in dem System einer Strafanstalt oft in einer besonders schwachen Position sind, muß er auch die Interessen dieser Bedienstetengruppe sehen und wird sie bei seinem Handeln bedenken, will er eines Tages nicht völlig isoliert sein und das Vertrauen seiner Mitarbeiter verlieren. Haben die Bediensteten, die von einem Vorfall betroffen sind, das Gefühl, der Anstaltsleiter vertrete einseitig die Interessen der Gefangenen, er glaube den Gefangenen mehr, verstehe diese besser, nehme sie ernster, dann sieht er sich der Gefahr gegenüber, daß die Mitarbeiter resignieren oder in Zukunft Vorfälle so dramatisieren oder sogar provozieren, daß er reagieren muß. Nicht zu übersehen ist auch, daß der Anstaltsleiter sich Erwartungen und Einstellungen der übrigen Gefangenen, deren verinnerlichten Normen, gegenübergestellt sieht. Sicher kann er je nach Lage des Einzelfalls unterschiedlich reagieren, doch muß er wohl beachten, daß er bei gleich erscheinendem Verhalten mehrerer Gefangener nicht zu unterschiedlich reagiert, weil er sonst erhebliche Spannungen auslöst (*Kunze* 1975, 197 ff). Hat der Anstaltsleiter bei Vorfällen zu entscheiden, die in der Öffentlichkeit und in der vorgesetzten Aufsichtsbehörde Unruhe ausgelöst haben, so wird er auch bedenken müssen, daß er eine von ihm getroffene Maßnahme diesen Stellen gegenüber rechtfertigen muß, von denen er abhängig ist. Hat er auf einen Vorfall nicht angemessen reagiert und riskiert er, das Vertrauen seiner Vorgesetzten zu verlieren, so hat das Folgen für die gesamte Anstalt, die die pädagogische und therapeutische Arbeit lähmen können (vgl. auch *Winchenbach* 1985, 133 ff). Es ist davon auszugehen, daß es auch in einer Strafanstalt, in der viele Menschen zusammenleben, eine Hausordnung und Regeln geben muß, deren Ziel es ist, den Bestand der Institution zu sichern und das Zusammenleben auf engem Raum erträglich zu gestalten. Sanktionen gegen diejenigen, die gegen diese Regeln verstoßen, sind vor allem auch „im Blick auf andere", d. h. Bedienstete, die Öffentlichkeit, die Aufsichtsbehörde, aber auch die Mitgefangenen, nicht zu vermeiden.

Wesentlich erscheint es mir zu erkennen, daß Disziplinarmaßnahmen zunächst nichts oder nur indirekt etwas mit der Zielvorstellung der Besserung und Veränderung des Gefangenen im Sinne des § 2 StVollzG zu tun haben. Zwischen den am einzelnen Insassen orientierten Behandlungsvorstellungen und der Notwendigkeit, durch Disziplinarmaßnahmen in der jeweils konkreten Situation einen optimalen Ausgleich der Interessen der von einem Konflikt Betroffenen herzustellen und die Ordnung und die Sicherheit in der Anstalt aufrechtzuerhalten, besteht z. Zt. noch ein tiefer Graben, den man nicht verdecken sollte. Will man diese Realität verändern und besser bewältigen, so setzt das voraus, daß man sie zunächst erkennt und anerkennt, d. h. sie so wahrnimmt und akzeptiert, wie sie ist.

Dabei ist zu bedenken, daß eine an Erziehungs- und Behandlungszielen orientierte Arbeit voraussetzt, daß das unelastische und schwerfällige hierarchische System vom Vorgesetzten, der Weisungen gibt und kontrolliert, und dem ausführenden Untergebenen überwunden wird. Dieses System, für das ein sehr reaktives Handeln kennzeichnend ist, eignet sich nur für Routinearbeit, die sich weitgehend von „oben" vorwegplanen und „unten" schematisch ausführen läßt. Erst wenn sich die Organisationsstruktur in einer Anstalt (*Fleck/Müller* 1984, 74 – 81) und damit auch die beruflichen Rollen der Mitarbeiter sowie deren Beziehungen zueinander und deren Bewältigungsformen für den Umgang mit Konflikten, auch durch eine bessere Ausbildung und intensive Fortbildung, verändert haben, wird sich der Stellenwert der Disziplinarmaßnahmen im Alltag des Strafvollzugs verringern, und auch das Vergünstigungsdenken wird wirklich durch pädagogisch-therapeutische Vorstellungen ersetzt, die davon ausgehen, daß sich gerade aus den Konfliktsituationen Ansätze für ein wirksames Handeln und für neue Erfahrungen ergeben.

Das folgende Beispiel veranschaulicht ein solches Vorgehen:

Rainer wird der Abgangsgruppe, für die es besondere Regelungen gibt, die den pädagogischen Spielraum erweitern, zugewiesen. Die für ihn zuständige Sozialarbeiterin hatte die Psychologen schon während der Strafzeit auf Rainer aufmerksam gemacht und empfohlen, ihm gesprächstherapeutische Angebote zu machen. Rainer lehnt dieses Angebot ab, weil er Nachteile befürchtete, wenn er offen über sich redet. Er sagte aber, daß er Angst davor habe, nach der Entlassung rückfällig zu werden, weil er bisher immer dann versagte, wenn er Alkohol getrunken hatte und sich dann von anderen beeinflußt fühlte. Diese Schwierigkeit wird in der Abgangsgruppe sichtbar. Zunächst fällt bei einem Gruppenausgang auf, daß Rainer den Punkt erreicht, an dem es bei ihm „aushakt". Er beobachtet bei sich Gedanken, die er sonst nicht hat, z. B. den, jetzt mit einem anderen wegzulaufen. Von einem Besuchsausgang mit seinen Eltern, bei dem er Alkohol getrunken hat, kommt er mit 15 Stunden Verspätung in die Anstalt zurück. Der Anstaltsleiter hat alle Entscheidungen, die die Behandlung der Jugendlichen betreffen, an die zuständigen Bediensteten-Teams delegiert. Auf Vorschlag der Gruppenbeamten beschließt das Team, daß Rainer 5 Tage von der abendlichen Freizeit (insbesondere vom Fernsehen) ausgeschlossen wird, daß er aber weiter an Gruppen- und Einzelausgängen sowie an Gruppengesprächen teilnimmt. In einem solchen Gruppengespräch wird Rainers Verhalten besprochen, und die Vorschläge der Gruppe stimmen mit den Vorstellungen der Bediensteten-Gruppe überein. Rainer ist sehr beunruhigt, weil er sieht, in welcher Gefahr er sich nach der Entlassung befindet, und er ist jetzt an Gesprächen über sich und sein Verhalten interessiert. Von dem nächsten Besuchsausgang und einem 12stündigen Einzelausgang, auf dem er sich um eine Arbeitsstelle bemüht hat, kommt er pünktlich zurück.

Wesentlich ist m. E. bei diesem Verlauf folgendes:

a) Rainer bleibt in der Gruppe, weil seine Zugehörigkeit zur Abgangsgruppe nicht als „Vergünstigung" betrachtet wird, die man ihm entzieht, wenn er „versagt" hat.
b) Es wird auf sein Fehlverhalten reagiert, wie er es selbst, aber auch die anderen Jugendlichen und Bediensteten erwarten.
c) Die Jugendlichen der Abgangsgruppe haben den Vorfall diskutiert, und alle für Rainer zuständigen Bediensteten haben die Entscheidung gefällt.
d) Durch die verhängte Maßnahme werden keine pädagogisch-therapeutischen Aktivitäten behindert; der Bereich, in dem Rainer versagt hat, ist davon nicht betroffen.
e) Rainer erhält Hilfestellungen, vor allem durch intensive Gespräche, die mit dem Ziel geführt werden, daß er die für ihn kritischen Situationen, in denen er versagt, besser durchschaut und für sich selbst neue Formen der Konfliktbewältigung findet. Nach dem Zusammenstoß mit dem Problem bleibt ihm die Möglichkeit erhalten auszuprobieren, wie er die dabei gewonnenen neuen Erfahrungen in realen Situationen umsetzen kann.

4. Schulische und berufliche Bildung*

Seit 1977 ist das Strafvollzugsgesetz Grundlage der Arbeit im Vollzug der Bundesrepublik. Als Ziel gilt es, den Behandlungsvollzug mit der ihm zugeschriebenen resozialisierenden Wirkung und dem Rückfall vermeidenden Nutzen zu praktizieren.

Ein entsprechender Auftrag unter besonderer Akzentuierung erzieherischer Komponenten ist mit den bundeseinheitlichen Verwaltungsvorschriften (VVJug) für Jugendliche und Heranwachsende verknüpft worden.

Deutlich wurde in der Vergangenheit jedoch, daß aus ganz unterschiedlichen Gründen den Zielvorstellungen des Strafvollzugsgesetzes sowie der VVJug nicht entsprochen wurde. Personalbestand, bauliche Voraussetzungen in den Anstalten und eine nicht synchron zur Zielvorgabe verlaufende Weiterqualifizierung und Kompetenzerweiterung bei den Mitarbeitern aller Dienste im Vollzug stellen sicherlich einen Ursachenkomplex dafür dar, daß die erhoffte Umsetzung des Strafvollzugsgesetzes sowie der VVJug mit den gewünschten vorhergesagten Ergebnissen nicht Realität wurden.

Aber auch daran ist zu erinnern, daß wesentliche Teile damaliger Reformdiskussion ausgelassen, mindestens aber verschoben wurden oder nicht finanzierbar waren. Dies gilt insbesondere für

- die Erarbeitung und Verabschiedung eines Jugendstrafvollzugsgesetzes
- die Angleichung des Arbeitsentgeltes der Gefangenen
- die Einbeziehung Strafgefangener in die Rentenversicherung
- die Reform der Untersuchungshaft.

* *Manfred Wiegand*, Dipl.-Päd. Dr., geb. 1940, 1965 Lehrer, 1967 stellvertretender Schulleiter, 1969 Assistent päd. Hochschule Bremen u. 1973 a. d. Universität Bremen (Lehrerbildung), 1979 Dozent an der Universität Bremen, 1976 Promotion (Leistungsbeurteilung und Schülerverhaltensweisen: Prof. Dr. L. Roth, Prof. Dipl.-Psych. B. Jonas), 1980 Rektor und Leitung des Sachgebietes Pädagogik beim Justizvollzugsamt Bremen, seit 8/1986 Direktor der Jugendvollzugsanstalt Bremen-Blockland.

Verschwiegen werden darf in diesem Zusammenhang auch nicht, daß inzwischen Stimmen laut werden, die offensichtlich bemüht sind, die noch lange nicht erreichten Ziele des Strafvollzugsgesetzes aus dem Jahre 1977 wieder zurückzunehmen. Dies geschieht offensichtlich unter der Perspektive, Tatschwere und Sühnegedanken zu relevanten Entscheidungskriterien für die Arbeit in Vollzugsanstalten werden zu lassen.

Derartige Aspekte und eine in Ansätzen aufkommende Diskussion dürfen nicht nur von Pädagogen und Ausbildungsmeistern in schulischen und berufsbezogenen Bildungsmaßnahmen der Vollzugsanstalten als Herausforderung begriffen werden. Gleichermaßen muß ein solches Ansinnen den Widerstand jener wecken, die um Ausweitung ambulanter Maßnahmen bemüht sind, damit freiheitssanktionierende Maßnahmen vermieden oder mindestens verkürzt werden können.

4.1 Ausgangssituation

Auch wenn aufgrund fehlender qualifizierter empirischer Untersuchungen zur Zeit keine Generalisierbarkeit einzelner Untersuchungs- oder Erhebungsergebnisse gegeben ist, so kann am Beispiel Bremens und begrenzt für Insassen in Anstalten anderer Bundesländer durchaus von einer zunehmenden Tendenz defizitärer Vorbildung insbesondere im Jugendvollzug gesprochen werden. Dies gilt bezüglich des Erwachsenenvollzuges gegenwärtig noch in abgeschwächter Form.

So hat *Grosskellwing* (1976, 296) bereits ausgeführt, daß unter Bezug auf eine Erhebung 1975 an niedersächsischen Untersuchungs- und Strafgefangenen sowie der in Jugendvollzugsanstalten einsitzenden Jugendlichen und Heranwachsenden

37,4 % der Männer (n = 2229)
41,5 % der Frauen (n = 77)
62,0 % der Jugendlichen und Heranwachsenden (n = 362)

keine abgeschlossene Schulbildung (Sonderschule, Hauptschule, Realschule) hatten, sondern lediglich über Abgangszeugnisse aus den Abschlußklassen verfügten oder die Schullaufbahn bereits erheblich früher abgebrochen hatten.

Für 1985 weist *Kruse* (1987, 29 ff) für die Jugendvollzugsanstalt Bremen-Blockland aus (n = 102), daß

62 % der Jugendlichen und Heranwachsenden nicht über einen Hauptschulabschluß verfügen
37 % die Hauptschule verlassen haben, ohne einen Schulabschluß erreicht zu haben
25 % der inhaftierten Jugendlichen und Heranwachsenden Sonderschüler oder ehemalige Sonderschüler sind, von denen nur wiederum 40 % über einen Sonderschulabschluß verfügten.

Anzumerken ist hier, daß z. B. im Schuljahr 1984/85 für das Land Bremen seitens der Bildungsbehörde ein Sonderschüleranteil an der Gesamtpopulation nur in Höhe von 4,88 % ausgewiesen wird. Deutlich wird damit die überproportionale Häufigkeit der Sonderschulzugehörigkeit bei Jugendlichen und Heranwachsenden, die in Jugendvollzugsanstalten einsitzen.

Für die berufliche Bildung ist bei *Grosskellwing* (1976, 297) ausgeführt, daß

55,3 % der Männer
71,5 % der Frauen

81,7 % der Jugendlichen und Heranwachsenden „weder eine Lehre noch ein kürzeres Anlernverhältnis mit Erfolg beendet" haben. *Kruse* (1987, 29 ff) gibt für die Jugendvollzugsanstalt Bremen-Blockland bezogen auf eine Erhebung im Jahre 1985 an, daß lediglich 5,8 % der Inhaftierten (n = 102) über einen Berufsausbildungsabschluß (Gesellenprüfung/Facharbeiterprüfung) verfügen.

Nachdrücklich ist im Rahmen der gemeinsamen Tagungen des Landesarbeitsamtes Niedersachsen/Bremen, der Justizvollzugsämter Celle und Bremen sowie der Bildungsbeauftragten und Arbeitsberater der Vollzugsanstalten bzw. der örtlichen Arbeitsämter darauf hingewiesen worden, daß schulische und berufliche Defizite Inhaftierter im Vergleich zur übrigen Population überproportional vorhanden sind, weil offensichtlich mehrfach und wiederholt komplizierte Selektionsprozesse zum Abbruch von Schullaufbahn und beruflicher Ausbildung geführt haben bzw. den Zugang zur Berufsausbildung gar nicht erst ermöglicht haben.

Einerseits sind derart „mangelhafte bzw. fehlende schulische und berufliche Bildung ... als sog. kriminogene Faktoren bekannt, d. h. als Ursachen, die kriminalitätsfördernd wirken" (*Grosskellwing* 1976, 298). Andererseits ist nachdrücklich darauf hinzuweisen, daß ein solches Erscheinungsbild unserer Delinquenten nicht dergestalt interpretiert werden darf, daß die überproportional bei Inhaftierten vorhandenen Bildungsdefizite *alleinige* Ursachen für Kriminalität sind. Nur allzu leichtfertig könnten sonst im Umkehrschluß als einzige Strategie gegen Kriminalität und Rückfall Ausbildungsmaßnahmen wegen eines fälschlicherweise unterstellten Monokausalzusammenhangs realisiert werden.

Weitgehend unbestritten ist inzwischen in der kriminologischen Forschung jene Faktorenkomplexität mit jeweils spezifischen Interdependenzerscheinungen, die für die Entstehung von Kriminalität und Rückfall ursächlich sind. Dem stehen auch (pseudo-) wissenschaftliche Aussagen nicht entgegen, die davon ausgehen, daß Inhaftierte nach erfolgreicher Teilnahme an beruflichen und schulischen Bildungsmaßnahmen in Vollzugsanstalten signifikant weniger rückfällig seien als andere Inhaftierte. Abgesehen von der Definition des Rückfallbegriffs stellt sich in diesem Zusammenhang entsprechend wissenschaftlicher Anforderung die Frage nach der Homogenität der Vergleichsgruppen. Sofern die Insassengruppe mit erfolgreicher Teilnahme an Bildungsmaßnahmen nicht in relevanten Persönlichkeitsmerkmalen mit der Insassengruppe ohne Teilnahme an Bildungsmaßnahmen vergleichbar ist, verbietet es sich nämlich, Folgeverhalten (hier: Rückfall) ursächlich auf z. B. berufliche/schulische Ausbildung zurückführen zu wollen.

Unbestritten ist aber auch, daß die Behebung und Aufarbeitung zunehmend vorhandener Bildungsdefizite bei Straffälligen innerhalb und außerhalb der Vollzugsanstalten eine zentrale Aufgabe ist. Dies gilt um so mehr, je deutlicher wird, daß die Klientel in den Justizvollzugsanstalten häufig nur noch über abgebrochene Bildungsgänge verfügt, lernunmotiviert ist, Mehrfachstörungen aufweist und eine außerordentlich defizitäre (familiäre) Sozialisation hinter sich gebracht hat.

Wenn nun allerdings davon ausgegangen werden kann, daß Persönlichkeitsmerkmale wie z. B. die Fähigkeit zur Selbstkontrolle, angemessenes Problemlösungsverhalten, adäquates Sozialverhalten in Gruppen im Zusammenhang mit der Verfügbarkeit über bestimmte soziale Fertigkeiten sowie grundlegende Ergebnisse familiärer Sozialisation (*Glueck* 1963) relevante Unterscheidungsmerkmale von Delinquenten und Nichtdelinquenten sind, so stellt sich im Zusammenhang mit schulischer/beruflicher Bildung in Vollzugsanstalten vorrangig eine Doppelfrage: Wie können die zweifellos bei Delinquenten vorhandenen Bildungsdefizite aufgearbeitet werden, wie kann eine notwendige Nachqualifizierung ermöglicht werden, und dabei zugleich der notwendigen Forderung nach Integration vielfach noch isolierter Bildungsmaßnahmen in einen ganzheitlichen Ansatz vollzuglicher Arbeit entsprochen werden?

Bildungsmaßnahmen im Justizvollzug als alleinige Maßnahme und Strategie werden sich langfristig als untauglich bei der Überwindung einer derart komplexen Problematik erweisen müssen; als Teil eines umfassenderen Ganzen im Sinne strukturell einheitlicher Zielsetzung liegt hier jedoch eine reale Chance.

4.2 Gesetzliche Grundlagen

Im Strafvollzugsgesetz ist der Komplex Arbeit, Ausbildung und Weiterbildung in den §§ 37 ff geregelt. Bezüglich der Zuweisung von Inhaftierten wird ausgeführt, daß „geeigneten Gefangenen ... Gelegenheit gegeben (werden soll) zur Berufsausbildung, beruflichen Fortbildung, Umschulung oder Teilnahme an anderen ausbildenden und weiterbildenden Maßnahmen" (§ 37 Abs. 3 StVollzG).

Für den Jugendstrafvollzug wird in § 91 ff JGG auf die Verpflichtung der Justizbehörde hingewiesen, den Gefangenen Unterricht sowie berufliche Aus- und Fortbildungsmöglichkeiten anzubieten, um Schulabschlüsse und Berufsausbildungsabschlüsse nachzuholen. Gleichzeitig verpflichtet § 91 Abs. 2 Satz 3 JGG die Justizbehörde zur Einrichtung von Ausbildungsstätten; dies wurde von den Justizvollzugsbehörden der einzelnen Bundesländer in unterschiedlichem Maße bisher umgesetzt, wobei oft fehlende Mittel hinderlich waren.

Darüber hinaus gilt es, auf den qualitativen Unterschied zwischen dem Strafvollzugsgesetz (StVollzG) und dem Arbeitsförderungsgesetz der Bundesanstalt für Arbeit (AFG) aufmerksam zu machen, wo trotz gleichlautender Terminologie erhebliche Unterschiede bezüglich des Rechtsanspruches vorhanden sind.

Nach dem AFG hat der Antragsteller – soweit er die förderungsrechtlichen Voraussetzungen nachgewiesen hat – einen Rechtsanspruch auf Teilnahme und Förderung an Fortbildung und Umschulung (F und U) durch die Arbeitsverwaltung (Arbeitsamt). Das Strafvollzugsgesetz formuliert im Gegensatz dazu in § 37 Abs. 3 lediglich einen Soll-Charakter, was somit nur den Anspruch des Inhaftierten auf eine fehlerfreie Ermessensentscheidung bei der Zulassung zu Bildungsmaßnahmen durch die Vollzugsbehörde beinhaltet (*Franke*, D. 1979).

4.3 Möglichkeiten und Grenzen schulischer und beruflicher Bildungsmaßnahmen

Einerseits ist eindeutig herauszustellen, daß ausschließlich schulische Maßnahmen zwar dazu beitragen, den Boden für berufliche Ausbildung vorzubereiten und so etwas wie eine Heranführung an kontinuierliches Lernen leisten können. Andererseits werden Inhaftierte jedoch auch vielfach Kritik an schulischen Bildungsmaßnahmen aufgrund vorangegangener Schulerlebnisse üben. Verdeutlicht werden müssen zwei Aspekte: Einerseits muß die berufliche Ausbildung als grundsätzliches Ziel für alle Inhaftierten gelten, weil nur so die Chance einer eigenständigen materiellen Absicherung des Lebens nach der Haftentlassung verbessert werden kann. Andererseits sollten schulische Maßnahmen im Sinne einer notwendigen Vorförderung und im Sinne flankierender, unterstützender Maßnahmen angeboten werden. Dies führt sehr schnell zu der Überlegung, ob es künftig nicht Modelle geben müßte, wo die bisher ausschließlich schulischen Bildungsmaßnahmen aufgelöst und als integrative Bestandteile in berufliche Ausbildung oder Umschulung und in das Leben der Inhaftierten auf Wohngruppen etc. eingebracht werden.

Oftmals sehen sich Lehrer und Ausbilder in ihrer vollzuglichen Arbeit insbesondere Jugendlichen und Heranwachsenden sowie Erwachsenen gegenüber, deren Haltung durch eine stark negativ ausgeprägte Erinnerung an die Schulzeit oder die früher abgebrochene Ausbildung gekennzeichnet ist, so daß eine regelrechte Abwehrhaltung gegenüber den Bildungsangeboten insgesamt beobachtbar ist. Hinzu kommt bei vielen Inhaftierten Unsicherheit bezüglich der eigenen Leistungsfähigkeit (Versagungsängste) sowie oft auch Perspektivlosigkeit, so daß Motivationsaufbau eine der entscheidenden Fragen ist.

4.3.1 Schulische Bildung in Vollzugsanstalten

Im Erwachsenenvollzug werden wie auch in Jugendvollzugsanstalten schulische Teilzeit- und Vollzeitmaßnahmen von Anstaltspädagogen, Dozenten örtlicher Volkshochschulen und Honorarkräften durchgeführt. Es handelt sich hierbei um Sonderschulmaßnahmen, Haupt- und Realschulkurse, die am Ende mit der sog. Nichtschülerprüfung in Kooperation mit der jeweiligen Kultus/Bildungsbehörde formal abgeschlossen werden. Die Laufzeit solcher Maßnahmen beträgt je nach Zielsetzung und in Abhängigkeit von eventuellen Ferienzeiten sowie der wöchentlichen Unterrichtszeit (z. B. in Bremen ohne Ferien und bis zu 35 Std. Unterricht pro Woche in der Realschulmaßnahme) zwischen 9 und 24 Monaten in den einzelnen Vollzugsanstalten. Entscheidend ist dabei, daß Ausbildungsplan und Prüfungsanforderung in Übereinstimmung mit vergleichbaren Bildungsmaßnahmen außerhalb des Vollzuges sind, da nur so eine entsprechende Wertigkeit für Strafgefangene erreichbar ist.

Als zusätzliches Problem ist in den letzten Jahren zunehmend die Notwendigkeit eines Unterrichts für *Analphabeten* in Vollzugsanstalten deutlich geworden, da pädagogische Arbeit – oft als Individualarbeit – derart elementare Bildungsdefizite entlarvt hat. („Können Sie mir dies nicht eben vorlesen, ich habe meine Brille nicht dabei" etc.). Hier konnte durch Aufklärungsarbeit in den Vollzugsanstalten erreicht werden, daß die Hemmschwelle bezüglich der Teilnahme an einem derartigen Anfangsunterricht sichtbar herabgesetzt wurde. Allerdings darf trotz vielfältiger Ansätze im didaktischen Bereich (vgl. z. B. Deutscher Volksschulverband) nicht übersehen werden, daß insbesondere für Analphabeten, die bereits zur Altersgruppe der 18- bis 30jährigen gehören, zur Zeit die Frage nach adäquatem didaktischen Material keinesfalls zufriedenstellend gelöst ist und darüber hinaus der Motivationsaspekt immer noch erhebliche Probleme bereitet.

Um so erfreulicher ist es, wenn z. B. nach 6 Monaten gemeinsamer Arbeit ein 35jähriger Insasse in einer Vollzugsanstalt dem Lehrer sagt „jetzt weiß ich wenigstens, wieviel Geld ich an der Kasse des Supermarktes ungefähr wieder herausbekommen muß" oder

„jetzt kann ich endlich die Straßennamen selber lesen und brauche nicht immer zu sagen, daß ich gerade meine Brille verlegt habe." Ein anderer freut sich darüber, daß er erstmals selber einen Brief schreiben kann, daß er nicht mehr auf sog. Bekannte angewiesen ist, die nur für entsprechende Gegenleistung Briefe und Anträge schreiben oder Formulare auszufüllen bereit sind.

Während solche unterrichtlichen Maßnahmen für Analphabeten als Einzelunterricht oder/und in Kleingruppen mit 5 bis 7 Insassen realisiert werden, nehmen an Haupt- und Realschulmaßnahmen etwa jeweils 15 Gefangene teil.

In einigen Bundesländern gibt es bezüglich der schulischen Ausbildungsmaßnahmen eine enge Kooperation zwischen der jeweiligen Vollzugsanstalt und der örtlichen Volkshochschule dergestalt, daß unter Bezug auf das jeweilige Weiterbildungsgesetz des einzelnen Bundeslandes die Volkshochschule erhebliche Kostenanteile (teilweise 50 % der Personalkosten) übernimmt. Inzwischen ist es vielerorts im Rahmen schulischer Bildungsmaßnahmen zu einer fruchtbaren Kooperation zwischen Anstaltspädagogen, Volkshochschuldozenten, Honorarkräften des Vollzuges sowie Lehrkräften, die auf der Grundlage von Arbeitsbeschaffungsmaßnahmen eingestellt wurden, gekommen. Darüber hinaus ist in Bremen davon zu berichten, daß der Senator für Bildung, Wissenschaft und Kunst auf dem Wege der Abordnung Lehrkräfte in bremischen Justizvollzugsanstalten eingesetzt hat.

Hervorzuheben ist noch, daß häufig mit Hilfe der örtlichen Volkshochschulen bei einer Haftentlassung vor Prüfungsabschluß eine Fortsetzung der Bildungsmaßnahme bei der örtlichen Volkshochschule außerhalb des Vollzuges möglich wurde oder die Maßnahme nach der Haftentlassung in der Anstalt bis zum Prüfungsabschluß fortgesetzt werden konnte. Dies konnte in der Vergangenheit in den Stadtstaaten allerdings eher realisiert werden als in den Flächenstaaten, wo mit der Haftentlassung häufig auch ein Ortswechsel verbunden war.

4.3.2 Berufliche Bildungsmaßnahmen

Seit Jahren gibt es die berufliche Ausbildung in den eigens dafür eingerichteten Lehrwerkstätten der Jugendvollzugsanstalten (§ 91 ff JGG) und berufliche Angebote im Zusammenhang mit den Produktionswerkstätten der einzelnen Vollzugsanstalten (vgl. hierzu oben S. 133 ff). Geleitet wird diese berufliche Ausbildung von qualifizierten Ausbildungsmeistern der Justizvollzugsanstalten, die zugleich über die Ausbildereignungsprüfung verfügen. Ausbildungszeiten (in der Regel 3 Jahre mit der Möglichkeit einer Verkürzung um 6 Monate bei besonderen Leistungen in Theorie und Praxis) und Ausbildungsinhalte in Theorie und Praxis entsprechen den Ausbildungsplänen der jeweiligen Handwerks- bzw. Industrie- und Handelskammer sowie den jeweils gültigen Berufsschulplänen. Die Prüfungen werden gemeinsam mit anderen Auszubildenden vor der Kammer abgelegt; Prüfungszeugnisse (Gesellenbrief/Facharbeiterbrief) enthalten folglich auch keinen Hinweis darauf, daß die Ausbildung in einer Vollzugsanstalt absolviert wurde (vgl. dazu auch § 35 StVollzG). Neben einer solchen grundständigen Berufsausbildung wird nunmehr in einigen Vollzugsanstalten für Erwachsene auch die Einzelumschulung in Kooperation mit dem örtlichen Arbeitsamt angeboten (z. B. in Hamburg, Niedersachsen und Bremen). Auch hierbei handelt es sich um eine vollzugseigene Ausbildung, die allerdings unter den Regularien der Fortbildung und Umschulung (F und U) unter Bezug auf das Arbeitsförderungsgesetz der Bundesanstalt für Arbeit bereits nach 24 Monaten Ausbildungszeit zum Abschluß führt. Neben den Formalvoraussetzungen für die Teilnahme an der Umschulung (AFG) muß in der Regel davon ausgegangen werden, daß die Teilnehmer bereits über Berufserfahrung verfügen, so daß eine Verkürzung der Ausbildungszeit um durchschnittlich ein Jahr unter Hinweis auf bereits vorhandene berufliche Erfahrung und eine erwachsenenorientierte Ausbildung gerechtfertigt erscheint.

Hinsichtlich der bisher dargestellten beruflichen Ausbildung als grundständige Ausbildung oder anstaltseigene Einzelumschulung existieren nunmehr unterschiedliche Modelle bei der Organisation und Durchführung des Berufsschulunterrichts. In einigen Bundesländern gibt es hier eine sehr enge Kooperation mit den örtlichen Berufsschulen dergestalt, daß von dort der notwendige Berufsschulunterricht personell sichergestellt wird (z. B. in Hamburg und Niedersachsen), während in Bremen der Berufsschulunterricht unter Aufhebung des dualen Bildungssystems bereits seit Anfang der 60er Jahre in unmittelbarem Zusammenhang mit der fachpraktischen Ausbildung von den Ausbildungsmeistern des Justizvollzuges sehr erfolgreich erteilt wird. Soweit die Fortbildung der hier tätigen Meister in fachlicher und methodisch didaktischer Hinsicht in den Bereichen Praxis und Theorie kontinuierlich gesichert ist, könnte dies ein Modell sein, das einerseits die Nachteile dualer Bildungssysteme aufhebt und insbesondere in der Vollzugssituation die Möglichkeit beinhaltet, durch unmittelbare Verknüpfung von Theorie und Praxis motivationsaufbauend zu wirken.

Ebenfalls würde so der berechtigten Forderung nach möglichst durchgehender Betreuung auch im Ausbildungsbereich entsprochen werden können, wobei zentrale Elemente der Andragogik nicht vernachlässigt werden dürfen, wenn teilweise in erheblichem Umfang bei Jugendlichen, Heranwachsenden und Erwachsenen vorhandene Vorbehalte gegenüber den Ausbildungsangeboten abgebaut und Abbrecherquoten während der Ausbildung möglichst niedrig gehalten werden sollen.

Neben der grundständigen Ausbildung und der Einzelumschulung sind im Erwachsenenvollzug zunehmend von der Bundesanstalt für Arbeit unter Mitwirkung der örtlichen Arbeitsämter *Ausbildungszentren* insbesondere für Umschulungsmaßnahmen eingerichtet worden (z. B. Zweibrücken, Bochum-Langendreer und Hannover). Daneben werden Auftragsmaßnahmen an Weiterbildungsträger (z. B. Berufsförderungswerk des DGB, Arbeiterbildungscentrum der Arbeiterkammer, Angestelltenkammer, Handwerksinnungen sowie berufsständische Dachorganisationen etc.) zwecks Durchführung von Umschulungsmaßnahmen in Justizvollzugsanstalten seitens der örtlichen Arbeitsämter vergeben. In Einzelfällen wurde dabei auch die institutionelle Förderung (Werkstatteinrichtung) durch die Bundesanstalt für Arbeit übernommen. Grundsätzlich umfaßt die Förderung nach dem Arbeitsförderungsgesetz (AFG) zur Zeit nur die Übernahme der individuellen Kosten des Umschülers (Personalkostenanteile des Trägers, Lehr- und Lernmittel, Verbrauchsmaterial sowie die Ausbildungsbeihilfe für Gefangene).

Eine erhebliche Schwierigkeit bei der Durchführung von Auftragsmaßnahmen besteht häufig darin, daß die notwendige Teilnehmerzahl zu Beginn der Maßnahme nicht vorhanden ist, da seitens des Arbeitsamtes und des Trägers aus Kostengründen 22 Teilnehmer gefordert werden. Hier hat es in der Vergangenheit verschiedene Gespräche mit den Arbeitsämtern gegeben, um im Einzelfall von dieser Soll-Zahl aus pädagogischen Gründen, aus organisatorischen Überlegungen (z. B. Werkstattgröße) oder einfach wegen fehlender geeigneter Teilnehmer abweichen zu können.

Hinsichtlich der Flächenstaaten gilt es in diesem Zusammenhang auf ein weiteres Problem aufmerksam zu machen. Soweit in einer Vollzugsanstalt z. B. landesweit eine bestimmte Umschulungsmaßnahme ausgeschrieben wird, muß sich der interessierte Gefangene – soweit die förderungsrechtlichen und vollzuglichen Voraussetzungen gegeben sind – in die betreffende Vollzugsanstalt verlegen lassen. Dies hat häufig gravierende Folgen für die Aufrechterhaltung bestehender sozialer Kontakte wegen des nunmehr oft erheblich längeren Weges zum Zwecke eines Besuches. Nicht auszuschließen ist auch, daß aufgrund schwierigerer Besuchsmöglichkeiten die Ausbildung vorzeitig abgebrochen wird, um einen entsprechenden Rückverlegungsantrag zu stellen. Auch kommt es vor, daß Besuchskontakte aufgrund der ausbildungsbedingten Verlegung völlig abreißen oder daß eine ausbildungsbedingte Verlegung in eine andere Anstalt eine derart hohe Hemmschwelle darstellt, daß die Teilnahme an einer Umschulungsmaßnahme erst gar nicht in Erwägung gezogen wird.

Ergänzend ist anzumerken, daß in einigen Vollzugsanstalten die Möglichkeit besteht, die Ausbildung nach der Haftentlassung zum Zweck des Erwerbs von Formalqualifikationen innerhalb der Vollzugsanstalt bis zur Prüfung fortzusetzen (u. a. in Bremen, Hamburg und Niedersachsen). Weiter ist aus Bremen bezüglich des Erwachsenenvollzuges seit einigen Jahren ein Modell bekannt, wonach Nichtstraffällige gemeinsam mit Straffälligen innerhalb der Anstalt an Umschulungsmaßnahmen zum Teilezurichter, Maurer, Zimmermann bzw. Stahlbetonbauer teilnehmen.

Beispielhaft werden für den Bereich des Justizvollzuges im Lande Bremen die Möglichkeiten der beruflichen Ausbildung für Jugendliche, Heranwachsende und Erwachsene dargestellt:

Bäcker	Maler
Elektroinstallateur	Maurer
Gärtner	Schlosser
Kraftfahrzeugmechaniker	Tischler

Umschulungsmaßnahmen sind möglich in den Berufen:

Zimmermann	Stahlbetonbauer
Maurer	Teilezurichter (Schlosser)

Zur Zeit befinden sich 44,8 % der Jugendlichen/Heranwachsenden und 9,1 % der Erwachsenen in bremischen Justizvollzugsanstalten in beruflicher Ausbildung, wobei auch die Teilnehmer an einem 6monatigen Grundlehrgang im Jugendvollzug in den Bereichen Farbe, Holz und Metall einbezogen worden sind.

4.3.3 Fernlehrgänge und Ausbildungsfreigang

Die Teilnahme an Fernlehrgängen sowie am Ausbildungsfreigang konnte aus unterschiedlichen Gründen entgegen bisheriger Annahme nicht weiter intensiviert und ausgedehnt werden. Die Mitarbeit an Fernlehrgängen – Fernstudien an der Fernuniversität Hagen – erfordert vom Insassen Ausdauer und erhebliches Engagement sowie Teilnahme an begleitenden Maßnahmen. Obwohl die Universität Bremen inzwischen ein Studienzentrum im Zusammenhang mit den Angeboten der Fernuniversität Hagen eingerichtet hat, konnte bei den Bremer Teilnehmern aus dem Justizvollzug keine dauerhafte und erfolgreiche Teilnahme erreicht werden. Nicht verschwiegen werden sollen hier die in erheblichem Umfang aufgetretenen motivationalen Probleme und die oft zu konstatierende fehlende Anstrengungsbereitschaft seitens der Teilnehmer. So begrüßenswert eine Teilnahme am Ausbildungsfreigang in der Vergangenheit war, so bedauerlich ist es nunmehr feststellen zu müssen, daß hier in der Regel nicht über ausreichende Ausbildungsplatzangebote außerhalb des Justizvollzuges aufgrund der Arbeitsmarktentwicklung verfügt wird. Darüber hinaus ist zu beobachten, daß allzuoft Ausbildungsverhältnisse (und auch Arbeitsverhältnisse) außerhalb des Vollzuges daran scheitern, daß bei den Probanden keine hinreichende Motivation vorhanden ist und ausreichende flankierende sozialpädagogische Maßnahmen im Sinne durchgehender Betreuung immer noch in hinreichender Anzahl fehlen.

4.3.4 Ausbildungsvergütung

Die Ausbildungsvergütung erfolgt für Schüler und Auszubildende nach der vollzugsinternen Lohnstufe III innerhalb eines Entlohnungssystems mit den Stufen I bis V. Damit erhalten Auszubildende und Schüler zur Zeit je Stunde eine Arbeitsentlohnung von DM 1,01 und ggf. eine Leistungszulage in Einzelfällen, die allerdings auf maximal 30 % beschränkt ist, so daß sich die Ausbildungsbeihilfe pro Tag auf etwa DM 7,50 bis DM 9,00 beläuft. Einerseits wird hier eine gewisse Gleichbehandlung mit Insassen in Arbeitsbetrieben ohne Ausbildungsverhältnis erreicht. Andererseits ergeben sich immer wieder insbesondere im Erwachsenenvollzug Schwierigkeiten, wenn Insassen bei eventuell vorhandener personeller Unterbesetzung der Produktionsstätten in Ausbildungsverhältnisse eingesetzt werden sollen. Hier kommt es zwangsläufig zu einer Konkurrenzsituation zwischen dem Ausbildungsbereich (pädagogischer Dienst) und den Vertretern der Arbeitsverwaltung im Vollzug.

4.4 Ausblick

Ein grundsätzliches Problem von Bildungsmaßnahmen in Vollzugsanstalten besteht darin, daß oftmals nicht zureichend die Gefahr erkannt wird, daß Bildungsmaßnahmen zwar einen hohen Stellenwert innerhalb des Vollzuges haben, aber keinesfalls eine isoliert zu betrachtende Rolle in der Arbeit mit Inhaftierten spielen dürfen.

Bildungsmaßnahmen in Vollzugsanstalten dürfen nicht zum Selbstzweck entwertet werden, sondern sollten vielmehr Keimzelle für eine pädagogisch akzentuierte Innovationsarbeit sein, so daß das Bildungsfeld Anstalt die Struktur des Bildungszieles widerspiegelt, ihm aber mindestens nicht diametral entgegensteht. Hierzu sind unter Mitwirkung aller Dienste in den Vollzugsanstalten und unter Beteiligung externer Bildungsträger Modelle zu entwickeln und zu erproben.

Dazu gehört intensives und dauerhaftes Bemühen um die Anhebung des Bildungsniveaus mittels schulischer und beruflicher Maßnahmen sowie die Einbeziehung eines Arbeitsfähigkeitstrainings (vgl. § 37 Abs. 5 StVollzG). Diese Forderung behält auch dann ihren grundsätzlichen Stellenwert, wenn davon auszugehen ist, daß dem gesamtgesellschaftlichen Problem der objektiven *Arbeitslosigkeit* mit den Mitteln des Vollzuges nicht beizukommen ist. Doch ganz sicher sind die Bildungsmaßnahmen im Vollzug hinreichend geeignet, der individuellen Arbeitslosigkeit zu begegnen und die Startchancen für „die Zeit danach" verbessern zu helfen. Allerdings ist auch hinreichend deutlich geworden, daß die in Vollzugsanstalten einsitzenden Insassen sich am Ende eines mehrfachen Negativausleseverfahrens befinden und monokausale Strategien schulischer und beruflicher Ausbildung alleine der vorhandenen Problem- und Ursachenhäufung nicht gerecht werden können.

5. Arbeit und Arbeitsentgelt*

5.1 Allgemeines

Maßgebende Vorschriften: §§ 17, 37 bis 52, 145, 148 f, 155, 176, 194 f mit 198 bis 201 StVollzG, Rechtsverordnung über die Vergütungsstufen des Arbeitsentgelts und der Ausbildungsbeihilfe nach dem StVollzG – Strafvollzugsvergütungsordnung (StVollzVergO – BGBl I 57) – vom 11. Januar 1977, ferner die zum StVollzG erlassenen bundeseinheitlichen Verwaltungsvorschriften (VV) sowie die Arbeitsverwaltungsordnungen und andere Ausführungsbestimmungen der Landesjustizverwaltungen.

Einige besonders kostenintensive Bestimmungen des StVollzG gelten noch nicht; sie sollen durch besonderes Bundesgesetz in Kraft gesetzt werden, z. B. §§ 43 Abs. 3, 45, 49. Für einige noch nicht in Kraft getretene Bestimmungen gelten Übergangsregelungen, z. B. zu §§ 17, 46, 47, 50, 176.

Von den jungen und heranwachsenden Gefangenen haben etwa *90 bis 95 %, von den erwachsenen Gefangenen etwa 40 % keine abgeschlossene Berufsausbildung*. Bei vielen Gefangenen fällt auf, daß sie in der Freiheit oft den Arbeitsplatz gewechselt oder nur mit Unterbrechungen gearbeitet haben. Die Unstetigkeit im Arbeitsleben kann zu der Schlußfolgerung verleiten, sie beruhe hauptsächlich auf Arbeitsunlust, diese sei Ursache auch der Straffälligkeit. Folglich müsse man den Gefangenen im Vollzug nur nachhaltig zur Arbeit anhalten. So definierte Nr. 80 der bis zum 31. 12. 1976 gültigen Dienst- und Vollzugsordnung (vgl. oben S. 20): Grundlage eines geordneten und wirksamen Strafvollzuges ist die Arbeit.

Der Erwerb sozialer Fähigkeiten muß natürlich die Bereitschaft und die Fähigkeit zur Arbeit einschließen. Defizite im Arbeitsverhalten sind jedoch meist nicht der eigentliche Grund für das soziale Scheitern. Unstetigkeit im Arbeitsbereich wurzelt ebenso im Mangel an allgemeinen sozialen Fähigkeiten wie die Straffälligkeit selbst und das sonstige Versagen gegenüber den sozialen Anforderungen der Umwelt. Deshalb wird eine isolierte Durchsetzung der Arbeitpflicht oder Vermittlung beruflicher Fähigkeiten kaum das eigentliche Problem lösen. Der Gefangene wird bei Förderung nur

* *Arno Weinert*, geb. 1934, Dr. jur., studierte an der Universität Hamburg Jura; Promotion 1962 (Prof. *Hans Würdinger*); Assessorexamen 1962; richterliche Tätigkeit am Amtsgericht und am Landgericht Hamburg von 1962 – 1966; seit 1967 Tätigkeit im Strafvollzugsamt der Justizbehörde Hamburg; bis 1968 als Aufsichtsreferent, von 1968 – 1975 Leiter der Abteilung „Vollzugsgestaltung"; seit 1975 Leiter des Strafvollzugsamtes, ab Mai 1987 Leiter des Justizamtes der Justizbehörde; Senatsdirektor.

im Arbeitsbereich deshalb auch künftig nicht regelmäßig arbeiten. Dies bestätigen etwa Erfahrungen mit Ausbildungsbetrieben in Anstalten, deren Angebote sich im wesentlichen auf den beruflichen Bereich beschränken: Trotz oft überdurchschnittlich guter Prüfungen bleiben nur wenige längerfristig im neu erlernten Beruf tätig. Eine berufliche Förderung muß eingebettet sein in ein Angebot weiterer Lerndisziplinen. Vielfach können auch für das Berufsleben wichtige Fähigkeiten durch andere vollzugliche Angebote gefördert werden, die geeignet sind, kommunikative Fähigkeiten, Verantwortungsbewußtsein, Zuverlässigkeit und Beständigkeit wirksamer zu vermitteln als die erzwungene Erfüllung der Arbeitspflicht für sich allein. Entsprechend hebt das StVollzG in § 37 die Arbeit nicht besonders gegenüber anderen Angeboten heraus, sondern beschränkt sich auf eine Zieldefinition: Arbeit, arbeitstherapeutische Beschäftigung, Ausbildung und Weiterbildung dienen insbesondere dem Ziel, Fähigkeiten für eine Erwerbstätigkeit nach der Entlassung zu vermitteln, zu erhalten oder zu fördern.

Das Gesetz will sicherstellen, daß Arbeits- und Ausbildungsplätze ausreichend vorhanden sind: In den Anstalten sind die notwendigen Betriebe für die nach § 37 Abs. 2 StVollzG zuzuweisenden Arbeiten sowie die erforderlichen Einrichtungen zur beruflichen Bildung und arbeitstherapeutischen Beschäftigung vorzusehen, § 149 Abs. 1 StVollzG. Deren Vorhandensein ist nach § 145 StVollzG auch bei der Festsetzung der Belegungsfähigkeit „zu berücksichtigen", was zwar einen gewissen Ermessensspielraum beinhaltet, im übrigen aber zwingend ist, so daß eine Unterversorgung mit Arbeits- und Ausbildungsplätzen rechtswidrig ist (KG in ZfStrVollz 1981, 191). Dies gilt allerdings uneingeschränkt nur für Anstalten, mit deren Errichtung nach dem 01. Januar 1977 begonnen worden ist, § 201 Ziff. 5 StVollzG. Für die Betriebe und sonstigen Einrichtungen wird in spezieller Ausformung des Angleichungsgrundsatzes (§ 3 Abs. 1 StVollzG) bestimmt, daß sie den Verhältnissen außerhalb der Anstalten anzugleichen sind, § 149 Abs. 2 StVollzG. Die berufliche Bildung und die arbeitstherapeutische Beschäftigung können auch in geeigneten Einrichtungen privater Unternehmen erfolgen, § 149 Abs. 3 StVollzG. Für jede Anstalt ist auch die erforderliche Anzahl von Bediensteten des Werkdienstes vorzusehen, § 155 Abs. 2 StVollzG.

Die *Erträge aus der Gefangenenarbeit* fließen in die Staatskasse; sie werden als Einnahmen in die Haushaltspläne eingestellt. Die Gefangenenarbeit dient der Erzielung von Einnahmen zur Deckung eines Teils der Vollzugskosten. Sie decken allerdings nominell selten mehr als 10 bis 15 % der Vollzugskosten.

Die *Produktivität der Gefangenenarbeit* wird von zahlreichen Faktoren negativ beeinflußt. Leistungsfähigkeit und -willigkeit der Gefangenen sind insgesamt unterdurchschnittlich. Der Anteil mangels beruflicher Vorbildung oder intellektueller oder sozialer Defizite Leistungsschwacher ist in den Vollzugsanstalten höher. Arbeitsmöglichkeiten können nicht nur danach eingerichtet werden, ob sie möglichst hohe Erträge bringen. Vollzugliche Belange sind zu berücksichtigen. So müssen auch Gefangene mit kurzen Strafen und geringen Fähigkeiten ohne zeitaufwendige Einarbeitung eingesetzt werden können. Deshalb wird auf ein gewisses Maß von Einfacharbeiten, die keinerlei berufliche Fähigkeiten vermitteln oder erhalten, nicht ganz verzichtet werden können.

Der Rationalisierung und Spezialisierung sind – anders als in der freien Wirtschaft – Grenzen gesetzt. Arbeitsbetriebe im Vollzug müssen eine breite Palette unterschiedlicher Arbeiten vorhalten, um individuelle Bedürfnisse zu berücksichtigen, aber auch, um das Risiko von Rezessionsauswirkungen und strukturellen Veränderungen in einzelnen Wirtschaftszweigen besser aufzufangen. Dies hat sich bisher auch als Hindernis für die Einführung moderner industrieller Fertigungsmethoden mit neuer technischer Ausstattung erwiesen. Allerdings haben sich die Verhältnisse im Vergleich zu der Situation vor 10 oder 15 Jahren durch Bau neuer Werkhöfe und qualifizierter Arbeitsbetriebe in vielen Anstalten deutlich verbessert. Es kommt hinzu, daß bei der Nivellierung der ohnehin niedrigen Arbeitsentlohnung der finanzielle Leistungsanreiz gering ist. Als sinnvolles Instrument hat sich allerdings erwiesen, wenn bei Entscheidungen über Lockerungen auch das Arbeitsverhalten der Insassen berücksichtigt wird, als ein Indikator für die Zuverlässigkeit unter dem Gesichtspunkt, ob der Gefangene ernsthaft bereit ist, an der Erreichung des Vollzugsziels mitzuarbeiten.

Schließlich mindern anstaltsorganisatorische Zwänge die Produktivität. Die Arbeitszeit der Gefangenen deckt sich weitgehend mit der Dienstzeit wichtiger Anstaltsbediensteter. Besuche beim Anstaltsarzt oder Ausführungen in staatliche Krankenhäuser, Gespräche mit Abteilungsleitern, Sozialpädagogen oder Psychologen, Disziplinarverhandlungen, teilweise der Einkauf beim Anstaltskaufmann, müssen deshalb während der Arbeitszeit stattfinden. Das gleiche gilt für Vernehmungen durch Ermittlungsbehörden und Gespräche mit Rechtsanwälten. Auch Lockerungen zur Erledigung eigener Angelegenheiten und zur Entlassungsvorbereitung fallen in die Arbeitszeit, zu Sozialdienststellen, Arbeitsämtern oder Wohnungsvermittlern. Insgesamt verringert sich dadurch die tatsächliche Arbeitszeit von 40 (Soll) auf 32 bis 35 Wochenstunden.

5.2 Organisationsformen der Gefangenenarbeit

Die Gefangenen arbeiten überwiegend innerhalb der Anstalt als Hausarbeiter oder in Arbeitsbetrieben.

Die Beschäftigung von *Hausarbeitern* (Kalfaktoren) ist problematisch. Sie ist aus finanziellen und personellen Gründen unverzichtbar. Die meisten dieser Arbeiten sind jedoch anspruchslos und für die Behandlung des Gefangenen ohne Wert. Zum anderen können sie subkulturelle Machtstrukturen unter den Gefangenen begünstigen. Allerdings hat sich gezeigt, daß die Hausarbeiter die unerwünschte Vorzugsstellung verlieren, wenn, wie in Hamburg, auch in den Anstalten des geschlossenen Vollzuges die Hafträume tagsüber unverschlossen bleiben und die Gefangenen sich in der Anstalt und auf dem Anstaltsgelände frei bewegen können.

Wegen ihres geringen vollzuglichen Wertes ist die Heranziehung zu Hilfstätigkeiten ohne Zustimmung des Gefangenen nur bis zu drei Monaten im Jahr zulässig, § 41 Abs. 1 Satz 2 StVollzG. Aber auch mit Zustimmung des Gefangenen sollte die Frist nicht überschritten werden.

Die Arbeitsbetriebe sind Eigenbetriebe oder Unternehmerbetriebe (vgl. auch oben S. 135). *Eigenbetriebe* werden von der Anstalt unterhalten. Es sind überwiegend Handwerksbetriebe, die der laufenden Unterhaltung der Vollzugsbauten und Dienstwohnungen dienen, Bedürfnisse der Verwaltung befriedigen und gelegentlich auch für den Markt produzieren. Eine Unterform der Eigenbetriebe sind sog. *Fertigungsbetriebe*, in denen – meist auf Bestellung freier Arbeitgeber – unter Regie und Verantwortung der Anstalt produziert, ver- oder bearbeitet wird.

Ausbildungseinrichtungen sind entweder den eigenen Betrieben angegliedert oder ähnlich organisiert. Daraus folgt eine noch zu starke Beschränkung der Berufsausbildung auf herkömmliche Handwerksberufe. Allerdings sind in den letzten Jahren die Möglichkeiten für nicht handwerkliche Berufsausbildungen, zum Teil durch vollzugsfremde Träger, erweitert worden. Soweit solche Betriebe reine Ausbildungsbetriebe ohne einen angegliederten Produktionsbereich sind, haben sie den Nachteil, daß die Gefangenen zwar den formalen Teil der Ausbildung bis zum Abschlußzeugnis absolvieren können, aber keine Möglichkeit haben, noch während des Vollzuges die in der freien Wirtschaft geforderte Leistungsfähigkeit zu trainieren und, was ebenso wichtig ist, einen stärkeren inneren Zugang zum neuen Beruf zu gewinnen. Werden sie nach der Ausbildung nicht alsbald entlassen, müssen sie vorübergehend mit anderen Arbeiten beschäftigt werden, so daß gerade erlangte Fertigkeiten wieder verlorengehen können.

Beim *Unternehmerbetrieb* stellt die Vollzugsanstalt den Raum und die Arbeitskraft des Gefangenen. Der Unternehmer richtet den Betrieb ein, behält ein Weisungsrecht in fachlicher Hinsicht und trägt das unternehmerische Risiko. Unternehmerbetriebe ersparen dem Staat Investitionen und ein unternehmerisches Risiko. Sie entsprechen jedoch nur zum Teil den inhaltlichen Anforderungen des Gesetzes an Gefangenenarbeit. Es handelt sich vielfach um einfache Putz- oder Sortierarbeiten oder Zwischenarbeitsgänge, die keine nach der Entlassung nutzbaren Fähigkeiten vermitteln. Unternehmerbetriebe mit modernen Fertigungsmethoden und Ausbildungsmöglichkeiten sind nicht die Regel. Die Eintönigkeit vieler dieser Arbeiten wirkt einer Arbeitsmotivation eher entgegen. Außerdem sind in Zeiten wirtschaftlicher Krisen Unternehmerbetriebe besonders gefährdet. Dennoch läßt das Gesetz aus fiskalischen Gründen Unternehmerbetriebe in § 149 Abs. 4 StVollzG ausdrücklich zu. Eine schrittweise Ersetzung dieser Betriebe durch vollzuglichen Anforderungen besser entsprechende Betriebe ist aber wünschenswert.

Nach § 41 Abs. 3 StVollzG ist die Beschäftigung in einem Unternehmerbetrieb nur mit Zustimmung des Gefangenen zulässig. Diese Vorschrift trägt rechtlichen Bedenken der internationalen Arbeitsorganisation (IAO) Rechnung. Nach Art. 2 Nr. 2c des Übereinkommens Nr. 29 der IAO vom 28. 06. 1930, dem die Bundesrepublik 1956 beigetreten ist (BGBl. II 1956, 640), ist Zwangs- oder Pflichtarbeit auch aufgrund gerichtlicher Verurteilung unzulässig, wenn der Gefangene an Einrichtungen oder Personen außerhalb des Vollzuges verdingt wird. Aus finanziellen Gründen ist die Vorschrift noch suspendiert. Nach § 198 Abs. 2 Nr. 2 und Abs. 4 StVollzG sollte bis zum 31. 12. 1983 durch besonderes Bundesgesetz über das Inkrafttreten entschieden werden. Das ist noch nicht geschehen. Eine Möglichkeit, dem Übereinkommen gerecht zu werden besteht darin, daß Unternehmerbetriebe durch Fertigungsbetriebe ersetzt werden.

Ein Sonderfall der Verdingung ist die Beschäftigung einzelner Gefangener oder von Arbeitskommandos bei freien Unternehmen außerhalb der Anstalt ohne freies Beschäftigungsverhältnis. Eine große Zahl der in der bundeseinheitlichen Statistik St 10 des Bundesjustizministeriums als Freigänger erfaßten Gefangenen wird so beschäftigt. Die Gefangenen werden von der Anstalt entlohnt. Die Unternehmer zahlen an die Anstalt ein vielfach höheres Entgelt. Diese Außenbeschäftigung hat gewisse Vorteile: Es herrschen realistischere Arbeitsbedingungen. Besonders tüchtige Gefangene können nach der Entlassung übernommen werden. Dennoch ist für die Eingliederung des Gefangenen die Außenbeschäftigung mit freiem Beschäftigungsverhältnis sehr viel sinnvoller.

Besonders bedenklich sind *Zellenarbeiten*, bei denen Gefangene allein oder zu mehreren im Haftraum meist einfache Putz-, Maler- oder Sortierarbeiten verrichten. Sie sind ein notwendiges Übel, wo Arbeitsräume noch nicht ausreichend vorhanden sind, z. B. in Untersuchungshaftanstalten, und für Gefangene, die aufgrund ihrer Persönlichkeit oder wegen besonderer Gefährlichkeit nicht gemeinschaftsfähig sind, aber beschäftigt werden müssen. Die Einzelarbeit widerspricht auch dem Grundsatz des § 17 Abs. 1 StVollzG, der gemeinschaftliche Arbeit vorschreibt. Hiervon darf bis zum 31. 12. 1988 abgewichen werden, wenn und solange die räumlichen, personellen und organisatorischen Verhältnisse der Anstalt es erfordern. Ab 1989 sind Abweichungen nur noch unter den engen Voraussetzungen des § 17 Abs. 3 StVollzG zulässig.

In den vergangenen Jahren waren die Vollzugsanstalten voll oder überbelegt. Deshalb war die *Arbeitslosigkeit* mangels Arbeit ein besonderes Problem, nicht nur, weil dem Gesetz nicht entsprochen werden konnte, sondern auch, weil unausgelastete Gefangene eine Quelle berechtigter Unzufriedenheit und Unruhe sind und weil die finanzielle Notlage dieser Insassen Geschäftemachereien und die Begründung von Abhängigkeiten begünstigte.

1983 lag der Anteil mangels Arbeit arbeitsloser Gefangenen zwischen 6,3 und 20,5 %, 1984 zwischen 6,4 und 20,7 %, nur in Bremen bestand dieses Problem nicht. Die Statistiken für 1985 und 1986 werden zur Zeit erstellt. Es zeigt sich jedoch, daß wegen des deutlichen Rückgangs der Gefangenenzahlen und weil zwischenzeitlich neue Arbeitsbetriebe oder Ausbildungseinrichtungen errichtet worden sind und die Zahl der Freigänger größer geworden ist, die Zahl der wegen Arbeitsmangels arbeitslosen Gefangenen sich deutlich verringert. Als Beispiel sei Nordrhein-Westfalen mit den größten Gefangenenzahlen genannt: 1983: 1876, 1984: 1401, 1985: 1004, 1986: 507.

In Hamburg, wo in den letzten Jahren noch zwischen 120 und 180 Insassen mangels Arbeit ohne Beschäftigung waren, spielt dieses Problem keine Rolle mehr. Es zeigt ein Vergleich der Zahlen, daß eine verhältnismäßig höhere Arbeitslosigkeit dort besteht, wo die Unternehmerbetriebe noch einen größeren Teil der Arbeitsplätze darstellen; hier wirken sich Veränderungen der allgemeinen Wirtschaftslage offensichtlich am stärksten aus.

5.3 Arbeitszuweisung, Arbeitspflicht, freie Beschäftigungsverhältnisse, Selbstbeschäftigung, Freistellung von der Arbeitspflicht

Bei der *Arbeitszuweisung* muß die Anstalt folgendes beachten:

Dem Gefangenen soll wirtschaftlich ergiebige Arbeit zugewiesen werden; dabei sollen seine Fähigkeiten, Fertigkeiten und Neigungen berücksichtigt werden, § 37 Abs. 2 StVollzG. Wirtschaftliche Ergiebigkeit bedeutet, daß die Arbeit unter betriebswirtschaftlichen Gesichtspunkten ergiebig sein soll. Nicht gemeint ist, daß der Gefangene einen individuellen Anspruch auf Zuweisung einer Arbeit mit möglichst hohem Arbeitsentgelt hat.

Geeigneten Gefangenen soll Gelegenheit zur Berufsausbildung, beruflichen Fortbildung, Umschulung oder Teilnahme an anderen ausbildenden oder weiterbildenden Maßnahmen gegeben werden, § 37 Abs. 3 StVollzG. Bei der beruflichen Ausbildung oder Umschulung ist berufsbildender Unterricht vorzusehen, § 38 Abs. 1 Satz 2 StVollzG. Aus der Formulierung als Soll-Vorschrift ergibt sich, daß im Indikationsfall eine Maßnahme nach § 38 Abs. 3 StVollzG Vorrang vor der Arbeitszuweisung nach § 37 StVollzG hat. Kann einem arbeitsfähigen Gefangenen keine wirtschaftlich ergiebige Arbeit oder berufliche Bildung zugewiesen werden, wird ihm eine angemessene Beschäftigung zugeteilt, § 37 Abs. 4 StVollzG. Angemessen ist eine Beschäftigung, wenn ihr Ergebnis wirtschaftlich verwertbar ist und es in einem vertretbaren Verhältnis zum Aufwand steht.

Ist ein Gefangener zu wirtschaftlich ergiebiger Arbeit nicht fähig, soll er arbeitstherapeutisch beschäftigt werden, d. h., es soll der Versuch unternommen werden, in der Regel unter Anleitung arbeitstherapeutischen Fachpersonals, dem Gefangenen für die Verrichtung von Arbeiten notwendige soziale Grundfähigkeiten zu vermitteln. Obwohl auch dies eine Soll-Vorschrift ist, sind entsprechende Möglichkeiten nicht überall vorhanden.

Die Verwaltung hat bei der Arbeitszuweisung nach diesen Grundsätzen einen Ermessensspielraum. Werden jedoch – geistige und körperliche – Fähigkeiten mißachtet oder Fertigkeiten und Neigungen völlig außer acht gelassen, obwohl diesen Anforderungen besser gerechtwerdende Möglichkeiten bestehen, ist die Entscheidung fehlerhaft.

Unter sozialen Aspekten der Erst- und Reintegration in das Arbeitsleben hat das *freie Beschäftigungs- oder Ausbildungsverhältnis* bei externen Unternehmen oder Ausbildungseinrichtungen eine besondere Bedeutung. Nach § 39 Abs. 1 StVollzG soll dies geeigneten Gefangenen gestattet werden, wenn es im Rahmen des Vollzugsplans dem Ziel dient, Fähigkeiten für eine Erwerbstätigkeit nach der Entlassung zu vermitteln, zu erhalten oder zu fördern und nicht überwiegend Gründe des Vollzuges entgegenstehen. § 39 Abs. 1 StVollzG betrifft damit den Fall, daß für die genannten Maßnahmen eine besondere Indikation besteht und sie in der Anstalt nicht angeboten werden können. Die Vorschrift begründet als Soll-Vorschrift eine eingeschränkte Verpflichtung der Anstalt zur Gestattung. Dabei ist zu beachten, daß sich die besondere Indikationsstellung auch daraus ergeben kann, daß ein Gefangener bei einer Fortbildungsmaßnahme außerhalb der Anstalt durch Kontakte zu Mitschülern bessere Bedingungen für eine realistische Ausbildung und soziales Lernen vorfinden kann als in der Anstalt (OLG Stuttgart, vom 30. 10. 1986 – 4 VAs 26/28 –).

§ 39 Abs. 1 StVollzG ist gelegentlich dahin verstanden worden, daß das freie Beschäftigungs- oder Ausbildungsverhältnis überhaupt nur zugelassen werden darf, wenn die besonderen Voraussetzungen dieser Bestimmung vorliegen, nicht also dann, wenn bei beruflich integrierten Gefangenen besondere Förderungs- oder Eingliederungsmaßnahmen nicht erforderlich sind. Diese Auffassung verkennt jedoch, daß § 39 Abs. 1 StVollzG nur ein Sonderfall der allgemeinen Regelung des § 11 StVollzG ist, die den Freigang auch in Verbindung mit einem freien Beschäftigungsverhältnis in weitem Umfang zuläßt. § 39 Abs. 1 StVollzG ist demgegenüber Spezialvorschrift für die besonderen Indikationsfälle, läßt für alle anderen Fällen aber den Ermessensspielraum des § 11 StVollzG unberührt (vgl. OLG Stuttgart aaO; auch OLG Hamm vom 17. 04. 1986 in BlfStVollK 1987, 5). Das freie Beschäftigungs- oder Ausbildungsverhältnis bietet für die berufliche Eingliederung besondere Chancen. Es ist eine alte Erfahrung, daß von den erst bei der Entlassung in Arbeit vermittelten Gefangene viele alsbald die Arbeit wieder aufgeben. Der Grund für das Scheitern liegt offenbar darin, daß die Gefangenen sich nach der Entlassung – bei den üblichen Fallzahlen für Bewährungshelfer verständlich – zu sehr selbst überlassen waren, keine ausreichende soziale Abstützung mehr bestand und der notwendige Druck, durchzuhalten, nicht ausgeübt werden konnte.

Das freie Beschäftigungsverhältnis unter Kontrolle und Abstützung der Anstalt vermeidet diese Nachteile. Schwierigkeiten am Arbeitsplatz treten erfahrungsgemäß in den ersten Wochen auf. Bewältigt der Gefangene diese Phase mit Unterstützung der Anstalt, wird die Wahrscheinlichkeit größer, daß er seine Arbeit behält, weil Ängste vor Ablehnung überwunden, zwischenmenschliche Beziehungen zu Kollegen entstanden sind und weil der Gefangene sich sicherer fühlt. Wichtig ist allerdings, daß die Arbeitgeber sorgfältig ausgewählt werden, daß eine Kontrolle des Arbeitsverhaltens stattfindet und daß Gelegenheit besteht, auftauchende Probleme in der Anstalt aufzuarbeiten. Kontrollen und die Bereitschaft der Arbeitgeber, Auffälligkeiten der Anstalt mitzuteilen, sind unerläßlich.

Die vollzugliche Bewältigung der freien Beschäftigungsverhältnisse ist sehr personalaufwendig; insbesondere erfordert sie zur sozialen Abstützung und zur Aufarbeitung akuter Probleme einen verstärkten Einsatz von Fachkräften, die mitunter auch nach der Arbeitszeit den Gefangenen zur Verfügung stehen müssen. Die Vorstellung, diese Art des Vollzuges sei besonders billig, wäre falsch.

Freigang mit freiem Beschäftigungsverhältnis sollte nicht länger als ein Jahr dauern. Die zunächst von den Gefangenen positiv empfundenen Freiheiten werden zunehmend zur Belastung. Der tägliche Kontrast zwischen vorübergehender Freiheit und dem Zwang zur Rückkehr in die Anstalt stellt immer höhere Anforderungen an das Durchhaltevermögen. Dieses sollte nicht überfordert werden.

Freie Beschäftigungs- und Ausbildungsverhältnisse im Wege des Freigangs haben sich in Hamburg bewährt. Sie wurden seit 1971 zunächst in einer Übergangsanstalt und in einer Sozialtherapeutischen Anstalt praktiziert; sie sind inzwischen Bestandteil des Vollzuges im gesamten offenen Vollzug. Alle Freigänger stehen in einem freien Beschäftigungs- oder Ausbildungsverhältnis. Im Jahre 1986 nahmen insgesamt 408 Gefangene am Freigang teil. Von ihnen kehrten lediglich 6 nicht oder mit einiger Verspätung zurück.

Die Gestattung des Freigangs setzt in der Regel voraus, daß sich der Gefangene in der Anstalt bereits als zuverlässig erwiesen hat, etwa in Lockerungen. Angesichts der zunehmenden Bedeutung, welche der Erhalt des Arbeitsplatzes hat, kann in Hamburg seit 1982 geeigneten Gefangenen im offenen Vollzug, die sich selbst gestellt haben, von Beginn des Vollzuges an der Freigang gestattet werden. Die Verurteilten werden in der Ladung zum Strafantritt ausdrücklich hierauf hingewiesen, damit sie nicht das Arbeitsverhältnis wegen der bevorstehenden Inhaftierung auflösen. Auch diese Regelung hat sich bewährt. Sie bietet überdies den Vorteil, daß der Veruteilte im vertrauten Bereich verbleibt.

Von Gefangenen im freien Beschäftigungsverhältnis darf ein Haftkostenbeitrag erhoben werden, § 50 Abs. 2 Satz 1 StVollzG. Er beträgt 1987 für junge und heranwachsende Gefangene DM 13,78, für erwachsene Gefangene DM 16,21 täglich.

Nach § 39 Abs. 2 StVollzG kann den Gefangenen gestattet werden, sich selbst zu beschäftigen. *Selbstbeschäftigung* kann auch auf Erzielung von Einnahmen gerichtet sein,

z. B. durch künstlerische oder schriftstellerische Tätigkeit. Das Gesetz grenzt den Ermessensspielraum der Verwaltung nicht ein. Deshalb können bei der Entscheidung auch Belange der Arbeitsbetriebe und andere vollzugliche Gründe berücksichtigt werden (OLG Karlsruhe ZfStrV 79/54). Der Ermessensspielraum der Verwaltung verengt sich allerdings, wenn einem Gefangenen geeignete Arbeit nicht nachgewiesen werden kann.

Streitig ist, ob auch eine Selbstbeschäftigung außerhalb der Anstalt im eigenen Betrieb oder freiberuflich gestattet werden darf, eine Kombination von Selbstbeschäftigung mit Freigang nach § 11 StVollzG. Während im Schrifttum zum Teil die Auffassung vertreten wird, daß das Gesetz diese Möglichkeit nicht verbietet, hält das OLG Hamm (aaO mit ausführlichen Hinweisen auf Rechtsprechung und Schrifttum) sie für unzulässig. Es folgert dies im wesentlichen daraus, daß für die Selbstbeschäftigung in § 39 Abs. 2 StVollzG anders als in § 39 Abs. 1 StVollzG nicht ausdrücklich auf die Bestimmungen der §§ 11 und 14 StVollzG verwiesen wird. Diese Erklärung ist jedoch nicht zwingend. Einer – zumindest klarstellenden – ausdrücklichen Verweisung auf §§ 11 Abs. 2 und 14 StVollzG bedarf es nur für § 39 Abs. 1 StVollzG, weil er Spezialvorschrift ist, nicht dagegen für die Selbstbeschäftigung mit Freigang nach § 11 StVollzG, für den Absatz 2 unmittelbar gilt.

Für diese Auslegung spricht auch, daß § 11 Abs. 1 Ziff. 1 und § 39 Abs. 1 StVollzG unterschiedliche Begriffe verwenden, nämlich § 39 Abs. 1 StVollzG „Arbeit", § 11 Abs. 1 Ziff. 1 StVollzG aber den weitergehenden Begriff „Beschäftigung", der sprachlich die abhängige Arbeit einschließt, aber auch andere Formen der Tätigkeit erfaßt.

Die Praxis der Bundesländer ist unterschiedlich; überwiegend wird eine Selbstbeschäftigung außerhalb der Anstalt nicht gestattet. Zahlenmäßig von geringer Bedeutung, kann diese Möglichkeit doch für kleine Unternehmer, die selbst die Hauptlast der Arbeit tragen und keine Aushilfskräfte bezahlen können, von existenzieller Bedeutung sein. Deshalb sieht die erwähnte Regelung von 1982 in Hamburg für geeignete Gefangene auch die Möglichkeit der Selbstbeschäftigung im eigenen Betrieb vor, wenn Straftaten nicht im Zusammenhang mit der geschäftlichen Tätigkeit begangen worden sind.

Die Erlaubnis zur Selbstbeschäftigung kann davon abhängig gemacht werden, daß der Gefangene den Haftkostenbeitrag monatlich im voraus entrichtet, § 50 Abs. 3 StVollzG in der gemäß § 199 Abs. 2 Nr. 3 StVollzG geltenden Übergangsfassung.

Der Gefangene ist *verpflichtet,* eine ihm zugewiesene, seinen körperlichen Fähigkeiten angemessene Arbeit, arbeitstherapeutische oder sonstige Beschäftigung auszuüben, zu deren Verrichtung er aufgrund seines körperlichen Zustandes in der Lage ist, § 41 Abs. 1 Satz 1 StVollzG. Ausnahmen gelten für Gefangene über 65 Jahre, werdende und stillende Mütter und erwerbsunfähige Gefangene, § 41 Abs. 1 Satz 3 StVollzG.

Für Jugendstrafanstalten verweist § 176 Abs. 1 hinsichtlich des Arbeitsentgeltes auf die für erwachsene Gefangene geltende Regelung; gleiches gilt durch die Verweisung des § 177 StVollzG für arbeitende Untersuchungsgefangene; (zu der überwiegend bejahten Frage, ob jugendliche und heranwachsende Untersuchungsgefangene zur Arbeit verpflichtet sind, vgl. AG Zweibrücken in NJW 1979, 1 557 mmN und Bezirksjugendgericht Hamburg in einer nicht veröffentlichten Entscheidung vom 6. 2. 1985 – 27 – 28 / 85 Jug).

Das Gesetz formuliert nicht ausdrücklich einen *Anspruch des Gefangenen auf Zuweisung von Arbeit.* Der Gesamtzusammenhang der §§ 37 ff StVollzG, der genannten Organisationsvorschriften sowie des § 7 Abs. 2 Nr. 4 – Entscheidung über Arbeitseinsatz im Vollzugsplan – ergibt aber, daß das Gesetz die Arbeitszuweisung als Normfall unterstellt. Im übrigen ist die Anstalt nach dem Gleichheitsgrundsatz – Selbstbindung der Verwaltung durch ständige Übung – gehindert, willkürlich von einer Zuweisung von Arbeit oder anderen Maßnahmen nach § 37 StVollzG abzusehen.

Hat der Gefangene ein Jahr lang seine Arbeitspflicht erfüllt, kann er verlangen, 18 Werktage von der Arbeitspflicht freigestellt zu werden, § 42 Abs. Satz 1 StVollzG. Er erhält für die Zeit der *Freistellung* seine zuletzt bezahlten Bezüge weiter, § 42 Abs. 3 StVollzG. Die Freistellung entspricht dem Urlaub des freien Arbeitnehmers, zeitlich dem Urlaub nach § 3 Abs. 1 StVollzG Bundesurlaubsgesetz angeglichen. Sie trägt der Tatsache Rechnung – auch in Angleichung an die Verhältnisse der Außenwelt, § 3 Abs. 1 StVollzG –, daß der arbeitende Gefangene wie jeder Arbeitnehmer der körperlichen und seelischen Erholung zur Erhaltung und Wiederauffrischung seiner Arbeitskraft bedarf (BVerfGE 66/199 ff).

Der Gefangene muß grundsätzlich ein Jahr ununterbrochen gearbeitet haben. Auf die Jahresfrist angerechnet werden Arbeitsunterbrechungen wegen Krankheit bis zu 6 Wochen, § 42 Abs. 1 Satz 2 StVollzG, außerdem andere Unterbrechungen bis zu 3 Wochen VV zu § 42 Nr. 2. Sind die Unterbrechungszeiträume größer, entsteht kein Anspruch, weder anteilig, noch wird der Ablauf der Jahresfrist mit der Möglichkeit der Nacharbeit gehemmt. Es beginnt eine neue Jahresfrist. Nr. 2 der VV zu § 42 ist neu gefaßt worden, nachdem das BVerfG (aaO) die bis dahin geltende Bestimmung beanstandet hatte. Es erscheint aber zweifelhaft, ob die Neufassung den Bedenken des BVerfG voll Rechnung trägt. Zahlreiche von Gefangenen nicht beeinflußbare Gründe führen zu einer Unterbrechung der Arbeit. In Hamburg gilt deshalb ergänzend zu den VV, daß nicht anrechenbare Zeiträume bis zu einem Monat lediglich zu einer Hemmung des Ablaufs der Jahresfrist führen. Nach herrschender Auffassung ist auch die Arbeitszeit während der Verbüßung einer Untersuchungshaft nicht auf die Jahresfrist anrechenbar (a.A. OLG Zweibrücken vom 11. 3. 1987 – 1 Vollz [Ws] 1/87 in einem Vorlagebeschluß an den BGH).

Die Anstalten sollten für freigestellte Gefangene sinnvolle Freizeitangebote vorhalten, allerdings nicht mit dem Anspruch, sie voll in organisierte Freizeitangebote einzuspannen. Der Angleichungsgrundsatz des § 3 Abs. 1 StVollzG erfordert, daß auch unterschiedliche Freizeitbedürfnisse einschließlich Ausschlafen und Nichtstun anerkannt werden. Die bei der Diskussion um § 42 StVollzG geäußerte Befürchtung, die Gefangenen könnten die Freistellung in einer die Anstaltsordnung gefährdenden Weise mißbrauchen, wenn sie nicht voll in Programme eingebunden würden, hat sich als unbegründet erwiesen.

5.4 Arbeitsentgelt und Ausbildungsbeihilfe

Der arbeitende Gefangene erhält ein Arbeitsentgelt § 43 Abs. 1 Satz 1 StVollzG. Der jährliche Betrag – Eckvergütung genannt – entspricht 5 % des durchschnittlichen Arbeitsentgelts aller Versicherten der Rentenversicherung der Arbeiter und Angestellten ohne Auszubildende des vorvergangenen Kalenderjahres, § 200 Abs. 1 StVollzG.

Das Entgelt wird in Tagessätzen oder nach Stundensätzen gezahlt. Ein Tagessatz ist der 250. Teil der Eckvergütung; er beträgt 1987 DM 7,06. Das individuelle Arbeitsentgelt kann nach der Leistung des Gefangenen und der Art der Arbeit gestuft werden; dabei dürfen 75 % der Eckvergütung nur unterschritten werden, wenn die Arbeitsleistung den Mindestanforderungen nicht genügt. Nach der StVollzVergO wird das konkrete Arbeitsentgelt entsprechend den Anforderungen der jeweiligen Arbeit in fünf Vergütungsstufen gewährt. Die Tagessätze dieser Vergütungsstufen betragen 1987 DM 5,30 (Vergütungsstufe I), DM 6,21 (II), DM 7,06 (III), DM 7,91 (IV), DM 8,83 (V).

Für arbeitserschwerende Umgebungseinflüsse können bis zu 5 %, für Arbeiten zu ungünstigen Zeiten bis zu weiteren 5 % und für Überstunden bis zu 25 % des Grundlohns als Zulage gewährt werden. Schließlich kann für besondere Leistungen eine Leistungszulage gezahlt werden, die im Zeitlohn bis zu 30 %, im Stücklohn bis zu 15 % des Grundlohns betragen darf, § 2 StVollzVergO. Die monatliche Vergütung eines Gefangenen beträgt bei 22 Arbeitstagen zwischen DM 116,60 und – unter Berücksichtigung aller Zulagenmöglichkeiten – in der höchsten Vergütungsstufe DM 194,26 (ohne Überstundenzuschläge).

Eines der mit dem StVollzG verfolgten zentralen Reformanliegen war die Zahlung einer dem Lohn freier Arbeitnehmer vergleichbaren vollen Arbeitsentlohnung. Die Angleichung des Arbeitslebens im Vollzug an die Bedingungen der Außenwelt gerade in finanzieller Hinsicht erschien besonders wichtig. Dieses Vorhaben ist wegen der hohen Kosten für die Länder gescheitert. Über eine Erhöhung sollte bis zum 31. 12. 1980 befunden werden, § 200 Abs. 2 StVollzG. Dies ist bisher nicht geschehen. Zur Zeit gibt es Bestrebungen einiger Länder, die Eckvergütung von 5 auf 6 oder 7 % der Bezugsgröße anzuheben.

Übt ein Gefangener eine zugewiesene arbeitstherapeutische Beschäftigung aus, erhält er ein Arbeitsentgelt, soweit dies der Art seiner Beschäftigung und seiner Arbeitsleistung entspricht, § 43 Abs. 3 StVollzG.

Wird ein Gefangener wegen Teilnahme an einer Ausbildung – Schule oder Beruf – von der Arbeitspflicht freigestellt, erhält er bei Vollzeitausbildung eine volle, bei Teilzeitausbildung eine anteilige Ausbildungsbeihilfe in Höhe der mittleren Vergütungsstufen, § 44 StVollzG, während der ersten 6 Monate in der Regel nach Vergütungsstufe III, bei längerer Ausbildung nach Vergütungsstufe IV.

Wenn ein Gefangener ohne sein Verschulden kein Arbeitsentgelt und keine Ausbildungsbeihilfe bezieht, erhält er bei Bedürftigkeit ein angemessenes *Taschengeld* in Höhe von 25 % der Eckvergütung, § 46 StVollzG in der Fassung des § 199 Abs. 2 Nr. 1 mit VV zu § 46. Bedürfig ist ein Gefangener, soweit ihm im laufenden Monat aus Haus- und Eigengeld nicht ein Betrag bis zur Höhe des Taschengeldes zur Verfügung steht.

Über $^{2}/_{3}$ seines Arbeitsentgeltes und der Ausbildungsbeihilfe – sogenanntes *Hausgeld* – kann der Gefangene frei verfügen, insbesondere für den Einkauf nach § 22 Abs. 1 StVollzG. Das restliche Entgelt wird dem sog. *Überbrückungsgeld* zugeführt, das den notwendigen Lebensunterhalt des Gefangenen und seiner Unterhaltsberechtigten für die ersten 4 Wochen nach der Entlassung sichern soll, § 51 Abs. 1 StVollzG.

Die Höhe des Überbrückungsgeldes wird von den Landesjustizverwaltungen nach individuellen Bedürfnissen festgesetzt; es soll das zweifache der nach § 22 Bundessozialhilfegesetz jeweils festgesetzten monatlichen Mindestbeträge des Regelsatzes für den Gefangenen selbst und seine Unterhaltsberechtigten nicht unterschreiten.

Hat das Überbrückungsgeld die festgesetzte Höhe erreicht, kann der Gefangene über sein Arbeitsentgelt bzw. die Ausbildungsbeihilfe in voller Höhe verfügen. Um die Funktion des Überbrückungsgeldes als Existenzsicherung nach der Entlassung zu sichern, genießt es einen besonderen Pfändungsschutz, § 51 Abs. 4 StVollzG. Da das Überbrückungsgeld allein aus dem Arbeitsentgelt die notwendige Höhe erst nach Jahren erreichen würde, sieht § 83 Abs. 2 StVollzG vor, daß auch eigenes Geld, das der Gefangene eingebracht hat oder das für ihn bei der Anstalt eingezahlt worden ist – sog. *Eigengeld* –, bis zur festgesetzten Höhe als Überbrückungsgeld zu behandeln ist, d. h. insoweit einer Verfügungsbeschränkung unterliegt und Pfändungsschutz genießt (streitig vgl. *Calliess/Müller-Dietz,* § 83 Rdn. 4 mwN zum Meinungsstreit).

Da der Gefangene das Überbrückungsgeld erst bei der Entlassung ausgezahlt erhält oder es erst dann dem Bewährungshelfer oder einer mit der Entlassenenbetreuung befaßten Stelle überwiesen wird, § 51 Abs. 2 Satz 2 StVollzG, haben insbesondere Gefangene mit längeren Strafen ein Interesse daran, daß das Überbrückungsgeldguthaben verzinslich angelegt wird. Dies wird ihnen in aller Regel durch Einzahlung auf ein Sparbuch ermöglicht. Dabei ist darauf zu achten, daß das Sparbuch auf den Namen der Anstalt ausgestellt wird, damit der Anspruch des Gefangenen gegen die Anstalt als solcher auf Auszahlung des Überbrückungsgeldes erhalten bleibt. Würde das Sparbuch auf den Namen des Gefangenen ausgestellt werden, träte an die Stelle des Anspruchs auf das Überbrückungsgeld eine normale Forderung gegen die Sparkasse, für die kein besonderer Pfändungsschutz bestünde.

Nach § 168 Abs. 3a AFG in der Fassung des § 194 StVollzG werden die Gefangenen in die Arbeitslosenversicherung einbezogen.

Damit ist ein erster Teilschritt zu dem Ziel, das System sozialversicherungsrechtlichen Schutzes auf Gefangene auszudehnen, verwirklicht. Die Beiträge zahlt die Vollzugsbehörde. Sie ist jedoch berechtigt, von dem Arbeitsentgelt und der Ausbildungsbeihilfe einen Betrag einzubehalten, der dem Anteil des Gefangenen am Beitrag entsprechen würde, wenn er diese Bezüge als Arbeitnehmer erhielte, § 195 StVollzG. Von dieser Möglichkeit wird nach den VV zu § 195 grundsätzlich Gebrauch gemacht.

6. Sozialtherapie*

6.1 Sozialtherapie als Behandlungsmethode aus psychologischer Sicht

In der Sozialtherapie ist der Behandlungsgedanke des Strafvollzugsgesetzes am konsequentesten verwirklicht (vgl. §§ 2 und 3 StVollzG). Aus psychologischer Sicht sind so-

* *Günter Romkopf,* Diplom-Psychologe, Regierungsdirektor, wurde am 15. 06. 1930 in Berlin geboren. Er studierte zunächst Germanistik, Theaterwissenschaft und Philosophie und nahm dann, im Jahre 1961, das Studium der Psychologie an der Freien Universität Berlin auf. Nach dem Examen, 1965, arbeitete er zunächst als wissenschaftlicher Assistent am Institut für Forensische Psychiatrie der FU Berlin. Sodann war er als psychologischer Gutachter in Verkehrsfragen am Institut für Verkehrssicherheit der TU Berlin tätig.

Im Jahre 1969 trat er als Diplom-Psychologe in den Justizvollzugsdienst des Landes Nordrhein-Westfalen ein. Seit 1974 ist er Therapeutischer Leiter der sozialtherapeutischen Anstalt Gelsenkirchen und hat in dieser Eigenschaft maßgebend an der Ausgestaltung der Sozialtherapie seines Bundeslandes mitgewirkt.

zialtherapeutische Anstalten *stationäre* Einrichtungen zur Behandlung einer bestimmten Kategorie kriminell schwerbelasteter Straftäter während ihrer Strafverbüßung. Durch das Zusammenwirken von Psychologie/Psychotherapie, Sozialarbeit, Pädagogik und Berufsausbildung sollen unter Prisonisationsbedingungen Änderungsanstöße auf die Persönlichkeitstruktur und die soziale Lebensführung der Betroffenen bewirkt werden. Die Behandlung hat dann zum Erfolg geführt, wenn der Klient später in der Lage ist, in Freiheit ein Leben ohne Straftaten zu führen (§ 2 StVollzG). Von maßgebender Bedeutung dafür, daß ihm dies gelingt, sind die Persönlichkeitsentwicklung (persönliche moralische Reife), die erreichte soziale Integration (in Familie und Beruf) und die soziale Kompetenz (Bereitschaft, Verantwortung zu übernehmen; die Fähigkeit, angemessene Konfliktlösungsstrategien zu entwickeln). An die stationäre Unterbringungsphase schließt sich in der Regel mit der Beurlaubung gem. § 124 StVollzG oder der Bewährungsentlassung gem. § 57 StGB eine ambulante Behandlungsphase an. Sie dient dem entlassenen Gefangenen im wörtlichen Sinne zur Bewährung in der Lebenspraxis, wobei die Therapie als stützendes, verstärkendes und korrigierendes Element hinzutritt. Ein entscheidendes Merkmal sozialtherapeutischer Anstalten ist es, daß sie – je nach Behandlungskonzept mit gewissen Einschränkungen zwar – als klinisch-psychologische Einrichtung zu bezeichnen sind. Der Strafvollzug besitzt damit ein eigenes Behandlungsinstrument, um wiederholt kriminell auffällig gewordene Menschen, deren Delinquenz in Verbindung steht mit Persönlichkeitsproblemen und/oder sozialen Verhaltensproblemen, psychologisch zu behandeln. Dies darf nicht verwechselt werden mit kurativen Maßnahmen der Psychiatrie. Wer in der Sozialtherapie untergebracht wird, ist im medizinischen Sinne nicht krank. Er leidet vielmehr an einem gestörten Verhältnis zu sich selbst und zu seiner Umwelt. Er hat vielleicht den Kontakt zu seinen Gefühlen verloren oder nie zulassen können, hat Teile seiner Persönlichkeit von sich abgespalten und liegt als Folge davon auch in Zwist mit seiner Umwelt, die er haßt und die er darum schädigt, die ihn ihrerseits zurückweist, so daß dieses zerbrochene zwischenmenschliche Beziehungsgefüge erst geklärt, wieder hergestellt und mit neuen sozial positiven Akzenten versehen werden muß. Dabei hat man große Hoffnungen auf die Psychologie gesetzt, daß sie aufgrund ihres spezifischen Störungswissens auch über geeignete Interventions- und Behandlungstechniken verfüge, mit den besonderen kriminal-psychologischen und therapeutischen Problemen einer straffälligen Klientel fertig zu werden. Die Psychologie hat diese Herausforderung angenommen, bewältigt diese Aufgabe aber nicht allein. Vielmehr hat die sozialtherapeutische Behandlung vier Schwerpunkte: neben der klinischen Psychologie/Psychotherapie die Sozialarbeit, sodann die Pädagogik einschließlich beruflicher Ausbildungs- und Fortbildungsmaßnahmen sowie als viertes den systematischen Einsatz vollzuglicher Lockerungen einschließlich der Freizeitgestaltung und des Aufbaues und der Pflege sozialer Kontakte.

Die psychologische Arbeit in der Sozialtherapie gliedert sich in einen diagnostisch-administrativen und einen therapeutischen Teil. Die sozialtherapeutische Besonderheit liegt darin, daß der Anteil einer psychologischen Behandlung wesentlich höher ist, als dies in den sonstigen Vollzugsanstalten einschließlich des Jugendvollzuges der Fall ist. Hier hat der Psychologe im wesentlichen die Aufgabe zu untersuchen, Befunde zu erheben, Beratungsgespräche zu führen, bei Krisen zu intervenieren, Stellungnahmen abzugeben und bei der Personalauswahl mitzuwirken. Für die eigentliche psychotherapeutische Arbeit bleibt dabei wenig Zeit. Anders in der Sozialtherapie, wo über 50 % der Dienststunden tatsächlich für einzel- und gruppentherapeutische Sitzungen genutzt werden können. Die Wirkung psychotherapeutischer Behandlungsmethoden wird in den sozialtherapeutischen Anstalten allerdings unterschiedlich bewertet. Unstreitig ist jedoch, daß die zahlreichen psychischen Auffälligkeiten und die beträchtlichen sozialen Defizite der Klientel einschließlich traumatischer Erlebnisse in der Entwicklungszeit eine psychologische Behandlung nahelegen. Im Interesse des für die Durchführung einer Psychotherapie unabdingbaren Vertrauensverhältnisses zwischen Klient und Therapeut ist aber dafür Sorge zu tragen, daß die Schweigepflicht beachtet wird und daß die Freiwilligkeit der Teilnahme an der Psychotherapie gewährleistet ist.

Die wichtigsten psychotherapeutischen Methoden, die derzeit in der Sozialtherapie Anwendung finden, sind:

- die psychoanalytischen Therapien, die alle auf Sigmund Freud zurückgehen;
- die nicht-direktive Gesprächspsychotherapie von C. Rogers;
- die Gestalttherapie von Frederic Perls;
- die Verhaltenstherapie.

Selbstverständlich stellt diese Liste keine Rangreihe dar. Jede der sozialtherapeutischen Anstalten hat ihre eigene Akzentsetzung in der Auswahl und Anwendung der psychotherapeutischen Methoden. Wobei hinzu kommt, daß keines dieser Verfahren unter Berücksichtigung der besonderen Probleme einer Unterschichtklientel, der ja die überwiegende Zahl der Gefangenen zuzurechnen ist, entwickelt wurde. Für die psychotherapeutische Arbeit in der Sozialtherapie bedeutet dies also, zusätzliche Adaptationsbemühungen aufzuwenden, um mit diesen Verfahren die Klientel überhaupt erreichen und psychologisch sinnvolle Veränderungsprozesse in Gang setzen zu können.

Dies mag als zusätzliche Erklärung für die Uneinheitlichkeit in der Auswahl der für geeignet gehaltenen Therapieformen dienen. Die Methodenvielfalt ist jedoch auch damit zu begründen, daß wir es mit keiner einheitlichen Genese der psychischen Probleme und Auffälligkeiten bei Straffälligen zu tun haben. Auch darum mußten verschiedene Behandlungswege begangen werden.

Psychoanalyse

Die wohl häufigste Therapiemethode, wenn man an psychologische Behandlungen denkt, ist die Psychoanalyse Sigmund Freuds. Dabei handelt es sich um eine ausgesprochen psychologische Therapieform: Biologische oder soziale Momente spielen bei ihr eine untergeordnete Rolle. Die entscheidenden Ereignisse sind Phantasien und innere Erlebnisse. Nach psychoanalytischer Ansicht wird das Verhalten entscheidend von radikal verdrängten, unbewußten Gedanken bestimmt, „die ihrerseits von infantilen körperlichen Wünschen ausgehen: Die Analyse beruht auf Freuds Konzept von der kindlichen Sexualität als Grundlage der Verdrängung." (*Kovel* 1984, 90). Der Analytiker verhält sich während der Behandlungssitzung passiv. Seiner Therapie liegt ein simples Prinzip zugrunde, nämlich die Anweisung, alles zu sagen, was einem einfällt. Der damit in Gang gebrachte Assoziationsfluß spricht unbewußte, verdrängte Erlebnisse an, die nun an die Oberfläche drängen, d. h. bewußt werden. Dies geht nicht ohne Widerstände ab und ohne Konfrontation mit dem Analytiker, der trotz seiner Passivität eine wichtige Projektionsfigur ist, auf den sich nämlich, stellvertretend für konfliktbeladene Auseinandersetzungen mit realen Personen in der Vergangenheit (Vater, Mutter z. B.), die Ängste, Aversionen und sonstigen Begleitempfindungen übertragen. Das Ziel der Psychoanalyse liegt in der Verbesserung der Selbsterkenntnis. Denn wer in Übereinstimmung mit sich selbst lebt, ist wahrhaftiger und freier. Die klassische Psychoanalyse erfordert mehrere Sitzungsstunden pro Woche, und dies über Jahre. Sie setzt eine hohe Verbalisierungsfähigkeit voraus. Für Straffällige ist sie nur bedingt anwendbar, weil sie zu viel Zeit braucht und weil sie der hohen verbalen Ansprüche wegen für die Klientel eine Überforderung darstellen kann.

Gesprächspsychotherapie

Einen Gegenpol zur Psychoanalyse, die ein eher skeptisches Menschenbild vertritt, bildet die nicht-direktive Gesprächspsychotherapie von C. Rogers. Ihre Grundannahme geht davon aus, daß der Mensch, trotz seiner Ängste, Bosheiten und ersichtlichen Begrenztheiten, in seinem Kern gut ist und positiv, sozial, vorwärts gerichtet, rational und wirklichkeitsbezogen. Auch gebe es eine ganzheitliche, klare gegliederte Persönlichkeit. Vordringlich die interpersonalen Beziehungen entscheiden darüber, ob der Mensch gesund ist oder neurotisch gestört.

Das Wort „positiv" nimmt dabei die Schlüsselposition ein. Damit ist gemeint, daß die Erscheinungen dieser Welt, so wie sie unmittelbar in unser Bewußtsein treten, objektiv wahr sind. Oder, wie Rogers es ausdrückt, „die Erfahrung ist für mich die höchste Autorität" (*Kovel* 1984, 125). Damit sind besonders auch die Gefühle gemeint, denen Rogers ohnehin einen Vorrang gegenüber dem Intellekt einräumt. Für die Therapie leitet sich davon eine Reihe von Ansprüchen ab. Sie muß einen repressions- und angstfreien Raum schaffen, um den in der Tiefe liegenden Bedürfnissen des Klienten zum Durchbruch zu verhelfen. Dies gelingt aber nur, wenn der Therapeut Empathie besitzt (d. h. in der Lage ist, die gleichen Erfahrungen wie seine Klienten durchzumachen), wenn er kongruent ist (d. h. mit sich in Einklang lebt und von daher auch Gefühle übermitteln kann) und wenn er seine Klienten wertschätzt, ganz gleich, was er von ihnen zu hören bekommt. Bei alledem soll der Therapeut nicht-direktiv vorgehen, d. h. er wird nicht versuchen, von sich aus etwas zu ändern oder zu interpretieren. Der Chairman der Behandlung ist gewissermaßen der Klient selbst.

Eine so positiv und human gestaltete Therapieform kann natürlich immer eine günstige Wirkung auf Menschen ausüben, selbst wenn sie nicht in alle Tiefen und Verästelungen der Persönlichkeit vordringt. Insofern ist auch der Anwendungsbereich der Gesprächspsychotherapie breit und umfaßt emotionale und soziale Beziehungsstörungen, Gefühle der Minderwertigkeit, Unsicherheit und Desorientiertheit. Voraussetzung ist, daß der Klient es ehrlich meint und sich anregen und für das Positive begeistern läßt. Das ist bei Strafgefangenen, deren dunkle Seiten ihres Wesens überwiegen, häufig nicht der Fall. Oder es kommt zu einer oberflächlichen Auseinandersetzung mit sich selbst. Nach dem Motto: Ich fühle mich wohl, also habe ich auch meine Probleme im Griff! Damit ist der Nachteil, der in der betonten Subjektivität liegt, aufgezeigt. Gleichwohl ist die Gesprächspsychotherapie eine hilfreiche Methode, besonders auch im Strafvollzug, um mit Menschen in eine konfliktfreie Beziehung zu treten, sie zu beraten und ihre Probleme anzusprechen.

Gestalttherapie

Die vorrangige Bewertung des Gefühls tritt in der Gestalttherapie, einer derzeit sehr verbreiteten Therapiemethode, noch deutlicher hervor. „Sie stellt den Körper mit seinen Bewegungen und Gefühlen auf dieselbe Ebene wie den Geist mit seinen abstrakten Gedanken und verbalen Symbolen." (*Kovel* 1984, 130).

Hierbei betont sie den Grundsatz, daß das Ganze vor den Teilen existiert. Demzufolge wird im Gesamtorganismus, der Psyche und Physis umfaßt, ein Ganzheitsstreben vermutet. Unsere bewußte Wahrnehmung gibt uns fortlaufend Kunde, daß dieser aktive Prozeß im Gang ist. Der gleiche Prozeß, wenn wir statt lauter zusammenhangloser Punkte sofort einen bestimmten Gegenstand sehen (einen Tisch z. B.), findet auch im psychischen Erleben statt. Wir fühlen und denken gestalthaft. Persönlichkeits- und Verhaltensstörungen (neurotische Prozesse) hingegen zeigen an, daß wir die Einzelbestandteile, die uns die Wahrnehmung übermittelte, nicht mehr zu einem funktionstüchtigen Ganzen, zu einer Gestalt, zusammenfügen können. Die Gestalten betreffen alle Bereiche des organismischen Geschehens: das Denken, Fühlen und Handeln. Ist der schöpferische Prozeß der Gestaltbildung behindert, wird er in eine falsche Richtung gelenkt, so ist ein Bruch die Folge, der Angst erzeugt vor dem Verlust der persönlichen Einheit.

Hervorzuheben ist, daß in der Gestalttherapie verbale Äußerungen nicht von ihrem Inhalt her wichtig sind, sondern zusammen mit körperlichen Gesten als Hinweise auf bestimmte Befindlichkeiten und Bedürfnisse verstanden werden. Wichtig sei also nicht, was der Klient sagt, sondern wie er es sagt. Geachtet wird auf den Klang, den Rhythmus und die Stimmlage. Dabei ist der Ausdruck wichtiger als die Erklärung. Auch zählt die Vergangenheit nicht, sondern nur das Hier und Jetzt: Der Organismus soll lernen, die gegenwärtige Situation auszuschöpfen, um die dann spontan ablaufende Gestaltbildung zu ermöglichen.

Für die Sozialtherapie ist hervorzuheben, daß die Gegenwartsbezogenheit der Gestalttherapie die Behandlung Straffälliger von dem Ballast der Vergangenheitsbewältigung und der Schuldauseinandersetzung befreit. Die therapeutische Arbeit bleibt auf die Gegenwart ausgerichtet. Der Mensch muß sich im Jetzt bewähren und hierfür alle seine Kräfte zusammennehmen. Dabei verwischen sich die Unterschiede zwischen Denken und Handeln. An ihre Stelle tritt das Bemühen, sich mit all seinen eigenen Strebungen und Empfindungen zu identifizieren. Die Gestalttherapie wird meist in Gruppen durchgeführt. Es kommt also zu vielen intensiven emotionalen Erlebnissen im Gruppenmilieu. Dies ist gerade für sozialtherapeutische Klienten hilfreich, denen es an sozialen Beziehungen fehlt, die Kontaktängste haben und denen der Zugang zu ihren Gefühlen versperrt ist. Die Grenzen der Gestalttherapie sind für die Sozialtherapie dort zu ziehen, wo chronische Persönlichkeitsstörungen, die auf sehr frühen und lange anhaltenden traumatischen Erfahrungen beruhen, die Auseinandersetzung mit der Vergangenheit unumgänglich machen (das kann bei aggressiv gehemmten Gewalttätern und bei Sexualstraftätern der Fall sein).

Verhaltenstherapie

Als letztes soll kurz die Verhaltenstherapie dargestellt werden. Sie ist ein ausschließlich psychologischer Ansatz und als einzige Therapieform aus der experimentellen Forschung hervorgegangen. Die Verhaltenstherapie macht sich die simple Tatsache zunutze, daß alles menschliche Verhalten gelernt ist, einschließlich der Fehler, und also auch verlernt werden kann. Für die Behandlung sozialer Verhaltensstörungen kommt als bevorzugte Technik das sog. operante Konditionieren in Betracht. D. h., nach einem bestimmten Verhalten wird systematisch ein Reiz als Belohnung, Bestrafung, eben als positiver oder negativer Verstärker eingesetzt. Dadurch können Verhaltensweisen zu häufigeren Wiederholungen oder auch zum Verschwinden gebracht werden. Wer also gegen die Normen der Gesellschaft verstößt, der kann mit Hilfe eines verhaltenstherapeutischen Programms zu einem sensibleren und rücksichtsvolleren Umgang mit seiner Umwelt veranlaßt werden. Jedoch bleibt zweierlei zu bedenken: Die Verhaltenstherapie bestärkt manipulative Tendenzen. Zwar beseitigt sie störende Symptome. Jedoch geschieht das, ohne dabei Spontanität und Kreativität der Klientel zu beteiligen. Außerdem ist kriminelles Fehlverhalten zumeist so komplex, daß es mit dem Abbau bestimmter Symptome (etwa der Neigung zu stehlen) nicht getan ist. Hingegen lassen sich bestimmte Phobien (also Ängste, z. B. Platzangst) oder Zwänge (stottern) verhaltenstherapeutisch sehr wirksam behandeln, ebenso Verkrampfungszustände, für die die Methode der progressiven Entspannung angezeigt ist. Aus diesen Gründen bauen die sozialtherapeutischen Anstalten verhaltenstherapeutische Programme in ihre Arbeitskonzepte ein, ohne jedoch die Arbeit der Anstalt allein auf sie auszurichten.

Die meisten Psychotherapiemethoden können einzeln oder in Gruppen durchgeführt werden. Wann das eine oder andere angezeigt ist, hängt von der Konzeption der jeweiligen Anstalt und von den Problemen des betreffenden Klienten ab. Wird die Gemeinschaftserfahrung betont, dann legt sie die Anwendung gruppentherapeutischer Verfahren nahe, wenngleich vielfach der Mangel an Vertrauen und die Angst vor Manipulationen ihrer Wirkung gerade in geschlossenen Institutionen Grenzen setzen. In der Einzeltherapie sind ein bis zwei Behandlungsstunden pro Woche die Regel. Gruppentherapeutische Sitzungen finden einmal in der Woche für zwei bis drei Stunden statt. An ihre Stelle treten gelegentlich sog. „Workshops". Das sind therapeutische Veranstaltungen, die sich über einige Tage hinziehen können mit ca. acht Sitzungsstunden pro Tag. Dies bedeutet Behandlung in intensiver Form, die zu eindrucksvollen Ergebnissen führen kann.

6.2 Sozialarbeit

Alle sozialtherapeutischen Anstalten arbeiten nach dem Wohngruppenprinzip. In den Wohngruppen sollen den Klienten Trainingsfelder angeboten werden, die ihnen die Möglichkeit geben, sich ihrer sozialen Situation bewußt zu werden, die Bedingungen und Ursachen ihrer defizitären Sozialisation, die zumeist zu Beziehungsstörungen geführt hat, zu erkennen und die Folgen aufzuarbeiten. Unter sozialen Trainingsfeldern sind die Alltagssituationen und -konflikte, das Zusammenleben mit den verschiedenartigsten Menschen in einer Wohngruppe, die Kommunikation mit den dort tätigen Mitarbeitern sowie die Gestaltung der Freizeit und die sportlichen Aktivitäten gemeint.

Die Größe dieser Wohngruppen liegt zwischen neun bis zwölf Bewohnern. Um die soziale Beziehungssituation konstant zu halten, ist den Gruppen ein fester Behandlerstab zugeordnet, bestehend aus einem Sozialarbeiter, Mitarbeitern des allgemeinen Vollzugsdienstes und einem Psychologen, der auch beratende Funktionen für die Mitarbeiter ausübt.

Der auf die Behandlung bezogene Teil der Wohngruppenarbeit ist weitgehend gruppendynamisch orientiert. D. h., die im Hier und Jetzt, also in der aktuell erlebten Situation sich manifestierenden Störungen der Klienten bilden den Ansatzpunkt für die Auseinandersetzungen zwischen ihnen und den Behandlern. Bei allen Gruppenansätzen stehen die sozialen Faktoren im Vordergrund der Behandlung. Dabei treten die subjektiven Aspekte des einzelnen zugunsten eines Systems von Beziehungen zu den anderen Gruppenmitgliedern zurück. Straffällige sind vielfach Einzelkämpfer, Egoisten und mißachten die Bedürfnisse anderer oder nutzen die Zuwendung, die ihnen zuteil wird, in übertriebener Weise aus. In der Gruppe kann nun gelernt werden, die eigene Lebensweise im Einklang mit den Partnern zu regulieren, wobei die wechselseitige Abhängigkeit und die demokratische Ordnung eine wichtige Erfahrung darstellen. Vielfach bilden dabei die in der aktuellen Gruppensituation sich manifestierenden Störungen der Klienten den Ansatzpunkt für Auseinandersetzungen zwischen ihnen und den Behandlern. Dabei liegt die Betonung darauf, die bewußte Wahrnehmung aktueller Empfindungen und Körperzustände sowie der Phantasien und Emotionen zu fördern.

Des weiteren haben die Wohngruppenleiter und ihre Mitarbeiter administrative Aufgaben zu erfüllen, in Sonderheit die Bearbeitung von Anträgen, die Abgabe von Stellungnahmen und Berichten, den Aufbau von Kontakten zu den übrigen Abteilungen der Anstalt sowie zu Behörden, kirchlichen Einrichtungen, Vereinen usw. außerhalb der Anstalt.

6.3 Pädagogische Maßnahmen, Berufsausbildung, Arbeit

Der Arbeit und damit auch der beruflichen Ausbildung kommt in einer hochentwickelten Industriegesellschaft zentrale Bedeutung zu. Aus dieser Erkenntnis heraus bieten die einzelnen sozialtherapeutischen Anstalten Arbeits- und Ausbildungsprogramme an. Als Ausbildungen kommen metallbearbeitende Berufe, der Elektrobereich, die elektronische Datenverarbeitung sowie fast alle handwerklichen Berufe in Betracht. Entscheidend dabei ist die berufliche Qualifizierung, die bessere Vermittlungschancen auf dem Arbeitsmarkt eröffnet. Häufig wird auch auf dem Wege des Freigangs versucht, die Berufs- und Ausbildungsangebote der Kommunen oder Gewerkschaften zu nutzen.

Die beruflichen Ausbildungsmaßnahmen unterscheiden sich darin nicht grundsätzlich von den Ausbildungsmaßnahmen im übrigen Vollzug. Das Zahlenverhältnis zwischen Ausbildern und Gefangenen allerdings ist in der Sozialtherapie sehr viel günstiger. Auch ist das Ausbildungsprogramm auf die Gesamtsituation der Behandlung individuell abgestimmt.

Da die in der Sozialtherapie untergebrachten Straftäter eine zumeist erheblich gestörte Sozialisation aufweisen, die neben der psychischen Störung ihrer Persönlichkeit als weiterer, kriminogener Faktor anzusehen ist, sind zur Ergänzung der Behandlung und der beruflichen Förderung pädagogische Maßnahmen erforderlich. Dabei ist die Erkenntnis maßgebend, daß die Klienten das Lernen oftmals erst lernen müssen und daß die Ausformung ihres Selbstgefühles sowie das Wissen über ihre eigenen Fähigkeiten und Begrenzungen durch flankierende pädagogische Maßnahmen gefördert und abgesichert werden muß.

Um die leistungsverweigernde Mentalität der meisten Straftäter und ihre Lernbarrieren zu überwinden, bedarf es einer allseitigen Motivierung, einer planvoll aufbauenden Arbeitsweise, einer schrittweisen Steigerung der Erfolgserlebnisse und Anforderungen sowie der lebenspraktischen Orientierung des Lernens. Dies gilt sowohl für schulische wie für berufsqualifizierende Maßnahmen.

In der Sozialtherapie kann auf die sozialen und pädagogischen Defizite individuell besondere Rücksicht genommen werden. Notfalls wird der betreffende Klient auch durch Einzelunterricht gefördert. Es gibt keine vorgeschriebenen Curricula. Vielmehr kann sich der Pädagoge nach den Erfordernissen des einzelnen oder der Gruppe richten. Der Unterricht dient für diejenigen, die eine Ausbildung anstreben, auch dazu, sie an das Niveau des Fachschulunterrichts heranzuführen.

6.4 Lockerungen

Die Möglichkeit der Gewährung von vollzuglichen Lockerungen (vgl. hierzu unten S. 347 ff) gemäß §§ 11, 13, 15 und 124 StVollzG ist ein weiterer wichtiger Bestandteil der Sozialtherapie.

Lockerungen dienen der extramuralen Erprobung und Befestigung der in der Anstalt durch unterschiedliche Maßnahmen in Gang gebrachten Veränderungen des Verhaltens, der Einstellungen und Gewohnheiten. Die Lockerungen stellen eine optimale Möglichkeit dar, Belastungsfähigkeit, rationales Steuerungsvermögen, Verantwortungsgefühl, Zuverlässigkeit und sozial angemessene Konfliktlösungsstrategien, wofür zuvor das Bewußtsein geschärft und sensibilisiert wurde, zu lernen und zu üben.

Außerdem liefern die bei Lockerungen gewonnenen Erfahrungen ein wichtiges, da konkretes Material für die Weiterführung der Behandlung. Allerdings muß sehr viel Wert auf die Vor- und Nachbereitung von Lockerungen, auf die Analyse des sozialen Umfeldes, in welchem der Klient seine Lockerungen verbringen wird, und auf die jeweilige soziale Kontaktproblematik überhaupt gelegt werden.

Praktisch bedeutet dies für jeden einzelnen Klienten eine schrittweise Öffnung nach draußen. Er kann seine Angehörigen besuchen, Bekanntschaften schließen, sportliche Kontakte pflegen usw. Trotzdem machen die sozialtherapeutischen Anstalten in der Bundesrepublik und in West-Berlin unterschiedlichen Gebrauch von den Lockerungsmöglichkeiten. Zum einen, weil bei der Abschätzung der Risiken nur von hinreichenden, niemals von absoluten Sicherheiten ausgegangen werden kann. Zum anderen, weil die Erweiterung des Freiheitsspielraums, den der Klient durch die Lockerungen erfährt, die psychologische Behandlungssituation einschneidend verändert. Das heißt, die Motivation zur Behandlung, die Inhalte der Therapie und auch die Dynamik ändern sich, je mehr Kontakte nach draußen bestehen. Das kann zu einer Veräußerlichung der Behandlungssituation führen bis hin zu einer Verflachung. Dem steht die Chance gegenüber, durch eine verantwortungsbewußt eingesetzte Lockerungsprogression – zunächst Ausführungen in Begleitung eines Bediensteten, danach Ausgänge, später Urlaube – zusammen mit dem Klienten neue Verhaltensformen zu entwickeln, Konflikte mit ihm aufzuarbeiten und seine Stabilität in allgemeinen Krisensituationen zu festigen. Außerdem bieten Lockerungen den Vorteil, die künstliche und teilweise auch sterile Atmosphäre einer geschlossenen Institution lebensechter und natürlicher zu gestalten.

Zwar gestattet das Vollzugsgesetz jeder Anstalt, Lockerungen zu gewähren. Ein statistischer Vergleich über die im Zeitraum eines Jahres gewährten Lockerungen zwischen einer sozialtherapeutischen Anstalt (Gelsenkirchen) und den übrigen Vollzugsanstalten in Nordrhein-Westfalen zeigt jedoch, daß die Lockerungspraxis im Regelvollzug viel zurückhaltender gehandhabt wird. Die hier veröffentlichten Zahlen beziehen sich auf das Jahr 1985.

Statistischer Überblick über die im Zeitraum eines Jahres gewährten Lockerungen in einer sozialtherapeutischen Anstalt (JVA Gelsenkirchen), bezogen auf 54 Insassen im Jahr 1985

Gesamtzahl der Lockerungen	=	3 737
davon		
Ausführungen:		360
Ausgänge:		3 026
(Zahl der Versagensfälle: 19)	= 0,63 %	
Urlaube:		351
(Zahl der Versagensfälle: 4)	= 1,1 %	

Zum Vergleich
Im Erwachsenenvollzug des Landes Nordrhein-Westfalen befanden sich 1985 12 957 Gefangene.

Ausgang gem. § 11 StVollzG	=	6 931
(Versagensfälle: 97)	= 1,40 %	
Urlaube gem. § 13 StVollzG	=	16 000
(Versagensfälle: 601)	= 3,76 %	

§ 124 StVollzG (Urlaub zur Vorbereitung der Entlassung) gibt nur den sozialtherapeutischen Anstalten die Möglichkeit, einen Klienten vor seiner voraussichtlichen Entlassung bis zu einem halben Jahr zu beurlauben. Diese Art der Lockerung ist dann besonders sinnvoll, wenn die stationäre Behandlung abgeschlossen ist, ambulante Behandlungsformen den sozialen Integrationsprozeß aber noch unterstützen sollen. Vielfach wird in diesen Fällen die Psychotherapie noch weitergeführt. Auch kommt der Beurlaubte in regelmäßigen Abständen zu Gesprächen in die Anstalt.

6.5 Evaluation

In dem Maße, wie Behandlung im Strafvollzug an Bedeutung gewann, wurde sie auch als Forschungsgegenstand interessant. Besonders die Sozialtherapie erhielt wegen ihrer Behandlungsintensität bald eine Vorreiterfunktion. Neben der praxisbegleitenden Forschung (*Kury* 1977) wurden insbesondere die Organisationsstruktur (*Sagebiel* 1979) der neuen Anstalten, die Population und die Auswahlkriterien sowie die Effizienz sozialtherapeutischer Maßnahmen untersucht. Über Rückfalluntersuchungen wurde an anderer Stelle berichtet.

In der Regel kam man dabei zu positiven Ergebnissen, was die Kriminalitätsgefährdung z. B. und die soziale Integration angeht. Wenn man außerdem bedenkt, daß es sich bei der sozialtherapeutischen Klientel in der überwiegenden Zahl der Fälle um schwer persönlichkeitsgestörte Rückfalltäter oder um Sexualstraftäter handelt, so ist dies als Erfolg zu werten. Endgültige Forschungsergebnisse werden jedoch noch abzuwarten sein.

Wahrscheinlich werden sie durch die groß angelegte Feldstudie des Max-Planck-Institutes, Freiburg, erbracht werden, die, als Langzeitprojekt konzipiert, 1981 in den sozialtherapeutischen Anstalten Düren und Gelsenkirchen begonnen wurde. In diese Studie sind 100 Experimental- und 100 Kontrollprobanden einbezogen, die nach dem Zufallprinzip ausgewählt wurden. Konkret bedeutet dies, daß von 200 behandlungsgeeigneten Probanden 100 per Zufall ausgewählte Probanden gem. § 9 StVollzG in der Sozialtherapie untergebracht wurden, während 100 Probanden in den Regelanstalten verblieben.

Alle Probanden wurden mit den gleichen Verfahren dreimal während ihrer Verbüßungszeit untersucht. Eine Katamnese ist 3 Jahre nach Entlassung vorgesehen. Unterschiede in bezug auf Rückfälligkeit, Persönlichkeitsentwicklung, soziale und berufliche Eingliederung nach der Entlassung der Probanden können dann nur auf die Wirkung sozialtherapeutischer Intervention zurückgeführt werden (vgl. *Kahlau/Denig*, 1986).

Die Kriminalpolitik wird darüber hinaus die Effizienz der Sozialtherapie an der Rückfallminderung messen. Es hat eine Reihe von Untersuchungen gegeben, die von *Dünkel* referiert worden sind. Demnach kann man bei einer vergleichbaren Klientel von einer um 10 bis 20 % verbesserten Rückfallminderung nach Unterbringung in der Sozialtherapie ausgehen. Aufgrund dessen äußerte sich *Dünkel* mit vorsichtigem Optimismus:

„Insgesamt deuten diese an unterschiedlichen Anstalten gewonnenen Ergebnisse ... eine erstaunlich gleichförmige positive Tendenz an. Die könnte u. U. auf die mit sozialtherapeutischer Behandlung in der Bundesrepublik vor allem verbundene soziale Integration am Arbeitsplatz (Freigang) und Intensivierung von Außenkontakten zurückzuführen sein. Sozialtherapeutische Behandlung impliziert zumindest in der letzten Phase eine weitgehende Öffnung des Vollzuges und allmähliche Überleitung in Freiheit. ...

Obwohl wir vor allem über die Ursachen der geringeren Rückfälligkeit nach einem Aufenthalt in der Sozialtherapie bisher nur Vermutungen anstellen können, berechtigen die bisherigen Ergebnisse zu einem begrenzten Optimismus, der bescheidene Erfolge der Behandlung in sozialtherapeutischen Anstalten erwarten läßt.

Die weitere Forschung wird zeigen müssen, ob die positiven Ergebnisse Gültigkeit haben und von daher die Reform des Strafvollzuges nicht nur unter Humanitäts-, sondern auch unter Effizienzgesichtspunkten als eine sinnvolle Alternative zur gegenwärtigen Praxis erscheint." (*Dünkel* 1980)

6.6 Die Behandlung in einer sozialtherapeutischen Anstalt

Dargestellt an einem praktischen Beispiel aus der JVA Gelsenkirchen (Namen und Daten sind frei erfunden).

Der Gefangene Bernd Homann ist 29 Jahre alt, verheiratet. Er lebt jedoch seit Jahren von seiner Familie getrennt. Als Beruf gibt er Arbeiter an. Polizeilich gemeldet ist er in Dortmund. Er ist von mittelgroßer, kräftiger Statur, Arme und Brust tätowiert, sog. „Knastträne" am äußeren Augenwinkel. Er trägt sein strähnig wirkendes Kopfhaar ziemlich lang. Ansonsten gepflegter Gesamtzustand.

Aus den Eintragungen in seinem Strafregister geht hervor, daß bei H. mit ca. 13 Jahren behördlicherseits Heimunterbringung angeordnet worden war. Es folgten Verkehrsverstöße, kleinere Bereicherungsdelikte, ein Verfahren wegen Notzucht, das aber eingestellt wurde, und schließlich zwei Verurteilungen wegen gem. schweren Einbruchs. Er hat jetzt eine Freiheitsstrafe von 6 Jahren wegen Raubes zu verbüßen. Der Zweidritteltermin ist auf den September 1985, das Strafende auf den September 1987 festgesetzt worden.

Die Anstalt erhält im Mai 1982 von ihm eine Anfrage, ob in Gelsenkirchen ein Behandlungsplatz frei sei. Er habe die Einweisungsanstalt durchlaufen. Er habe von ihr eine Empfehlung für eine sozialtherapeutische Behandlung erhalten. Um die im nordrhein-westfälischen Justizvollzug angestrebte Differenzierung durchführen zu können, wurden zu Beginn der 70er Jahre Einweisungsanstalten eingerichtet (Duisburg-Hamborn und Hagen), die alle erwachsenen Strafgefangenen durchlaufen müssen, die mehr als 18 Monate Freiheitsstrafe zu verbüßen haben. Diese Anstalten treffen die Entscheidung darüber, in welchem Grade der betreffende Gefangene kriminell gefährdet ist, und weisen ihn dann in die für seinen Kriminalitätsgrad zuständige Anstalt ein.

Sein Wunsch sei nun, die Behandlung antreten zu können. Beruflich habe er nichts gelernt. Er interessiere sich für die Ausbildung zum Betriebsschlosser. Gemäß den übersandten Unterlagen der Einweisungsanstalt treffen die Angaben zu. Auch scheint die Behandlungsmotivation gegeben zu sein. Bedenken erregt aber die Alkoholgefährdung des H. Unter Alkohol wird er aggressiv und begeht brutale Handlungen, was sich auch aus dem Hergang der letzten Straftaten ergibt. Nach eingehender Diskussion in der Aufnahmekommission der Anstalt wird seiner Behandlung dennoch zugestimmt. Die Entscheidung erfolgt nach Aktenlage.

Herr Homann wurde im September 1982 aus der JVA Werl nach Gelsenkirchen verlegt. Bei seiner Ankunft wurde er mit den Besonderheiten der Anstalt vertraut gemacht: ihre Gliederung in drei Abteilungen zu je 2 Wohngruppen à neun Bewohner, das Tragen von Zivilkleidung durch Mitarbeiter und Bewohner usw. Er bekam eine Einzelzelle zugewiesen, die in der Regel von 6.00 Uhr bis 24.00 Uhr unverschlossen bleibt, die er aber mit einem eigenen Schlüssel verschließen kann. Er wurde der Wohngruppe, den Mitarbeitern und den für ihn zuständigen Therapeuten vorgestellt und über die Regeln und Pflichten, die er zu beachten hat, unterrichtet.

Wie alle anderen Bewohner braucht auch unser Gefangener Homann einen *Behandlungsplan und ein „Basisgutachten"*. Es macht ihn unsicher, daß er sich darum kümmern muß, ja, daß von ihm verlangt wird, Behandlungsziele zu formulieren. Natürlich hat er sich inzwischen in seiner Wohngruppe eingelebt, hat an ihren regelmäßigen Sitzungen teilgenommen. Er weiß, wann und wie er seine Anliegen vorbringen muß, auch auf welchem Wege Entscheidungen getroffen werden. Dennoch fühlt er sich nicht wohl, weil man von ihm Aktivität, Spontanität, Offenheit im Umgang mit eigenen und den Gefühlen anderer erwartet. Bisher war er gewohnt, möglichst wenig von sich preiszugeben, schon gar nicht über sich zu reden. Was er durchsetzen wollte, das erreichte er bisher mit Druck und Aggressivität.

Gemäß den Vorschriften stellt die Anstalt zwei Monate nach Zugang einen vorläufigen und etwa nach einem halben Jahr einen endgültigen Behandlungsplan auf. In ihm sind alle persönlichkeitsdiagnostischen Ergebnisse zusammengetragen, auch wurde die soziale Vorgeschichte ausgewertet und der Zusammenhang zwischen Kriminalität und den derzeitigen Verhaltensauffälligkeiten hergestellt. Der Plan macht auch Vorschläge für die Behandlung, d. h. für die psychotherapeutischen und unterrichtlichen Maßnahmen, für die Sozialarbeit und für die berufliche Ausbildung. Eine besondere Beachtung findet die soziale Kontaktproblematik, weil die Gefangenen zumeist unter Beziehungsstörungen leiden. Ca. sieben Monate nach Zugang wird das sog. Basisgutachten unabhängig vom Behandlungsplan zumeist vom Therapeutischen Leiter erstellt. Es soll eine Aussage darüber abgeben, ob die Behandlung mit Aussicht auf Erfolg weitergeführt werden kann und in welchem Umfang sog. vollzugliche Lockerungen (Ausführungen, Ausgänge und Urlaub) möglich sind.

Zur Entwicklung und zur Persönlichkeit des Homann wurde folgendes festgestellt:

Er wuchs unter sehr ungünstigen Entwicklungsbedingungen zusammen mit noch drei Geschwistern auf. Der leibliche Vater war Trinker und verprügelte oft grundlos Frau und Kinder. H. wurde Zeuge und Opfer brutaler Szenen, bis er sich später selber tätlich gegen den Vater durchsetzte.

Bis zum 10. Lebensjahr war er Bettnässer. Die Schule wurde unregelmäßig besucht, kein Schulabschluß. Keine Ausbildung. Die Delinquenz setzte früh ein (Mopeddiebstähle) und nahm einen progredienten Verlauf. Psychodiagnostisch fällt folgendes auf: niedriger Bildungsstand bei durchschnittlicher intellektueller Begabung, abgespaltenes und unterdrücktes Gefühlsleben mit Neigung zu heftigen Impulsdurchbrüchen, geringe Selbststeuerung gegenüber aggressiven Außenreizen, Alkoholproblematik, stark herabgesetzte Bereitschaft zur Beachtung moralisch-ethischer Wertvorstellungen.

Homann wurde geraten, sich um eine psychotherapeutische Behandlung zu bemühen. Außerdem sollte er sich zum Betriebsschosser ausbilden lassen, da er die dafür erforderlichen Befähigungen und Neigungen besaß.

H. nahm bald danach die Psychotherapie auf, die sich zunächst recht schwierig anließ, da für H. folgende Kernsätze galten: „Ich muß immer und überall der ‚King' sein. Bin ich das nicht, dann können mich die anderen manipulieren, und das macht mir Angst!" Für die Behandlung stellte das beträchtliche Aggressionspotential eine besondere therapeutische Hürde dar. Denn seine aggressiven Akte, wenngleich sie sittlich zu mißbilligen sind, vermittelten ihm Stärke und brachten ihm auch Vorteile.

Homann erhielt auch Lockerungen, und dabei kam es zu einer weiteren Krise: Er hatte mit seiner Frau, zu der durch die Bemühungen der Anstalt der Kontakt wieder hergestellt worden war, während eines Ausgangs Streit bekommen. Sie hatte ihn aus der Wohnung geworfen, und er war dann „einen trinken gegangen", um sich abzureagieren: sein typisches Verhaltensmuster, das früher dann zu Straftaten führte. Soweit kam es hier nicht, offenbar hatte die Therapie die Sensibilität für kritische Situationen gestärkt, so daß die Verhaltensauslöser, die ansonsten zu aggressiven Reaktionen führten, diesmal nur eine geringe Wirkung zeigten. Aufgrund dieses Resultats war auch zu vermuten, daß die Angst vor Selbstverlust nicht mehr den starken Einfluß auf sein Verhalten hatte wie früher. Die Anstalt konnte also mit ihm weiterarbeiten und diesen Lockerungsverstoß zum Anlaß nehmen, seine Schwierigkeiten direkt anzugeben und realistische Perspektiven für seine künftige Lebensführung zu entwickeln.

Von einer Bestrafung wurde abgesehen. Ohnehin gibt es im Unterschied zu den Regelanstalten in der Sozialtherapie, von Extremfällen abgesehen, keine Möglichkeiten, Hausstrafen zu verhängen.

Zusammenfassung und Abschluß des Falles Homann

Die Persönlichkeitsentwicklung des Gefangenen Homann nahm, von gelegentlichen Rückschlägen abgesehen, einen günstigen Verlauf. Er schloß seine Berufsausbildung zum Betriebsschlosser mit guten Prüfungsnoten ab. Mit Hilfe der Psychotherapie lernte er, seine Gefühle zu erkennen, sie auszuhalten und sie in sozial akzeptabler Weise zu äußern. Sein aggressiv-bedrohliches Imponiergehabe legte er mit der Zeit ab. Sein eingeengter Wortschatz erweiterte sich. In den Wohngruppensitzungen konnte er, was wichtig ist, Schwächen zeigen, ohne sich deswegen gleich als gescheitert und abgelehnt zu erleben. Seine Fähigkeit, Beziehungen einzugehen und diese auch auszubauen, besserte sich. Zu seiner Straftat und der mit ihr zusammenhängenden Gewalt gewann er Abstand. Demzufolge konnte die Anstalt Homann dem Gericht zur Bewährungsentlassung zum Zweidritteltermin (gem. § 57 Abs. 1 StGB) vorschlagen. Dabei erwies es sich als günstig, daß H. für die Zeit nach seiner Entlassung eine Unterkunft und eine tragfähige eheliche Bindung vorweisen konnte, daß er einen Beruf erlernt hatte und mit Hilfe zahlreicher Vollzugslockerungen systematisch auf das Leben in Freiheit vorbereitet worden war. In der Regel werden Bewährungsentlassene einem Bewährungshelfer unterstellt, der noch während der stationären Behandlung Kontakt zu seinem Probanden aufnimmt, da sonst der Wechsel aus dem beschützenden Milieu der Anstalt in die soziale Selbständigkeit zu kraß ausfallen würde. Aus diesem Grunde wurde auch H. einem Bewährungshelfer unterstellt.

6.7 Beispiele sozialtherapeutischer Anstalten

In der Bundesrepublik Deutschland und in West-Berlin haben alle sozialtherapeutischen Anstalten ihren besonderen therapeutischen Schwerpunkt herausgebildet. Diese Unterschiede sollen an vier Anstalten demonstriert werden; zwei, bei denen das Gewicht auf der psychologischen Therapie und der Sozialarbeit liegt, zwei, bei denen das soziale Training und die Arbeitstherapie im Vordergrunde stehen. Die Auswahl soll im übrigen keine Präferenzen ausdrücken (ausführlicher hierzu siehe *Egg.* 1984):

Beispielhaft für eine tiefenpsychologische Orientierung ist die sozialtherapeutische Anstalt *Ludwigsburg* mit dem Sitz auf dem Hohenasperg, die älteste sozialtherapeutische Einrichtung auf deutschem Boden. Sie begann bereits 1954 mit tiefenpsychologisch orientierter Einzelpsychotherapie. Zwar wird dieser Ansatz heute nicht mehr so strikt durchgehalten (vielmehr ist er um die Elemente Gesprächspsychotherapie, Arbeitstherapie und Verhaltenstherapie vor allem erweitert worden), gleichwohl gibt er dem Behandlungskonzept noch immer das Gepräge.

Anders die sozialtherapeutische Anstalt *Ludwigshafen.* Sie wurde 1972 eröffnet und arbeitete zunächst konsequent nach der aus der psychologischen Lerntheorie abgeleiteten Verhaltenstherapie. Später wurde dieses Konzept um gesprächstherapeutische und gruppendynamische Techniken erweitert. Bei der verhaltenstherapeutischen Arbeit mit Straffälligen nimmt man an, daß alles Verhalten, auch das delinquente Fehlverhalten, erlernt wird und demzufolge auch wieder verlernt werden kann. Voraussetzung dafür ist der systematische Einsatz sogenannter „Verstärker" (i. e. positive oder negative Reize) und ein wohldurchdachtes, mit dem Klienten vereinbartes Belohnungs- und Bestrafungssystem.

In der sozialtherapeutischen Anstalt *Hamburg-Bergedorf* wiederum bildet die Arbeitstherapie den eigentlichen Behandlungsschwerpunkt. Alle Insassen nämlich, von vier Hausarbeitern abgesehen, gehen einer Beschäftigung außerhalb der Anstalt nach. Damit wurden auf dem Gebiet der Arbeit Verhältnisse geschaffen, die weitgehend denen in Freiheit entsprechen.

Therapeutische Interventionen im engeren Sinne, also Psychotherapie, treten demgegenüber zurück. Die Voraussetzung für das Gelingen des Konzeptes besteht allerdings in der Schaffung eines kontaktoffenen und repressionsfreien Milieus. Hierzu zählt die Gliederung der Anstalt in kleine, überschaubare Wohneinheiten, in der Vermeidung disziplinarischer Sanktionen und in der intensiven Betreuung durch Vollzugsbeamte. Im Gegensatz zu anderen sozialtherapeutischen Einrichtungen nimmt man in Bergedorf an, daß es so erhebliche Persönlichkeitsunterschiede zwischen Kriminellen und Nichtkriminellen nicht gebe. Vielmehr komme es darauf an, dem Straffälligen zu sozialkonformem Verhalten in der Verwirklichung seiner Bedürfnisse und Gefühle zu verhelfen.

Ähnlich, wenn auch mit einer gewissen Akzentverschiebung, geht man im Bereich „soziales Training" der seit 1973 in der JVA *Berlin-Tegel* bestehenden Sonderabteilung vor. Anstelle einer personenzentrierten Behandlung wird versucht, durch die Initiierung sozialer Lernprozesse Verhaltensänderungen herbeizuführen.

Zu diesem Zweck werden die Insassen zu sozialpraktischen Trainingsgruppen zusammengefaßt, die unter der Anleitung von externen Trainern stehen. In diesen Gruppen werden dann lebenspraktische Fragen behandelt. Dazu zählen insbesondere soziale Beziehungsprobleme wie Ehe, Partnerschaft, Sexualität, der Umgang mit Geld, Schuldentilgung, Arbeit und Freizeit, Rechtsfragen sowie Alkohol und Drogenprobleme.

Tegel arbeitet auch mit sogenannten Kontaktgruppen. Diese gemischten Gruppen setzen sich aus freien Bürgerinnen und Bürgern sowie Klienten zusammen, die keine Kontakte nach draußen haben. Dieses sogenannte Binnentraining wird durch ein Außentraining ergänzt, das heißt durch Arbeitsverhältnisse außerhalb der Anstalt (Freigang), durch Ausgänge und Urlaube.

7. Gefangenenmitverantwortung*

§ 160 StVollzG: Den Gefangenen und Untergebrachten soll ermöglicht werden, an der Verantwortung für Angelegenheiten von gemeinsamem Interesse teilzunehmen, die sich ihrer Eigenart und der Aufgabe der Anstalt nach für ihre Mitwirkung eignen.

7.1 Allgemeine Probleme bei der Schaffung von Gefangenenmitverantwortung

Die Einrichtungen der Gefangenenmitverantwortung haben in den deutschen Strafanstalten eine lange Tradition. Der „Saalälteste" in den Zwölfmann-Zellen des 1838 in Dienst gestellten, inzwischen abgerissenen Kölner Gefängnisses (Klingelpütz) sowie der Lagerälteste in den Ende des vergangenen Jahrhunderts eingerichteten Gefangenen-Außenlagern im Raum Bielefeld waren genau wie die Stations- oder Haussprecher in den heutigen Justizvollzugsanstalten Gefangene, auf die von der Anstaltsleitung Befugnisse verlagert wurden. Der 4. Auflage von *Wackermann/Wutzdorff/Klein* (Berlin 1924) kann man in Anmerkung 5) zu § 68 der Dienst- und Vollzugsordnung für die Gefangenenanstalten der Justizverwaltung in Preußen die damalige Praxis entnehmen: „In jedem Raume, der bei Tag oder Nacht mit anderen Gefangenen belegt ist, empfiehlt es sich, einen zuverlässigen Gefangenen zu bestimmen, der für die Ordnung und Ruhe im Raume insoweit haftet, als er Ordnungswidrigkeiten und Ruhestörungen der übrigen Gefangenen ungesäumt dem Abteilungsaufseher zu melden hat ...".

* *Klaus Koepsel*, Dr. jur., geb. 1936, studierte Jura an der Universität Hamburg: Examen 1961; während der Referendar-Ausbildung siebenmonatige Tätigkeit bei der Hamburgischen Gefängnisbehörde, Assessor-Examen 1966, danach Tätigkeit im nordrhein-westfälischen Strafvollzug; zunächst in den Anstalten Münster und Köln (Klingelpütz), ab 1968 Anstaltsleiter der JVAen Attendorn, Castrop-Rauxel (offener Vollzug), Hagen (Einweisungsanstalt) und Werl (ab 1984), von 1975 – 1977 Referent im nordrhein-westfälischen Justizministerium für Aus- und Fortbildung der Strafvollzugsbediensteten, schulische Förderung und Freizeitangebote für Gefangene und Öffentlichkeitsarbeit; von 1982 bis 1984 Leiter der zentralen Justizvollzugsschule Nordrhein-Westfalens in Wuppertal; von 1978 – 1984 nebenamtlicher Lehrbeauftragter für Kriminologie an der Fachhochschule für Rechtspflege Nordrhein-Westfalens in Bad Münstereifel.

Traditionell haben sich die Bediensteten des Strafvollzuges bestimmter „Obergefangener" bedient, um sich das Aufrechterhalten der äußeren Ordnung in der Anstalt zu erleichtern. Auch in den Anstalten, in denen es keine gewählten oder eingesetzten Gefangenensprecher (früher sog. Älteste) gab oder gibt, wirkten und wirken die sog. Haus- oder Flurarbeiter (früher Kalfaktoren oder Flurwärter) bei der Aufrechterhaltung der Ordnung in der Anstalt mit und organisieren einfache Ordnungsprobleme selbständig.

Die Organisationsformen der Gefangenenmitverantwortung waren und sind unterschiedlich wie die Vollzugskonzepte der Anstalten, doch alle Gefangenensprecher wurden und werden offiziell bestätigt, das System der Gefangenenmitverantwortung ist transparent. Nicht in gleicher Weise durchsichtig ist das in fast allen Strafanstalten bestehende Ordnungsgefüge der verdeckten Gefangenenselbstverwaltung.

Die Herrschaftsstrukturen der Anstaltssubkultur sind in einigen Lebensbereichen des Strafvollzuges wirksamer als die legale Anstaltshierarchie. In vielen Justizvollzugsanstalten kann man Gefangene beobachten, die nie selbst ihre Zelle säubern, die über die anstaltsinternen Probleme immer sehr schnell und oft zutreffend informiert sind und die auch dann keinen Mangel an Rauchwaren oder sonstigen Nahrungsmitteln leiden, wenn sie zufällig aufgrund einer Disziplinarmaßnahme oder wegen verschuldeter Arbeitslosigkeit an dem für die Gefangenen üblichen Zusatzeinkauf nicht haben teilnehmen können. Wenn bei Gefangenen Bargeldbeträge bis zu 10 000,– DM gefunden werden, so muß man ihnen wohl glauben, daß sie in der Anstalt, in welcher sie über dieses Bargeld verfügten, sich nahezu jeden Gebrauchsgegenstand illegal beschaffen könnten und vermittels ihres Geldes und ihres sonstigen durch subkulturelle Kontakte gegebenen Einflusses Macht und Herrrschaft über Mitgefangene ausüben könnten.

Doch nicht von dieser in der Subkultur unserer zu großen und unübersichtlichen Justizvollzugsanstalten nach wie vor mächtigen „Gefangenenmitverantwortung" soll hier berichtet werden, sondern von gesetzeskonformen Organisationstypen der Gefangenenmitverantwortung. Der Hinweis auf die subkulturell in der Regel bestehende Hierarchie unter den Gefangenen soll nur von vornherein deutlich machen, daß die offiziell gestattete Gefangenenmitverantwortung nicht nur belastet ist durch die Tradition der Block-, Lager- oder Stubenältesten, sondern daß sie im Ansehen vieler Gefangener im Gegensatz zur subkulturell gefestigten Hierarchie als willfähriges Hilfsorgan der Anstaltsverwaltung erscheint. Oft werden die Vertreter der Gefangenenmitverantwortung in Gefangenenkreisen als sog. „Radfahrer" („nach oben bücken, nach unten treten") gekennzeichnet. Hier spielt nicht nur eine Rolle, daß die Vertreter der Gefangenenmitverantwortung der „Kollaboration" mit der Anstaltsverwaltung verdächtigt werden, sondern auch das Unbehagen darüber, daß Gefangene über andere Menschen, die „genauso inhaftiert sind wie sie", Macht ausüben.

Entgegen optimistischeren Prognosen (z. B. *Calliess/Müller-Dietz*, Rdn. 3 zu § 160 StVollzG und *Hoffmann* im AK Rdn. 4–6 zu § 160 StVollzG) stellen viele Anstaltsleiter fest, daß sich nach 10 Jahren Strafvollzugsgesetz nur sehr kümmerliche Formen der Gefangenenmitverantwortung durchgesetzt haben. Dies ergab eine längere Diskussion auf der Tagung der 36 Anstaltsleiter der nordrhein-westfälischen Justizvollzugsanstalten im November 1985.

7.2 Heutige Formen der Gefangenenmitverantwortung

Die Systeme der weitgehenden „Demokratie" der Gefangenen sind überwiegend gescheitert und bestehen selbst in sozialtherapeutischen Anstalten nur noch ansatzweise. So heißt es in der Hausordnung der JVA Gelsenkirchen:

„Es gibt drei von den Insassen der jeweiligen Abteilungen gewählte Insassensprecher. Sie nehmen als nicht stimmberechtigte Mitglieder an den Behandlungs- und Personalkonferenzen teil, sofern nicht Personal- und Sicherheitsfragen sowie Einzelanträge von Insassen zur Debatte stehen. Bei Bedarf tritt unter Vorsitz eines Insassensprechers die *Insassenkonferenz* zusammen. Teilnehmer sind alle Insassen der Anstalt, der Anstaltsleiter und abkömmliche Mitarbeiter. Die Insassenkonferenz ist ein Mitwirkungsgremium zur Erörterung von Anliegen der Insassen."

(Vgl. zu solchen Systemen: *Bulczak* 1979, 44 ff, und *Baumann* 1980, 322 ff).

Bei vielen Inhaftierten hat sich Bitterkeit und Resignation eingestellt: „Es verblieb den Insassen der Haftanstalten lediglich das Recht, die Erbsen in ihrer Knastsuppe zu zählen", heißt es in einem Rundbrief des an seiner Gründung gehinderten „Vereins zur Förderung eines gesetzmäßigen Strafvollzuges" (LG Bonn vom 01. 03. 1985, 52 Vollz. 10/83; Bay ObLG in NStZ 1982, 84 f; OLG Karlsruhe in NStZ 1983, 527 f).

Gefangenensprecherorgane haben bei Gerichten zwar ihre Parteifähigkeit in Verfahren nach § 109 StVollzG erstritten, sind aber durchweg mit dem Versuch gescheitert, die Organisation des Sprechersystems in Anlehnung an das Vereinsrecht selbstverantwortlich gestalten zu können (vgl. zur Aktivlegitimation neben den Kommentierungen des § 160 StVollzG die Entscheidung des OLG Hamm vom 13. 10. 1980 [NStZ 1981, 118 ff], anders noch OLG Frankfurt vom 15. 08. 1980 [ZfStrVollz 1980, 254 f]). Zur Beschränkung der Vereinsgründungsfreiheit Bay. ObLG in NStZ 1982, 84 ff und OLG Koblenz in NStZ 1983, 331 f, sowie BVerfG in NStZ 1982, 436 f und im NStZ 1983, 331. (Vgl. die ausführliche Darstellung dieser Probleme bei *Müller-Dietz* in Kaiser/Kerner/Müller-Dietz 1985, 180 ff).

Die Landesjustizverwaltungen haben mit – unterschiedlich detaillierten – Verwaltungsvorschriften die sehr vage formulierte Regelung des § 160 StVollzG im Vollzugsalltag zu präzisieren versucht. Den geheim und frei gewählten Sprechern wurden, soweit sie von den jeweiligen Anstaltsleitungen „bestätigt" wurden, Mitgestaltungsbefugnisse bei der Organisation des Freizeitlebens der Gefangenen, bei der Ausstattung von Haft- und Gemeinschaftsräumen, bei der Erstellung von Speiseplänen und bei der Gestaltung von Gefangenenzeitungen eingeräumt – allerdings wurden keine Mitbestimmungs-, sondern lediglich Anhörungs- und Beratungsrechte gewährt. Geschickt agierende Gefangenensprecher haben trotz ihrer schwachen Rechtsposition zuweilen Einfluß auf die Organisation der Gefängnisse nehmen können. Zumeist glückte eine derartige Einflußnahme jedoch nicht. „Mißliebige" Insassenvertreter werden zudem vereinzelt durch Vorenthalten von Vollzugsvorteilen „diszipliniert". Vielfach lähmt auch intrigenreicher Streit innerhalb der Mitverantwortungsgremien deren Handlungsfähigkeit. Wenn Gefangenensprecher im Kreise ihrer Mitgefangenen als „Vasallen" des Vollzugssystems der Anstalt diffamiert werden, so versuchen sie manchmal derartige Diffamierungen durch lautstark aggressives Vorgehen gegen die Anstaltsverwaltungen zu entkräften. Dadurch erreichen sie jedoch nur einen „Schulterschuß" bei den Bediensteten, mit der Folge, daß einvernehmliche Regelungen des Gefängnisalltags infolge der konfrontativen Grundstimmung zwischen Gefangenen und Beamten kaum noch zustande kommen.

In Veröffentlichungen herrschen oft andere Vorstellungen von den Möglichkeiten der Gefangenenmitverantwortung vor (vgl. dazu *Hoffmann* im AK, Rdn. 6 und 7 zu § 160 StVollzG). Der „Demokratisierung" des Strafvollzuges soll nur die „traditionell antidemokratisch" eingestellte Anstaltshierarchie entgegenstehen, welche den Gefangenen die ihnen verfassungsmäßig zustehende Lebensform verwehrt. Die Wirklichkeit im Vollzugsalltag sieht anders aus, gescheiterte „Gefangenengewerkschaften" inner- oder auch außerhalb des Vollzuges zeigen dies deutlich. Bei Gefangenen mit längeren Freiheitsstrafen handelt es sich in der Regel um Menschen, die in Freiheit wenig Übung im Umgang mit den Einrichtungen der Demokratie haben. Die Masse der Inhaftierten entstammt einer gesellschaftlichen Randgruppe. Die Randgruppenexistenz der meisten Gefangenen rührt daher, daß sie Schwierigkeiten hatten, sich an die Spielregeln der gegenwärtigen Gesellschaft anzupassen. Diese Schwierigkeiten sind in vielen Fällen nicht unmitttelbar verschuldet, sondern es liegen Persönlichkeitsmängel vor, die zu solchen Anpassungsschwierigkeiten führen. In den Strafanstalten sammeln sich diese Menschen, die in Freiheit Anpassungsschwierigkeiten an die Spielregeln der demokratischen Leistungsgesellschaft haben. Wenn über Gefangenengewerkschaften und Selbstverwaltungsgremien in den Vollzugsanstalten Demokratie praktiziert werden soll, so werden die Gefangenen „demokratische Formen" entwickeln, die sie aus ihrer Randgruppenexistenz kennen. Ordnungsgefüge, wie sie in Obdachlosensiedlungen oder in Kreisen von Dauerkriminellen existieren, fließen unmerklich über die gewerkschaftlich organisierte Gefangenenmitbestimmung in den Strafvollzug ein.

Dennoch hat sich in vielen Anstalten ein System der Haus- oder Stationssprecher einrichten lassen. Diese werden in der Regel von den Gefangenen des jeweiligen Hafthauses oder der sog. Station (das ist ein abgegrenzter Flur eines Hafthauses) in geheimer Wahl gewählt. Haus- oder Stationssprecher wählen dann aus ihrer Mitte einen Sprecher für die gesamte Anstalt. Die Anstaltsleitung muß eine solche Wahl bestätigen. In der Praxis soll es selten dazu kommen, daß gewählte Gefangene nicht von der Anstaltsleitung bestätigt werden können. Eine solche Bestätigung wird nur dann versagt werden, wenn ein Gefangener zum Haus- oder Flursprecher gewählt wird, der sein Amt erkennbar dazu benutzen will, die Mitgefangenen gegen die Ziele des Vollzuges aufzuwiegeln. Aufgrund langjähriger Erfahrungen mit solchen Formen von Gefangenenmitverantwortung kann ich berichten, daß die Gefangenen selbst in der Regel Kandidaten, die ihren „Wahlkampf" so führen, daß sie erkennen lassen, daß sie gegen die Anstaltsleitung arbeiten wollen, nicht wählen. Die meisten Gefangenen wissen sehr wohl, daß ein Gefangenensprecher für sie nur Vorteile im Sinne einer Erleichterung gewisser Ordnungsbestimmungen der Hausordnung erstreiten kann, wenn er mit der Anstaltsleitung zusammenarbeitet. Der Aufgabenbereich dieser Haus- oder Flursprecher ist selten exakt beschrieben. In der Praxis werden mit den Gefangenensprechern alle Fragen erörtert, die die allgemeine äußere Ordnung der Justizvollzugsanstalt betreffen.

In vielen Justizvollzugsanstalten der Bundesrepublik hat sich die Gefangenenmitverantwortung deutlich im Bereich der Anstaltsverpflegung entwickelt; sog. Essen- oder Verpflegungsbeiräte wirken bei der Aufstellung des Speiseplans der Anstalt mit. Schwierigkeiten treten für die Mitglieder solcher Beiräte zwar immer dadurch auf, daß der Unmut der Gefangenen über angeblich oder wirklich mangelhaftes Essen sich dann stärker gegenüber den Gefangenenvertretern in den Verpflegungsbeiräten artikuliert als gegenüber den für die Verpflegung zuständigen Bediensteten der Anstalt. Dennoch wird von vielen Gefangenen die Möglichkeit, die Speisepläne abwechslungsreicher zu gestalten, genutzt. Die Anstaltsleitungen, die mit Verpflegungsbeiräten arbeiten, berichten übereinstimmend, daß auch die Anstalt von solchen Beiräten profitiere und daß es insbesondere wünschenswert sei, dem Anstaltsessen gegenüber kritische Gefangene in solche Beiräte hineinzuwählen.

Gefangenensprecher versuchen zuweilen auch zur Lösung der Frage beizutragen, wie es gelingen kann, einzelne unzivilisiert auftretende Gefangene, die durch ihr Verhalten des Zusammenleben in einer Anstalt erheblich stören können, zu einem besseren Benehmen zu bringen. Die Gefangenensprecher sprechen mit den Störern, die Störungen werden in den regelmäßig stattfindenden Versammlungen der Gefangenen eines Hafthauses oder einer Station angesprochen. Auch allgemeine Durchsagen durch die Rundfunkanlage oder Artikel in der Hauszeitung wirken sich auf das Benehmen der Gefangenen aus. Bei solchen Problemen kommt es auch in Gefangenensprecher-Versammlungen immer wieder vor, daß ernsthaft vorgeschlagen oder erwogen wird, ungebärdige Mitgefangene mit den Mitteln der Subkultur (durch Schläge, Drohungen oder sonstige Schikanen) oder durch Sanktionen der Anstaltsleitung zu disziplinieren. Gem. § 156 StVollzG trägt der Anstaltsleiter die Verantwortung für die Rechtmäßigkeit des Strafvollzuges in seiner Anstalt. Diese Verantwortung kann er nicht – auch nicht teilweise – auf die Vertreter der Gefangenenmitverantwortung übertragen. Eine echte Mitverantwortung der Gefangenen für das Zusammenleben in einer Anstalt kann der Anstaltsleiter jedoch wecken, wenn er es verstanden hat, zu den Vertretern der Gefangenen das Verhältnis vertrauensvoller Zusammenarbeit zu entwickeln. Dies ist selbst bei gutem Willen nicht immer einfach, da die gleiche Bereitschaft verständlicherweise auch bei den gewählten Vertretern der Gefangenen vorhanden sein muß.

In der Praxis ist es oft nicht einfach, von ihrer Persönlichkeit geeignete Gefangene als Gefangenensprecher zu gewinnen. Mir ist aus früherer Tätigkeit eine Anstalt bekannt, in der die Posten der Sprecher regelmäßig von Berufszuhältern bekleidet wurden, weil die Beamtenschaft einmütig der Meinung war, daß diese Gefangenen mit allen Schwierigkeiten, die in einer Gemeinschaft auftreten könnten, am ehesten fertig würden. Von Gefangenenmitverantwortung im Sinne des § 160 StVollzG kann in solchem Falle keine Rede sein. Es soll jedoch nicht verkannt werden, daß in den Justizvollzugsanstalten, in denen eine größere Zahl der Dauerkriminalität verhafteter Gefangener inhaftiert sind, bei der Wahl der Gefangenenvertreter die Tendenz sichtbar wird, Gefangene zu wählen, die erkennbar der Berufskriminalität verhaftet waren. Die Anstaltsleitung steht vor dem Problem, ob sie dieses Durchsichtigwerden der ohnehin vorhandenen subkulturellen Strukturen tolerieren soll. Möglicherweise wäre die Hoffnung berechtigt, auf die Subkultur der Anstalt stärker Einfluß nehmen zu können. Wird die Wahl von Berufskriminellen unterbunden, so entsteht das Risiko, daß die dann ersatzweise gewählten Gefangenenvertreter entweder aus der Subkultur ferngesteuert werden, oder aber in ihrer Arbeit durch die Subkultur der Strafanstalt stark behindert werden.

Gefangenenmitverantwortung ständig neu zu beleben, bleibt eine dauerhafte Aufgabe der Anstaltsleitungen. Eine Randgruppenintegration, wie der Strafvollzug sie erreichen möchte, kann nur erfolgversprechend versucht werden, wenn es Gefangenenmitverantwortung gibt. Es entspricht der Konzeption des Behandlungsvollzuges, Trainingsfelder zu schaffen, in denen Gefangene unter Kontrolle lernen können, sie unmittelbar betreffende Probleme des zwischenmenschlichen Bereichs selbstverantwortlich zu regeln (so deutlich *Rotthaus* in Schwind-Böhm, Rdn.1 zu § 160 StVollzG und *Grunau-Tiesler* Rdn. 35 zu § 160 StVollzG sowie *Kerner* in Kaiser-Kerner-Schöch 1983, 327).

8. Freizeitgestaltung im Strafvollzug – Möglichkeiten der Freizeitgestaltung*

Freizeit und Freiheitsentzug vertragen sich nicht selbstverständlich. Freizeitgestaltung im Strafvollzug ist schwieriger zu realisieren, als man gemeinhin annehmen möchte. Der für den allgemeingesellschaftlichen Lebensbereich gültige Freizeitbegriff läßt sich nicht auf die Freizeitgestaltung im Strafvollzug übertragen.

Der wesentliche Unterschied zwischen der Freizeit des in Freiheit lebenden Bürgers und des Inhaftierten besteht darin, daß der Nichtinhaftierte in der Freizeit seine individuellen, mentalen, emotionalen und kreativen Kräfte freilassen kann und dadurch zu Kompensation, Rekreation, Information und Bildung gelangt, während der Inhaftierte zu allen Stunden, auch in der Freizeit, den beeinträchtigenden Zwängen unterworfen bleibt, die mit der Gewährleistung des über ihn verhängten Freiheitsentzuges begründet werden (Sicherheitsbedürfnis) und dadurch ständig der Fremdbestimmung in Form von Kontrolle und Sicherung ausgesetzt ist. Der freie Bürger definiert Freizeit als die Zeit, „in der ich lebe, meine Wünsche mir erfülle, meinen Neigungen nachgehe und mit Gleichgesinnten mich zusammentue". Für den Gefangenen wird Freizeit unter dem Aspekt beschrieben: „Freizeit ist die Zeit, die nicht der Arbeit gewidmet ist." „Freizeit ist die Zeit, die nach Erledigung der zahlreichen Arbeiten verbleibt, die das tägliche Leben im Gefängnis auferlegt." „Freizeit ist die Zeit, in der der Gefangene weder schläft noch arbeitet, sondern über deren Ausfüllung er in Grenzen selbst bestimmen kann." (Vgl. *Moers* 1969).

Im Strafvollzug bestimmt die Dreiteilung Arbeitszeit, Freizeit, Ruhezeit den Tagesrhythmus.

Die Arbeitszeit, in der Regel von 07.00 bis 16.00 Uhr, wird von Werkbediensteten und Lehrern gestaltet, die Kenntnis und Fertigkeiten in „wirtschaftlich ergiebigen Arbeiten" vermitteln oder Ausbildungsprogramme anzubieten haben. Dafür gibt es Methoden und Zielsetzungen: Bedienstete und Gefangene akzeptieren sich gegenseitig, die Arbeitszeit ist relativ konfliktfrei.

* *Lothar Bode*, geb. 1924, Oberstudienrat im JVD, studierte von 1948 bis 1950 in Göttingen Pädagogik. Lehrer von 1950 bis 1959. Ab 1959 als Pädagoge und Vollzugsleiter in der Jugendstrafanstalt Vechta tätig. Von 1971 – 1975 Zusatzausbildung zum Individualpsychologischen Berater. Seit 1979 als leitender Pädagoge in der Jugendanstalt Hameln zuständig für die schulisch-berufliche Ausbildung junger Gefangener – Durchführung eines Modellversuches zur Berufsbildung in Justizvollzugsanstalten. – Sachverständiger für die Aus- und Fortbildung des AVD im nds. Justizvollzug.

Die Ruhezeit beginnt mit dem Nachteinschluß, der allgemein auf 22.00 Uhr festgelegt ist und bis 06.00 Uhr dauert. Nachteinschluß bedeutet technisch abgesicherte Verwahrung der Gefangenen in verschlossenen Hafträumen. Beamte des allgemeinen Vollzugsdienstes (AVD) sind für diese Dienstaufgaben, die nach eindeutigen Vorschriften korrekt abgewickelt werden, zuständig. Auch hier gibt es wenig offen erkennbare Probleme.

Die Freizeit fällt in die Zeit von 16.00 bis 22.00 Uhr (am Wochenende 2 x 12 Stunden zusätzlich). Es ist der Zeitraum, „der dem Gefangenen nach Abzug der ihm statusgemäß auferlegten förmlichen und festumrissenen Aufgaben verbleibt". In den Stunden der Freizeit erwachsen dem Strafvollzug erhebliche Probleme. Für die Strafvollzugbediensteten ist die freie Zeit der Gefangenen eine besonders sicherheitsgefährdete Zeit. Dazu melden die Gefangenen in diesem Zeitraum die meisten Ansprüche an. Für die Gefangenen bedeutet die Freizeit Langeweile, wenig Ablenkung von der persönlichen Misere, Gefährdung durch Subkultur.

Der Gesetzgeber hat in drei Paragraphen des Strafvollzugsgesetzes über Freizeit und Freizeitverhalten folgende Regelungen getroffen:

§ 67:
„Der Gefangene erhält Gelegenheit, sich in seiner Freizeit zu beschäftigen. Er soll Gelegenheit erhalten, am Unterricht, einschließlich Sport, an Fernunterricht, Lehrgängen und sonstigen Veranstaltungen der Weiterbildung, an Freizeitgruppen, Gruppengesprächen sowie an Sportveranstaltungen teilzunehmen und eine Bücherei zu benutzen." (1)

§ 68:
„Der Gefangene darf Zeitungen und Zeitschriften in angemessenem Umfang durch Vermittlung der Anstalt beziehen." (1)

§ 69:
„Der Gefangene kann am Hörfunkprogramm der Anstalt sowie am gemeinschaftlichen Fernsehempfang teilnehmen. Die Sendungen sind so auszuwählen, daß Wünsche und Bedürfnisse nach staatsbürgerlicher Information, Bildung und Unterhaltung angemessen berücksichtigt werden. Der Hörfunk und Fernsehempfang kann vorübergehend ausgesetzt oder einzelnen Gefangenen untersagt werden, wenn dies zur Aufrechterhaltung der Sicherheit oder Ordnung der Anstalt unerläßlich ist." (1)

Eine Fülle von Verwaltungsvorschriften, Erlassen und anstaltsinternen Verfügungen ergänzen die gesetzlichen Regelungen. Der Freiraum für die Freizeitgestaltung wird dadurch zusätzlich eingegrenzt.

Die in Sachen „Freizeit" ergangenen gerichtlichen Entscheidungen bestätigen und begründen die verfügten Begrenzungen für die Freizeitgestaltung im Vollzug überwiegend:

OLG Koblenz – 12. 02. 1986 – 2 Vollz (Ws) 5/86
„Der Gefangene hat keinen Anspruch darauf, daß die Justizvollzugsanstalt die in § 67 S. 2 StVollzG aufgezählten Freizeitangebote bereitstellt oder daß er an bestimmten gemeinschaftlichen Veranstaltungen teilnehmen darf."

OLG Celle – 22. 05. 1986 – 3 Ws 238/86
„Nach § 17 Abs. 2 StVollzG kann die gemeinschaftliche Unterbringung in der Freizeit eingeschränkt werden, wenn es die Sicherheit der Anstalt erfordert."

OLG Koblenz – 24. 09. 1985 – 2 Vollz (Ws) 75/85
„Gemeinsame Freizeit in Form des Zellenaufschlusses bringt für die Sicherheit und Ordnung innerhalb einer Anstalt erhebliche Gefahren mit sich. Darum sind gemeinsame Freizeiten von Gefangenen nur durchführbar, wo die baulichen und personellen Voraussetzungen eine Aufgliederung der Gefangenen in abtrennbare, überschaubare und damit kontrollierbare Gruppen ermöglichen."

OLG Celle – 08. 11. 1985 – 3 Ws 557/85
„Dem Gefangenen steht grundsätzlich das Recht, am gemeinschaftlichen Fernsehempfang teilzunehmen, zu, um das Grundrecht der Informationsfreiheit zu gewährleisten. Ist in einer Justizvollzugsanstalt bereits um 20.15 Uhr Nachteinschluß, ist es dem Gefangenen nicht möglich, sein Informationsinteresse durch die Teilnahme am Gemeinschaftsfernsehen genügend zu befriedigen, wird die Zulassung des Einzelfernsehens wegen eines „begründeten Ausnahmefalles" unabweisbar sein, um dem Grundrecht des Antragstellers auf freie Information nach Artikel 5, Abs. 1 GG zu genügen."

Die Problematik für die Freizeitgestaltung im Vollzug allgemein und ihrer Effizienz speziell liegt in den Begrenzungen. Besorgnis und Mißtrauen gegenüber den haupt- und ehrenamtlichen Mitarbeitern, die mit allen Mitteln gegen Gleichgültigkeit, Desinteresse und Lethargie der Gefangenen antreten, lähmt viele Initiativen. Mangel an Räumlichkeiten, in denen angemessen Freizeit gestaltet werden kann, verhindert positive Gruppenerlebnisse. Letztendlich stehen begrenzte finanzielle Mittel für die Ausgestaltung der Freizeit zur Verfügung.

Berichte der Landesjustizverwaltungen und aus verschiedenen Vollzugsanstalten lassen erkennen, wie den Problemen der „unfreien Freizeit" begegnet wird. Einige ausgewählte Informationen stehen für die Gesamtsituation:

Der Justizminister des Landes Nordrhein-Westfalen: (AZ: 4557E – 4 A 345 vom 20. 1. 1987)
„Hinsichtlich der Art und der Rangfolge der Bedeutung der Freizeitangebote bestehen keine über die Bestimmung in § 67 StVollzG hinausgehenden Vorgaben. Die Freizeitangebote richten sich in dem gesetzlichen Rahmen nach Zuständigkeit, Größe sowie nach den räumlichen und personellen Möglichkeiten und dem unterschiedlichen Bedarf in den einzelnen Vollzugsanstalten. Die Freizeitveranstaltungen werden unter Beteiligung von Anstaltsbediensteten aller Sparten sowie vollzugsfremden Personen oder Organisationen (ehrenamtliche Betreuer, Verbände, Volkshochschule u. a.) organisiert. Die Gefangenen wirken in unterschiedlicher Form an der Durchführung der Veranstaltungen mit. Ihre Beteiligung reicht vom Anregen derartiger Veranstaltungen bis hin zur inhaltlichen Mitgestaltung und Organisation. Die Bedeutung des allen Gefangenen möglichen Rundfunk- und Fernsehempfangs ist wiederum von Anstalt zu Anstalt je nach Bedarf, für den etwa auch die Strafdauer eine Rolle spielen könnte, unterschiedlich. Die Ausstattung der Vollzugsanstalten mit bedarfsgerechten Räumlichkeiten für die Freizeitgestaltung ist je nach den baulichen Gegebenheiten unterschiedlich. Durch eine Verbesserung der baulichen Infrastruktur der meisten Anstalten ist eine wesentliche Intensivierung der Freizeitarbeit möglich geworden. Für einzelne, insbesondere ältere Anstalten des geschlossenen Vollzuges werden in vergleichsweise geringerem Umfang weitere Verbesserungen des Platzangebotes angestrebt; sie sind teils projektiert. Freizeit außerhalb der Anstalt wird in erster Linie in offenen Einrichtungen, für geeignete Gefangene teils auch in geschlossenen Vollzugsanstalten angeboten. Art und Umfang richten sich dabei jeweils nach den unterschiedlichen Bedürfnissen und Möglichkeiten. Die Freizeitgestaltung in Justizvollzugsanstalten wird in erster Linie aus Haushaltsmitteln bestritten, in geringem Umfang von den Gefangenen selbst (Bastelmaterial, Anschaffung eigener Fernsehgeräte in Ausnahmefällen nach § 69 Abs. 2 StVollzG, Bezug von Zeitungen und Zeitschriften). In kleinerem Umfang stehen für die Kosten der Freizeitgestaltung auch Spenden zur Verfügung."

Das Ministerium für Justiz Baden-Württemberg: (AZ: 2422I – VI/107 vom 26. 1. 1987)
„An Freizeitangeboten gibt es in den Justizvollzugsanstalten des Landes Sport, Fernsehen, Rundfunk, Werken und Basteln, Soziales Training – Entlassungstraining, Unterrichtsgruppen (z. B. Fremdsprachen), Spielgruppen (Schach, Gesellschaftsspiele u. a.), Musikgruppen (eigenes Spiel und Beurteilung von Musik), Bearbeiten von Fernkursen, Anonyme Alkoholiker und ähnliche Selbsthilfegruppen, Einzelbeschäftigung (z. B. Herstellen von Kunstgegenständen). Freizeitgruppen werden von Fachdiensten (Sozialarbeiter, Lehrer u. a.) gestaltet, z. T. auch vom allgemeinen Vollzugsdienst, zudem sind ehrenamtliche Mitarbeiter als Freizeitbetreuer tätig und auch Gefangene in Zusammenarbeit mit den Bediensteten und Mitarbeitern. Fernsehen/Rundfunk haben eine hohe Bedeutung im Vollzug.

Vereinzelt gibt es auch Gruppen zur Medienerziehung im Rahmen des sozialen Trainings. Nur in wenigen Ausnahmefällen ist genügend Freizeitraum vorhanden (15 Gefangene – 1 Freizeitraum). Ein Sportplatz ist in allen Anstalten vorhanden, Turnhallen gibt es nicht in allen älteren Anstalten. Außerhalb der Anstalt kann vor allem an Sportgruppen und Volkshochschulkursen teilgenommen werden. Dies gilt besonders für den offenen Vollzug, für den geschlossenen Vollzug in Einzelfällen nach entsprechenden Lockerungsentscheidungen. Die Gefangenen wünschen im allgemeinen mehr Sportstunden. Manche Freizeitbetätigungen können aus Gründen der Sicherheit und Ordnung nicht betrieben werden. Der allgemeine Vollzugsdienst wünscht mehr Dienststunden für die Freizeitbetreuung der Gefangenen."

Die vorliegenden Berichte verschiedener Justizvollzugsanstalten, die unmittelbar für die Gestaltung der Freizeit der Gefangenen zuständig sind, lassen erkennen, daß die begrenzten Möglichkeiten für die Freizeitgestaltung durch Einfallsreichtum und Engagement einzelner Bediensteter zu Freizeitangeboten entwickelt werden können, die in ihrer Vielfalt, Lebensnähe und ihrem Unterhaltungswert sinnvolle und hilfreiche Qualität aufweisen. Die JVA Straubing in Bayern unterhält für die rund 850 Strafgefangenen 80 organisierte Gruppen in der Freizeitbeschäftigung. Die verantwortlichen Träger der Freizeitgestaltung (4 Lehrer und 3 Bedienstete des AVD) stellen selbstkritisch und zufrieden fest, daß „das Angebot sich bis zur maximalen Grenze ausgeweitet hat. Mehr ist aus Gründen der Sicherheit, der Übersichtlichkeit, des Raumbedarfs, der Kursleiterkosten und des Personalaufwands nicht mehr möglich und auch nicht mehr angebracht. Durch das große Freizeitangebot hat sich das Freizeitverhalten der Gefangenen geändert. Die Gewichtung innerhalb der Gruppen hat sich verschoben. Der Trend geht zu den einfacheren und passiveren Freizeitgruppen. Etwas zu leisten ist nicht mehr so gefragt. Doch muß man sagen, daß der Sport, das Schachspiel und die Bastelkurse unvermindert gleiches Interesse finden."

In vielen Anstalten sind Vereine gegründet worden, in denen echte und lebensnahe Vorbereitung auf die zukünftige Lebensgestaltung geleistet werden kann. Brieftaubenzucht-, Angler- und Kleingärtnervereine u. a., vor allem aber Sportvereine, die auch Mitglied im Deutschen Sportbund sind, bieten sehr viele reale Möglichkeiten, ganz normale Freizeiterfahrungen und -erlebnisse zu haben. Durch Kontaktaufnahme mit Vereinen in der Öffentlichkeit bieten sich natürliche Gelegenheiten für soziale Erfahrungen, bewegende Erlebnisse und förderliche Bildung.

Am Beispiel der 1980 in Nutzung genommenen (Jugendstrafvollzugsanstalt) Jugendanstalt Hameln/Niedersachsen können optimale Voraussetzungen für Freizeitgestaltung im Strafvollzug dargestellt werden. Jeder Kreis-/Stadtjugendpfleger würde wunschlos, wenn er für die von ihm betreuten Jugendlichen über gleiche Ausstattung und Möglichkeiten verfügen könnte.

Hameln ist Standort für die einzige geschlossene Jugendvollzugsanstalt im Lande Niedersachsen. Rund 500 Insassen verbüßen Jugendstrafen zwischen 6 Monaten bis zu 10 Jahren. 300 Bedienstete sind mit der Vollzugsgestaltung befaßt.

In 10 Unterkunftshäusern ist gut ausreichender Platz für Einzelschlaf- und Gemeinschaftswohnräume. Dazu kommen weitere Räume für Tischtennis, Basteln, Kraftsport und Gruppenarbeit. Es gibt keine Raumprobleme, was immer auch veranstaltet werden soll.

Auf dem 17 ha großen Gelände gibt es Sportfelder für die verschiedenen Sportarten. Eine normengerechte Wettkampfanlage mit einer 400-m-Aschenbahn, Sprunggruben für Weit- und Hochsprung und einer Kugelstoßanlage ermöglicht Training und Wettkämpfe zu jeder Zeit. Die Sporthalle entspricht nach Größe und Ausstattung allen Wünschen der 5 Sportbediensteten, die für die Durchführung eines umfangreichen Sportprogramms zuständig sind.

Ehrenamtliche Mitarbeiter, freie Institutionen wie Volkshochschulen, Vereine, Bildungsträger haben sich im Vollzug für die Freizeitgestaltung engagiert. Ihnen ist die Vielfalt der Angebote zu verdanken. Der Spiel- und Sportverein (SSV 80) ist Mitgliedverein im Deutschen Sportbund und beteiligt sich mit seinen Mannschaften an Punktspielen im Handball, Volleyball und Tischtennis. Insassen, Bedienstete und freie Bürger sind Mitglieder in diesem Verein. Andererseits sind einige talentierte Insassen gefragte Mitglieder in Vereinen der Stadt Hameln und Umgebung.

Der Verein für Jugendhilfe e. V. hat sich zur Aufgabe gemacht, Gruppenaktivitäten in der Jugendanstalt Hameln zu initiieren und materiell zu unterstützen. Wanderungen, Ausfahrten, Turniere und andere Veranstaltungen, die einer sinnvollen Freizeitgestaltung dienen, werden vom Verein ermöglicht und gefördert. Der Verein stellt Fahrräder, Langlaufskier, Paddelboote, Spiele und andere Freizeitgeräte zur Verfügung und unterstützt dadurch reizvolle Freizeitunternehmungen. Die Arbeitsgemeinschaft für Jugend- und Erwachsenenbildung Hameln e. V. hat sich mit einem vielseitigen Veranstaltungsangebot in der JA Hameln etabliert, das finanziell von der Ländlichen Erwachsenenbildung in Niedersachsen e. V. getragen wird. Im Veranstaltungskatalog des ersten Halbjahres 1987 finden sich 67 verschiedene Angebote, die von ehrenamtlichen Mitarbeitern, von Bediensteten außerhalb der Dienstzeit und von Insassen selbst gestaltet und betreut werden. Veranstaltungen wie „Kochen für Anfänger", „Nähen für Anfänger", „Aquariumbau" und „Türkische Küche" finden dabei überdurchschnittliches Interesse. Das Pfarramt in der Jugendanstalt hat mit 3 seelsorgerischen Kräften Selbsthilfegruppen eingerichtet, die sich aus verschiedenartigen Motiven zusammenfinden. Große Ausstrahlung haben die vom Pfarramt arrangierten Laienspielveranstaltungen auch über die Mauern der Anstalt hinaus. Sie geben den mitwirkenden Insassen Gelegenheit, die Probleme des Vollzuges und ihre eigenen in die Öffentlichkeit zu tragen und dabei aufzuarbeiten.

Ein Kreis von mehr als 100 ehrenamtlichen Mitarbeitern unter der Leitung eines Koordinators kommt regelmäßig in die Anstalt zur Einzel- und Gruppenbetreuung. Zwischenmenschliche Begegnungen, gemeinsame Aktionen, ungezwungenen Gedankenaustausch, Hoffnungen und Enttäuschungen bringen die ehrenamtlichen Mitarbeiter in die Anstalt und damit ein Stück Natürlichkeit und Lebensechtheit unter die jungen Männer, die notwendig auf positive Emotionalität angewiesen sind. Selbst unter diesen optimalen Bedingungen gelingt es nur begrenzt, die Insassen zu aktivieren, die

Freizeitangebote im Sinne von Förderung, Kompetenzerweiterung oder gar Bildung zu nutzen. Anfängliches Interesse und gezeigte Begeisterung erlöschen sehr bald wie Strohfeuer. Passivität, Gleichgültigkeit und Desinteresse der Insassen wirken wie eine lähmende Krankheit und können nur mit großem Energieaufwand überwunden werden.

Die Freizeitgestaltungsform, die das größte Interesse der Gefangenen findet und bei der sie auch zweifelsfrei die meiste Aktivität entwickeln, sind die Vollzugslockerungen und der Urlaub aus der Haft. Nach § 11 StVollzG kann dem Gefangenen erlaubt werden, die Anstalt ohne Aufsicht für eine bestimmte Tageszeit zu verlassen. Urlaub kann der Gefangene bis zu 21 Kalendertagen in einem Jahr erhalten. Diese Freizeitmöglichkeiten können gewährt werden, wenn nicht zu befürchten ist, daß der Gefangene sich dem Vollzug der Freiheitsstrafe entziehen oder die Lockerungen des Vollzuges zu Straftaten mißbrauchen wird. Aus der bundeseinheitlichen Strafvollzugsstatistik ist zu entnehmen, daß 237 265 Ausgänge im Jahr 1982 gewährt wurden und davon 2 321 (1 %) nicht ordnungsgemäß in die Anstalten zurückkehrten. Bei 197 190 Urlaubsgewährungen im gleichen Jahre konnten 4 605 (2,3 %) Gefangene das in sie gesetzte Vertrauen nicht voll erfüllen. Bei beiden Kategorien ist im Laufe der Jahre zu beobachten, daß mit zunehmenden Ausgangs- und Urlaubsgewährungen die Versagerquote geringer wurde. Mit der Methode Ausgangs- und Urlaubsgewährung als sinnvolle Freizeitgestaltungsform an den subkulturell gefährdeten Wochenenden intensiver zu experimentieren, bietet sich an.

Eine zielgerechte Methodik für die Freizeitgestaltung im Vollzug ist nicht erkennbar. Offenbar ist die Freizeitgestaltung noch sehr abhängig von Zufällen, von den Ideen und der Bereitschaft einzelner, die sich für die Freizeitgestaltung der Gefangenen unter den allgemein begrenzten Bedingungen einzusetzen bereit sind. Auch im Strafvollzug wird die Freizeit und ihre Gestaltung zunehmend an Bedeutung gewinnen. Sie ist und bleibt ungenutzt eine gefährliche und gefährdende Zeit, weil in ihr das Klima entsteht, in dem Sozialfeindlichkeit und kriminelle Infektion prächtig gedeihen. Die Problematik der Freizeitgestaltung im Strafvollzug verlangt, daß die Verantwortungsträger eingefahrene Gewohnheiten überprüfen, Organisationskonzepte zweckmäßig verbessern und die Bediensteten vor Ort mehr Verantwortung für ihren Arbeitsbereich und konkrete Möglichkeiten im alltäglichen Umgang mit den Gefangenen eingeräumt bekommen. Die Bediensteten müssen von der Anstaltsleitung befugt und befähigt werden, dem sozialen Unvermögen der Inhaftierten mit optimistischem, selbstbewußtem Sozialverhalten begegnen zu können. Kontrollieren und schließen muß man im Strafvollzug. Das aber sind Tätigkeitsmerkmale des Strafvollzugsbediensteten, die weder ihn noch den Gefangenen zufrieden machen. Ermutigen, helfen können, mittragen und Vertrauen geben, sind Tätigkeiten, die Atmosphäre schaffen und Erfüllung bringen. Sie sind zugleich auch Voraussetzung für die Verbesserung des Freizeitklimas und der Freizeitgestaltungsmöglichkeiten einer Justizvollzugsanstalt. Dem Strafvollzug stellt sich dringlich die Aufgabe, das Verhältnis einschränkender Sicherung und lebensnatürlicher Freizeit für die Gefangenen in ergiebige Ausgewogenheit zu bringen.

9. Der Strafvollzug aus der Sicht eines Insassen*

Seit nunmehr 15 Jahren bin ich in einer C-Anstalt inhaftiert. Da ich andere Vollzugsarten nicht kenne, beschränken sich meine Erfahrungen auf den geschlossenen Vollzug. Genauer: auf das tägliche Leben in einer Justizvollzugsanstalt, in der (so die Einweisungsformel) Gefangene mit erheblicher krimineller Gefährdung inhaftiert sind. Das ist insofern für den Leser wichtig, als Inhaftierte des gelockerten oder offenen Vollzuges sicherlich andere Vollzugserfahrungen und andere Betrachtungsweisen des Strafvollzuges haben werden.

§ 2 des Strafvollzugsgesetzes sagt aus, daß der Gefangene im Vollzug der Freiheitsstrafe die Fähigkeit erlernen oder erwerben soll, „künftig in sozialer Verantwortung ein Leben ohne Straftaten zu führen". Außerdem, so der Satz 2 des § 2 StVollzG, dient der Vollzug der Freiheitsstrafe dem Schutz der Gesellschaft vor weiteren Straftaten. Dem in § 2 Satz 1 StVollzG beschriebenen Vollzugsziel kann der Strafvollzug zumindest in einer so sicherheitsorientierten Anstalt wie der JVA Rheinbach auf keinen Fall auch nur ansatzweise gerecht werden. Diese Feststellung läßt sich einfach begründen:

Das Lernziel „künftig in sozialer Verantwortung ein Leben ohne Straftaten zu führen", ist nicht (wie viele irrtümlich meinen) ein Auftrag an die Justiz, uns Insassen das irgendwie beizubringen. Es ist eine Aufforderung an uns Inhaftierte, zunächst zu erkennen, DASS wir bislang ein Leben OHNE soziale Verantwortung geführt haben. Wer von uns weiß denn schon, was das ist: Soziale Verantwortung? Ein Leben ohne Straftaten zu führen – was das heißt, begreift selbst der unverbesserlichste Kriminelle. Halt ein Leben ohne Diebstahl, Betrug, Raub und so weiter ...

Aber wer hier drinnen begreift schon, daß ein Leben ohne soziale Verantwortung der direkte und unmittelbare Weg zur Kriminalität ist? Und wer nicht weiß, was soziale Verantwortung ist, der kann mit dem Begriff Resozialisierung erst recht nichts anfangen. Er, der nie sozial war, soziales Verhalten grundsätzlich für eine Schwachstelle der Leute hielt, die er dann beklaute oder betrog ... ausgerechnet er soll nun re-sozialisiert werden.

Die Landesjustizbehörden, durch das Inkrafttreten des Strafvollzugsgesetzes vor das Problem gestellt, mit dem gleichen Apparat, dem gleichen Personal und den gleichen Bauten etwas zu leisten, von dem sie selbst eigentlich auch nicht genau wußten, was es eigentlich ist – nämlich Resozialisierung – gingen das Problem behördentypisch an:

Wir kriegen die Ware „Knackis", denen fehlt soziale Verantwortung, also geben wir sie ihnen. Das Ganze mit einem Minimum an Kostenaufwand – mithin im bestmöglichen Preis-Leistungsverhältnis.

Es ist nun eine erlebte Tatsache, daß von den beamteten Resozialisierern viele *Jahre* brauchten, bis sie überhaupt begriffen, WAS man ihnen mit dem Resozialisierungsanspruch aufbürdete.

Man versuchte, das Problem dadurch in den Griff zu bekommen, daß man rasch mehr Personal einstellte ... blieb aber weiter ohne richtiges Konzept, wie denn nun dem (zudem unwilligen) Knacki die kriminelle Gefährdung entrissen werden könnte.

* *Herbert Glitza*, Justizvollzugsanstalt Rheinbach, Verfasser des Beitrages „Opferausgleich – Ja, aber ... wie, womit, wovon?" ZfStr.Vo 1986, 150 ff.

Das wiederum führte dazu, daß die neu eingestellten Leute (Sozialarbeiter, Psychologen, Beamte des allgemeinen Vollzugsdienstes usw.) in neu geschaffenen Verwaltungsaufgaben und -bereichen verschwanden, ohne daß sich deren Erscheinen im Hinblick auf eine gezielte Behandlung der Inhaftierten auswirken konnte.

Was nutzen uns hier drinnen neue *Sozialarbeiter,* wenn sie permanent damit beschäftigt sind, irgendwelche Konferenzvorbereitungen zu treffen, Stellungnahmen zu schreiben und so weiter – und dadurch keine Zeit haben, mit und an uns SOZIALE ARBEIT im Sinne von Aufarbeiten von sozialen Defiziten zu leisten?

Der Normalgefangene sieht hier drinnen den Sozialarbeiter nur, wenn er (einmal jährlich) zur Vollzugskonferenz ansteht, ihn für ein Telefonat mit seiner Mutter, Braut usw. braucht. Gespräche über sein Vorleben, über die Gründe seiner Straffälligkeit und darüber, was er vor seiner Inhaftierung so falsch gemacht hat, sind nicht möglich. Wie auch? Der Sozialarbeiter muß regelrechte Aktenberge wälzen, will er wenigstens die minimalsten Konferenzvorbereitungen für die Vorstellung von durchschnittlich 7 Inhaftierten je Woche auf den Vollzugsplankonferenzen machen. Das, was sie selbst auch „Verwaltungskram" nennen, ist durch Erlasse und Vorschriften mittlerweile dermaßen ausgeartet, daß ein Sozialarbeiter im Vollzugsdienst zum reinen Verwaltungsangestellten degradiert wurde.

Dazu kommt noch, daß gerade dieser Punkt persönlichen Frust und damit eine gewisse Unlust an der „Sozial"arbeit aufkommen läßt. Irgendwann ist man dann im üblichen Trott. Man macht seine Arbeit – macht sich aber um Himmelswillen keine Gedanken über den Sinn seiner Arbeit. Denn das wäre letztendlich unerträglich ...

Das Strafvollzugsgesetz verpflichtet die Landesjustizverwaltungen dazu, für ausreichend Personal in den einzelnen Anstalten zu sorgen. Das ist ein ganz klarer Auftrag.

In der Realität des praktizierten Strafvollzuges (Ich rede jetzt ganz bewußt nicht von BEHANDLUNGSVOLLZUG) wird der Begriff „ausreichendes Personal" offenbar daran gemessen, ob das vorhandene Personal ausreicht, den Verwaltungsaufwand zu erledigen.

Das ist der Fall – aber wo bleibt das Personal für die Behandlung, für die Sozialgruppen, für die Sozialarbeit mit den Inhaftierten? Dafür bleibt den Sozialarbeitern und auch den Inhaftierten lediglich die (unbezahlte) Freizeit. Im Klartext: Nimmt ein Sozialarbeiter seine eigentliche Aufgabe ernst und will reale Sozial-Arbeit leisten, dann kann er das nur, indem er NACH Feierabend eine Sozialgruppe durchführt. Seine eigentliche Dienstzeit läßt ihm dafür keinen Freiraum.

Bei den Beamten des allgemeinen Vollzugsdienstes drückt sich die Personalknappheit deutlich in einem wachsenden Berg von Überstunden aus. Ein Sozialarbeiter macht keine Überstunden – fehlendes Personal macht sich bei ihnen im Liegenbleiben von Sozialarbeitsleistungen bemerkbar. Und die sind nicht meßbar ..., somit für die Justizbehörde auch nicht vorhanden.

Solange ein Sozialarbeiter in der Lage ist, die anstehenden Stellungnahmen, Konferenzvorbereitungen usw. zur Zufriedenheit der Anstaltsleitung durchzuführen, besteht keine Personalknappheit.

Wie diese Vorbereitungen, Stellungnahmen usw. für den einzelnen Gefangenen (und vom generellen Wert her) aussehen könnten, wenn er dazu noch echte Sozialarbeit leisten könnte ... davon kann man als Inhaftierter allenfalls träumen. Dieses System treibt den Sozialarbeiter in ein Prinzip der Massenabfertigung, das nie nach persönlicher Verantwortung und Zufriedenheit im Sinne ihrer Berufsethik fragt. Der Inhaftierte wird zu einem zu bewältigenden Vorgang, der innerhalb einer bestimmten Zeit bearbeitet und vorgelegt werden muß. Für alles andere bleibt keine Zeit ...

All das, was sie auf ihren Fachhochschulen lernen, was letztendlich eben auch Sozialarbeit ausmacht, das können und müssen sie im Strafvollzug vergessen. Bei durchschnittlich 70 zu betreuenden Inhaftierten pro Sozialarbeiter, muß das Behandlungsprinzip des Vollzugsgesetzes auf der Strecke bleiben.

Noch schlimmer sieht es bei den *Psychologen* aus:

Auch sie ertrinken förmlich im reinen Zuarbeiten für die Anstaltsleitung (Konferenzvorbereitungen, Stellungnahmen, Gutachten usw.). Wirkliche psychologische Arbeit im Sinne von Anstößen zu Persönlichkeitsänderungen der Inhaftierten, im Sinne von haftbegleitenden Therapien z. B. kann von ihnen nur in verschwindend wenigen Einzelfällen geleistet werden.

Und genauso wird der Psychologe (ähnlich wie der Sozialarbeiter) auch von uns Inhaftierten gesehen: als Zuarbeiter der Justiz. Unbedingt notwendiges Vertrauen zwischen Psychologen und Inhaftierten kann in diesem Klima nicht aufkommen.

Somit ist der Psychologe in erster Linie jemand, vor dem der Inhaftierte eine ziemliche Angst hat. Schließlich ist er derjenige, der nach oft nur halbstündigen Gesprächen in seinem Gutachten oder in seiner Stellungnahme mitentscheidet, ob man eine Vollzugslockerung bekommt oder nicht.

Wie wenig die Landesjustiz überhaupt an einen Einsatz der Psychologen als entkriminalisierende Faktoren im Vollzug gedacht hat, ergibt sich nicht nur aus der Tatsache, daß ganze 3 Psychologen als ausreichend für diese Anstalt mit 500 Inhaftierten betrachtet werden, sondern auch daraus, daß in seinem Aufgabenbild eine wirksame psychologische Arbeit (Also: Therapie, analytische Arbeit mit Häftlingen usw.) lediglich NEBEN seiner Hauptaufgabe (Stellungnahmen, Gutachten usw.) vorgesehen ist. Und in der Praxis ist es dann so, daß es kein „neben" gibt. Der Psychologe hat alle Hände voll zu tun, die von ihm geforderten Entscheidungszuarbeiten für die Juristen zu erledigen.

Anders verhält es sich dagegen mit den *Pädagogen* im Vollzug. Die sog. „Oberlehrer" leisten im Sinne ihres Berufsbildes als einziger Fachdienst im Strafvollzug effektive Arbeit. Sie arbeiten in Liftkursen schulische Defizite auf, bringen die inhaftierten Schüler auf den Wissensstand der 7 – 8-Klasse, oder gar bis zur mittleren Reife. Sie bereiten ihre Schützlinge schulisch auf die sich anschließende Ausbildung in einem Fachberuf vor. Die Pädagogen sind somit der einzige Fachdienst, der den Inhaftierten dazu bewegt, etwas an sich zu arbeiten. Entsprechend besser stehen sie auch im Meinungsbild der Inhaftierten da. Zwar nehmen auch sie an Konferenzen usw. teil, müssen auch Stellungnahmen schreiben ... aber das sind für sie mehr oder weniger nur Randarbeiten in ihrem Aufgabenbereich.

Allerdings:

Was nutzen im Endeffekt die Vermittlung von schulischem Wissen und die Aufarbeitung von schulischen Defiziten, wenn sich an der Persönlichkeit des Gefangenen nichts ändert, weil ganz einfach auf diesem Gebiet die begleitenden Maßnahmen fehlen ... durch Sozialarbeiter und Psychologen nicht geleistet werden können.

Um es mal klischeehaft zu sagen:

Ein Verbrecher lernt schulisch dazu. Er weiß mehr als vorher ... aber von der Persönlichkeit her blieb er ein Verbrecher.

Seine nächsten Straftaten wird er raffinierter begehen als vorher.

Selbst wenn alle drei Dienste es aus behandlerischer Sicht für erforderlich halten, daß jemand in eine vollzugsprogressive Maßnahme hineingeht (Ausbildung, gelockerte Vollzugsart usw.), so müssen sie, und wenn sie es noch so detailliert begründen, vor dem Begriff „Sicherheit und/oder Ordnung" kapitulieren, wenn der Jurist z. B. den zu langen Strafrest anführt.

Ein Beispiel:
Angenommen, ein zu 15 Jahren verurteilter Inhaftierter arbeitet *von sich aus* (andere Möglichkeiten hat er ja kaum) an sich selbst, verarbeitet seine Straftat und die Gründe, die ihn dazu brachten. Er bildete sich über das schulische Angebot der JVA weiter, lernt schließlich noch einen Beruf und hat das alles gut gepackt. Logisch von der Vollzugsentwicklung her, wäre dann, daß man ihn nun in eine gelockerte Vollzugsart steckt, damit er sich dort besser auf die Entlassung vorbereiten kann. Nun kommt also der entscheidende Jurist (der aufgrund seiner Vorschriften, Erlasse usw. nicht anders kann) und verwehrt ihm diese Möglichkeit mit der Begründung, es sei noch verfrüht, ihn in den offenen Vollzug zu verlegen.

Die Folge: Der Betroffene sitzt die restlichen Jahre mehr oder weniger abstumpfend und (was echt schlimm wiegt) schwer enttäuscht von der Justiz, ab. In solchen Fällen ist es durchaus normal, daß die bis dahin eigentlich positive Entwicklung zu einer Rückentwicklung in alte Verhaltensweisen weicht.

Niemand wird wohl in der Lage sein, in einem Sumpf von Intrigen, Gewalt, Erniedrigung, permanenter Bevormundung (all das stellt eine Vollzugsanstalt letztendlich dar) täglich darum zu kämpfen, anders zu bleiben, als es die meisten im Knast sind. Er eckt an, immer wieder und schließlich paßt er sich an ... wird wieder ein Knacki.

Das StVollzG ist vom Ansatz her gut. Das sagen wir Knackis, das sagen die Leute, die hier drin arbeiten. Was dagegen eine Katastrophe ist, ist die Art, wie man das Gesetz in die Praxis umsetzte. Besser: Wie man die Realisierung des Gesetzes durch die Praxis verhinderte. Auf die Überlastung der Fachdienste ist schon eingegangen worden.

Ganz besonders krass sind die Auswirkungen einer sogenannten „ausreichenden Personalpolitik" im Strafvollzug im Bereich des *allgemeinen Vollzugsdienstes.*

Zur Erinnerung noch einmal: „Die Landesjustizverwaltungen haben für ausreichendes Personal in den Vollzugsanstalten zu sorgen". Das ist der Text eines Bundesgesetzes, seit 10 Jahren gültig. Und seit 10 Jahren (und länger) sieht die Einhaltung des Gesetzes in den Anstalten so aus, daß zehntausende von Überstunden beim allgemeinen Vollzugsdienst anfallen. Jahr für Jahr. Anstalt für Anstalt.

Konkret heißt das für den betroffenen Beamten:

Er durchläuft eine zeitintensive und kostspielige Ausbildung. Anschließend nimmt er seinen Dienst im Regelvollzug auf und sollte nach Möglichkeit alles vergessen, was er in seiner Ausbildung gelernt hat. Er hat ganz einfach keine Zeit, davon etwas zu verwirklichen. Ausgebildet zur „Arbeit am Menschen" (wie es so schön heißt), erfüllt er in der Vollzugspraxis eine reine Schließerfunktion und wird darin zum Prellbock und Amboß für ihn mehr und mehr frustrierende Knackiaggressionen. Nicht der Jurist, der Psychologe oder der Sozialarbeiter muß die Inhaftiertenaggressionen nach Ablehnungen aushalten – das muß der kleine Abteilungsbeamte. Stündlich, täglich,

Jahr für Jahr. Er ist derjenige, der dafür zu sorgen hat, daß (und wenn sie noch so unsinnig sind) Anordnungen „von oben" am Mann durchgesetzt werden. Und er hält seine Nerven hin ... solange, bis er krank wird. Dazu kommt noch, daß durch Wochenenddienste, Nachtdienste usw. sein Familienleben mit einbezogen wird. Andere wollen die 35-Stunden-Woche ... er träumt noch von einer 50-Stunden-Woche.

Auch hier die Frage:

Wie mag wohl ein Strafvollzug, und wie mag wohl ein Vollzugsklima sein, wenn tatsächlich ausreichend Personal zur Verfügung stünde?

Wenn also auch der Abteilungsbeamte Zeit hätte, sich intensiver mit den ihm anvertrauten Inhaftierten seiner Abteilung zu befassen. Wohlgemerkt in einvernehmlicher Zusammenarbeit mit den ihn dabei unterstützenden Fachdienstkräften und den Juristen.

So steht er aber unter einem enormen Streß! Täglich mindestens 8, eher aber mehr Stunden. Und jemand, der permanent unter Streß steht, wird zwangsläufig fahr- und nachlässiger, auf Dauer ganz einfach müde.

Ein fahr- und nachlässiger Abteilungsbeamter ist jedoch für die Gesellschaft ein Sicherheitsrisiko: Die Sicherheit des Knastes hängt nun einmal davon ab, wie genau seine Beamten aufpassen, daß niemand von uns Knackis die „Mücke macht".

Flüchtet tatsächlich jemand, dann wird der gleiche Beamte zur Verantwortung gezogen, der eigentlich nur mit seinen zugestandenen Möglichkeiten versuchte, das Unmögliche zu machen.

Er wird von denen zur Verantwortung gezogen, die durch ihre sicherheitszerstörende Personalpolitik die Ursache für das Versagen des Abteilungsbeamten schufen.

In der gleichen Position stecken auch die Juristen in den Anstalten, insbesondere der *Leiter einer Anstalt.*

Seine Vorgesetzten verlangen von ihm, daß er zwei Aufgaben maximal erfüllt:

1. Seine Anstalt (insbesondere eine C-Anstalt wie Rheinbach) soll absolut sicher sein.
2. In seiner Anstalt soll resozialisiert werden.

Und das gleichzeitig! Das alleine ist schon irrsinnig schwer und kaum zu bewältigen bei einer Inhaftiertenklientel, die (und das ist eine grundsätzliche Voraussetzung für unser Hiersein!) von einer Auswahlanstalt als „erheblich kriminell gefährdet" eingestuft wurde. Mit anderen Worten: In seiner Anstalt sitzen nur „überschwere Jungs" ein, die man letztendlich abgeschrieben hat im Hinblick auf Resozialisierungsbemühungen.

Da „Abschreibung" aber vom Gesetz her nicht möglich ist, stockt man seine Anstalt gerade mit dem Nötigsten an Fachpersonal auf (der Schein nach draußen muß gewahrt bleiben) und sagt ihm, er solle nun für Resozialisierung und für Sicherheit sorgen. Dabei mehr für das letztere versteht sich.

Unter den zuvor beschriebenen Um- und Zuständen bleibt ihm dann nichts weiter übrig, als (gemeinsam mit den anderen Diensten, die ihm unterstellt sind) die passierten und zu erwartenden Katastrophen zu verwalten und nach Möglichkeit zu verhindern.

Unter diesem Aspekt gesehen, spricht es FÜR die qualitativen Fähigkeiten der Anstaltsleitung und ihrer Fachdienste und Vollzugsdienste, daß nicht noch mehr passierte, als bisher.

Vielleicht haben sie auch einfach Glück gehabt.

Auch bei den Juristen (speziell beim Anstaltsleiter) das gleiche Spiel, wie beim allgemeinen Vollzugsdienst:

Die gleichen Leute, die für deren katastrophalen Arbeitsbedingungen sorgten (und somit selbst die Ursachen für das Vollzugsklima und die unmittelbaren Folgen davon schufen) lassen ihre Untergebenen sofort „im Regen" stehen, wenn die Öffentlichkeit (Initiativen, Medien usw.) den Anstaltsleiter für die Flucht eines Lecki, für die angeblichen und tatsächlichen Zustände in seiner Anstalt, für einen „ungesetzlichen Strafvollzug" in seiner Anstalt angreift.

Zusammenfassend kann man sagen, daß diese Form von Strafvollzug nicht nur selbst uns Inhaftierte in die Position eines Opfers setzt, sondern auch die eigenen, im Vollzug beschäftigten Beamten aller Dienste gleich mit. Dieser Halbheitenvollzug fordert von allen Beteiligten das Letzte . . . und *er schafft sie alle:* Die Beamten, die Juristen, die Psychologen, die Sozialarbeiter, die Knackis . . . einfach alle.

Er schafft selbst die, die hier drin freiwillig als *ehrenamtliche Betreuer* arbeiten und versuchen, wenigstens in Ansätzen das zu leisten, wozu die Fachdienste von den Möglichkeiten her nur sehr beschränkt in der Lage sind.

Einige von ihnen machen bereits den Fehler, daß sie für ihren zwangsläufig auftretenden Betreuungsfrust Schuldige suchen. Sie begreifen nicht, daß es für Außenstehende, die den Vollzug nur durch Hörensagen und nicht durch persönliches Erleben kennenlernen, unmöglich ist, die Zusammenhänge zu begreifen. Für sie ist der Anstaltsleiter der Verantwortliche für den Vollzug und für das Vollzugsklima in seiner Anstalt . . . und auf ihn haben sie sich eingeschossen. Gegen ihn machen sie mobil, auch bei den Insassen.

Anstatt sich gemeinsam MIT ihm für eine Verbesserung der Gesamtsituation einzusetzen, stoßen sie sich an vorgegebene Sicherheitsmaßnahmen – sie betreuen immerhin in einer C-Anstalt! – und spielen mit beim großen Draufhackspiel der Justiz. Mittlerweile sind auch sie schon Ursache für das irrsinnige Klima hier drin geworden. Sie haben es allerdings viel einfacher:

Sie werden schließlich nicht zur Verantwortung gezogen, wenn sich ein von ihnen Betreuter (der seine Straftaten im Zusammenhang mit Alkohol beging) bei ihnen zu Hause anläßlich einer Ausführung betrank. Sie tragen keine Verantwortung, außer der, die sie sich selbst geben.

Die Betreuer mit ehrenamtlichem Status sind für uns Inhaftierte zudem noch eine Ausweinstation, also oft Leute, bei denen wir unseren Frust abladen. Meistens den Frust über die Anstalt. Das prägt, vor allem auf Dauer betrachtet, nach und nach das Bild der Ehrenamtlichen von der Anstalt. Das, und die Tatsache, daß sie letztendlich nicht über vollzugsinterne Entscheidungen informiert werden DÜRFEN (sie sind ja keine Angehörigen des Vollzugspersonals) führt somit auch zwangsläufig zu Spannungen mit der Anstaltsleitung.

Der Frust darüber wird wiederum oft bei den betreuten Inhaftierten abgelassen, die dafür nur zu gut Verständnis haben. Bei einigen (zum Glück für uns nur wenigen) hat sich der „Krieg" gegen die Anstaltsleitung mittlerweile verselbständigt. Auch das hat mit Behandlung und Resozialisierung nicht mehr viel zu tun.

Ein betreuter Inhaftierter ist in diesen Fällen klar zum Randobjekt abgerutscht.

Das tägliche Leben im Vollzug erleben wir hier drinnen unter den beschriebenen Voraussetzungen nicht mehr als Behandlung, sondern als das, wie man juristisch den

Begriff STRAFE definiert: als gewollte Übelzuführung.

Wir sollen hier drinnen und unter diesen Voraussetzungen, ausgerechnet unter diesen Voraussetzungen lernen, was soziale Verantwortung ist, um dann auf dieser Basis ein Leben ohne Straftaten zu führen. Selbst, wenn man begriffen hat, was das ist, vergißt man es am besten wieder schnell, weil sich die gesamte Knastumwelt einen Dreck um soziale Verantwortung kümmert.

Das irrsinnigste überhaupt am ganzen Vollzug in dieser Anstalt ist nämlich, daß hier so eine Art permanenter Wettkampf unter den Gefangenen besteht, sich gegenseitig niederzumachen, materiell und sozial. Derjenige, der Schwäche zeigt (und soziale Verantwortung ist hier drinnen Schwäche), wird deswegen ausgenutzt ... bis zum Gehtnichtmehr. Wie sozial kaputt wir hier drinnen sind, zeigt die Tatsache, daß eine Rolexuhr am Arm den Stellenwert in der Inhaftiertenhierarchie mehr hebt, als wenn man Mitgefangene unterstützt. Derjenige, der besonders gut andere Kollegen „übers Ohr haut" zählt mehr (weil der clever ist) als derjenige, der einem von seinem Einkauf etwas abgibt, weil man selbst nichts hat (Das ist dann ein Spinner).

Derjenige, der mit seinen paar Mark „Monatsverdienst" (so ca. 150,– DM) draußen versucht, seine Schulden abzustottern, ist ein Idiot. Derjenige, der seine paar Mark vor Pfändungen rettet, andere beim Kartenspiel „abzieht" und davon lebt, ist hier drinnen ein König. Derjenige, der die Notlage eines anderen ausnutzt, um dessen Radiogerät für ein paar Päckchen Tabak abzukaufen, ist einer von den „Echten" ... derjenige, der dem Betreffenden den Tabak leiht (und dann noch ohne Zinsen) ist erstens verrückt und bekommt zweitens noch Krach mit dem „Echten", weil er ihm das Geschäft mit dem Radio kaputtmachte.

Das ist die Realität, mit der wir uns hier drinnen auseinandersetzen müssen. Tag für Tag.

Hier drinnen sein, daß heißt (und hieß): man lebt in einer total anderen Welt.

Viel schlimmer als das rein physische Eingesperrtsein in einem „Wohnclosett mit Schlafgelegenheit", ist für uns Knackis (und ganz besonders für die seltenen Exemplare, die sich mit ihrer Straftat und ihrem Vorleben auseinandersetzten ...) das Leben in einem völlig anderen Wertesystem.

Schon deshalb, weil es tiefgreifender und nachhaltiger in den Auswirkungen auf die Persönlichkeit ist als das rein physische Eingesperrtsein!

Da Straftäter in der Regel *nicht* durch die Verhaftung, Untersuchungshaft und anschließende Verurteilung urplötzlich zu anderen, erhofftermaßen besseren Menschen werden, nehmen sie ihre Denkweisen, Handlungsweisen und Lebensgewohnheiten mit in den Knast.

Dort versuchen sie (mit zum Teil wahnsinnigen Energieleistungen) ihren bisherigen Denkweisen möglichst gerecht zu werden. Das heißt konkret: Sich von den Mithäftlingen durch Stärke, „Knastreichtum" und Macht abheben, (eben wie man sich draußen auch durch viel Geld, Waffenbesitz, Waffengewalt, Körperkräfte, Anhäufung von Statussymbolen usw. vom verachteten Normalbürger abzuheben versuchte).

Dieses „Etwas-Besseres-Sein" muß zudem deutlich sichtbar sein, also ständig dokumentiert werden. Rolexuhr am Arm und Cartier-Feuerzeug in der Hand, noch besser: dicke Goldketten um Hals und Armgelenk, und von einem Nimbus umgeben, daß man noch ein Sümmchen unerlaubter Bargeldbeträge in petto hat – das alles hebt jedenfalls die Stellung in der Knastwelt! (zur Subkultur vgl. auch S. 277 ff). Die Tatsache, daß sich jemand ernsthaft mit seiner Tat auseinandersetzte, gar auf einmal Schuldgefühle gegenüber seinen Opfern entwickelt und darüber zu reden versucht, reicht allenfalls für die Position eines Spinners innerhalb der Knasthierarchie. Die Feststellung, „Dich haben sie wohl resozialisiert!" hat hier drin einen abwertenden Charakter – und wird dementsprechend heftigst dementiert. Tatsächlich greift eine rein technische Resozialisierung (Schul- und Berufsfortbildung) auch nicht in die kriminelle Wertewelt ein. Sie berührt sie nicht einmal. Dadurch, daß kein ausreichendes Personal da ist, das sich *mit* dem Gefangenen über die Problematik seines Weges zur Straftat analytisch auseinandersetzen kann, bleiben diese Knastwerte unangetastet die gängige Lebensauffassung. Der Insasse hat dadurch auch weiter genug damit zu tun, seinen Stellenwert im Knastsystem zu erreichen und zu sichern. Und darin haben moralische Wertvorstellungen einfach nichts zu suchen. Die Straftat ist und bleibt verdrängt, Schuldgefühle (sofern überhaupt vorhanden) werden das ebenfalls.

Es ist eigentlich alles so, wie es schon vor der Straftat war! Nur die Umstände sind härter und eingeschränkter als draußen. Und – so paradox das auch klingen mag – die Justiz unterstützt mit einem ausgeuferten Sicherheits- und Ordnungsbedürfnis das Bestehenbleiben der kriminalitätserhaltenden Wertewelt. Und sie gräbt damit dem Grundgedanken des StVollzG selbst das Grab! Die Tatsache schon, daß man persönliche Gegenstände (Radio, Fernsehen, Schreibmaschine, Gitarren usw.) nicht an Mitgefangene verleihen darf, macht ganz normales Sozialverhalten zu einem Verstoß gegen Hausordnungen. Draußen ist es sozial normal, daß man dem Nachbarn aushilft, wenn z. B. mal eine Motorsäge, ein Rasenmäher usw. fehlt. Hier drin ist es so, daß man beim Aushändigen einer Schreibmaschine (die beantragt und genehmigt werden muß) eine Erklärung unterschreibt, daß man sie nicht verleiht und nicht von der Zelle gibt. Macht man es doch (weil nicht jeder eine Schreibmaschine genehmigt bekommt), dann wird die Maschine eingezogen. So verhält es sich mit *allen* persönlichen Gegenständen. Die Geräte werden auf einer Erlaubniskarte vermerkt, die auf der Zelle ausliegt. Der Abteilungsbeamte kann also jederzeit feststellen, ob das Gerät oder der Gegenstand auch zum Zellenbesitzer gehört.

Gefangene, die (aus unterschiedlichen Gründen) die begehrten Gegenstände nicht genehmigt bekommen, versuchen sie abzukaufen – zu „maggeln" wie wir hier drin sagen.

Das und die Tatsache, daß hier „Geschäfte" unter den Gefangenen, sowie das Schenken von Gegenständen außerhalb des von der Justiz undefinierten „geringen Wertes", schlicht verboten sind, fördert und begründet genau das, was eigentlich bekämpft werden soll: die Subkultur im Knast.

Dieses System der Reglementierung von „(A)Sozialverhalten" ist die Basis dafür, daß sich überhaupt erst „Knast-" und „Maggelkönige" in Haftanstalten bilden können.

Die freuen sich förmlich über jedes Verbot von Gegenständen, weil das ihren geschäftlichen Beschaffungsbereich erweitert und das Hochtreiben der Preise logisch begründen läßt.

Ein paar Beispiele aus dem Reglementierungskatalog:

Cassettenrecorder:
Diese sind im Knast begehrtes Handelsobjekt, weil nur eine Minderheit der Inhaftierten in den Genuß kommt, Musik von der Cassette hören zu dürfen. (Das Aufnehmen von Musik auf Cassette ist offiziell *allen* versagt)

Lediglich Lebenslängliche dürfen (nach Ablauf von 5 Jahren Haft) einen Cassettenrecorder zum Abhören von Musik auf der Zelle haben. Inhaftierte mit Zeitstrafen grundsätzlich nicht.

Sie dürfen allenfalls einen Recorder für schulische Zwecke verwenden – etwa Absolvierung eines Sprachkurses.

Diese Regelung hat dazu geführt, daß Knäste zu einem Eldorado für die Anbieter von Sprachkursen geworden sind. Es gibt kaum einen Inhaftierten, der nicht sofort mit Antritt seiner Strafe einen Sprachlehrgang beginnt. Pro forma, versteht sich ...

Fernsehgeräte:
Die Regelung lautet:
Es darf nur der ein eigenes Fernsehgerät auf der Zelle haben, der mindestens zu 7 Jahren Haft verurteilt wurde – und davon wenigstens 3 Jahre Haft verbüßt hat. Alle, die unter einer Strafdauer von mindestens 7 Jahren liegen, sind grundsätzlich während der gesamten Haftzeit vom Genuß eines eigenen Fernsehgerätes ausgeschlossen. Da (verständlicherweise) Fernsehgeräte einen hohen Stellenwert im Knast haben, schafft gerade diese Regelung unerträgliche Spannungen unter den Inhaftierten – und verhalf dem Schwarzmarkt im Knast zu einem geradezu unglaublichen Aufschwung ...

Kleintierhaltung:
Um die Einsamkeit auf der Zelle halbwegs erträglicher zu machen, kaufen sich viele Gefangene Vögel. Die werden mühsam gezähmt und im Laufe der Jahre zum Zellengenossen. Ähnlich verhält es sich mit Aquarienfischen.
Dazu die Regelung:

Kleinvögel (Wellensittiche, Kanarienvögel usw.) darf sich ein Inhaftierter nach Ablauf von 2 Jahren Haft halten.

Ein Kaltwasseraquarium darf er nach Verbüßung von mindestens 5 Jahren, ein Warmwasseraquarium erst nach Verbüßung von mindestens 8 Jahren auf der Zelle haben.

Was diese drei Beispiele mit der Basis zur Erwerbung der Fähigkeit zu tun haben, „im Strafvollzug zu erlernen, künftig ein Leben ohne Straftaten in sozialer Verantwortung zu führen", ist und bleibt fraglich.

In diesen Fällen hat die Haftzeit ihren Sinn auch im Hinblick auf den Schutz der Gesellschaft vor weiteren Straftaten verloren. Jemand, der sich täglich ungerecht behandelt fühlt (und das fühlen sich mehrheitlich die Knackis), sammelt Jahr für Jahr Aggressionen und Frustrationen an. Der denkt nicht über seine charakterlichen Fehler nach, oder arbeitet soziale Defizite auf ... der fühlt sich im Recht und ist irgendwann voller Wut und Haß auf alles, was auch nur ansatzweise mit geregeltem Leben zu tun hat.

Und diese Ohnmachtsgefühle werden sich verstärken, wenn er (zu dessen bisheriger Lebenseinstellung noch Wut und Haß dazukamen) mit der knallharten Realwelt draußen konfrontiert wird.

Er wurde für die Gesellschaft zu einem noch größeren Sicherheitsrisiko, als er es vor und bei seiner vorherigen Straftat schon war.

Daß die wenigen Sozialtherapeutischen Anstalten mit ca. 20 % weniger Rückfalltätern bessere Statistiken aufweisen können, hat ihre Ursache nicht zuletzt darin, daß dort viel personalintensiver und somit auch effektiver im Sinne von Behandlung mit dem Gefangenen gearbeitet werden kann.

Das wäre also die Form, die zumindest das Erreichen eines Vollzugszieles möglich macht – weil sie (diese Form der Inhaftierung) den einzelnen Inhaftierten dazu bringt, über sich selbst und die Ursachen seiner Straftatenanfälligkeit nachzudenken und *von sich* aus etwas zu unternehmen, andere Lebenswege zu gehen.

Diesem Ideal versuchen Beamte, Juristen und Fachdienstangehörige zwar auch in anderen als Sozialtherapeutischen Anstalten gerecht zu werden ... aber sie scheitern an der Papier- und Verwaltungsarbeit, die sie mit einem Minimum an Personal kaum noch bewältigen können. Denn ihnen gegenüber stehen Knackis mit ihrer festgefügten Knastwertewelt, in der Begriffe wie Resozialisierung und Behandlung, Vollzugsplan und Vollzugsziel keinen erstrebenswerten Sinn haben. Die beiden verschiedenen Auffassungen vom Sinn der Strafzeit berühren sich kaum.

Meist nur dann, wenn der Inhaftierte zur Vollzugsplankonferenz muß oder wegen angestrebter Vollzugslockerungen Gespräche mit den beurteilenden Sozialarbeitern oder Psychologen führen muß. Dann wird halt das gemacht, was wir hier drin „Kamine" nennen: Der Inhaftierte suggeriert, daß er am Vollzugsziel mitarbeiten will (ohne zu wissen, was das eigentlich ist), bekräftigt seinen Willen durch regelmäßiges Erfüllen seiner Arbeitspflicht und dadurch, daß er nicht auffällig im Vollzug ist. Außerdem entspricht die Ordnung und Sauberkeit seiner Zelle den gängigen Auffassungen.

Das wars aus unserer Sicht dann auch schon. Der Sozialarbeiter packt die gesammelten Fakten des Verhaltens mit den Erkenntnissen zusammen, die er beim Gespräch mit dem Inhaftierten gewann – und gibt seine Stellungnahme und Empfehlungen für die Vollzugsplanung ab. Bestenfalls (wenn man Gewalttäter ist) muß man noch zum Psychologen der mit einem Gutachten eventuell Entscheidungshilfe für den Anstaltsleiter bei Gewährung von Urlauben, Verlegung in den offenen Vollzug usw. geben muß.

Nur die ganz wenigen Inhaftierten, die das unsagbare Glück haben, im Laufe der Jahre ein fundiertes Vertrauensverhältnis zu einem Sozialarbeiter, oder Psychologen oder Oberlehrer oder Juristen zu haben, erfahren das, was das StVollzG eigentlich für alle Inhaftierten vorsieht: eben Behandlung.

Alle hier Beschäftigten können ihre Berufsideale aus zeitlichen (personalmangelbegründet) Gründen nur mit einzelnen Inhaftierten erleben. Und für den Betreffenden ist das dann der absolute Glücksfall – er hat dann die Chance, in jahrelangen, intensiven Gesprächen eine Vorstellung von dem zu entwickeln, was man mit sozialer Verantwortung umschreibt ... und diese Vorstellung auch real zu erleben. Das ist ein wahnsinniges Stück Eigenarbeit für den Inhaftierten, die er (und sonst niemand) bringen muß ... aber er wird gestützt, kann sich aussprechen, wenn er Probleme hat, wird sachlich kritisiert, also als Mensch akzeptiert.

Das wiederum versetzt ihn auch in die Möglichkeit, das Anfeinden (das zwangsläufig kommt, sobald die Mitgefangenen merken, einer von ihnen schert aus den Knastnormen aus!) der Knastnormalwelt zu ertragen. Wie gesagt: Es gibt Einzelfälle, die den Knast im Sinne des StVollzG erleben dürfen.

Aber was ist mit dem großen Rest der Mehrheit der Gefangenen?

Nach 10 Jahren Strafvollzugsgesetz geht man hin und sagt: das Behandlungsprinzip ist gescheitert! Man will wieder hin zum Schuld- u. Sühneprinzip. Ein Gesetz soll bereits geändert werden, bevor es überhaupt das Laufen lernte.

Und weil die wirtschaftliche Lage in der Gesellschaft zur Zeit der Idealboden für die Leute ist, denen das mit dem „modern-humanen" Strafvollzug schon immer ein Dorn im Auge war, wird das „Jahrhundertwerk" Strafvollzugsgesetz bald still und leise eingemauert werden. Ob das dem Vollzugsziel und der Sicherheit der Gesellschaft dient und somit Schaden vom deutschen Volk genommen wird, wie man gelobte?

10. Nichtdeutsche im bundesdeutschen Strafvollzug*

Menschen, die nicht im Heimatland leben, haben in der Regel aus sprachlichen, ethnischen, kulturellen, klimatischen und vielen anderen Gründen besondere Schwierigkeiten zu bewältigen. Dies gilt um so mehr, wenn sie sich in der Fremde in Unfreiheit befinden. Sie fühlen sich oft unverstanden, einsam, benachteiligt und in besonderer Weise bestraft (im einzelnen auch *Krebs* 1976, 343 ff, 347, s. a. die weiteren Nachw. 345; zu ihrer Situation außerdem: *Rotthaus* 1968, 353 ff; *Nährich* 1975, 145 ff; *Schaffner/Kneip* 1983, 259 ff; ferner etwa die Beiträge bei *Schäfer/Sievering* 1984 mit Anm. von *Müller-Dietz* 1985, 168; international ausführend *Tulkens* 1984, 93 ff).

Ihre Situation sei im folgenden – ansatzweise – dargestellt, wobei der Schwerpunkt der Betrachtung auf die hessische JVA Schwalmstadt (bis 1971 = JVA Ziegenhain), und zwar die geschlossene Hauptanstalt gelegt werden soll, die aufzuzeigenden Schwierigkeiten in vergleichbaren Anstalten aber ähnlich sein werden.

10.1 Einführender Überblick

10.1.1 Entwicklung

Krebs hat in der 1. Auflage dieses Buches (1976, 344) ausgeführt, daß das Problem nichtdeutscher Inhaftierter im Rahmen der wirtschaftlichen Entwicklung in Deutschland mit den Wanderarbeitern vor 1914, den Immigranten aus dem Osten vor 1933 und den Displaced Persons nach 1945 entstanden sei. In der Gegenwart dürften die heutige Mobilität der Arbeitskräfte (s. a. bereits *Krebs* aaO), der zunehmende Reiseverkehr allgemein und in besonderer Weise der illegale Handel mit Rauschgift von Bedeutung sein.

10.1.2 Anteil in der Bundesrepublik Deutschland

Es ist festzustellen, daß in der Bundesrepublik Deutschland bei den ausländischen Gefangenen der Anteil z. B. von März 1970 bis März 1980 erheblich angestiegen ist, und zwar im Erwachsenenstrafvollzug bei den Männern von 2,9 % = 842 auf 7,3 % = 2 500, bei den Frauen von 2,3 % = 24 auf 4,6 % = 55. Im Jugendvollzug lag bei den männlichen Strafgefangenen im gleichen Zeitraum ein Anstieg von 2,9 % = 135 auf 6,1 % = 381 vor, während hier die absolut gesehenen Zahlen weiblicher Insassen mit 5 und 6 sehr niedrig sind (*Dünkel* in: *Dünkel-Rosner* 1982, 20, 401). Die Zahl der 2 500 männlichen erwachsenen Ausländer, die im März 1985 einsaßen, sei beispielsweise gegenübergestellt den bundesdeutschen weiblichen Strafgefangenen, die sich etwa im Juni 1982 nur auf 1471 beliefen (*Dünkel* aaO, 53).

* *Guido Neu*, Dr. jur., geb. 29. 3. 1944 in Krefeld-Uerdingen, seit 4. 1. 1985 Leiter der Justizvollzugsanstalt Schwalmstadt, Regierungsdirektor, im Justizvollzugsdienst seit 15. 2. 1973.

10.1.3 Lage im Land Hessen

Soweit in der Bundesrepublik Deutschland im März 1980 7,3 % = 2 500 ausländische Gefangene aufzuzeigen waren, betrug ihr Anteil im Land Hessen nach Datenerhebungen des Hessischen Ministers der Justiz (4510/4 – IV/1 – 474/85) – bezogen auf die Gesamtbelegung – im Juli 1982: 28 % = 1 545 Inhaftierte, im März 1985: 25,4 % = 1 364 Verurteilte. Berücksichtigt man, daß in den Jugendstrafanstalten weniger Ausländer einsaßen (so etwa in der JVA Rockenberg 16,9 %, in der JVA Wiesbaden 14,3 %), so erhöhen sich die genannten 25,4 %, die die Gesamtbelegung betrafen, für die erwachsenen Ausländer entsprechend.

Demgemäß befanden sich im März 1985 aus anderen Nationen in der JVA Frankfurt/Main I (Untersuchungshaftanstalt für Erwachsene) 413 Inhaftierte = 60,4 %, in der JVA Schwalmstadt 100 Strafgefangene = 44,2 %, in der JVA Butzbach 289 Verurteilte = 39,6 % und in der JVA Frankfurt/Main III (Frauenanstalt) 76 Inhaftierte = 35,7 %.

Am Stichtag dieses Beitrags, dem 1. 1. 1987, saßen in der JVA Frankfurt/Main I 62 %, in der JVA Butzbach 35 % und in der JVA Frankfurt/Main III 42 % ausländische Inhaftierte ein.

10.2 Darstellung der Problematik anhand der JVA Schwalmstadt

10.2.1 Belegungssituation der JVA Schwalmstadt im Januar 1987

In der JVA Schwalmstadt sind zu diesem Zeitpunkt bei einer Gesamtbelegung von 206 Verurteilten 82 nichtdeutsche Strafgefangene, d. h. 40 % inhaftiert, die bei 2 Staatenlosen aus 25 Nationen aller Kontinente stammen. Dieser hohe Anteil erklärt sich daraus, daß sich in der JVA Schwalmstadt u. a. zahlreiche ausländische Verurteilte befinden, die auf dem Frankfurter Flughafen sowie in der Stadt Frankfurt wegen illegalen Rauschgifthandels aufgefallen sind. Im einzelnen sind aus nachstehenden Ländern inhaftiert:

Türkei: 18 (zu türkischen Gefangenen ausführlich *Koepsel* 1983, 202 ff); Italien, Pakistan: je 7; Großbritannien, Indien: je 6; Frankreich, Sri Lanka: je 4; Jugoslawien, Kolumbien, Thailand: je 3; Polen, Spanien, Ungarn: je 2; Afghanistan, Algerien, Australien, Brasilien, Burma, Jordanien, Libanon, Marokko, Niederlande, Peru, Schweiz, Venezuela, Vietnam: je 1.

10.2.2 Probleme der fremden Sprachen

10.2.2.1 Verständigung innerhalb der Anstalt

Bei der Vielzahl der Nationen treten zwangsläufig erhebliche Sprachprobleme zwischen den Bediensteten und den Verurteilten, ferner auch zwischen den Gefangenen selbst auf. Es ist zwar weniger schwierig, sich für bestimmte, insbesondere wiederholende Abläufe verständlich zu machen. So werden in Hessen an die Verurteilten Informationsschriften über ihre Rechte und den Tagesablauf in den gängigsten Sprachen verteilt (vgl. auch *Blau* 1984 b, 124). Die englische Sprache ist im täglichen Umgang hilfreich. Auch haben Bedienstete der JVA Schwalmstadt türkisch und damit immerhin die Heimatsprache einer Ausländergruppe gelernt, die 22 % beträgt. Aber zwischen der Fähigkeit, sich verständigen zu können, und einem durchweg flüssigen Sprechen ist doch schon ein großer Unterschied – und letzteres ist notwendig, wenn ein Angehöriger des allgemeinen Vollzugsdienstes, Werkbediensteter, Sozialarbeiter, Psychologe, Arzt, Geistlicher, Anstaltsleiter das Vertrauen eines Inhaftierten gewinnen und ihm das Gefühl vermitteln möchte, in vollzuglichen, insbesondere aber in persönlichen Fragen helfen zu wollen und zu können.

10.2.2.2 Überwachung der Außenkontakte

Ein Problem ergibt sich daraus, daß die JVA Schwalmstadt eine Anstalt höheren Sicherheitsgrades ist und deshalb der Schriftverkehr überwacht wird (§ 29 III StVollzG), sofern er nicht nach § 29 I und II StVollzG sowie Nr. 1 Hess. Ausführungsbestimmungen (= HAB) zu § 29 StVollzG, Hess. JMBl. 1985, 431, ausgenommen ist (für den Schriftverkehr mit der diplomatischen und konsularischen Vertretung des Heimatstaates vgl. Nr. 1 VV zu § 28 StVollzG i. V. mit Nr. 183 der Richtlinien f. d. Verkehr mit dem Ausland in strafrechtlichen Angelegenheiten [= RiVASt]). Für die entsprechenden fremdsprachigen Schreiben bedeutet das das Erfordernis des Übersetzens. Bei nicht geläufigen Sprachen müssen Dolmetscherbüros bemüht werden, was Verzögerungen bei der Weiterleitung zur Folge hat. Die gleiche Schwierigkeit besteht bei Telefongesprächen, die entsprechend dem Schriftverkehr überwacht werden (§ 32 StVollzG).

10.2.3 Behandlung und Betreuung

10.2.3.1 Tätigkeit eines ausländischen Sozialarbeiters

Um die Behandlung und die Betreuung der nichtdeutschen Inhaftierten zu vertiefen, hat der Hessische Minister der Justiz eine vorläufige Konzeption der Beratungstätigkeit mit ausländischen Gefangenen entwickelt (4510/4 IV/3 – 1221/85 SH 7). Aufgrund eines Vertrages mit dem Land Hessen stellt die Arbeiterwohlfahrt ab Januar 1987 für die JVA Schwalmstadt einen besonders ausgebildeten Sozialarbeiter türkischer Nationalität. Seine Tätigkeit umfaßt Gruppenarbeit sowie Einzelfallhilfe, hierunter Beratung und Betreuung in allen durch § 72 BSHG geregelten Formen der Hilfe, Schuldenregulierung, Suchtberatung, intensive Einzelgespräche in allen Lebenslagen, Vermittlung zu weiterführenden Beratungsstellen, Begleitung bei Ausführungen und Urlauben, Entlassungsvorbereitung, Angehörigenberatung. Hinzu kommen u. a. das Erledigen von Schriftverkehr in der Fremdsprache und die Zusammenarbeit etwa mit Konsulaten, Staatsanwaltschaft, Ausländerbehörde. Schließlich sind neben Deutschkursen von besonderer Bedeutung Übersetzerdienste, durch die u. a. vermehrt Telefonate geführt werden können und zu einem großen Teil die Übersendung in Fremdsprache geschriebener Briefe an Dolmetscher entfällt.

Natürlicherweise treten auch hier Grenzen auf, da der türkische Sozialarbeiter die anderen nichtdeutschen Inhaftierten in ihrer Heimatsprache nicht ansprechen kann. Doch ein Schritt ist getan, und der ohne Zweifel zu erwartende Erfolg dürfte dann zu weiteren derartigen Maßnahmen Hoffnung geben, wobei die Vielzahl der Nationen immer wieder gesehen werden muß.

10.2.3.2 Bildungsmöglichkeiten

Neben dieser Betreuung sind die Bildungsmöglichkeiten zu erwähnen. Es werden als fremdsprachliche Kurse „Deutsch" (s. a. *Krebs* 1976, 349) und „Englisch" angeboten, die von z. T. nebenamtlichen deutschen Lehrern geleitet werden. Hiervon machen z. Zt. etwa 30 ausländische Inhaftierte Gebrauch. Ferner können die nichtdeutschen Gefangenen am Elementar- sowie am Hauptschul- und Realschulabschlußkurs teilnehmen. Letztere haben in der Vergangenheit jeweils durchschnittlich 2 Personen besucht. Im einzelnen ist folgendes Bild darzustellen:

		Beginn	Abschluß
Hauptschulabschlußkurs	1983/84	4	3
	1985/86	2	1
Realschulabschlußkurs	1981/83	2	1
	1983/85	2	2

10 türkische Verurteilte nehmen das Angebot wahr, in ihrer Heimatsprache Unterricht zu erhalten.

In beruflicher Hinsicht laufen Umschulungslehrgänge im Baubereich (Hochbaufacharbeiter/Maurer) und im Metallfach (Schlosser/Wagenbauer), die z. Zt. von 3 bzw. 1 ausländischen Gefangenen besucht werden. Für die beiden vorausgegangenen Umschulungslehrgänge im Metallbereich ergibt sich:

	Beginn	Abschluß
1981/83	4	3
1983/85	5	2

Ferner begann im Februar 1987 ein Umschulungslehrgang zum Zimmerer, soll im Herbst 1987 eine gleiche Maßnahme zum Koch eingerichtet werden. Zwei nichtdeutsche Gefangene sind im vergangenen Jahr zwecks Umschulung in andere Justizvollzugsanstalten verlegt worden.

10.2.3.3 Freizeitprogramm

Hierneben ist auf das Freizeitprogramm hinzuweisen, das in der JVA Schwalmstadt, in der durchweg Verurteilte mit längeren Freiheitsstrafen einsitzen (über 5 Jahre, darunter 46 „Lebenslängliche" und Sicherungsverwahrte), bewußt sehr umfangreich gestaltet ist. Es wird in der Woche bis 21.45 Uhr, ferner samstags, sonntags und feiertags angeboten und von den ausländischen Inhaftierten in gleicher Weise angenommen wie von den deutschen Verurteilten. An erster Stelle ist Sport zu nennen, der in der Halle sowie im Freien, im Kraftsport und im Tischtennisraum betrieben wird. Hinzu kommen u. a. die Bastel-, Musik-, Schach-, Theater- und Skatgruppe, der Gesprächskreis der Anstaltsgeistlichen und – täglich – Fernsehen, wobei allerdings in besonderer Weise das Sprachenproblem auftritt.

10.2.4 Interessenvertretung

Um ihren Wünschen und Bedürfnissen leichter Ausdruck geben zu können, wählen die nichtdeutschen Verurteilten im Rahmen ihrer Interessenvertretung (§ 160

StVollzG) neben den allgemein aufgestellten Kandidaten einen eigenen Beauftragten. Er ist gleichberechtigtes Mitglied der Interessenvertretung. Er nimmt so auch an den regelmäßigen Besprechungen der Gefangenenvertreter mit dem Anstaltsleiter teil.

10.2.5 Zusammenarbeit mit den Generalkonsulaten

Eine besondere Chance, die individuellen Probleme der einzelnen Nationen und die persönlichen Bedürfnisse und Nöte ihrer Angehörigen darzustellen, dürfte bei den Generalkonsulaten liegen. Der Anstalt ist an jedem Kontakt der Generalkonsulate mit den ausländischen Inhaftierten und ihr gelegen, wobei Besuche der Gefangenen unüberwacht erfolgen (Nr. 5 VV zu § 24 StVollzG i. V. mit Nr. 184 der RiVASt).

Nur könnte hiervon viel mehr Gebrauch gemacht werden (s. allgemein auch *Blau* 1982, 239 f, 1984, 124; *Tulkens* 1984, 105 f). So haben in den letzten 3 Jahren – bei 25 Nationen – lediglich 11 Generalkonsulate ihre Landsleute aufgesucht, wobei Vertreter des australischen, britischen, italienischen, niederländischen, türkischen und venezuelanischen Generalkonsulats mehrfach, z. T. auch zweimal im Jahr erschienen sind.

10.2.6 Probleme kultureller Art

Bei allen dargestellten Bemühungen bleiben für die z. Zt. 82 ausländischen Gefangenen aus 25 Nationen sowie die 2 staatenlosen Inhaftierten zahlreiche Probleme überwiegend faktischer Art bestehen und werden auch nie befriedigend zu lösen sein.

10.2.6.1 Religiöse Betreuung

Die nichtdeutschen Inhaftierten entstammen z. T. völlig anderen Kulturkreisen. Unter ihnen befinden sich 49 Nichtchristen, und zwar 36 Muslime (hierzu auch die Beiträge bei *Wanzura* 1982 mit Anm. von *Müller-Dietz* 1985a, 168), 8 Hindus, 4 jüdische Verurteilte und 1 Sikh.

Für diese Gefangenen ist die in § 53 I StVollzG geregelte Betreuung durch einen Seelsorger ihrer Religionsgemeinschaft nur vereinzelt gegeben, da tatsächliche Schwierigkeiten bestehen – auch wenn § 53 I StVollzG eine Verpflichtung zur Hilfe bei der Kontaktaufnahme mit einem entsprechenden Seelsorger ausspricht (*Rassow* in: *Schwind-Böhm* 1983, Rdn, 12 ff zu § 53; *Calliess/Müller-Dietz* 1986, Rdn. 1 zu § 53).

So sucht die Muslime während des Ramadan, zu dem die Gefangenen nicht zu arbeiten brauchen, ein Mulla aus einer Nachbarstadt auf. Freistellung von der Arbeit erfolgt auch für die jüdischen Inhaftierten während der Feiertage ihres Glaubens. Der Landesverband der Jüdischen Gemeinden in Hessen schickt ihnen z. B. in diesem Jahr zu den Pessach-Feiertagen die rituellen Lebensmittelpakete und überweist ihnen je 60 DM zum Kauf von Obst, Eiern etc. Die jüdischen Gefangenen können u. a. die 2 Sederabende gemeinsam verbringen. In der Vergangenheit nahm hieran ein – zwischenzeitlich verstorbenes – Mitglied des Gefängnisbeirats teil, das einer christlichen Glaubensgemeinschaft angehörte.

Im übrigen stehen auch den nichtchristlichen Verurteilten der hauptamtliche evangelische und der nebenamtliche katholische Anstaltsgeistliche sowie ein katholischer Seelsorgehelfer zur Seite, ohne untereinander eine Abgrenzung zu ziehen.

Die italienischen Gefangenen werden zusätzlich durch eine Seelsorgehelferin ihres Heimatlandes betreut.

10.2.6.2 Mentalität und Sitten

Die nichtdeutschen Verurteilten haben eine andere Mentalität und sind mit anderen Sitten vertraut, so daß bei ihnen wie bei den Bediensteten Unverständnis entstehen kann (s. a. *Krebs* 1976, 348). Hier wurde hinsichtlich der türkischen Gepflogenheiten für die Angehörigen des Justizvollzuges durch Fortbildung (s. a. *Krebs* 1976, 349) ein Weg der Hilfe beschritten.

10.2.6.3 Verpflegung

Religiösen Speisegeboten wird mit Austauschkost Rechnung getragen (§ 21, 3 StVollzG, Nr. 1 VV zu § 21 StVollzG). Damit kann die ungewohnte Ernährung jedoch nur in diesem Bereich ausgeräumt werden.

10.2.6.4 Gefangenenbücherei und aktuelle Information durch Medien

Es tauchen sehr schnell Grenzen bei der Gefangenenbücherei auf, die nicht allen Nationen gerecht werden kann, wie überhaupt ein Problem aktueller Information durch Medien besteht. Es erfolgt Ausleihe aus einer fremdsprachigen Gefangenenbücherei. Insgesamt könnten hier die Generalkonsulate in viel größerem Umfang helfen.

10.2.7 Lockerungen und Urlaub

Die Frage von Urlaub stellt sich für die meisten nichtdeutschen Inhaftierten bereits deshalb kaum, weil sie keine Bezugspersonen haben, die in der Bundesrepublik Deutschland leben. Ausgang und Verlegung in den offenen Vollzug werden aber von diesem Problem wenig berührt.

Die meisten ausländischen Inhaftierten sind aufgrund Abschiebungshaft (§ 16 AuslG) oder vollziehbarer Ausweisungsverfügung (§ 10 AuslG) nach den bundeseinheitlichen Verwaltungsvorschriften zum Strafvollzugsgesetz von Ausgang sowie Verlegung in den offenen Vollzug und auch Urlaub ausgeschlossen. Bei vollziehbarer Ausweisungsverfügung sind Ausnahmen möglich, die des Einvernehmens der Ausländerbehörde und der Zustimmung der Aufsichtsbehörde bedürfen. In Hessen kommt u. a. bei Gefangenen, gegen die eine Strafe wegen Handels mit Stoffen im Sinne des Gesetzes über den Verkehr mit Betäubungsmitteln vollzogen wird, noch die Beteiligung der Strafvollstreckungsbehörde hinzu (vgl. hierzu Nr. 5 Ib, c zu § 11; Nr. 1 Ib, c zu § 10; Nr. 3 Ib, c zu § 13; Nr. 5 II zu § 11, Nr. 1 II zu § 10, Nr. 3 II zu § 13 – sämtlich VV zum StVollzG; ferner Nr. 1.1 zu § 11, Nr. 3 II 2 zu § 10, Nr. 2 zu § 13, jeweils HAB zum StVollzG).

Es wird argumentiert, es sei ohnehin sinnlos, einen Gefangenen durch Vollzugslockerungen oder Urlaub auf ein Leben in einem Lebensraum vorzubereiten, aus welchem ihn eine andere staatliche Behörde nach Beendigung der Strafvollstreckung unverzüglich entfernen werden (s. *Kühling* in: *Schwind-Böhm* 1983, 96 mwN; auch generell die Frage der Wiedereingliederung aufwerfend: *Blau* 1982, 239 mwN, s. a. 1984, 123; *Krebs* 1976, 346; *Groß* 1987, 36; sie ausdrücklich bejahend: Empfehlung des Ministerkomitees des Europarats über die ausländischen Gefangenen 1985, 93 f; *Joester* in: Alternativkommentar 1980, 92; für ausländische Jugendliche: Diakonisches Werk der Evangelischen Kirche in Deutschland e. V. 1984, 299 ff; zu diesem Problemkreis ferner *Böhm* in: *Schäfer/Sievering* 1984, 118 ff, 134; *Schäfer* ebenda, 102 ff).

Dieser sehr allgemeinen These ist entgegenzuhalten, daß auch Inhaftierte, die ausgewiesen werden, bei Vorliegen der Voraussetzungen an die Freiheit herangeführt und gewöhnt werden müssen, was nur durch Lockerungen und Urlaub erfolgen kann. Dies gilt um so mehr, wenn es sich um zum Teil sehr langstrafige Verurteilte handelt. Gerade hier ist auf die Stärkung der Motivation des einzelnen hinzuweisen. Zugleich darf eine wichtige Folge, die Verbesserung des Vollzugsklimas, nicht unterschätzt werden. Resignation und Hoffnungslosigkeit, denen auch in diesem Bereich schon aus humanitären Gründen so weit wie möglich entgegengearbeitet werden muß, stellen im übrigen eine erhebliche Gefahr für die Sicherheit und Ordnung einer Anstalt dar.

Die *Rechtsprechung* (OLG Frankfurt/Main vom 12. 11. 1982, ZfStrVo 1983, 249 f) hat sich in Übereinstimmung mit einem Teil der Literatur (*Calliess/Müller-Dietz* 1986, 128; *Joester, Kühling* aaO) hinsichtlich vollziehbarer Ausweisungsverfügungen dahin entwickelt, daß ein fehlendes Einvernehmen der Ausländerbehörde den Anstaltsleiter bei der Entscheidung über ein Urlaubsbegehren nicht bindet. Vielmehr ist auch in diesem Fall gemäß §§ 13 I 2, 11 II StVollzG konkret die Frage zu prüfen, ob der Verurteilte sich dem Vollzug der Freiheitsstrafe entziehen oder Straftaten begehen wird (*Calliess/Müller-Dietz* aaO), was konsequent gleichfalls bezüglich Ausgang (§ 11 II StVollzG) und Verlegung in den offenen Vollzug (§ 10 I StVollzG) gelten muß.

So ist in der JVA Schwalmstadt Weihnachten 1986 ein türkischer Gefangener bei vollziehbarer Ausweisungsverfügung gegen den Willen der Ausländerbehörde zu einem Anstaltsgeistlichen beurlaubt worden und wird jetzt seine Verlegung in den offenen Vollzug verfolgt. Allerdings ist darauf hinzuweisen, daß die Bedenken der Ausländerbehörde in der Regel zu teilen sind.

Nach *Calliess/Müller-Dietz* (aaO; anders *Joester* aaO, s. ferner *Kühling* aaO mwN) soll eine Beurlaubung sogar bei bestehender Abschiebungshaft zulässig sein.

In den weitaus zahlreicheren Fällen jedoch ist Hilfe nur mit *Ausführungen* möglich, und schnell stößt man bei dem hohen Anteil der nichtdeutschen Inhaftierten an personelle Grenzen. Seit dem letzten Jahr wird versucht, den nichtdeutschen Gefangenen zur Lockerung ihrer Haftsituation wenigstens einmal eine Ausführung – meistens zu einem Sportobjekt – zu gewähren. Es muß sich zeigen, wie dies personell verkraftet werden kann.

Einen spürbaren Ausgleich etwa durch weitestgehende Gewährung von Besuch zu schaffen, scheitert in der Regel an den Entfernungen zum Heimatland. Soweit möglich, ist Hilfe durch Sonderbesuche und Besuchsverlängerungen ohnehin selbstverständlich. Auch Telephongespräche kommen in Betracht, wobei die erforderliche Überwachung, soweit sie durch einen Dolmetscher geschieht, Verzögerungen mit sich bringt – von den Gebühren für die Post und den Problemen der Zeitverschiebung ganz zu schweigen.

10.2.8 Absehen von der Strafvollstreckung nach § 456a StPO sowie Vollstreckung nach § 71 IRG

Nach § 456a StPO kann die Strafvollstreckungsbehörde von der Vollstreckung einer Freiheitsstrafe im Falle einer Auslieferung oder Ausweisung absehen, wobei die vorzeitige Beendigung der Vollstreckung auch nach Teilverbüßung erlaubt ist (*Groß* 1987, 36 f mwN).

Der Strafvollstreckungsbehörde ist nach dem Wortlaut des Gesetzes ein Ermessen eingeräumt. Der Hessische Minister der Justiz hat durch Runderlaß vom 12. 4. 1984 bestimmt, daß eine Maßnahme nach § 456a StPO in der Regel zum Zeitpunkt der Verbüßung der Hälfte einer zeitigen Freiheitsstrafe geboten ist (Hess. JMBl. 1984, 334, dort Nr. 1b). Eine hierüber hinausgehende Vollstreckung kommt nur dann in Betracht, wenn dies aus besonderen, in der Tat oder in der Person des Verurteilten liegenden Gründen oder zur Verteidigung der Rechtsordnung erforderlich erscheint (aaO 334, dort Nr. 1c), wobei gerade letzteres bei den in der JVA Schwalmstadt einsitzenden Dealern wiederholt bejaht wird. Bei lebenslanger Freiheitsstrafe steht eine Maßnahme nach § 456a StPO in der Regel nicht vor Verbüßung von 13 Jahren an (aaO 336, dort Nr. 7).

Nach der Regelung in § 71 IRG kann ein ausländischer Staat ersucht werden, ein gegen einen Ausländer verhängtes deutsches Strafurteil zu vollstrecken, wenn der Verurteilte in dem ausländischen Staat seinen Wohnsitz oder gewöhnlichen Aufenthalt hat (s. im einzelnen § 71 IRG; generell zu dieser Bestimmung vgl. *Wilkitzki* 1983, 227 ff, s. ferner *Groß* 1987, 38 f, jeweils mwN; zuvor schon *Blau* 1982, 239 mwN).

§ 71 IRG hat allerdings z.Zt. noch Ausnahmecharakter (*Groß* 1987, 39). So ist zwar nach Gesprächen zwischen Vertretern der deutschen und der türkischen Regierung, die im Oktober 1983 stattgefunden hatten, der Verkehr einer derartigen Vollstreckungsrechtshilfe aufgenommen worden, in dessen Verlauf die Bundesregierung die türkischen Behörden in etwa 80 Fällen um Übernahme der Vollstreckung für türkische Häftlinge ersucht hatte. Es wurden daraufhin 16 türkische Häftlinge in die Türkei zur Strafvollstreckung überstellt. Eine Fortsetzung des Vollstreckungshilfeverkehrs scheiterte jedoch daran, daß der Bundesgerichtshof mit Beschluß vom 10. 10. 1985 (NStZ 1986, 77 f mit kritischer Anmerkung von *Schomburg*, NStZ 1986, 78 f) entschied, daß die deutsch-türkische Absprache die Voraussetzungen von § 71 III IRG nicht erfüllt. Nach § 71 III IRG darf um Vollstreckung nur ersucht werden, wenn gewährleistet ist, daß der ersuchte Staat eine Rücknahme des Ersuchens beachten wird. Vereinbart war u. a. jedoch, daß „nach Beginn der Vollstreckung im ersuchten Staat Ersuchen um Rechtshilfe durch Vollstreckung nicht mehr zurückgenommen werden können" (BGH aaO, 77). Beide Regierungen sind bemüht, eine Wiederaufnahme des Vollstreckungshilfeverkehrs zu ermöglichen (zu vorstehendem Sachverhalt insgesamt Schreiben des Bundesministers der Justiz vom 20. 11. 1986 – 9351/3 II – 22 668/86 –).

10.2.9 Führung der nichtdeutschen Inhaftierten in der Anstalt

Es bleibt noch festzustellen, daß die ausländischen Gefangenen entgegen gelegentlich geäußerten Befürchtungen (*Blau* 1982, 239, 1984, 124; *Koepsel* 1983, 201) jedenfalls in der JVA Schwalmstadt von den anderen Verurteilten durchweg anerkannt werden. Sie verhalten sich vollzuglich sowie persönlich einwandfrei und sind in der Regel auch sehr fleißig. Dies ist um so bemerkenswerter, als sie u. a. infolge geringerer Kenntnis der Zusammenhänge leichter als deutsche Verurteilte Gefahr laufen, von inhaftierten Drahtziehern durch Gerüchte oder bloßes Schüren von Emotionen zu Intrigen mißbraucht zu werden.

Die ausländischen Gefangenen zeigen sich zugleich für jede Art von Zuwendung sehr dankbar.

In wacher Erinnerung werden die Freude und die Wärme bleiben, die die türkischen Gefangenen zum Ausdruck brachten, als Reporter der „Hürriyet" sie zu Weihnachten 1986 mit einer Kleinigkeit beschenkten. Und bezeichnend war ihr – bei deutschen Verurteilten kaum vorstellbarer – Wunsch, mit dem Anstaltsleiter photographiert zu werden. Um so bedauerlicher mußte gerade hier das Sprachproblem empfunden werden, das aber zumindest seit der Zeit des Turmbaues von Babel, zu der letztmalig alle Menschen die gleiche Sprache gesprochen haben sollen (Gen 11, 1–9), stets auftreten und nie zu lösen sein wird.

10.3 Abschließende Betrachtung

Wie eingangs bereits bemerkt, haben die vielfältigen Schwierigkeiten der nichtdeutschen Inhaftierten im Justizvollzug in diesem Beitrag nur ansatzweise dargestellt werden können. Bei dem Versuch, sich in die Probleme der ausländischen Gefangenen einzufühlen, bleibt die Gewißheit von Unvermögen. Auch wenn einzelne ausländische Verurteilte sich punktuell positiv geäußert haben, betrifft dies zum einen nicht ihre jeweilige gesamte Vollzugssituation, um so weniger den Vollzug aller ausländischen Gefangenen.

Bei allen Schwierigkeiten muß auf jeden Fall Maxime sein, daß auch für die nichtdeutschen Inhaftierten das Strafvollzugsgesetz gilt und es kraft gesetzlichen Auftrags, zugleich aus Humanität, im Rahmen des eben Möglichen umzusetzen ist.

§ 9 Die Strafvollstreckungskammer*

Übersicht

Daß auch die Richter unter denjenigen Personengruppen einen Platz beanspruchen, die auf das Vollzugsgeschehen gestaltend einwirken, es auf seine Sachgerechtigkeit überprüfen, inhaltlich modifizieren und unter Umständen vorzeitig beenden, mag auf den ersten Blick befremden. Sind sie nicht nur die „Lieferanten" des Strafvollzugs, Subsumtionstechniker, die gegebenenfalls die im Gesetz vorgesehenen freiheitsentziehenden Sanktionen verhängen und es dann legitimerweise, im Einklang mit dem Verfassungsgrundsatz von der Gewaltenteilung, der Strafvollzugsverwaltung überlassen, was diese in dem von ihnen gesetzten zeitlich fixierten Rahmen daraus macht?

1. Vollzugsgeschichtliche Hintergründe

1.1 Tatsächlich ist eine solche strenge Funktionsteilung zwischen Judikative und Exekutive in idealtypischer Reinheit heute nirgends mehr verwirklicht. Dabei entsprach sie noch vor wenigen Jahrzehnten dem klassischen, tatbezogenen Vergeltungsstrafrecht, in dem die Sanktion gleichsam spiegelbildlich der Tat entsprechen und sie sühnen sollte. Nur annäherungsweise finden sich noch Spielarten dieses Modells in der Gegenwart, vor allem in einigen sozialistischen Staaten, in denen zwar bisweilen die erkennenden Richter, anders als bei uns, schon im Urteilsspruch Modalitäten des Strafvollzugs festlegen (vgl. z. B. Art. 11 des sowjetischen Vollzugsgesetzes vom 1. 11. 1969), aber unter dem Blickwinkel des abgestuften Tatunrechts, das seinerseits abgestufte Übelszufügungen im Vollzug zur Folge hat, also einer fixen Größe, während nachträgliche Einflußnahme auf den Vollzug, auf seine Modalitäten und auf seine Dauer vornehmlich täterorientiert sein muß.

1.2 Bemerkenswerterweise hat auch eine ganz andere, dem Schuld- und Vergeltungsstrafrecht strikt entgegengesetzte Sanktionsphilosophie – sozusagen am anderen Ende der Skala möglicher kriminalrechtlicher Reaktionen – ein ähnliches, „richterfreies" Vollzugsmodell entwickelt. Die Extreme berühren sich. Dort nämlich, wo nichtrichterlichen Expertenteams oder sogar Bürgerausschüssen (wie z. B. den amerikanischen „parole boards") weitgehende Entscheidungsbefugnisse über Art, Ausgestaltung und

* *Günter Blau*, vgl. oben S. 17.

Dauer des Vollzugs eingeräumt worden sind, ist eine richterliche Mitwirkung in der Vollzugsphase ebensowenig gefragt wie in einem Tatvergeltungsrecht mit festen Straftaxen.

1.3 Der eigentliche Nährboden für die Entwicklung eines Vollzugssystems, bei dem Richtern ein Mitspracherecht noch nach dem rechtskräftigen Urteil eingeräumt wird, ist jene in West- und Mitteleuropa herrschende kriminalpolitische Doktrin, die sowohl rechtsstaatlich wie auch resozialisierungsfreundlich ist. Hier entspringt die Einrichtung besonderer Vollzugsgerichte einem doppelten Bedürfnis: dem nach rechtlicher Kontrolle des Vollzugs, insbesondere auch der justizförmigen Wahrung der Gefangenenrechte, und zweitens nach nachträglicher Anpassung der Sanktionen – z. B. durch ihren Austausch (§§ 67, 67a StGB) oder durch bedingte Aussetzung des Vollzugs einer Reststrafe (§§ 57, 57a StGB) – an den jeweiligen Resozialisierungsstand des Gefangenen.

Eine solche nachträgliche richterliche Einwirkung setzt ein Konzept voraus, wonach der Vollzug beim Täter etwas bewirken, seine Sozialisationsdefekte abbauen soll mit der Folgerung, daß auf eine sich allmählich vollziehende Ersatzsozialisation elastisch und persönlichkeitsgerecht zu reagieren, die Resozialisationshilfen also zu ändern und erforderlichenfalls der Freiheitsentzug vorzeitig abzubrechen ist. Da ein solches Konzept substantielle Abänderungen des ursprünglichen Richterspruchs in Betracht zieht, liegt der Gedanke nahe – gerade aus rechtsstaatlichen Gründen der Gewaltenteilung –, daß allein Richter, nicht Vollzugsbeamte, zu solchen Eingriffen berufen sind.

Es spricht für gewisse gemeinsame Grundstrukturen der kontinentaleuropäischen Strafrechtssysteme – jenseits von noch so ausgeprägten, politisch ideologischen Gegensätzen –, daß die Einrichtung des Vollzugs- und Vollstreckungsrichters nicht nur in den Ursprungsländern dieser Einrichtung, nämlich in Italien (*Bosch* 1983, 359) und Frankreich (*Ancel* 1967; *Bernards*, 1983, 298 f), sondern z. B. auch in der Volksrepublik Polen (*Lammich* 1981, 37; 1983, 752; *Sliwowski* 1974; *E. Weigand*, 1983, 752 f) entwickelt wurde und daß Strafvollzugsreformer anderer europäischer Länder, deren Rechtsordnung diesen richterlichen Funktionsbereich noch nicht vorsehen, nach dieser Neuerung verlangen (s. die rechtsvergleichenden Hinweise bei *Grunau* 1959; *Blau* 1974; *Kaiser* 1986, 603 und *Northoff* 1985, 14 ff).

1.4 Soweit dieser internationale Trend in den erwähnten kontinentaleuropäischen Staaten zu ausformulierten und praktizierten gesetzlichen Regelungen über die Mitwirkung des Richters beim Vollzug geführt hat, geht er mindestens teilweise auf Impulse der Internationalen Strafrechtsvereinigung („Association internationale de droit pénal") und deren Expertisen und Kongreßempfehlungen zurück. Schon der von dieser Gesellschaft veranstaltete 4. Internationale Strafrechtskongreß im Jahre 1934 in Paris hat Überwachungs- und Entscheidungsfunktionen der Richter im Vollzug verlangt. Im Vordergrund stand damals noch die rechtliche Kontrolle über die Gesetzmäßigkeit des Vollzugs. Demgegenüber beschäftigte sich der 10. Internationale Strafrechtskongreß 1969 in Rom mit der Frage, welche weiteren Aufgaben beim Vollzug der verhängten Sanktionen in die gerichtliche Zuständigkeit fallen sollten, etwa Entscheidungen über die Änderung des Vollstreckungsplanes und bei der bedingten Entlassung (vgl. die deutschen Kongreßberichte von K. *Peters* und *Tröndle*, ZStW Bd. 81, 1969, 63 ff, 84 ff und die Kongreßresolutionen in ZStW Bd. 82, 1970, 588 ff).

2. Die Rechtslage in der Bundesrepublik Deutschland

Die Einrichtung von Strafvollstreckungskammern in der Bundesrepublik am 1. 1. 1975 (vgl. §§ 78a, 78b GVG, 462a, 463 StPO i. d. F. des EGStGB vom 2. 3. 1974, BGBl. I, 469 und die amtliche Begründung in BTag-Drucks. 7/550, 312 ff, §§ 109, 179 StVollzG) ist nicht nur die Frucht rechtsvergleichender und kriminalpolitischer Überlegungen; sie stützte sich auch auf Erfahrungswissen:

2.1 Vorbild für die jetzige Regelung war einmal der Besondere Vollstreckungsleiter des JGG (§§ 82 – 85), mit dem im Jugendstrafrecht gute Erfahrungen gemacht worden sind (über seine Befugnisse s. u. a. *Böhm* 1985 b, 62 ff).

Unter Hinweis auf dieses erfolgreiche Modell hatte seinerzeit schon die Große Strafrechtskommission erwogen, auch in der Erwachsenenstrafrechtspflege, einen „Vollstreckungsrichter" mit ähnlichen Kompetenzen auszurüsten. *Lackner* als Vertreter des Bundesjustizministeriums begründete damals einen entsprechenden Vorschlag mit Argumenten, die auch heute noch aktuell sind (vgl. Sonderausschuß Strafrecht des Dtsch. BTages, 4. Wahlperiode, 17. Sitzung, 301 f).

2.2 Als weitere empirische Grundlage für die Gesetzesreform stand dem Gesetzgeber ein sich über mehrere Jahre erstreckender Test zur Verfügung, der als „Karlsruher Modell" bekannt geworden ist. Der Karlsruher Richter Roland Thomann hatte die Funktionsmöglichkeiten eines Vollstreckungsgerichts seit Januar 1968 praeter legem bei naturgemäß noch begrenzter Zuständigkeit mit großem menschlichen Engagement erprobt. Sein Erfahrungsbericht (zuletzt *Thomann* 1973) und sein im Jan. 1970 der Strafvollzugskommission der Bundesregierung erstatteter Bericht veranlaßten u. a. diese Kommission, die Einrichtung eines „Strafvollstreckungs- und Vollzugsgerichts" zu empfehlen (Tagungsberichte Bd. X, 67 ff, 211 ff).

Diese etwas umständliche, aber sachlich zutreffendere Bezeichnung (ebenso *Peters,* 1977) entsprach einem Vorschlag des Verfassers (Tagungsbericht der StVollzKommission Bd. X, 28 ff). Die Bezeichnung „Strafvollstreckungskammer" ist zu eng, da sich die Zuständigkeit eines solchen Spruchkörpers nach der bei uns geläufigen Nomenklatur dann nur auf die Formalien der Verwirklichung des rechtskräftigen Urteils (z. B. Strafzeitberechnung) beschränken dürfte. (Zur begrifflichen Abgrenzung zwischen Strafvollstreckung und -vollzug vgl. *Wetterich/Hamann* 1978, Rdn. 1 – 8; zu den Gründen des Gesetzgebers, gleichwohl an der engeren Bezeichnung festzuhalten: *Schäfer,* Rdn. 3 vor § 78a GVG).

2.3 Der Einrichtung von Strafvollstreckungskammern (StK) am 1. 1. 1975 und ihrer Kompetenzerweiterung durch das StVollzG am 1. 1. 1977 und das StVollzÄndG. v. 20. 1. 1984 lagen vor allem folgende Ziele zugrunde (vgl. BTagDrucks. 7/312 ff): Größere *Orts- und Entscheidungsnähe,* vor allem bei Entscheidungen über bedingte Entlassung aus dem Straf- und Maßregelvollzug, und Konzentration dieser Entscheidungen bei *einem* für eine gerichtsnahe JVA eingerichteten Spruchkörper. Dieser Konzentrationsgrundsatz hat dem Übelstand abgeholfen, daß eine Vielzahl von Richtern aus zum Teil weit entfernten Gerichten nach naturgemäß unterschiedlichen Kriterien über die bedingte Entlassung von Angehörigen ein und derselben Anstalt zu entscheiden hatten, nämlich die bis dahin zuständigen „erkennenden" Richter, die zudem – oft Jahre nach dem Strafantritt – mit den Richtern der Hauptverhandlung häufig nicht mehr personengleich waren, den Gefangenen also nur aus den Akten kannten.

Dementsprechend wurden nun nur an denjenigen Landgerichten, in deren Bezirk Anstalten errichtet sind, in denen Freiheitsstrafen oder mit Freiheitsentzug verbundene Maßregeln der Besserung und Sicherung an Erwachsenen vollstreckt werden, StVKn gebildet.

2.4 Diese StVKn wurden vor allem mit folgenden Entscheidungen betraut:

- Aussetzungsentscheidungen (§§ 57, 57a StGB) einschl. aller nachträglichen Bewährungs- und Widerrufsentscheidungen;
- Entscheidungen über die Reihenfolge der Vollstreckung bei Freiheitsstrafen und Maßregeln (§ 67 StGB) sowie über nachträgliche Änderungen beim Vollzug solcher Maßregeln (§§ 67a, 67e, 67g StGB);
- die Überwachung der Führungsaufsicht (§§ 61 Nr. 5, 68 ff StGB, 462a Abs. 1, 463 Abs. 2 StPO);
- die gerichtliche Überprüfung von Vollzugsmaßnahmen im Bereich des Straf- und Maßregelvollzuges an Erwachsenen.

Alle diese Entscheidungen setzen Vollzugsnähe und im Grunde auch pönologisch-kriminologische Sachkunde der StV-Richter voraus. Zum mindesten sollten VRichter aber für die soziale Dimension ihrer Tätigkeit aufgeschlossen sein. Die Vollzugsnähe sollte sich in einer intimeren Kenntnis der Anstalt und ihrer „Resozialisierungsexperten" (Leiter, Fachdienste) zeigen, so daß z. B. anstaltsinterne Stellungnahmen in Verfahren nach §§ 57, 57a StGB besser beurteilt und gewichtet werden können. Alles in allem sollte der Vollzug nach der Vorstellung des Gesetzgebers durch die Mitwirkung sachkundiger Richter rechtsstaatlicher, kriminologisch fundierter, aber auch menschlicher werden (*Northoff* 1985, 25).

3. Erfahrungen mit der Strafvollstreckungskammer im ersten Jahrzehnt seit ihrer Einführung

3.1 Die Vision von dem pönologisch und kriminologisch vorgebildeten und engagierten Vollstreckungsrichter, der das Vollzugsgeschehen kritisch, aber auch kooperativ mit Rechtsrat und sozial konstruktivem Richterspruch begleitet (*Blau* 1974, 116; *Müller-Dietz* 1981, 123 ff; *Peters* 1977), hat sich – von einzelnen ermutigenden und bemerkenswerten Ausnahmen abgesehen – nicht erfüllt (*Rotthaus* 1985).

Schon in der Vorauflage dieses Bandes war festzustellen, daß die Justiz den neuen Spruchkörper nur widerwillig angenommen hat. Es erschien schon damals fraglich, ob das Ziel des Gesetzgebers, den Verurteilten „die besondere Erfahrung und Entscheidungsnähe der StVKn nutzbar" zu machen (Amtl. Begründung, BTagDrucks. 7/550, 312), überall erreichbar ist. Die Skepsis war berechtigt. Mitglieder von StVKn genießen innerhalb der Richterschaft nur geringes Prestige. Sie sind eine kleine Minderheit. Die Ziviljuristen geben den Ton an, was sich insbesondere bei der Geschäftsverteilung durch die Präsidien auswirkt. So wurde nach dem sog. Pensenschlüssel der Hamburger Justiz im Jahre 1980 die richterliche Tätigkeit in der StVK mit Abstand am schlechtesten bewertet: Drei Aktenbearbeitungen durch die (kleine) StVK (inkl. Anhörungen und Beschlußfassung) galten so viel wie die Bearbeitung einer einzigen Beschwerde in Zivilsachen (*Northoff* 1985, 27). Herkömmlicherweise wird das Strafrecht – und erst recht das Strafvollzugsrecht oder gar die unjuristische „Pönologie" mit ihren dem Durchschnittsjuristen fremden Sparten der sozialen Prognostik und Pädagogik – von Juristen nun einmal als Materie „von geringerer Dignität" (*Rotthaus* 1985, 329) eingeschätzt. Ein guter Jurist, der in der Justiz Ansehen erwerben und Beförderungschancen wahrnehmen will, empfindet in der Regel die Tätigkeit bei einer StVK als eine seiner dogmatischen Befähigung inadäquate, ärgerliche Belastung. So kann denn auch nach einer zehnjährigen Erprobungszeit des neuen Spruchkörpers von einer zunehmenden Vertrautheit der VRichter mit den sachlichen und personellen Verhältnissen „ihrer" Anstalt kaum die Rede sein. Ausnahmen (*Doller* 1987; *Northoff* 1985; *Rittmann* 1985; *Stromberg* 1979) bestätigen die Regel. Die Richter in den StVKn wechseln schnell. Sie haben meist noch andere Sachgebiete zu bearbeiten. – Dabei soll nicht einer langfristigen Spezialisierung der StVRichter das Wort geredet werden. Auch wäre gegen eine zusätzliche Zuständigkeit z. B. als erkennende Strafkammer nichts einzuwenden, sofern solche Zusatzdezernate nicht den Löwenanteil des Arbeitspensums beanspruchen. Absurditäten wie die schon in der Vorauflage angeprangerte Aufteilung der ungeliebten Materie auf neun Straf- und Zivilkammern (so das LG Darmstadt noch im Jahre 1987!) sind aber undiskutabel.

Ein neuer Richtertyp wie z. B. in Frankreich, wo der VRichter umgangssprachlich „Jap" (= Juge de l'Application des Peines) genannt wird und auf Spezialtagungen und in Fachzeitschriften ähnlich wie der Jugendrichter ein eigenes Profil und Selbstbewußtsein entwickelt hat, ist in der Bundesrepublik durch die Einrichtung von StVKn jedenfalls nicht geschaffen worden.

3.2 Es überrascht nicht, daß bei diesen strukturellen Besonderheiten der deutschen Justiz in der Eingewöhnungsphase vornehmlich formaljuristische Überleitungs- und Zuständigkeitsfragen im Vordergrund von Rechtsprechung und Literatur standen (vgl. die Vorauflage, S. 365).

Freilich waren das nicht nur Rückzugsgefechte von Dogmatikern in ein immerhin noch juristisch definierbares „Reduit". Diese Erörterungen waren vorprogrammiert durch eine extrem unübersichtliche gesetzliche Regelung, die mit Verweisungen, Rück- und Weiterverweisungen arbeitet und allenthalben Auslegungsfragen aufwirft (vgl. *Müller-Dietz* 1981, 60 ff sowie das eindrucksvolle Schema bei *Northoff* 1985, 32). Andererseits hat der Gesetzgeber manches Regelungsbedürftige ungeregelt gelassen.

3.2.1 Zu den Unklarheiten gehört die lange umstrittene Frage, ob es sich bei der „kleinen" StVK (§ 78b GVG), die bei bedingter Entlassung (§§ 462a, 463 StPO) durch *einen* Richter entscheidet, wenn der Gefangene zu einer Freiheitsstrafe bis zu 2 Jahren verurteilt worden war, und der „großen" StVK, die in allen andern Fällen dieser Art zuständig ist, um einen *einheitlichen Spruchkörper* handelt, der in unterschiedlicher Besetzung entscheidet. Nach jetzt herrschender Meinung ist die Frage zu bejahen (*Kleinknecht/Meyer*, Rdn. 1 zu § 78b GVG). Es dürfen also bei einem Gericht nicht, wie gelegentlich geschehen, personell unterschiedlich besetzte große *und* kleine StVKn gebildet werden. Die Chance der einheitlichen Rechtsprechung innerhalb eines LG-Bezirks wird dadurch etwas größer.

3.2.2 Strittig war und ist ferner die Frage, ob es bei der vom Gesetz vorgeschriebenen mündlichen Anhörung des Gefangenen im Verfahren nach §§ 57 StGB, 454 StPO genügt, wenn der *Berichterstatter* der StVK den Gefangenen allein anhört, oder ob alle drei Richter mitwirken müssen (zum Streitstand *Wegener* 1981). Bei der Arbeitsüberlastung der Gerichte wird man das Berichterstatterprinzip (wie im Zivilprozeß) wohl hinnehmen müssen (*Northoff* 1985, 82 f; *Rittmann* 1985, 173 f; *Stromberg* 1979, 357; a. M. *Franke* 1977; *Wegener* 1981), obwohl auf diese Weise die Unterscheidung zwischen „großer" und „kleiner" StVK ausgehöhlt wird.

3.2.3 Problematischer, wenn auch weniger praxisrelevant, ist die Frage, ob auch ein entscheidungs- und vollzugsferner sog. „ersuchter" Richter für die Anhörung genügt, wenn sich der Gefangene an einem vom Sitz der StVK weit entferntem Ort befindet (z. B. gemäß § 8 StVollzG). Der BGH hat das in besonders gelagerten Ausnahmefällen für zulässig erachtet (BGHSt 28, 138; ebenso *Schäfer* 1977, Rdn. 12 zu § 454 StPO). Mit dem Sinn der gesetzlichen Regelung, die von einem der Entscheidung vorausgehenden persönlichen Kontakt zwischen dem Gefangenen und dem entscheidenden Richter ausgeht, ist das schwerlich vereinbar (ebenso *Franke* 1977; *Wegener* 1981). Die mündliche Anhörung der Insassen ist die wichtigste Änderung bei der Entscheidung über die Aussetzung des Strafrestes. Sie steht im Regelfall – Ausnahmen ergeben sich aus § 454 Abs. 1 StPO – im Zentrum des Verfahrens (so mit Recht *Northoff* 1985, 74; ebenso für den Maßregelvollzug *Rittmann* 1985, 172 ff und aus der Sicht des Vollzuges *Dertinger* 1977, 112). Sollte der StVK oder ihrem Berichterstatter ausnahmsweise eine Reise zu dem Verwahrungs- oder Aufenthaltsort des Gefangenen nicht zumutbar sein, so muß dieser eben zu dem Sitz des Landgerichts „verschubt" werden.

3.2.4 Die Frage, *wo* ein Gefangener anzuhören ist, in der JVA oder im Gerichtsgebäude, ist in den letzten Jahren gleichfalls kontrovers erörtert worden. Soweit nur die psychologische Auswirkung auf den Gefangenen zur Debatte stand, hielten sich Pro und Contra ungefähr die Waage. Zieht man aber in Betracht, daß es wohl auch heute noch VRichter gibt, die „ihre" JVA noch nicht von innen kennen (*Dertinger* 1977, 112), so erscheinen Anhörungen in der JVA (bzw. der psychiatrischen Anstalt) schon wegen der viel berufenen Vollzugsnähe unerläßlich (ebenso BGHSt 28, 138; *Dertinger* 1977, 114; *Rittmann* 1985, 174 f; *Stromberg* 1979, 357). VRichter werden ihrer Aufgabe nicht gerecht, wenn sie sich nicht unmittelbare Eindrücke von den Auswirkungen ihrer Entscheidungen auf den Vollzug sowohl in den sog. Nachtragsverfahren (§§ 57, 57a, 67a, 67e, 67g StGB) wie erst recht bei der Kontrolle von Vollzugsmaßnahmen verschaffen. Sie sollten auch mit den leitenden Beamten, Therapeuten, Geistlichen, Sozialarbeitern – außerhalb der Anstalt auch mit den Bewährungshelfern – bekannt werden, mit ihnen Kontakt halten und von ihren Sorgen und Belastungen Kenntnis nehmen. Anhörungstermine in der JVA bieten dazu Gelegenheit. Gegen Anhörungen im Gerichtsgebäude als Regelfall spricht auch die übermäßige Belastung des Anstaltspersonals durch ständige Gefangenentransporte.

3.2.5 Vor der Enscheidung über die Aussetzung des Strafrestes oder des Maßregelvollzuges sind auch die Vollzugsanstalt und die *Staatsanwaltschaft* zu hören. Hier zeigt sich eine bedauerliche Gesetzeslücke, derzufolge das Verfahren zum Nachteil der Gefangenen oft wochenlang verzögert wird: das Fehlen einer der StVK zugeordneten StV-Staatsanwaltschaft. Der Gesetzgeber hat hier den Gedanken der Zuständigkeitskonzentration nicht zu Ende gedacht. Bei auswärts Verurteilten müssen meist Stellungnahmen oder gar Akten von weit entfernten Staatsanwaltschaften angefordert werden. Von der nach § 451 Abs. 3 StPO möglichen Zuständigkeitsübertragung wird kaum Gebrauch gemacht (*Stromberg* 1979, 354).

3.2.6 Ein weiteres lange Zeit heftig umstrittenes Problem: wie die $^2/_3$-Verbüßung bei Entscheidungen gemäß § 57 StGB zu berechnen sei, wenn *mehrere Freiheitsstrafen* nacheinander vollstreckt werden, ist durch Gesetz v. 7. 7. 1986 gelöst worden: § 454b Abs. 2 StPO regelt jetzt diesen Sachverhalt.

3.2.7 Der zweite Aufgabenbereich der StVK: die *gerichtliche Kontrolle von Vollzugsmaßnahmen* im Interesse des Rechtschutzes der Insassen der JVA und der in §§ 63, 64 StGB genannten Anstalten ist in §§ 109 ff StVollzG geregelt und unterliegt Verfahrensnormen, die Elemente des Verwaltungsverfahrensrechts enthalten (vgl. eingehend *Müller-Dietz* 1981, 113 ff und über die Rechtsbehelfe der Gefangenen unten *Schuler* S. 255 ff). Dieser Funktionsbereich der StVKn hat eine überaus reichhaltige Judikatur hervorgebracht (veröffentlicht vornehmlich in der ZfStVo, dem VD und der NStZ), die das Vollzugsgeschehen mittelbar und unmittelbar, oft bis ins Detail (z. B. Fernsehgerät in der Zelle; Abwägung, ob die tatsächlichen (!) Verhältnisse in einer JVA einem „Umschluß" in der Freizeit entgegenstehen [OLG Celle und Koblenz, ZfStVo 1987, 123, 122]), vor allem aber auch in Grundsatzfragen (z. B. ob und inwieweit die VV die Bestimmungen des StVollzG einschränken oder modifizieren dürfen [vgl. *Schuler* bei Schwind/Böhm, Rdn. 23 zu § 115 StVollzG]) beeinflußt hat.

3.3 Ob die Einrichtung der StVKn eine qualitative Verbesserung des Rechtschutzes der Gefangenen im Vergleich zur vorangehenden Periode der Alleinzuständigkeit der Oberlandesgerichte gebracht hat, ist schwer abzuschätzen. Alles in allem haben viele StVKn trotz ihres geringen Prestiges innerhalb der Justiz gute Arbeit geleistet und das StVollzG mit Leben erfüllt, mögen auch manche Entscheidungen mit Recht angegriffen worden sein. Zwar hat sich die Hoffnung, die Neuregelung werde einen neuen, kriminologisch und strafvollzugswissenschaftlich vorgebildeten Richtertyp hervorbringen, einen Richtertyp, der das eher negative Fremdbild des vermeintlich vor allem repressiven Strafrichters durch sozial konstruktives Engagement positiv verändern könnte, nicht bewahrheitet. Der Aufgabe, einem ausuferndem Resozialisierungsvollzug, dem „Übermut" der Sozialtherapeuten, aber auch punitiven, dem Geist des StVollzG widersprechenden Justizverwaltungsakten rechtsstaatliche Grenzen zu setzen, sind die StVKn und die Strafsenate der OLG als Rechtsbeschwerdegerichte aber im wesentlichen gerecht geworden. Niemand denkt daran, sie wieder zu beseitigen.

§ 10 Vorbereitung auf die Entlassung

Übersicht

1. Lockerungen des Vollzuges*

Den folgenden Beitrag schreibe ich aus meiner Sicht als Leiter der Justizvollzugsanstalt Celle I und II. Bei der ersteren handelt es sich um eine geschlossenen Anstalt von hohem Sicherheitsgrad (dem früheren „Zuchthaus Celle") mit einer Belegung von ca. 320 Gefangenen (die Belegung ist nach Sanierung der alten Gebäude, Vergrößerung der Hafträume usw. gegenüber früher etwa um die Hälfte zurückgegangen), zuständig für Langstrafige (mehr als 7 Jahre Vollzugsdauer), Lebenslängliche (z. Zt. ca. 80) und besonders fluchtgefährliche Gefangene sowie für Sicherungsverwahrte. Die JVA Celle II (Salinenmoor) ist ein Neubau und 1978 in Betrieb genommen worden als geschlossene Anstalt mit 217 Haftplätzen, zeitweise bis zu 20 % überbelegt. Zuständig war diese Anstalt zunächst für Gefangene aus bestimmten Landgerichtsbezirken mit bis zu 18 Monaten, inzwischen aber – durch Änderung des Vollstreckungsplans – mit bis zu 7 Jahren Vollzugsdauer, wobei auch Gefangene zur Entlastung der JVA Celle I dorthin verlegt wurden.** In unmittelba-

* *Paul Kühling*, geb. 1929, Dr. jur., studierte nach Abschluß kaufmännischer Lehre Jura an den Universitäten Tübingen und Hamburg, Promotion 1957 in Hamburg (Jugendstrafrecht, Prof. Dr. *Rudolf Sieverts)*, Assessor-Examen 1960, Assessor im Strafvollzugsdienst, Staatsanwalt in Celle 1964, Leiter der Jugendstrafanstalt Hameln 1966 – 1969, Oberstaatsanwalt und Leiter der Strafvollzugsabteilung beim Generalstaatsanwalt in Celle 1970, seit 1971 Leiter der Justizvollzugsanstalt Celle I und seit 1978 der neuen JVA Celle II (Salinenmoor), Leitender Regierungsdirektor 1972, Prüfungsausschußvorsitzender für den gehobenen Vollzugs- und Verwaltungsdienst in Niedersachsen, Mitglied des erweiterten Vorstands der Bundesvereinigung der Anstaltsleiter im Strafvollzug, Mitautor des Kommentars zum StVollzG von Schwind/Böhm, Außenstellenleiter beim WEISSEN RING.

** Letzte Änderung des Vollstreckungsplans am 11. 5. 87:
Zuständigkeit der JVA Celle I: Freiheitsstrafen mit mehr als 8 Jahren Vollzugsdauer, Freiheitsstrafen mit anschließender Sicherungsverwahrung
Zuständigkeit der JVA Celle II: Freiheitsstrafen mit 6- bis 8jähriger Vollzugsdauer, Sicherungsverwahrung

rer Nähe der Anstalt Celle II befindet sich bereits seit vielen Jahren eine Einrichtung des offenen Vollzuges für 50 Gefangene, die in einem justizeigenen Landwirtschaftsbetrieb, in einer Lehrwerkhalle (Ausbildung von Maurern und Isolierern) oder im Freigang beschäftigt werden. Dieses Anstaltsgut wurde früher mit Gefangenen des Zuchthauses bzw. der JVA Celle I belegt und ist jetzt eine Abteilung der neuen Anstalt Salinenmoor.

1.1 Die einzelnen Lockerungsmaßnahmen

Das Strafvollzugsgesetz nennt in §§ 11 und 13 folgende Lockerungsmaßnahmen:

- außerhalb der Anstalt regelmäßige Beschäftigung unter Aufsicht (Außenbeschäftigung) und ohne Aufsicht (Freigang),
- Verlassen der Anstalt für bestimmte Tageszeit unter Aufsicht (Ausführung) und ohne Aufsicht (Ausgang),
- Urlaub

Der Gefangen hat keinen Anspruch auf diese Lockerungen; andererseits bedarf die Anordnung seiner Zustimmung. Die Gewährung liegt im pflichtgemäßen Ermessen des Anstaltsleiters, der dabei auch die geeignete Form der Lockerung zu wählen hat. In jedem Falle ist u. a. zu prüfen, ob „zu befürchten ist, daß der Gefangene sich dem Vollzug der Freiheitsstrafe entziehen oder die Lockerungen zu Straftaten mißbrauchen werde" (vgl. § 11 Abs. 2 StVollzG). Zu berücksichtigen ist also einerseits das Behandlungsziel, das bei jeder Vollzugsmaßnahme Beachtung finden muß, andererseits aber auch das Sicherheitsbedürfnis der Allgemeinheit.

In der Entlassungsphase spielt die Gewährung von Lockerungen eine besonders wichtige Rolle. Zur Vorbereitung der Entlassung „soll" der Vollzug gelockert werden, z. B. durch Gewährung von Sonderurlaub (vgl. § 15 StVollzG).

1.1.1 Freigang

Freigang ist eine besonders weitgehende Lockerungsmaßnahme, deren Sinn darin liegt, daß der Gefangene sich tagsüber ohne Aufsicht außerhalb der Vollzugsanstalt aufhalten kann, um in einem Arbeitsbetrieb wie ein freier Mensch arbeiten zu können. Diese Vollzugslockerung ist die sinnvollste Vorbereitung auf die Entlassung überhaupt.

Nachdem bereits im Jugendstrafvollzug der Freigang jahrelang mit bestem Erfolg praktiziert worden war (vgl. § 91 Abs. 2 JGG: „Um das angestrebte Erziehungsziel zu erreichen, kann der Vollzug aufgelockert und in geeigneten Fällen weitgehend in freien Formen durchgeführt werden."), ist er auch in den Erwachsenenstrafvollzug übernommen worden, und zwar schon vor Inkrafttreten des Strafvollzugsgesetzes. Es gibt wohl keine größere Vollzugsanstalt, in der nicht Gefangene im Freigang beschäftigt werden. In den letzten 6 Jahren befanden sich im Durchschnitt jährlich in der JVA Celle I 10 Gefangene (in einer räumlich völlig getrennten Abteilung; ein Neubau mit 25 Haftplätzen für Freigänger ist geplant) und in der JVA Celle II 23 Gefangene im Freigang (untergebracht im Unterkunftshaus des Anstaltsgutes).

Der Freigang soll die Möglichkeit zu sinnvoller Arbeit oder Berufs- bzw. Schulausbildung außerhalb der Anstalt geben. Dabei ist zu berücksichtigen, daß für das berufliche Fortkommen eines Gefangenen nach der Entlassung die Beschäftigung in einem freien Arbeitsbetrieb um so größere Vorteile hat, je weniger lebensnahe Arbeit innerhalb der Anstalt angeboten werden kann. Art der Arbeit, Anforderungen an Tempo und Qualität, Selbständigkeit, Arbeitsräume, Betriebsklima usw. unterscheiden sich bei Betrieben zwischen „drinnen" und „draußen" wesentlich.

Von allen Lockerungsmaßnahmen bedarf die Zulassung zum Freigang einer besonders sorgfältigen Prüfung, da den betreffenden Gefangenen seitens der Anstalt großes Vertrauen entgegengebracht wird. Jeder Gefangene, der immer pünktlich aus dem Urlaub zurückkehrt oder sich in der Anstalt tadellos verhält, ist auch für den Freigang geeignet. Andererseits ist auch nicht jeder Betrieb für die Beschäftigung von Freigängern geeignet, z. B. Firmen mit schlechtem Arbeitsklima oder mit zu großen Arbeitsanforderungen, denen besonders ältere oder langstrafige Gefangene, die nur das „Schonklima" in der Anstalt kennengelernt haben, nicht gewachsen sind.

Arbeit im Freigang kann sowohl durch die Anstalt vermittelt werden, d. h. durch eine Vereinbarung zwischen der Anstalt und einer Firma, als auch durch den Gefangenen selbst, der mit Erlaubnis der Anstalt mit der Firma ein freies Beschäftigungsverhältnis eingeht. Im letzteren Falle handelt es sich um den „echten" Freigänger, der wie ein freier Bürger selbst mit einem Arbeitgeber einen Arbeitsvertrag schließt und aufgrund dieses Vertrages auch einen Anspruch auf Lohn geltend machen kann. Dazu heißt es in § 39 StVollzG:

Dem Gefangenen soll gestattet werden, einer Arbeit, Berufsausbildung, beruflichen Fortbildung oder Umschulung auf der Grundlage eines freien Beschäftigungsverhältnisses außerhalb der Anstalt nachzugehen, wenn dies im Rahmen des Vollzugsplanes dem Ziel dient, Fähigkeiten für eine Erwerbstätigkeit nach der Entlassung zu vermitteln, zu erhalten oder zu fördern und nicht überwiegende Gründe des Vollzuges entgegenstehen.

In den zu dieser Bestimmung erlassenen bundeseinheitlichen Verwaltungsvorschriften heißt es:

1. Der mit dem Arbeitgeber abzuschließende Vertrag bedarf der Zustimmung des Anstaltsleiters.
2. Zwischen dem Arbeitgeber und der Anstalt ist ein Zusatzvertrag abzuschließen, in dem folgende Bestimmungen aufzunehmen sind:
   a) Der Arbeitgeber oder Ausbildende hat der Anstalt unverzüglich besondere Vorkommnisse, wie Nichterscheinen des Gefangenen an der Beschäftigungsstelle, Verlassen der Beschäftigungsstelle zur Unzeit, Trunkenheit oder ähnliches, mitzuteilen.
   b) Wird dem Gefangenen die Erlaubnis nach § 39 Abs. 1 StVollzG entzogen, stehen dem Arbeitgeber oder Ausbildenden keine Ansprüche auf Schadensersatz gegenüber dem Justizfiskus oder auf Stellung eines anderen Gefangenen gegen das Land Niedersachsen zu.
   c) Der Arbeitgeber oder Ausbildende verpflichtet sich, neben den an die Anstalt zu zahlenden Bezügen aus dem Beschäftigungsverhältnis dem Gefangenen kein Geld auszuhändigen.

Die heutige Arbeitsmarktlage bringt es mit sich, daß es nicht immer einfach ist, überhaupt Arbeitgeber zu finden, die bereit sind, Gefangene als Freigänger zu beschäftigen. Der Freigänger kann auch bei seinem früheren Arbeitgeber beschäftigt werden, ausnahmsweise sogar im eigenen Betrieb des Gefangenen, wenn die Beschäftigung in keinerlei Zusammenhang mit der Straftat steht.

Nicht selten gerät der Freigänger in Schwierigkeiten im Verhältnis zu seinen Kollegen am Arbeitsplatz, die „den aus dem Knast" schief ansehen oder ihn gar verdächtigen, wenn im Betrieb etwas gestohlen wurde. Es sind dieselben Probleme, mit denen auch ein Entlassener fertig werden muß. Der Freigänger hat es aber viel schwerer, weil er noch unter dem unmittelbaren Druck der Inhaftierung steht. Er weiß, daß von seinem Verhalten als Freigänger unter Umständen auch der Zeitpunkt seiner vorzeitigen Entlassung abhängt. Hier hilft nur völlige Offenheit zwischen der Anstalt und dem Gefangenen einerseits und dem Arbeitgeber, dem Betriebsrat und den unmittelbaren Arbeitskollegen andererseits. Ein Firmeninhaber sollte nicht aus falsch verstandenem Resozialisierungseifer gegen den Willen seiner Mitarbeiter oder unter Verschweigen der ihm bekannten Umstände einen Gefangenen beschäftigen. Mittlere Betriebe, in denen der Freigänger in einer kleinen Gruppe arbeitet und einem verständigen Werkmeister untersteht, eignen sich am besten. Der Erfolg des Freigangs hängt aber auch davon ab, inwieweit der Gefangene in der Anstalt, die ja noch sein „Zuhause" ist, betreut wird. Jeder erfahrene Vollzugsbeamte weiß, welchen Spannungen ein Gefangener ausgesetzt ist, der morgens um 7 Uhr die Anstalt verläßt, den ganzen Tag sich wie ein freier Mann bewegen darf und sich um 18 Uhr wieder in der Anstalt melden muß, während die Arbeitskollegen nach Belieben ihren Feierabend verbringen können. Darüber hinaus ist der Freigänger häufig einem starken Druck seiner Mitgefangenen ausgesetzt, die von ihm Dinge verlangen, die nach der Anstaltsordnung verboten sind (z. B. Hereinschmuggeln von Alkohol, Geldgeschäfte, Mitnehmen von Post). Dazu kommen nicht selten – gerade bei jüngeren Gefangenen – Probleme durch sexuelle Beziehungen zu Personen, die man „draußen" kennenlernt, ganz zu schweigen von den Versuchungen des Alkohols, der für ihn als Gefangener „tabu" ist. Das alles kann der Freigänger nur aushalten, wenn er sich jederzeit vertrauensvoll an seinen zuständigen Betreuungsbeamten in der Anstalt wenden kann.

Die Dauer des Freigangs wird sich nach dem Zweck des Beschäftigungsverhältnisses richten. Bei jungen Gefangenen, die eine Lehre beginnen, kann der Freigang bis zur Beendigung des Lehrverhältnisses dauern; oder aber der Gefangene wird vorzeitig entlassen, und das Lehrverhältnis wird fortgesetzt. – Ein länger als ein Jahr dauernder Freigang bedeutet für den Gefangenen häufig eine übermäßige Belastung mit der Gefahr von Kurzschlußhandlungen.

In der Anstalt Celle I werden ständig einige zu lebenslanger Strafe verurteilte Gefangene etwa ein bis zwei Jahre vor ihrer gnadenweisen Entlassung als Freigänger beschäftigt, um sie nach der langdauernden Inhaftierung (in der Regel mindestens 12 bis 15 Jahre) langsam wieder an ein Leben in Freiheit zu gewöhnen und ihnen eine Wiedereingliederung in die freie Arbeitswelt zu erleichtern. Dabei sind bisher beste Erfahrungen gemacht worden. Einige Betriebe beschäftigen die Gefangenen auch nach der Entlassung weiter. So erfreulich es ist, wenn Freigänger nach ihrer Entlassung von ihrem Arbeitgeber weiterbeschäftigt werden, so nachteilig wirkt sich das für die Anstalt aus, die nunmehr für einen anderen Gefangenen einen neuen Arbeitsplatz suchen muß. Andere Gefangene, die in der Anstalt den Haupt- und anschließend den Realschulabschlußlehrgang mit der entsprechenden Prüfung erfolgreich beendet haben, drängen auf eine sinnvolle berufliche Weiterbildung für die restliche Strafzeit. Hier kommt in der Regel nur ein Freigang in Frage, weil die Anstalt eine geeignete Ausbildung oder sonstige Tätigkeit nicht mehr bieten kann. Auch für Sicherungsverwahrte ist in Einzelfällen ein Freigang möglich. Bei ihnen hängt die Entlassung in erster Linie von ihrem Verhalten im Vollzug ab, und der Freigang gibt ihnen eine gute Bewährungsmöglichkeit. Es kommt auch vor, daß das Gericht in einem eine Entlassung ablehnenden Beschluß einem Gefangenen oder Verwahrten die Entlassung in Aussicht stellt, wenn er sich in einem mehrmonatigen Freigang bewährt.

Die Dauer des Freigangs betrug bei den von 1981 bis 1986 in der JVA Celle I im Freigang eingesetzten Gefangenen bei 29 % bis zu 6 Monaten, bei 23 % zwischen 6 und 12 Monaten, bei 33 % zwischen 1 und 2 Jahren und bei 15 % zwischen 2 und $2^1/_2$ Jahren, in der JVA Celle II in der Regel 1 Jahr.

Aus organisatorischen wie auch aus Sicherheitsgründen ist es erforderlich, daß Freigänger in einem von der Anstalt getrennten Gebäude untergebracht werden, das aber zweckmäßigerweise auch nicht zu weit von ihr entfernt sein sollte. In jedem Falle muß eine ausreichende Betreuung, insbesondere während der Freizeit, gewährleistet sein. Im Freigängerhaus sollte möglichst wenig „Knast-Atmosphäre" herrschen. Das Leben in dieser Wohngemeinschaft sollte von den Gefangenen weitgehend selbst bestimmt werden können, wenn auch unter lockerer Aufsicht, weil die Freigänger ja noch Angehörige der Vollzugsanstalt sind und diese für sie verantwortlich ist.

Die Anzahl der im Freigang beschäftigten Gefangenen richtet sich – abgesehen von ihrer Eignung – einmal nach den Unterbringungsmöglichkeiten, zum anderen aber auch danach, inwieweit Arbeitsstellen außerhalb der Anstalt gefunden werden können. Es hat sich auch gezeigt, daß Betriebe, die mit Freigängern und Entlassenen gute Erfahrungen gemacht haben, eher bereit sind, Gefangene zu beschäftigen.

Bei der Entlohnung der Freigänger kommt es darauf an, ob der betreffende Gefangene einen Vertrag mit seinem Arbeitgeber geschlossen hat. In diesen Fällen hat er Anspruch auf einen tariflichen Lohn, der auf sein bei der Anstalt bestehendes Konto überwiesen wird. Von diesem Arbeitsverdienst muß der Freigänger Haftkosten bezahlen, z. Zt. monatlich ca. 300,– DM. Im übrigen kann er über seinen Lohn mit Genehmigung der Anstalt frei verfügen. Das Strafvollzugsgesetz gibt leider keine Handhabe, den Freigänger zur Zahlung von Unterhalt oder zur Tilgung von Schulden, insbesondere zur Entschädigung des Opfers der Straftat, zu verpflichten. – Freigänger ohne Vertrag erhalten dieselbe Entlohnung wie die innerhalb der Anstalt beschäftigten Gefangenen.

Die Zahl der Gefangenen, die den Freigang zur Flucht oder zu neuen Straftaten mißbrauchen, ist gering, wobei einerseits die sorgfältige Auswahl zu berücksichtigen ist, andererseits dem betreffenden Gefangenen auch die Chance einer vorzeitigen Entlassung im Falle der Bewährung im Freigang bewußt ist. In der JVA Celle I wurden von den zwischen 1981 und 1986 insgesamt 52 im Freigang eingesetzten Gefangenen 2 während der Lockerung straffällig (wegen Kaufhausdiebstahls bzw. Erregung öffentlichen Ärgernisses); 2 sind entwichen, und 3 mußten wegen Alkoholmißbrauchs abgelöst werden. Von den in dem genannten Zeitraum im Freigang eingesetzten 115 Gefangenen der JVA Celle II wurden 6 straffällig (je 2 wegen Diebstahls, Betrugs und Drogenhandels), einer ist entwichen.

1.1.2 Außenbeschäftigung

Während im Freigang nur verhältnismäßig wenige Gefangene eingesetzt werden können, arbeiten viele Inhaftierte außerhalb der Anstalt *unter Aufsicht*. Selbstverständlich wird auch hier in jedem Falle vorher geprüft, ob der Gefangene oder Sicherungsverwahrte etwa fluchtverdächtig ist (vgl. § 11 Abs. 2 StVollzG). Dabei spielt die Höhe des Strafrestes eine Rolle. Gemäß den Verwaltungsvorschriften zu § 11 StVollzG kommen bestimmte Gefangene für eine Außenbeschäftigung – wie beim Freigang – grundsätzlich nicht in Frage bzw. nur mit Zustimmung der Aufsichtsbehörde, weil hier im

Falle einer Flucht und damit verbundener neuer Straftaten eine besondere Gefahr für die Öffentlichkeit besteht. Allerdings sind Gefangene, die bei einem Außenarbeitseinsatz fliehen wollen, kaum daran zu hindern. Die örtlichen Verhältnisse sind meist so, daß der Beamte nicht jeden Gefangenen ständig im Auge haben kann. Der Gebrauch der Schußwaffe, die der Beamte zwar häufig mit sich führt, ist zur Verhinderung von Fluchtversuchen ohnehin problematisch, nach dem StVollzG allerdings zulässig (anders noch § 88 Abs. 1 Satz 2 Reg.-Entwurf zum StVollzG).

Die Außenbeschäftigung eines Gefangenen darf nur mit seiner Zustimmung erfolgen. Die bereits früher im Strafgesetzbuch enthaltene Bestimmung (§ 21 Abs. 2 StGB a. F.) findet sich in § 11 Abs. 2 StVollzG wieder. Der Sinn dieser Vorschrift liegt darin, daß der Gefangene nicht unfreiwillig der Möglichkeit ausgesetzt werden soll, von anstaltsfremden Personen in der Öffentlichkeit erkannt und diffamiert zu werden. Für die Vollzugsverwaltung ist diese Vorschrift aber nicht selten eine erhebliche Behinderung. Ist es nämlich dem Arbeitsinspektor der Anstalt gelungen, mit einer Firma eine Vereinbarung über die Beschäftigung einer bestimmten Anzahl von Gefangenen für eine gewisse Zeitdauer in einem auswärtigen Betrieb zu schließen, so kann dieses Vorhaben u. U. daran scheitern, daß sich keine Gefangenen für diese Beschäftigung melden. Der Grund ihrer Weigerung liegt weniger in der Furcht vor Diffamierung in der Öffentlichkeit als vielmehr darin, daß der Gefangene sich vor der Arbeit drücken will, etwa weil sie ihm zu unbequem erscheint oder der Verdienst zu gering ist. Dazu kommt, daß die einmal erteilte Zustimmung jederzeit widerrufen werden kann. Soweit die Außenbeschäftigung mit einer Unterbringung in einem von der Hauptanstalt getrennten Lager verbunden ist, hängt die Bereitschaft insbesondere des haftgewohnten Gefangenen weitgehend davon ab, ob er im Lager die gleichen Annehmlichkeiten hat wie in der Anstalt. Die Betreuung der Gefangenen kann allerdings in einem Außenarbeitslager niemals in der Weise erfolgen wie in der Hauptanstalt mit den dort tätigen Fachkräften. Dazu kommt, daß es sich bei den Lagern meist um Baracken mit Gemeinschaftsunterbringung in großen Räumen handelt, was vollzuglich ohnehin sehr bedenklich ist.

Ob die Außenbeschäftigung als eine Maßnahme zur Vorbereitung auf die Entlassung angesehen werden kann, hängt von der Art derArbeit ab. Häufig dient sie nur dazu, die Gefangenen überhaupt zu beschäftigen, insbesondere dann, wenn in den anstaltseigenen Betrieben nicht alle Gefangenen beschäftigt werden können. Nicht selten spielen auch fiskalische Gesichtspunkte eine Rolle. – Eine echte Hilfe für die Wiedereingliederung kann die Außenbeschäftigung sein, wenn der Gefangene in seinem erlernten oder einem artverwandten Beruf weiterarbeiten kann. Das ist z. B. in der Anstalt Celle II auf dem Anstaltsgut (mit großem Rindvieh- und Schweinebestand) möglich, wo landwirtschaftliche Arbeiter eingesetzt werden können. Auch werden auf dem Gelände des Gutes in einer Lehrwerkhalle Gefangene in einem Handwerk (früher als Maurer, z. Zt. als Isoliermonteure) ausgebildet. – Eine gute Starthilfe wird auch einigen Gefangenen und Sicherungsverwahrten der Anstalt Celle gegeben, die außerhalb der Anstalt in einer geschlossenen Halle einer Firma auf deren Gelände unter Aufsicht von Bediensteten und Anleitung von Fachkräften mit Schlosser- und Kunstschmiedearbeiten beschäftigt werden. Die Arbeitsbedingungen entsprechen denen der freien Wirtschaft. Die Gefangenen arbeiten allerdings getrennt von den freien Arbeitern und erhalten – wie alle anderen auch – die übliche Arbeits- und Leistungsbelohnung.

1.1.3 Urlaub

Das Strafvollzugsgesetz enthält zum Urlaub folgende Bestimmungen:

§ 13 Urlaub aus der Haft

(1) Ein Gefangener kann bis zu einundzwanzig Kalendertagen in einem Jahr aus der Haft beurlaubt werden. § 11 Abs. 2 gilt entsprechend.
(2) Der Urlaub soll in der Regel erst gewährt werden, wenn der Gefangene sich mindestens sechs Monate im Strafvollzug befunden hat.
(3) Ein zu lebenslanger Freiheitsstrafe verurteilter Gefangener kann beurlaubt werden, wenn er sich einschließlich einer anderen Freiheitsentziehung zehn Jahre im Vollzug befunden hat oder wenn er in den offenen Vollzug überwiesen ist.
(4) Gefangenen, die sich für den offenen Vollzug eignen, aus besonderen Gründen aber in einer geschlossenen Anstalt untergebracht sind, kann nach den für den offenen Vollzug geltenden Vorschriften Urlaub erteilt werden.

§ 15 Entlassungsvorbereitung (bei Strafgefangenen)

(3) Innerhalb von drei Monaten vor der Entlassung kann zu deren Vorbereitung Sonderurlaub bis zu einer Woche gewährt werden. § 11 Abs. 2, § 13 Abs. 5 und § 14 gelten entsprechend.

§ 35 Urlaub aus wichtigem Anlaß

(1) Aus wichtigem Anlaß, insbesondere wegen einer lebensgefährlichen Erkrankung oder wegen des Todes eines Angehörigen, kann der Anstaltsleiter dem Gefangenen Ausgang gewähren oder ihn bis zu sieben Tagen beurlauben.
(2) Der wegen einer lebensgefährlichen Erkrankung oder wegen des Todes eines Angehörigen gewährte Urlaub wird nicht auf den regelmäßigen Urlaub angerechnet. Der im übrigen aus wichtigem Anlaß gewährte Urlaub wird auf den regelmäßigen Urlaub angerechnet, soweit er sieben Tage im Jahr übersteigt.

§ 134 Entlassungsvorbereitung (bei Sicherungsverwahrten)

Um die Entlassung zu erproben und vorzubereiten, kann der Vollzug gelockert und Sonderurlaub bis zu einem Monat gewährt werden.

Der Urlaub ist eine vollzugliche Behandlungsmaßnahme und nicht eine Vergünstigung oder Belohnung für gutes Verhalten. Allerdings soll – wie bei allen Vollzugslockerungen – berücksichtigt werden, ob der Gefangene durch sein Verhalten im Vollzug die Bereitschaft gezeigt hat, an der Erreichung des Vollzugszieles (vgl. § 2 Satz 1 StVollzG) mitzuwirken. Der Urlaub hat zugleich den Zweck, den Gefangenen unter den normalen Bedingungen des Lebens zu erproben. Bereits vor Inkrafttreten des StVollzG hatte man erkannt, wie wichtig der Urlaub ist, um die Bindungen des Gefangenen zu Angehörigen und nahestehenden Personen aufrechtzuerhalten, zu festigen oder aber neue zu knüpfen. So ist die Zahl der Urlaubsfälle von Jahr zu Jahr gestiegen (vgl. Übersicht S. 359).

Es gibt kaum einen Gefangenen, der nicht bereits kurze Zeit nach Beginn seines Aufenthaltes in der Vollzugsanstalt wegen Gewährung von Urlaub vorstellig wird. Ihm wird dann in der Regel – jedenfalls bei längerstrafigen Gefangenen – erklärt, daß zunächst ein Vollzugsplan aufgestellt werden muß, wobei auch die Frage der Vollzugslockerungen erörtert wird. Auch muß die Anstalt den Gefangenen zunächst einmal kennenlernen (vgl. die 6-Monatsfrist in § 13 Abs. 2 StVollzG). – Dem Gefangenen steht kein Anspruch auf Urlaub zu, sondern nur ein Recht auf fehlerfreien Ermessensgebrauch. Bei Flucht- oder Mißbrauchsgefahr darf gemäß § 13 Abs. 1 Satz 2 i. V. m. § 11 Abs. 2 StVollzG kein Urlaub gewährt werden. Dabei bilden die zu § 13 StVollzG erlassenen Verwaltungsvorschriften Auslegungsrichtlinien. Dort heißt es z. B., daß bestimmte Gefangene vom Urlaub ausgeschlossen (Staatsschutztäter; bei angeordneter Untersuchungshaft, Auslieferungs- und Abschiebungshaft oder bei vollziehbarer Ausweisungsverfügung; bei Anordnung von Sicherungsverwahrung. Ausnahmen sind zulässig mit Zustimmung der Aufsichtsbehörden) oder „in der Regel ungeeignet" sind (Gefangene im geschlossenen Vollzug mit mehr als 18monatiger Vollzugsdauer bis zur voraussichtlichen Entlassung, Suchtgefährdete, früher aus der Haft Entwichene, vom letzten Urlaub oder Ausgang nicht freiwillig zurückgekehrte oder erneut straffällig gewordene Gefangene; wenn Ausweisungs-, Auslieferungs-, Ermittlungs- oder neues Strafverfahren anhängig ist). Die Verwaltungsvorschriften entbinden die Anstaltsleitung jedoch nicht von einer Prüfung des Einzelfalles. Eine den Urlaubsantrag eines Gefangenen ablehnende Entscheidung allein mit dem Hinweis auf die Verwaltungsvorschriften hält einer gerichtlichen Überprüfung nicht stand. Gerade die im Gesetz vorgesehene Möglichkeit der gerichtlichen Kontrolle, ob Ermessensüberschreitung oder -mißbrauch vorliegt, zwingt den Anstaltsleiter zu einer sorgfältigen, oft zeitraubenden Prüfung jedes Urlaubsantrags.

Der Schutz der Allgemeinheit vor weiteren Straftaten erfordert es, daß bei bestimmten Gefangenen (außer den bereits erwähnten Fällen) die Frage, ob Urlaub verantwortet werden kann, besonders gründlich zu prüfen ist. In solchen Fällen muß der Anstaltsleiter vorher die Zustimmung der Aufsichtsbehörde einholen (so z. B. in Niedersachsen die Zustimmung des Justizvollzugsamts bei Gefangenen, die wegen Mordes, Sexualdelikts, Brandstiftung verurteilt sind oder bei denen Sicherungsverwahrung angeordnet ist). Um allgemein das Risiko einer Flucht oder eines Mißbrauchs des Urlaubs gering zu halten, wird häufig die Vollstreckungsbehörde vorher um Stellungnahme gebeten. – Auch lebenslänglichen Gefangenen kann Urlaub gewährt werden, in der Regel aber nicht vor Verbüßung von 10 Jahren (vgl. § 13 Abs. 2 StVollzG). Wegen der Problematik gerade in einem solchen Falle muß die Entscheidung in einer Konferenz mit den für den Gefangenen zuständigen Bediensteten vorbereitet und die Zustimmung der Aufsichtsbehörde eingeholt werden.

Der sogenannte Regelurlaub des § 13 StVollzG beträgt 21 Tage im Kalenderjahr. Das bedeutet, daß der Gefangene, wenn er lt. Vollzugsplan von einem bestimmten Zeitpunkt an „urlaubsfähig" ist, damit rechnen kann, in jedem Jahr diese 21 Tage Urlaub zu erhalten, sofern sich nicht besondere Umstände (z. B. neue Straftaten) ergeben. Allerdings werden in der Regel nicht mehr als 7 Tage zusammenhängend gewährt, wobei der Gefangene auch zu einer bestimmten Urlaubsplanung zu Beginn jeden Jahres angehalten wird.

Die Urlaubsanschrift muß selbstverständlich feststehen, auch die Sicherung von Reisekosten, Unterkunft und Lebensunterhalt, d. h., der Gefangene muß über ausreichende finanzielle Mittel verfügen, kann aber notfalls eine Beihilfe aus staatlichen Mitteln erhalten. Urlaubsbeginn und -ende (Tag und Uhrzeit) werden genau festgelegt. – Häufig wird der Urlauber von Angehörigen abgeholt und zurückgebracht. Die Erteilung des Urlaubs kann von solchen Bedingungen abhängig gemacht werden, wie auch von bestimmten Weisungen, z. B. während des Urlaubs keine Gaststätten aufzusuchen oder sich täglich bei der Polizei zu melden (vgl. § 14 StVollzG). Der Gefangene erhält einen Urlaubsschein, mit dem er sich – anstelle des aus Sicherheitsgründen zurückbehaltenen Personalausweises – ausweisen kann. Neben dem 21tägigen „Regelurlaub" und dem 1wöchigen Sonderurlaub innerhalb von 3 Monaten vor der Entlassung zu deren Vorbereitung kann auch Urlaub bis zu einer Woche „aus wichtigem Anlaß" gewährt werden. Als solcher Anlaß gilt z. B. schwere Erkrankung oder Tod eines Angehörigen, dagegen nicht unbedingt die Eheschließung, weil diese auch im „Regelurlaub" vorgenommen werden kann. Dasselbe gilt bei Urlaub zu Weihnachten oder anderen Festtagen. Hier muß es dem Gefangenen selbst überlassen bleiben, seinen Regelurlaub entsprechend einzuteilen.

Kehrt der Gefangene pünktlich vom Urlaub zurück, wird die Urlaubszeit auf die Strafzeit angerechnet. Andernfalls müssen die Urlaubstage nachverbüßt werden. Auch kann der Anstaltsleiter eine Hausstrafe verhängen, er darf aber nicht für eine bestimmte Zeit eine „Urlaubssperre" festsetzen.

1.1.4 Ausgang

Eine nicht so weit gehende Lockerung wie der Urlaub – aber meist die Vorstufe dazu – stellt der Ausgang dar. Der Gefangene darf für eine bestimmte Tageszeit die Anstalt ohne Aufsicht verlassen (vgl. § 11 Abs. 1 Nr. 2 StVollzG). Auch Ausgang darf – wie bei allen übrigen Vollzugslockerungen – nur gewährt werden, wenn nicht zu befürchten ist, daß der Gefangene sich dem Vollzug der Freiheitsstrafe entziehen oder die Lockerung zu Straftaten mißbrauchen werde (vgl. § 11 Abs. 2 StVollzG). Die Verwaltungsvorschriften zu § 11 StVollzG sind – wie bei der Außenbeschäftigung und beim Freigang – auch hier zu beachten. Im Unterschied zum Urlaub enthält das Gesetz keine Bestimmungen über zeitliche Voraussetzungen oder Häufigkeiten von Ausgängen. Gründe für die Gewährung von Ausgang kann die Teilnahme am Unterricht sein, wenn dieser Unterricht nicht innerhalb der Anstalt stattfinden kann, oder Teilnahme an kulturellen, religiösen, politischen oder sportlichen Veranstaltungen. Dabei verfährt man im offenen Vollzug großzügiger als im geschlossenen Vollzug. Häufig wird sogenannter Besuchsausgang gestattet. Der Gefangene, der von Angehörigen besucht wird, kann sich zu diesem Zweck mit ihnen eine bestimmte Tageszeit außerhalb der Anstalt aufhalten. Im geschlossenen Vollzug ist man dabei zurückhaltend, zumal dort auf eine Besuchsüberwachung aus Sicherheitsgründen ohnehin nicht ganz verzichtet werden kann. Daß manche familiären und ehelichen Probleme durch Gespräche und zwanglosen Umgang außerhalb der Mauern leichter zu lösen sind, ist selbstverständlich. Nach den bisherigen Erfahrungen läßt sich sagen, daß ein Ausgang durch Flucht, Begehung neuer Straftaten u. ä. seltener mißbraucht wird als ein Urlaub. Das Sicherheitsrisiko ist bei „Ausgängern" durch ihre räumliche Nähe zur Anstalt und durch die zeitliche Beschränkung geringer als bei „Urlaubern". Soweit das Anliegen des Gefangenen durch Ausgang erledigt werden kann, wird Urlaub nicht gewährt. So kann der Gefangene z. B. vor der Entlassung einen Ausgang erhalten, um sich bei seinem künftigen Arbeitgeber vorzustellen, beim künftigen Vermieter einen Mietvertrag zu schließen, beim Arbeitsamt oder Ordnungsamt vorzusprechen.

Im übrigen dient der Ausgang – insbesondere bei lebenslangen Gefangenen – häufig als Vorstufe und zur Erprobung für die spätere Gewährung von Urlaub. Gefangenen, die „Regelurlaub" erhalten, wird meist zusätzlich regelmäßig (in der Anstalt Celle I im geschlossenen Vollzug monatlich einmal, im offenen Vollzug zweimal) Ausgang gewährt. Darüber hinaus kann auch aus „wichtigem Anlaß" Ausgang gewährt werden (vgl. § 35 Abs. 1 StVollzG) – (zur Statistik vgl. unten S. 358).

Der Anstaltsleiter kann gemäß § 14 StVollzG dem Gefangenen für Ausgang und Urlaub Weisungen erteilen, z. B. ihn anweisen, sich nur an einem bestimmten Ort aufzuhalten, sich zu bestimmten Zeiten bei der Polizei zu melden, keinen Alkohol zu trinken. Bei Verstoß gegen solche Weisungen können Vollzugslockerungen mit Wirkung für die Zukunft zurückgenommen werden.

1.1.5 Ausführung

Die Ausführung eines Gefangenen hat als Vollzugslockerung gegenüber den bereits genannten Maßnahmen eine geringe Bedeutung. So kann der Gefangene ausgeführt werden, wenn Ausgang oder Urlaub wegen Mißbrauchsgefahr (vgl. § 11 Abs. 2 StVollzG) nicht gewährt werden kann (vgl. § 35 Abs. 3 StVollzG). Der ausführende Beamte ist verpflichtet, den Gefangenen außerhalb der Anstalt ständig zu beaufsichtigen. Das ist häufig recht schwierig und erfordert Umsicht, aber auch Fingerspitzengefühl. Anlaß für eine Ausführung kann z. B. die Aussprache mit der Ehefrau in deren Wohnung, der Besuch am Krankenbett eines Angehörigen, die Teilnahme an einer Beerdigung oder die standesamtliche Trauung sein. Die Art und Weise der Ausführung (Transport mit Pkw oder Bahn, Anzahl der Begleitbeamten, Tragen von Zivil oder Uniform, evtl. Sicherungsmaßnahmen, Frage der Kostenbeteiligung durch den Gefangenen usw.) wird im Einzelfall vom Anstaltsleiter besonders angeordnet.

Häufig müssen Gefangene zum Facharzt ausgeführt werden. Falls erforderlich, kann eine Ausführung zu diesem Zweck auch ohne Zustimmung des Gefangenen erfolgen (vgl. § 12 StVollzG). Zur Teilnahme an gerichtlichen Terminen kann der Gefangene, falls ihm nicht Ausgang oder Urlaub erteilt wird, nur mit seiner Zustimmung ausgeführt werden. Verweigert er diese, hat er die Nachteile selbst zu tragen. Das Gericht kann aber (z. B. in Strafsachen) die Anstalt durch Vorführungsbefehl ersuchen, den Gefangenen vorzuführen (vgl. § 36 StVollzG).

1.2 Bedeutung der Lockerungen

Die Frage der Gewährung von Vollzugslockerungen ist für den Charakter einer Vollzugsanstalt von großer Bedeutung. Es ist verständlich, daß einem zu Freiheitsstrafe Verurteilten, nachdem er sich in der für ihn zuständigen Anstalt befindet, nicht nur der Gedanke an die Dauer der Strafe und den Zeitpunkt der Entlassung beschäftigt, sondern daß er auch die – für ihn zeitlich näherliegende – Frage nach Ausgang oder Urlaub stellt. Besteht für ihn insoweit keinerlei Hoffnung, wirkt sich das negativ auf sein vollzugliches Verhalten aus. Die Mitarbeit des Gefangenen am Vollzugsziel, wozu auch die Bereitschaft zur Erfüllung der Arbeitspflicht gehört, ist wesentlich geprägt von der Hoffnung, für solche „Anstrengungen" auch belohnt zu werden. Und solche Belohnungen stellen für den Gefangenen eben gerade Vollzugslockerungen dar, auch wenn für den Gesetzgeber andere Gesichtspunkte gelten. Das Klima in einer Anstalt wird daher maßgeblich geprägt von der Häufigkeit der Gewährung von Vollzugslockerungen. Diese aber hängen auch von der Länge des Strafrestes ab. D. h., daß in einer Anstalt, die zuständig ist für Gefangene mit höherer Vollzugsdauer, weniger Vollzugslockerungen gewährt werden als in einer Anstalt mit geringerer Vollzugsdauer. Bei den Anstalten Celle I und Celle II zeigt sich das daran, daß in der letzteren (mit einer Vollzugsdauer von durchschnittlich 2 bis höchstens 7 Jahren) ca. 80 % der Insassen des geschlossenen Vollzuges jährlich Lockerungen erhalten, in der JVA Celle I bei einer Vollzugsdauer von mehr als 5 Jahren bis 1981 nur 40 %, seitdem aber – infolge Heraufsetzung der Vollzugsdauer auf 7 Jahre – nur noch ca. 25 %. Bei der inzwischen erfolgten Heraufsetzung der Vollzugsdauer-Grenze wird dieser Prozentsatz weiter sinken, so daß die Anstalt mehr und mehr wieder (wie in den Jahren vor Inkrafttreten des StVollzG) in den Verwahrvollzug zurückfällt.[1]) Das Vollzugsklima in einer solchen Anstalt ist wesentlich kälter, das Verhalten der Gefangenen untereinander wie auch gegenüber Bediensteten aggressiver und von gegenseitigem Mißtrauen geprägt, weil es an einem Ventil nach draußen fehlt. Die Gefangenen sind auch häufig der Ansicht, sie hätten einen Anspruch auf Lockerungen, und reagieren uneinsichtig, wenn ihre Erwartungen nicht erfüllt werden. Als besonders ungerecht wird empfunden, wenn ein Mitgefangener mit längerer Strafdauer oder mit Verurteilung zu „schwererer" Straftat Lockerungen erhält.

Für den Anstaltsleiter bedeutet die Gewährung von Vollzugslockerungen einerseits ein wesentliches Mittel zur Behandlung im Vollzuge und Erprobung für die Freiheit, andererseits aber auch eine erhebliche Belastung, und zwar sowohl hinsichtlich der richtigen Ausübung des ihm durch das StVollzG eingeräumten Ermessens als auch hinsichtlich der Verantwortung für ein evtl. Versagen des Gefangenen. Um der Verpflichtung, den Resozialisierungsauftrag an dem anvertrauten Gefangenen zu erfüllen und gleichzeitig auch die Allgemeinheit vor Straftaten zu bewahren (vgl. § 2 Satz 2 StVollzG), gerecht zu werden, sind Erfahrung, Menschenkenntnis, gesundes Mißtrauen und auch eine gewisse Risikobereitschaft erforderlich. Zu berücksichtigen ist darüber hinaus, daß der Gefangene jede ablehnende Entscheidung gerichtlich überprüfen lassen kann, so daß der Anstaltsleiter zu sorgfältiger und oft recht zeitraubender Begründung gezwungen ist. So hat sich seit Inkrafttreten des StVollzG gerade auf diesem Gebiet des Strafvollzuges eine umfangreiche und ständig wachsende höchstrichterliche Rechtsprechung entwickelt, die der Anstaltsleiter neben dem Gesetz, den Verwaltungsvorschriften und Erlassen der Aufsichtsbehörden zu beachten hat. U. a. verlangen die Gerichte, daß die Persönlichkeit des Gefangenen, seine Entwicklung bis zur Tat, Art und Weise und Motive der Tatbegehung und das bisherige Vollzugsverhalten berücksichtigt werden. In diesem Zusammenhang sei bemerkt, daß nach einer Entscheidung des Bundesverfassungsgerichts (NStZ 1983, 476 ff) Vollzugslockerungen bei Lebenslänglichen entgegen dem Wortlaut des Strafvollzugsgesetzes auch von der Schwere der Schuld abhängig zu machen sind. Die Frage, ob dieser Gesichtspunkt als Rechtfertigung für eine zurückhaltende Gewährung von Lockerungen allgemein gelten soll, wird in der Praxis z. Zt. diskutiert.

Die für den Strafvollzug Verantwortlichen, insbesondere die Anstaltsleiter, wissen, daß sie an der Praxis der Vollzugslockerungen von der Öffentlichkeit gemessen wer-

1 Vgl. Anmerkung S. 347.

Vollzugslockerungen in Niedersachsen (Quelle: Nds. Justizministerium)

	1972	1976	1978	1980	1982	1984	1985	1986
Beurl. insges.	3 628 x	6 347 x	11 808 x	16 244 x	17 388 x	20 453 x	21 066 x	22 625 x
Urlaubs-versager	225	357	473	478	555	462	463	464
	(6,2 %)	(5,6 %)	(4,0 %)	(3,2 %)	(2,9 %)	(2,3 %)	(2,2 %)	(2,05 %)
	1976	1978	1980	1982	1984	1985	1986	
Ausgang insges.	13 465 x	25 812 x	35 737 x	51 002 x	69 727 x	81 776 x	73 347 x	
Versager	222	526	601	611	582	523	476	
	(1,6 %)	(2,0 %)	(1,7 %)	(1,2 %)	(0,8 %)	(0,6 %)	(0,6 %)	
	1978	1980	1981	1982	1984	1985	1986	
Freigänger insges.	825	1 925	1 926	2 524	2 494	2 148	1 905	
Versager	87	45	79	21	39	43	41	
	(10 %)	(2,3 %)	(4,1 %)	(0,8 %)	(1,6 %)	(2,0 %)	(2,1 %)	

den. Spektakuläre Einzelfälle von Straftaten werden in der Presse häufig maßlos übertrieben. Die WELT am SONNTAG kommentierte z. B. die Nichtrückkehrerquote beim Urlaub für 1985 von 1,5 % im Bundesgebiet am 14. 12. 1986 mit der Bemerkung: „Polizisten fahnden unter Einsatz des Lebens nach Schwerverbrechern, die Justiz läßt sie laufen." – Das Nieders. Justizministerium hat kürzlich die Ergebnisse einer repräsentativen Untersuchung zur Straffälligkeit während Vollzugslockerungen veröffentlicht. In der Studie wird bewiesen, daß die Kriminalität der Lockerungsversager gemessen am Gesamtvolumen der polizeilich registrierten Kriminalität weit unter der 1-%-Marke bleibt (vgl. „Rechtstatsächliche Untersuchungen aus Niedersachsen zu Strafvollzug und Bewährungshilfe", herausgegeben vom Nieders. Minister der Justiz, Hannover 1986, 76).

2. Staatliche und außerstaatliche Entlassenenhilfe*

2.1 Begriffsbestimmungen der Straffälligenhilfe

2.1.1 Von der freien Liebestätigkeit über die Gefangenen- und Entlassenenfürsorge zur Straffälligenhilfe

Die Geschichte der sozialen Hilfen für straffällige Menschen ist gekennzeichnet durch staatliche Zurückhaltung, soziale Erniedrigung der Straftäter durch die Gesellschaft und caritative Bemühungen von Privatpersonen oder privaten Organisationen. Sie ist zugleich eine Kette mißlungener oder steckengebliebener Reformen (*Maelicke* 1977, 16).

In dieser historischen Entwicklung ist aber auch ein zunehmendes Wissen um die soziale Bedingtheit des Entstehens und des Verlaufs von Kriminalität festzustellen, ein Anwachsen des Potentials von Fachkräften und Institutionen, die sich um einen rationalen Umgang mit straffälligen Menschen bemühen, um so deren Resozialisierungschancen zu verbessern.

Soziale Hilfen für Straffällige werden deshalb heute nicht mehr nur von privaten Personen oder privaten Trägern angeboten oder als bloße Fürsorge für Gefangene und Entlassene verstanden – sie sind rechtlich, institutionell und fachlich eingebunden in ein sich immer mehr differenzierendes System der Straffälligenhilfe.

Um der Gefahr der Unübersichtlichkeit und des „Verwirrsystems" zu entgehen, ist es deshalb für die folgende Darstellung unerläßlich, begriffliche und systematische Klärungen vorzunehmen.

* *Bernd Maelicke*, geb. 1941; Studium Rechtswissenschaften, Politik, Volkswirtschaft; Assessor; Dr. jur.; 1964 – 1974 politische Bildungsarbeit mit Schülern, Lehrlingen, Strafgefangenen; Dozent an Fachschule für Sozialpädagogik und Fachhochschule für Sozialarbeit; Promotion „Entlassung und Resozialisierung – Untersuchungen zur Sozialarbeit mit Straffälligen"; 1974 – 1978 Abteilungsleiter beim Deutschen Verein für öffentliche und private Fürsorge, Leiter des Fortbildungswerkes, der Akademie für Jugendarbeit und Sozialarbeit, des Fortbildungswerkes für sozialpädagogische Fachkräfte; seit 1978 Direktor des Institutes für Sozialarbeit und Sozialpädagogik (Nachfolger von Wolfgang Bäuerle); Lehrbeauftragter an der Fachhochschule Frankfurt; Mitwirkung in verschiedenen Gremien von Fachorganisationen; zahlreiche Publikationen zur Entwicklungsarbeit in der sozialen Arbeit, spezifischer Schwerpunkt Straffälligenhilfe.

2.1.2 Straffällige

Als Straffällige werden solche Jugendliche oder Erwachsene bezeichnet, bei denen gerichtlich das Vorliegen einer Straftat festgestellt wurde. Dies bedeutet jedoch nicht, daß die Angebote und Aktivitäten der Straffälligenhilfe nur konzipiert wurden oder nur erreichbar sind für verurteilte Straftäter.

So ist es z B. die Aufgabe der Gerichtshilfe, bereits vor der Entscheidung des Gerichts die persönlichen und sozialen Umstände der Beschuldigten so zu erheben und zu beschreiben, daß dem Gericht ein „sozial-gerechtes" Urteil ermöglicht wird durch Kenntnisse über Aussichten, Wege und Einflußmöglichkeiten, daß der Beschuldigte ein Leben ohne Straftaten führen kann. Dabei gilt bis zum rechtskräftigen Urteil die Unschuldsvermutung. Es kann sich also nach den Interventionen der Gerichtshilfe herausstellen, daß der Proband unschuldig ist.

Und Klient der Straffälligenhilfe kann auch der Strafentlassene sein, der ohne vorzeitige Entlassung seine Endstrafe verbüßt hat und als resozialisierter Bürger Anspruch darauf hat, nicht weiter als Straftäter abgestempelt zu werden.

Die Bezeichnung Straffällige drückt also nur aus, daß im Zusammenhang mit dem Entstehen und dem Verlauf von Kriminalität Menschen in Situationen kommen oder sich bereits seit langem darin befinden, in denen sie einen spezifischen Hilfebedarf haben können, der mit dem Straf- und Vollstreckungsverfahren zusammenhängt und mit Problemen ihrer gesellschaftlichen (Wieder-)Eingliederung.

2.1.3 Soziale Hilfe und Straffälligenhilfe

Die den Straffälligen angebotenen sozialen Hilfen umfassen Tätigkeiten wie persönliche Hilfen; Beratung; Vermittlung von Lebensunterhalt, Arbeit, Wohnung; aber auch Diagnostizieren; Begutachten, Kontrollieren; Berichterstatten; Überwachung von Auflagen, Weisungen, Anerbieten und Zusagen. Dabei ist es wichtig, daß diese Tätigkeiten jeweils genau definiert, transparent gemacht und den handelnden Personen und Institutionen klar zugeordnet werden, damit nicht Rollenkonflikte bei den Sozialarbeitern und Mißtrauen und Entäuschung bei den Klienten entstehen.

Der Begriff Straffälligenhife i. e. S. wird demgegenüber heute verstanden als Inbegriff aller öffentlichen und privaten Hilfeformen zur Resozialisierung von Straftätern. Sie umfaßt deshalb die sozialen Dienste in der Justiz (Gerichtshilfe, Bewährungshilfe [incl. Führungsaufsicht], Soziale Hilfe im Strafvollzug) wie auch die Freie Straffälligenhilfe nach § 72 BSHG durch öffentliche und private Träger.

Begleitende oder spezifische Hilfen für straffällige Menschen oder ihre Bezugspersonen werden auch durch allgemeine soziale Dienste, durch Gemeinwesenarbeit, durch präventive Sozialarbeit oder z. B. durch Spezialdienste der Drogenhilfe oder der Nichtseßhaftenhilfe geleistet. Da bei diesen jedoch nicht das Merkmal der Straffälligkeit zentraler Anknüpfungstatbestand für ihre Interventionen ist, werden sie im folgenden nicht in die Darstellung der Straffälligenhilfe im engeren Sinne einbezogen.

2.1.4 Justizförmige Straffälligenhilfe

Unter dem Oberbegriff der Sozialen Dienste in der Justiz werden die Gerichtshilfe, die Bewährungshilfe (incl. Führungsaufsicht) und die Soziale Hilfe im Strafvollzug zusammengefaßt. Ihr Aufgabenkatalog richtet sich nach den entsprechenden gesetzlichen Regelungen in der Strafprozeßordnung, im Strafgesetzbuch und im Strafvollzugsgesetz.

Gemeinsames Merkmal der Sozialen Dienste in der Justiz ist, daß sie im Auftrag der Justiz (Staatsanwaltschaften, Gerichte, Vollzugsanstalten) handeln, soziale Hilfen anbieten, zugleich aber auch Kontrolle im Auftrag der Justiz über die Probanden und Insassen ausüben.

2.1.5 Freie Straffälligenhilfe

Rechtsgrundlage für die Freie (nicht justizförmige) Straffälligenhilfe ist der § 72 BSHG. Freie Straffälligenhilfe wird geleistet für Personen, bei denen besondere soziale Schwierigkeiten der Teilnahme am Leben in der Gemeinschaft entgegenstehen. Als besonderes Lebensverhältnis, das zu sozialen Schwierigkeiten vor allem in der Familie, in der Nachbarschaft oder am Arbeitsplatz führen kann, ist die Tatsache der Straffälligkeit zu sehen, weil diese eine Teilnahme am Leben in der Gemeinschaft unmöglich machen oder erheblich beeinträchtigen kann.

Hilfebedarf nach § 72 BSHG können also straffällige Menschen haben (insbesondere aus Freiheitsentziehung Entlassene; vgl. § 5 VO zu § 72 BSHG), aber auch jeder Beschuldigte, Angeschuldigte, Angeklagte, Verurteilte, Gefangene, Untergebrachte oder Entlassene, der der Hilfe zur Überwindung seiner besonderen sozialen Schwierigkeiten bedarf. Dies gilt auch für seine Angehörigen. Die freie Straffälligenhilfe wird geleistet durch örtliche oder überörtliche Träger der Sozialhilfe oder durch private Träger.

2.2 Bewährungshilfe im Rahmen des § 57 StGB

2.2.1 Rechtsgrundlagen

Eine Strafaussetzung zur Bewährung kennt das geltende Recht in folgenden Formen:

- als Aussetzung der Verhängung einer Jugendstrafe als weitest reichende Möglichkeit (§§ 27 ff JGG),
- als Aussetzung der Vollstreckung der (gesamten) Freiheitsstrafe (= „Strafaussetzung zur Bewährung") unter den Voraussetzungen der §§ 21 JGG bzw. 56 StGB,
- als Aussetzung der Vollstreckung eines Strafrestes (= „Strafrestaussetzung zur Bewährung") unter den Voraussetzungen der §§ 88, 89 JGG bzw. 57, 57a StGB.

Über die gesetzlichen Regelungen hinaus kann eine Strafe nach den Gnadenordnungen des Bundes und der Länder zur Bewährung ausgesetzt werden.

Einen Strafrest kann die zuständige Strafvollstreckungskammer des Landgerichts bei zeitiger Freiheitsstrafe zur Bewährung aussetzen, „wenn zwei Drittel der verhängten Strafe, mindestens jedoch 2 Monate verbüßt sind und verantwortet werden kann zu erproben, ob der Verurteilte außerhalb des Strafvollzuges keine Straftaten mehr begehen wird" (§ 57 Abs. 1 StGB). Unter weiteren Voraussetzungen, die § 57 Abs.2 StGB aufführt, darf das Gericht die Vollstreckung des Strafrestes schon nach Verbüßung der Hälfte der (zeitigen) Freiheitsstrafe zur Bewährung aussetzen (bei lebenslanger Freiheitsstrafe gelten die Besonderheiten des § 57a StGB).

Das Gericht kann dem Verurteilten Auflagen (§ 56b StGB) und Weisungen (§ 56c StGB) erteilen. Auflagen können z. B. sein: die Wiedergutmachung des Schadens oder die Zahlung eines Geldbetrages an eine gemeinnützige Einrichtung. Die Weisung kann z. B. darin bestehen, dem

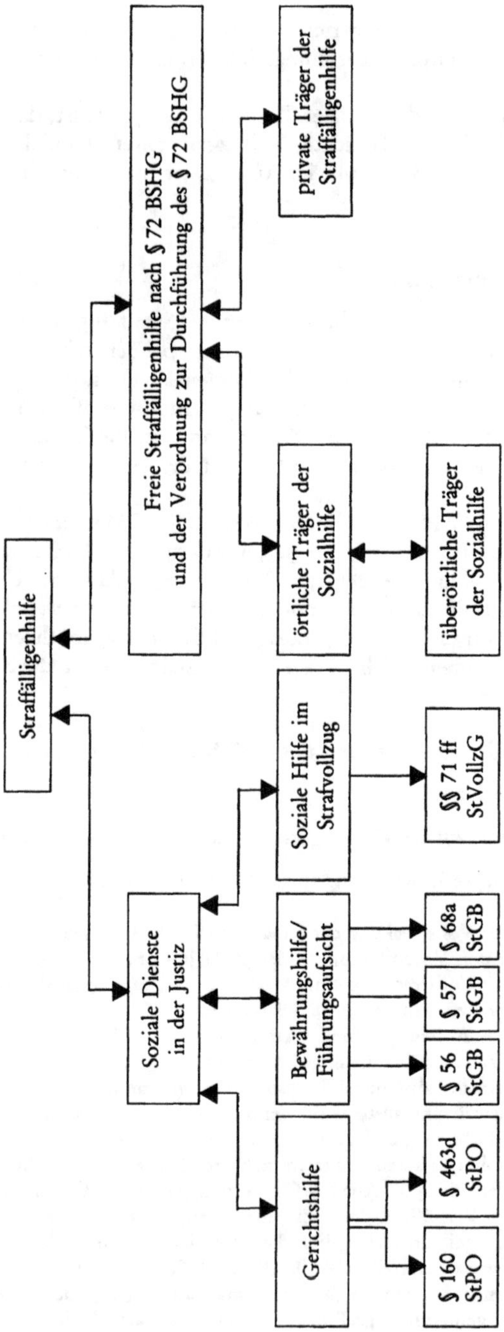
Straffälligenhilfe
Soziale Dienste in der Justiz
Freie Straffälligenhilfe nach § 72 BSHG und der Verordnung zur Durchführung des § 72 BSHG
Gerichtshilfe
Bewährungshilfe/ Führungsaufsicht
Soziale Hilfe im Strafvollzug
örtliche Träger der Sozialhilfe
private Träger der Straffälligenhilfe
§ 160 StPO
§ 463d StPO
§ 56 StGB
§ 57 StGB
§ 68a StGB
§§ 71 ff StVollzG
überörtliche Träger der Sozialhilfe

Probanden aufzugeben, sich zu bestimmten Zeiten bei Gericht zu melden oder mit bestimmten Personen nicht zu verkehren.

Das Gericht widerruft die Strafrestaussetzung, wenn der Verurteilte in der Bewährungszeit eine neue Straftat begeht und dadurch zeigt, daß sich die Erwartung, die der Strafaussetzung zugrunde lag, nicht erfüllt hat, oder wenn er gegen Auflagen gröblich und beharrlich verstößt. Das Gericht sieht jedoch von einem Widerruf ab, wenn es ausreicht, die Bewährungszeit zu verlängern oder weitere Auflagen oder Weisungen zu erteilen.

2.2.2 Aufgaben der Bewährungshilfe im Rahmen der Aussetzung des Strafrestes

Das Gericht unterstellt den Verurteilten für die Dauer oder einen Teil der Bewährungszeit der Aufsicht und Leitung eines Bewährungshelfers, wenn dies angezeigt ist, um ihn von Straftaten abzuhalten. Der Bewährungshelfer steht dem Verurteilten helfend und betreuend zur Seite. Er überwacht im Einvernehmen mit dem Gericht die Erfüllung der Auflagen und Weisungen sowie der Anerbieten und Zusagen. Er berichtet über die Lebensführung des Verurteilten in Zeitabständen, die das Gericht bestimmt. Gröbliche oder beharrliche Verstöße gegen Auflagen, Weisungen, Anerbieten oder Zusagen teilt er dem Gericht mit.

Diese Aufgabenzuweisung im StGB macht das doppelte Mandat des Bewährungshelfers deutlich. Er soll für den Probanden soziale Hilfe leisten, soll zugleich aber auch intensive Kontrolle ausüben durch Aufsicht und Leitung des Probanden, durch Überwachung der Erfüllung von Auflagen und Weisungen sowie Anerbieten und Zusagen und durch Berichterstattung über die Lebensführung des Probanden.

In der Praxis liegen die Hauptaufgaben gegenüber den Probanden in der Beratung bei der Sicherstellung des Lebensunterhaltes, von Arbeit und Wohnen und in der persönlichen Hilfe bei psychosozialen Problemen wie sozialer Isolation oder Drogenabhängigkeit.

Gegenüber dem Gericht sind vor allem die Berichte relevant, die in Zweitverfahren bei drohendem Widerruf oder bei Verstößen gegen Auflagen und Weisungen erforderlich sind und bei denen es um erneute Strafaussetzung oder um die Verhängung einer unbedingten Freiheitsstrafe geht.

2.2.3 Wirkungsweise und Wirksamkeit

Die Bewährungshilfe hat sich in der Bundesrepublik seit 1953 traditionell als Einzelfallhilfe entwickelt. Dies liegt im wesentlichen an der namentlichen Bestellung des Bewährungshelfers durch das Gericht und dessen Berichtspflicht gegenüber dem Gericht. Damit wird die Maßnahme immer wieder auf den jeweiligen Einzelfall bezogen durchgeführt, obwohl die meisten Probanden ähnlich gelagerte Problemlagen haben und die Bewährungshelfer bei der Vielzahl ihrer Probanden (Bundesdurchschnitt ca. 60) völlig überfordert sind (*Maelicke/Simmedinger* 1987, 25 ff).

Im Bundesdurchschnitt liegt die Arbeitslosenquote der Probanden der Bewährungshilfe über 60 %. Die wenigsten haben eine eigene Wohnung, über 50 % leben unterhalb des Sozialhilfeniveaus, die durchschnittliche Verschuldung betrug bereits Anfang der 80er Jahre über DM 10 000,–, über 50 % haben Suchtprobleme. Über 75 % der Probanden sind ledig, verwitwet oder geschieden (*Maelicke/Simmedinger* 1987, 69 ff).

Diese verschlechterten Lebenslagen machen deutlich, daß einzelfallbezogene Hilfe sich in erster Linie nur auf die persönliche Hilfe und Beratung beschränken muß – wirkliche Ressourcen stehen in den Bereichen Lebensunterhalt, Arbeit, Wohnen, Schuldenregulierung kaum zur Verfügung.

Deshalb werden zunehmend einzelfallübergreifende Aktivitäten gefordert, die die Bewährungshilfe als sozialen Dienst ausstatten wollen. Ein solcher Dienst sollte analog der Bewährungshilfe in Österreich oder in den Niederlanden über eigene Arbeits- und Wohnprojekte verfügen, mitwirken bei der sozialen Infrastrukturplanung für sozial Benachteiligte und bei der Kooperation und Vernetzung der Angebote und Aktivitäten der öffentlichen und privaten Träger der Jugend- und Sozialhilfe in der jeweiligen Region.

2.2.4 Kooperation/Vernetzung

Die Bewährungshelfer arbeiten wegen ihrer Ausrichtung auf das Gericht und ihrer Einzelfallorientierung nur begrenzt kooperativ zusammen. Gemeinsame Fallbesprechungen und Teamarbeit sind selten, einzelfallübergreifende Aktivitäten fehlen fast völlig. So gibt es auch kaum gemeinsame fachliche Standards bezüglich der Inhalte und Methoden des sozialarbeiterischen Handelns, bezüglich der Berichterstattung, bezüglich der Stellungnahmen in Zweitverfahren und bei drohendem Widerruf. Gleiches gilt für die Dauer der Unterstellung oder fachlich angezeigte Verkürzungen der Unterstellung.

Auch über den Fachbereich der Bewährungshilfe hinaus findet kaum eine institutionalisierte Kooperation statt – nicht mit der Gerichtshilfe und auch nicht mit den Sozialarbeitern im Strafvollzug. Die Verfahrensorientierung und die Überlastung durch die hohen Fallzahlen machen es nur in wenigen Einzelfällen möglich, die Resozialisierung als durchgehenden Hilfeprozeß zu verstehen, wobei dieser wiederum Kooperation und Vernetzung mit den anderen Sozialen Diensten in der Justiz dringend erforderlich macht. Eine abgestimmte Entlassungsvorbereitung mit dem späteren Bewährungshelfer ist deshalb immer noch die Ausnahme.

Auch mit den Jugend- und Sozialämtern sowie den Strafvollstreckungskammern und den privaten Trägern der Freien Straffälligenhilfe findet aus den gleichen Gründen zu wenig Koordination und Kooperation statt. Lediglich in den regionalen Vereinen zur Förderung der Bewährungshilfe wird regelmäßig mitgearbeitet – zum großen Teil ehrenamtlich und während der Freizeit – nicht jedoch als anerkannte und strukturell notwendige Tätigkeit im Rahmen des hauptamtlichen Auftrags der Bewährungshilfe in der Justiz.

2.2.5 Kriminalpolitische Bedeutung

Die kriminalpolitische Bedeutung der Bewährungshilfe ist seit 1953 ständig gestiegen. Heute stehen ca. 120 000 Probanden der Bewährungshilfe ca. 60 000 Straf- und Untersuchungshaftgefangene gegenüber. Sie werden betreut von nahezu 2 000 Bewährungshelfern (vgl. Statistisches Bundesamt [Hrsg.], Bewährungshilfe 1985).

Kriminalpolitisch wird zunehmend gefordert, die Bewährungshilfe noch stärker als in der Vergangenheit als ambulante Alternative zum Strafvollzug auszubauen und parallel dazu die Inhaftierungsquoten weiter abzusenken (*Dünkel* 1986, Arbeiterwohlfahrt 1986). So können Schäden durch Inhaftierung vermieden werden und die Vollzugsanstalten vor allem von Tätergruppen mit leichterer oder mittlerer Kriminalität entlastet werden. Auch Kostengründe sprechen dafür: Der jährliche Kostenaufwand für einen Strafgefangenen beträgt durchschnittlich DM 25 000,–, für einen Probanden der Bewährungshilfe dagegen ca. DM 1 500,– (*Schwind* 1983, 213).

Zwar lassen sich die Erfolgsquoten (gemessen am Rückfall) nicht zuverlässig vergleichen, aber international ist nachgewiesen, daß ambulante Alternativen zumindest nicht weniger kriminalitätsverhindernden Erfolg haben als die geschlossene Unterbringung im Freiheitsentzug (*Feltes* 1982, 28 ff).

2.2.6 Zusammenfassender Ausblick

Da nach der Strafverfolgungsstatistik im Jahre 1983 ca. 65 % aller verhängten Freiheitsstrafen zur Bewährung ausgesetzt und knapp 30 % aller Strafgefangenen vorzeitig auf Bewährung aus dem Vollzug entlassen werden (Council of Europe 1985), ist die Bewährungshilfe schon heute die zentrale kriminalpolitische Maßnahme zur Haftvermeidung oder Haftverkürzung. Das wachsende Vertrauen der Richter in die Arbeit der Bewährungshilfe hat dazu geführt, daß zunehmend auch solche Probanden unterstellt werden, die durch ungünstige persönliche und soziale Verhältnisse und durch wiederholte Straffälligkeit und Bestrafung vorbelastet sind. Damit wird offensichtlich die Erwartung verbunden, gerade bei als besonders gefährdet geltenden Verurteilten durch gezielte Maßnahmen und Angebote der Bewährungshilfe die Resozialisierung günstiger beeinflussen zu können als durch eine Freiheitsstrafe.

Es ist allerdings auch festzustellen, daß die erwartete Verringerung der Zahl der Gefängnisinsassen nicht eingetreten ist. Die mit dem Instrument Bewährungshilfe intendierte Austauschfunktion zwischen stationärem Freiheitsentzug und ambulanter Strafaussetzung hat bislang nicht zu einer dauerhaften Verminderung der Vollzugspopulation beitragen können. Noch immer liegt die Bundesrepublik Deutschland deutlich über den Gefangenenraten vieler westeuropäischer Länder (vgl. Prison Information Bulletin, Nr. 7, 1986, 30)

Allerdings ist aus demographischen Gründen zu erwarten, daß bis zum Jahr 2000 die Vollzugspopulation erheblich absinken wird bei unterstellter gleichbleibender Strafverfolgungsintensität und unveränderter Sanktionspraxis (*Dünkel* 1987, 22).

Deshalb wird die kriminalpolitische Forderung erhoben, die Bewährungshilfe weiterhin als Spezialdienst mit dem Ziel der Haftvermeidung und Haftreduzierung auszubauen und zu strukturieren. Noch stärker sollen sich die Bewährungshelfer konzentrieren auf die sogenannten Karrieristen, die mehrfach und immer wieder straffällig werdenden Rückfalltäter, um auch für diese den Freiheitsentzug zu vermeiden oder zu verkürzen – parallel dazu soll eine zeitliche Begrenzung der Unterstellung stattfinden, um so eine weitere Ausdehnung justizieller Kontrolle zu vermeiden.

2.3 Führungsaufsicht

2.3.1 Rechtsgrundlagen

Die Rechtsgrundlagen für die Führungsaufsicht sind geregelt in den §§ 68 bis 68g StGB. Sie stellt eine Form der „ambulanten Behandlung", eine nachträgliche Betreuung nach dem Strafvollzug dar.

Noch mehr als bei der Bewährungshilfe ist bei der Führungsaufsicht das Element der justizförmigen Sozialkontrolle vorgesehen, da durch sie die Lebensführung der Probanden mit schlechter Sozialprognose stärker reglementiert und beaufsichtigt werden soll. Deshalb ist die Führungsaufsicht – anders als die Bewährungshilfe – als Maßregel der Besserung und Sicherung ausgestaltet. Es wird nicht nur ein Bewährungshelfer bestellt – der Verurteilte untersteht zusätzlich einer „Aufsichtsstelle" (§ 68a StGB; näheres bei *Kleinknecht* 1976, 412 f).

Von Führungsaufsicht sind betroffen:

- Straftäter, die wegen einer Straftat, bei der das Strafgesetz Führungsaufsicht besonders vorsieht, eine zeitige Freiheitsstrafe von mindestens sechs Monaten verwirkt haben und bei denen die Gefahr weiterer Straftaten besteht (§ 68 Abs. 1 Nr. 2 StGB)
- Straftäter, die zu einer Freiheitsstrafe von mindestens zwei Jahren verurteilt worden sind und diese voll verbüßen mußten („Vollverbüßer", § 68f StGB), in der Regel also Verurteilte, bei denen die Aussetzung eines Strafrestes zur Bewährung (§ 57 StGB) wegen schlechter Sozialprognose abgelehnt worden ist
- Verurteilte, bei denen eine freiheitsentziehende Maßregel der Besserung und Sicherung zur Heilung oder Besserung angeordnet worden ist (§ 61 Nr. 1–4 StGB), falls deren Vollstreckung zur Bewährung ausgesetzt wird (§§ 67b, 67c, 67d Abs. 2 StGB)
- Sicherungsverwahrte, wenn die weitere Vollstreckung der Sicherungsverwahrung zur Bewährung ausgesetzt (§ 67d Abs. 2 StGB) oder bei der erstmaligen Unterbringung wegen Ablaufs der Höchstfrist (10 Jahre) beendet wird (§ 67d Abs. 3, 4 StGB).

Die Dauer der Führungsaufsicht beträgt mindestens zwei und höchstens fünf Jahre (§ 68c Abs. 1 Satz 1 StGB). Sie ist in diesem Rahmen unbestimmt, endet aber spätestens mit dem Ablauf der Höchstfrist. Ist zwar die Mindestfrist, aber noch nicht die Höchstfrist der Vollziehung verstrichen, so wird die Maßregel aufgehoben, sobald positiv zu erwarten ist, daß der Verurteilte auch ohne sie keine Straftaten mehr begehen wird (§ 68e StBG).

Das Gericht kann bei der Führungsaufsicht dem Verurteilten bestimmte Weisungen für die Lebensführung erteilen (§ 68b StGB). Anders als bei der Strafaussetzung zur Bewährung enthält das Gesetz einen abschließenden Katalog von Weisungen, bei denen das Gericht eine oder mehrere auswählen und für den Einzelfall konkretisieren kann (§ 68 Abs. 1 StGB). Solche Weisungen können z. B. sein, den Wohn- und Aufenthaltsort oder einen bestimmten Bereich nicht ohne Erlaubnis der Aufsichtsstelle zu verlassen; sich nicht an bestimmten Orten aufzuhalten, die Gelegenheit oder Anreiz zu weiteren Straftaten bieten können; bestimmte Personen oder Personen einer bestimmten Gruppe, die Gelegenheit oder Anreiz zu weiteren Straftaten bieten können, nicht zu beschäftigen, auszubilden oder zu beherbergen; bestimmte Gegenstände nicht zu besitzen; Kraftfahrzeuge nicht zu halten etc.

Zusätzlich kann das Gericht „weitere Weisungen" erteilen (§ 68b Abs. 2 StGB). Diese können sich beziehen z. B. auf Ausbildung, Arbeit, Freizeit, die Ordnung der wirtschaftlichen Verhältnisse oder die Erfüllung von Unterhaltspflichten.

Wer während der Führungsaufsicht gegen eine bestimmte Weisung entsprechend § 68b Abs. 1 StGB verstößt und dadurch den Zweck der Maßregel gefährdet, wird mit Freiheitsstrafe bis zu einem Jahr oder mit Geldstrafe bestraft. Die Tat wird nur auf Antrag der Aufsichtsstelle verfolgt (§ 145a StGB).

Mit dieser Straftatsbestimmung zeigt sich „die Spitze der repressiven Seite" der Maßregel der Führungsaufsicht (*Kleinknecht* 1976, 409).

Der Verstoß gegen eine „weitere Weisung" nach § 68b Abs. 2 StGB ist keine Straftat, kann aber dazu führen, daß das Gericht eine zusätzliche Weisung nach § 68b Abs. 1 StGB erteilt und/oder die gesetzliche Höchstdauer der Führungsaufsicht nicht kürzt oder eine Abkürzung wieder aufhebt.

2.3.2 Aufgaben

Bewährungshelfer und Aufsichtsstelle stehen im Einvernehmen untereinander dem Verurteilten helfend und betreuend zur Seite (§ 68a Abs. 2 StGB). Damit sind die Aufgaben der sozialen Hilfen und der justizförmigen Kontrolle gesetzlich definiert.

Für den Bewährungshelfer stellen sich bei der Führungsaufsicht die gleichen Aufgaben wie bei den vorzeitig aus Freiheitsentzug Entlassenen. Die gleichen Problemlagen sind gegeben (Arbeitslosigkeit, Wohnungslosigkeit, ungesicherter Lebensunterhalt, Verschuldung, soziale Isolation). So wird auch in der Praxis bei den Bewährungshelfern nicht zwischen den verschiedenen Probandengruppen unterschieden. Die rechtlich festgestellten Unterschiede (z. B. Gefahr weiterer Straftaten, schlechte Sozialprognose) machen sich in der Alltagsarbeit kaum bemerkbar; je mehr von der Strafaussetzung und der Strafrestaussetzung Gebrauch gemacht wird, desto mehr gleichen sich die Personengruppen an. Es handelt sich immer mehr um die sogenannten Karrieristen, deren Lebensweg vor allem durch soziale Benachteiligung, wiederholte Straftatbegehung und strafrechtliche Verurteilung gekennzeichnet ist sowie durch Unfähigkeit, diese Lebenslage aus eigener Kraft zu verändern.

Der Führungsaufsichtsstelle ist im Einvernehmen mit dem Gericht und mit der Unterstützung des Bewährungshelfers die Aufgabe der Überwachung des Verhaltens des Verurteilten und der Erfüllung der Weisungen übertragen. Zu diesem Zweck kann die Aufsichtsstelle von allen öffentlichen Behörden Auskunft verlangen und Ermittlungen vornehmen oder durch andere Behörden vornehmen lassen (§ 463a Abs. 1 StPO).

2.3.3 Wirkungsweise und Wirksamkeit

Die Wirkungsweise und Wirksamkeit der Führungsaufsicht ist umstritten. Bereits 1976 hat *Weidermann* (aaO, 415 ff)

- die Gefahr der Doppelbetreuung
- das Überwiegen repressiver Funktionen
- den Mangel an effektiven Möglichkeiten konzentrierter Entlassenenhilfe
- die fehlende Organisaton der Entlassungsvorbereitung
- die problematische Zuordnung der Aufsichtsstelle bei den Landgerichten

kritisiert und entsprechende Änderungsvorschläge vorgelegt. Auch die neue Untersuchung von *Jacobsen* (1985) bestätigt im wesentlichen diese Kritikpunkte.

Die Landesarbeitsgemeinschaft der Bewährungshelfer in Baden-Württemberg hat 1984 aufgrund umfangreicher empirischer Vorklärungen die Abschaffung der Führungsaufsicht gefordert. Nach Meinung der Praktiker ist für den überwiegenden Teil der von der Maßregel betroffenen Verurteilten „klassische" Bewährungshilfe zu leisten. Für Vollverbüßer sollen Hilfen auf freiwilliger Grundlage angeboten werden.

Auch eine seinerzeit beim hessischen Justizminister eingerichtete Arbeitsgruppe von Staatsanwälten, Richtern und Sozialarbeitern der Gerichtshilfe, Bewährungshilfe und Sozialen Hilfe im Strafvollzug sowie Vollzugswissenschaftlern hat sich im Frühjahr 1987 dieser Position angeschlossen.

> „Die Bedeutung der Führungsaufsicht ist relativ gering. Die Bedeutung der Führungsaufsicht wird weiter abnehmen, nachdem durch das 23. Strafrechtsänderungsgesetz die Rückfallvorschrift und damit auch ein wichtiger Unterstellungsgrund entfallen ist. . . . Abgesehen davon, daß wirksame Aufsicht durch Personen im Prinzip kaum möglich ist, hat eine Angleichung in den Problemlagen der Probanden der Führungsaufsicht mit denen der Bewährungshilfe stattgefunden. In den Fällen, in denen Bewährung besteht, sollte ausschließlich Bewährungsaufsicht angeordnet werden. Die übrigen Fälle haben mit der Bewährungsaufsicht nichts mehr zu tun. Dies gilt auch für Vollverbüßer. Die Anordnung von Führungsaufsicht nach Vollverbüßung stellt eine Bankrotterklärung des Strafvollzuges dar."

2.3.4 Kooperation/Vernetzung

Die Kritik an der mangelhaften Kooperation und Vernetzung der Aktivitäten der Bewährungshilfe gilt auch für die Praxis der Führungsaufsicht. Die Bewährungshelfer beklagen, daß die vielfältigen Schwierigkeiten in der Praxis fast ausschließlich durch die Bewährungshelfer bewältigt werden müssen. Danach werden sie von den anderen am Verfahren Beteiligten (Gerichten, Staatsanwaltschaften, Führungsaufsichtsstellen) weitgehend allein gelassen.

Eine Kooperation/Vernetzung mit der anstaltsinternen Entlassungsvorbereitung ist strukturell kaum festzustellen, der geforderte nahtlose Übergang von der Freiheitsentziehung zum Leben in die Freiheit findet nur in Ausnahmefällen abgestützt und begleitet durch den späteren Bewährungshelfer statt.

2.3.5 Kriminalpolitische Bedeutung

Die kriminalpolitische Bedeutung der Führungsaufsicht war und ist umstritten. Immerhin waren Ende 1984 10 144 Probanden in der Führungsaufsicht (*Dreher/Tröndle* 1986, Anm. 2 vor § 68); Ende 1979 waren es 6 333.

Eine umfassende Sozialisierungshilfe ist die Führungsaufsicht jedenfalls nicht geworden. Sie wird durch die Bewährungshelfer ausgeübt und praktiziert wie die Strafaussetzung und die Strafrestaussetzung – zusätzliche soziale Hilfe oder Überwachung findet nicht statt.

Eine positive inhaltliche Kooperation zwischen Aufsichtsstelle und Bewährungshilfe ist nicht wahrnehmbar – deshalb konnten auch die Vorstellungen von einer „ambulanten Behandlung" oder „Sozialtherapie" analog zum geschlossenen Vollzug nicht realisiert werden.

Damit stellt sich jedoch verschärft die Frage nach der Notwendigkeit dieses überwiegend repressiven kriminalpolitischen Instruments. Die Arbeitsgruppe Kriminalpolitik des Hessischen Ministers der Justiz hat deshalb festgestellt: „Die Führungsaufsicht ist grundsätzlich kein geeignetes kriminalpolitisches Mittel und sollte deshalb abgeschafft werden."

2.3.6 Zusammenfassender Ausblick

Die zitierten kritischen Äußerungen von Bewährungshelfern, Staatsanwälten, Richtern und Vollzugswissenschaftlern machen deutlich, daß eine kritische Evaluation des Instrumentes der Führungsaufsicht dringend geboten ist. Offenbar ist es in der Praxis nicht gelungen, die beabsichtigte neue Form der intensivierten sozialen Hilfe und der verdichteten Justizkontrolle zu realisieren. Die Aufsichtsstelle „verwaltet überwiegend Akten", die Bewährungshelfer leisten die übliche soziale Hilfe und justizförmige Kontrolle wie für alle anderen Probanden auch. Deshalb kann der Bundesregierung nur zugestimmt werden, wenn sie mit dem Bundesrat von der Notwendigkeit einer Überprüfung der §§ 68 ff überzeugt ist (BTDrucks. 10/2720, S. 25).

2.4 Freie Straffälligenhilfe öffentlicher und privater Träger

2.4.1 Rechtsgrundlagen

Die Freie (nicht justizförmige) Straffälligenhilfe von öffentlichen und privaten Trägern ist gesetzlich geregelt in § 72 des BSHG und in der dazu ergangenen Durchführungsverordnung. Ausgangspunkt der Hilfe ist der Lebenslagenansatz des § 72 BSHG. Grundlage sind besondere soziale Schwierigkeiten, die der Teilnahme am Leben in der Gemeinschaft entgegenstehen. Dieser Lebenslagenansatz hat den Vorteil, daß er die besonderen Lebensverhältnisse und die sozialen Schwierigkeiten der Hilfesuchenden insgesamt umfaßt und damit eine Einheit von materieller und persönlicher Hilfe verdeutlicht.

Wegen der exemplarischen Benennung der Personengruppe der „aus Freiheitsentziehung Entlassenen" in der Verordnung ist aus § 72 BSHG traditionell die „Haftentlassenenhilfe" begründet worden. Diese hat sich konzentriert auf die Vorbereitung auf die Entlassung und die nachgehende soziale Hilfe, d. h. auf rund 62 000 Haftentlassene jährlich (*Dünkel* 1981, 202 ff).

Die neuere Diskussion betont jedoch, daß besondere Lebensverhältnisse, die zu sozialen Schwierigkeiten führen, bei Straffälligen auch bereits beim Erstkontakt mit der Polizei vorliegen können, bei der Aufnahme in die Untersuchungshaft, parallel zur Vollstreckung einer Freiheitsstrafe sowie nach der Entlassung. Deshalb soll die Freie Straffälligenhilfe durchgehend angeboten werden, d. h., sie schließt Prophylaxe und Nachsorge mit ein und wird auch nicht vorrangig ersetzt durch die Interventionen der Sozialen Dienste in der Justiz.

Zur Zielgruppe des § 72 BSHG gehören auch die Angehörigen von Straffälligen, soweit für sie ebenfalls besondere soziale Schwierigkeiten gegeben sind, die der Teilnahme am Leben in der Gemeinschaft entgegenstehen.

2.4.2 Aufgaben

Die Aufgaben der Freien Straffälligenhilfe umfassen alle Maßnahmen, die notwendig sind, um soziale Schwierigkeiten abzuwenden, zu beseitigen, zu mildern oder ihre Verschlimmerung zu verhüten. Dies betrifft vor allem Beratung und persönliche Betreuung des Hilfesuchenden und seiner Angehörigen sowie Maßnahmen bei der Beschaffung und Erhaltung einer Wohnung (§ 72 Abs. 2 BSHG).

Die Verordnung zur Durchführung des § 72 BSHG führt unter Art und Umfang der Maßnahme auf: die Beratung und persönliche Betreuung, die Beschaffung und Erhaltung einer Wohnung, die Erlangung und Sicherung eines Platzes im Arbeitsleben, Maßnahmen zur Ausbildung, Hilfen zur Begegnung und zur Gestaltung der Freizeit. Auch dieses sind nur Beispiele, so kann z. B. aus dem § 72 BSHG auch Gruppenarbeit und Familientherapie, aber auch Streetwork begründet werden.

Die Aufgaben korrespondieren eng mit den Problemlagen von Straffälligen. So ist bekannt, daß unter ihnen die Arbeitslosenquote besonders hoch ist, daß nur wenige Arbeitslosengeld bzw. Arbeitslosenhilfe erhalten, daß der durchschnittliche Schuldenbetrag über DM 10 000,– liegt, daß die meisten keine ausreichende Unterkunft haben, daß über 50 % Suchtprobleme haben, daß die meisten alleinstehend, verwitwet oder geschieden sind (*Maelicke/Simmedinger* 1984, 23 ff).

Für die Aufgabenwahrnehmung ist es wichtig, daß die Freie Straffälligenhilfe sich deutlich abgrenzt von den Sozialen Diensten in der Justiz und deshalb ihre eigenständigen Handlungsprinzipien betont. Diese liegen in der Freiwilligkeit der Beanspruchung (also keine Zwangsunterstellung durch Anordnungen aus dem Justizbereich, keine Berichtspflichten oder Zuarbeitsfunktionen gegenüber dem Justizbereich); in durchgehenden, ganzheitlichen Hilfen; Hilfen für spezifische Zielgruppen (wie Frauen, Jugendliche und Ausländer) und ggf. eigenen materiellen Ressourcen in den Bereichen Wohnen, Arbeit, Lebensunterhalt, Freizeit.

2.4.3 Wirkungsweise und Wirksamkeit

In der Untersuchung „Wirkungsweise und Wirksamkeit von zentralen Beratungsstellen für Personen mit besonderen sozialen Schwierigkeiten" wurde in den Jahren 1980 – 1983 die Freie Straffälligenhilfe öffentlicher und privater Träger im Auftrag des Bundesministeriums für Jugend, Familie und Gesundheit empirisch untersucht (*Maelicke/Simmedinger* 1984). Dabei mußte festgestellt werden, daß die ambulanten Hilfen weder von der sachlichen noch von der personellen Ausstattung her einen abgesicherten und genügend anerkannten Platz im System der sozialen Hilfen einnehmen. Viele, selbst größere Städte verfügen über kein dem vorhandenen Problempotential angemessenes Hilfeangebot. Viele Beratungsstellen befinden sich erst im Anfangsstadium ihrer Arbeit.

Die erhobenen Daten lassen erkennen, daß nahezu alle Beratungsstellen in erheblichem Ausmaß mit der Lösung primärer Versorgungsfragen (Wohnung, Lebensunterhalt, Arbeit) ihrer Klienten zu tun haben; hier wirkt sich die verringerte Funktionsfähigkeit besonders des Arbeits- und des Wohnungsmarktes aus. Diese Situation macht Arbeitsansätze erforderlich, die über die am Einzelfall orientierten Hilfen hinausgehen, in dem z. B. spezielle Arbeits- und Wohnprojekte installiert werden.

Die Hilfen richten sich überwiegend an alleinstehende Männer zwischen 30 und 50 Jahren. Es gibt jedoch auch bei jungen Erwachsenen und Frauen einen anwachsenden Hilfebedarf.

Die Untersuchung konnte feststellen, daß von den Klienten die Hilfen in den Bereichen Beratung und persönliche Betreuung, Sicherstellung des Lebensunterhaltes, Beschaffung und Erhaltung einer Wohnung, Erlangung und Sicherung eines Platzes im Arbeitsleben und von Ausbildung und zur Begegnung und Gestaltung der Freizeit aufgesucht und angenommen werden. Besonders begrenzt ist die Möglichkeit, einen Beitrag zur Erlangung und Sicherung eines Platzes im Arbeitsleben zu leisten. Hier konkurrieren die Straffälligen mit anderen Dauerarbeitslosen und haben immer geringere Chancen, auf dem Arbeitsmarkt untergebracht zu werden.

Aus der Sicht der Klienten wird deutlich wahrgenommen, daß es sich hier um ein justizfreies Angebot handelt, das sie deshalb auch zum überwiegenden Teil positiv beurteilen.

2.4.4 Kooperation/Vernetzung

Auch die Freie Straffälligenhilfe orientiert sich überwiegend an den Zielen der Einzelfallhilfe und vernachlässigt deshalb einzelfallübergreifende Angebote sowie Aufgaben der Evaluation und Planung. Allerdings gibt es fortgeschrittene Beispiele auf dem Sektor der Arbeits- und Wohnungsbeschaffung und in wenigen Städten kommunale Sozialplanung im Rahmen des § 72 BSHG (vgl. *Baumann* 1980).

Arbeitsgemeinschaften nach § 95 BSHG oder engere Kooperationen nach § 154 StVollzG sind auf regionaler Ebene nur begrenzt feststellbar. Positiv ist in diesem Bereich vor allem die Entwicklung in Niedersachsen und in Baden-Württemberg zu kennzeichnen. Hier gibt es jeweils ca. 15 Anlauf- und Beratungsstellen der Freien Straffälligenhilfe, in denen öffentliche und private Träger mitwirken und ihre Angebote aufeinander abstimmen und vernetzen. Von diesen Ansätzen wird auch am meisten versucht, die Entlassungsvorbereitung bereits in den Justizvollzugsanstalten zu übernehmen und eine durchgehende soziale Hilfe zu praktizieren (*Best* 1982).

2.4.5 Kriminal- und sozialpolitische Bedeutung

Kriminalpolitisch hat die Freie Straffälligenhilfe dadurch an Bedeutung gewonnen, daß sie zunehmend als ambulante Alternative zum Freiheitsentzug erkannt wird. Sie wird nicht nur verstanden als Nachsorgeeinrichtung des Strafvollzuges, sondern immer mehr als echte Alternative zu diesem (*Maelicke* 1982).

So gehen Planungen im Rahmen der Freien Straffälligenhilfe dahin, daß durch ihre Angebote und Aktivitäten eine weitergehende Einschränkung der Vollstreckung von Freiheitsstrafe stattfinden kann, so daß die kriminalpolitisch übergreifenden Ziele der Haftvermeidung und Haftverkürzung durch einen Ausbau der ambulanten und Freien Straffälligenhilfe für einen großen Teil der derzeit Inhaftierten realisiert werden können.

Sozialpolitisch befinden sich die Hilfen nach § 72 BSHG eher in einer randständigen Position. Hier konkurrieren die Straffälligen mit den Nichtseßhaften, den Obdachlosen, den Dauerarbeitslosen sowie den anderen Zielgruppen des BSHG. Im Zeichen des Abbaus von Sozialleistungen ist die Gefahr sehr groß, daß für diese Zielgruppen die Hilfen eher reduziert als verstärkt werden.

2.4.6 Zusammenfassender Ausblick

Konzeptionell und programmatisch ist es der Freien Straffälligenhilfe in den letzten Jahren gelungen, sich nicht nur als „Haftentlassenenhilfe" und „Nachsorge des Strafvollzuges" zu verstehen, sondern sich fachlich und strukturell zu profilieren bis hin zur Perspektive, ein neues Feld von ambulanten Alternativen zum Strafvollzug zu entwickeln. Da parallel dazu die „Behandlungkonzepte" im Strafvollzug nicht die erhoffte Wirkung gezeigt haben, müßte eine rationale Sozial- und Kriminalpolitik nunmehr einen geplanten Umsteuerungsprozeß vom stationären in den ambulanten Bereich vornehmen. Gegenläufig sind jedoch die Tendenzen, Sozialleistungen zu reduzieren, den Behandlungsvollzug abzubauen und wieder mehr Sicherheit und die Verteidigung der Rechtsordnung zu betonen.

Obwohl auch die internationalen Erfahrungen für einen Ausbau der Freien Straffälligenhilfe sprechen, ist es deshalb zur Zeit schwer abschätzbar, in welche Richtung sich diese Mitwirkung freier gesellschaftlicher Kräfte bei der Wiedereingliederung straffälliger Menschen und ihrer Angehörigen entwickeln wird.

2.5 Zusammenfassung und Ausblick

2.5.1 Rechtsgrundlagen

Die Einzeldarstellungen der Fachbereiche der Straffälligenhilfe – Bewährungshilfe, Führungsaufsicht, Freie Straffälligenhilfe – haben gezeigt, daß die rechtlichen Regelungen verstreut sind über verschiedene Bundesgesetze und Rechtsgebiete, daß ihr jeweiliger Aufgabenkatalog nicht mehr dem heutigen fachlichen Selbstverständnis und den Erfordernissen der Praxis entspricht und daß eine stärkere Koordinierung/Vernetzung erforderlich ist, um die Effektivität zu steigern.

Dabei wurden in diese Darstellung die Fachbereiche der Gerichtshilfe und Sozialen Hilfe im Strafvollzug nicht aufgenommen, weil die Gerichtshilfe bisher bei der Aufgabe der Entlassungsvorbereitung nicht beteiligt wird und weil die Sozialarbeit im Strafvollzug in diesem Buch gesondert dargestellt wird. Eine nähere Analyse würde ähnliche Befunde wie für die hier dargestellten Fachbereiche ergeben.

Die rechtlichen Grundlagen für die verschiedenen Fachbereiche der Straffälligenhilfe finden wir (vgl. die Grafik S. 362) in der Strafprozeßordnung (§§ 160 und 463d StPO für die Gerichtshilfe), im Strafgesetzbuch (§§ 56 – 58 StGB für die Bewährungshilfe und §§ 68 – 68g StGB für die Führungsaufsicht), im Strafvollzugsgesetz (§§ 71 – 75 StVollzG für die Soziale Hilfe im Strafvollzug) und im Bundessozialhilfegesetz (§ 72 BSHG und die §§ 1 – 13 der VO zur Durchführung der § 72 BSHG für die Freie Straffälligenhilfe), – also im materiellen Strafrecht, im Verfahrensrecht, im Strafvollzugsrecht und im Sozialhilferecht. Es wird deutlich, daß schon diese gesonderte Regelung eine Zersplitterung fördert.

Die Vorschriften sind darüber hinaus oft unzureichend und lückenhaft; zum Teil spiegeln sie ein überholtes Fürsorgeverständnis oder kranken an fachlich unhaltbaren Zielgruppendefinitionen (z. B. §§ 1 – 6 der DVO zu § 72 BSHG).

Deshalb ist eine Überarbeitung/Aktualisierung dieser Rechtsgrundlagen erforderlich, möglicherweise eine Gesamtneuregelung des Rechts der Resozialisierung (*Maelicke* 1986).

2.5.2 Veränderte Aufgabenkataloge

Eine solche Aktualisierung und Überarbeitung würde deutlich machen, daß für jeden Fachbereich die Aufgabenkataloge zu verändern sind. „Helfen und Betreuen" reichen als inhaltliche Beschreibung nicht mehr aus, ebensowenig „Überwachung" oder „Berichten über die Lebensführung". Ähnlich wie es das StVollzG versucht hat (allerdings ohne genügende Berücksichtigung des professionellen Repertoires der modernen sozialen Arbeit) oder wie Art und Umfang der erforderlichen Maßnahmen in den §§ 7 – 11 der DVO zu § 72 BSHG beschrieben sind, sollten für alle Fachbereiche detaillierte Aufgabenkataloge festgeschrieben werden, die die Entwicklung eines einheitlichen Fachverständnisses fördern und nachkontrollierbar sind sowohl für die betroffenen Straffälligen wie für die mit der Straffälligenhilfe beauftragten Institutionen. In diesen Aufgabenkatalogen ist Klarheit zu schaffen über Möglichkeiten und Grenzen der sozialen Hilfen, die jeweils angeboten und realisiert werden können, und über Art und Umfang der justizförmigen Kontrolle. Dabei muß klar sein, daß dieser Auftrag der Kontrolle sich nur an die Fachbereiche der Sozialen Dienste in der Justiz richtet und wesensfremd ist für die Hilfen nach dem BSHG, die von öffentlichen und privaten Trägern der Sozialhilfe geleistet werden.

2.5.3 Verstärkte Wirksamkeit

Detaillierte und kontrollierbare Aufgabenkataloge haben nur dann einen Sinn, wenn damit eine gesteigerte Wirksamkeit beabsichtigt und auch erreicht werden kann. Dieses ist im Bereich der Straffälligenhilfe zu messen an den Kriterien der Lebenslagenverbesserung und der Verfahrensrelevanz.

Lebenslagenverbesserung ist erforderlich für die Zielgruppen der sozial Benachteiligten, die das Hauptkontingent stellen im Prozeß der wechselseitigen Eskalation von Rückfall und erneuter (verschärfter) Bestrafung. Intensivierte Sozialarbeit ist dazu geeignet, diesen Kreislauf zu durchbrechen, und hat dies in der Geschichte der Entwicklung der Straffälligenhilfe immer wieder nachgewiesen. Allerdings ist es an der Zeit, auch die Sozialen Dienste in der Justiz und die Freie Straffälligenhilfe anzuschließen an den Prozeß der Professionalisierung und Neustrukturierung, wie er in anderen Arbeitsfeldern der Jugendhilfe und Sozialhilfe stattgefunden hat und stattfindet. Spezifisch für die Straffälligenhilfe ist ihre Verfahrensrelevanz, sind ihre Möglichkeiten und ihr Auftrag, die Berücksichtigung der sozialen Lage des Straffälligen so in das Verfahren einzubringen, daß ein „sozial gerechtes" Urteil und eine entsprechende Strafvollstreckung realisiert werden können. Diese Wirksamkeit kann gesteigert werden durch:

- Stärkung der Fachlichkeit der Sozialarbeiter
- Verbesserung ihrer Rechtsposition im Verfahren
- reduzierte Fallzahlen
- verbesserte Kooperation und Koordination ihrer Angebote und Aktivitäten
- eine fachspezifische Organisationsstruktur.

2.5.4 Intensivierte Kooperation/Vernetzung

Für alle Fachbereiche mußte festgestellt werden, daß sie zu sehr einzelfallorientiert arbeiten, über zu geringe Ressourcen verfügen (vor allem in den Bereichen Arbeit, Wohnen, Lebensunterhalt, Verschuldung), untereinander zu wenig kooperieren und institutionsübergreifend kaum ihre Angebote und Aktivitäten koordinieren, evaluieren und planen.

Hier zeigt sich der Nachholbedarf in der fachlichen Entwicklung: zu sehr wurde in der Vergangenheit allein die Zusammenarbeit mit der Justiz betont oder die Nachsorge zum Strafvollzug, zu wenig die Abgrenzung zur Justiz und zugleich die erforderliche Vernetzung der Straffälligenhilfe mit der Jugendhilfe und Sozialhilfe thematisiert.

Soziale Integration der Straffälligen kann nur realisiert werden im Rahmen eines Konzeptes der sozialen Strafrechtspflege, die eine Verbindung herstellt zwischen dem gesellschaftlichen Auftrag der Strafjustiz und der Erziehung nach dem JWG oder der sozialen Hilfen nach dem BSHG. Dabei ist Abgrenzungsarbeit zu leisten (Klarheit zu schaffen über die Elemente justizförmiger Sozialkontrolle wie über Wesen und Inhalt sozialer Hilfen) ebenso wie verstärkte Kooperation und Koordination notwendig ist (Modellentwicklungen bei *Maelicke/Simmedinger* 1987).

2.5.5 Erhöhte kriminalpolitische Bedeutung

Wenn man für die Fortsetzung der Strafvollzugsreform eintritt (etwa im Sinne der Arbeiterwohlfahrt, 1986) durch

- Entlastung der Vollzugsanstalten von Tätergruppen, die ambulant effektiver resozialisiert werden können
- Konzentration des geschlossenen Vollzugs auf besonders gefährdete oder gefährliche Straftäter
- effizientere Nutzung der Personal- und Sachmittelausstattung in den Vollzugsanstalten
- verstärkte Kooperation der Vollzugsmitarbeiter untereinander
- angemessene Entlohnung der Gefangenen und ihre Einbeziehung in die Kranken- und Rentenversicherung
- verbesserte Möglichkeiten der Schuldenregulierung und der Opferentschädigung bereits während der Inhaftierung
- mehr Lockerungen, Öffnung des Vollzuges, Freigang
- verbesserte und verstärkte Entlassungsvorbereitung
- mehr Transparenz des Vollzuges und verstärkte Kooperation nach außen,

dann wird deutlich, daß zugleich ein Ausbau und eine Verstärkung der Straffälligenhilfe erforderlich ist, um die Vollzugsanstalten weiter zu entlasten und die übergreifenden Ziele der Haftvermeidung und Haftreduzierung zu erreichen.

Dann ist jedoch eine gezielte Umsteuerung notwendig, die sich in veränderten gesetzlichen Regelungen, veränderten Aufgabenkatalogen, verstärkter Wirksamkeit und intensivierter Kooperation und Vernetzung ausdrückt.

Stichwortverzeichnis

www.ingramcontent.com/pod-product-compliance
Lightning Source LLC
LaVergne TN
LVHW010552300926
849162LV00002B/311